에도 후기의 사상 공간

에도 후기의 사상 공간

마에다 쓰토무 지음/ 이용수 옮김

논형

역자 서문

소통으로서의 에도 후기 사상 공간

1

오랜 기간의 작업 끝에 이제야 독자와 마주하는 결실을 이루게 되었
다. 번역은 일찍 완성되었으나 마무리 과정에서 역자의 불찰로 예기치
않게 시간이 많이 걸렸다. 돌이켜보니 저자의 깊이 있고 폭 넓은 자료
인용에 감탄했으면서도, 각 사상가의 당시 언어 그대로의 원문과 특히
난학자들의 세계지리 습득과 서양인식 과정에서의 그들의 역어를 옮
기는 데 적잖이 애를 먹었음이 기억에 남는다. 그러나 번역이 새로운
'소통'을 위한 매개임을 충분히 깨닫기에, 결코 짧지 않은 시간을 투자
할 수 있었다고 스스로를 위로해 본다.

비록 분투의 시간이었지만 그 같은 시간 투자가 결코 헛되지 않으려
면, 오늘날의 '우리'가 객관적 사실에 근거하여 '일본'을 제대로 '알고' 대
응하는 태세를 갖추어야 한다고 생각한다. 그러기 위해서는, 그 '앎'을
추진할 수 있는, 작지만 그러나 임팩트 강한 격발 장치가 반드시 필요
할 터이다. 그 격발 장치가 에도 후기 일본 사상의 양대 축인 난학과 국
학 속에 잠재되어 있다는 것이 이 책을 완역한 뒤의 역자의 소회이다.

에도江戸 시대 후기가 시기적으로 메이지明治와 연결됨은 너무도 당
연하여 말할 필요조차 없다. 그러나 중요한 것은 사상적 측면에서 볼
때 메이지가 에도 후기를 부정한 뒤 그것을 초극하여 성립되지는 않았

다는 사실이다. 두 시기는 저자가 발굴해낸, '공명'과 '일본'과 '덴노天皇'라는 개념적 언설로 연결되어 있다. 그 언설이 학문적 방법과 목적 및 학문 자체의 화두로 등장하여 에도 후기 사상계를 지배하게 된 것은, 결론을 앞세우면 각 사상계 나름대로 새로운 세계로 '소통'할 수 있는 공간이 있었기에 가능했지 않았나 생각한다. 그것이 일본의 근세 후기에 발달한 근대로 향하는 '앎[知]'과 '행동'의 방식이었던 것이다. 그 근대로 향하는 일본의 '앎'과 '행동'의 방식을 우리가 '제대로 알아'야 각 분야에서의 일본과의 경쟁 혹은 협력에서 최소한 대등한 위치에 서게 되지 않을까.

2

이 책의 시기적 대상인 에도 후기를 포함하여 모든 사회의 발전은, 개별 혹은 공공의 사안에 대한 구성원들 사이의 횡적이면서 공적公的 공감대의 형성에 기초한 공통의식의 확장이 그 기반인 동시에 동력이다. 문화의 생성도 시공을 함께 하는 여러 삶들의 공감과 관습화된 공통의식에 기초한다. 문화가 전파되고 전파된 문화가 특정 지역의 문화와 섞이면서 동질화·내재화되는 과정 —일본에서는 이를 습합習合이라 한다— 또한 유입된 문화를 이해하는 가운데 자생하는 저변 의식의 확대가 큰 역할을 한다. 유사 이래 인류가 지금까지 이룩해 온 문명의 발달 또한 이런 과정을 거치면서 그 내용이 충실해져 왔다. 그러한 일련의 이해의 과정과 인식의 전달 방법을 '소통疏通'이라 하자.

소통은 글자 뜻 그대로 먼 데 있는 것과의 통합이다. 그러므로 소통은 이해이고 깨달음이다. 소통은 공감이자 정신의 변혁이며 자유다. 소통은 닫힌 공간을 열린 광장으로 연결하는 문이다. 소통은 세상을 새로운 창의와 창조의 마당으로 안내하는 길이다.

　세상의 모든 유·무형의 존재는, 타자와의 소통은 일단 차치하고라도 내부적으로 스스로 통하지 못하고 경색梗塞되면 제 기능을 못하여 마침내 멈춰 서게 된다. 비근한 예로 우리 몸만 봐도 '통함'이 얼마나 중요한지 알 수 있다. 따라서 '통함'은 바로 삶이다. 개인의 정신과 단체의 이념, 나아가 사회와 국가 체제도 마찬가지다. 그런 경색을 예방하는 방책은 바로 소통, 즉 '커뮤니케이션' 속에 있다. 그러므로 소통은 개인뿐만 아니라 사회 및 국가의 존립과 생장을 위한 필요 충분 조건이다. 소통은 주체와 객체 —개인이든 집단이든— 가 서로 각자의 방식으로 있어 왔고 이해했던 것을 다양한 표현을 통해 상대와 공감하는 조율의 양식이다. 여러 유형의 표현을 통해 타자에게 자신의 뜻과 의사를 전달하여 상호 공감대를 유지·형성하는 것이 소통의 출발이고 목적이다.

　예술과 문학을 통한 소통, 학문과 과학기술을 통한 소통, 경제를 통한 소통, 가르침과 배움, 독서를 통한 소통, 토론·연설을 통한 소통, 미디어 등 각종 매체를 통한 소통, 오늘날의 진보된 스마트 기기를 통한 소통 등, 소통의 방식은 다양하다. 이러한 모든 유형의 소통은, 개인이나 집단의 앎과 지식에 대한 욕구라는 동기에 기대고 있고, 이는 이미 역사적 경험을 통해 입증되었다. 그리고 역사가 인류에게 준 생물학적 교훈의 하나는 삶이 경쟁이라는 사실이다. 사회는 그런 경쟁을 통한 생존이라는 인간의 본성 위에서 기능하고 존재해 왔다는 사실을 상기할 때, 그 삶과 경쟁은 '소통'을 통해서 비로소 개방적이며 발전적이고 전략적 공간을 확보할 수 있다.

위와 같은 의미로 '소통'을 이해할 때, 저자의 세 번째 저서인『兵学と朱子学・蘭学・国学』(平凡社, 2006/역자 옮김,『일본사상으로 본 일본의 본질』(논형, 2014)을 이은 네 번째 저서가『江戸後期の思想空間』이고, 이 책 역시 그 '사상 공간'을 조밀하게 채우고 있는 이념은 곧 '소통'이 아닌가 생각한다. 세 번째 저서의 연장이라는 관계를 고려하여, 그 핵심 컨셉트였던 근세 후기의 '공명'의 추구, 내셔널한 '국익' 의식, 덴노의 권위에 대한 관심의 제고라는 측면에서 볼 때, 이 책은 이전 보다 훨씬 다양한 사상가와 텍스트를 분석함으로써 그 사상적 내실을 보다 상세히 논하고 있다. 난학자들의 서양인식에 대한 검토와, 특히 여성 경세사상가 다다노 마쿠즈只野真葛와 국학자이자 가인인 도모야바시 미쓰히라伴林光平, 신도가 난리 유린南里有隣, 그리고 계몽사상가 쓰다 마미치津田真道의 초기사상을 다룬 것은 에도 일본사상 연구에 큰 족적을 남긴 것이다.

저자는 '에도 후기의 사상 공간'이라는 학문적 시공간을 특정하여, 근세 후기 일본의 사상계를 예리한 각도로 심도 있게 조망한다. 그 조망의 근저에는, 특히 난학과 국학 그리고 일본 유학儒学이 각각 효율적이고 실질적인 '소통'을 추구함으로써, 무위武威를 앞세운 병영국가 체제였던 도쿠가와德川 일본과는 다른, 세계 속에서의 '우리 일본'과, 국익을 위한 '공명', '덴노天皇' 중심의 천황제를 기축으로 하는 내셔널한 새로운 '국민국가 일본'을 지향했다는 전제가 깔려 있다고 생각한다. 그 전제를 바탕으로 저자가 '에도 후기 사상 공간'을 통해 전달하는 메시지는, 그 공간을 채우고 있는 '소통'의 방법과 양식이다. 그 양식 가운데 가장 두드러진 것은 이전 시대에는 없었던 '회독会読'이라는 방식을 통한 '토론'의 가능성과 그것으로 확대된 커뮤니케이션의 발달이다. 18세기 근세 일본의 공공 공간에는 소라이徂徠 학파에서 시작하여 주자학朱子学뿐만 아니라 난학계蘭学系와 국학계国学系까지 퍼져 나간, 함께 모여 읽는다는 '회독'이라는 독특한 독서 방법이 있었음을 저자는 풍부한 인용 자료로 뒷받침하고 있다.

'회독'은 뜻을 함께 하는 사람들이 모여 난해한 텍스트를 토론하며 읽어나가는, 같은 시대의 조선과 중국에는 없었던 독특한 공부 모임이었다. '회독'은 이른바 '공명'을 높여 세상과 '소통'하기 위한 수단이었고, '소통'을 통해 새로운 세상을 개척해 나가고자 하는 열정이었던 것이다. 18세기에 발흥한 난학과 국학이라는 신학문이 실은 공동 독서회장을 거점으로 하여 탄생했고 이 신학문이 지향했던 '일본'과 '덴노'라는 내셔널 아이덴티티가 근대 국가로서의 일본으로 이어진 '소통'의 역할을 했다는 의미다. '회독'을 통해 훨씬 세련되면서 거듭난 '소통'법이 메이지 시대를 여는 기폭제였고, 메이지기 시대를 이끈 정신적 에너지원이었음을 저자는 여러 사상가들의 언설로써 증명하고 있다.

모토오리 노리나가本居宣長나 아이자와 세이시사이会沢正志斎의 '덴노'와 '황국' 그리고 '국체' 개념, 아라이 하쿠세키新井白石 · 야마무라 사이스케山村才助 · 아오치 린소靑地林宗 · 미쓰쿠리 쇼고箕作省吾 등의 난학자들이 네덜란드 서적 번역을 통해 세계지리와 관련한 정보를 습득하게 되면서 그 속에서 세계 속의 '일본'이라는 관념이 싹튼 것, 야마가타 반토山片蟠桃의 '우리 일본' 의식, 그리고 와타나베 가잔渡辺崋山이나 시바 고칸司馬江漢, 혼다 도시아키本多利明, 사쿠마 쇼잔佐久間象山 등에 보이는 경쟁을 통한 '공명'의 희구, 보기 드문 여성 사상가 다다노 마쿠즈에게 보이는 '일본' 의식의 맹아라는 동기부여가 바로 세상과 새롭게 '소통'하고 자 했던 의식적인 이념이었고 행위였던 것이다.

따라서 에도 후기는, 학문적·사상적으로 이런 '소통'의 장이 확대 재생산됨으로써, 메이지 유신을 통한 근대 일본의 초석이 굳건히 놓인 시기였다고 해도 크게 틀리지 않을 것이다. 이는 이 책 1편 1장 「근세 일본의 공공 공간」과 2장 「토론에 의한 커뮤니케이션의 가능성」에서 충분히 확인할 수 있는 메시지이다.

결론적으로, 본서가 갖는 중요한 의미는 여러 개별 사상가와 학파 를 분석하면서 언급한, '토론에 의한 공공 공간의 성립'이 가능해졌음 을 주목한 것에 있다. 저자는 학문의 장에서의 '회독'이라는 독서법을 통해, 토론에 의한 진리의 발견이라는 방법을 존중하며 성장한 의식 이, 근세 일본사회에 전방위로 확산된 것을 중시한다. 이것이 '공명'의 희구에서 내셔널한 아이덴티티 의식까지 연결짓는 지적 장치 혹은 제 도로서의 구실을 충분히 했다는 것이다. 즉, 저자는 18세기의 소라이 학의 학문 방법론에서 촉발된 충격이 주자학자들과 난학 및 국학으로 도 확산되었고, 18세기 후반이 되자 여러 학문의 필드에서 텍스트에 서 진리를 찾아내는 방법으로서 중시되었으며, 나아가 그것이 도쿠가 와 막부 말기에서 메이지 초기의 정치토론장을 향한 지적인 태도에 큰 영향을 끼쳤다는 것을 큰 스펙트럼에서 논의하고 있다. 한편 그러한 과정에서 그 장에서는 '규범'을 존중하고 중시하는 민주적 태도도 함께 함양되었음이 주목된다.

그러나 저자는 18세기 후반에서 막부 말에 성립했던 위와 같은 '공 공 공간'을, 단순히 개방된 정치적 토론 공간으로서 공공성을 지향한 발전적 성격으로서만 이해하지는 않았다. 저자는 모토오리 노리나가, 다다노 마쿠즈, 도모야바시 미쓰히라의 사상을 검토하면서 지식인의 자기정체성에 대한 갈망과, 현실과 어긋나는 이념의 고충이라는 한탄스러움도 동시대의 지성에 존재했었음을 지적한다.

즉 노리나가는 냉혹한 시장경제 사회에서 선조 대대로의 가업에 충실해 온 자[律儀者]가 행복해지지 못하는 '약자의 울분'[=르상티망]을 치유하기 위한 심리적 보상으로서 '신대' 이래 '황국'의 올바른 삶의 방식을 이념으로 제시했고, '덴노의 대어심大御心'을 마음으로 삼아 일체화함으로써 구제된다고 믿었다는 것이다. 이와 비슷한 심리적 기제는, 여성이기 때문에 어떤 학문이 가능해도 새장 안의 새처럼 '공명'의 기회가 주어지지 않는다고 여기는 다다노 마쿠즈에게서도 찾을 수 있다. 마쿠즈는, 여성이기 때문에 사회로 편입될 기회가 이미 박탈되었고 그러므로 정당한 대접 자체가 무시되었던 실상을 '아국', '일본', '국익'이라는 내셔널한 가치로써 극복하려 했던 진취적 지향성이 있었다는 것이다. 마찬가지로 막부 말기의 국학자 도모야바시 미쓰히라는 현세의 사회적 관계 가운데에서는 자기의 생의 의미를 충분히 발할 수 없다는 불만에서, 가미神와 직접적인 일체감을 급진적으로 표현하고자 했던 욕구가 보인다고 저자는 말한다. 역자가 보기에 이는 일본의 독특한 내셔널리즘의 원천으로서, 오늘날까지도 일본인들의 정신세계를 일관되게 지배해 온 이념으로 작동하고 있는 심리적 기제라 생각된다.

마지막으로 역자는 '벤쿄카이勉強会'와 에도 후기 사상 공간에서의 '소통', 즉 '커뮤니케이션'과의 연계성에 주목하고 싶다.

요즘 언론에 자주 등장하는 시사용어 중에 공유가치창출(CSV, Creating Shared Value)이라는 용어가 있다. 기업과 사회가 경제적 가치와 사회적 가치를 함께 창출하는 것을 의미하는데, 이는 근세 일본의 공공 공간의 이미지와 맞아 떨어진다고 생각한다.

현대 일본 사회를 이해하는 데 제외될 수 없는 것이 벤쿄카이勉強会다. 벤쿄카이는 말하자면 공유가치를 창출하기 위한 모임으로서, 그 역사적 연원이 에도 후기의 회독에 있다고 생각한다. 즉 고전을 해석하기 위한 방법에서 시작하여 학문 집단에서 행한 회독에서의 토론은, 막말기의 정치적 위기를 해결하기 위한 정치적 쟁점의 토론으로 변모했고, 나아가서 메이지기의 민권결사에서의 벤쿄카이에도 이 방법이 계승된 것이다. 현대 일본을 이끄는 힘인 벤쿄카이의 원조가 에도 후기에 있었던 것으로, 우리가 주목해야 할 사상事象이 아닌가 생각한다.

워낙 천학비재한 탓에 에도 후기 원문 그대로의 인용문 및 와카和歌을 옮기는 과정에서 일부 오역이 있을 수 있음을 솔직히 고백한다. 독자 제현의 질정을 기다린다. 이 책이 아직 척박한 국내 일본사상사학 풍토 개선과 그 연구자들의 연구 활동에 조금이라도 도움이 된다면 역자로서는 그로써 족할 따름이다.

원고를 끝까지 꼼꼼히 살펴보고 오류를 지적해 주신 이용화 선생께는 어떤 감사의 말씀도 적당하지 않음을 안다. 책이 나올 수 있도록 애쓰신 편집부 소재천 팀장의 노고 또한 큰 힘이었다. 소재두 대표의 열정과 의지가 아니었으면 '에도 후기의 사상 공간'의 실상을 세상에 알릴 수 없었으리라. 그리고 무엇보다도 아내 정수에게 고맙다는 말을 전한다.

2020년 정초
겨울비 내리는 성석동 우거에서 이용수 삼가 씀.

시작하며

　이 책의 대상인 에도江戸 후기는 18세기 중반, 연호로는 보레키宝暦 (1751~1764) 연간(1750년대)부터 메이지明治 유신까지를 가리킨다. 사상사적 으로 이 시대는 다양한 사상이 개화했던 풍요로운 시대였다. 유학계에 서는 18세기 전반인 교호享保(1716~1735) 연간에 오규 소라이荻生徂徠[1]가 고문사학古文辞学/고분지가쿠의 방법으로 동아시아의 정통 사상인 주자학朱 子学/슈시가쿠에 대해 과감하게도 이의를 제기하며 새로운 유학 사상을 내 세웠다. 18세기 중반이 되자 소라이학徂徠学(소라이가쿠. 이하 '소라이학'이라 하며 인명 · 지명 뒤에 붙은 '学'은 '가쿠'가 아닌 '학'으로 통칭함/역주)을 옹호하고 비판하는 책 들이 다수 간행되어 유학계는 큰 변화를 맞이한다. 소라이–반소라이 논 쟁을 계기로 그 후 절충학, 정학파 주자학, 고증학 등이 차례로 등장하 게 된다. 또 이 소라이학에 자극받아 국학国学/고쿠가쿠과 난학蘭学/란가쿠

---

1) 1666~1728. 에도 시대 중기 고학파의 대표 사상가. 야마가 소코山鹿素行 (1622~1685), 이토 진사이伊藤仁斎(1627~1705) 등과 함께 고학파 3인방으로 불리나 세 사람 사이의 학문적 사숙관계는 없다. 3인 공히 주자학을 비판하고 선진유학에서 유학의 본질을 찾고자 했다는 점에서 '고학파'로 규정된다. 소라 이학을 특히 고문사학古文辞学/고분지가쿠라 하는데, 그의 사상은 『弁道』와 『弁 名』, 『論語徵』, 『学則』 등에 녹아있다. 그 외 『太平策』, 『政談』 등을 통해 실 용주의적 경세사상을 펼쳤다. 사상의 핵심은 '선왕의 도先王之道'를 현실 정치 와 민생에서 구현하는 것이다. 마루야마 마사오丸山眞男가 『日本政治思想史研 究』에서 소라이를 에도 시대 '정치의 발견자'로 규정한 것은 너무도 유명하다. 에도 시대 학문, 특히 유학은 소라이에 의해 전근대에서 근대로 전환할 수 있 는 맹아가 움텄다는 것이다. 조선의 다산茶山 정약용丁若鏞도 소라이와 그의 제 자 다자이 슌다이太宰春臺의 학문을 높이 평가하고 있을 정도로 에도 유학계의 거봉이다/역주

이 나왔다. 국학만 보더라도 가모노 마부치賀茂眞淵[2]의 겐교몬縣居門, 모토오리 노리나가本居宣長[3]의 스즈노야몬鈴屋門, 히라타 아쓰타네平田篤胤[4]의 기후쿠야몬気吹屋門 등의 학파가 번창했다. 게다가 유학과 난학, 국학

2) 1697~1769. 에도 중기의 국학자, 가인歌人. 『万葉集만요슈』을 중심으로 한 고전연구 등 근세 국학연구 및 와카和歌 사상史上 큰 족적을 남긴 국학사대인四大人 중한 사람. 모토오리 노리나가本居宣長 를 비롯한 많은 문인을 배출했다/역주

3) 1730~1801. 에도 중·후기의 국학자. 국학 사대인四大人으로 일본 국학의 원조라 불린다. 이세伊勢(지금의 미에현三重県)의 마쓰자카松坂 출신. 호는 슌안舜庵(春庵) 혹은 스즈야鈴屋. 교토에 유학하여 의학을 배우는 한편 호리 게이잔堀景山에게 유학을 배우고 오규 소라이와 게이츄契沖 등의 학풍에 촉발된다. 『源氏物語겐지모노가타리』 등을 연구하고 뒤에 가모노 마부치 문하에 들어가 고도古道연구에 뜻을 두고 고어의 실증적 분석을 통해 상대의 생활·정신을 이상으로하는 일본 독자의 '고도설古道說'을 주창하면서 30여년 동안『古事記伝고지키덴』저술에 몰두한다. 노리나가의 필생의 과제는 올바른 일본 문화에 뿌리를 둔, 외래로부터 온 것이 아닌 학문을 구축하는 것이었다. 때문에 그가 강하게 주장했던 것은 일본인 마음 깊이 스며들어 있는 한의漢意/가라고코로(=중국풍의 발상)를 제거하고 '야마토다마시이大和魂(일본인 마음의 본래 모습)'를 회복하는 것이었다. 또 '모노노아와레物のあわれ'를 중심으로 한 문학론을 비롯, 다방면에 걸친 연구와 저술에 힘썼다. 『うひ山ぶみ우히야마부미』『玉勝間다마카쓰마/옥승간』『直毘靈나오비노미타마/직비령』『鈴屋集스즈야슈/영옥집』 등을 썼다/역주 *디지털판 일본인명대사전, 아사히일본역사인물사전 일부 인용.

4) 1776~1843. 에도 후기의 국학자. 아키타秋田 출신. 노리나가와 함께 국학 사대인四大人. 20세 때 탈번脫藩 하여 에도로 나가 노리나가의 학문을 고도학古道學으로 규정하고 노리나가 사후 그 후계자임을 자칭함.고전 연구를 기반으로노리나가의 고도古道 정신을 확대, 강화하고 복고신도復古神道를 고취하면서 유교를 비판함. 막말幕末 존왕양이尊王攘夷 운동에 영향을 주는 등 존왕복고尊王復古를 주장하는 고도학을 개척했고, 막말 국학의 주류인 히라타 신도를 열었다. 남긴 책으로『古事伝』『古道大意』『靈能眞柱다마노미하시라/영능진주』 등이 있다/역주 *디지털판 일본인명대사전, 아사히일본역사인물사전 일부 인용.

의 범위에 한정되지 않고 안도 쇼에키安藤昌益,[5] 미우라 바이엔三浦梅園[6]
같은 독창적 사상가도 출현하는 등 마치 백가쟁명百家爭鳴을 방불케 하
는 양상이 전개되었다. 에도 후기에는 이와 같이 여러 사상이 탄생하고
각자가 서로 강하게 의식하면서 어떤 경우에는 대립하고 어떤 경우에
는 교착하며 전개되는 하나의 사상 공간이 형성되었던 것이다.

　에도 후기의 사상 공간에 등장한 소라이학은 참신한 사상 내용도 내
용이지만 새로운 독서 방법 창안이라는 점에서도 획기적인 의의가 있
다. 모임을 만들어서 경서経書와 사서史書 텍스트를 읽는, 회독会読/가이도
쿠이라는 방법이 바로 그것이다. 이는 문자 그대로 뜻을 함께 하는 동지
同志들이 정기적으로 모여 난해한 텍스트를 토론해가며 읽어 나간다는,
중국과 조선에는 없는 새롭고 기이한 독서 방법이었다. 18세기 중엽에

---

5) 1703?~1762. 에도 중기의 농본農本사상가이자 의사. 아오모리靑森출신. 생
산 활동을 자연·사회·인체의 통일 원리로 보고, 모든 사람이 사유지를 갖
고 생산 활동을 하는, 신분 차별 없는 철저한 평등주의에 기반한 사회를 이상
사회라 주장하며 사무라이武士가 농민의 생산을 수탈하는 봉건 영주제와 봉건
적 신분제도를 비판했다. 그의 사상은 유교, 불교, 무도巫道와 노장老莊 법가
등을 비판하면서 일본과 일본인을 최우수로 여기는 일본우월주의적 자연신
도(신유불이 섞이기 이전의 신도)를 고무시켰다. 중국의 왕을 수탈자로 부정하는
한편 일본의 덴노天皇를 자연 신도의 체현자로, 농업의 보급자로 긍정했다. 한
편 현실적인 차별사회를 이상적인 평등사회로 변혁하기 위한 과도기적 사회
로서 덴노에 의한 전국지배와 일가일족에 의한 지역지배를 구상했다. 메이지
때 그의 사상이 소개되었으며 2차 대전 후 E.H.노먼(캐나다 외교관으로 일본사
연구가)에 의해 '잊혀진 사상가'로 세간에 널리 알려지게 되었다. 주저에『自然
眞營道』『統道眞伝』등이 있다/역주 *디지털판일본인명대사전, 아사히일본역사인물사
전 일부 인용.

6) 1723~1789. 에도 중기의 유학자이자 철학자, 의사. 분고農後(지금의 오이타大分)
출신. 청년기에 중국을 경유한 서양 천문학을 접하고, 당시 일본 사상계를 대
표하는 불교와 유학과는 본질적으로 다른, 유학과 양학을 조화시켜 우주의 구
조를 설명하는 제3의 철학체계인 조리학條理學 이라는 독자적 학문체계를 구
축했다.『玄語겐고』는 그 주저. 그 외의 주저로『贅語게이고』와『敢語간고』가 있
다. 이 셋을 스스로「梅園三語바이엔산고」로 이름 했으며 이 세 저작이 바이엔
사상의 골격을 이룬다/역주 *위키피디아, 일본대백과사전, 아사히일본역사인물사전 일부
인용.

는 이 회독 독서 방법을 소라이학파 뿐만 아니라 소라이에 반기를 든 절충학자와 주자학자들도 왕성하게 활용하는 등 유학계를 넘어 퍼져 나갔다. 회독장에서 취급된 텍스트가 중국의 고전 텍스트만이 아니었다는 점도 흥미롭다. 가로 쓰기인 네덜란드어 텍스트, 혹은 만요가나万葉仮名로 쓰여진『万葉集만요슈/만엽집』같은 고대 일본의 텍스트까지도 지적 호기심의 대상이었다. 전자前者가 저 마에노 료타쿠前野良沢와[7) 스기타 겐파쿠杉田玄白[8)의『ターベル・アナトミア타베르 아나토미아』[9) 회독이고, 후자가 예를 들면 가모노 마부치와 모토오리 노리나가의『만요슈』회독이었다. 18세기에 발흥한 난학과 국학이라는 신학문은 사실 이러한 공동 독서회장을 거점으로 하여 탄생했었다.

또 '도쿠가와德川의 평화'로 불리는 태평성세의 에도 후기는 '무위武威'의 병영국가가 붕괴되기 시작하고 새로운 국민국가를 향해 조금씩 걸음을 옮겨가는 시대였다. 이러한 근대 국민국가, 보다 단적으로 말하면 덴노제天皇制 국가가 태동된 시대로서의 에도 후기를 파악할 때, 사상사적 관점에서 주목해야 할 것은, 다양한 여러 사상 속에서 고개를 내민 '일본'과 '덴노天皇'라는 언설이다. 특히 이 시대의 부산물인 난학과 국학에는 그 중심에 '일본'과 '덴노'라는 관념이 자리 잡고 있다. 모

---

7) 1723~1803. 에도 중기의 난학자, 난방蘭方 의사. 스기타 겐파쿠杉田玄白 등과 함께 일본 최초의 난학 번역서인『解体新書가이타이신쇼』번역에 고문으로 참여하는 등 에도 난학의 발흥기에 지도자적 역할을 했다/역주 ＊디지털판 일본인명대사전 일부 참조.

8) 1733~1817. 에도 중·후기의 난방의사, 난학자. 1771(明和8년) 에도의 형장인 고즈카파라小塚原에서의 사형수 해부견학이 계기가 되어 마에노 료타쿠 등과 함께 네덜란드 의학서적『타벨아나토미아』번역에 착수, 1774(安永3년)에『解体新書』라는 제목으로 간행/역주. ＊디지털판 일본인명대사전, 아사히일본역사인물사전 일부 인용.

9) 독일인 의사 요한 아담 쿨무스(Johan Adam Kulmus, 1689~1745)의 해부학 책인 Anatomische Tabellen의 네덜란드 번역서. 후의『解体新書』의 저본이다/역주

토오리 노리나가 등의 국학자가 주창한 '황국皇国'과 '덴노'는 말할 것도 없고, 난학자들도 네덜란드 서적 번역을 통해 세계지리 정보를 습득하면서 세계 속의 '일본'이라는 의식이 강화되었던 것이다. 그 의미에서 '황국'과 '일본'은 에도 후기의 사상 공간에서 중심적 언설이 되었다.

물론 '일본'과 '덴노'라는 관념이 에도 시대 사람들의 눈으로 볼 때 상당히 기이했다는 사실을 간과해서는 안 된다. 그들이 살았던 시대는, 자신이 소속된 번藩/한과 무라村와 죠町 그리고 사무라이武士/부시와 햐쿠쇼百姓・죠닌町人[10]이라는 신분이 자기동일성=아이덴티티의 근거였기 때문이다. 때문에 그것을 초월한 '일본' 혹은 '덴노'에 자신의 삶의 의미가 있고 그것을 위해 자신의 목숨을 바친다는 것은 많은 대다수의 사람들에게 그야말로 몽상에 지나지 않았다. 그러나 19세기 내우외환 위기의 시대, 특히 가에이嘉永(1848~1854) 때의 페리의 내항 이후인 막부 말기[幕末/바쿠마쓰]에는 존왕양이尊王攘夷/손노죠이 사상이 확산되면서 동시에 그러한 기묘한 관념에 따라 목숨을 바치는 사람들, 즉 지사志士/시시들이 생겼던 것이다.

도대체 왜 이런 사태가 에도 후기에 일어났는가. 그 정도로 '일본'과 '덴노'라는 관념이 매혹적이었는가. 이 책 2부에서는 그 이유를 개개의 사상가의 사상 형성을 매개로 탐색해 본다. 일본사상사학 창시자의 한 사람인 무라오카 쓰네쓰구村岡典嗣[11]가 즐겨 인용한 '인식된 것의 인식'이

---

10) 에도 시대는 철저한 세습 신분주의 사회였다. 즉 사농공상(武)士農工商의 사민四民 체제로, 사무라이武士는 지배층, 나머지 삼민은 피지배층이었다. 햐쿠쇼는 농민 계층이고 죠닌은 하급 사무라이들과 함께 죠카마치城下町에 모여 살았던 도시 상공인들을 말한다. 에도 시대는 시기별로 교토京都와 에도를 중심으로 독특한 죠닌 문화가 형성되었는데 그 중 상당 부분은 현대 일본에도 맥을 잇고 있다/역주

11) 1884~1946. 메이지, 쇼와昭和시대 전기의 역사학자이자 일본사상사학자. 일본사상사학을 확립하였고, 국수적인 조류 속에서 엄정한 학문적 입장을

라는 문헌학적 방법에 의해 국학자와 난학자의 내면을 모색하여 국민
국가 형성의 맹아기에 '일본'과 '덴노'라는 신기한 관념, '일본인'이라는
내셔널 아이덴티티가 발생해 가는 현장을 재현해 본다. 그럼으로써 '일
본'과 '덴노'라는 언설이 초점이 된 에도 후기의 사상 공간을 평면적 시
각이 아니라 깊숙한 속내로 파악할 수 있게 될 것이다.

고수했다. 유럽에 유학하여 철학을 공부하고 독일 신칸트학파의 문화학적
방법을 일본사상사 연구에 적용했다. 『本居宣長』『日本文化史概說』『日本思
想史硏究』『神道史』 등을 남겼다/역주 ＊디지털판 일본인명대사전, 세계대백과사전 일부
인용.

차 례

3장 난학자의 국제사회 이미지
— 세계지리서를 중심으로

4장 국학자의 서양인식

일러두기

1. 일본어의 한글 표기는 국립국어원에서 제정한 외래어 표기법을 따랐다.

2. 관련 용어는 일본어 발음대로 표기함을 원칙으로 했으나, 다만 막부幕府, 현縣, 신사神社 등과 같이 일반적으로 한국어 발음 표기로 통용되는 것은 그대로 따랐다.

3. 한자는 저본에서 사용한 일본 한자 표기를 그대로 따랐다. 예) 會讀 → 会読

4. 에도 시대에 통용된 외국지명은 당시의 가타가나 발음대로 표기했다.

5. 초출 서명 읽기는 한자 뒤에 한국어 발음으로 표기함을 대전제로 했으며, 널리 통용되는 서명의 경우 일본어 발음을 부기했다. 예)『日本書紀일본서기/니혼쇼키』. 같은 책이 다시 나올 때는 한글로만 표기했다. 예)『일본서기』

6. 독자의 이해도 제고를 위해 중요한 인명, 서명, 사건, 용어 등에 대해서는 역자의 각주를 부기했다. 저자주와의 구분을 위해 해당 각주 끝에 '/역주'로 표기했다.

1부
사상 공간의 성립

회독장

1장
근세 일본의 공공 공간
'회독會讀'의 장에 주목하여

『난학사시』의 번역을 둘러싸고 촛대 앞에서 토론하는 스기타 겐파쿠(杉田玄白)와 나카가와 준안(中川淳庵)

1. 학습 방법으로서의 회독

근세 일본의 신분제 사회에서 개개인이 동등한 위치에서 관계를 맺을 공공 공간의 여지는 거의 없었다. 그러나 그런 가운데 학교라는 장소는 눈길을 끈다.[1] 예를 들면 막부幕府 말기의 개명사상가 요코이 쇼난橫井小楠은 『学校問答書학교문답서』(嘉永5年)에서 학교와 정치의 일치를 추구하며 다음과 같이 말한다.

> 위로 군공君公을 비롯하여 대부大夫와 (무)사士의 자제에 이르기까지 여가가 있으면 서로 어울려 강학講學하는데, 혹은 사람들의 심신의 병통病痛을 경계傲戒하고, 혹은 당시의 닌죠人情와 정사政事의 득실을 토론하고, 혹은 이단사설異端邪說과 사장기송詞章記誦의 그릇됨을 변명弁明하고, 혹은 독서読書와 회업会業과 경사経史의 뜻을 강습하여 덕의를 기르고 지식을 밝힘을 본의로 하고 있다. 조정朝廷과 강학은 본래 두 갈래 길이 아니다.[2] (『学校問答書』)

쇼난은 학교를 '위로 군공을 비롯하여 대부와 (무)사의 자제에 이르기까지'가 '심신의 병통'을 서로 비판할 뿐만 아니라, '당시의 닌죠人情와 정

---

1) 데쓰오 나지타テツオ・ナジタ 『懷德堂』(고야스 노부쿠니子安宣邦 訳, 岩波書店, 1992年)참조. 나지타는 학문으로서의 가이도쿠도의 내부공간이 '합법적 성역'으로 정의되어 그 안에서는 서민인 상인들이 외부 세계로부터의 간섭 없이 도덕적이고 실천적인 인식을 추구하고 논의할 수 있었던 것에 주목하여, 그것이 18세기 후반의 지적 '네트워크'의 장이었다고 강조한다. 미타니 히로시三谷博도 사숙私塾이 '지식인의 수평적 네트워크'를 육성했다고 지적한다(「日本における '公論'慣習の形成」, 三谷博編 『東アジアの公論形成』 東京大学出版会, 2004年).

2) 『渡辺崋山・高野長英・佐久間象山・橫井小楠・橋本左內』(日本思想大系55, 岩波書店, 1971年) 431쪽.

사의 득실을 토론'하는 등의 신분 질서를 넘은 공공 공간으로 만들 것을 추구했다. 이에 대해 미나모토 료엔源了圓은, 쇼난이 "강학講学과 강습講習에서의 토론을 통한 공론의 형성"이라는 구상을 갖고 있었음을 예리하게 지적하고 있다.[3] 여기서 주목할 것은, 쇼난이 이런 학교론을 말하면서 '독서의 회업会業과 경서経書 사서史書의 뜻을 강습'할 것을 주장했던 점이다. 주지하는 바와 같이 구마모토熊本의 지쓰가쿠도実学党[4]의 발단은 덴포天保 14년(1843)에 쇼난이 나가오카 겐모쓰長岡監物・시모즈 구마下津久馬・오기 마사쿠니荻昌国・모토다 나가자네元田永孚 등과 함께『近思録근사록』을 텍스트로 시작한 회독이었다. 그들 지쓰가쿠도의 인물들은 신분과 나이 차이에도 불구하고 "모두 벗의 사귐으로써 임하고, 사제의 보살핌"으로써 하지 않는 '간절하고 정성스런[懇誠][5] 집단을 결성하여 "그 강론에 이르러서는 그 아님을 책하고 그 만족하지 않는 바를 진전시켜, 추호도 가차 없이 눈을 부릅뜨고 소리를 내어 서로 다투기를 그치지 아니

---

3) 源了圓「横井小楠における'公共'の思想とその公共哲學への寄與」(『公共哲学3 日本における公と私』東京大学出版会, 2002年),「横井小楠における'開国'と'公共'思想の形成」(『日本学士院紀要 57巻 3号, 2003年 3月) 참조. 쇼난의 '공공'사상을 선구적으로 다룬 연구로서 가루베 다다시苅部直「'利欲世界'と'公共の政'─横井小楠・元田永孚」(『国家学会雑誌』 104巻 1,2号, 1991年 2月) 참조. 쇼난 뿐 아니라 에도기의 '공론'에 관한 연구로서는 비토 마사히데尾藤正英「明治維新と武士─'公論'の理念による維新像再構成の試み」(『思想』 735号, 1998年 9月),『江戸時代とはなにか』수록, 岩波書店, 1992年), 다하라 쓰구오田原嗣郎「日本の公・私(上・下)」(『文学』 56巻 9,10号, 1988年 9,10月), 와타나베 히로시渡辺浩「'おほやけ''はたくし'の語義」(『公共哲学1 公と私の思想史』東京大学出版会, 2001年), 구로즈미 마코토黒住真「日本における公私問題」(위『公共哲学3』,『複雑性の日本思想』수록, ぺりかん社, 2006年)가 있다. 다만 요코이 쇼난의 사상으로 대표되는, 비토가 말하는 막부 말기의 '공론' 존중의 사고가 어떤 마당에서 발생했는가에 대하여, 회독에 착목한 연구는 없다.

4) 막부 말기의 구마모토 번藩에서 요코이 쇼난・나가오카 고레가타長岡是容・모토다 나가자네 등 번정 개혁을 요구한 한시藩士들이 결성한 모임. '히고肥厚 지쓰가쿠도'라고도 한다/역주 *위키피디아 일부 인용

5) 가이고 도키오미海後宗臣(編)『元田永孚文書』巻1(元田文書研究會, 1969年), 28쪽.

하니 이미 환연빙석渙然氷釋[6] 후에야 담소하기를 그쳤다"[7]고 하듯이 철저한 토론을 거듭했다. 이 회독에 참가한 적이 있는 안사이闇斎 학파 주자학자인 구스모토 세키스이楠本碩水(1832~1916)는 사실, "나도 쇼난의 회독 자리에 함께 한 적이 있었다. 논어였는데, 거기에서는 한 사람이 본문과 집주集註를 소리 내어 읽을[素読] 뿐 나머지는 토론이다"[8](『過庭余聞』)라고 회상하고 있다. 미나모토는, 회독에서의 이러한 '토론' 체험이 기초가 되어 "자신과 의견 · 견해를 달리하는 '타자'와의 토론과 대화를 통해 비로소 '공론'이 형성된다"는 쇼난의 개화적 지향도 생겼다고 한다.

집단에서 하나의 텍스트를 읽는 회독이 쇼난의 회독 모임만의 전매특허가 아니었음은 물론이다. 회독은 당시 에도의 쇼헤이코昌平黌[9]와 전국 각지의 한코藩校/번교에서, 그리고 민간의 사숙私塾[10]에서 실행되고 있었기 때문이다. 지금까지도 정기적으로 "여러 사람이 모여 책을 읽고 연구하는"(『国史大辞典』) 회독은 근세 한코의 학습 방법의 하나로서

---

6) 얼음이 녹듯이 마음에 한 점의 의심도 남기지 않고, 의혹이나 미혹이 풀림/역주

7) 『元田永孚文書』 卷1, 35쪽.

8) 『楠本端山 · 碩水全集』(葦書房, 1980年) 337쪽.

9) 에도 막부의 학문소. 1632년에 에도 유학의 원조元祖 하야시 라잔林羅山(1583~1657)이 우에노上野의 시노부가오카忍ヶ岡에 공자묘를 세운 것이 기원이다. 5대 쇼군將軍 도쿠가와 쓰나요시德川綱吉가 1690년에 간다神田의 유시마湯島로 이전했다. 린케林家가 대대로 다이가쿠노카미大学頭를 맡았는데, 이로써 관학으로서의 쇼헤이코[=유시마세이토湯島聖堂]가 등장했다. 그 후 크게 번성하지 못했으나 간세이寛政 개혁 때 쇼헤이자카가쿠몬쇼昌平坂学問所로 개칭하면서 관학 진흥을 꾀했다. 1870년(明治3)의 학제개정 때 폐교된다. 오늘날 도쿄 대학 전신. 에도가쿠몬쇼江戸学問所라고도 했다/역주 *『大辭林』 일부 인용

10) 에도 시대 18세기 후반에 각 번藩에서 세운 번사들의 자제를 위한 교육시설이 한코이다. 유학 교육이 주었으나 때에 따라서는 양학과 의학을 가르치기도 했다. 이에 대해 11대 쇼군인 도쿠가와 이에나리德川家斉 시대에는 한코와 더불어 서민을 대상으로 한 데라코야寺子屋도 설립되어 읽기, 주산 등을 가르쳤다. 사숙은 말 그대로 개인이 세운 교육기관으로 농민과 죠닌町人의 자제를 받아서 가르친 강습소로 중요한 역할을 했다/역주

교육사 연구가 주목해 온 바다.[11] 소독素読[소리 내어 읽기]과 강석講釈이 주로 하급자의 학습 방법이었음에 비해[12] 회독은 그것을 배워서 몸에 익힌 상급자가 "한 방에 모여 정해진 경전과 장구章句를 중심으로 서로 문제를 내기도 하고 의견을 주고받거나 하여 집단 연구를 하는 공동 학습 방식"[13]이라고 정의, 그 자기계발적인 학습 방법을 높이 평가하고 있다.

근세 일본의 공공 공간을 고찰할 때 이 회독을 눈여겨보아야 하는 이유는, 근세인들에게 비일상적인 논의와 토론이 거기에서 이루어졌기 때문이다. 그 증거로 한코의 회독과 관련하여 『日本教育史資料일본교육사자료』에 '논의'와 '토론'이라는 단어가 빈번하게 등장한다. 예를 들면, "과

---

11) 회독을 고찰한 연구에는 후루타 도사쿠古田東朔「江戸期の学習方法」(『日本育英会研究紀要』2集, 1964年 3月), 다케다 간지武田勘治『近世日本学習方法の研究』(講談社, 1969년), 모즈미 지쓰오茂住實男「会読について(1)(2)」(『大倉山論集』34輯, 44輯, 1993年, 1999年)이 있다.

12) 회독의 전단계 학습방법으로서의 소리 내어 읽기가 에도시대의 '지적知的' 습관을 구성했음의 의의에 대해서는 나카무라 슌사쿠中村春作「'均質の知'と江戸の儒教'」(『江戸儒教と近代の'知'』수록, ぺりかん社, 2002年) 참조. 나카무라의 지적과 같이, 소리 내어 읽기는 "규율=훈련적인 신체적 이해 방법"이었음에 비해, 본 장에서 주목하는 회독은 자주적인 '토론'을 주로 하는 이성적 이해 방법이었다. 가령 그렇게 말할 수 있다 하더라도 소리 내어 읽기의 '신체적 이해' 후의 단계였음을 어떻게 해석할 것인가가 문제가 된다. 이 점은 간세이리가쿠노킨寛政異学の禁/관정이학의 금 이후 소리 내어 읽기가 출신 계층과 지역성을 초월하여 '제도화'됨에 따라 '균질한 지'의 지반이 전국적으로 형성되어 '국민국가'의 '국민'을 창출한다는 나카무라의 지적이 충분히 시사한다. 나카무라는 샤르티에(シャルチェ)의 『読書の社会史』를 인용하여, '열린 지적 공간'으로서의 하버마스의 공공권公共圏 발생 문제를 언급하고, 그것이 일본에서는 메이지明治 초기에 논의되어야 했다고 주장하고 있다. 그러나 에도 시대의 회독이라는 장에서 주목되어야 할 것은 메이로쿠샤明六社와 같은 자주적인 결사의 성립을 기다릴 것도 없이 훨씬 더 빠른 시기에 소리 내어 읽기와 동시 병행적으로 회독의 장이라는 '공공권'에의 가능성이 있었다는 것에 주목해야 할 것이다.

13) 이시카와 겐石川謙『学校の発達』(岩崎書店, 1953年) 173쪽. *이시카와 겐(1891~1969):쇼와 시대의 교육학자. 근세일본교육사의 실증적 연구로 이름 높다. 주요 연구에 「石文心学史の研究」가 있다/역주

업의 예습은 성실히 하며, 또한 제 각각 수업할 책은 꼭 지참한다. 수업에 임해서는 반드시 잠자코 있지 않아야 할 것이며 서로 토론과 의문疑問 등을 왕성하게 다해야 할 것"[14](米沢藩, 當直頭申合箇條追加規則, 文久元年), "회독은 제비에 뽑힌 자가 이를 강독하고 그 이외의 회원은 깊이 들은 후에 글 뜻 가운데 의심되는 부분을 토론해야 함"(大野藩明倫館, 資料2冊, 69頁)이라 되어있다. 그 가운데에서도 가나자와 번金沢藩의 회독에 대한 다음과 같은 조문은 매우 세밀한 데까지 미치고 있다.

> 회독의 방법은 필경 도리를 논하여 명백한 데에서 낙착落着을 보기 위해 서로 마음을 비워 토론을 다함이 옳은 바, 그 중에는 피아彼我를 개입시켜 우열을 다하고자는 마음이 드높아, 변설弁舌의 꼬리를 갖고 다투고, 자세히 따지고 신중히 생각하는[審問愼思] 노력도 하지 않으며, 망령되어 자기를 옳다 하고 다른 이를 그르다고 하는 마음이 있는 것, 보기 흉한 일이다. 또한 자신이 무언가를 안다하여 자랑하는 기색을 나타내는 것, 타인이 소홀하여 빠트린 잘못을 망령되어 잘못되었다며 비웃는 것. 자신의 잘못을 꾸며 다른 견해에 뇌동하는 것, 경솔하게 이해했다는 얼굴을 하고 다른 견해를 짐짓 듣지 않는 것. 무릇 자신을 옳다 하여 의심하지 않는 것. 의심스러운 뜻이 있어도 자신 마음대로 해버리고 마는 것. 다른 사람의 번거로움을 꺼려하여 질문하지 않는 것. 미숙함을 부끄러워하여 말을 하지 않는 것. 이와 같은 것이 하나라도 있으면 위로 발달[上達]할 길은 없을 것이므로, 자신을 성찰하여 엄히 삼가야 한다고 말씀드리는 것. (加賀藩明倫堂, 入学生学的, 資料2冊, 194頁)

이 정도로 극히 상세하게 주의를 준 것은 그 만큼 토론이 활발했다는 말이다. 회독의 장에서는 의문을 그대로 두지 않고 그것을 서로 내놓아, 타인의 잘못에 대해 웃는다든지 자신의 그릇됨을 꾸민다든지 하지 않고

---

14) 문부성편文部省編 『日本教育史資料』 1책, 773쪽. 이하의 『日本教育史資料』 (文部省, 1890~92년)에서의 인용은 資料1冊, 773쪽으로 약기한다.

'도리'를 명백히 하기 위해 적극적으로 '토론'했다.

공공 공간의 여지가 거의 없었던 근세 일본 사회에서 하나의 텍스트를 기본으로 하여 토론, 의론하는 비일상적인 공간이 한코 속에서 등장했다는 사실은 눈여겨 볼 가치가 있다. 왜냐하면 그것은 가문과 신분, 격식의 차이를 넘어 서로 동등한 위치에서 관계하는 공공 공간이 성립하고 있었음을 뜻하기 때문이다. 예를 들면, 메이와(明和, 1764~1772) 원년에 가메이 난메이亀井南冥[15]가 세운 사숙 히에이칸蜚英館/비영관에서는 회독의 학습 방법을 채택하여 연령과 신분보다 회독장에서의 우열을 중시했다.

여러 생도들[諸生]의 자리 나눔[座班]. 숙생塾生은 나이로써 차례를 정한다. 밖에서는 신분[爵]으로써 차례를 정한다. 신분과 나이가 같으면, 그 차례는 입문의 선후로써 한다. 만약 어떤 이가 혹시 미루어 양보하여 스스로 아래가 되는 경우에는 굳이 순서를 고칠 필요는 없다. 단지 회강會講할 때의 전최殿最[꼴찌와 일등]는 그 때의 우열에 따른다. (『蜚英館学規』)[16]

입문할 때 일단 연령·학력·신분을 무시하는 히로세 단소廣瀬淡窓[17]의 사숙인 간기엔咸宜園/함의원의 삼탈법三奪法처럼, 속세의 가문과 신분에 관계없이 실력만이 진급을 결정하는 수단인 이질적 공간이 근세 일본에 존재했음을 알 수 있다. 모여서 하나의 텍스트를 읽는 회독의 장이 실질적으로 떠받치고 있었기 때문에 그런 공간이 성립할 수 있었음은 주목해야 할 대목이다.

이 장에서는 에도 후기에 이같은 회독이 어떤 과정을 거치면서 보급되었

---

15) 1743~1814. 에도시대 중,후기의 유학자, 의사. 후쿠오카 번福岡藩의 유의儒醫. 소라이학파 유자로 이름이 높았으며, 소라이학파 승려 다이쵸 겐코大潮元皓를 사사했다. 관정 이학의 금寬政異学の禁 때 실각한다/역주

16) 『龜井南冥·昭陽 全集』 卷1(葦書房, 1978年) 381쪽.

17) 1782~1856. 에도 후기의 유학자. 후고豊後 출신/역주

는지를 약술함과 동시에 회독의 원리적인 문제점을 밝힘으로써 근세 일본
의 신분제 사회에서의 공공 공간의 가능성을 고찰한다.

2. 회독의 기원과 유행

지금까지의 교육사 연구에서는 회독을 창안한 사람을 오규 소라이荻生
徂徠로 보고 있다. 회독이라는 공동 독서 형식이 실제로 소라이로부터 시
작했는가의 여부는 좀 더 검토할 필요가 있겠지만 동시대인들이 그렇게
인식했다는 사실은 중요하다. 교토京都의 한시인漢詩人 에무라 홋카이江村
北海[18]는 "회독은 대개 책을 읽는 것에 더하여, 같은 뜻을 맺는 날을 정하
여 수업하는 사람들에게 한 달에 6일, 혹은 9일, 12일. 그렇게까지 많은
날을 고집하지 말고 깍듯이 힘쓰는 것이 좋다"[19](『授業編』卷2, 天命3年刊) 라며
주의를 주고 회독을 비판하는 입장에서 다음과 같이 말했다.

> 겐엔학蘐園学이 일어나 과격한 말이 많고 툭하면 유자儒者라 하고, 건방지게
> 행동하는 사람을 선생이라 칭하고, 제멋대로 스스로 거만하게 하는 등 비난
> 하고, 또한 강석講釈은 도움되지 않는 듯이 말한다. 재주는 뛰어나나 경솔한
> [輕俊] 무리들이 풍미뇌동風靡雷同함에서부터 학풍이 일변하고 강석도 크게 바
> 뀌었는데, 그렇기 때문에 소라이徂徠가 이미 강석은 이익이 적다고 했다.[20]

또 회독에 간절하고 진지하게 주의를 기울이고 있었던 가나자와 번의
한코 메이린도明倫堂의 교관 오시마 도넨大島桃年은 막말幕末에 보다 직설

---

18) 1713~1788. 에도 중기의 유학자, 한시인/역주
19)『日本教育史 学校篇』(同文館 , 1911年) 602쪽.
20) 위의 책, 628쪽.

적으로 다음과 같이 말했다.

> 우리나라에서 회독은 소라이로부터 시작했다고 들었습니다. 규소鳩巢와 같
> 은 여러 어르신들도 모두 강의할 때 독서 수업은 그 사람들에게 맞게 스승
> 들이 부과한다고 말씀하셨습니다. 중국[唐土]에서도 여러 생도를 가르침에
> 회독 같은 것은 일찍이 들어 보지 못했다는 말씀입니다. 아울러 벗들 서로
> 간에 강구講究 토론함은 아주 특별한 일이옵니다. (嘉永元年, 資料5冊, 564頁)

본래 가나자와 번은 주자학자 무로 규소室鳩巢[21)와 깊은 관계였는데, 규
소와 사상적으로 대립하고 있었던 오규 소라이를 '회독의 시작'으로 인
지하고 있었다.

알려진 바와 같이 소라이는 안사이 학파처럼(오시마 도넨에 따르면 무로 규
소도 그랬다) 강석으로 가르치는 것이 아니라, 학습자가 '물物'[22)(『学則』享保12
年刊) 로서의 육경六経으로 향하는 능동적 배움을 주장했다. 왜냐하면 소
라이는 주입 위주의 강석으로는 배움의 출발점이어야 할 의심이 생기지
않는다고 보았기 때문이다.

> 학문하는 방법이 송조宋朝에 이르러 따로 하나의 흐름이 되었다는 것은 의
> 심스럽다고 하겠습니다. (中略) 요즈음 강석을 통해서 하는 학문[講釈学問]은
> 무리하게 설명을 붙이고 에둘러 말하기 때문에 의심이 생기지 않는 것입
> 니다. 본문을 헤아림에 문자를 따지지 않고 그냥 다 읽었다고 할 수는 없기
> 때문에 책 읽기가 잘 마무리 되었다고는 말씀드릴 수 없습니다. 이와 같은
> 것도, 훈점이 없는 책을 보고서 스스로 알 수 없게 되고 나서는, 끝내니 평

---

21) 1658~1734. 에도 중기의 유학자. 에도인. 기노시타 준안木下順庵에게 유학
   을 배웠다. 아라이 하쿠세키新井白石의 추천으로 바쿠후幕府의 유관이 되어 쇼
   군 요시무네吉宗의 시강이 되었다. 종래의 진사이 학파나 소라이 학파, 안사
   이 학파 등과 달리 순수한 주자학을 재흥시키려 노력했다/역주
22) 『荻生徂徠』(日本思想大系36, 岩波書店, 1973년) 192쪽.

안하다는 말은 삼가야 하지 않겠습니까[23] (『徂徠先生答問書』 卷下, 享保12年刊)

소라이가 볼 때 지知는 "가르치는 조건"[24](『弁名』 卷下, 元文2年刊)인 '물物'=육경六経과 맞붙어 싸우는 가운데 스스로 획득하는 것이지, 누군가로부터 순순히 가르침을 받아서 얻는 것이 아니다.[25] 지知는 의문을 품고, "생각하고 또 생각하며, 또 계속해서 생각하는"(『管子』 內業) 사색을 계속하는 과정에서 얻을 수 있는 것이었기 때문이다. 그 의문을 불러일으키기 때문에 소라이는 친구들 사이의 '회독'을 권했다.

동향同鄕인 벗들이 모여서 회독을 하기 때문에 동東을 듣고서도 서西로 수긍하는 일도 있습니다만, 멀리 떨어진 벗들의 도움없이 학문은 진척되지 않습니다. 독학하는 형태는 훈점 없는 것을 읽어서 학습이 되는 것은 아닙니다. 훈점 붙은 것을 끝낼 정도이므로 훈점 없는 것을 끝내라는 말씀입니다. 다만, 눈에 나쁜 버릇이 들여져 있는 까닭에 훈점 없는 것을 읽으라는 말씀이 아닙니다. 고생을 참고 버릇을 고칠 때까지의 일입니다.[26] (『徂徠先生答問書』 卷下)

소라이는 "옛날에 스승과 벗[師友]이라는 말이 있는데, 스승의 가르침보다는 벗과의 절차切磋에서 지식과 견문이 넓어지고 학문이 진전되는 것입니다"[27]라 하여, 벗들끼리의 절차탁마를 학문의 요건으로 한다. 소라이는 그런 절차탁마는 자기와는 다른 여러 가지 의견이 부딪히며 만

---

23) 『近世文学論集』(日本古典文学大系94, 岩波書店, 1966년), 211쪽.
24) 앞의 책 『荻生徂徠』, 179쪽.
25) 소라이의 격물론格物論에 대해서는 히라이시 나오아키平石直昭 「戦中・戦後徂徠論批判—初期丸山・吉川兩学說の檢討を中心に」(『社会科学研究』 39卷1号, 1987年 8月), 졸고 「荻生徂徠—古文辞学の認識論」(源了圓 編 『江戸の儒学』 思文閣出版, 1988年)을 참조.
26) 앞의 책 『近世文学論集』, 173쪽.
27) 위의 책, 171쪽.

나는 회독의 장에서야 말로 실현 가능하다고 한다. 이시카와 겐石川謙이 소라이가 "강석을 물리치고 회독 본위로 가야 한다고 했던" 것은 "강석은 만들어진 지식을 생도의 탐구심과 개성에 상관없이 주입하는 장치이고, 회독은 집단적 학습활동 중에서 한 사람 한 사람의 이해력이 자연히 갈고 닦여져 나가는 방식"[28]이었다고 지적한 것은 확실히 정곡을 찌른 것이다.

한편 겐엔파蘐園派의 에피소드를 전하는 유사 죠잔湯淺常山[29]의 『文会雜記문회잡기』(天明2年序)에, "책을 회독한다는 것, 중화에는 결코 없다고 이노우에 란다이井子叔(井上蘭台)가 말했다"[30]고 하듯이, 회독이라는 독서 형식은 중국에는 없다고 자부하고 있는데, 소라이는 어디에서 이런 학습방법을 몸에 익힌 것일까. 지금 확실히 단정할 수는 없지만, 당화唐話(=중국어)와 당음唐音에 통달해 있던 오카시마 간잔岡島冠山[31]을 초빙하여 열었던 약사約社에서의 경험이 주목된다. 주지하는 바와 같이 약사에서는 5일과 10일에 정기적으로 소라이의 집에 모여서 『水滸伝수호전』 등의 백화白話(중국에서 일상적으로 쓰는 구어체/역주) 소설을 훈점을 없애고 중국책으로 공동으로 읽어 나갔기 때문이다.[32] 참가자는 소라이, 안도 도야安藤東野,[33] 다

28) 石川謙 『日本学校史の研究』(日本図書センター, 1977年) 211쪽.

29) 1708~1781. 에도 중기의 유학자. 히젠備前의 번사藩士. 에도로 나가 핫토리 난가쿠服部南郭, 다자이 슌다이 등에게 배웠다/역주

30) 『日本隨筆大成 第1期』 卷14(吉川弘文館, 1975年), 173쪽.

31) 1674~1728. 에도 중기의 유학자. 나가사키長崎에서 통역을 하는 한편 송학을 배운다. 나중에 에도로 나와 오규 소라이의 겐엔학파 사람들이 연 당화학 강습회인 '역사訳社'의 강사가 되어, 에도에서 당화학 보급에 힘썼다/역주

32) 이시사키 유조石崎又造, 『近世日本における支那俗語文学史』(弘文堂書房, 1940年), 95쪽.

33) 1683~1719. 에도 중기의 유학자. 한시인. 오규 소라이의 초기의 시문 문인. 소라이의 고문사학이 유행한 것은 초기 문인이었던 안도 도야의 공이 컸다/역주 ※일본대백과사전 일부 인용

자이 슌다이太宰春台, 시노자키 도카이篠崎東海[34], 다이쵸大潮[35] 등으로, 규약을 바탕으로 한 '동지'[36](『徂徠集』卷18, 譯社約, 正德元年)라는 관념도 생겼다. 적어도 소라이에게 약사에서의 공동번역 작업은 집단 차원에서 하나의 텍스트를 읽는 유익성을 깨닫게 하는 계기가 되었을 것이다.

겐엔파에서 회독이 성행했던 것은, 『소라이집』권18에 「左史会業引좌사회업인」「六経会業引육경회업인」「四子会業引사자회업인」「韓非子会業引한비자회업인」 등의 잡문이 수록되어 있는 것과, 『문회잡기』의 서술에서도 알 수 있다. 정기적으로 모여 공동으로 하나의 텍스트를 읽는 회독 형식은 소라이 이후 에도와 오사카大坂에서 하나의 유행이었던 것 같다.[37] 왜냐하면 당시, "세상의 가르침을 가볍다 하고, 그것을 바꾸기를 회독이라는 것으로써 하는"[38] 겐엔파의 회독을 야유하는 절충파 학자 이노우에 긴

---

34) 1687~1740. 에도 중기의 유학자. 이토 진사이伊藤仁斎의 장남 이토 도가이伊藤東涯에게서 유학을 배웠다/역주

35) 1676~1768. 에도 중기의 선승이자 한시인漢詩人/역주

36) 『近世儒家文集集成』 제3권 (ぺりかん社, 1985年), 186쪽.

37) 교토의 이시다 바이간石田梅岩의 세키몬심학石門心学에서도 사서四書를 텍스트로 하는 '회보会輔'라는 집단 학습장이 있었다. 바이간의 학습 방법으로는 독서 · 정좌공부 · 회보 · 강석이 있었는데, 데지마 도안手島堵庵 이후 강석이 보다 대중화한 '도화道話'와 '회보'가 중심이 되고, 시대가 더 지나자 '회보'는 쇠퇴하고 '도화'가 성행했다. 데지마 도안의 『会友大旨』(安永2年)에 의하면, '회보'의 텍스트는 사서 · 근사록 · 소학 · 도비문답 · 제가론 등으로만 한정하고, "평상서平常書로써 서로 토론하고 신독을 오로지 하여 사리를 궁구할 것"(『増補手島堵庵集』清文堂, 1973, 100쪽)으로 정리되어 있다. 쓰지모토 마사시辻本雅史「マスローグの教説─石田梅岩と心学道話の'語り'」(『江戸の思想』 5号, 1996年 10月) 참조. 세키몬 심학의 '회보'와 본장의 '회독'은 텍스트를 바탕으로 '토론'하는 것은 다름이 없으나 전자는 도덕적 인격수양의 장으로서의 측면이 농후하다. 뒤에서 살펴보겠지만, 다만 정치적인 토론의 장으로 회독이 변모해감에 따라 회독의 장을 수양의 장으로 만들려는 뜻이 강해졌다고 할 수 있다. 심학의 '회보'와 회독의 관련에 대해서는 앞으로의 과제로 남겨 둔다.

38) 『近古文藝溫知叢書』 11편(博文館, 1891年), 14쪽

가井上金蛾[39]의 『病間長語병간장어』와 오타 난보大田南畝[40]가, "소라이파라는 자들은, 마치 머리는 금붕어 같고 몸은 대구 같다. 고상한 노래[陽春白雪]로 콧노래를 부르며, 술통과 기녀로 회독을 잡스럽게 하며, 족하足下라 부르면 불녕不佞이라고 답한다. 그 결과 문집을 내서 어깨를 교호享保 선생의 열에 비기려 한다"[41](『寢惚先生文集』卷2, 水懸論, 明和4年刊)며 겐엔파를 놀리는 글을 쓰고 있기 때문이다. 이런 조롱스런 글은 거꾸로 당시에 회독이 유행했음을 시사해 준다고 할 수 있다.

눈여겨 볼 것은 18세기 후반의 에도에서는 이노우에 긴가와 오타 난보가 비판하는 겐엔파 유학자들뿐만 아니라 난학자와 국학자들 또한 회독을 하고 있었다는 점이다. 본래 난학의 효시인 『解体新書해체신서/가이타이신쇼』의 번역작업 자체가 회독의 결과물이었다.[42] 스기타 겐파쿠는 "정해진 날에는 태만하지 않고 그저 서로 모여 회독하여 읽었다"[43](『蘭学事始』卷上, 文化12年成), "이 모임을 게을리 하지 않고 열심히 하는 사이에 자연히 동아리 회원들도 서로 가담하여 모이게 되었는데, 각각 뜻하는 바가 있어 한결 같지 않았다"[44](同上, 卷下)고 말한다. 이 모임에서 겐파쿠들은 한 사람으로서는 도저히 감당하기 어려운 미지의 책을 번역하고 있었다.

---

39) 1732~1784. 에도 중기의 유학자. 학파간 투쟁을 부정하고 소라이학의 겐엔파를 비판했다/역주

40) 1749~1823. 에도 말기, 특히 덴메이天明기를 대표하는 문인이자 교카시狂歌師. 에도 막부의 관료(支配勘定시하이간죠)로 일하기도 했다/역주. 교카狂歌는 사회풍자와 야유, 골계를 넣어서 지은 해학 형식의 단가短歌. 교카시는 교카를 짓거나 낭송하는 사람 ＊야후재팬 일부 참조

41) 『寢惚先生文集・狂歌才蔵集・四方のあか』(新日本文学大系84, 岩波書店, 1993年), 39쪽.

42) 모즈미 지쓰오茂住實男, 『洋語教授法史研究』(学文社, 1989년), 26쪽.

43) 『蘭学事始』卷上 (岩波文庫, 1959年) 33쪽.

44) 위의 책, 35쪽.

마에노 료타쿠前野良沢는 충분하지 않았지만 네덜란드를 조금 알았고, 정해진 선생도 없었다. 거기서는 대등한 관계에서 의견을 내는 토론이 자연발생적으로 이루어졌었다.

겐파쿠는 『난학사시』를 번역한 뒤에도 '회독'을 계속했다. "그 후에 소년배들과 『外科正宗외과정종/게카세이소』을 회독하여 실험이 착실하게 된 것도 많다"[45](杉田玄白『形影夜話』, 享和 2年成). 또 겐파쿠와 료타쿠를 계승한 오쓰키 겐타쿠大槻玄沢도 "몇 달 며칠을 계속하여 동호제사同好諸士를 만나 가학家学을 강습하고 후배를 유진誘進(=권유)하여 일찍이 선각들이 창립한 이 과업을 이어서 함께 그 길을 천명시키려는 뜻이다. 그 회집이 끊이지 않고 길게 이어져 이에 십 수 년이 되니 순순淳淳하여 교도敎導가 태만함이 없다"[46](『蘭說弁惑』附言, 寬政11年刊) 라고 하듯이 정기적인 독서회를 하고 있었다.[47] 이 의미에서, 앞서 본 소라이의 약사約社가 정기적으로 모여 외국 원서를 읽는다는 동지적인 모임이었다는 점에서 중국어와 네덜란드어의 차이는 있지만, 스기타 겐파쿠 등의 난학사중蘭学社中으로 연결되고 있었다.

게다가 난학서 뿐만 아니라 회독을 통해 일본의 고전을 읽는 동지적 모임도 같은 시대의 에도에서 발생했다. 예를 들어 가모노 마부치賀茂眞淵와 무라타 하루미村田春海[48]도 역시 『古事記고사기/고지키』와 『만요슈』 회

---

45) 『洋学 上』(日本思想大系64, 岩波書店, 1976年) 267쪽.

46) 国書刊行会編, 『文明原流叢書』卷1 (泰山社, 1940年) 490쪽.

47) 오스키 겐타쿠는 덴메이天明 5년, 나가사키長崎에 유학하여 통역사인 모토키 요시나가本木良永로부터 네덜란드어를 배우는데, 그 때 뒤에 『瘍醫新書』로 번역 간행된 하이스텔 외과서를 텍스트로 하여 모토키 요시나가와 회독을 하고 있다. 사토 쇼스케佐藤昌介 「大槻玄澤小傳」(洋学史研究會編 『大槻玄澤研究』思文閣出版, 1991年) 참조.

48) 1746~1811. 에도 후기의 가인歌人, 국학자. 가모노 마부치에게 사사했다/역주

독을 실행했다.[49] 노리나가 역시 교토에 유학할 때 회독을 경험했다. 노리나가는 보레키宝曆 2년(1753)에 주자학자 호리 게이잔堀景山[50]의 학숙에 들어갔는데, 그 때 쓴『在京日記재경일기』를 보면 그는『易역』을 비롯하여 오경五経을 소독素読/소리내어 읽기했고, 그와 동시에『史記사기』와『晉書진서』회독에도 출석했다. 더하여 마쓰자카松坂로 귀향한 뒤에 노리나가는『源氏物語원씨물어/겐지모노가타리』와『古今集고금집/고킨슈』등을 문인들에게 강석함과 동시에『만요슈』회독을 진행했다. 다만 노리나가는 강석과 회독의 득실을 논하면서 강석이 더 효과적이라고 생각했다. 노리나가에 따르면, 학습자가 자주적으로 "각각 스스로 나아가", "자신 있게 생각하는 것을 말해보고, 알기 어려운 점은 묻고, 되풀이하기도 하고, 서로 시비를 가려서 정리하는 행위"인 회독은, 학습방법으로서 "좋은 수단"처럼 보일지 모르겠지만 반드시 그렇지는 않다고 한다. 그 이유는, 회독이 처음 시작할 동안은, "여기 저기 반문하며 왈가왈부"하지만, 회독이 몇 회 계속됨에 따라 한 쪽이라도 더 읽고자 하여 "의심되는 곳이 군데군데 있어도, 대부분은 등한시하여 지나가게" 되는 데다, 처음 시작하는 사람의 경우 "이도 저도" 알지 못함에도 삼가하여 질문도 하지 않고 그대로 지나가버리기 때문이었다[51](『玉勝間』8卷, 寬政11年刊). 이런 지적은 노리나가가 자신이 회

---

49) 앞의 후루타 논문(주11)에 가모노 마부치의 회독이 소개되고 있다. 마부치의 제자인 무라타 하루미의 참가에 대해서는 다나카 야스지田中康二『村田春海の研究』(汲古書院, 2000年)의「錦織齋年譜稿」의 메이와明和 원년 하루미 19세 조에, "현거県居에 모여서『古事記』를 회독한다"고 되어 있다. 또 다나카는 덴리天理 도서관이 소장하고 있는『村田春海自筆書入古事記』표지에 '메이와 원년, 현거 회집会集 제우, 야마오카 준메이山岡俊明 · 후지와라 우마키藤原美樹 · 구사카베 다카토요日下部高豊 · 다치나가 지가케橘千蔭 · 후지와라 후쿠오藤原福雄, 그리고 아부我父 미코토와 가형 하루사토春鄉와 그 외'로 적혀 있음을 지적하고 있다.

50) 1688~1757. 에도시대 중기의 주자학자. 문인에 모토오리 노리나가가 있다/역주

51)『本居宣長全集』卷1(筑摩書房, 1968年), 240쪽.

독에서 실패했던 체험에 기인한 터일 것이다. 그러나 그렇다고 해서 노리나가가 회독 자체를 부정했던 것은 아니었다. 본문 교정을 포함하여 해석이 어려운『만요슈』에 대해서는 회독에 의한 독서회를 열고 있었다.

모토오리 오히라本居大平[52]가 남긴『만요슈』회독 기록을 들어 스즈야鈴屋[53] 교육의 실태를 밝히고 있는 야마나카 요시카즈山中芳和는, 노리나가가 안에이安永 6년(1777) 1월부터 간세이寬政 원년(1789) 9월까지의 13년 동안 연평균 12회, 합계 160회의 회독을 진행했다고 한다. 출석자는 오히라와 미쓰이 다카카게三井高蔭 등 마쓰자카에 거주하는 문인으로, 4~6명의 소수의 모임이었다. 야마나카는, 회독석에서는 "참가자는 자유스러운 입장에서 자신의 생각을 말하고 있음이 엿보이는"데다 "노리나가와 문인 오히라 사이에 토론이라 할 수 있는 의견 교환이 이루어졌다"고 한다. 오히라가 "스승[노리나가]이 차설此說(=자신의 견해/역주)을 말하고 좌중에게 어떠냐고 하면, 모두 한 마디 하여 '나는' 이라 한다"(『万葉会評定錄』)고 기록하고 있음에 착목하여 야마나카 요시카즈는, "스승인 노리나가의 의견도 또한 문인의 의견과 마찬가지로 토론의 대상이 되어야 하는 것"이라고 지적하고 나아가, 거기서는 비사비전秘事秘伝을 부정하고 학문의 공개성을 바탕으로 '스승의 의견'도 바꾸라고 말하는 노리나가의 자유분방한 학문 · 교육론의 본질을 보고 있다.[54] 분명히, 노리나가 연구의 고전인『本居宣長모토오리 노리나가』의 저자 무라오카 쓰네쓰구村岡典嗣는, 노리나가 안에 "플라톤은 사랑할 만하고, 진리는 더욱 사랑할

52) 1756~1833. 에도 후기의 국학자. 노리나가 문하에 들어가 후에 그의 양자가 된다. 노리나가학의 계승과 보급에 힘썼다/역주
53) 스즈야는 노리나가가 고향 마쓰자카에서『古事記伝』을 집필할 때 기거했던 방의 이름. 통상 노리나가를 달리 지칭할 때 쓰는 용어이다/역주
54) 山中芳和,『近世の国学と教育』(多賀出版, 1998年), 39쪽.

만하다"와 같은, 진리를 중시하고 진리를 사랑하는 '자유탐구의 정신'을
드러내 보이고 있는데,[55] 그 정신은 회독의 장에서 더욱 발휘되었다고
할 수 있다.

3. 회독의 원리적 문제

한편, 회독은 강석講席처럼 수동적 학습법이 아니고 토론 · 의론에 의
한 자기계발의 학습법이었으나, 노리나가가 지적하는 위험성 이외에도
보다 근본적인 문제가 있었다. 그것은 앞에서 언급한 겐엔파의 회독 양
상을 전하는 『문회잡기』가 이미 시사하고 있다. 『문회잡기』에 의하면,
회독장에서는 종종 텍스트 해석을 둘러싸고 경쟁을 벌였다는 것이다.

> 시란子蘭[56]은 고집이 센 사람이다. 책을 잘 읽어 이해하는 인물이다. 『世
> 說』을 읽는 모임 때, 슌다이春台와도 바로 경쟁하였는데, 슌다이도 크게 경
> 탄했다. (『文会雜記』卷1下)[57]

회독은 '경쟁'하는 일종의 승부의 장이었다.

> 소라이 쪽에 모임이 있어 여러 사람이 질의를 할 때, 우리는 어떻게든 해
> 결되지 않은 것이 있으면 난가쿠南郭[58]의 생각을 갖다 댄다. 언제나 여럿

---

55) 『增補本居宣長1』(東洋文庫, 平凡社, 2006年) 180쪽.

56) ?~1818. 에도 중 · 후기의 유자이자 오사카의 부호/역주

57) 앞의 책, 『日本隨筆大成 第1期』卷14, 210쪽.

58) 1683~1759. 에도 중기의 유자이자 한학자 핫토리 난가쿠服部南郭를 말한다.
오규 소라이에게서 배웠다. 경세론의 다자이 슌다이와 함께 오규 소라이 제
자의 쌍벽으로 불린다/역주

보다 뛰어났다. (上同, 卷2上)[59]

여기서, '우월함[勝]'이라는 말에 주의하자. 학력의 우열이 뚜렷한 벗들끼리의 절차탁마는 서로 나으려는 욕망이 지나친 나머지 경쟁을 위한 경쟁으로 떨어질 가능성이 있었다. 그 가능성을 보여주는 것이 『문회잡기』와 마찬가지로 겐엔파의 에피소드를 전해주는 『護園雑話 원원잡화/겐엔자쓰와』에 있는 다음의 일화다.

> 히라 시와平子和[60]는 겐엔의 모임에서 몇 번인가 순다이를 모욕한 일이 있었다. 회독할 때 의론을 함에 다자이太宰의 의견을 억누르고, 명확한 의론[確論]이 있어도 무리하게 빈 말[虛談]을 끼워서 설복시켜 곤란하게 만든다. 그 때문에 히라는 평상시에도 못되게, 간혹은 제 멋대로 서적 명을 말하고, 제멋대로 하는 말 등을 앞세워서 말로써 상대를 누른다. 순다이는 열심히 그 책을 천착하여 이삼일이 지나, "그대[足下]가 한 말[語]은 보이지 않네. 어디에 있는가"라고 물으면 "그것은 내 마음 속의 말일세. 그대의 말이 실은 맞는 말일세"라는 등으로 말하여 놀리는 것.[61] (『護園雑話』)

회독장에서 히라노 긴카平野金華는 다자이 순다이의 의견을 눌러버리기 위해 '빈 말'을 섞고 '제멋대로 만든' 서적을 들었다. 이는 '의론'에서 우세를 점하기 위한 일탈이었는데, 겐엔학파에서는 긴카와 같은 이런 기교를 극구 칭찬하는 경향이 있었기 때문에 더욱 성가셨었다.

경쟁이라는 회독이 안고 있는 이런 문제점은, 가메이 난메이亀井南冥의

---

59) 위의 책, 244쪽.

60) 1688~1732. 히라노 긴카의 자字가 시와子和이다. 에도 중기의 한학자이자 유자로 소라이에게 배웠다. 시문詩文에 뛰어나 조선통신사와도 시문을 교환했다/역주

61) 『日本思想家史伝全集』 第18(東方書店, 1928年), 194쪽.

1부_ 1장 근세 일본의 공공 공간   45

교육론이 명료하다.[62] 가메이 난메이는 후쿠오카 번福岡藩의 한코에 회독을 도입한 것으로 알려진 소라이 학파의 유학자다. 난메이는 메이와明和 원년(1764)에 문을 연 사숙私塾 히에이칸蜚英館에 회독을 도입하고, 20년 뒤 덴메이天明 4년(1784)에 후쿠오카 한코 간토칸甘棠館(西学問所) 교수로 임명되자 여기서도 회독을 실행했다. 이는 구마모토熊本 한코 지슈칸時習館과 함께,[63] 소라이 학파의 회독 본의本意 학습법을 가장 빨리 한코에 도

---

62) 가메이 난메이의 교육론은 辻本雅史『近世教育思想の研究』(思文閣出版, 1990年) 참조. 또 R.P 도어는 난메이주쿠南冥塾에서의 회독의 경쟁 요소에 대해 언급하고 있다(『江戸時代の教育』岩波書店, 1970年, 131쪽).

63) 구마모토번 지슈칸에서는 보레키宝暦 4년(1754)의 아키야마 교쿠잔秋山玉山(1702~1763)에 대한 하달로, "성인成人들이 회독 등에 납시는 뜻은 유관儒官이 문인 외外라 하더라도 마음대로 유관의 안으로 들어올 수 있는 것"(熊本藩, 資料3册, 197쪽)이라 하듯이 한코 교육을 위해 도입된 것이다. 지슈칸 설립을 명한 호소카와 시게카타細川重賢(1720~1785)는 "다달이 여섯 번 가까이 사무라이들을 모아 회독이 있었다" "그 몸 일대一代에 회독할 서적이 경사집 수백 권에 이르고" 겐엔파의 핫토리 난가쿠와 다카노 란테이高野蘭亭(1704~1757) 등을 "선생으로 높여 항상 관저로 초대"했다고 한다(熊本藩, 資料1册 201頁). 지슈칸의 학제에는 소라이학의 영향이 보이는 한편, 의론議論이 성행하게 된 것은 아키야마 교쿠잔의 뒤를 이은 야부 고잔藪孤山(1735~1802)에 의해서라는 지적이 있다. 스즈키 다카시鈴木喬「肥後藩校'時習館'の教育」(『学校教育研究所年報』35号, 1991年 5月)참조. 스즈키는 "교쿠잔이 보레키 13년 정월(1763)에 병으로 죽자, 메이와明和 3년(1766)에 고잔이 교수로 임명되었다. 교수가 되자 고잔은 야부가家의 가학인 주자학에 중점을 두려 했으나 당시 고잔은 약관 28세로, 교쿠잔과 같은 노유老儒들도 재직하고 있어 뜻을 이루지 못했다. 그러나 고잔은 지슈칸에 '강습토론과'를 설치했다. 야부가의 가풍이 의론을 좋아했기 때문의 결과이었겠지만, 이 이후 지슈칸의 학풍이 의론 위주로 기운 것은 부인할 수 없다"고 한다. 또 "고학에서는 리의理義의 토론 등 의론은 선호하지 않았지만, 고잔의 '강습토론과'설치 장려로 토론풍이 성하게 되었다"고 한다. 이는 소라이학에 '회독'이 있었음을 알지 못했던 사람의 말일 것이다. 오히려 소라이학을 배운 교쿠잔에서 비롯된 의론의 경향이 야부 고잔에 의해 강화되었다고 해석함이 옳을 것이다. 확실히, '리의'의 토론인 점에서 소라이와 다른 점은 간과될 수 없다. 또 다나카 하루나카田中玄宰(1748~1808)가 선도하여 진행된 아이즈번会津藩의 덴메이天明 번정 개혁 때 한코 '닛신칸日新館'을 설치할 때 "구마모토의 한코 지슈칸을 모범으로 했다"(石川謙『近世教育における近代化の傾向──會津藩教育を例として』講談社, 1966年, 102쪽)고 한다. 이시카와는 "효용에서 '학문'을 택한 데에서, 소라이학파에서는 학문 수득修得의 방법으로 수득력(즉 학력)의 증진─그 증진을 측정하기 위한 등급성을 생각해 냄과 동시에

입했던 사례다. 난메이에게 주목할 것은 회독이 제도화됨으로써 소라이 학파가 갖고 있었던 회독의 문제점이 드러났기 때문이다.

『蜚英館学規히에이칸학규』는 회독을 "여러 생도가 모여서 같이 한 책을 가지고 그 뜻을 강구"[64]하는 것으로 정의하고, 토론 판정자, 문답의 방법, 성적 내는 법을 명문화하고 있다. 그에 따르면 판정자인 사장舍長은 생도들에게 경전의 문장에 대해 묻고 답하게 한다. 그 때 발문發問하는 사람과 답하는 사람 중 어느 쪽이 논파論破되기까지 논쟁이 전개된다. 단 승부가 나지 않을 경우에는 사장이 쌍방의 승부에 판정을 내린 뒤에 각 생도에게 비점批点(● 인印)과 권점圈点(○ 인)을 찍었다. 아들인 가메이 쇼요龜井昭陽가, 아버지 난메이南冥의 폐출 사건이 있기 한 해 전에 쓴 『成国治要성국치요』(寛政3年)는 난메이 학숙에서의 회독의 양상을 전한다. 그에

학문의 분화에 맞는 다교과목제多教科目制를 중시했다. 지슈칸과 히코네번彦根藩의 게이코칸稽古館과 마찬가지로 등급제와 그 정점에는 복합등급제를 채택함과 동시에 전통적인 여러 학문을 한 학당에서 학습시키는 필요상, 다교과목제를 도입한 점에서 아이즈번의 닛신칸은 소라이학의 이념을 완전히 구체화 했다고 할 수 있다"(같은 책, 102쪽). 주목해야 할 것은 이시카와의 지적처럼 "아이즈번에서 다나카 하루나카가 후루야 세키요古屋昔陽(1734~1806)를 초빙하여 소라이학 본위의 강의를 완비했던 것은 간세이 2년 10월 10일의 일"(같은 책, 107쪽)로, 간세이 2년 5월 24일의 막부의 이학금령 반포와 같은 때였던 것이다. 그 때문에 "막부와 번 사이의 교육정책이 어긋남으로써 아이즈번의 고민이 깊었다"(같은 책, 107쪽)고 설명하고 있다. 크게 말하면 소라이학의 회독 형식의 도입이 있고, 더군다나 주자학이 발견된다는 흐름은 아이즈번에서도 인정된 것으로 보인다. 교육목표 6과 안에, "토목백공百工을 끌어내는 재능"을 두는 등의 "정신 수양주의의 주자학으로부터 민생교육 본위의 소라이학에로의 사상적 계보"(같은 책, 106쪽)의 전환은 학문의 효용성에 착목한 것도 물론이거니와 회독 형식을 쓴 것이 추측됨은 이시카와가 표시하고 있는 「天明・享和期における儒官とその思想的系譜」속에 '회독사会読師'가 있는 점이다. 분카文化 7년 12월의 교령에 따라 주자학을 마루로 삼도록 개정되었으나, 그 때 "덴메이 8년 제정의 6과 규칙細則은 온존"(같은 책 108쪽)했었던 것 같고, 회독도 그대로 답습되었던 것으로 보인다. 이 점에서도, 아이즈번의 닛신칸 사례에서도 간세이기 이후의 주자학이 소라이학의 회독이 열었던 토양위에 성립된 것으로 추측된다.

64) 앞의 책 『龜井南冥・昭陽全集』 卷1, 380쪽.

의하면 회독의 장은 바로 '사려師旅' 곧 전쟁에 비유되는 진검 승부의 장이었음이 상상된다. 그 중 한 구절을 인용하면, "각자 자신의 견해를 규장圭璋처럼 소중히 여긴다. 슌카春華가 그 의견이 어지럽다면서 끝까지 캐묻고, 각각 자신의 의견이 옳다고 논파하며 주먹을 쥐는데 손톱이 손바닥을 파고들었음에도 알지 못한다. 그것은 흡사 북소리가 처음에 만나고 만명의 기병騎兵이 물결처럼 놀라波駭 참으로 그 무예를 떨쳐 위세로이 나아가야 함과 같다"[65](卷下)라 한다. 쇼요는 끓어 넘치는 토론도, 토론이 진행되는 사이에 자연스럽게 옳은 자[明者]와 틀린 자[闇者]가 분명해지고 사람들은 옳은 자에 동조하여 "같은 견해는 서로 구하고, 다른 의견은 서로 조화"롭게 되었다고 한다.

이렇게 하여 회독이 끝나면 사장舍長은 명부의 비점(●인)과 권점(○인)의 수를 헤아려 권점(○인)이 많은 성적순으로 다음 회독 자리 순서를 정한다. 즉 회독장에서의 '전최殿最', 곧 '맨 뒤'와 '선두'의 자리 순서는 성적의 우열에 따라 결정되었다. 때문에 생도들은 보다 상위의 자리를 목표로 하여 서로 맹렬히 경쟁한다. 난메이는 자리 다툼이 "의義를 상실하는 것과 같음"을 부정하지는 않았지만, 그렇다고 하여 회독이 경쟁의 장임을 부정하지도 않았다. 난메이는 말한다.

『논어』「팔일편八佾篇」에 이르기를, 군자는 다투는 바가 없다[君子無所爭]고 했다. 지금 회강會講에서 승부의 방식을 만들어서 그 자리를 빼앗는 것은 의義를 잃음과 같다. 그렇지만 중고中古(옛날)에 수교讎校라는 말[名]이 있었다. 두 책을 서로 다시 맞추어 봄이 원수를 대하는 것과 같음을 이르는 말로서, 강서講書의 어려움을 가히 알 수 있는 말이다. 중국인[華人]도 오히려 이와 같거늘 하물며 우리 동인東人의 자손들이랴. 나이 어린 자가 지는 것[負]을 싫어

---

65) 『龜井南冥·昭陽全集』卷6 (葦書房, 1979) 508쪽.

하는 것은 인지상정이다. 그 오직 지는 것을 싫어하기 때문에 그로써 이김을 구한다. 그 오직 이김을 구하므로 스스로 분발한다. 분발하면 강해지고 강해지면 (학업이)발전하게 된다. 발전하게 되면 즐겁고 즐거우면 지속된다. 지속되면 교화된다. 이미 교화되어 모르는 사이에 그 수양이 저절로 되는데 막을 수 없다. 이를 그 가르침의 기술이라고 한다. 부자夫子(=공자)께서 활쏘기를 말하여 군자의 다툼이라고 했다. 이는 승자를 원망하지 않고 스스로 올바르게 될 것을 구함으로써이다. 나는 회독에서 이를 취할 것이다. (前揭『蜚英館学規』)

학습자가 경쟁에 의해 스스로 학력을 쌓는 것을 '가르침의 방법'이라고 표현하고 있는 바는 자못 소라이 학풍이라고 할 수 있다. 그것은 어쨌든 간에, 소라이 학파의 가메이 난메이의 회독에서는 경쟁이 학습 효과의 관점에서 용인되었음을 확인할 수 있다(히로세 단소広瀬淡窓의 유명한 '탈석회奪席会'는 이 난메이주쿠南冥塾의 '회독'을 계승하여 제도화했던 것이다). 그러나 그것은 앞서 소개했던 『훤원잡화』의 히라노 긴카와 다자이 슌다이의 일화처럼 오직 경쟁에서 이기기 위한 의론으로 흐를 가능성이 있었음과 함께, 원리적이라고도 할 수 있는 약점이 있었음을 지적해 두지 않을 수 없다.

단적으로 말하면, 소라이학에는 '토론'의 기준이 없었다. 가메이 쇼요가 "옳은 자와 틀린 자가 밝혀지고, 사람들은 옳은 자에 동조"(前揭『成國治要』卷下)할 경우에 의론이 결말이 날 수 없는 원리적인 문제를 갖고 있다고 할 수 있다. 왜냐하면, 소라이학에서는 "그 의문과 의심되는 부분을 드러냄에 이르러서, 이견異見이 샘처럼 솟을"(上同) 때, 사람들의 '이견'의 시비를 판단하는 기준은 '도道'의 작위자인 '성인'만이 갖고 있고, "리理는 정해진 기준[定準]이 없다. 왜냐하면 즉 리理는 옳은 것으로서, 있지 않음이 없기 때문이다. 그리하여 사람이 보는 바는 각각 그 성性에 따라 다르다"[66](『弁名』)는 테제가 있는 한, 우리에게는 그런 '이견'의 어느 쪽이 옳고 그른지 판단할 수 없기 때문이다. 즉 회독에서의 경쟁은 끝없는 다툼이 될 가능성을 내포하고 있다.

4. 정학파 주자학의 회독

가메이 난메이가 후쿠오카 번에서 한코 개혁에 매진하고 있었던 메이와明和·안에이安永 연간에 오사카에서는 동지적 모임으로써 회독에 힘썼던 주자학자들이 있었다. 라이 슌스이賴春水,[67] 비토 지슈尾藤二洲,[68] 고가 세이리古賀精里[69] 등이 그들이다.[70] 그들은 간세이 개혁 때 로쥬老中 마쓰다이라 사다노부松平定信에 의해 쇼헤이코昌平黌에 발탁된 주자학자들이었는데, 그 당시 소라이학의 세례를 받으면서도 그것을 비판하는 사상으로서 주자학을 진지하게 배우기 시작했다. 그들은, 소라이학에 의

---

66) 앞의 책, 『荻生徂徠』150쪽.
67) 1746~1816. 에도 후기의 유학자, 시인. 라이 산요賴山陽(1780~8132)의 부친. 엄격한 주자학자로 한코를 주자학으로 통일하여 '간세이 이학의 금寬政異學の禁/간세이리가쿠노킨'을 선도했다. 쇼헤이코의 강사/역주
68) 1747~1813. 에도 후기의 유학자. 지슈 대신 '니슈'라고도 한다. 고가 세이리, 시바노 리쓰잔柴野栗山과 함께 간세이 3박사로 불린다. 처음에는 소라이의 고문사학을 배웠으나 후에 라이 슌스이의 권유로 주자학으로 향해 라이 슌스이·고가 세이리 등의 '동지'와 함께 주자학을 '정학'이 되게 하는데 힘썼다. 이런 노력이 마쓰다이라 사다노부松平定信로 하여금 '간세이 이학의 금'을 내리게 된 동인이 되었다. 간세이 이학의 금 이후 쇼헤이코昌平黌의 유관이 되어 에도에 부임, 가르쳤다/역주
69) 1750~1817. 에도 후기의 유학자. 처음에는 교토에서 양명학을 배웠으나 오사카에 유학하여 라이 슌스이, 비토 지쥬 등과 교제하면서 주자학으로 향한다. 귀국(사가번)후 한코인 고토칸弘道館을 세우고 교수가 된다. 역시 간세이 3년에 막부의 명으로 쇼헤이코에서 가르치다 교관이 된다. 비토 지쥬, 시바노 리쓰잔과 함께 간세이 3박사 중 1인. 고가 도안古賀侗庵이 그의 아버지다/역주
70) 라이 기이치賴祺一─『近世後期朱子学派の硏究』(溪水社, 1986年)에서 오사카의 라이 슌스이, 비토 지쥬, 고가 세이리 등의 '동지' 활동에 대해 논하고 있다.

해서 부정·극복된 과거의 사상이 아니라 거꾸로 소라이학을 뛰어 넘을 신선한 사상으로서 주자학을 받아들였다.[71]

소라이학의 계승과 비판이라는 이 두가지 성격은 회독에 대해서도 그러하다 할 수 있다. 그들은 오사카에서, 에도의 소라이가 창안한 회독을 하고 있었기 때문이다. 그런 의미에서 그들은 소라이학을 수용하면서도, 동지同志의 회독의 장에서는 소라이학을 비판하는 의론을 거듭하고 있었다. 도대체 그들은 어떤 사상을 품고 있었던가. 이 점, 당시 그들의 문제의식을 엿볼 수 있는 자료가 비토 지슈의 『素餐録소찬록』(安永 6年)과 『正学指掌정학지장』이다. 지쥬가 여기서 강조했던 것 중의 하나는 '허심虚心'이라는 마음의 상태이다.

마음이 비지 않고서는 도를 밝힐 수 없다. 평온한 심기[平気]가 아니고서는 물物에 접할 수 없다. 허虚와 평平으로써 도가 이루어지는 것은 아니다. 그러나 도에 나아가기 위해서는 반드시 허와 평으로부터 시작한다.[72] (『素餐録』)

주자가 문인에게 독서 방법을 보이며, 종종 '허심절기虚心切己(마음을 비우고 자기에게 간절함)'라고 말했다. 독서하는 사람은 이 뜻을 알아야 한다. 마음이 허하면 도리를 보는 것이 분명해져 성현의 본래의 뜻을 얻기 쉽다. 자신에

---

71) 미야기 기미코宮城公子가 정학파 주자학의 사상적 위치에 대해 단순한 보수반동이 아니라 근대에 도달하는 출발점이었다고 한 것(『幕末期の思想と習俗』ぺりかん社, 2004年)을 참조. 다만 미야기는 양명학 속에서 자율적인 주체성을 보는 입장에서 그들을 평가하고 있지 회독에서 보이는 논의와 토론이 갖는 측면에 대해서는 간과하고 있다. 자립적인 주체성은 막말幕末 지사들의 행동주의적 에토스를 이해하기 위한 관건이라는 점은 틀림없겠지만 그것만으로는 미진한 측면도 있다. 왜냐하면 미야기의 이해로서는 정학파 주자학자가 쇼헤이코를 거점으로 하여 한코로 넓혀져 가는 이유를 설명할 수 없기 때문이다. 쓰지모토 마사시辻本雅史는 미야기의 이해를 기반으로, 교육사적 관점에서 한코의 폭발적인 보급을 논하고 있다(『近世教育史の研究』思文閣出版, 1990年). 쓰지모토는 한코의 민중교화 구상에 주목했고 한코 내의 학습형태 측면은 다루지 않았다.

72) 『徂徠学派』(日本思想大系37, 岩波書店, 1972年) 267쪽.

게 절실하면 체찰体察 해내어 성언聖言의 의미심장한 바를 안다. 만약 마음을 비우지 않고 그 가슴 속에 먼저 내가 옳다는 말이 하나라도 있으면, 성현의 말씀을 도리어 자기의 의사처럼 여기게 되어 그 본지를 얻지 못한다. 자기에게 간절하지 않아 그냥 그렇게 읽어 나가면 성현의 책이 모두 종이 위의 공담이 되어 작은 이로움[寸益]도 기대하기 어렵다. 배우는 자, 성현의 책을 대할 때는 늘 이 네 글자를 잊어서는 안 된다.[73] (『正学指掌』)

이처럼 "가슴 속에 먼저 내가 옳다는" 자기의 주관적 · 선험적인 견해를 배척하는 '허심'에 대한 지슈의 고집은 회독이라는 학습형식이 그 배후에 있다고 생각된다. 왜냐하면 뒤에 언급하겠지만 '간세이 이학의 금' 이후 전국적으로 보급된 한코의 회독의 주의 사항으로서 '허심'이 종종 언급되기 때문이다. 가령 다음과 같은 주의注意이다.

윤강회독輪講会読 할 때는 허심하게 하여 정주程朱 정학의 설을 음미해야 한다. 스스로 선입先入을 주장하여 서로 다투지 말 것. (淀藩明親館, 明親館条令, 資料1冊, 3頁)

윤강 · 회독할 때는 허심평기하게 하여 자기에게 도움이 될 것을 오로지 해야 한다. 스스로 선입의 설을 주장하고 목소리와 안색을 바꾸어 서로 다투지 말 것. (神戸藩校倫堂, 条目, 資料1冊, 110頁)

스승과 벗[師友]이 어려운 문제를 묻고 답할[問難] 때, 마땅히 허심평기함으로써 그 뜻을 밝혀야 함. (前橋藩校, 条約, 資料1冊, 573頁)

회독할 때 스스로의 '선입의 설'을 강하게 주장하지 않고 다른 이의 의견을 감안하여 공평함을 구하라는 경계는 바로 지슈의 '허심'설과 거의 겹친다. 거꾸로 말하면, 지슈의 '허심'설은 라이 슌스이, 고가 세이리 등의 동지

---

73) 위의 책, 337쪽.

들과 같이 했던 회독이라는 장에서 비로소 리얼하지 않았을까 생각된다.

　본래 '허심'이라는 말은 지슈 자신이 『정학지장』에서 주자의 '허심절기'라는 용어를 인용하고 있듯이 주자의 독서법에 보이는 말이다.

> 책을 읽을 때는 마음을 비우고 자신에게 간절함을 모름지기 해야 비로소
> 성현의 생각을 깨달을 수 있다. 자신에게 간절하면 곧 성현의 뜻이 공허한
> 말로 되지 않는다.[74] (『朱子語類』卷11, 21条)

　단지 주자가 '허심'이라고 했을 때 "내가, 이전에 벗과 책 읽는 것을 말할 때, 그에게 사색하면서 의심나는 바를 구해 갈 것을 가르쳤다. 최근에 비로소 책을 읽는 것을 알게 되었다. 다만 이 또한 먼저 마음을 비운 상태에서 더욱 책을 숙독하고 그것이 오래 되면 저절로 얻는 바가 있을 것이다"(『朱子語類』卷11, 75条)[75]라는 것처럼, 벗과 독서할 때의 '허심'의 필요성을 말하고도 있지만, 스스로의 고독한 독서라는 이유가 중심이 된 것 같다. 이에 대해 지슈의 경우, 자기의 선입관과 의견을 배척하여 허심탄회하게 텍스트로 향한다는 의미는 물론이거니와 '벗과 독서하는' 과정에서 자신의 선입견을 극복해 나간다는 의미가 주자 이상으로 강하게 함의되어 있다. 아마도 지슈는 후자에서의 주자의 '허심'을 회독의 장에서 강한 리얼리티로써 받아들였던 것 같다.

　또 하나 주의할 것은, 지슈가 회독할 때의 주의 사항을 적은 「会業日

---

74) 원문: "讀書須是虛心切己, 虛心, 方能得聖賢意, 切己, 則聖賢之言不爲虛說"(책을 읽을 때에는 모름지기 마음을 비우고 자신에게 간절해야 한다. 마음을 비우면 바야흐로 성현의 뜻을 깨달을 수 있으며, 자신에게 간절하면 곧 성현의 말이 헛된 말이 되지 않는다)/역주 *원서의 21조는 22조이므로 바로 잡음

75) 원문: "某向時與朋友說讀書, 也教他去思索, 求所疑. 近方見得, 讀書只是且恁地虛心就上面熟讀, 久之自有所得"(내 지난번에 벗과 더불어 책 읽는 것을 말할 때, 그에게 사색해 가서 의심되는 바를 구하라고 가르쳤다. 최근 비로소 깨달았는데, 독서는 단지 또한 마음을 비운 상태에 나아가 숙독하고, 오래되면 자연히 얻는 바가 있다)/역주 *원서의 75조는 76조이므로 바로 잡음

告諸生회업일고제생」(『靜寄軒集』 卷2)라는 문장에서 "무릇 독서는 정밀한 생각 [精思]이 귀하다. 생각하되 정밀하지 않으면 오히려 생각하지 않는 것과 같다"[76]고 하여, 정밀하지 않은 사색에서 신기한 설이 나온다고 비판하고 있다는 점이다.

> 혹시 아직껏 생각하지 않고서 곧 갑자기 옛 사람을 논하거나 혹은 거칠게 신기한 말을 만들어 스스로 일가를 이루었다고 하는 것은 본래 내가 아주 싫어하는 바로서, 제군들이 하지 않을 바이기 때문에, 곧 또한 반드시 논하지 않을 뿐. (上同)

소라이와 슌다이도 정밀한 사색을 강조한다. 소라이 등에 의하면 강석은 그러한 사색이 부족하여 의문을 갖지 않는 것이고, 그 때문에 회독이 유효하다고 주장한다. 지슈의 의론은 소라이·슌다이에 입각하면서도 그들 입장에서 신기한 설을 내세우고자 한 소라이·슌다이를 비판한다. 지슈는, 소라이의 설이 스스로의 선입견, 구체적으로 말하면『손자』병학에 의해 해석된 유학[77]이라 비난하고, 마찬가지로 진사이학도 주관적인 선입견(그 중 하나가 吳蘇原의『吉齋漫錄』이라 한다)에 의거한 것이라고 비판했다.

게다가 지슈의 소라이 비판에는 스스로의 선입견을 절대시하고 있다는 그 이상의 이유가 있었다. 그것은 소라이학에는 객관적인 기준이 없었다는 점이다. 이것도 회독과의 관련에서 생각해 볼 필요가 있다. 본래

---

76) 『近世儒家文集集成』第10卷(ぺりかん社, 1991年), 91쪽.

77) 비토 지슈는 오규 소라이가『孫子国字解』(寬延3年刊)를 냄에 즈음하여, "그(소라이)는 성문聖門의 학자가 아니다. 공리公利만을 일삼는 자이다. 손자를 좋아하여 국자해를 지음은 그 본지를 쏟는 바이다"(『正学指掌』,『徂徠学派』346쪽)라고 비난하고 있다. 지슈가 비난하는 바처럼 소라이학의 본질이 '공리'성에 있는지『손자』병학에 있는지의 여부는 논의가 엇갈린다. 필자는 지슈의 지적에 동의하며, 소라이학의 원형이 주자학 시대의『孫子国字解』의 주석 속에 나타나있고, 소라이학 성립 이후의『弁道』『弁名』등에『易』을 매개로 계승되었다고 본다. 졸저『近世日本の儒学と兵学』(ぺりかん社, 1996年)참조.

회독에는 서로의 이견을 받아들이는 '허심'과 함께, '리理'라는 존재에 대한 신념이 공통적이어야 한다. 소라이처럼 "리理는 정해진 기준[定準]이 없는 것"(前出)에서는 의론·토론의 수습이 불가능하여 의론은 결말이 나지 않는 입씨름으로 끝나고 만다. 물론 소라이 개인으로서는 '도'를 만든 (작위한) 성인에게의 절대적인 믿음이 있었지만, 그것이 없어져 버리면 '정해진 기준'이 없는 세계에 사는 자는 어디에도 발붙일 곳이 없다. 아마도 여기에 정학파 주자학자들이 보편적 객관적인 '리'의 존재를 강력하게 밀어붙인 이유가 있는 것 같다. 그들은 경서를 회독할 때, 토론과 의론이 토론을 위한 토론으로 되지 않고, 자기의 창의적 생각이나 의견이 경합하게 되지 않기 위해서라도 일정한 틀을 구했던 것이 아닐까. 지슈에게 '리'란 그런 의미에서의 기준이었다.

> 도道는 천지 공공의 리理이다.[78] (『素餐録』)

소라이 학파에 의해 시작된 회독이, 역설적으로도 주자의 '허심'과 '천지 공공의 리'를 다시 보게 했다. 지슈는 그 의미에서 주자학을 발견했었다.

이렇게 주자학 정학파는 회독의 학습형식을 답습하면서 '리'의 존재를 주장하고 '이견'의 대립을 수습할 기준을 구했다. 주자학의 '리'는 그런 원리로서 받아들여졌다고 할 수 있다. 이런 상태로는 '허심'과 같은 자기의 주관적인 선입견을 부정하는 태도가 중시될 뿐이지만, 회독이 단순히 텍스트를 읽는다는 학습 방법의 차원을 넘어 '심술연마心術練磨 공부'라는 독특한 사유도 생겼다. 예를 들어 '간세이 이학의 금' 이후의 문장에는 다음과 같은 말이 있다.

---

78) 『近世儒家文集集成』, 261쪽.

회독법 독서의 수행에서 뿐만 아니라, 벗과 학문과 덕행을 닦는 사이에도 심술心術 공부가 있을 수 있습니다. 의필고아意必固我[79]에서 벗어나야 한다는 의미는, 원래 일용수시日用隨時의 심술 공부에 있어서 성인의 가르침 중 가장 쉽지 않은 뜻이기는 하지만, 회독과 토론 등은 서로 상대한다는 의미이기 때문에 위와 같은 마음의 병[意必固我]이 나타나기 쉬운 것이므로, 이와 같은 것을 마음에 새겨 수행해야 할 것입니다. 그렇게 되면 서적의 내용을 따지는 수행뿐만 아니라 자연히 심술 연마 공부도 잘 될 수 있으므로, 매사에 자신이 인수하여 마땅히 써야 할 마음가짐이 이것입니다. (加賀藩明倫堂, 入学生学的, 資料二册, 194頁)

가가 번加賀藩의 메이린도明倫堂에서는 "학생의 경쟁을 꺼렸기"[80] 때문에 앞에서 보았던 "승렬지심勝劣之心이 왕성하여 변설弁舌의 끝을 다투고 심문신사審問愼思의 공부도 없이, 망령되이 자기를 옳다 하고 다른 이를 그르다고 하는 마음"(前出)을 품는 것에 대한 주의라고 해도 좋을 것이다. 거꾸로 그 때문이야 말로, 오히려 '심술연마의 공부'가 강조되었다는 측면은 있다고 하지만, 회독의 장이 그 자체로 '심술연마의 공부'를 행하는 공간으로 인식된 점은 간과할 수 없다.

5. 쇼헤이코昌平黌와 한코藩校의 회독

지금까지 회독의 원리적 문제점에 대해 서술했으나 중요 사항은 다루지 않았다. 즉 간세이 2년(1790) 5월의 '간세이 이학의 금寬政異学の禁/간세이리가쿠노킨'을 어떻게 봐야 할 것인가의 문제이다. 앞서 살펴 본 비토 지슈

---

79) 『論語』「子罕篇」의 "子絶四, 毋意毋必毋固毋我"(공자께서는 네 가지 마음이 없었다. 사사로운 뜻이 없었고, 기필코 하려는 마음이 없었고, 고집스러운 마음이 없었고, 자신에게 집착하는 마음이 없었다)의 '意·必·固·我'/역주

80) 木越治「藩校の意味」(『国語と国文学』 838号, 1993年 11月) 참조.

는 주지하는 바와 같이 간세이 3년(1791)에 마쓰다이라 사다노부松平定信에게 발탁되어, 이학의 금이 발령되자 '이학'을 학문소学問所/가쿠몬죠에서 쓸어 냈다. 이는 일종의 모순이다. 소라이학파의 회독의 학습방법을 몸에 익혀 '허심'을 말했던 지슈 등이, '이학'인 소라이학을 배척하고 '정학'인 주자학을 주장했기 때문이다. 이 모순을 어떻게 이해해야 하는가. 오늘날까지 '간세이 이학의 금'은 주로 정치사적, 교육사적인 관점에서 고찰되어 왔으나, 여기서는, 정치가家 마쓰다이라 사다노부의 관점이 아닌, 간세이 삼박사 같은 현장의 교육자들에게 이학의 금이 어떤 주관적인 의미를 갖고 있는지를, 회독에 초점을 맞추어 해석해 본다.

이시카와 겐은 "쇼헤이자카가쿠몬죠昌平坂学問所에서는, 관에서 운영하여 학문강구소로 바뀐 애초부터 강석과 회독을 학습방법상의 두 개의 기둥으로 중시했다"[81]고 한다. 비토 지슈와 고가 세이리 두 사람이 입안한 간세이 12년(1800) 4월의 「聖堂改正教育仕方に付申上候書付성당 개정 교육방법에 부치는 상서」는 다음과 같이 규정한다.

> 강당에 유자儒者 및 견습생들이 매일 출석하는 바가 분명치 않은데, 강석·경서의 회독·시문과 책의 점삭点削 등은 유자가 맡고, 소독素読·역사 등은 견습생이 맡는 모양이어야 할 것입니다.[82]

여기에서는, '경서회독'을 유학자가 출석해야 하는 중요한 교육의 장으로 인식하고 있다. '간세이 이학의 금'으로 주자학이 부활했다지만, 적

---

81) 石川謙『日本学校史の研究』217쪽.

82) 『日本教育史資料』 7册, 114쪽. 또 사토 잇사이佐藤一斎의 『初学課業次第』에는 '구독句読' '강석' '회독' '독간独看' 등의 학습방법을 들고, '회독' 항목에는 다음과 같은 텍스트를 꼽고 있다. 『小學』『十八史略』『孔子家語』『大戴禮』『劉向說苑』『劉向新序』『蒙求』『春秋左氏傳』『國語』『史記』『詩經集傳』『書經蔡傳』『禮記集說』『周官』『儀禮』『周易本義』『周易程傳』

어도 소라이 이전의 안사이 학파에게 성행했던 강석 일변도로 돌아가지 않았다는 것은 결정적으로 중요하다. 앞서 살핀 바와 같이 비토 지슈와 고가 세이리 등은 기준 없는 무익한 토론을 부정하고자 '천리 공공의 리' (前出『素餐錄』)를 추구했을 뿐 토론 그 자체를 부정하지는 않았다. 다만 그들의 문제는 토론의 기준이 되어야 할 것이 권력적으로 확정되지 않으면 안 된다는 점에 있었다. 본래 경학에서 해석의 기준이라 했던 것은 상대적이기 때문에 바깥에서 설정하는 것 이외에는 정해지지 않기 때문이다. 여기에 그들의 자기모순이 있었다고 할 수 있다.

이 자기 모순은, 학제가 정비되어 주자의 해석이 시론의 기준으로 정해졌을 때 한 층 더 현저해지게 된다. '기리義理' 83)(『昌平志』卷2, 事實志, 寬政5年9月18日條)를 바탕으로 하고 있는 회독에서의 토론의 중요성이 높아졌다 해도, 자유로운 경쟁을 배척하고 고정된 틀 속으로 토론을 수렴시킬 뿐인 침체로 빠져 들지 않을 수 없을 것이다. 예를 들어 다음과 같은 규제는 토론의 활성화를 꾀한다기 보다는 회독에서의 적극적인 의론을 억누르게 된 것으로 보인다.

하나, 회독 윤강輪講 등을 할 때, 선유先儒의 설에 기반한 생각이 충분한 변론이 있어야 하며, 특히 신기하고 근거 없는 설을 주장해서는 안 될 것.

하나, 회집강론의 뜻은 서로의 이익을 얻는 것이 최우선이므로, 자신의 사사로운 뜻을 멋대로 부림을 좋아해서는 안 될 것.

하나, 강서講書는 본래 책의 기리義理를 설명하는 것이므로, 경문経文을 정밀하고 자세하게 연구하여 각각 그 얻는 바를 읽음이니, 교묘하게 변설로 다

---

83) 앞의 책『日本教育文庫 学校編』85쪽. 이 때 나온 학규 오칙五則 중 제사칙 '강회講会'에, "討ㅡ論義理ㅡ, 講ㅡ窮精微ㅡ, 須ㅡ必有ㅡ依拠ㅡ, 切禁ㅡ無稽臆說ㅡ('기리'를 토론함에는 정미하게 궁구하여 말하고 반드시 근거가 있어야 하며, 생각 없는 억설은 절대 금지한다)"이라 되어 있다.

투어 천하고 속된 말[鄙語俚言]을 주고받아서는 안 될 것.(關宿藩, 講会規, 文政七, 資料一册, 335頁)

회독은 경쟁과 기준 이 두 가지 요소가 필수적이므로 어디까지나 모순은 남았다.[84]

이런 원리적인 자기모순이 있었지만 회독은 쇼헤이코에서의 학습방법의 한 축이 되었고 또 그것이 모범이 되어 전국 각지의 한코로 보급되었다. 그 중에서도 시오노야 도인塩谷宕陰[85]이 하마마쓰번浜松藩의 한코를 위해 쓴 다음의 문장은 회독의 유익성을 유감없이 말하고 있다. 조금 길지만 인용해보자.

하나, 독서의 유익함은 오직 회독과 윤강輪講에 있다. 얻기 쉬운 것은 잃기 쉽다. 사물의 이치가 모두 그러하다. 학문에 이르러서도 어찌 홀로 그러하지 않겠는가. 강설講說은 귀로 들어와 마음으로 통한다. (강설하게 되면)힘들여 학문하는[困學] 노고가 덜어지고, 이것을 듣는 이득은 빨라지니 마땅히 (배우는)첩경으로 삼아야 할 것 같다. 그럼에도 홀로 살피는[独看] 노력이 적

---

84) 양학자들에게는 회독의 장에서 경쟁이 용인되고 오히려 적극적으로 장려되었던 것 같다. 『解体新書』의 번역을 시작으로 회독을 했었는데, 그런 회독의 장에서는 아오치 린소靑地林宗의 동지회同志会(『增訂日本洋学編年史』錦正社, 1965年, 440쪽)와 같은 규칙이 정해져 토론과 의론이 필수적으로 되었고, 또한 후쿠자와 유키치가 『福翁自伝』에서 전하는 오가타 고안緒方洪菴이 세운 데키주쿠適塾적숙의 회독처럼, 숙생塾生들이 진급할 목적으로 격렬히 경쟁했다. 데키주쿠의 숙두塾頭가 된 오무라 마스지로大村益次郞도 교수로 근무했던 야마구치번山口藩의 한코에 있었던 양학소洋学所인 하카수도博習堂는 회독의 규제를 상세히 정한 바, 그 규제는 "타인의 힘을 빌어 자기가 한 말"처럼 하는 것은 "학문의 본의"가 아니라고 경계하여 "모든 회독은 윤강輪講이고 토론하여 그 설이 우수한 자에게는 백점白点 한 권圈을 붙이고, 한 달 말의 모임이 되면 이를 계산하여 백점의 수가 많은 자를 그 급의 상석으로 한다"(資料卷6, 764쪽)라고 하듯이 상석을 노리는 경쟁이 장려되었던 것이다.

85) 1809~1867. 에도 후기의 주자학파 유학자. 16세에 쇼헤이코에 입학, 마쓰자카 고도松崎慊堂에게서 배운다. 송학만 고집하지 않고 한당漢唐의 훈고고증訓詁考証을 중시했고 주소注疏의 정밀과 정확성을 기하는 학풍을 보였다. 후에 막부의 유관으로 활약하면서 막부말 페리 내항때 해방海防의 필요성을 주장했으며 아편전쟁을 본 뒤 에는 『阿芙蓉彙聞』을 지었다/역주 ＊일본대백과전서 일부인용

은 자는, 눈은 글자에 길들여지지 않고 마음은 책과 익숙하지 않으며, 그 귀로 들어오는 것은 장차 오래지 않아 이를 잊어버리게 된다. 가령 잊어버리지 않는다 해도 성령性靈이 열려있는 자는 거의 없다. 회독윤강은 곧 책에 대하여 이치[理]를 생각하고 경전에 의거하여 도를 논한다. 마음과 눈과 입과 귀가 함께 열리니, 신지神智에 유익함이 틀림없이 얕지 않다. 깊이 힘쓰는 자가 공을 거둬들이는 것이 멀 것이라 논하지 말라. 강습관에 모이는 날에는 모름지기 각각의 모임을 결성하여 강습해야 한다.

하나, 회독과 윤강은 모름지기 힘을 다하여 어려운 문제를 묻고 논하고 연구[問難論究]해야 한다. 경서를 가지고 회강할 때 의문이 들면 반드시 묻고, 물음이 있으면 반드시 끝까지 밝히며, 끝까지 밝혀지지 않으면 그만두어서는 안 된다. 대저 학자의 근심은 자기가 알지 못함을 부끄러워하는 데에 있다. 의문을 품고 묻지 않는 것은 대개 마음이 풀어진 것이다. 그러므로 강학의 유익함은 오직 논구論究함에 있다. 논구하면 곧 하나쯤 알고 반만 깨닫는[一知半解] 폐단이 없고, 혹은 아직 나타나지 않은 뜻을 얻거나, 혹은 말 이외의 뜻을 볼 수 있다. 무릇 입으로 말하고자 하나 말을 잘하지 못하는 자는 반드시 말을 잘하게 된 후에야 멈춘다. 인仁에 합당하다면 스승이라도 양보할 수 없다. 사제의 문난토론問難討論은 목소리와 얼굴빛[聲色]이 함께 사나워져도 또한 책망하지 않는다. 다만 힘써 이기려는 마음을 물리치고, 틀렸음을 깨달으면 곧 승복한다. 바야흐로 이것이 군자의 다툼이다. (経誼館揭示, 資料1冊, 430頁)

공동학습인 회독이 강석과 독간独看이라는 고독한 독서보다도 서로 의문을 갖고 '문난논구問難論究'하기 위해 유익하다는 것, 또 그것이 "책에 대하여 이치를 생각하고 경전에 의거하여 도를 논"하는 기준에 입각하여 "이김을 좋아하는 마음"을 가지는 것이 아닌 "군자의 다툼"임을 말하고 있다. 여기에서, "독서의 유익함은 오직 회독과 윤강에 있다"고 말할 수 있는 것은, 기준과 경쟁이라는 이 두 요소의 밸런스가 잡혀야 비로소 가능함이 명확히 의식되어 있다.

이 게시문을 쓴 시오노야 도안이 젊은 시절 배웠던 쇼헤이코의 학생

료学生寮(=기숙사)는 한코에서의 이러한 회독이 보급될 무렵에 큰 역할을

했다. 전국의 우수한 학생이 모였던 쇼헤이코의 학생료에서는 매월 3회

의 정규 회독 외에 자주적인 회독도 있었다. 예를 들면, 고가 도안에게

입문하여 쇼헤이코에 들어온 뒤 나중에 아베 마사히로阿部正弘[86]에게 발

탁되어 후쿠야마 번유藩儒가 된 에기 가쿠스이江木鰐水(1811~1881)가 쓴 일

기 중 덴포 7년(1836) 정월 28일 조목에는 "밤에 중용 회독을 마쳤다. 발

회가 대략 지난 해 5월이었다. 월 3회, 왕무조汪武曹 대전大全을 위주로,

곁에는 곤면록困勉録 · 송양강의松陽講義 · 선생이 지은 중용문답에 까지

미쳤다(夜中庸会読卒業, 蓋発会在去歳五月, 月三会, 以汪武曹大全為主, 傍及

困勉録 · 松陽講義 · 先生所著中庸問答)"[87]고 적혀 있다. 참가자는 오다기리

슈스케小田切秀介 · 미야베 슌이치宮部純一 · 요코노 도미사부로横野富三郎 · 구

시다 슌페이櫛田駿平[후쿠오카 번 슈유칸修猷館 교수] · 이이다 이사무飯田勇 · 후루

카와 시치노스케古川七之進 · 혼죠 사다요시本莊貞吉 · 다치키 와사부로立木和

三郎 · 하네다 마사스케羽根田正輔 · 네이 이고로根井弥五郎 · 나리토미 마타노

죠成富又之丞 · 무타 에이키치牟田榮吉 · 이시이 도요타로石井豊太郎 · 다케토미

분노스케竹富文之助 · 고가 사케이古賀茶溪 등 16명이었다. 또 덴포 8년 정월

16일에는 『易学啓蒙역학계몽』 회독을 시작했다.[88] 이 회독에는 다케토미

겐보武部元謨 · 요코노 도미사부로 · 무타 에이키치 · 후루카와 시치노스

---

86) 1819~1857. 막부 말기의 로주老中. 후쿠야마 번福山藩(지금의 히로시마현) 번
    주. 페리 내항 이후 대선건조의 허가, 에도만 오사카만 방비 강화, 에도에로의
    병기 운송 허가, 미일화친조약체결, 반쇼시라베쇼蕃書調所(양학연구기관, 도쿄대 전
    신) 설립 등 외압 대응책을 추진했다/역주 *朝日日本歷史人物辭典 일부 인용.

87) 『大日本古記録 江木鰐水日記上』(東京大学史料編纂所, 1964年) 63쪽.

88) 위의 책, 90쪽.

케 · 구시다 슌페이 · 야마타 아이노스케山田愛之介 · 히로세 고헤이広瀬康
平 · 하네다 마사스케 · 후쿠시마 곤타이福島艮太 등 10명이 참여했다. 쇼
헤이코에서의 이러한 회독 경험은 시오노야 도안과 에기 가쿠스이에 한
하지 않고 한코로 돌아간 뒤의 기초가 되었다.

한편 회독장会読場은 막부 말이 되자 단순히 텍스트의 공동 학습장이
아닌 별도의 양상을 보인다. 다케다 간지武田勘治에 의하면, 회독을 주된
학습 수단으로 한 대표적인 한코는 요네자와米沢의 고죠칸興譲館[89]이었는
데, 거기에서도 분큐文久[90] 원년(1861) 5월에 내린 추가 규칙에 "회독할 때
는 자리를 떠나거나 또는 아프다는 핑계로 하교까지 하는 풍습, 심히 바
라는 바가 아니다. 이후에는 정성껏 예습을 하고, 외람되이 자리를 떠나
서는 안 될 것"(米沢藩興業館, 資料1冊, 774頁)이라고 적혀 있는 것처럼 미리 읽
어 오는 예습도 하지 않고 출석하거나 함부로 자리를 떠나는 것을 금하
고 있다. 이런 흐트러짐이 생긴 것은 본래 막말幕末의 정치 상황에서 경
서 · 사서만을 읽는 것으로는 만족할 수 없게 되었기 때문일 것이다.

회독장에서 국정을 논할 가능성이 없었다고는 할 수 없다. 각 한코에
서는 금령이 종종 내려졌기 때문이다. 실제로 막말이 되자 쇼군의 거소
인 에도와, 국정에 대한 논의를 엄격히 금지하고 있었던 쇼헤이코의 서
생료書生寮에서도 정치를 논하게 되었다. 그것을 보여주는 것이 센다이仙
台의 오카센진岡千仞의 기록이다. 오카센진은 쇼헤이코의 서생료 시절을
다음과 같이 회상하고 있다.

시게노重野의 료寮에서 마쓰모토松本, 미즈모토水本, 다카하시高橋(会津藩. 名ハ有常
/아이즈번. 이름은 아리쓰네) 6,7명을 만나 제비를 뽑아 통감通鑑 한 권을 읽은 다음

---

89) 다케다武田, 앞의 책, 304쪽.
90) 1861~1864 사이의 일본 연호/역주

에, 책 없이 질문하는 것을 통감회라고 한다. 이는 미함米艦(페리의 구로후네를 말함/역주)이 바다로 들어오기 6개월 전의 일이다. 시게노가 한 문제를 내어 말하기를, '막부 2백년, 쇠운으로 이어진다. 차후에 대란이 일어나면 무엇을 해야 하는가' 운운. 여럿이 모두 답하여 '구미제국 오랑캐가 오는 것, 이것이 천하가 어지러운 근원이다.' 시게노가 말하기를 '내가 이를 보니, 다카야마高山는 자살했고, 가모蒲生[91]는 막부의 금기를 어겼다. 미토水戸의 여러 유자儒者의 논의가 왕성히 세를 얻은 뒤에는 외구外寇 이외에, 지금부터 근왕의 대의를 외치는 자들을 배출하고, 막부는 이 때문에 쓰러짐을 또한 알아서는 안 된다'고 한다. 여럿이 입을 모아 말하기를, '오로지 외구만을 논함에 이를 편드는 자 게이도奎堂[92] 외에 두 셋 뿐이다. 지금 회상건대 사쓰마 번薩摩藩에는 당시 이미 존왕도막론尊王倒幕論이 있었다고 생각한다.[93] (『在臆話記』卷1)

　페리의 내항 이전에 통감회라는 자주적인 회독에서 사쓰마 번의 유학생인 시게노 야스쓰구重野安繹가 존왕론의 중요성을 말하며 국정을 의론하고 있다고 전하고 있다. 말할 것도 없이 시게노 야스쓰구는 쇼헤이코의 사장舍長이었고, 메이지 이후에는 『太平記태평기』의 사실성을 실증사학의 입장에서 비판한 역사가이자 한학자이다.[94]

　본래 번사藩士/한시의 교육뿐 아니라, 번주藩主/한슈와 상급무사 사이에

---

91) 다카야마 히코쿠로高山彦九郎(147~1793. 에도시대 중기의 존왕운동가)와 가모 군페이蒲生君平(1768~1813. 에도시대 후기의 존황론자)를 말한다. 이 둘을 하야시 시헤이林子平(1738~1793)와 함께 간세이 삼기인三奇人이라 한다/역주

92) 마쓰모토 게이도松本奎堂(1831~1863). 막말의 존왕양이파 지사. 쇼헤이코에서 배우고 뒤에 오사카에 가숙을 연다. 덴츄구미天誅組(=존황토막의 급진파)을 결성하고 야마토大和에서 거병했으나 8.18정변으로 패사한다/역주. *디지털大辭泉일부 인용

93) 『隨筆百花苑』1卷(中央公論社, 1980年) 26~27쪽.

94) 도덕민陶德民은 메이지 시기의 시게노 야스쓰구의 중국관에 대해, 막부 말 쇼헤이코에 유학 시절에 영향을 받은 고가 도안과 시오노야 도인의 대외 위기의식과의 관련을 시사하고 있다. 陶德民, 「日淸戰争前の「日淸連衡論」—重野安繹「支那視察案」に関する考察」(『明治の漢学者と中國』第1章, 関西大学出版部, 2007年) 참조.

서의 회독을 권장한 번이 있었다. 예를 들면 마쓰다이라 사다노부의 둘째 아들인 사나다 유키쓰라真田幸貫가 번주가 된 마쓰시로 번松代藩에서는 분세이文政[95] 연간에 에도의 번 공관[藩邸]에 쇼헤이코의 유관인 고가 도안을 초청하여 번주 자신이 회독을 시행하여 "토론이 아주 왕성하게 되었다고 함"이라고 전해진다.[96] 또 덴포 원년(1830)에 사가 번佐賀藩 번주가 된 나베시마 나오마사鍋島直正는 한코인 고도칸弘道館을 매월 1회 시찰했을 뿐 아니라, 어회御会라 하여 여러 생도를 모아 경서 회독을 시행하고 있다.[97] 그 외에도 마쓰에 번松江藩에서는 이미 안에이安永 연간에 에도 번 공관의 유관이었던 소라이학파의 우사미 신스이宇佐美灊水가 상서로 올린 의견을 받아들여 가로家老들이 모여 책을 읽는 회독이 시행되고 있었다.[98] 그것은 '가로들이 돌아가며 자택을 회장会場으로 하여 책을 읽는 사적인 회합'으로서, 한코인 분메이칸文明館의 유학자 모모 하쿠로쿠桃白鹿가 초빙되어 회두会頭를 맡았으며, 텍스트로는『尚書상서』『墨子묵자』『国語국어』『老子노자』『周易주역』『左伝좌전』『說苑설원』등 이었고, 하쿠로쿠를 일대一代로 하여 간세이 12년(1800) 까지 계속되었다. 이 회독이 시작된 시기는 바로 젊은 번주가 영지를 받은 때로, 가로인 아사히 교호朝日郷保를 중심으로 번의 재정을 바로잡았던 때와 중첩된다. 또 다쓰노 번龍野藩에서도 한코인 교라쿠칸敬樂館에서 회독이 실시되었는데,「安政三辰年十月仕法替ノ儀二付達안세이 삼진년 10월 방법 교체의 의식에 붙임」에서 가로들

---

95) 1818~1830 사이의 일본 연호/역주

96) 이나가키 다다히코稲垣忠彦,「藩校における学習内容・方式の展開」(『帝京大学文学部紀要教育学』27号, 2002年) 참조

97) 스즈키 히로오鈴木博雄,「幕末期の学政改革に關する一考察」(『横浜国立大学教育紀要』4輯, 1964年) 참조.

98) 石川謙,『日本学校史の研究』, 330쪽.

에게 거기에 출석할 것을 요구하고 있다.

> 회독할 때에는, 가로家老와 도시요리年寄, 반가시라番頭[99] 공히 합의한 대로
> 가능한 한 출석하실 것을 알림. 여러 야쿠닌役人들도 일역一役에 일인씩 합
> 의한 대로 출석하실 것을 알림. 다만 뜻 있는 곳으로 향하는 것은 임의대
> 로 임. (龍野藩, 安政三辰年十月仕法替ノ儀二付達, 資料2冊, 519頁)

번주와 가로가 의론 · 토론을 거듭하면서 독서하는 공공 공간이 신분
제도 안에서 존재했다는 것은 특기할 만한 가치가 충분히 있다. 이렇게
번정藩政 종사자들의 회독의 장에서는 국정을 의론 · 토론했으며 특히 막
부 말의 정치의 계절에는 더욱 더 그러했을 터이다. 쇼헤이코 안에서도,
위에서 언급했던 오카센진의 회상이 있었지만, 여러 번의 각각의 회독
의 장에서 정치 논의가 있었다. 서두에서 살핀『학교문답서』속에서 요
코이 쇼난은, 학교에서 "위로는 군공君公을 위시하여 대부大夫 · (무)사士의
자제에 이르기까지"가 "때의 닌죠人情와 정사의 득실을 토론"(前出)함을 구
하고 있는데, 그 주장은, 당시 회독의 장에서 은밀히 행해졌던 정치 논
의를 공적으로 드러내어, 제도적으로 자리매겨졌음을 의미한다. 이 점
은 다음 장에서 다시 검토한다.

6. 회독에서 '리理'의 대응

마지막으로 회독이 갖는 하나의 가능성을 살펴보자. 그것은 회독이
토의의 장이 되었다는 것만이 아닌, 그리고 사회질서의 동요와 함께 기

---

99) 도시요리는 본래 나이 많고 경험 · 지식 등이 풍부한 사람을 뜻하나, 중세 및
에도시대에는 막부와 각 번에서 정무를 통합하는 중핵의 직위에 있는 사람
을 뜻한다. 막부에서는 다이로와 로주, 와카도시요리, 제번에서는 가로를 지
칭하는 말이기도 하다. 반가시라는 구케公家와 부케武家를 막론하고 경비직의
우두머리를 지칭하는 말로, 경호 그 자체를 가리키는 말이기도 하다/역주

준으로서의 '리'가 밖에서 이미 정해진 것으로서 이해된 것이 아닌, 여러 가지 대응[置換]이 수립된 공공 공간이 되었던 가능성이다. 익히 알고 있는 바와 같이 막말幕末에는 보편적인 '리'가 여러 구니[諸国] 사이를 관통하는 만국공법으로서 적용된 것처럼, 주자학의 본래의 '리' 관념에서 볼 때 터무니없는 의미 전환이 이루어졌다. 요코이 쇼난이 그 대표적 사례였음은 말할 것도 없다. 이러한 대응이 근세 일본에서 이루어진 것도, 무엇이 '리'인가를 모색하는, '리'를 둘러싼 논의와 토의 속에서 행해지지 않았는가. 이렇게 추측하는 이유는 회독을 중시한 주자학자들로부터 '리'의 적극적 대응을 주장한 이들이 나왔기 때문이다. 그 중에서도 쇼헤이코의 유관이었던 고가 도안古賀侗庵은 주목할 가치가 있다.

필자는 지금까지 막부 말기의 쇼헤이코 역할의 크기, 특히 그곳의 유관이었던 고가 도안의 사상사적 의미에서의 크기를 지적해 왔다.[100] 이 장에서 다룬 여러 인물들 가운데 고가 도안 자신을 포함하여 의외라 할 정도로 도안 주변에 인물이 많은 것은 주목해야 할 사항이다. 도안 자신이 분세이[文政] 연간에 막부의 해방海防 정책에 깊이 관여하고, 사쿠마 쇼잔佐久間象山[101]을 발탁했던 사나다 유키쓰라와 회독을 하고 있었을 뿐만

---

100) 고가 세이리의 사상은 졸저 『近世日本の儒学と兵学』(ぺりかん社, 1996年), 「古賀侗庵の海防論」(『還』13号, 2003年, 졸저 『兵学と朱子学·蘭学·国学』 수록, 平凡社選書, 2006年)를 참고하기 바람. 최근에 마카베 진眞壁仁이 '망각된 유가 명문' 고가 세이리·도안·사케이茶溪의 사상에 대해 역작 『德川後期の学問と政治―昌平坂学問所儒者と幕末外交変容』(名古屋大学出版会, 2007年)을 간행했다. 방대한 자료를 정리하여 고가 도안의 생애와 사상을 밝혔다는 점에서 획기적 연구이나 본서에서는 충분히 살리지 못했다.

101) 1811~1864. 에도시대 후기의 주자학자, 병학자, 난학자, 사상가. 마쓰시로 번松代藩 출신. 처음에 주자학을 배웠으나 뒤에 난학을 공부하고 서구 과학기술 섭취를 통해 국력을 키울 것을 주장했다. 문인에 가쓰 가이슈勝海舟, 요시다 쇼인吉田松陰 등이 있다. 요시다 쇼인 사건으로 투옥되기도 했고, 교토에서 양이파에게 암살된다. 사쿠마 쇼잔의 사상, 특히 내셔널리즘 논리는 이 책 제2부 6장 참조/역주 *고토방쿠 일부 인용

아니라, 그 제자들도 자주적으로 회독 모임을 가졌던 것은 앞에서 지적한 바 대로이다. 시오노야 도인, 에기 가쿠스이, 그리고 회독을 주된 학습방법으로 채택했던 요네자와의 고죠칸은 쇼헤이코에서는 반드시 고가 문하가 되어서 입학했다. 더욱이 고가 가문으로 범위를 넓히면 사가번주 나베시마 나오마사는 세자世子 시절에 도안의 형인 고가 고쿠도古賀穀堂에게 배우고 있다. 이처럼 회독은 고가 도안의 주변에서 성행하고 있었다. 그리고 회독에서의 이런 의론과 토론이 막말 해방론의 발생원이었음은 틀림없었던 것 같다. 그 장에서는 '리'를 둘러싼 의론·토론이 행해지고, 예를 들면 주자학적인 '리'가 만국공법으로 대응되어 나갔다.[102]

나아가 회독에서의 토론은, 요코이 쇼난에게서 보았듯이, 자기 의견과는 다른 '타자'의 존재를 용인하는 열린 태도를 익히는 경험이 되었다. 앞서 보았던 회독이 '심술 연마 공부'가 된다는 사고가 이를 단적으로 말해준다. 그 구체적 예를 고가 도안에게 배웠던 사카타니 시로시阪谷素[103]의 사상에서 볼 수 있다.[104] 사카타니는 메이로쿠샤明六社[105] 동인同人이 되어 「尊異說존이설」(『明六雜誌』 19號, 明治7年10月)을 썼다. 거기서는 "다름을 낮추고

---

102) 졸고, 「'武国'日本のなかでの朱子学の役割」(『日本思想史學』33号, 2001年) 참조.

103) 1822~1881. 막말 유신기의 유학자. 메이로쿠샤明六社에 유일한 유학자로 참여했으며 최연장자. 시로시素는 호, 본명은 사카타니 로로阪谷朗盧/역주

104) 마쓰모토 산노스케松本三之介는 사카타니가 주자학의 이일분수理一分殊 사상을 매개로 하면서, 이질적인 것에 대한 관용적인 태도와 상이한 것의 상호대립·긴장을 통해 상호 공통하는 보편적인 것의 도출도 가능한, '리버럴한 지적 사고'에 접근할 수 있었다고 말하고 있다. 松本三之介, 「新しい学問の形成と知識人—阪谷素·中村敬宇·福澤諭吉を中心に」[松本三之介·山室信一 編『学問と知識人』日本近代思想大系10, 岩波書店, 1988年] 참조.

105) 1873년인 메이지明治 6년(그래서 明六社라 함)에 설립된 일본 최초의 근대적 계몽학술단체. 모리 아리노리森有礼가 미국에서 귀국한 뒤 후쿠자와 유키치福澤諭吉·가토 히로유키加藤弘之·나카무라 마사나오中村正直·니시 아마네西周·니시무라 시게키西村茂樹·쓰다 마미치津田真道·미쓰쿠리 슈헤이箕作秋坪·스기 고지杉亨二·미쓰쿠리 린소箕作麟祥 등과 함께 계몽활동을 목적으로 결성되었다. 이 단체에서 발행한 잡지가 『明六雜誌메이로쿠잣시』다/역주
＊위키피디아 일부 참조

거부하는 것, 이는 전일의 양이의 야만적 습속일 뿐"이라 비판하고, "사제와 벗의 다름으로써" 재지才知와 예능을 절차탁마하여 "그 다름을 포용하고 존중"할 것을 추구했다. 이렇게 다른 타자를 용인하면서 절차탁마한다는 사고는, 젊은 시절에 사카타니도 또 쇼헤이코의 서생료에서 토론했던 회독의 경험이 기틀이었을 것이라 생각된다.

2장
토론에 의한 커뮤니케이션의 가능성

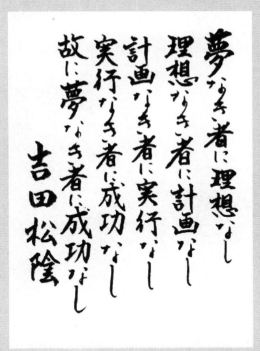

요시다 쇼인의 명언 중에서

1. 회독의 네 가지 문제

근세 일본 사회에서 의론과 토론에 의한 커뮤니케이션은 반드시 일반적이지는 않았다. 상의하달上意下達의 명령—복종의 커뮤니케이션, 혹은 그 장소의 분위기를 헤아리는 회합적 성격의 커뮤니케이션이 보통이었다. 때문에 자기의 의견을 분명히 표명하고 서로 그것을 비판하는 '회독'의 장은 사상적으로 볼 때 대단히 중요하다. 앞 장에서, 정기적으로 모여 집단적으로 경서와 사서史書를 의론하고 토론하는 회독의 장이 근세 일본의 신분제 사회에서, 개개인이 동등한 위치에서 의론하는 공공 공간이었음을 지적했는데, 이 장에서는 앞 장에서 충분히 논하지 않았던 문제와, 나아가 근세 사회의 회독을 고찰할 때 아무래도 피할 수 없는 네 가지 문제를 중심으로 살펴본다.

첫째는 회독의 성립 문제이다. 종래의 교육사 연구에서 회독은 소라이 학파에서 시작했다고 주장하고 있는데, 과연 그러한가. 회독이라는 학습 방법이 중국과 조선에는 본래 없었던가. 예를 들면 송명학의 '강학講學' 과 회독은 다른가. 또 일본에서도 궁중의 강론과 불교사원의 논의, 혹은 나카에 도쥬中江藤樹[1]의 강회講会, 이토 진사이伊藤仁斎의 동지회同志 会 등은 회독과 무관한가. 이러한 소라이 이전의 학습 방법과의 관계가 해결되어야 한다. 그 다음에, 만약 소라이학에서 성립했다 하더라도, 왜 소라이학에서 그런 것이 가능했는가 하는 문제가 남는다.

---

1) 1608~1648. 에도 전기의 유학자. 오우미近江출신. 일본 양명학파의 종조. 처음에 주자학을 배웠으나 뒤에 양명학을 주창하여 오우미 성인으로 불린다. 구마자와 반잔熊沢蕃山이 그 제자다/역주.

두 번째 문제는 정학파 주자학의 회독이다. 여기서는 소라이학파를 중심으로 민간에서 유행했던 회독이, 이른바 정학파 주자학에 의해 쇼헤이코의 학습 방법으로 채택된 사실의 의미를 묻는 것이 중심이다. 18세기 중엽부터 민간에서는 소라이학에 한하지 않고 이른바 절충학자와 주자학자들도 사이에서도 회독이 행해졌다. 더욱이 유학자 뿐 아니라 난학자와 국학자들도 회독을 했다. 본래, 난학과 국학이라는 18세기 중엽부터의 신사조는, 이 시기에 회독이라는 자주적인 독서 모임에서 탄생되어 온 것이다. 무엇보다도 마에노 료타쿠前野良沢와 스기타 겐파쿠杉田玄白의『해체신서』번역이 회독의 공동 성과였음은 그것을 단적으로 보여주고 있다.[2] 이러한 난학자, 국학자를 포함한 민간의 독서 집단, 토론에 참여하는 사람들의 출현은, 18세기 후반의 사상사를 이해하는 데에 특히 주목해야 할 현상이다. 정학파 주자학자들도 그런 자주적인 학습 집단 속에서 주자학을 체인体認하고, 나아가 로주老中 마쓰다이라 사다노부에게 발탁되어 쇼헤이코에서 '간세이 이학의 금' 조치 이후의 교육을 맡았다. 그들이, 사상 내용에서는 소라이학으로부터 주자학으로 전환하고 있었음에도 불구하고, 경서 학습에 회독을 채택했던 이유는 무엇인가. 거기에 사상적 전환이 있었는지의 여부가 문제로 부각된다.

세 번째 문제는 막부 말기에 경서 중심의 회독으로부터 정치적 의론을 하는 회독으로의 전환이다. 위르겐 하버마스의 용어를 빌면, 이는 문예적 공공권으로부터 정치적 공공권으로의 기능 변화라는 문제이다.[3] 이

---

2) 난학자의 네덜란드어 서적 회독에 대해서는 후쿠자와 유키치가『福翁自伝』에서 데키주쿠適塾의 회독 모습을 전함으로써 잘 알려졌다.

3) 하버마스는 "공권력의 공공성이 사인私人들의 정치적 논의의 표적이 되어 그것이 결국은 공권력으로부터 완전히 탈취되게 되기 이전에도, 공권력의 우산 아래에서 비정치적 형태의 공공성이 형성된다. 이것이 정치적 기능을 가지는 공공성의 선구를 이루는 문예적 공공성이다"(『公共性の構造転換』 호소야 사다오 · 야마다

문제는 '처사횡의處士橫議/쇼시오우기[4]'와 같은 횡단적인 커뮤니케이션에 획기적인 의의를 인정한 후지타 쇼조藤田省三[5]가 말하는 '유신의 정신' 과도 깊은 관계가 있다.[6] 왜냐하면 그런 '처사횡의'가 발생한 현장이 회독의 장이었다고 생각되기 때문이다. 쇼헤이코와 한코 · 사숙私塾의 회독의 장에서, 대등한 인간관계를 바탕으로 경서 · 사서의 토론이 행해지고 토론하는 회중의 등장이 전제가 되어, 내우외환의 위기의 근원, 독서만으로는 만족할 수 없었던 사람들이 정치적인 의론을 시작하여 막말의 '처사횡의'가 생겨났다. 그러한 정치적 의론의 장으로 기능이 변화한 가운데 어떤 사태가 벌어졌던가. 그리고 거기에는 어떤 사상적 갈등이 있었던가. 이것이 회독의 세 번째 문제이다.

더욱이 네 번째는, 자유민권운동기의 학습결사에서의 회독 문제이다. 일찍이 민중사상사를 제창했던 이로카와 다이키치色川大吉[7]가 일구었듯이 자유민권운동기에는 전국 각지에 학습결사結社가 생겨났다.[8] 그런

마사유키역細谷貞雄 · 山田正行訳, 未來社, 1973年, 48쪽), "정부 당국의 감독을 받고 있던 공공성이, 논의하는 사인私人들의 공중公衆에 의해 빼앗겨 공권력에 대한 비판의 권역으로서 확립됨에 이르는 과정은, 이미 공중의 여러 설비와 토론의 무대를 갖추고 있는 문예적 공공성의 기능 변화로서 일어났다"(같은 책, 72쪽)고 한다.
4) 메이지 유신에 이르는 과정에서 다양한 정치적 의견이 입장이나 신분, 조직을 초월하여 민간인 사이에 나왔는데, 그들이 자유롭고 활달하게 정치를 논한 것, 또는 그 집단이나 세상을 말함/역주
5) 1927~2003, 쇼와 후기-헤이세이平成기의 사상사가, 정치학자. 마루야마 마사오에게 사사했다. 근대천황제 국가의 내면구조를 분석한『天皇制国家の支配原理』는 전후 사상사에 획기적인 의미를 지닌 것으로 평가된다/역주 *백과사전 마이페디아 일부 인용
6) 藤田省三, 『維新の精神』(みすず書房, 1967年). 후지타는 말한다. "횡단적 논의와 횡단적 행동과 현세적 지위(스테이터스)에 따르지 않고서 '지志'에 의해서로 모으는 횡단적 연대가 출현한 경우, 그 경우에만 유신은 유신으로 되었던 것이다"(『藤田省三著作集4 維新の精神』みすず書房, 1997年, 7쪽)
7) 1925~ . 민중사상사 연구가 중심인 일본사학자/역주 *디지털일본인명사전 인용
8) 色川大吉, 『自由民権』(岩波新書, 1981年) 참조.

모임에서는 정치·법률·경제 번역서를 집단으로 읽었을 뿐만 아니라, 새로운 커뮤니케이션 형식이었던 연설이 성행했었고 토론이 격렬했다. 전국 각지에서 작성된 사의헌법안私擬憲法案이[9] 그 성과였음은 잘 알려진 바 대로이다. 특히 「五日市憲法草案이쓰카이치헌법초안」은 우에키 에모리植木枝盛[10]의 「日本国国憲案일본국국헌안」과 병칭되는데, 이 「이쓰카이치헌법초안」과도 관계깊은 다마多摩의 한 학습결사에는 '회독'을 명기한 다음과 같은 회칙이 정해져 있었음에 주목할 필요가 있다.[11]

> 제3조　본회는 정사政事 법률 경제 등의 학과를 수행함을 주지主旨로 하고, 혹은 위의 책들에 의거하여 회독과 질의를 함. 또한 학술상의 연설演舌토론을 하는 바로 함.[12](多摩講學會創立書の講學會規則」 明治16年 10月10日)

민권기의 학습결사에서 회독을 하고 있었던 것이다. 물론 에도기의 한코와 쇼헤이코의 경서 회독과 다른 것은, 막말기의 '처사횡의'를 헤어 나온 자유민권기에는 '정사政事 법률 경제 등'의 '서류'의 회독보다는 '학술상의 연설演舌토론'이 중심이 되어 있다는 점이다. 예를 들면, 가령 이쓰카이치五日市에서는 '이쓰카이치 학술토론회'라는 '토론' 주체의 결사結社가 만들어져 5일, 15일, 25일의 매월 3회 "정치, 법률, 경제 기타 제반

---

9) '대일본제국헌법'이 제정되기 이전에 민간에서 기초된 헌법, 관리가 개인적인 입장에서 초안했던 헌법안도 포함된다. 메이지국가 형성기의 국민의 체제관과 헌법관을 엿볼 수 있는 중요한 자료이다/역주 ＊세계대백과 사전 일부 인용

10) 1857~1892. 메이지기의 자유민권운동 지도자, 정치가. 도사번土佐藩 출신. 이타가키 다이스케板垣退助(1837~1919, 자유민권운동의 선구자)의 연설을 듣고 감명받아 그를 도와 국회개설에 진력하고, 급진적인 사의헌법인 「東洋大日本国国憲案」을 기초한다/역주 ＊디지털大辭泉 일부 인용

11) 色川大吉, 『明治前期の民権結社と学習運動—明治前期の多摩地方調査と民権運動研究ノート(3)』(『東京経済大学人文自然科学論集』 21号, 1969年 2月) 참조

12) 『三多摩自由民権史料集』 上卷 (大和書房, 1977年) 365쪽.

학술상 의의가 심원하여 쉽게 풀 수 없는(政治, 法律, 經濟其他百般ノ学術上意義 深遠ニシテ容易ニ解シ能ハサル)"주제를 토론하도록 정해져 있었다. 거기서는 "의론이 백중(伯仲)하여 찬반이 양분되어 있는 주제를 일부러 골라 철저하게 토의한다. 최초로 발의한 자는 반대론자에게 호응하는 듯한 답변을 해서는 안 되며, 끝까지 자기가 최초에 주장한 논지를 관철하여 답변해야 한다"고 한다. 일종의 토론 형식이다. 여기에도 회원 자격에는 엄격한 조건을 붙이고 있다. '오직 허심평의(虛心平意)를 주된 뜻(宗旨)으로 하며', '결코 난폭하고 방만(暴慢)한 행위가 있어서는 안 된다'고 자제를 촉구하여, 이를 지키지 않는 사람은 회원 과반수의 동의로 탈퇴시킬 수 있다"고 한다.[13] 또한 미나미다마군(南多摩郡) 쓰루가와무라(鶴川村)의 학습결사인 세키젠카이(責善会)에서도, 그 규칙(明治 11년 5月)에 의하면 두 번째 일요일을 모임의 날로 정하고 "평등주의를 취하여 서로 비평하여 바로잡는(批正), 토론"이라는 운영방식을 취하고 토론 방법도 세밀하게 규정하여 자유롭게 토론할 수 있도록 하고 있다.[14] 자유민권기의 학습결사는 이렇게 명확히 정치적인 의론·토론을 중심으로 하는 결사였다.

지금까지, 이런 학습결사에서의 토론·의론은, 스피치를 '연설(演說)'로, 그리고 디베이트를 '토론(討論)'으로 번역한 후쿠자와 유키치(福沢諭吉) 등이 중심이 된 메이지 초기의 메이로쿠샤(明六社)와 미타(三田) 연설회[15]가 선봉이

---

13) 아라이 가쓰히로(新井勝紘), 「自由民權と結社」(『結社の世界史1 結衆·結社の 日本史』山川出版社, 2006年) 199쪽.

14) 와타나베 스스무(渡辺奬), 『村落の明治維新研究—豪農民權の源流と文明開化』 (三一書房, 1984年) 참조.

15) 일본에서 연설은 메이지 6년(1873)에 후쿠자와 유키치와 그 문하생 수명이 서 양의 스피치(연설)와 디베이트(토론) 법을 연구하여 시도·창시되었다. 메이 지 7년 6월에 1회 연설회가 열리고 메이지 8년에는 게이오기주쿠(慶応義塾)(현 게 이오 대학)에 미타(三田) 연설관이 개관된다. 이 미타 연설관에서 행해진 연설회를 미타연설회라 한다/역주 *http://www.keio.ac.jp 참조, 일부 인용

된 연설의 보급 현상으로서 이해되어 왔다. 그리고 그 '민주적 운영 방법'
과 '토론 방법'은 '유학儒学의 학습 방법과는 크게 다른' 것으로, "옛부터의
유교주의 교양으로 성장한 호농층에는 그때까지 없었던 참신한 학습
방법"으로 자리매김 되었다.[16] 그러나, 에도 시대의 한코에서 실시되었던
경서의 회독 전통이 없었다면 이런 '민주적 운영방법'과 '토론방법'은
메이지에 이 정도까지 전국적으로 확대되지는 않았을 것이다. 초기의
민권운동의 중심축이 사무라이武士였음은 주지의 사실로, 한코에서
교육받은 그들의 회독장에서의 의론과 토론 경험이 학습결사의 회독에
도움이 되었던 것이다.

그것은 「이쓰카이치 헌법초안」의 주도자 지바 다쿠사부로千葉卓三郎가
시사한다. 그는 센다이 번仙台藩의 요켄도養賢堂에서 오쓰키 반케大槻磐
溪에게 배웠다. 쇼헤이코에서 고가 세이리에게 배웠던 오쓰키 헤이센大
槻平泉이 요켄도에서 회독을 행하고 또 오쓰키 겐타쿠大槻玄沢의 차남으로
요켄도의 학두学頭가 된 오쓰키 반케이도 에도의 쇼헤이코에서 배웠다
(뒤에 서술하겠지만 가나자와 번金沢藩 메이린도의 오시마 도넨大島桃年은 반케이와
쇼헤이코 시대 이래의 친구이다).

이렇게 회독은 소라이학의 의의, 주자학이 부활하는 '간세이 이학의 금'
의 의의, 막말의 '처사횡의'에서 볼 수 있는 '유신의 정신', 자유민권기의
학습결사 등, 종래의 교육사의 틀로는 수습될 수 없는, 근세로부터
근대로의 사상사思想史상의 여러 문제에 대해, 새로운 시점에서 재검토를
다그치는 흥미 있는 연구 대상이다. 이 장에서는 여기서 지적한 회독의
네 가지 문제 중 세 번째 문제를 중심으로 검토하고 이와 관련하여

---

16) 渡辺獎, 위의 책, 163쪽.

시기적으로 앞뒤인 두 번째와 네 번째 문제도 살펴 본다.

2. 대등한 인간관계의 장으로서의 회독

소라이학 이후의 사상계를 바라볼 때, 소라이학파의 회독이 근세 사회에서 자주적인 공공 공간을 구축하고 있었음을 먼저 지적해야 할 것 같다. 그 속에서는 적극적인 토론이 장려되고 거기에 참가하고 있는 자들은 논의하는 회중会衆으로서 대등한 관계가 지향되었다. 여기서 주목해야 할 것은, 토론의 장이 의도적으로 만들어지고 게다가 객관적 규칙이 정해져 있었다는 점이다. 그 회독 규칙이 다쟈이 슌다이太宰春台의 『紫芝園後稿자지원후고』 권15(宝暦 2年刊)에 「紫芝園規條자지원규조」로서 예시되어 있다.[17] 이를 보면, 회독에서 질문할 때는, "존귀선후尊貴先後에 구애되지 않음"이라고 적혀있듯이, 회독에 참가하는 구성원간에서는 귀천을 묻지 않기로 정해져 있었다. 신분적인 귀천의 차별 없이 '모두' 가 의론·토론함을 의식적으로 시도하고, '일상적 이야기'나 '담소'가 끼어드는 것을 자각적으로 거부하여 서로 질문하고 대답해 가는 것이다. 여기서 '일상'의 세계와는 다른 차원의 학습 공간, 구체적으로 말하면 '성인의 도'를 믿는 자들끼리 절차탁마하는 신성한 학습공간을 만들고자 하는 의지를 볼 수 있다.

소라이학파의 이런 회독이 18세기 중반 무렵에 의론하는 회중을 탄생시켰다. 유학자 뿐 아니라 난학자와 국학자도 회독하는 독서 그룹을 만들어 갔다. 그러한 민간의 회독 중의 하나가 젊은 주자학자들이

---

17) 『近世儒家文集集成』 第6卷(ぺりかん社, 1986年) 285쪽.

오사카에서 만든 회독 모임이었다. 비토 지슈, 라이 슌스이, 고가 세이리 등이 그 주요 멤버다. 예를 들어 그들은 『근사록』을 회독하면서 깊은 '동지' 적 유대감을 가졌다.[18] 민간의 이 회독 모임이 '간세이 이학의 금' 후에 쇼헤이코의 중심 멤버가 되었는데, 앞서 언급한 바와 같이, 이 '이학의 금'을 회독이라는 시각에서 어떻게 해석해야 좋은가는 큰 문제이다. 앞 장에서는 회독의 장에서의 격쟁의 객관적 기준의 설정이라는 관점에서 시론을 제시했고 그 이상은 다루지 않았다. 그것은 어찌되었든 여기서는 쇼헤이코에서 회독이 채택되었음을 확인해 두고자 한다.

'이학의 금' 이전, 구마모토 번과 후쿠오카 번의 한코에서는 이미 회독이 채택되어 있었으나, 막부의 학문소인 쇼헤이코에서 회독을 채택한 것 또한 획기적인 의의가 있다. 왜냐하면 쇼헤이코의 회독의 장場이 번의 지역적인 할거주의를 넘는 장을 제공하게 되었기 때문이었다.

쇼헤이코에서는 막신幕臣 만을 교육한 것이 아니고 각지의 번藩에서 온 유학생들을 모은 서생료書生寮를 두었다. 거기서는 월 3회의 강석과 3회의 윤강회(강의를 중심으로 하는 회독)에 반드시 참석하도록 정해져 있었다. 이 회독에서의 의론에서 두각을 나타낸 것은 아이즈 번会津藩과 사가 번佐賀藩에서 온 유학생들이었다 한다.[19] 그런데 이는 우연이 아니다. 이시카와 겐의 실증적 연구가 밝히고 있는 것처럼, 아이즈 번의 닛신칸日新館에서는 정비된 학교제도 하에서 경쟁적인 회독이 시행되고 있었기 때문이다.[20] 그들은 한코의 회독에서 재능을 드러내어 쇼헤이코에 유학을 허락받은

---

18) 賴祺一, 『近世後期朱子学派の研究』(溪水社, 1986) 참조.

19) 와시마 요시오和島芳男, 『昌平校と藩校』(日本歷史新書, 至文堂, 1962年) 152쪽.

20) 石川謙, 『近世教育における近代化的傾向—会津藩教育を例として』(講談社, 1966年) 참조

엘리트였다.[21]

쇼헤이코에서의 회독의 장을 통해 여러 번藩에서 온 유학생遊学生들 사이에 '의론'하는 모임들이 탄생한 것은 번의 할거주의를 초월하는 '처사횡의'의 기폭제가 되었다. 구메 구니타케久米邦武의 회상처럼,[22] 유학생은 "외출할 때는 소개를 받아 유명한 인물을 방문하여 면회하고 담론하여, 유학의 주요 목적이 과정보다는 대가大家선생을 방문하는 데 있고, 독서보다는 명사名士의 담화에 의해 학문은 진전되는 것"이라 생각했다. 더욱이 '대가선생', '명사'를 찾아 에도 뿐만 아니라 유학을 명목으로 전국을 '돌아다녀[遊歷]' 각지의 '대가선생' '명사'와 '담론', '의론'을 하는 횡단적 지사志士를 낳았다.[23]

한편 회독이 지역적 할거주의를 수평적으로 타파시키는 장이 되었음과 동시에 번 내부의 신분적 문벌주의도 극복하는 장이 된 것은 주목해야만 한다. 예를 들어 아이즈 번과 비견되는 사가 번에서는, 덴포 원년(1830)에 번주 나베시마 나오마사[號:간소(閑叟)]가 처음 영지에 들어간[初入部] 이래, 구니国에 있을 때는 매월 1회, 한코인 고도칸弘道館에 나와 어회御會라 부르는 경서 회독을 관례화했을 뿐 아니라, 번주가 참여한 회독도

---

21) 에도 막부 야쿠닌役人의 증언집인 『旧事諮問錄』 第6編(답문자는 구 막부 가쿠몬쇼긴반구미가시라学問所勤番組頭인 이시카와 산테이石川三亭)에 의하면, "회원:'서생료는 도이치의 학교를 아주 닮았네요'. 시마다島田씨:'당시 양행洋行의 류입니다. ……향리에서 발탁되어서 나온 사람이기 때문입니다. 이제 꽤 잘하는 사람입니다. 그 때문에 전혀 성가신 규칙이 나와도 할 수 없는 것입니다'. 회원:'견문을 넓히기 위한 자리이지요'"(『旧事諮問錄』下, 岩波文庫, 1986年, 150~51쪽)고 적혀 있다. *긴반勤番은 에도시대에 여러 번의 가신들이 교대로 에도 번저에 근무한 것을 말하며 구미가시라組頭는 그 우두머리/역주

22) 『久米博士九十年回顧錄』(早稻田大学出版部, 1934年, 宗高書房, 1985年復刊) 528쪽.

23) 「遊学と遊歷の結合」에 대해서는 야기 세이지八木淸治 『旅と交遊の江戶思想史』(花林書房, 2006年) 참조.

개최되고 있었다. 거기에서는 회독에서의 회합에 모인 사람들[会衆]의 대등성이 훌륭히 유지되었다. 막부 말에 고도칸에서 배우고 이후에 이와쿠라岩倉 사절단[24]의 공식 보고서인 『米欧回覽実記미구회람실기』를 쓴 구메 구니타케의 회상이 그것을 말해주고 있다.

구메는, 『唐鑑당감』 회독에서는 간소 나베시마 나오마사와 세자世子, 좌장으로 나베시마 가나이鍋島河内와 청년 중신 4명, 그리고 고도칸 조교助敎ㆍ하라타 고시로原田小四郎(会頭)와 23세 이하의 우수생들, 즉 구메 구니타케, 하라타 게이타로原田敬太郎, 노다 센이치로野田淺一郎, 니와 나이소신丹羽内藏進, 나카지마 도지로中島藤次郎, 미쓰마스 다케노스케光増竹之介, 미쓰오카 유노스케滿岡勇之介, 후쿠시마 레이스케福島禮助가 발탁되어 참가하고 있다고 말한다. 이 회독에서는 "파격적인 언동도 허락되었다"[25]는 것이다. 구메에 따르면 "번의 법식에서는, 번주의 기거태도起居態度는 가까이 모시는 자[近従]도 다른 이들에게 누설하지 않을 것을 맹세하고, 필적은 태워버리고, 면전에서는 저두평신低頭平身(고개를 숙이고 엎드림)하여 그 얼굴을 보아서는 안 되지만, 회독에는 열 지어 앉은 국로国老[26]는 물론이고, 국주国主(=藩主)와 세자에게 직면하여 언론을 교환하므로 공公의

---

24) 메이지 4년(1871) 11월부터 6년(1873) 9월까지 약 2년 동안 미국과 유럽 여러 나라에 파견된 대규모 사절단. 이와쿠라 도모미岩倉具視를 정사正使로 하여 메이지 정부 고위직과 유학생 등을 포함, 모두 107명으로 구성되었다. 주요 인물에 부사副使 기도 다카요시木戸孝允, 이토 히로부미伊藤博文, 야마구치 마스카山口尚, 오쿠보 도시미치大久保利通등이 있었고, 본문의 구메 구니타케久米邦武는 대사 수행으로 참여했다. 유학생으로는 후의 일본 자유민권운동의 이론적 지도자였던 나카에 조민中江兆民, 교토에서 도시샤同志社 대학을 설립한 니이시마 죠新島襄등이 있었다/역주 ＊위키피디아 일부 참조.

25) 주22)의 책, 426쪽.

26) 에도 시대에 다이묘의 영지에서 번주가 산킨코타이제도 등으로 부재시 번의 정사를 맡아보았던 번의 중신, 혹은 번에 공로가 많은 원로 가신/역주

진면목에 접할 수 있었다"[27]는 것이다. 회독에서는 다음과 같은 논제가 토의되었다. 「공公의 봉건 군현의 득실得失의 문問」, 「후세 유학의 논설이 심리에 치우쳐 변형된 것이라는 론論」, 「주공周公이 예문礼文을 만든 득실론」, 「겐페이 흥폐론源平興廢論」, 「해방론海防論」. 이 가운데 「해방론」 에는 다음과 같은 의견 교환이 있었다.

> 해방론에, 내가 '일본 같은 해국海国은 멀리 떨어진 섬[離島]까지 방어함은 불가능하다. 그러므로 그것들은 일시적으로 내주고 저들이 중요한 해안 으로 접근해오는 것을 쳐서 꺾는 방비를 함이 좋다'고 말한 바, 공公은 내 가 말을 마치기도 전에 목소리를 높여서 '뭐라고? 멀리 떨어진 섬을 적에 게 넘겨주라고 말하는가. 이오지마伊王島[28]에는 포대砲台가 있고 수위병戍衛 兵도 있다. 그것을 이국선異国船에게 넘긴다는 것은 당치도 않다'고 질책당 했다. 자리가 끝난 뒤 나베시마 가나이鍋島河內(좌장)는 회두会頭인 히라타에 게 '오늘 구메의 잘못된 답[失答]이 공의 분노를 건드린 것에 제가 사죄의 말씀을 드린다'고 했는데, 히라타는 '서생이 회독에서 잘못 답했다고 하여 사죄할 것까지는 없습니다'고 하여 일이 마무리되었다.[29]

구메에 의하면, "해방론에 공이 목소리를 높여서 논파한 것은 모두 의외로 생각, 나에게 '앞으로는 말을 삼가라'고 충고하셨다"고 했는데, 회두였던 고도칸 조교인 하라타가 "서생이 회독에서 잘못 답했다고 사죄할 것까지는 없습니다"[30]고 반론하듯이, 회독의 장에서의 의론은 주군과 가신 사이에도 대등해야 하므로 그 다테마에建前(사회적 규범)를 무너뜨리는 압력에 대해 공공적 공간의 독립성을 보존코자 하는 의지가

---

27) 주25)와 같음.
28) 나가사키로부터 약 10km 떨어진 섬/역주
29) 주22)의 책, 429쪽.
30) 위와 같음, 431쪽.

드러나 있다.

인간관계에서의 이런 솔직한 대등성과 함께, 구메가 전하는 『당감』 회독에서 주목할 것은, 이것이 단순히 『당감』이라는 역사서의 독해만이 아닌 당시의 정치적인 과제에 대한 의론이었다는 점이다. 해방론이 바로 그것인데 구메의 해설에 의하면, 직접적으로 정치적인 논의에 관계되는 그런 것만이 아니고, 여기에 든 논제는 모두 당면한 정치적 과제에 대한 태도 여하를 포함하고 있다. 예를 들면 「겐페이 흥폐의 논」은 '도쿠가와 막부가 외국의 압박에 견디지 못하고 정권을 조정에 반환해야만 했던 과도기에, 공의 청성론靑盛論에는 위대한 문제가 잠복되어 있다고 미루어 사료함에 이르렀다'[31]고 한다.

물론 번주─가신이라는 상하의 엄격한 위계질서를 초월하는 것은, 막부 말기의 명군名君 나베시마 간소鍋島閑叟와 같은 총명한 번주에게는 가능했을런지 모르나 이는 예외적 현상이다. 생각건대, 거꾸로 그러니까 "학교는 정사의 근원"[32](『学校答問書』)이라는 요코이 쇼난은 "위로 군공君公을 비롯하여 대부大夫·사士의 자제에 이르기까지 여가가 있으면 서로 만나 강학講学하는데 혹은 사람들의 심신의 병통을 경계하고, 혹은 당시의 닌죠人情와 정사政事의 득실을 토론하고, 혹은 이단사설異端邪説과 사장기송詞章記誦의 그릇됨을 변명弁明하며, 혹은 독서読書 회업会業 경사経史의 뜻을 강습하여 덕의를 기르고 지식을 밝힘을 본의로 하므로, 조정朝廷과 강학講学은 본래 두 갈래 길이 아니다"[33]며, "위로 군공을 비롯하여 대부·사의 자제에 이르기"까지의 사람들이 대등하게 서로 토론하는

---

31) 위와 같음.
32) 『渡辺華山 · 高野長英 · 佐久間象山 · 橫井小楠 · 橋本左內』(日本思想大系55, 岩波書店, 1971年) 428쪽.
33) 위의 책, 431쪽.

학교의 회독의 장을 제도화하려 했다. 쇼난 이외에도, 번주 스스로 참가하여 회독하라고 제언한 자가 있었다. 다름 아닌 '막말기 일본 정치 사회의 "횡의橫議·횡행橫行"의 선구자[34] 요시다 쇼인吉田松陰이다.

에도에 유학할 때 쇼인은 경서経書와 병서兵書를 읽고 여러 회독에 참가하여 의론의 우열을 다투었다. 뿐만 아니라 쇼인은 나가사키長崎, 게이한京坂 지방(교토·오사카 지방), 도호쿠東北 지방을 유력遊歷=유학하여 각지의 명사들과 서로 '담론' '의론'했다. 이러한 유학 경험이 바탕이 되어 쇼카손주쿠松下村塾[35]에서는 회독이 성행했었고 그 방식 또한 독특했다.

> 요즈음은 아주 더운 중에서도 더위가 심하다. 격일로 좌전左傳과 팔가八家를 회독하는데 물론 글방[塾주쿠]에 상주했다. 일곱 번이 지나 회독이 끝났다. 그 후부터 밭에 나가거나 쌀을 찧었는데, 글방에 있는 학생들도 그랬다. 쌀을 찧으면서 그 묘리를 크게 터득했다. 대저 두 셋 정도가 같이 올라 회독하면서 찧는다. 사기史記 등은 이십사오회 읽는 사이에 정미精米가 끝나는 데, 이 또한 하나의 기쁨이다구치바口羽에게 말하니, 평하여 말하기를 이상한 것을 꾸미는 사람이라 한다.[36](久坂玄瑞宛書簡, 安政5年6月28日)

아마도 쇼인의 회독은, 단순한 『좌전·팔가』 등의 사서의 경학적 의론으로부터 정치적인 의론으로 옮기고 있었을 터이다. 이는 다음

---

34) 藤田省三,「書目撰定理由─松陰の精神史的意味に関する一考察」(『吉田松陰』日本思想大系54, 岩波書店, 1978年) 611쪽.

35) 에도 막부 말기인 1842년에 죠슈長州(지금의 야마구치현)의 번사藩士이자 요시다 쇼인의 숙부 다마키 분노신玉木文之進이 하기죠카萩城下(지금의 하기시)에 설립한 사숙. 특히 사무라이, 죠닌 등 신분을 가리지 않고 숙생으로 받아들인 것으로 유명하다. 쇼인도 일찍이 여기에 입숙하여 배웠고, 나중에 쇼인이 단기간 숙생들을 가르쳐 메이지유신의 핵심 인물을 많이 배출했다. 이토 히로부미, 구사카 겐즈이久坂玄瑞, 다카스기 신사쿠高杉晋作도 쇼인의 제자이다/역주

36) 『吉田松陰』(日本思想大系54, 岩波書店, 1978年), 234쪽.

절에서 상술하기로 하고, 여기서는 쇼인이 이런 회독 경험에 입각하여
번주의 어전에서 '어일문御─門/고이치몬(가족 또는 일족)'이나 '대신大臣의 자제'
외에 '평사平士/헤이시'라도 '서물괘書物掛/쇼모쓰가카리(책담당)'라는 명목으로
불러들여서 매일 밤 회독하고 있었음을 지적해 두고자 한다.

> 군덕君德의 의儀는 아마도 근정勤政과 강학講學의 둘에 있는 것으로 알고 있
> 습니다. (중략)부득이할 경우에는 뜻 있는 소장小壯들을 정원定員 없이 불러들
> 여, 시동도 없이 유관도 없이, 단지 헤이시平士들을 책 담당으로 명하여, 어
> 전에서 매일 밤 회독 회강 등을 하도록 분부하시기 바라옵니다. 그리고 일
> 족이신 마스다益田와 후쿠하라福原 등이 생각나실 것이므로 때때로 부르고,
> 그 외의 대신의 자제, 또 공직에 있는 사람들도 지시하시어 불러서 분부하
> 시기 바랍니다"[37] (『急務四條』, 安政5年7月)

여기에는 가신의 간언을 받아들이는 '언로言路를 튼다'는 막부 초 이래의
정치적 슬로건을, 회독이라는 대등한 인간관계의 장에서 실현시키고자
했던 쇼인의 생각이 드러나 있다.[38]

3. 관용과 덕을 육성하는 장으로서의 회독

한편 요시다 쇼인의 죠슈長州와 나란히, 막말 존왕양이[손노죠이] 운동의
중심이었던 사쓰마薩摩에서도 막말기에 자주적 회독을 했는데 거기서는
경학적 의론에 만족하지 못하는 청년들이 등장한다. 가이에다 노부요시海

---

37) 야마구치현교육회편山口縣敎育會編, 『吉田松陰全集』 卷4 (岩波書店, 1934年), 179쪽.
38) 졸고, 「諫言の近世日本思想史」 (笠松和比古編 『公家と武家Ⅳ』 思文閣出版, 2008年) 참조.

江田信義(有村俊斎아리무라 쥰사이)가 전하는 바에 의하면, 가이에다는 사이고 다카모리西郷隆盛, 오쿠보 도시미치大久保利通와 『근사록』 회독을 했다 한다.

쥰사이, 20세 때에 사이고 기치노스케西郷吉之助와 오쿠보 이치죠大久保一藏가 소장少壯 사회에서 뚜렷이 두각을 나타내, 향당郷党에서 특이한 사람들[異物] 이라 부르는 것을 듣고, 이들을 여러 차례 방문하여 깊이 교분을 쌓았다. 그리하여 사이고, 오쿠보 및 나가누마 가헤이長沼嘉平와 약속하기를, 정해진 날을 기하여 『근사록』을 읽기로 했다. 한 날, 네 명이 서로 만나 논하여 말 하기를, 지금의 시세는 헛되이 독서에 급급하여 문장과 자구字句를 토구討究 하는데 시간을 보낼 때가 아니다. 적어도 남아男兒인 자, 반드시 큰 뜻을 세 워 그로써 신명身命을 실제로 다 해야 한다. 뜻이란 것이 무엇인가 물으니, 방가邦家(나라)에 다하는 참된 정성[丹誠]이라 말하고, 참된 정성이란 무엇인가 물으나 자가自家의 정신을 연마하는 것이라 했다. 무엇을 묻고 무엇을 대답 하는데 이 때 오쿠보가 논하는 바가 가장 자세하고 고상했다고 한다.[39]

그런데, 나마무기生麦 사건[40]의 장본인이었던 가이에다海江田 같다고나 해야 할까, 그들은 "헛되이 독서에 급급하여 문장과 자구의 토구"에 만족하지 않고 정치적 실천에 분주하고자 했다. '지금의 시세'에 대하여, "자가의 정신을 연마"하여 극복해 가려고 했다는 말이다(막말 양명학의 가능성도 여기에 있을 것이다).

경학적 의론으로부터 정치적 의론으로의 이러한 이행은 당연히 이를 막으려는 반동을 불러 일으켰다. 가령 다음과 같은 금령禁令이 한코에서

---

39) 『維新前後実歴史傳』 卷1(『続日本史籍協会叢書第四期』, 1980年復刊) 21쪽.

40) 에도 말인 1862년(文久2年)에 무사시쿠니武藏国(지금의 도쿄, 사이타마현, 가나가와현 에 걸쳐 있었던 구니)의 나마무기무라村(지금의 요코하마 나마무기 인근)에서 사쓰마번 의 실권자 시마즈 히사미쓰島津久光(당시 12대 사쓰마 번주 시마즈 다다요시島津忠義의 부친) 행차에 멋모르고 끼어 든 말을 탄 영국인들을 호위 사무라이들이 무례 하다며 살해한 사건. 이 사건의 배상문제로 이른바 사쓰에이薩英 전쟁이 벌 어지게 된다./역주

나온 것에서도 알 수 있다.

> 정체政体의 득실을 사적으로 비의誹議하고 혹은 타인의 죄를 책망하며 도리
> 어 그를 본받고 혹은 간諫함이 거꾸로 모욕으로 돌아가거나 혹은 잘못을 사
> 람들에게 알려 은밀히 비방하고 혹은 편견과 고집스런 마음을 품고 타인의
> 장단점을 논하는 등의 일은 결코 있어서는 아니 될 것. 단지 토론절차[討論切磋]
> 와 상호 충고와 규간規諫(옳은 도리로 간함)의 의는 우애의 지극한 정으로 다해야
> 할 것.[41] (加納藩校, 校則, 年未詳)

> 시정時政을 헐뜯어 논의[非議]하거나 관리를 모욕하고 헐뜯거나[侮謾] 인물을
> 착하고 그렇지 않다[臧否] 하거나 혹은 말을 만들어[造言] 그로써 여러 사람의
> 마음을 미혹되게 하는 것을 금함.[42] (明治三年松代藩校文学療, 仮規則)

한코 내에서의 이와 같은 정치적 의론금지령이 회독의 장으로 향하
고 있었음은 주의를 요한다.

> 윤강식輪講式 여러 생도가 모인 다음 회두会頭는 제비[䦰]를 찾아 강주講主 삼
> 인을 세워 당일 강서의 차례를 정해야 함. 강의는 주자 주[朱註]를 주로 해야
> 함. 비언잡화[卑諺雜話]나 기궤괴탄奇詭怪誕한 설을 소리 높이거나 혹은 견강부
> 회하여 시정時政을 비의誹議하는 등은 통렬히 이를 금함. 강의가 끝나 제비를
> 벗는 자는 질문을 하여 왕복하여 토론하고 의리를 상세히 밝혀 그침. 의심
> 스러운 뜻이 해결되지 않으면 이를 회두에게 질문함. 초설뇌동[勦說雷同(남의 말
> 을 표절하거나 생각 없이 따름) 조롱능모嘲弄陵侮 해서는 안 됨.[43] (津和野藩養老館)

이와 같은 금령이 나왔다는 것 자체가 회독의 장이 정치적인 의론의
무대였음을 말해준다. 사실 막말에는 '국정을 논의하는 것'(『昌平志』 卷2)이

---

41) 『日本教育史資料』 1冊, 文部省, 1890~92年, 478쪽.
42) 위와 같음, 507쪽.
43) 위와 같음. 2冊, 505쪽.

금지되었던 에도의 쇼헤이코에서도 회독이 정치적 의론을 행하는 장이 되었음을 엿볼 수 있다.[44]

　그러면 이 시기에 어떤 사태가 벌어졌던가. 이 문제에 대해 생각할 재료를 주는 것이 우에다 사쿠노죠上田作之丞(1787~1864)에 대한 가네자와 번의 한코 메이린도明倫堂의 대응이다. 우에다 사코노죠는 에도 후기의 독특한 경세론자이자 구로바오리도黒羽織党라 불리는 가네자와 번의 개혁파 중심 인물이다. 사쿠노죠는 번사藩士의 교육 활동에 힘을 쏟아, 사숙인 교유칸據遊館에서는, "생도를 가르침에는 무릇 책을 물리치고 토론을 하게 하여 시세時勢가 마땅한지 아닌지에 나아가 변난弁難하고 답문答問"함을 행하고, 회독을 학습방법으로 채택하고 있는 것은, 이미 야기 기요하루八木淸治가 지적하고 있다.[45] 사쿠노죠는 교유칸의 학칙을 다음과 같이 정하고 있다.

　회독은 도학의리道学義理와 절차연궁切磋研窮의 제일이며, 식견과 도량識量이 발전하는 기반이다. 따라서 효경 · 대학 · 중용 · 어맹 · 시 · 서 · 좌전 · 역

---

44) 『日本敎育史資料』 7冊, 31쪽. 앞장 「근세일본의 공공공간의 성립」에서는 시게노 야스쓰구 등의 회독에 참가했던 센다이번 번사 오카sen진의 회고를 소개했었다. 또 주21)의 『旧事諮問錄』에 의하면 "◎문:서생료에서 평생 격론을 토하여 정사를 논한다거나 혹은 번의 실정失政을 논한다거나 하면 어떤 벌이 있습니까. ◎답:벌이라고 할 것은 아니지만 성질이 나쁘다는 위치가 됩니다. 회원 논하는 분에 따라서는 금고禁錮되는 자도 있다. ◎문:시대의 폐정弊政을 도리에 비추어 극론한다고 하는 것 같은 것은. 회원 서생료에서는 법외의 의론도 꽤 있으나, 기숙료 사람들은 얌전하다. ◎문:서생료 사람들은 번정藩政을 욕하는 것 같은 것도 있습니까. ◎답:모든 어유자御儒者 앞에서는 근직한 자입니다. 회원:서생료에 있을 동안에만 이고, 번으로 돌아가서는 그런 난폭한 것은 말하지 않는다"(岩波文庫『旧事諮問錄』下, 142~43쪽)이라 되어 있다. 여기서 질문에 대답하고 있는 회원은 사학회 회원을 가리키며, 시게노 야스쓰구도 이 때의 질문회에 참석하고 있다.

45) 八木淸治,「天保期の儒学者上田作之丞の実学思想」(『季刊日本思想史』25号, 1985年),「天保期の加賀藩における'実学'と経世済民」(『実学史研究Ⅴ』思文閣出版, 1988年) 참조.

孝経大学中庸語孟詩書左伝易 등, 앞에서도 말한 서목과 함께 이 또한 사람들의 재
질과 자질에 따라 분류하여 만나는 날짜를 정하므로, 그 재료에 따라서 여
하튼 유용한 학문을 하실 것.[46]

사쿠노죠는 "회독은 도학의리와 절차탁마 연구궁리하는 데 가장 좋다"
고 한다. 즉 책이라는 '형기문자刑器文字'를 천착하는 것보다 '기리義理'의
절차탁마를 추구했다. 그에 따르면 '다만 하나의 도리'를 밝히는 것이
중요하고, '서적은 많이 읽을 필요가 없었던 것'이었다.

> 책은 많이 읽을 필요가 없다. 다만 하나의 도리를 밝힌 뒤에는 수 만권의 책이
> 모두 고대 사람이 다 밝혀낸 것[糟柏]이다. 그 밝혀진 바를 귀하게 여겨 밤낮으로
> 정성과 마음을 쏟아 송독을 다 함이 무엇을 위함인지 아는 것이 중요하다.[47]

주의할 것은, 회독에서의 의론 · 토론은 어느 것도 사쿠노죠의 전매
특허가 아니었다는 점이다. 실은 사쿠노죠가 일찍이 배우고 뛰쳐나왔던
한코 메이린도에서도 행해지고 있었다. 메이린도에서는 "입학생을
위하여 「入学生学的입학생학적」이라는 제하의 훈조訓條가 정해져 있었다.
정해진 시기는 명확하지 않으나 덴포 10년(1839)으로 추정되고 있는"[48]
데, 거기에는 앞장에서 소개했던 에도 시대의 한코의 회독 규칙 중에서도
가장 상세한 계율이 정해져 있었다.

저 간절정녕懇切丁寧한 「입학생학적」[49]을 정했다고 생각되는 인물이
메이린도의 오시마 도넨大島桃年이었다. 그리고 흥미로운 것은 이 도넨이

---

46) 『據遊館学則』(写本, 金沢市立玉川図書館近世史料館 · 稼堂文庫所藏 『龍郊
集』 수록).

47) 위와 같음.

48) 요시오카 사카에吉岡榮, 「加賀藩明倫堂の研究」 (『学校教育研究年報』 37号,

49) 『日本教育史資料』 2冊, 194쪽. 본서 15쪽 참조.

"책을 읽고 기리義理를 강의함은 실용이 아니다"고 설파했던 우에다 사쿠노죠를 '이단사설', 구로바오리도黑羽織党를 '처사횡의 사설폭행処 士横議邪説暴行'이라고 비난했던 장본인이었다는 점이다.[50) 사실 우에다 사쿠노죠의 교유칸에서는 '회독장에 모일 때[会集之節]' '책은 지참하지' 않고, '단지 빈손으로 이것저것을 의론하고' '그 시대[當世]의 정사政事 방향 등도 각자의 의견으로써 논[51)하고 있었는지는 알 수 없다. 그러나 덴포 8년(1837)의 시점에서 오시마 도넨이 우에다 사쿠노죠를 비판할 무렵에, "당세의 정사 방향 등도 각각의 의견으로써 논하는 것도 있어야 할 것이라고 생각하옵니다"[52)고 말하고 있는 것처럼, 사쿠노죠가 회독을 정치적인 의론의 장으로 전환시키고자 했던 방향으로 향하고 있었던 것은 분명하다. 이 점에서 교유칸의 회독은 에도 후기의 사상 공간 속에서 특필할 가치가 있다.

또 한편 주의해야 할 것은, 도넨이 의론과 토론 그 자체를 문제 삼았던 것이 아니라, 의론이 '현세대의 정사의 방향으로 미치는 것을 비판했던 점이다. 왜냐하면 「입학생학적」을 정한 것으로 생각되는 도넨 자신도 쇼헤이코에서 배운 회독 추진론자였기 때문이다. 더하여, "원래 학문의 도는 말씀드릴 것도 없습니다만, 격물치지 성의정심格物致知誠意正心의 학을 스스로 닦은 것이라 하여, 다른 날에 가국家国가코쿠(자기가 속한 구니(国)/역주)의 책임을 진때에는, 겸하여 닦을 수 있는 도로써 그 직무상 그만두기까지의 것입니다"[53)라 하여, 우에다 사쿠노죠를 비판하는 오시마 도넨이 단순히 정치적인 의론과 대치하여 도덕성을 주장했음에 지나지 않았다고

---

50) 『大島柴垣上書等』(写本, 金沢市立玉川図書館近世史料館・稼堂文庫所蔵).

51) 위와 같음.

52) 위와 같음.

53) 위와 같음.

간주할 수는 없다. 이 비판에는 본래 적극적인 의미가 내포되어 있다. 사쿠노죠도 회독에서 의론의 목적은 '리'를 밝히는 것이라고 설명하고 있으나, 사쿠노죠와 도넨 두 사람은 회독을 각각 달리 생각했다. 이에 대해서는 개인적 견해를 적어둔다.

우에다 사쿠노죠는 도리와 기형器形 양쪽 모두를 중시했다. 말뿐인 의론이면 도움이 되지 않고 효과가 없다고 한다.

> 경耕[우에다 사쿠노죠]이 늘 이를 앵무鸚鵡 학자라 소리쳐 비판합니다. 단지 독서 회독의 요체는 말뿐인 의론과 문구상의 천착을 버리고, 스스로의 마음으로써 읽고 스스로 행함으로써 끌어 와야 회독의 의론이 있는 것입니다. 이런 마음가짐으로 성인의 경전[聖経]을 섭렵한다면 일언반구도 다시 어려움이 없을 것입니다. 참으로 매일 쓰고 행하는 일 사이에 이것이 있습니다. 도는 가까이 있는데 사람들이 이를 멀리서 구한다고 맹자가 한 말[離婁上篇]이 실제의 이치[実理]이옵니다.[54]

문제는, '말 뿐인 의론'을 물리치고 '스스로 마음으로써 읽고 스스로 행함으로써 끌어와', '회독의론'하며 '서적'은 '고대의 찌꺼기'이라고 배척해버리는 부정적 측면이다. 이 점, 도넨의 입장에서는 의론이 단순히 '매일 쓰고 행하는 일 사이'의 효용만을 추구했던 것은 아니다. 오히려 의론 과정에서 여기에 참가하는 사람들의 정신과 사고방식을 묻게 된다는 주목해야 할 시각이 제시되어 있는 것으로 보인다. 회독에 대한 다음과 같은 생각이 이를 보여준다.

회독법 독서의 수행에서 뿐만 아니라, 벗과 학문과 덕행을 닦는[切磋]사이에

---

54) 주46)의 책. ＊참고로, 여기서 인용한 『孟子』「離婁」상편의 구절은 다음과 같다. "道在爾而求諸遠, 事在易而求諸難(도는 가까이 있는데 멀리서 구하며, 일은 쉬운 데 있는데 어려운 데서 구한다)"/역주

도 심술心術 공부가 있을 수 있습니다. 의필고아意必固我에서 벗어나야 한다는 의미는, 원래 일용수시日用隨時의 심술 공부에 있어서 성인의 가르침 중 가장 쉽지 않은 뜻이기는 하지만, 회독과 토론 등은 서로 상대한다는 의미이기 때문에 위와 같은 마음의 병[意必固我]이 나타나기 쉬우므로, 이와 같은 것을 마음에 새겨 수행해야 할 것입니다. 그렇게 되면 서적의 내용을 따지는 수행뿐만 아니라 자연히 심술 연마 공부도 잘 될 수 있으므로, 매사에 자신이 인수하여 마땅히 써야 할 마음가짐이 이것입니다.[55] (加賀藩明倫堂, 入学生学的)

회독하는 가운데 '의필고아에서 벗어나고', '벗과 학문과 덕행을 닦는 사이에도 심술 공부', '심술 연마 공부'를 말하고 있다. 다케다 간지武田勘治는 「입학생학적」의 해당되는 곳을 인용하여 "인간형성에서의 회업会業의 성과를 충분히 의식한 계율"이자 "지금이라면 사회성의 육성으로 불리는 종류마다의 효과가 회업에서 기대되었다"고 지적하고 있다.[56] 다케다의 이 지적은 회독이 가지는 의의를 생각하는 데 중요하다.

다케다가 말하는 '사회성의 육성'에서 참고되는 것이 막말의 야스이 숏켄安井息軒[57]의 산케이주쿠三計塾에서 배운 다니 다테키谷干城[58]의 회상이다. 숏켄의 산케이주쿠에서도 회독에서의 적극적인 의론이 있었고, 다니 다테키는 다음과 같이 전한다. 안세이 6년(1859) 11월에 입문한 다니 다테키는 "모임에 표회表会와 내회内会의 구분이 있다. 표회는 선생이 출석하시고 내회는 글방의 학생 6,7명이 서로 묻고 윤강한다. 표회의 윤강은 선생이 시비의 판단을 내린다. 그러므로

---

55) 주49)의 책.
56) 武田勘治, 앞의 책, 258쪽.
57) 1799~1876. 에도 후기의 주자학과 유학자. 쇼헤이코 유관으로 활약했다/역주.
58) 1837~1911. 메이지기의 육군 군인, 정치가. 도사土佐 출신. 이토 히로부미 초대 내각에서 농상무상을 지냈다/역주.

의론이 적다고는 하나 내회에 이르면 의론이 왕왕 종횡으로 강한 이견을 주장하는 자가 있다"[59]고 하고, 특히 '내회'에서 "오직 상호 토론 회의함을 장려", "생도로 하여금 서로 자기의 지력을 다투게" 하는 것이 산케이주쿠의 특색이다.[60] 다니 다테키에 의하면, 회독은 '소폭완우疎暴頑愚(거칠고 사납고 완고하고 어리석음)'를 교정하는 인간수양이었다고 한다. 회독은 확실히 '사회성 육성'에 도움이 된다고 인식되고 있었다. 생각건대 이 '사회성 육성'이란 달리 말하면, 타자와 이견의 관용으로 연결된다. 야스이 솟켄의 다음과 같은 교훈이 이를 말해준다.

> 공문孔門에 사과지목四科之目(덕행,언어,정사,문학/역주)이 있다. 인재人才의 훌륭함과 그렇지 않음[長短]은 군주와 부모도 마음대로 할 수 없다. 각각 그 장점을 성취하여 훗날에 나라의 쓰임에 바치는 것이 학문의 주된 뜻이다. 성인의 도는 광대무변広大無辺하고 지미지묘至微至妙한 리理를 갖추어 한 사람이 능히 다할 바가 아니다. 그러므로 무엇을 이루었다고 고집하는 것은 좋은 일이 아니다. 그러함에 제가諸家의 설은 모두 성경聖経에 의지하고 따라서[依附] 사람을 좋은 길로 이끄는 조리條理이므로, 새것과 옛것의 학풍이 각각 그 좋아하는 바에 맡긴다. 단 회독하며 의론할 때에는 화기평심和気平心을 종지로 삼아 지당한 뜻을 구해야 한다. 편견을 주장하고 타인의 견해를 억누르는 것은 학문하는 처음부터 먼저 스스로 옳지 않음으로 빠지는 까닭에, (그런)성향으로 되어 익숙해져, 후일에 관리가 된 후 적지 않은 해가 된다. 독서의 마음가짐은 이것이 그 큰 비교이다.[61]

'편견을 주장하고 다른 사람의 견해를 억누르는' 것은 비난 받고, '화기평심을 가장 으뜸'으로 삼을 것을 주장하고 있다. 싯켄의 친구인

---

59) 『谷干城遺稿』卷1, (島内登志衛編, 続日本史籍協会叢書第一期, 東京大学出版会, 1975年復刊) 27쪽.

60) 우미라하 도루海原徹, 『近世私塾の研究』(思文閣出版, 1983年) 390쪽.

61) 安井息軒, 『斑竹山房学規』(若山甲藏『安井息軒先生』藏元書房, 1913年, 52쪽)

시오노야 도안도 같은 생각을 서술하고 있다. 그것은 앞 장에서 소개했던 덴포 연간의 일로 추정되는 하마마쓰 번의 게이기칸經誼館 게시에도 보인다. 고가 도안에게서 배운 야스이 솟켄과 시오노야 도안 같은 쇼헤이코의 젊은 준재는 공통적으로 타자 · 이견에 대한 관용을 주장했다. 그것은 또, 도안에게 배운 메이지 시기의 사카타니 시로시가 이질적인 것의 관용을 말했던 「尊異說존이설」(『明六雜誌』 19号, 明治7年 10月)에서도 보인다.[62]

> 사람이 업을 세워 공을 이룸은 역시 그 다름을 포용하고 존중함에 있을 따름이다. 사제와 붕우가 다름으로써 서로 연마하여 지식과 예와 기술[智藝術]을 양성하고, 간난신고艱難辛苦로써 서로 연마하여 근골과 심지를 굳게 하여 타산지석으로써 옥을 갈아야 한다. 서적도 틀린 책[異本]이 아니면 교정할 수 없다. 다름의 공용이 어찌 크지 않겠는가.[63]

다른 설을 받아들여 의론 · 토론하는 것은, 회독의 장을 정치적인 의론의 장으로 삼으려 했던 요코이 쇼난에게 나타나고 있다. 널리 알려진 바와 같이 쇼난이 싫어했던 것은 '할거견割據見'[64](『沼產對話』, 元治元年成)이었다. 그것은, 공개된 정치적 의론에서 '리'를 기반으로 하면서 이견을 받아들여 의론 · 토론하기 위해서는 어떻게든 부정되어야 했다.[65] 생각건대, 이런

---

62) 앞 장의 주104) 마쓰모토 산노스케의 사카타니 이해를 참조.

63) 『明治文化全集』 卷5 (日本評論社, 1955年) 149쪽.

64) 주32)의 책, 507쪽.

65) '리'의 존재를 전제로 한 토론의 관용에 대해, 마쓰자와 히로아키松沢弘陽는 후쿠자와 유키치의 「異說爭論」과의 차이를 분석하는 가운데, '토론의 적극적인 근거대기'라고 논하고 있다. 마쓰자와에 따르면 요코이 쇼난과 본장에서 다룬 사카타니 시로시 등은 "객관적인 진리의 실재를 전제로 하여 이 진리의 인식에 맡길 기회가 사람들에게 열려 있는 것, 또는 사람들의 다양한 의견이 진리의 계기를 나누어 갖고 있는 것을 사상적 관용과 토론의 근거로 했다. 이것을 토론의 적극적인 근거 대기"로 한다면 "토론의 원동력을 '용의자容疑者'로 보고, 토론을 시행착오의 실험과 동질의 행위로서 파악하는 관념"을 가진 후쿠자와의 「이설쟁론」은 토론의 '소극적인 근거대기'를 하고 있

이질적인 것에 대한 관용의 사고는 일원적인 거국일치론이 주류를 이루고 있었던 막말기에 큰 의의가 있다고 할 수 있다.

이 장에서 존왕양이尊王攘夷손노죠이 사상을 논할 여력은 없지만 그것이 에스노센트리즘(자국·자민족중심주의)의 하나의 아류이고, 회독의 장에서 배양되었던 '화기평심'과 대조적이었음은 지적할 수 있다. 사카타니 시로시가 "다름을 낮추어 물리침은 전일前日의 양이攘夷의 야만적 습성일 뿐"[66]이라고 설파한 것처럼, 양이론이 '다름을 낮추어 물리치'고, 이견을 배제하고자 했던 것은 불을 보듯 뻔하다. 나아가 존왕론이라 하더라도 다테タテ=縱的의 계층질서가 전제되는 한, 회독의 장에서 구해지는 대등한 횡적인 인간관계와는 별개라고 생각된다. 특히 정치적 의론이 급진화될 때, 다테의 계층질서 속에서 '덴노의 대어심大御心을 마음으로 삼는' 국학자는 덴노에게의 심정적인 일체화를 일거에 구하고자 하고,[67] 또 후기 미토학水戸学 학자는 "민심을 하나로 하기" 위해 권력적으로 일원화하고자 했다.[68] 동시에 이질적인 타자를 배제하는 것은 변하지 않았다.

이 의미에서, 막부 말에 회독의 장이 정치적 의론으로 기능이 변화해 가는 바로 그때, 경학을 의론하는 가운데 '심술 연마의 공부'가 된 '화기평심'을 몸에 익힐 수 있다는 견해가 나오고 있었음을 눈여겨

는 것이라고 명석하게 분석하고 있다. 松沢弘陽「公議輿論と討論のあいだ ―福沢諭吉の初期議会政観」(『北大法学論集』 41卷 5·6号, 1991年 10月) 참조.

66) 주63)의 책, 149쪽.

67) '덴노의 대어심을 마음'으로 삼는 덴노와의 심정적인 일체화에 대해서는 졸저 『近世神道と国学』(ぺりかん社, 2002年) 및 본서 제2편 제1장 참조.

68) '민심을 하나로 하는' 후기 미토학, 특히 아이자와 세이시사이会沢正志斎의 '민심을 하나로 하는' 민심통합의 술책성에 대해서는, 졸저 『近世日本の儒学と兵学』(ぺりかん社, 1996年) 및 본서 제2편 제7장 참조.

보아야 한다.[69] 그것은 타자의 '이견'을 받아들이면서, 공개적으로 의론 · 토론하는 '생활 양식의 민주주의의 덕德(J. Gouinlock)을 구한 것으로 이해할 수 있다고 생각되기 때문이다. 공개토의를 행하는 사회적 지성을 논한 이는 미국의 철학자 J.듀이인데, J.S.밀과의 관련을 지적하여 J.가우안로크는 다음과 같이 논하고 있다.

> 밀과 듀이는 커뮤니케이션에 관해 매우 높은 기준을 갖고 있다. 두 사람은 게으름, 공포심, 억병臆病(겁이 많음), 허위, 독선, 궤변, 독단, 속단을 매우 혐오했다. 마찬가지로 반대하는 측과 그 옹호자에게 가해지는 편견 가득 찬 공격에 의지하는 의론도 혐오했다. 밀과 듀이의 높은 탐구애는 다른 사람들에게는 거의 없을 정도였다. 그러면서 다른 사람의 도움을 일체 빌지 않고 자신의 생각을 고립시키려는 오만한 태도는 없었다. 이 두 사람은 독백이 아닌 대화를 선호했다.[70]

여기에 밀과 듀이의 연구를 인용한 것은 필자의 견강부회가 아니다. 왜냐하면 널리 알려진 바와 같이 밀의 『自由論자유론』을 번역한 사람 쇼헤이코의 유관이고, 시오노야 도안과 동료였던 나카무라 게이우中

---

69) 앞의 『旧事諮問錄』의 질문회에서의 발언에서 주목해야 할 것은, 쇼헤이코의 정치의론이 사적인 이해와 감정을 넘어선 공공성을 갖고 있었던 것에 대해, 시게노가 "연緣을 떠나서" 라는 절묘한 표현을 했던 점이다. "◎문:유신 전에 쇼헤이코에 있는 서생이 어떤 자리, 여론을 움직인 것입니다. 대체로 근왕설이었던 것입니까. 회원 근왕설도 있고 좌막설佐幕說도 있었습니다. ◎문:무엇 때문에 틀린 것입니까. 시게노씨 그것은 사람에 따라 다른 것으로, 모두 연을 떠나 논했던 것입니다. 문 서생료에서 싸움은 일어나지 않았습니까. 시게노씨 그런 것은 없었습니다만 의론 등은 있었습니다"(『旧事諮問錄』下, 157쪽). 아미노 요시히코網野善彦 『無緣 · 公界 · 樂』(平凡社選書, 平凡社, 1978年)가 강조하듯이, 중세사회의 '무연'의 장이 주종관계 · 친족관계 등 속세의 '연'을 자른, 평등 · 대등한 자유스러운 공간이었다면, 막무 말 쇼헤이코의 "연을 떠나 논한" 회독공간은 피비린내 나는 정치투쟁으로부터 떨어진 은신처로서의 '무연'의 장이었다고 할 수 있다.

70) J. ガウアンロック, 『公開討議と社会的知性』(고이즈미 다카시小泉仰 監訳, 御茶の水書房, 1994年), 121쪽.

村敬宇였기 때문이다. 『自由之理자유의 이치』(明治4年刊)에는 다음의 내용이 있다.

무릇 사람이 어떤 일을 여차여차 하다고 판단하여 틀리지 않는다고 자신함은 무엇에 의해 이렇게 되는가. 이는 다름 아니라, 그 사람은 그 마음을 비우고, 자기의 의견과 자기의 행장行狀을 비난하는 자를 용인하고, 당당히 그 반대 의론을 짐작하고 헤아려서 자신의 설에 오류가 있음을 보아내어 이를 토론하고 타인의 설 가운데 공정함이 있으면 이를 가려서 취해서 자기에게 도움[神益]이 되게 하기 때문이다. 대개 이 사람은 생각건대, '사람인 자, 무엇에도 제한을 두지 않고 하나의 일에 나아가 그 전체를 알려고 바라는 까닭의 방법은, 다른 것이 없다. 그 일에 즉하여 타인의 갖가지의 의견을 잘 들어서 받아들이고, 각양各樣의 인심이 각색各色으로 고찰하는 바를 모두 모으는데 있을 따름'이라 할 것이다. 예로부터 총명예지한 사람이라 불리는 이, 이를 제외하고서는 총명예지하게 될 수 없고, 또 인심의 신령함은 이를 제외하고서는 현명한 지혜로 나아갈 길이 없다.[71] (『自由之理』 卷2)

게이우의 번역도 회독 체험을 벗어나서는 가능하지 않았을 것이다, 회독하는 가운데 다른 견해를 받아들이고 그로부터 토론하는 가운데 도리를 밝혀가고자 하는 태도를 몸에 익히지 않았다면, 밀의 말은 먼 별나라에서나 가능한 일로서 번역할 엄두도 나지 않았을 것이다. 그것이 곤란함을 통절히 체험하고 근왕양이론과 같은 막말의 정치의론이 그것을 능멸하는 것임을 바로 인식했기 때문에 번역할 생각을 세울 수 있었다. 그리고 이 의론·토론이 '생활 양식의 민주주의의 덕'을 몸에 익힌다는 과제는, 나에카무라 게이우의 『자유의 이치』가 하나의 사상적 원류인 자유민권운동기로 넘겨지게 되었다.

---

71) 『明治文化全集』 卷2 (日本評論社, 1955年), 21~22쪽.

4. 자유민권기 학습결사의 회독

처음에 말했던 것처럼 회독 문제의 하나에 자유민권운동기의 학습
결사에서의 '회독'이 있었다. 거기서 소개했듯이 학습 결사에서 회독이
행해지고 있었지만 그 보다는 자주적인 회독 '모임[社中]'이 민권결사로
다시 태어났던 것이다. 그 때, 어떤 문제가 발생했는가에 대해 여기서는
오카야마현岡山県의 구보타 지로窪田次郎(1835~1902)를 다루고자 한다.[72]
구보타는 빈고노쿠니備後国/지금의 히로시마현) 야스나군安那郡의 아와네무라粟
根村의 의사 집안에서 태어나 게이한京坂에서 난의학을 배우면서 가에이嘉
永 원년(1848)인 13세 때, 「존이설尊異設」을 지은 사카타니 시로시阪谷素에게
구독句読을 배우고 뒤에 후쿠야마福山의 에기 가쿠스이江木鰐水 문하(사카타니
시로시와 함께 고가 도안 문인)에 들어갔다. 메이지 이후에는 지역의 의료 활동과
민정 활동에 적극적으로 참여하면서 거주지 아와네무라의 대의인代
議人 제도와 민선 의원議院에서 활동한 인물로, 특히 메이지 5년 9월에
올린 민선의원구상안民選議院構想案은 "국민의 의향을 철저하게 국정에
반영시키고자 하는 독자적인 '하의원下議院(민선의원)의 구상"[73]으로서 높이
평가되고 있다.

구보타는 '위로부터 내려'오는 '위정為政=국가권력의 행사와 '아래로부터
올라가는 '의정議政=민의의 반영을 "천하를 다루는" 정치의 '성술聖術'
로 파악하고, 후자의 '의정'의 제도로서 소구회小区会 ↔ 대구회大区会 ↔
현회県会 ↔ 천조하의원天朝下議院이 상하의 연결 고리가 되는 민선의원의

---

72) 아리모토 마사오 · 라이 기이치 · 가이 히데오 · 아오노 슌스이有元正雄 · 頼祺
　一 · 甲斐英男 · 靑野春水 『明治期地方啓蒙思想家の研究—窪田次郎の思想と行動』
　(溪水社, 1981年) 참조

73) 『憲法構想』(日本近代思想大系9, 岩波書店, 1989年), 451쪽.

구상을 제시했다. 소구회와 대구회의 구성원은 윤번제를 취하고, 현회와 천조하의원에서는 선거제도를 취해, 소구회의 대표자가 대구회를 구성하고 대구회의 대표가 현회를 구성하는 형식으로 '서로 고리를 이룰' 것을 구하여 "지역 주민의 의견이 반영되도록 상정되어 있었다."[74] 이와 같은 구상은 '국민의 의향을 철저하게 국정에 반영시키고자 하는' 점 그 자체가 대단히 흥미롭지만, 토론의 커뮤니케이션이라는 문제의 관심에서 볼 때 주목할 것은 의론의 방법을 각 단계에서 정한다는 것이다.

사론으로써 공론을 배척하는 등의 일은 심히 천지신명께 부끄러워해야 할 것 (県会ノ盟約 第5条)

반복해도 참으로 공의라고 확신이 되는 사건은, 백절불굴로 상변세론詳弁細論하여 문명의 용력과 황국의 정기를 드러낼 것 (県会ノ盟約 第6条)

그 몸은 소민小民(=평민)임을 잊지 말고 그 뜻과 기개는 천지를 꿰뚫을 수 있을 것[75] (県会ノ盟約 第8条)

구보타의 이 같은 제안은 메이지 유신 직후, 선구적으로 실시되었던 후쿠야마번福山藩의 공의국公議局(번의원藩議院)에서의 하국공선제下局公選制에 대한 비판이 담겨있다. 구보타에 의하면 그곳은 다음과 같은 상태였다.

그 찬거撰舉(=선거)를 행하는 자, 일반적으로 아직은 모두 학문을 닦지 않아, 이 때문에 인물을 감정할 방술이 없다. 헛되이 말을 잘하는 자를 가리켜 개달가開達家라 하고, 침묵하여 결정하지 못하는[沈黙不決] 자를 가리켜 심모원려가深謀遠慮家로 생각하며, 억제술抑制術이 뛰어난 자를 담략용결胆略勇決한 사람으로 생각해 겨우 입찰入札(투표를 말함)의 책임을 막고 만일을

---

74) 위의 책, 55쪽.
75) 위의 책, 61쪽.

요행僥倖한다. 그러므로 그 당선된 자, 대체로 공론空論을 가지고서 허명虛名한 원員으로 참여하여, 진부한 간담肝膽을 단련해서 새로 생긴 급병을 치료하려 하여, 책략이 종횡하니 하나의 일을 경위経緯할 수 없다.[76]

거기서는 성숙한 의론이 행해지지 않았다. 구보타에 의하면 현회県会의 맹약이 "그 몸은 평민임을 잊지 말고 그 뜻과 기개는 천지를 꿰뚫을 수 있을 것"이라 말하고 있듯이, '평민'이라는 겸허함을 잃고 상호 의론이 없게 될 때 의회는 무너진다는 것이다. 그리하여 구보타는 '교장教場'과 의회의 일치를 논한 것이다. 그것은 성숙한 '생활양식의 민주주의의 덕'을 몸에 익히는 장소였다.

인재 도야를 위해 정교일장正教一場의 국局을 설치하여, 유년부터 실제로 견문을 다하게 한다면 공학空学의 폐단을 면할 수 있을 것이다.[77]

생각건대 구보타가, 메이지 7년(1874) 1월의 이타카기 다이스케板垣退助[78]등의 민선의원 설립건백서에 대해 시기상조론이라고 비판한 것은 의회를 운영할 만한 '인민의 지혜'가 없었기 때문이었다. 구보타에게는 그런 '민주주의의 덕'을 몸에 익히는 직접적인 장소가 회독이었다. 그는 메이지 7년에 법률서를 회독하는 학습결사, '아메이카이蛙鳴会/와명회'를 만들었다.

아메이카이는 한 달에 한 번 이른 아침부터 시작하여 일몰이 되기 전 일동

---

76) 위의 책, 55~56쪽.

77) 위의 책, 62쪽.

78) 1837~1919. 막말, 메이지기의 정치가, 민권운동지도자. 도사번 출신. 메이지 정부에 참여했으나 메이지6년(1873) 정한론을 둘러싸고 오쿠보 도시미치 등과 대립하여 사이고 다카모리 등과 함께 신정부에서 물러난다. 메이지7년 「民選議院設立建白書」를 제출하고 귀향하여 릿시샤立志社를 세우고 자유민권운동을 지도했다/역주. ＊디지털판 일본인명대사전 일부 인용

되돌아 갈[退散] 할 것. 또 오전 10시부터 정오 12시까지 두 시간 법률서를 회독하고 나머지는 잡명雜鳴할 수 있슴.[79]

참가 멤버는 20명으로, '한 두 명의 호농층豪農層이 있기는 했지만 거의 야스나군 내의 소호농층과 신관神官 · 승려 · 의사 등 쁘띠브루조아 인텔리 층으로, 앞의 민선의원에서 자신들의 요구와 함께 자작농 · 소작 빈농층의 요구도 대변하여, 사족층과 호농(商上) 층 · 특권적 인텔리 층과 대립했던 계층[80]이었다. 이 아메이카이가 회독하는 독서회였던 것은, '메이지 신정부에 대항할 수 있는 이론 확립을 위해 새로이 학습결사를 결성[81]하기 때문이었다고는 할 수 없다. 한층 더 적극적이고 교육적인 의도가 있었다. 그 규칙은 다음과 같았기 때문이다.

각각 작은 밭[小田]의 개구리임을 잊지 말고, 현청縣廳을 비롯하여 구장區長 호장戶長 학구學區의 도리시마리取締(=理事)와 여러 도리시마리 등 우리를 보호하는 사람들을 존경하여 결코 그 언행의 시비를 말하지 않는다. 다만 개구리 무리[群蛙]는 일반의 달고 쓴 이해[甘苦利害] 상上에 나아가 애국을 위주로 울어야 한다. 대저 웅장하고 화려[壯麗]한 전당殿堂은 가득 차 있는 창고만 못하고, 언론의 화려한 글은 충실한 행적만 못하며, 뛰어나고 훌륭한 부명浮名[=虛名]을 탐하는 것은 보통의 실행을 장려하는 것만 못하다. 천하의 신뢰를 얻고자 하는 자는 부부와 부모자식의 교제부터 신중해야 하며, 사해의 부를 이루고자 하는 자는 의식주의 자본부터 부지런히 힘써야 한다. 그러므로 우리 무리에 들어오는 자는 일의 최대最大에 상관하지 말고, 작문구술의 교묘함과 졸렬함을 나누지 말며, 자세히 묻고 신중하게 생각[審問愼思]하며 의논하고 궁구[委議究論]해야 할 것이다. 예절을 지켜 오만傲慢하고 욕하고 꾸

---

79) 주72)의 책, 339쪽. *여기서 말하는 雜鳴이란 잡담이 아니라 時事에 대한 토론을 의미함/역주
80) 위의 책, 90쪽.
81) 위의 책, 89쪽.

짖는[罵똘매리] 말을 뱉지 말며, 굳세고 의연[剛毅]하면서도 관용하고, 조화로
우면서 뇌동하지 말지어다. 침착하게 결정한 다음에는 그 말의 같고 다름
을 점검하고, 깨끗하게 정서하여 이름을 적어 아메이군[蛙鳴群]의 인장을 찍어
일보사에 투고하여 곳곳의 유식자의 평론을 구한다. 다행히 평론이 있을
때에는 각자 스스로를 반성하고 더욱 공부하여 담뱃진처럼 쓴 맛을 보아도
결코 개구리 낯짝에 물 붓기 식으로 태연해서는 안 될 것.[82] (第一条)

제1조의 처음에 "각각 작은 밭[小田]의 개구리임을 잊지 말고"라는
구절처럼 "무지 무식하고 낮은 야인[野人]임을 잊어버리고 자칫 천지의
작은 주재[小主宰]인양 자임하여 감히 지방관의 자질구레한 일을 묻지 않는
것, 아주 높고 먼 데로 치달았던 말[語]이 거의 대부분 불경했던"[83] 실패
경험을 술회하여, 회원의 오만함을 경계하고 있다. 어디까지나 '작은
밭의 개구리'임을 잊지 않는 겸허함을 추구했다. 그것이 무엇보다 의론 ·
토론의 전제가 되기 때문이었다.

구보타의 이런 사고는 지금까지 살펴 본 것처럼, 막말[幕末]의 야스이
솟켄과 구보타의 스승인 사카타니 시로시의 그것이었다. 그 의미에서
구보타는 막말의 회독의 전통을 계승하고 있다. 게다가 구보타는 의론 ·
토론의 성과를 그냥 좁은 그룹에 한하지 않고 잡지에 투고하여 널리
의견을 구하고자 했다. 그 때 배경이 된 것은 메이지 이후의 정치적
공공권역의 성립이다. 회독이라는 좁은 독서공간이 아닌, 잡지와 신문이
바야흐로 공개 의론의 장으로서 성립하고 있었다.[84] 이 논점은 이 장의
논의 범위를 넘으므로 이후의 과제로 미룬다.

---

82) 위의 책, 338쪽.
83) 위의 책, 88쪽.
84) 히가시지마 마코토[東島誠], 『公共圏の歴史的創造—江湖の思想へ』(東京大学
出版会, 2000年) 참조.

그러나 마지막으로 문제 제기를 해두고 싶은 것은 메이지 초기에 정치적 논의를 하는 공중公衆이 과연 커뮤니케이션에서 타자·이설異說을 용인할 수 있었는가 하는 점이다. '생활 양식으로서의 민주주의의 덕'이라는 관점에서 볼 때, 자유민권운동에서의 급격한 정치화가 막말의 존왕양이론처럼 타자·이설을 폭력적으로 부정하는 위험성을 안고 있었다는 점에 주의를 기울여야 한다고 생각한다.「이쓰카이치 헌법초안」의 중심 인물인 지바 다쿠사부로千葉卓三郎는 다음과 같은 의론의 경계를 친구에게 남기고 있다.

> 토론은 순론順論이 매번 지고 역론逆論이 이긴다. 어리석은 대중[衆偶(愚)]는 모두 논자의 안색에 주목하여 올바른 이치[正理]를 버리고 틀린 이치를 취하며, 리理와 동아리가 되지 않고 사람과 동아리가 되며, 리를 편들지 않고 사람을 편들어서, 리비理非의 자리가 전도되어 리理는 비非가 되고 비는 리가 된다. 대개 쓰쓰간土勘[85]을 제외하고는 모두 역론을 좋아하는 인사가 많다. 하물며 군어친자君御親子가 함께 솔선하여 불리不理에 찬성하거나 혹은 동의動議를 일으킴으로써야. 바라건대 반대론자의 핍박을 우려하지 말며, 반드시 군어친자가 솔선하여 정리正理를 찬성하고, 혹은 동의를 일으켜서 그로써 뒷사람들이 선입견으로 하여금 잘못을 저지르지 않기를[86] (深沢権八宛書簡)

이런 경계 자체가 '정리正理'에 기반하는 성숙한 의론의 어려움을 시사한다고 하겠다. 그리고 이는 현대에서도 마찬가지이다. 그 의미에서, '도리'를 바탕으로 이견을 용인하면서 의론하고자 했던 에도 후기의 회독은 현대에서 더욱 더 평가되어야 될 것이다.

---

85) 이쓰카이치五日市의 호장戸長으로. 쓰쓰야 간베土屋勘兵衛를 말한다. 호장은 현재의 시장에 해당하는 직책. 본문의 글은 지바가 쓰쓰야간베의 부하이자 그의 친구 후카자와 곤바치深沢権八에게 보낸 편지이다/역주
86) 주12)의 책 198쪽.

3장
난학자의 국제사회 이미지
세계지리서를 중심으로

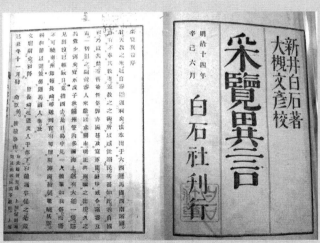

아라이 하쿠세키의 채람이언(新井白石 采覽異言)

1. 세계지리서의 과제

에도 후기의 난학은 의학 · 천문학 · 박물학 등의 자연과학 뿐 아니라 야마무라 사이스케山村才助[1]의 『訂正增訳采覽異言정정증역채람이언』과 미쓰쿠리 쇼고箕作省吾[2]의 『坤與図識곤여도식』을 비롯한 여러 세계지리서가 나오면서 지리학 분야에도 큰 족적을 남겼다. 오늘날까지도 난학자들의 이러한 지리서에 대한 실증적인 우수한 연구가 있어 왔었다. 그것은 난학자들이 번역한 네덜란드 책이 어떤 것이었는가를 탐구하는 서지학적 연구 중심이었다. 그 연구성과의 집대성이라 할 만한 것이 아유자와 신타로鮎澤信太郎와 오쿠보 도시아키大久保利謙 두 사람 중심으로 간행된 『鎖国時代日本人の海外知識—世界地理・西洋史に関する文献解題쇄국시대일본인의 세계지식–세계지리 · 서양사에 관한 문헌해제』[3]이다. 그러나 아쉽게도 이 이후 세계지리서 연구는 그다지 많다고는 할 수 없다.[4] 그 원인의 하나는

---

1) 1770~1807(明和7~文化4). 에도 후기의 지리학자. 오쓰키 겐타쿠大槻玄沢의 시란 도芝蘭堂에서 난학,세계지리를 배움.1802년 아라이 하쿠세키新井白石의 『采覽異言』을 정정, 증보하여 『訂正增訳采覽異言』을 지음/역주 ＊위키피디아 일부 인용

2) 1821~1846. 에도 후기의 난학자, 세계지리학자. 네덜란드어 지리서를 번역하여 『坤與図識』을 지었다/역주 ＊三省堂 『大辭林第三版』 인용

3) 개국백주년기념사협회편開国百年記念文化事業会編, 『鎖国時代日本人の海外知識—世界地理・西洋史に関する文献解題』(乾元社, 1953年).

4) 난학 분야의 지리서에 대해 일찍이 이토 다사부로伊東多三郎가 다음과 같이 평한다. "세계지리 연구는 직접 우리 쇄국제도 내의 위축된 세계의식을 계몽하는 힘을 가지고 있기 때문에, 이 의미에서 기성 상식에 대한 비판성을 가장 단적으로 발휘하여 소위 개국사상 함양의 원천이 되어 있지만 이것도 대외 관계의 선을 따라 발전, 실제의 필요에 응하여 해외 지식을 공급하고 있는 것이다" (「洋学の一考察」, 『近世史の研究 第二冊』 吉川弘文館, 1982年 수록). 小沢栄一 『近代日本史学史の研究 幕末編』(吉川弘文館, 1966年)는 난학자의 세계

난학자가 번역하고 참조했던 네덜란드 서적이 무엇이었는가가 거의 확정되었다는 사정 때문이다. 생각건대, 정보원이 분명한 오늘날은 지금까지의 서지학적 연구와는 달리 세계지리서 그 자체의 내용 분석이 요구된다. 그 하나의 시도로서, 세계지리서를 통한 난학자들의 국제사회 이미지가 어떠한 것이었는가를 탐구하는 것이 이 장의 과제다.

한편 종래의 사상사적인 연구는 세계지리서를 직접 취급하지 않고 난학자들의 세계인식의 개명성에 주목했었다. 난학자는, '지나支那'의 화이관념의 독선성을 비판하여, 중국과 일본과의 관계에 머물지 않고 유럽이라는 제3자적 입장을 도입함으로써 세계사적인 시각에서 중국과 일본을 상대화하고 있음을 지적해 왔다.[5] 예를 들면 오쓰키 겐타쿠(宝曆

지리서도 포함한 서양사 인식을 다루어 참조할 바가 많다. 또 최근에는 가와무라 히로타다川村博忠『近世日本の世界像』(ぺりかん社, 2003年)가 지리서를 개관한다. 문제사적으로는 이와다 다카아키岩田高明가「江戸時代における西洋学校教育情報の需要」(미요시 노부히로三好信浩와 공저, 『広島大学教育学部紀要 第1部』34号, 1986年)이래, 『安田女子大学大学院文学研究科紀要』등에 연재하고 있다. 난학 지리서에 보이는 서양학교·교육제도에 관한 연구가 있고, 서양 경유의 아시아 인식이라는 관점에서 세계지리서를 다룬 것으로는 도리이 유미코鳥井裕美子의「近世日本のアジア認識」(『アジアから考える[1] 交錯するアジア』東京大学出版会, 1993年)과 미타니 히로시三谷博의「'アジア'概念の受容と変容」(와타나베 히로시·박충석편渡辺浩·朴忠錫編『韓国·日本·西洋─その交錯と思想変容』慶応義塾大学出版会, 2005年)이 있다.

5) 겐파쿠玄白는 벌써 중국의 에스노센트리즘을 비판하고 있다. "썩은 유학자와 용렬한 의사가 지나의 책에 따라 그 나라를 중토中土라 한다. 땅은 하나의 큰 구球이고 만국이 이를 나누고 있다. 있는 바가 모두 가운데[中]이다. 어떤 나라가 중토인가. 지나 또한 동해 한 귀퉁이의 소국이다"(杉田玄白『狂醫之言』, 安永4年成, 『洋学 上』230쪽). 겐파쿠의 중화 비판은 야마자키 아키라山崎彰의「蘭学者と国際感覚─杉田玄白の場合」(아리사카 다카미치·아사이 노부아키 편有坂隆道·浅井允晶 編『論集日本洋学Ⅲ』清文堂, 1995年)을 참조. 기요미즈 요시노리清水好教는 난학자가 유학적인 '보편'과 서양의 지구 구체설球体說의 '보편'이라는 복안적複眼的인 '외부적 시각'에서 중국 문명을 상대화하고 있다고 논한다.「華夷思想と一九世紀─'蘭学者'の儒学思想と世界認識の転回」(『江戸の思想』7号, 1997年 11月). 또 야마무로 신이치山室信一도 서양의 지구 구체설 섭취에 의한 중화사상 비판을 '중화문명의 주변화'라고 지적한다. 山室信一, 『思想課題としてのアジア─基軸·連鎖·投企』(岩波書店, 2001年) 206쪽.

7~文政10, 1757~1827)가 했던 다음과 같은 말은 그 대표적 표현이다.

부패한 유학자와 부패한 의사는 천지 세계가 큰 이유를 모른다. 망령되이
지나支那의 여러 설設에 현혹되어 그를 본받아 중국이라 외치고 혹은 중화의
도라고 칭하는데 그릇되다. 지구[輿地]는 하나의 큰 공[毬]이고 만국이 나누
어 기거하며, 모두가 그 가운데이어서, 스스로 구역을 구별하는 것임에도,
나의 거소居所를 스스로 존칭하여, 지나는 중토·중원, 중화·중국, 혹은 화
락華洛·신주神州라 한다. 화란和蘭은 본래 나라를 入爾瑪泥亜ゼルマニア제루마
니아(=독일/역주)라 불러 'ミッテルラント밋테루란토(此翻中土/이를 중토라 함)라 칭하고,
우리나라는 'ナカツク二나카쓰쿠니6)라 부르며, 諳危利亜イギリス이기리스는 그 도
읍을 천도天度7)의 시작으로 하는 류, 본래 나라를 칭할 때는 좌左도 당연히
있다.8) (大槻玄沢『蘭学階梯』卷上, 天明八年刊)

자민족·자국중심주의(=에스노센트리즘)에 대한 이같은 비판은 이 장의
대상인 세계지리서의 서술 안에도 분명히 보인다. 예를 들어 오쓰키
겐타쿠의 제자였던 야마무라 사이스케도『정정증역채람이언』(享和2年頃成)
에서 '샴(暹羅섬라)' 국왕의 '존호尊号'가 '황천皇天'보다 보호할 바의 신성한
존체尊躰'를 함의하고 있는 것에 대해 다음과 같이 비판하고 자기 자신을
돌이켜보고 있다.

생각건대, 이 존호尊号는 웃어야 할 것 같다. 그렇기는 하나 한나라 때의
흉노匈奴가 겉으로 천지가 서는 바 일월이 비치는 바를 흉노대선우匈奴大單
于9)라 칭하고, 수나라 때의 돌궐이 겉으로 하늘로부터 난 대돌궐自天生大突

---

6) 일본의 옛 명칭이 아시하라노나카쓰쿠니葦原の中つ国다/역주
7) 천도는 경도와 위도의 도수. 여기서는 영국의 그리니지 천문대를 위도 0°로
   함을 가리킴/역주
8)『洋学 上』(日本思想大系64, 岩波書店, 1976年) 339쪽.
9) 선우單于는 흉노를 비롯한 북아시아 유목민족의 초기의 군주 칭호. 의미는 넓
   고 크다는 뜻/역주

厥, 천하성현천자天下聖賢天子라 칭하고, 당송唐宋 이래 여러 나라 제왕帝王이
혹은 생시에 스스로 성신문무聖神文武 등의 존호를 더하여 혹 당唐의 고종
高宗, 남한南漢의 고조高祖 등, 천황대제天皇大帝라고 시호諡號하는 등속으로써
이를 보면 그다지 불가사의할 것은 없다.[10] (卷8, 895~96頁)

또 미쓰쿠리 쇼고의 『坤輿図識補곤여도식보』(弘化4年 刊)도 중국의 '존대尊大'
의식을 완곡하게 비판하고 있다.

> 방인邦人[중국인] 외람되이 스스로를 존귀하고 크다고 생각하여 '이 땅은 세
> 계의 중심'이라 한다. 그러므로 자랑하여 중화中華라 칭한다. 지금 이를 헤
> 아려 보면, 장성長城(=만리장성) 이내는 북위北緯 21도부터 41도에 걸치고, 동
> 경東経은 25도 사이에 있다.[11]

익히 알려진 바와 같이, 에도 후기의 사상 공간은 중국을 중심으로 하는
화이관념 뿐만 아니라, 반대로 그것을 비판하고 황통의 일계성과 무위武
威를 근거로 하여 일본을 세계의 중심에 두는 이른바 일본형 화이관념이
존재하고 있었다.[12] 모토오리 노리나가本居宣長와 히라타 아쓰타네平田篤胤
같은 국학자가 그 주창자였음은 말할 나위가 없다. 그들은, 유교의 예교礼
敎 문화에 바탕을 둔 화이관념과는 그 기준은 다르지만 일원적 가치관에

---

10) 『訂正增譯采覽異言』은 国立公文書館內閣文庫所藏本을 영인한 『蘭学資料叢書
　　1・2』(靑史社, 1979年) 상하 두 권을 텍스트로 했다. 이하의 쪽수는 본문
　　에 약기略記했다.

11) 『坤輿図識』(弘化2年刊, 美作夢霞樓藏版), 『坤輿図識補』(弘化4年刊, 美作夢
　　霞樓藏版)는 아이치愛知 교육대학부속도서관소장본을 텍스트로 했다. 이하
　　쪽수는 본문 속에 약기했다.

12) 일본형 화이관념에 대한 필자의 생각은, 졸고 「近世日本の'武国'観念」(다마
　　가케 히로유키 편玉懸博之 編 『日本思想史その普遍と特殊』ぺりかん社, 1997
　　年), 「儒教と国家―東アジア儒教文化圈のなかの'武国'日本」(마쓰모토 노
　　리오・야마다 가쓰요시 편松本宣郎・山田勝芳 編 『信仰の地域史』山川出版社,
　　1998년, 『兵学と朱子学・蘭学・国学』수록, 平凡社選書, 2006年)에서 논
　　한 것을 참조.

기초하여 국가와 민족의 관계를 서열화하는 것, 환언하면 제諸국가·제민족의 관계를 계층시스템(hierarchical system)으로서 받아들였다는 점에서 유학자들과 동일한 국제사회 이미지를 갖고 있었다. 때문에 야마무라 사이스케가 '덴노대제天皇大帝'라고 할 때, 동시대의 국학자를 염두에 두었다고 상상했다고 해도 크게 틀린 짐작은 아니라 생각한다.

분명히 난학자는 화이관념의 이런 독선적 에스노센트리즘(ethnocentrism)을 극복하는 데에 유리한 입장이었다. 그 이점이란 난학자가 믿고 있는 네덜란드 지리서 그 자체에 기인한다. 왜냐하면 그 지리서들은 유럽세계가 명확한 형태를 갖추게 된 1648년의 베스트팔렌 조약 이후의 저작이었기 때문이다. 당연히 거기에는 주권국가 위의 정치적 권위는 존재하지 않고, 주권국가는 평등하다는 서구 국가시스템(western state sustem)의 기반에서 제국가가 기술되어 있었다. 그 단적인 예증이 주권국가의 영역을 나누고 있는 국경선의 존재다. 난학 이전, 세계지리서 인식에서 영향력이 컸었던 마테오 리치의『坤輿万国全図곤여만국전도』(1602年)에는 나라 이름은 적혀 있으나 나라와 나라 사이의 국경선은 그어져 있지 않았었는데, 난학자들에게 큰 영향을 준 요한 휴브네르(ヨハン・ヒュブネル)의「ゼオガラヒー지오그라피」6책본(1761~1766刊)을 기초로 한 구쓰키 마사쓰나朽木昌綱의『泰西輿地図說태서여지도설(寬政元年刊)에 있는 지도에는「欧羅巴總堺之図구라파총계지도」외에 유럽 여러나라 지도에는 '국경'이 명확하게 그려져 있다. 마찬가지로『정정증역채람이언』에 실려 있는 지도에도 굵은 선으로 선명하게 국경선이 그어져 있다. 게다가 미쓰쿠리 쇼고가 간행한 세계지도『新製輿地全図신제여지전도』(弘化元年刊)에는, "여러 나라의 정치 구획을 세밀히 색으로 구별[色別]하고 있는"데 더하여 "세계 각지에 분산되어 있는 식민지가 어느 나라에 속하는가를 각각의 기호로 표시하고 있"[13]다.

　지도에 국경선이 있다고 해서, 난학자가 네덜란드 책을 번역할 때,
주권국가의 동일 선상에서의 병존을 명분으로 삼는 서구국가 시스템을
정확히 이해했는가의 여부는 전혀 별개의 사안이다. 여기서 재차,
그들이 세계지리서 속에서 여러 국가 · 여러 민족을 기술할 때, 일원적
계층시스템으로부터 분산적인 서구 국가 시스템으로의 인식상 전환이
이루어졌는가의 여부, 만약 이루어지지 않았다면 그 어려움은 어디에
있었는가의 문제가 제기된다.[14] 이 장에서는 이런 문제 의식을 기반으로
세계지리서를 검토함으로써 지금까지의 정보원 탐구라는 서지학적
연구와는 다른 접근을 시도해 본다.

　그 때, 유럽적인 보편이었던 로마교회와 신성로마제국을 어떻게
이해했느냐가 논의의 초점이다. 일찍이 E · H · 카가 내셔널리즘의
발전을 3기로 나누고, 프랑스혁명까지의 제1기를, 내셔널리즘의 "제
1기는 제국帝國과 교회의 중세적 결합이 차례로 분해되어 민족국가
(national state)와 민족교회가 수립되기 시작"[15]했다고 한 것처럼, 서구국가
시스템은 로마교회와 신성로마제국의 중세적 보편주의로부터 분리 ·
독립함으로써 발생했기 때문이다. 따라서 이 장에서는 로마교황과

---

13) 川村, 앞의 책, 212쪽.

14) 근세부터 근대에 걸친, 계층시스템에서부터 서구국가시스템에로의 전개에
　　대한 선구적 연구는, 丸山眞男「近代日本思想史における国家理性の展開」
　　(『展望』1949年1月号. 뒤에『忠誠と反逆』筑摩書房, 1992年에 수록), 植手
　　通有『日本近代思想の形成』(岩波書店, 1974年)이다. 이 외에 사토 세이사
　　부로佐藤誠三郎「幕末・明治初期における対外意識の諸類型」(佐藤誠三郎, R
　　・ディングマン編『近代日本の対外態度』東京大学出版会, 1974年) 참조.
　　한편 본장에서는 서구국가시스템을 주권・국제법(만국공법)・세력균형의
　　세 가지 요소를 가진 국제시스템으로 파악하고 있다.

15)『ナショナリズムの發展』(오쿠보 겐지大窪愿二 訳, みすず書房, 1953年) 6쪽.

신성로마제국에 대한 난학자의 서술을 검토함으로써, 서구 여러 나라 사이의 관계를 어떻게 파악하고 있는가를 고찰한다.

다만 고찰 대상은, "우리나라, 서양의 여지輿地를 전하는 자, 미나모토 기미요시源君美(혹은 미나모토 긴미)[16]가 시초다"[17](斎藤拙堂『鉄研斎輶軒書目』)라고 평가된 아라이 하쿠세키의『采覧異言채람이언/사이란이겐』을 기점으로 하여 일단 위원魏源[18]의『海国図志해국도지』이전의 세계지리서까지로 범위를 한정한다. 왜냐하면 알려진 바와 같이 아편전쟁 패배를 계기로 나온 『해국도지』가 막말 일본에 들어와 큰 반향을 불러일으켰고, 여러가지 방식으로 수용되었기 때문이다. 이와 관련한 뛰어난 연구 성과는 상당히 있다.[19] 그러나『해국도지』수용의 전제에는 이 장이 과제로 삼는 난학 세계지리서에 의해 배양된 세계인식이 있었음에도 불구하고 지금까지 정면으로 크게 다루어지지는 않았다. 이 장은 그 같은 불충분했던

---

16) 아라이 하쿠세키의 휘諱/역주

17)『文明源流叢書』卷3 (泰山社, 1940年) 482쪽.

18) 1794~1857. 청나라 말기의 유학자, 계몽사상가, 정치가, 문학자. 중국이 봉건사회에서 근대사회로 가는 전환기에 선구자 역할을 했다/역주

19)『海国図志』의 막말 일본의 영향에 대해서는, 마스다 와타루增田涉『西学東漸と中国事情』(岩波書店, 1979年)의 고전적 연구 외에, 미나모토 료엔源了圓 「幕末・維新期におけるうの『海国図志』の受容—佐久間象山を中心として」(『日本研究』9號, 1993年), 「幕末に本における中国を通しての'西洋学習'—『海国図志』の受容を中心として」(源了圓・嚴紹璗『日中文化交流史叢書3 思想』大修館書店, 1995年), 「東アジア三国における『海国図志』と横井小楠」(『季刊日本思想史』60號, 2002年), 山室信一 앞의 책 제2부 제2,3장「西学と東アジア世界」「西学による思想連鎖」참조. 미나모토는 청조 말기의 양무파와 변법파를 대조하여 양무파적 수용의 사쿠마 쇼잔, 변법파적 수용의 하시모토 사나이橋本左内・요코이 쇼난을 논하고 있다. 그리고 야마무로는 중국에서 가져다 온 한역서학서漢訳西学書라는 매체가 세계정세와 서구학술파악을 위한 회로였을 뿐만 아니라 동아시아 세계에 사상연쇄를 촉발시킨 예증의 하나로『海国図志』를 들고 있다. 본서에서 이『海国図志』수용 이전으로 대상을 한정한 것은『海国図志』의 국제질서관이 같은 시기에 들어온 마틴의『萬国公法』과 서로 얽힌 복잡한 문제이고, 필자로서는 이 문제를 논할 준비가 되어 있지 않기 때문이다.

연구사의 보충이다.

2. 아라이 하쿠세키新井白石의 『采覽異言채람이언』

에도 후기 난학자들의 세계인식의 출발점이 된 것은 18세기 초엽에 나온 아라이 하쿠세키(明曆3～享保10, 1657～1725)의 『채람이언』(正德3年 刊)이다. 주지하는 바와 같이, 『채람이언』은 잠입 선교사 시도치[20]를 심문하여 얻은 정보와 마테오 리치의 『곤여만국전도』와 같은 남만학 계통의 지리서를 근거로 쓴 "우리나라 사람의 손으로 쓴 최초의 조직적인 세계지리서"[21]다. 다만 『채람이언』은 『西洋紀聞서양기문』(享保9年頃)과 함께 비서秘書로서 에도시대에는 한 번도 출판된 적이 없었으나 『채람이언』 사본은 광범하게 유포되었었다.[22] 하쿠세키가 후대의 난학자들에게 영향을 미친 것은 주로 이 『채람이언』을 통해서였다고들 한다.[23] 결론을 앞세우면, 이 장에서 검토하고자 하는 난학자들의 국제사회 이미지를 방향짓는 점에서도 『채람이언』은 결정적 역할을 했다.

그러면 하쿠세키의 국제사회 이미지, 특히 유럽 세계상은 어떠했는가. 그것은 다음의 문장에 나타나 있다.

---

20) 1668～1715. Sidotti, Giovanni Battista. 제수이트회 소속 이탈리아 사제. 1708년 일본에 잠입했다 붙잡혀 에도에서 옥사. 일본 최후의 선교사/역주
21) 앞의 책, 『鎖国時代日本人の海外知識』, 22쪽.
22) 『西洋紀聞』과 『采覽異言』의 관계, 『采覽異言』의 유포에 대해서는 미야자키 미치오宮崎道生, 『新井白石の洋学と海外知識』(吉川弘文館, 1973年)참조. 미야자키는 『采覽異言』의 특징에 대해 "국제세력관계의 움직임에 주의를 기울이고 있음"을 지적하고 있다. 82쪽 참조. 다만 미야자키는 『采覽異言』의 '국제세력관계'의 전 단계인 계층시스템관에 대해서는 다루지 않고 있다.
23) 스기모토 이사오편杉本勳編, 『科学史』(体系日本史叢書第十九, 山川出版, 1967年), 292～95쪽 참조.

도설圖說에서 말하기를, "구라파주에는 삼십여 나라가 있다. 이 나라들은 공히 한 명의 총왕總王을 두고, 세습하지 않는다. 나라의 왕자王子 중에서 항상 현명한 자 하나를 추천하여 이렇게 한다. 대저 관官에는 삼품이 있고, 가장 위는 교화를 일으킴을 주主로 한다. 그 다음은 세속의 일을 다스리고 판정한다. 그 아래는 오로지 병융兵戎을 다스린다"고 했다. 그 말도 역시 내가 듣는 바와 다르다. 이 땅은 대저 대소 백여 나라 종류가 있다. 스스로 통솔하여 지배하여 통일함이 쉽지 않고, 그 나라의 강성과 한 때에 웅장雄壯함이 마치 주나라 말[周末]에 오백五伯[24]이 서로 번갈아 흥함과 같다. 제하諸夏(=중국)가 맹盟을 주로 함은 곧 이에 있다. 대저 제국諸国이 칭하는 바의 군장君長의 호칭은 여섯이 있다. 그 맨위는 곧 천중天中의 천天이라 함과 같다. 소위 교화의 왕만이 이 호칭을 갖는다. 그 다음은 제帝라 하는 것과 같은 자가 있다. 그 다음은 왕이라 하는 것과 같은 자가 있다. 그 다음의 삼등三等은 곧 속국의 소왕小王, 부락部落 · 추수酋帥라는 호칭, 이 모두 그 세상에 분토分土가 있는 자이다. 호号는 대저 6등급이다. 라마인邏馬(=로마)人이 말하여 이르기를, ホンテヘキス, マキスイムス라 한다. 말하기를 インペラトル라 하고, 말하기를 レキス라 하며, 말하기를 プレンス라 하고, 말하기를 ホルスト라 하며, 말하기를 ドグス라 한다.[25] 그 위는 곧 최제일最第一 무상등無上等의 뜻이다. 그 다음의 이등은 제帝라 함과 같고 왕이라 함과 같다. 그 다음의 삼등은 대장군, 장군, 제장교의 나눔이 있다.[26] 이와 같다. 화란인의 말에 그 제이등은 イズル라 하고 그 제사등第四等은 ホルス라 한다. 나머지는 곧 모두 같다. 대개 남북, 말을 달리할 뿐. (『采覽異言』卷1, 819頁)

여기에서 주의해야 할 것은, 유럽 여러 나라에는 '여섯 등급'의 계층

---

24) 중국 춘추시대 5인의 패자覇者, 즉 춘추오패를 이르는 말. 즉 齊나라 桓公, 晉나라 文公, 楚나라 莊王, 吳나라 闔閭합려, 越나라 勾踐구천/역주

25) 가타카나로 표기된 용어의 뜻은 다음과 같다. ホンテヘキス, マキスイムス pontifex maximus(라틴어) 법왕, ンペラトルimperator(라틴어) 황제, レキスrex(라틴어) 군주, プレンスprinceps(라틴어) 왕후 혹은 prins(오란다어) 왕자, ホルストvorst(오란다어) 국왕, ドグス(라틴어) 지배자/역주 *『日本思想大系35』, 岩波書店, 38쪽의 두주에서 재인용.

26) 『采覽異言』은 国書刊行会編『新井白石全集』卷4 (国書刊行会, 1977年)을 텍스트로 했다. 한문의 원문은 가키구다시書き下し문으로 바꾸고 쪽수를 약기했다.

질서가 있다는 인식이다. 하쿠세키에 따르면, 최상위에 '교화의 왕'인 로마 교황을 두고, '제', '왕', '속국의 소왕', '부락·추수'로 이어지는 계층 질서가 존재하고 있다. 『채람이언』의 이 서술을 부연하는 『서양기문』에 의하면 로마교황은 '교화'를 맡고, 그 아래에 '제'와 '왕'이 '속사俗事를 관리刹理'하며, 'フレンス(왕후, 혹은 王子)' 'ホルスト(국왕)'가 '병융兵戎을 다스린다'고 한다[27](『西洋紀聞』 卷中). 이러한 계층질서 이미지 뒤에는, 하쿠세키에게 친숙한 저 중국 춘추시대의 봉건제가 있는 것은, '제라고 하는 것과 같은', '왕이라고 하는 것과 같은 자'라는 서술에서 엿볼 수 있다.

다만 하쿠세키는 '여섯 등급'의 작위를 기반으로 하는 계층 시스템관 위에 서있음과 동시에, 그것만으로는 정리될 수 없는 측면이 있다. 같은 시대 유럽의 동정, 즉 주권국가 간의 분립 항쟁을 기술하고 있기 때문이다. 하쿠세키는, 마테오 리치가 도설에서 유럽 '삼십 여국'이 '하나의 총왕[一總王]' 아래 통합되어 있다고 적고 있는 데 대해, 현재의 유럽세계는 분열하여, 주周왕조를 명목상 존중하면서 패자가 병립했던 '마치 주나라 말의 오백이 번갈아 흥하는 것 같은' 세력이 경합하고 있다고 한다. 그 예증으로 하쿠세키 상술하고 있는 것은, 시도치로부터 전해들었던 같은 시기 스페인의 왕위계승 전쟁이다. 하쿠세키는 "근자에 서토西土가 크게 혼란하여, 인민이 생을 편히 쉴 수 없게 됨이 이미 십년"이었다고 한다. 스페인의 왕위를 둘러싼 이 전쟁에 관여하고 있는 나라는 '伊斯把儞亜イスパニアイス파니아' '入爾馬泥亜ゼルマニア제르마니아' '払郎察フランス후란스' '和蘭ヲヲランダ오란다' '漢乂刺亜アンゲルア안게루아' '波爾杜瓦爾ポルトガル포르토가루' '加西郎諸国カステイラカス데이라제국' '蘇亦齊スウエイツア스웨이쓰아' '弟那瑪爾加デイヌ

27) 『新井白石』(日本思想大系35, 岩波書店, 1975年), 38쪽.

^{マルカデヌマルカ}'이고, 여기에 더하여 '로마교주邏馬教主'도 중요한 역할을 담당했다. 하쿠세키는 항쟁의 단서부터 상술하면서 마지막으로 다음과 같이 적고 있다.

> 처음에 한 군주가 명命을 어지럽혀, 두 나라에 원한이 맺혔다. 병사와 창이 한 번 움직이자, 전투가 사방에서 일어난다. 세상이 헛되이 소모하니 만백성이 난을 혐오하게 되었다. 남북의 군장君長이 이 어려움을 풀어 그로써 두 나라의 원한을 풀고자 했다. 동서도 또한 각각의 말[言]이 있다. 계사癸巳 가을 구월正德三年, 入爾馬泥, 伊斯把儞亜가 각각 포로로 잡은 사람을 돌려주고, 침략한 땅을 돌려주어 그 평화가 마침내 이루어졌다. (『采覽異言』卷1, 827~28頁)

'계사 가을 구월'은 서기 1713년이다. 스페인 계승전쟁을 종식시킨 유트레히트 조약이 체결된 바로 그 해다. 그리고 이 해 가을에 『채람이언』의 발문이 나왔다. 그 의미에서 『채람이언』은 실시간의 책이었다.

후술하겠지만, 스페인 계승전쟁에 의해 알려진 유럽 제국의 분립ㆍ항쟁이 중국 주나라 말에 비견되는 군웅 할거시대였다는 하쿠세키의 인식은, 황제와 교황을 정점으로 하는 계층시스템을 초월할 가능성을 지니고 있었다. 하쿠세키는 유럽세계의 '여섯 등급'의 계층질서를 기술하는 한편, '入爾馬泥亜', '제帝'와 '라마邏馬(=로마) 교주'라는 중세적 보편주의를 돌파할 제국가의 분립ㆍ항쟁을 묘사했기 때문이다. 이 두 가지 측면이 있다는 점에서 『채람이언』은 뒤의 난학자들의 세계인식의 방향을 좌우하게 된다.

그런데 하쿠세키는 로마 교황과 신성로마 황제를 구별하지 못했던 것 같다. 하쿠세키에 의하면, "그 관官은 교화 왕의 다음인 자, 72명이 있다. 왕이 죽으면 곧 그 사람들을 가려서 그로써 이을 자를 정한다"(『采覽異言』卷1, 820頁)고 적고 있는 것처럼, '교화 왕'인 로마 교황이 추기경들에 의해 선출되는 것을 정확히 전하면서도, 또 동시에 "구라파주에는 삼십여 나라가 있다. 이 나라들은 공히 한 명의 총왕을 두고, 세습하지 않는다. 나라의 왕자王子 중에서 항상 현명한 자 하나를 추천하여 이렇게 한다" (前出)고 하는 것처럼 '삼십여 나라' 제국의 '왕'들 중에서 선출되는 것도 서술하기 때문이다. 『채람이언』의 서술에서는 원래는 『곤여만국전도』 에서 볼 수 있는 '일총왕'이라는 존재가 로마교황을 가리키는지 혹은 신성로마황제를 가리키는지, 아니면 둘 다를 다 지칭하는지가 분명치 않다. 이 '일총왕' 이해의 배경에는 몇 가지 이유가 있는 것 같다.

첫째, 하쿠세키의 정보원이 마테오 리치 등의 남만학南蛮学 계통의 지리서였으므로 로마교황의 권력이 실제 이상으로 강조되어 있었을 가능성이다. 그리고 시도치가 가톨릭 선교사였던 것도 이와 무관하지 않다고 생각된다.[28] 하쿠세키가 분명히 시도치의 진술을 근거로 하여 스페인 계승전쟁 정보 같은, 마테오 리치의 『곤여만국전도』를 뛰어 넘는 신지식을 얻을 수 있었다 해도, 그것은 어디까지나 가톨릭이라는 틀 안에서의 유럽 인식이었다. 이 때문에 로마교황의 힘이 과대 평가된 것이

---

28) 마테오 리치가 『坤輿万国全図』에 "이 구라파주에 삼십여 국이 있는데, (중략)천주상제성교天主上帝聖敎를 받들어 숭상한다"고 기술하고 있을 뿐으로, 프로테스탄트 세력과 가톨릭 세력이 사투를 벌이고 있었던 17세기 초엽의 서양세계의 사정과 합치하지 않는 것에 대해서는 이미 지적하고 있다. 히라카와 스케히로平川祐弘 『マッテオ・リッチ伝2』(東洋文庫, 平凡社, 1969년, 213쪽) 참조. 또 애유략艾儒略(Giulio Aleni, 1582-1649, 이탈리아 출신의 예수회 선교사/역주)의 『職方外紀』에는 "교황은 모두 결혼[婚娶]하지 않으며 영원히 세습하는 일[世及之事]이 없다. 다만 성덕보필대신盛德輔弼大臣에 맡겨 공적公的으로 그 한 사람을 추천하여 세운다. 구라파 열국의 왕은 비록 그 신하는 아니나 경례敬禮를 다하며 성부聖父 신사神師라 칭하여 천주를 대신하는 군주로 인식한다(敎皇皆不婚娶, 永無世及之事, 但憑盛德輔弼大臣, 公推其一而立焉, 歐羅巴列國之王, 雖非其臣, 然咸致敬尽禮, 称為為聖父神師, 認為代天主之君也)"고 되어 있다. 다만 하쿠세키는 『職方外紀』를 보지는 않았다. 미야자키 앞의 책 43쪽 참조. 즉 마테오리치의 『坤輿万国全図』에는 일본의 '총왕'은 덴노라고 기술되어 있다. 야마무로 앞의 책 202쪽 참조.

아닌가 생각된다. 또 구별할 수 없었던 이유는 주자학자였던 하쿠세키 자신에게도 있었다. 한 마디로 그것은 정치와 종교·도덕을 겸비한 자가 성인이라는 유교적인 위정자관의 선입견이다. 정치가는 도덕적인 완성자라는 선험적 도그마가 있었기 때문에 로마교황을 그대로 정치적 지배자로 잘못 생각했던 것은 아니었을까. 이 점, 『채람이언』의 정보를 받아들인 사람들이, 지금 볼 때는 이해할 수 없는 오해를 하고 있는 바에서 거꾸로 추측되는데, 이에 대해서는 다음 절에서 검토한다.

3. 야마무라 사이스케山村才助 『訂正增訳采覽異言정정증역채람이언』과 그 영향

하쿠세키의 『채람이언』이 난학자의 국제사회 이미지의 방향타이기는 했으나 『해체신서』 이전의 책이었음에 비해, 야마무라 사이스케의 『정정증역채람이언』 12권(享保2年頃 完成)은 직접 네덜란드 책에 바탕한 "질과 양 모두 우리 쇄국시대에 가장 뛰어난 세계지리서"[29]이다. 어릴 때부터 하쿠세키의 『채람이언』을 애독했던 사이스케는 간세이 원년(1789)에 오쓰키 겐타쿠大槻玄沢에 입문하여 난학을 배우고 『채람이언』을 정정·증역했다. 사이스케는 『채람이언』을 원본으로 하고 여기에 덧붙이는 형식으로 『万国航海図說만국항해도설』(네덜란드인 피터 고오스Pieter Goos 의 『ゼエアトフス』 De Zee-Atlas ofte water-weereld, waer in vertoont werden alte de-kusten van het bekende des aerd-bodems)과 『万国伝信

---

29) 앞의 책 『鎖国時代日本人の海外知識』 46쪽. 야마무라 사이스케에 대해서는 아유자와 신타로鮎澤信太郎 『山村才助』(人物叢書, 吉川弘文館, 1959年), 다카세 시게오高瀨重雄 「山村昌永とその『訂正增訳采覽異言』について―幕末における 科学史の一断面」(『金沢経済大学論集』 12巻 3号, 1973年3月) 참조.

紀事만국전신기사』 상하 2편(독일인 요한 휴브네르의 『コーラント＝トルコ』 De staats-en Kouranten-tolk of woordenboek der geleerden en ongeleerden) 두 책을 번역·증보하고, 나아가 많은 참고 자료를 기반으로 하쿠세키의 오류를 고쳤다. 이 절에서는 이 『정정증역채람이언』을 대상으로 하여 국제사회 이미지에서 계층시스템으로부터 서구국가 시스템으로의 전환이 어려웠던 점을 고찰한다.

『정정증역채람이언』은 그 제목이 시사하듯이 하쿠세키의 『채람이언』을 정정할 목적으로 쓴 책이다. 그 정정의 하나가 앞 절에서 살핀 하쿠세키가 로마교황과 신성로마황제를 구별할 수 없었던 점에 있었다.[30] 사이스케에

---

30) 여기서는, 『采覽異言』을 오해한 영향이 끼친 예로서 혼다 도시아키本多利明 (寛保3~文政3=1730~1820)를 들어둔다. 혼다 도시아키는, 그가 야마무라 사이스케와 시바 고칸司馬江漢과 교제했다는 것에서 고칸과 사이스케에게서 배운 지식·정보를 바탕으로 『西域物語』를 썼다고 '상상'되나(사토 쇼스케佐藤昌介 『洋学史の研究』 中央公論社, 1980年, 132쪽), 반드시 그렇다고는 단정할 수 없다. 일찍이 오자키 에이이치가, 도시아키의 경제론은 "사이스케 이전의 지리적 지식을 응집 종합하여 그 입론을 떠받쳤다"(앞의 책 『近代日本史学史の研究 幕末編』, 69쪽)고 논하여, 도시아키가 『ゼオガリヒー』를 본 것이나 사이스케로부터 세계 지리를 배운 것도 19세기 초였다고 지적하고 있는 것처럼(위의 책, 79쪽) 간세이 10년(1798) 7월의 자서에 있는 『西域物語』는 사이스케의 『訂正增訳采覽異言』 이전의 정보·지식이 기초였다고 지적하고 있기 때문이다. 이에 비해, 도시아키가 하쿠세키의 『采覽異言』을 읽고 있었던 것은 분명하고(미야자키 미치오宮崎道生 『新井白石と思想家文人』 吉川弘文館, 1985年), '일총왕'에 대해서는 하쿠세키 단계의 정보였다고 생각된다. 도시아키의 『西域物語』가 '서역'을 이상화하여 18세기 후반의 일본의 현상에 대치시켜 해외무역·에조蝦夷(지금의 홋카이도) 식민 등의 대담한 경세론을 전개했다고 알려져 있는데, 이상화理想化의 하나의 논점이 '구라파의 총제總帝'가 '선거'로 뽑힌다는 것에 있었다. 『西域物語』에는 '구라파 총제'에 대해 다음과 같이 말한다.
구라파 제국의 치도治道를 탐색건대, 무武로써 다스리지 않고, 단지 덕德으로써 다스릴 뿐이다. 위권威權으로 다스리면 마음이 따르지 않는다. 그런데 서양에서 지중해를 바라보는 땅에 意太利亞イタリヤ(이탈리아)라는 나라가 있다. 도읍을 羅馬로마/로마라 한다. 이 곳의 군주[帝]는 구라파의 총제惣帝인데 왕후가 없고 지금도 그렇다. 구라파 제국 안에서 덕망 높은 이를 뽑아 제위帝位를 잇게 한다. 요임금이 순임금을 유신有莘의 들에서 뽑아 들인 것과 같다. フルキイシングーハンーカヲニグ라 하는데 왕을 선택한다는 말이다. 왕자라 하더라도 제업帝業의 자리에 걸맞지 않는 인물은 제위를 이을 수 없다. 제업에

의하면 마테오 리치의『곤여만국전도』를 근거로 한 하쿠세키의 이해는 도설의 '七칠'을 '也야'로 잘못 읽은 오류에 기인하고 있다고 한다.

도설에서 말하기를, 구라파주에 삼십여 국이 있고(歐羅巴州, 有三十餘国), "諸国共一總王非世及者也国之王子中, 常推一賢者為之"(이 나라들은 함께 한 명의 총왕을 두는데, 세습하지 않고 나라의 왕자 가운데 항상 현명한 자 한사람을 추천하여 이

는 근면히 지켜야 할 조항이 있고, 이 조항을 힘써 지킴으로써 영구히 국가가 어지럽지 않다는 설이 있지만 일이 길어지면 먼저 그만둔다.(『西域物語』卷上, 『本多利明・海保青陵』日本思想大系44, 岩波書店, 1970年, 98~99쪽) *フルキイシング—ハン—カヲニング: 화란어 Verkiezing van Koning. 법왕을 고덕자에서 선출하는 제도(위 思想大系 99쪽 두주에서 재인용/역자)

『思想大系』에 두주頭注를 단 쓰카타니 아키히로塚谷晃弘는 이 '구라파의 총제惣帝(『采覽異言』의 '일총왕'을 상기시킨다)에 대해 "여기서는 로마 법황을 가리킨다. 도시아키는 종종 로마 황제와 법황을 혼동하고 있다"고 적고, 간세이10년 겨울 10월에 후편의 서序를 쓴『経世秘策』의 '쥬데야(유다야)의 양법良法이 이탈리아에 이전되자 총명한 군주[明主]가 나와 무육撫育(어루만져 잘 기름)의 도를 세워 국가를 다스림에 국민이 크게 감복하고, 성인인 중구라파의 총제總帝로 높이 불렸다 한다"(上同, 29頁)의 '구라파 총제'에 대해서는 "세계 제국帝国의 지배자로서의 로마 황제. 로마 법황의 의미에 기인한다"고 주를 달고 있다. 도시아키가 이렇게 오해한 것도 본래 하쿠세키의『采覽異言』의 서술에 원인이 있다고 보여진다. 그렇다면 '구라파 총제惣帝'의 불명확성은 앞서 서술했듯이 야마무라 사이스케 이전의 불명확성을 반영한다고 할 수 있다. 즉 사토 쇼스케는 "막부 요로의 인물을 선거로 뽑는다는 구상을 피력한 것은 겐파쿠가 처음일 것이다. 이미 마에노 료타쿠는『管蠡秘言』에서, 유럽에서는 교화의 주主인 법왕을 비롯하여 제국諸国의 왕위, 혹은 관직이 모두 선거로 인물을 선출함을 지적하며 다음과 같이 말하고 있다"(前揭『洋学史の研究』147쪽)고 논한다. 여기서 말하는 마에노 료타쿠의『管蠡秘言』은 다음의 한 구절이다. "유럽에서는 이탈리아가 오직 교화의 주이다. '유럽' 및 '아프리카' 사방四方의 학사가 모두 모여 밭 갈거나 베 짜지[耕織] 않고 이 곳에서 입고 먹는 자 대개 칠십만이다. 국왕은 혼인하지 않고 오로지 교법을 행한다. 국정은 이를 모두 유사有司에게 맡긴다. 그러나 교관의 신臣은 70명이 있다. 왕이 죽으면 나라의 토민이 각각 밀봉하여 그 관원 가운데 이을 수 있는 덕 있는 자 한 명을 적고 이를 추천한다. 추천된 바가 많은 자로써 그 자리를 잇게 한다. 교관의 직을 뽑을 때에도 또 이와 같이 하여 이를 준다"(『管蠡秘言』,『洋学 上』147頁). 이 구절에 대해 에비사와 아리미치海老澤有道는, 마테오 리치이래의 남만 학통에 의한 세계지리정보에 근거하고 있다고 지적하는데(『南蛮学統の研究 増補版』創文社, 1988年, 321쪽), 보다 직접적으로는 하쿠세키 설을 근거로 하고 있다고 할 수 있다. 관련하여 앞서 살폈지만 하쿠세키는『職方外紀』는 읽지 않았다.

렇게 한다). 마사나가昌永[31) 생각건대 '也'라는 글자는 내가 본 바의 도설에는 '七'로 되어 있는데, 이것이 옳다. ○도설을 살펴건대 이 '제국諸国'이하의 스물 세 글자는 入尔馬泥亜国제루마니아의 아래에 주註를 달고 있으므로, 구라파 전체 주를 말하는 것이 아니다. 이 글의 아래 入尔馬泥亜 조에 로마인이 말하는 그 여국与国=동맹국 칠국七国이라 하는 것 역시 이를 말하는 것이다. 또 애씨도설艾氏圖說 亜勒瑪尼亜아레마니아 조에도 칠속국七属国이라는 말이 있다. 즉 이는 入尔馬泥亜 제帝를 보정輔政하는 칠관七官의 제후이다. 이와 저를 합하여 생각건대 원문의 '也'라고 쓴 것은 잘못된 글자이고, 이 '제국'이하의 스물 세 글자는 구라파주에 관계되지 않음이 명백하다. (卷1, 132~33頁)

틀림없이 '非世及者也国之王子中' 부분은, '也'를 '七'로 고쳐서 '非世及者'와 '七国之王子中'으로 분리하여 'ゼルマニア제루마니아' 신성로마제국의 칠선제후七選帝侯와 관련된 한정적인 의미라고 이해한 사이스케가 옳다고 본다. 이 이해로써, 『곤여만국전도』의 '일총왕'은 신성로마황제를 가리키는 것이었고, 로마교황 혹은 신성로마황제 어느 쪽을 가리키는지와 같은 애매한 존재는 어디에도 없게 된다. 이리하여 사이스케 이전에 있었던 유럽 세계에 대한 오해가 바로 잡히게 되었다.

다만 야마무라 사이스케도 기본적으로 국제 사회를 계층시스템으로 파악하고 있고, 이는 하쿠세키와 마찬가지 였다. 사이스케는, 하쿠세키가 "대개, 여러 나라가 칭하는 바의 군장君長의 호는 여섯이 있다"며 여러 국가의 호칭에 의한 순위를 붙인 곳에 대해서는 부정하지 않고, 오히려 보다 상세하게 부연하고 있기 때문이다. 거기에는 『채람이언』 『서양기문』에서는 볼 수 없는 '제국帝国'이라는 호칭마저 사용되고 있다.

31) 마사나가昌永는 야마무라 사이스케의 호/역주

○ 'インペラトヲル인페라토오루' 또한 라전어羅甸語(=라틴어)이다. 불랑찰払郎察 (프랑스)에서는 'エムペレウル에무페레우루'라 하고, 화란和蘭에서는 'ケイゼル케이 제루'라고 한다. 즉 제자帝者라는 뜻이다. 대개 위덕융성威德隆盛하여 여러 나라를 신하로 복종시킬 대국의 군주가 아니면 이 벼슬을 칭할 수 없다. 구라파주 가운데 오직 入尓馬泥亜임이마니아ゼルマニア제루마니아(=독일), 莫斯哥未亜 막사가미아ムスコミア무스코미아(=러시아)의 두 나라만 이고, 그 외는 支那지나, 都児 格도아격トルコ토루코(=터키), 莫臥児막와아モゴル모고루(=무굴골) 등을 서양인은 이렇게 칭한다. 또한 서양 책에 실린 바를 생각건대, 이 외에도 百児西亜백아서아 ペルシア페루시아 亜毘心域아비심역アビシニイ아비시니이(=이디오피아), 馬羅可마라가マロッ ク마롯쿠(=모로코) 등의 여러 큰 나라, 그리고 暹羅섬라シアム시야무(=태국), 일본 및 瓜蛙과와ジヤワ지야우(=인도네시아)의 瑪荅蘭마답란マタランン마타란(자카르타) 등은 모두 세력이 왕성하여 자립해서 타에 속하지 아니하니 각각 일방적으로 웅雄이라 칭함으로써, 서양인 또한 제국으로 부른다. (卷1, 135頁)

여기서 사이스케는 '제帝'란 '위덕융성'하여 '여러 나라를 신하로 복종시킬 대국의 군주'라 하고, 유럽에서는 '제루마니아入尓馬泥亜'와 '무스코비아莫斯 哥未亜', 아시아에서는 '지나', '토루코都児格', '모고루莫臥児'를 들고, 더하여 '페르시아' 이하 '샴', '일본' 까지 일방적으로 '웅'이라 칭하는 나라를 '제국帝 国'이라고 한다. 가볍게 '제국'이라고 하는 감이 없지 않으나, '제국'으로 칭할 수 있는 조건으로서 '조공'국을 가진 '대국'이라는 점을 간과할 수는 없다. 중화 제국帝国 '지나는 아세아 동방이면서도 그 문물과 제도가 뛰어나고 조공하는 속국이 많음은 모두 학자들이 아는 바이다'(卷10, 1012 頁)라고 할 뿐만 아니라. 예를 들면 '제르마니아'의 신성로마제국에서도 황제는 '구라파 일통의 제'(卷2 196頁)이고, 유럽 여러 나라의 "여러 군장은 모두 매년 많은 금전 혹은 은전을 제국의 수도[帝都]에 바친다"(卷2, 204頁) 라 하여 황제와 여러 왕 사이에 조공 관계가 존재하고 있음을 인식하고 있었다.

더하여 주목할 것은, 로마교황과 신성로마황제를 분명히 구분했다 하더라도, 사이스케가 이 둘의 관계를 명확히 인식했던 것은 아니라는 점이다. 이 때문에 서양의 기원론을 애매하게 해석하고 있다. 사이스케는 서력西曆 기원을 로마황제와 관련하여 설정하고 있다. "서양이 열린 기원은 제3947년에 한 성주聖主가 세상에 나와 덕화德化를 펼치니 문운文運이 크게 열리고 제도와 정교가 모두 갖추어짐으로써 여러 나라가 모두 그 정삭正朔(=책력)을 받들어 드디어 그 성왕이 탄생한 다음 해로써 중흥혁명의 원년으로 칭하니 감히 달리 연호를 세우지 않았다. 지금 이에 갑자甲子가 중흥혁명 제1804년에 이르렀다(卷1, 178頁). '서양이 열린 기원이 제3947년'이라 한 것은 천지창조로부터 시작한 기원을 뜻하는데, '중흥혁명'의 기점이 되는 '성주 탄생'이라고 할 때의 '성주'는 본래 예수그리스도일 터이다. 그런데 사이스케는 이 점을 확실히 논하고 있지 않다. 엄격한 크리스트교 금교 상황에서, 당연하다면 당연하겠으나 그리스도 부재는 더 다른 요인이 있는 것 같다.

본래 이것이 '중흥혁명'이라 할 수 있는 것은, 그 해가 '일본 스이닌 덴노垂仁天皇[32] 41년, 중국의 한나라 평제平帝 원시원년元始元年인 신유辛酉에 해당하는'[33](『西洋雜記』卷1, 西洋中興革命の說, 25才), 즉 신유에 해당하는 해에는 혁명이 일어난다는 신유혁명설과도 적절히 부합하고 있기 때문이다. 오자와 에이이치는 사이스케의 이 '서양 중흥혁명설'에 대해 "바로

---

32) B.C.69년~A.D.70년, 재위 B.C.29~A.D.70. 『古事記』 『日本書紀』에 제11대 일본 덴노로 전하는 인물. 스진崇神 덴노(B.C.148~29, 재위 B.C.97~29)의 셋째 아들/역주 ＊위키피디아 일부 참조

33) 『西洋雜記』 텍스트로는 야리야제谷 시립도서관 무라우에村上 문고 소장의 가에이嘉永 원년 간행본을 사용했다. 쪽수는 약기했다.

유교적인 도덕적 의의와 정치적 의의가 포함된 논의"[34]라 지적하는데,
본질을 정확히 짚었다고 할 수 있다. 사이스케에게 건국의 조상은
"덕화를 펼치니 문운이 크게 열려 제도와 정교가 모두 갖추어지는"

---

34) 오자와 앞의 책 134쪽. 본서 초판 졸고에서는 사이스케가 중흥혁명의 원년의
기점이 되는 '성주聖主'에 대해 예수 그리스도가 아니라 카에사르(Caesar, Gaius
Julius, B.C.100~44/역주)라고 오해하고 있다고 말하여 사이스케가 '큰 착각'을
했다고 지적했다. 그러나 초판 졸고의 인용처럼 카에사르가 즉위한 해는 '스
진덴노 52년(B.C.46년)'(卷1, 159頁) 이라고 사이스케 자신이 적고 있기 때문
에, 그 보다 뒤인 '스이닌덴노 41년(A.D.12년)'(『西洋雜記』)을 기점으로 하는 중
흥혁명과는 분명히 모순된다. 때문에 사이스케는 중흥혁명의 '성주'에 대해서
는 입을 다물고 있다고 보았던 견해가 옳다고 판단하여 본서 본문에서 정정
했다. 이 점, 에비사와 아리미치는 사이스케가 "구약과 그리스도의 강탄降誕에
언급한 것뿐만 아니라 그것을 서구 중흥혁명으로 규정했다"(앞의 책, 『南蛮学
統の研究』 333쪽)고 함으로써 이미 사이스케가 그리스도 기원설을 이해하고
있는 듯이 논하고 있는 데 대해, 오자와 에이이치는 "난학자 야마무라 사이스
케가 그리스도에 대해, 그리스도 기원에 대해 어디까지 그 의미를 알고 있는
지 혹은 모르는지"(앞의 책, 134쪽)라 하여, 반드시 정확하게 이해하고 있는
지의 여부에 대해서는 알지 못하겠다고 지적하고 있다. 필자는 오자와의 견해
에 동의한다. 다만 사이스케의 '중흥혁명'의 기점이 되는 '성주聖主'가 카에사르
이라는 오해를 불러일으키기 쉬운 표현인 것은, 예를 들어 고가 도안도 또한
"중흥혁명, 이태리의 儒略烏斯 · 加優沙兒가 강생한 다음해부터 원년으로 한
것, 야마무라 마사나가의 역서가 명백하므로 진실로 단연하여 의심할 바 없
다"(『俄羅斯情形臆度』 卷坤, 文化末年成, 宮内庁書陵部所藏)고 잘못 읽고 있
는 것에서도 알 수 있다. 또 다른 오해의 예로서, 국학자 스즈키 시게타네鈴木
重胤는 이렇게 말하고 있다. "洋西[마마]의 총 본국이라 할 수 있는 是流麻爾阿
세르마니아라는 나라의 왕이 난 것은 우리 스이닌垂仁 덴노 삼십년 신유辛酉에 해
당함을, 이 왕에게서 비로소 나라가 개국했기 때문에, 그 초년을 기원으로 하
여 지금에 천 팔백여년 이라 하니 서양 제국에 그 연기年紀를 쓴다고 함도 모
든 시작에 미치게 되었다"(『日本書紀伝』)卷3, 嘉永7年成, 『鈴木重胤全集』卷
1, 鈴木重胤先生学德顕彰会, 1937年, 265쪽). 이와 관련하여 사이스케 이전
의 기원론에는 야마가타 반토山片蟠桃의 설이 있다. "서양은 예로부터 연호가
없어, 'イタリヤ이타리야국'의 원조인 백태록伯太祿 원년을 시작으로 한다. 곧 한
나라의 평제平帝 2년이며, 우리 스이닌제帝 31년에 해당한다. 이것을 원년으로
하니 올해는 교와享和 2년, 청나라는 가경嘉慶 6년, 서양은 1802년이다. 서양
여러 나라는 모두 이를 따라, 'スムコビヤ스무코비야' 'トルコ토루코'라는 강국이
라 하더라도 쓰지 않을 수 없다. 당시는 'イタリヤ'의 천자도 'ドイチランド도
이치란도'로 도읍을 옮겼다. 모든 서양 구라파가 이것을 쓰는 까닭이다. 번거롭
지 않아서 해를 셈하는데 크게 편리하다. 이 역시 알지 못하면 있을 수 없다"
(山片蟠桃 『夢ノ代』 卷1, 『富永仲基 · 山片蟠桃』 日本思想大系43, 岩波書店,
1973年, 150쪽). 반토는 '伊多利亞' 帝의 원년'(위의 책 207쪽)을 기원으로
하는 유교적 기원관에 입각해 있다고 할 수 있다. 『夢ノ代』 권두의 인용 서목
에는 하쿠세키의 『采覽異言』은 있는데 사이스케의 저작은 보이지 않는다.

도덕적 · 정치적인 성인이고, 그 생년을 기원紀元으로 하는 책력을 받드는 것은 황제의 덕화에 복종하고 있음의 반증에 다름 아니라는 유교적인 도그마가 잠복해 있다고 보여 진다. 따라서 설령 도덕적인 성인이라고는 할 수 있지만 정치적으로는 전혀 무력했던 그리스도의 탄생을 한 시기로 하여 '중흥 혁명의 원년'으로 하기에 망설였던 것 같다.

이에 대해 로마 제국의 조상은 '儒略烏斯 · 加優沙兒유략오사 · 가애사아' 라고 분명히 하고 있다. '儒略烏斯 · 加優沙兒'란 기원전 44년에 암살된 로마의 무인 정치가 카에사르(Caesar)다. 사이스케는 카에사르를 '구라파 총주'의 '제帝'라며 다음과 같이 적고 있다.

> 로마의 국주 儒略烏斯 · 加優沙兒쥬리우스 · 카아에사르라는 자 또한 영민한 군주[英主]이라 스진 덴노 오십이년으로써 厄勒祭亜기리시아에 이어 구라파 총주의 제帝이다. (卷1, 159頁)

사이스케는 『만국전신기사』의 '라마국邏馬国(=로마)의 제帝'를 주석하여 "쥬리우스 · 카아에사르 제帝로부터 하여, 구라파 정통의 제이다. 중고 때부터 하여 수도[都]를 제루마니아入爾馬泥亜국으로 옮겼지만 그 제는 오늘에 이르러서 칭하기를 라마의 제라 하고 제루마니아 국의 별명을 라마성국邏馬聖国이라 한다"(卷1, 163頁)라 하고 있는 것처럼, 카에사르를 '구라파 정통의 제'라 하여 로마 제국帝国의 조상으로 보고, 현재의 신성로마제국은 로마로부터 빈으로 수도를 옮긴 것만으로, 카에사르의 황제위를 정통으로 계승하고 있는 나라로 인식하고 있다.

앞에서 하쿠세키가 유럽의 '일총왕'이 로마의 교황인지 신성로마의 황제인지를 분명히 하지 않은 이유로서 주자학자로서의 하쿠세키의 도그마를 시사했는데, 사이스케의 '서양 혁명 중흥설'을 볼 때, 그것에서 벗어나기 어렵다는 점을 생각하지 않을 수 없다. 생각건대 이런 '중흥혁명'설을 부정하기 위해서는, 정교일치의 '제帝'의 존재를 부정함과 동시에 서양 사회에서의 기독교의 역할을 있는 그대로 인정하여, 몸에 배어 있는 기독교 사교관邪教観으로부터 자유롭지 않으면 안 되었다.[35] 야마무라 사이스케는 이 단계까지는 도달하지 않았던 것이다. 이는 후술한다.

  그것은 차치하고, 이러한 '제帝' 관을 갖고 있었던 사이스케는 본래 종교적 권위와 정치적 권력 사이의 긴장 관계를 이해하지 못했다고 할 수 있다. 그것은 황제의 권력을 억제하는 종교적인 권위로서의 로마교황의 존재를 이해하기가 어려웠기 때문이다. 또 거꾸로 말하면 사이스케에게는

---

35) 중흥혁명설과 크리스트 사교관의 관계에서 사이스케가 난학을 배웠던 스승 오쓰키 겐타쿠의 서양력西洋曆 이해를 언급해 두고자 한다. 겐타쿠는 『蘭說弁正』(寬政7年)에서 "지금 '에우롭파和蘭等總州의 名' 제국이 쓰는 바 그 나라의 중흥의 某 성왕이 있어 새로이 정교를 흥륭하여 그 주主가 강탄降誕한 해로부터 연력을 시작한 즉 금년 간세이寬政 7년 을묘는 천칠백구십오년에 해당한다"(『磐水存響』乾, 思文閣出版, 1991年 復刻, 221頁) 라고 한다. 여기에서 '중흥의 모'가 누구인지 겐타쿠는 명확히 말하고 있지 않다. 이에 대해 카에사르 설을 받아들이고 있는 고가 도안은 '천주' 그리스도 강탄설을 들어 오쓰키 겐타쿠에게 그 시비를 묻고 있다. 이를 겐타쿠는 "반스이磐水 선생 말씀하시기를, 역원歴元은 천주가 강탄하신 해로부터 계산함에 의심이 없다. 이는 구라파 총주가 같은 모양이다. 쥬리유우스 카사르(帝)라 함도 실은 契利斯督그리스도이다. 단지 이 이름을 피해 중흥혁명 등으로 바꾸어 말하는 것이다. 저 대륙[洲]이 천주 강탄으로써 역원을 삼는 진의는 아직 알지 못한다. 契利斯督의 교가 정법인지 아닌지는 알지 못한다. 우리 쪽에 방해를 했으나 이를 이름으로 삼는 까닭에 사법邪法이라고 하는 것, 상하가 알아 전한 뒤의 일이라면 꺼려야 할 것이다"(侗庵『俄羅斯情形臆度』卷坤)고 대답하여 그리스도 기원설을 옳다고 하며, '사법' 기독교를 '휘기諱忌'하여 '중흥혁명' 등으로 번역하고 있는 것이라고 언명하고 있다. 오자와 에이이치도 앞의 책 196쪽에서 도안의 『俄羅斯情形臆度』을 인용하며, 겐타쿠가 "카에사르와 기리스토를 혼동해버렸다"고 해석하고 있으나 오히려 겐타쿠는 똑바로 그리스도 기원설을 인식하고 있는데 기독교 사교관에 빠져 있는 당시 사회에서 감히 기피하고 있다고 해석하는 쪽이 옳을 것이다. 아라카와 구즈오荒川久寿男도 도안의 『俄羅斯情形臆度』을 근거로 하여 이 기피설을 지지한다. 荒川久寿男 「大国隆正の中興紀元論について」(『皇学館論叢』3卷6號, 1970年) 참조. 다만 유교적인 정교일치 이념에 빠져 있던 겐타쿠도 그리스도가 기원이라는 이유에 대해서는 사이스케와 마찬가지로 이해하기 힘들었지 않았나 생각된다. 그것이 뜻밖에 "새로이 정교를 흥륭한다"라는 표현에 나타나고 있다고 할 수 있다.

여러 나라의 분립을 통합하는 것은, 로마교황 같은 종교적 권위가 아니라 카에사르와 같은 정치적 권력으로서의 황제 밖에 없었음에 주의해야 한다. 그 의미에서 야마무라 사이스케의 『정정증역채람이언』은 하쿠세키의 계층 시스템관의 큰 틀 속에서, 네덜란드 책의 최신 정보를 바탕으로 한 내용적으로 보다 상세했던 지리서라고 할 수 있다.[36][37]

한편 『정정증역채람이언』에 관철되어 있는, 서구 여러 국가 사이의 제국帝国-왕국-후국侯国의 차별을 구분하는 계층적 국제시스템관은 하쿠세키에서 본 것처럼 유교적 중화사상을 뿌리로 하고 있다고 할 수 있다. 그러나 거꾸로 이러한 유교적인 혹닉惑溺(맹목적으로 빠짐) 속에 있었기 때문에 『정정증역채람이언』은 난학자 이외의 사람들을 포함하여 의외로 순순하게 받아들이기 쉬웠다고 생각된다.[38] 이 점에 관해서는

---

36) 사이스케 이전에 구쓰기 마사쓰나의 『泰西輿地図説』 17卷(寬政元年刊)이 있는데 이도 하쿠세키와 같은 모양의 짜임새에 입각해 있다. 『泰西輿地図説』은 동시대에 "공간公刊된 유일한 세계지리서"(유럽부)이고, "이래 막말에 이르기까지 본서가 학계, 사상계에 미친 영향은 적지 않았다"(『鎖国時代日本人の海外知識—世界地理・西洋史に関する文献解題』91쪽 참조). 『泰西輿地図説』도 「ゼオガラヒー」 6책의 번역이다. 여기에도 하쿠세키설과 마찬가지로, 현재의 유럽 세계를 '주말周末'과 유추하여 "그러나 오히려 지금의 제왕이 거하는 나라는 따로 일방의 대국이 되어, 제손帝孫도 오히려 그 도읍에 거주하게 한다. 그 국풍의 대체는 진단震旦의 주의 말, 전국戦国이 화친합과 같음"(『泰西輿地図説』 卷9, ドイツランド, 由來, 『蘭学資料叢書7』 青史社, 1982年, 286頁)에도 불구하고, 국제사회에는 '제국' '왕국'의 계층시스템이 존재하고 있다고 한다. '제국'의 작위 및 기원에 대해 사이스케와 같다. 아니 그보다는 사이스케는 구쓰기 마사쓰나를 계승하고 있는지도 모르겠다.

37) 야마무라 사이스케도 '군장君長의 작爵'은 하쿠세키가 말하듯이 '육등'에 머무르지 않고, 'ゴロオト・コオニング' 'フールツ・ヘルトグ' 등의 '벼슬' 외에 'フレゴ・レビュブレイキ'를 들어 다음과 같이 말하고 있다. "'フレイ・レビュブレイキ'는 그 벼슬이 공후公侯라 하더라도 자손에 물려주지 않는다. 그 땅의 귀가貴家 중에서 나이와 공덕이 있는 자를 밀어 主로 삼는 자를 말한다"(卷1, 137頁). 다만 본문에서 서술하는 바와 같이 사이스케는 어디까지나 하쿠세키와 마찬가지로 '육등'이 기본적인 틀이었고, 'フレイ・レビュブレイキ'는 예외였다.

38) 이와 관련하여, 미토의 국학자 요시다 노리요吉田令世는 『聲文私言』(文政9年序)에서, '대체로 난학자'의 역서는 '무용無用에 속'하나 『訂正増譯釆覽異言』은

126   에도 후기의 사상 공간

사이스케의 『정정증역채람이언』의 영향을 받은 아이자와 세이시사이会
沢正志斎가 쓴 『新論신론』(文政8年成)의 서구 인식을 살펴볼 필요가 있다.[39]

알려진 바와 같이 아이자와 세이시사이(天命2~文久2, 1782~1863)는, "신주神
州(=일본)는 태양이 나오는 바, 원기元気가 시작되는 바이고, 아마쓰히쓰기天
日之嗣[40] 세상은 황위가 어거하시어 영원토록 변치 않는다. 처음부터
대지의 원수元首이자 만국의 대법[綱紀]이다. 참으로 적절히 온 세계[宇
內]를 비추어[照臨] 황화皇化가 미치는 바 멀고 가까움이 없어라"(『新論』 50
頁)라 하여 '신주' 일본은 '온 세계'의 '원수'로서 계층 시스템의 정점에
군림한다고 본다. 이는 일본의 우월성을 황통의 일계성과 무위武威에
근거를 둔 일본형 화이관념의 전형이라 할 수 있다. 『신론』에서 주목되는
것은 이런 '신주' 일본을 정점으로 하는 계층 시스템관에 서 있으면서도
19세기의 국제사회의 현상을 전국戦国의 군웅할거 상태에 빠져 있다고
인식하고 있었던 점이다.

대개 바야흐로 지금, 온 세계를 열거하여 칠웅七雄이라 하는데, 주나라 말[周

'극히 유용한 책'이라 평가하고 있다. "대체로 난학자라는 무식한 사람이 많
으므로최근에 있었던 일에, 莫臥爾라는 胡国의 일을 大莫臥爾国으로 거는 바 있음은 유례 없는 무식이다 그
옮기는 책도 혹은 약방藥方·완호翫好 등이 많아 일단은 무용에 속한다. 그 중
에 쓰치우라土浦의 야마무라 마사나가山村昌永의 「采覽異言增訳」은 극히 유용
한 책이다. 그 사람은 불행히도 일찍이 죽었다"(『聲文私言』, 神道大系『水戸
学』116頁). 『鎖国時代日本人の海外知識』47頁 참조. 모토오리 노리나가의
『古事記伝』을 '유용한 것'으로 평가하는 '황국학' 학자들의 말인 만큼 주목할
만하다. 또 아이자와 세이시사이가 『新論』을 집필하기 이전에 『訂正增譯采覽
異言』을 비롯한 난학자들들의 번역 세계지리서에서 풍부한 정보를 얻은 것
은 구리하라 시게유키栗原茂幸가 실증하고 있다. 「『千島異聞』考」(『日本歴史』
469号, 1987年 6月) 「『新論』以前の会沢正志斎―註解『諸夷問答』」(『東京都
立大学法学会雑誌』30巻 1号, 1989年 7月) 참조.
39) 『新論』은 『水戸学』(日本思想大系53, 岩波書店, 1973年)을 텍스트로 했다.
    필자의 후기 미토학, 특히 『新論』 이해에 대해서는 졸저 『近世日本の儒学と
    兵学』(ぺりかん社, 1996年) 참조.
40) 니치진日神, 곧 아마테라스오미카미天照大御神 혈통을 계승하는 덴노를 지칭/역주

末]의 이른바 칠웅과 크고 작은 차이는 있다 해도 그 위세는 또한 극히 서로 비슷하다. (上同, 形勢, 93頁)

앞서 살폈듯이 서양 여러 나라는 '일총왕'의 세력이 쇠하고, 이제는 주나라 말 패자 시대의 할거 상황이라는 인식은, 하쿠세키의 『채람이언』의 그것이었다. 세이시사이는 하쿠세키의 유럽 인식을 확대하여 전세계 '우내宇內'적 규모의 전국戰国 상황을 보았던 것이다.[41] 세이시사이가 '주나라 말의 이른바 칠웅'과 비교하고 있는 '우내'의 '칠웅'이란 '제국'이라 자칭하고 있는 나라들이다. 『신론』은 '지존'으로 자칭하고 있는 '칠웅'으로서고 일본과 청나라 외에 '莫臥児'막와아/모고루 '百児西'백아서/ 페루시아 '度爾格'도이격/토루코 '熱馬'열마/제루마니아 '鄂羅'악라/로시아'를 들고 이에 주석을 붙여 다음과 같이 말한다.

난학가의 말에, 위의 일곱 나라는 서양 오랑캐[西夷]가 모두 칭하여 제국이라 하고, 그 외의 亞毘心域아비심역/아비시니야, 馬邏古마라고/모룻코, 暹羅섬라/ 시야무(=샴) 및 瓜蛙과와/지야우(=쟈바)의 瑪荅郎마답랑/수마토라 등도 또 제국이라 칭한다. (上同, 90頁)

세이시사이가 '제국'으로 든 나라들이 앞에서 인용했던 야마무라 사이스케의 『정정증역채람이언』의 기술記述과 같다는 점에서 볼 때, 여기서 말하는 '난학가'란 야마무라 사이스케라 보인다.

다만 주의할 것은, 세이시사이는 '亞毘心域' 이하의 여러 나라에 대해서는 '흑인의 우루愚陋한 풍속', '쇠란삭약衰亂削弱', '병력은 열약劣弱', '나라는 최약소'여서 "자웅을 다투기에 족"하지 않다면서 군사력의 측면에서 '제국'

---

41) 막말의 국제사회를 '전국'의 군웅할거의 이미지로 파악한 데 대해서는 사토 세이사부로의 앞의 책 참조.

이라고 부를 가치가 없다고 무시할 뿐만 아니라 '칠국'도, "서양 오랑캐가 칭하는 바의 奚瑟爾해슬이ケイゼル/케이제루인[42] 것, 원래 로마[邏馬]의 선조의 이름에서 나왔다. 난학가가 번역하여 제帝라고 함은 다만 한자漢字를 빌어 그로써 존비를 나눌 따름이다. 실제는 곧 우리가 이르는 바의 제帝의 뜻이 아니다. 그러므로 지금은 제국 등의 글자를 쓰지 않는다"(上同, 90頁)라 하여 "우리가 이르는 바의 제" 즉 참된 '제'가 아닌, 사이비라고 말하는 점이다.[43] 어찌되었든 이 '칠웅'이 경쟁하고 있는 '우내'의 '방금 전국方今戰國' 속에서 서구는 다음과 같이 묘사되고 있다.

> 서양은 모두 로마법을 받드는데 払郎察불랑찰/프랑스 · 伊斯把이사파/이스파니아 · 雪際亜설제아/슈우지아(=스웨덴) · 諳厄利암액리/이기리스(=영국)는 그 두드러진 것으로서, 熱馬열마/제루마니아(=독일)가 조상이다. 그러나 제루마니아는 이미 쇠약하여 제번諸番은 다만 명위名位로써 이를 존봉尊奉할 따름이다. 鄂羅斯악라사/로시아 같은 나라도 또한 일찍이 프랑스 등과 비견하여 제마니아에 역속役属했으나, 최근에 이르러서는 곧 창궐猖獗이 특히 심해 새로이 지존의 호를 칭하고 그 땅은 제국諸国의 동서를 포함하여 신주神州(=일본)의 동북으로 이어져[綿亙]늘 度爾도이/토루코와 자웅을 다툰다.(上同, 91頁)

---

42) 황제, 화란어 keizer의 음역/역주 *『日本思想大系53』 90쪽의 두주에서 재인용.

43) 세이사이처럼 난학자가 '제帝'를 사용함을 비판하는 언설에는 다음과 같은 것이 있다. 가령, 병학자 히라야마 헤이겐平山兵原은 "난학생 등은 자칫하면, 그 나라의 왕을 칭함에 제왕으로써 이를 존이尊異한다. 이 또한 사유四維를 변별하지 않는 융적의 노예일 뿐. 이 무리들은 우리가 생한 바 이 황화皇和로써 무엇을 하는 자라고 할 것인가 오호라"(『海防答問』 卷中, 文化13年序, 『日本海防史料叢書』 卷1, 1932年, 48쪽). 또 국학자 스즈키 시게타네鈴木重胤는 "공구孔丘가 하늘에는 두 개의 태양이 없고 백성에게는 두 임금이 없다고 한 것처럼, 우주 만국 가운데에 덴노가 유일한 왕좌이고 천양무궁한 천통天統을 전해 오셨다면, 해외 제국諸国이 스스로 제왕이라고 참람되어 부르는 추장들은 우리 덴노의 어대관御代官이라 거듭 말한다"(『日本書記伝』 卷5, 安政二年成, 『鈴木重胤全集』 卷1, 481쪽).

'제루마니아熱馬' 신성로마제국의 힘은 '쇠약하여, 지금은 '명위'를 존봉할 따름으로, "그 실은 프랑스 · 에스파니아 · 이기리스 등의 여러 나라와 서로 백중伯仲(『新論』形勢, 93頁)하다. 그리고 세이시사이에 의하면 "무릇 서양 오랑캐[西夷]는 병립한 전국戰国으로서 같이 하나의 신[一神]을 받든다. 이로움[利]을 보게 되면 곧 서로 연화連和함으로써 그 욕망을 이루어 그 이익을 나누며, 해로움이 있으면 곧 그 강장疆場을 지키는데 본래부터 이것이 그 불변함이다"(上同, 虜情, 97~98頁), "대개 서양 오랑캐가 중국을 엿보는 것은, 전후前後로 각국이 무력을 접接하여 갈마들어 이른다. 그 나라는 다르다 해도 그 받들고 존봉하는 까닭은 곧 동일한 오랑캐 신[胡神]이다"(上同, 105頁) 라고 하듯이, 분립하여 있다 해도 '하나의 신을 받듦'에서 일체이고, '리利'를 추구하는 '이적'임에 변함이 없다고 한다. 아무리 분산적인 할거 상황이라고 하더라도, 로마교황을 종교적인 권위로서 받아들이는 한 서구 여러 나라는 기독교 아래 일체라는 것이다. 앞서 살핀 것처럼 하쿠세키의 인식은 처음에는 '일총왕'을 정점으로 하여 정리하였는지는 모르겠으나, 이제는 그 통합이 깨져 분립하고 있다고 보고 있었는데, 세이시사이는 이 인식의 방향성을 반대로 더듬어, 한 통속이다라고 한 것은 아닐까. 이것도 읽을 수 있는 하나의 가능성이기는 하다. 본래 이러한 세이시사이적인 읽기가 가능했던 것도, 세이시사이의 서양 정보원인 하쿠세키-사이스케가 여러 나라 사이에 차별을 두는 유교적인 편견에 사로잡혀 있었던 것이 거꾸로 다행스러웠다고 할 수 있다.

한편 세이시사이에 의하면, 이렇게 분립하는 전국 할거의 세계 속에서 케이제루라고 사칭하는 '제帝'와 달리, 참된 '제'가 덴노였다. 앞서 말했던 세이시사이의 "우리의 이른바 제"는 『신론』 국체 첫 부분의 '제왕'이다.

제왕의 믿음으로써 사해를 지켜, 오래도록 평안하고 길이 통치한다. 천하가 동요하지 않는 바는 만민을 외복시켜 힘으로써 한 세대 사이의 지배를 유지함에 있지 않고, 만민의 마음을 하나로 하여 모두 그 위에 친하여 떨어짐을 참을 수 없는 사실이야 말로 참된 의지다. (上同, 国体上, 52頁)

　"제祭로써 정政이 되고 정으로써 제가 되니, 교教 정은 아직껏 나누어져 둘이지 않은"(上同, 56頁) 정교가 일치하는 제국의 우월성이라는 관념은 흔들림 없다. 여기에 더하여 '천조天祖' 아마테라스오미카미天照大神 이래의 신화적 시간의 유규함으로 일본의 우월성이 근거지워진다. 세이시사이에 의하면 현재의 '우내'는 '제국帝国'을 자칭하는 나라들이 종교와 군사력 · 경제력으로 싸우고 있는데, 최종적으로는 제정教祭政教일치의 참된 '제왕'인 덴노의 발아래 계층적으로 질서가 잡혀 통합되게 된다는 것이다.[44] 이런 환상은 대외적인 위기감에 의해 증폭된 일본형 화이관념이 귀착한 결과였다고 할 수 있다.

---

44) 오쿠니 다카마사大国隆正와 다케오 마사타네竹尾正胤의 「덴노총제論帝론」은 『新論』의 이와 같은 '제왕'관을 토대로 하고 있다. 본서 제1편 제4부 참조. 또 후년에 아이자와 세이시사이가 과격파를 비난한 『時務策』에는 "첫째, 신주는 만국으로부터도 제국이라 불러서 예로부터 높여졌고, 후일에 이르러 만일 존호尊號에 하자가 생기는 일에 이르면 국체를 욕되게 함이 이보다 심한 것은 없을 지어다. 먼 장래 일을 미리 생각해 두지 않으면 가까운 장래에 걱정이 생기는 것이므로, 깊이 생각하지 않을 수 없다"고 한다(앞의 『水戸学』, 364頁). 이 '제국'에 대해 두주頭注에는, "황제(덴노)가 통치하는 나라의 뜻. 가에이嘉永 6년(1853) 미국 사절 페리의 국서 화해(막부에서 번역한 것)에 '일본국제전하日本国帝殿下'라 되어 있고, 또 「합중국수사제독구상서화해合衆国水師提督口上書和解」에는 '제국帝国 일본의 귀관貴官' 등으로 되어 있다. 이 화해는 미토 번사와 민民의 유지有志 사이에 필사되어 있는 것으로서, 아이자와가 해석한 근거의 하나가 이런 것에 있었다고 할 수 있다"고 한다. 두주의 지적도 일리는 있지만, 시야를 좀 더 넓힐 필요가 있다고 본다. 이미 『新論』에서 서양이 일본을 제국의 하나로 파악하고 있다는 인식이 있기 때문이다.

4. 아오치 린소靑地林宗『輿地誌略여지지략』과 와타나베 가잔渡辺崋山

『정정중역채람이언』은 하쿠세키의 『채람이언』과 오란다(네덜란드) 책을 기본으로 하면서 "마사나가昌永 생각건대"라는 시작하는 문장[按文]이 있다. 거기에서 사이스케 자신의 서구 인식을 들여다 볼 수 있었는데, 어떤 주관적 판단을 섞지 않고 네덜란드 지리서 본문을 정확히 번역한 것은 이 절에서 다룰 아오치 린소(安永4~天保4, 1775~1833)의 『여지지략』(文政9年)이다.[45] 일본 최초의 물리학책인 『気海観瀾기해관란』(文政10年 刊)의 저자로 알려진 린소는, 야마무라 사이스케가 생전에 볼 수 없었던 요한 · 휴브네르(Johann Hübner)의 6책본(1766年 刊)인 「ゼオガラヒー」의 일본판이라 할 수 있는 『여지지략』을 지었다.

『여지지략』 역시 기본적으로 국제관계를 계층시스템으로 보고 있는 것은 마찬가지다. 그 단적인 증거는 세계 여러 나라를, 그 나라 왕이 어떤 작위爵位에 오르고 있는가를 집요하게 주목하고 있기 때문이다. 예를 들면, "魯西亜로서아는 처음에는 福爾斯多ホルスト호루스트로 불렀고, 그 다음에는 起羅篤ゴロート고로토(크다는 뜻) 福爾斯多라 하고, 그 뒤에는 加沙兒카사루(왕이라 함과 같음)라 불렀으며, 伯多琭표토르 제1세 때가 되어 비로소 제호帝号를 썼다. 왕[国主]은 자립 전통이어서 권력을 오로지 하고, 부하는 귀천이 아닌 대개 신복臣僕으로 본다"(卷1, 魯西亜, 277頁), "이 나라의 작위는 伊斯把儞亜国이사파이아국과 같다"(卷2 波爾杜瓦爾, 301頁), "伊斯把儞亜는 자립 전통의 왕국이다"(卷2, 伊斯把儞亜, 313頁) "국왕은 자립 전통하여 하루도 왕위를 비우지 않는다. 그러므로 세상 말에 払郎察불랑찰(=프랑스) 왕은 죽지 않는다 하고, 국사国嗣는 반드시 남자로 하고 여자에게 잇지

---

45) 『輿地誌略』은 『文明源流叢書』 卷1 (国書刊行会, 1913年) 수록본을 텍스트로 했다.

않게 하며 백합화百合花(払郎察国章)에는 여사女嗣가 없다고 한다"(巻6, 払郎察, 396頁) 고 적혀 있다. 하쿠세키-사이스케의 '육등六等'처럼 명료하게 정리되어 있지는 않으나, 유럽 제국에는 '제'-'국왕'-'歇爾多夫ヘルトフ헤루토후'라는 계층이 전제되어 있다.

그러나 『여지지략』은 충실한 번역서이므로 여기에만 머물지 않는 측면을 전한다. 린소는 유럽 여러 나라의 '국정'(巻3, 330頁)에 대해 보다 객관적으로 서술한다. 예를 들면 왕국·후국 가운데에는 세습 국왕이 통치하는 나라와 국왕이 귀족에 의해 선출되는 나라가 있다 한다.

> 이 나라는 왕의 작위라 하더라도, 맹주盟主의 정치이므로 왕은 선립選立하는 전통이 아니다. 그러므로 국왕의 위세는 자립 국왕과 동맹공치同盟共治의 사이에 있다 한다. 정사는 나라의 구법을 따라 국왕을 우두머리로 하고 귀족이 서로 공동으로 이를 보조하는 데 그 수가 일백사십여원餘員이다. 이 나라 안의 성주城主, 부사府司, 교가정가教家政家는 귀족이라 한다. 서민은 대저 귀족에게 예속되어 그 생살은 권력에 위임한다. (巻4, 波羅泥亜, 247頁)

위 예문의 '동맹공치'란 공화정체를 가리킨다. 이 점, 이탈리아 제국諸国에 여러 정치 형태가 있음을 전하는 부분에서는 다음과 같이 적혀 있다.

> 意大里亜이탈리아는 크게 나누어 상중하 세 부분이다. 이에 여러 섬[諸島部]을 더한다. (중략)이 땅[이탈리아 상부]은 지금 하나의 군주가 통관統管하지 않고 군국君国을 나누기를 일곱의 歇爾多夫ヘルトフ헤루토후, 열의 福爾斯多ホルスト호루스토, 셋의 列玻貌利吉レボブリーキ레보부리키, 나라에 전통의 군주가 없고, 나라 안의 세가世家가 서로 공히 정사를 행함을 이름하여 공치국이라 하는 것 같다 가 있다. (巻3, 意大里亜, 318頁)

계층시스템의 틀에서는 볼 수 없는 '列玻貌利吉レボブリーキ(republic/역주)'='공치국共治国'처럼 세습하는 '국주'가 없는 나라의 존재는, 뒤에서

설명할 와타나베 가잔의 정체론으로 연결된다. 다만 린소는 '국정'을 상세하게는 설명하고는 있지만 '자립국왕'과 '동맹공치'를 포괄하는 개념인 정체론으로서 여러 국가를 정리하고 있지는 않다. 이것이 뒤에 살펴 볼 와타나베 가잔과의 차이점이다.

『여지지략』의 획기적 의의는 사이스케가 하쿠세키를 비판·정정했던, 유럽에서의 황제[국왕]와 교황을 구별했을 뿐만 아니라 양자 사이의 긴장과 대항 관계를 서술하는 점이다. 예를 들면 다음과 같은 문장. "宝斯ハウス하우스는 세사世事에서는 하나의 자립한 군주이고 교사敎事에서는 구라파 법교 중의 대부大父다. 보필하는 재상[幸輔] 70명이 있는데 葛爾弟那児カルヂナル카루지나루라고 한다. 하우스는 카루지나루 중에서 뽑아서 세우는데, 그 무리에서 삼분의 이를 얻은 한 사람을 추대한다. 熱爾瑪尼亜제루마니아의 제왕이라 하더라도, 그 선거에는 관여할 수 없다"(卷3, 意太里亜, 334頁), "羅瑪宝斯(교주의 호칭)의 위엄은 나라 안에서만 오직 행한다. 국중 교도의 관직, 국왕이 명하지 않았다고 해도 하우스宝斯의 명을 받아 이를 정한다. 羅瑪로마의 사도가 국중에 와서 명함에 국왕의 명을 기다리지 않는다. 그러나 지금의 국왕은 이를 능히 통제하여 耶蘇会士예수회사의 권한을 줄여, 1758년宝曆8年의 난에 응징되어, 많은 그 무리들을 이탈리아로 쫓아 냈다(卷2, 波爾杜瓦爾, 300頁). 나아가 로마교황과 신성로마 황제, 종교와 국가 사이뿐만 아니라 영국의 이원제 의회 정치를 묘사하며 국왕과 정부 사이의 긴장 관계를 『여지지략』은 번역하고 있다.[46] 이것은 하쿠세키·

---

46) 『輿地誌略』과 같은 시기에 막부의 천문방天文方 요시오 나가노리吉雄永宜가 『諳厄利亜人性情志』(文政8年, 다카하시 카게야스高橋景保序)를 번역하고 있다(원본은 1763년판). 그 서문에서 다카하시는 "중고中古 개혁 이 방향, 정형법전政刑法典 모두 일국이 논의하여 세우는 바이라, 왕도 위배할 수 없다. 곧 정법은 나라의 정법이다"(『日本海防史料叢書』卷3, 91頁)이라며, 왕을 누르는 영국 의회정치를 전하고 있다. 다만 그 때, "군신상하의 구별이 있다 해

사이스케에게는 없는 시각으로서 특히 주목할 가치가 있다.

貌利太泥亜모리태니아(=영국) 국정은, 伊斯把儞亜에스파니아, 払郎察프랑스 등의 여러
왕국과 동일하지 않다 해도, 또한 하나의 자립 왕국의 정사라 한다. 雅谷貌
ヤコブ야콥 제1세 왕이 처음으로 국왕의 상전常典을 세워, 이를 어기면 왕 스스
로 자리를 물려주어야 한다. 정부 대신도 항상 이를 감수監守함을 임무로 한
다. 그러므로 권위가 왕가와 정부로 나누어, 이에 명령하는 바도 그가 허락
하는 바가 아니면 행할 수 없다. 왕과 정부가 서로 맞으면 서정이 순조롭고
서로 맞지 않으면 자칫 관내에 방패와 창이 움직임에 이른다. (卷5, 諳厄利亞,
377~78頁)

유럽세계의 이같은 종교와 국가, '국왕'과 '정부'의 다원적 세력관계를
전하는 것, 환언하면, 정교일치·제정일치 같은 유교적인 도그마에
빠지지 않고 정확히 「지오그라피」를 번역함으로써, 린소는 여러 국가
간의 '제帝'-'국왕'-'歇爾多夫ヘルトブ'라는 계층이 있음을 전하면서 그것을
뛰어넘을 가능성을 준비했다. 이를 자각적으로 완수한 이가 '난학의
대시주大施主'[47](『奪紅秘事』)로 평가되는 와타나베 가잔渡辺崋山(寬政5~天保12,
1796~1841)이다.

도, 그 실은 없는 것과 같다" "방자하고 제한 없는 속俗일 뿐"이라며 혹독한
비판을 가하고 있다. 즉 요시오 나가노리는 분세이文政 7년(1824)에 히타치쿠
니常陸国 다가군多賀郡 오즈하마츄大津浜沖에 내항한 두 척의 영국 포경선 승무
원이 상륙했을 때 막부에서 파견된 네덜란드 통역사였다. 『諳厄利亞人性情
志』는 그 다음해, 바로 오즈하마大津浜 사건을 계기로 양이의식을 고양시킨
아이자와 세이시사이가 『新論』(文政8年成)을 지은 바로 그 해에 쓰여진 것이
었다. 한편 나가노리는 세이시사이와 대조적으로 프랑스의 '유柔'와 '화미華美'
에 대해 영국의 '강剛'과 '질박'을 강조하여, 서문에 보이듯이 영국의 의회정
치, 인재등용과 선거제도의 효용을 설명하고 있다. 오쓰카 다카아키大塚孝明
「十九世紀初期日本人の英國像─日英交涉史の視角において」(『武蔵大学人
文学会雜誌』14卷4号, 1983年 3月. 이노우에 가쓰오 편井上勝生編『幕末維新
論集2, 開国』수록, 吉川弘文館, 2001年) 참조.
47) 이구치 모쿠세이 편井口木犀 編,『崋山掃苔錄』(豊川堂, 1943年) 290쪽.

가잔은 다카노 죠에이高野長英와 오제키 산에이小関三英로부터 난학 지식을 흡수했는데, 그 해외정보원의 하나가 「지오그라피」의 일본어판 『여지지략』이었던 것은 알려져 있다.[48] 또 가잔은 이에 머무르지 않고, 사토 쇼스케가 와타나베 가잔의 『外国事情書외국사정서』가 19세기 전반의 네덜란드 지리서의 정보를 기반으로 하고 있음을 알고 "「지오그라피」 시대가 끝을 내렸다고 해도 과언이 아니다"[49]고 지적하듯이 서양인식을 심화시켰다. 결론적으로 사토의 이 지적은 지금까지 설명해 온 국제사회 이미지와 관련해서도 정곡을 찌른 것이라 생각된다.

앞서 서술했다시피 하쿠세키는 『채람이언』에서 "이 땅은 대개 대소大小 백여 나라 종류가 있다. 스스로 통솔하여 지배하여 통일함이 쉽지 않고, 그 나라의 강성과 한 때에 웅장雄長함이 마치 주나라 말末에 오백五伯(다섯의 覇者)이 서로 번갈아 흥함과 같다"고 기술하여, 동시대 유럽 제국 사이에 세력 투쟁이 있었음을 지적하고 있다. '일총왕' 아래의 계층질서가 있기는 하나, 거기에는 분립·항쟁의 관계가 있음을 스페인 계승 전쟁의 정보를 상술하는 가운데 시사하고 있다. 강렬한 대외적 위기감을 갖고 있었던 와타나베 가잔으로서는 하쿠세키 처럼(그리고 아이자와 세이시사이와 마찬가지로), 서양 국제사회가 '춘추전국' 시대처럼 분열·대립상태라는 인식이 있었다. 예를 들면 다음의 문장이다.

지금의 각 국 과분瓜分(토지를 신하에게 나누어 줌/역주)의 세상이 되어, 생각과는 달리 삼대부터 춘추의 세상과 같습니다.[50] (『初稿西洋事情書』 98頁)

---

48) 미야지 야에코宮地哉恵子, 「「ゼオガラヒー」から 『海国図志』へ―舶載書籍に よる西欧政治制度紹介」(『歴史学研究』 623号, 1991年 9月) 참조.

49) 佐藤昌介 앞의 책, 『洋学史の研究』 194쪽.

50) 와타나베 가잔의 텍스트는 사토 쇼스케가 교주校注한 『崋山·長英論集』(岩 波文庫, 1967年)을 편용했다. 페이지 수는 약기했다.

주의할 것은, 가잔이 하쿠세키나 세이시사이와 다른 점은 세이시사이와 같은 할거상황에도 불구하고, 최종적으로는 '제왕'에 의해 '우내宇內'가 계층적으로 통합되어 간다는 환상이 가잔에게는 없었다는 것이다. 가잔은 오히려 확실히 하나의 제국으로 정리 통합된다는 견해를 부정한다.

> ペートル표토르 이래, 갑자기 대국이 되어, 지금은 더욱 새로운 강상疆相으로 열어 이를 자칭하기를 대제작大帝爵 로서아국魯西亜国〈ゴロート ケイズル レイキ リユツスランド〉라 합니다. 〈구라[파]중에, 제국이라 칭하는 것은 독일도국独逸都国과 두이격국杜爾格国 이옵니다. 두이격국은 교敎와 도道를 따로 하여 스스로 술탄으로 칭하고 있습니다만, 양인洋人들은 공히 역시 이를 제帝라고 하옵니다. 위의 제국들은 할거하면서 명교名敎도 자연히 서로 행하여 막연이 잠립潛立함이 어렵습니다. 옛날 교도教道가 퍼지지 않고 물리物理가 자세하지 않았던 세상은 보는 바로써 대소를 구분한다지만, 지금은 사방이 이미 밝아지게 된 이상에 누가 이 지구의 주인이 되겠습니까. 오랑캐 왕[夷王]이 뜻을 장려하고, 양인洋人의 규모를 넓히는 근심으로써 안을 다스리고 밖을 억제하는 것, 전적으로 이에 있습니다〉(『外国事情書』78~79頁)

신성로마제국과 러시아제국의 존재를 객관적으로 전하면서도 가잔은 "누가 이 지구의 주인主人이 될 것인가"라고 하여 '지구의 주인'에 의한 최종적인 통합의 환상을 버렸다는 점에서, 하쿠세키 이래의 계층 시스템관과는 분명히 선을 그었다. 바로 이것이 동시대의 아이자와 세이시사이 및 국학자들과 가잔의 다른 점이었다. 이와 관련하여 가잔이 '제국' '왕국'의 카테고리와는 다른 '통치체'에 의해 제국가를 분류하고 있었던 점은 주의를 요한다.

> 구라파 제국은 서로 붙어 있어 팔방이 적국이라 맹회盟会〈チカヒ〉로써 합종연횡함〈モウシヤクセテセメル〉이 거의 춘추전국 시대 같습니다. 그러므로 국정에

근심 다함이, 내외內外〈コクナイグハイコク〉 신중하고 면밀愼密〈トリシヤリフセギ〉히 함이 제주諸州에 서로 좋다는 말씀입니다. 대저 치체治体에 세 가지[三道]가 있는데, 하나는 독립국〈서양에서 이름 하기를 'ヲンベパールデ モナルカール'라 하여, 혈맥이 서로 전하여 남녀에 한하지 않고 즉위하며 그 안에 일군一君이 권력을 오로지 하는 나라, 왕가와 정부가 권력을 합하는 나라가 있습니다〉, 하나는 맹약을 지키는 나라[守盟之国]〈ベパールデ モナルカール'라 하여 우선은 속국과 같은 것〉, 공치국共治国〈ゲメーネベストゲジンド'라 하여, 현재賢才와 호걸을 추천하여 군장이 되어 일국을 공적으로 다스리는 것〉. 위의 나라들을 제국帝国〈ケイスル〉, 왕국〈コーニング〉, 상공국上公国〈アーリッベルトーゲン〉, 대공국大公国〈ゴロートベルトーゲン〉, 후국侯国〈ベルトーゲン〉이라 칭하여 그 국가에 위계가 있습니다. (『外国事情書』65~66頁)

서양의 이 '치체'=정체政体를 논한 곳에 대해 사토 쇼스케는 1817년에 간행된 프린센(P. J. Prinsen)의 지리학교본(Geographische oefeningen) 제2판을 번역한 고세키 산에이의 『新撰地誌신찬지지』(略志) 제9편「スタートキュンヂへ」의 일절一節을 지적하고 있다.[51] 여기에서 '독립국' '수맹국'과 나란히 '공치국[다른 곳에서는 '회의会議(サウタン) 공치共治(トモニヲサンメル)라 한다]이 자리 잡고 있는 것은, 가잔 이전에서는 군주제를 전제로 하는 계층시스템의 제국—왕국의 카테고리로는 파악할 수 없는 일탈이었던 것이, 명확히 위치와 자세가 정해지게 되었음을 의미한다.

한편 이 장의 문제의식에서 볼 때 이 부분이 중요한 것은, 가잔이 '치체'

---

51)『渡辺崋山・高野長英・佐久間象山・横井小楠・橋本左内』(日本思想大系55, 岩波書店, 1971年) 補注 '치본삼도', 594쪽. 세계 여러 나라의 정치형태=정체로서, 전제군주국・입헌군주국・공화국의 세 종류가 있다는 정보의 원천이 프린센임에 대해서는 사이토 다케시斎藤毅『明治のことば―東から西への架け橋』(講談社, 1977年) 112쪽 참조. 사이토의 저서는 '공화' 등의 번역어에 대해서도 상세하게 논하고 있어 유익하다. 또 미야지 야에코도 프린센의 번역『新撰地誌』가 세계의 '치체' 세 종류를 소개하고 종합적으로 '치체'를 설명하고 있는 것에서부터 정체론이 시작되었음에 주목하고 있다. 앞의 논문 참조.

의 '세 가지'를 전면에 내세워 '제국' – '왕국' – '상공국' – '대공국' –'후국'
의 '위계'에 대해서는 간단히 언급했을 뿐으로, 배경으로 치워버린 것에
있다. 여기서는 동시대의 제국의 위계에 대해 전혀 구애됨이 없다.

가잔의 인식에 따르면 나폴레옹 이후의 세계, 이른바 빈Wien 체제는
'제국' '왕국'을 포함한 여러 국가가 '회맹'에 의해 경쟁적으로 공존하고
있는 세계다.

> 물物이 극極하면 곧 쇠해지고, 또 극하면 곧 성합니다. 이치의 기세는 곱
> 하고 나눔[乘除]이 있는 법. 분카文化 년간에 프랑스국払郎察国의 보나파르라
> 는 인물이 독일 · 이탈리아意太利亜 · 폴란드波羅泥 · 화란 · 에스파니아伊斯把
> 儞亜 · 포르투갈波爾杜瓦爾 등을 평정하여 기세에 올라타 세계를 자신이 갖
> 겠다는 염원을 나타내고 러시아魯西亜에 쳐들어 간 바, 패주합니다. 그 후
> 1815년(文化2年), 러시아와 이기리스イギリス(=영국)를 시작으로 서양 제국諸
> 国은 회맹을 맺고, 제국의 왕들은 본토로 돌아오니 지금은 정밀靜謐하게
> 되었습니다. 이로부터 더욱 맹약을 중시하는데, 일본의 상인이 회합[参会]
> 하여 천하의 상장相場을 정하여 권리를 부지함과 같습니다. (『再稿西洋事情
> 書』 88頁)

서양 여러 나라들은 서로 '회맹' '맹약'을 중시하고, '일본의 상인이
회합하여 천하의 상장相場(=시세)을 정하여 권리를 부지함과 같은' 현실적
'이권'에 의해서만(帝王의 환상은 갖지 않고) 합종연횡하여 세력의 균형을
꾀하고 있다는 것이다. 바야흐로 가잔에게서 계층시스템으로부터 서구
국제 시스템으로의 인식의 전환이 이루어진 것이다. 생각건대, 여러
국가 사이의 이러한 세력 균형을 인식하는 것과, 국내 정치에서 종교
권위와 정치권력의 분리를 인식하는 것은 당연한 귀결이다. 제국諸国의
종교권위든 정치권력이든, 일원적 가치에 의해 서열화 된 계층시스템

아래에서는 많은 세력이 서로 견제하는 국내정치의 다원적인 지배는 시인되지 않기 때문이다. 이런 의미에서 가잔이 『여지지략』의 정보를 근거로 하면서 서구 세계가 '교주'=로마교황과 '천자' '국왕'에 의한 다원적 세계로 파악하고 있었던 것은 우연이 아니다.

> 서양 교정敎政이 왕성한 것. 교주敎主는 천자天子와 지위가 같으며 천자로부터 서민에 이르기까지 일인一人의 행장行狀에 서로 구애되는 일은, 교관敎官의 책무인 까닭에 생살권生殺權을 갖고 있습니다. 이에 의해 천자라 하더라도 천자인 까닭을 잃게 되면 교주를 어길 수 없다는 말씀입니다. 그러므로 교주는 현자에게 (자리를)물려줍니다. 국왕은 정사의 주인인 까닭에 여탈권予奪權을 가져 교주와 힘을 같이 하고 있어 정교가 분리되지 않은 모양으로 되어 있음에, 말하자면 국왕과 직역職役이 같사옵니다. 이에 의해 몸을 다스리고 사람을 다스림을 제일의 임무로 하는 일, 조사개물造士開物의 학교, 또한 정사政事의 근본으로 알고 있으므로, 학교가 번성한 일은 중국 등이 미치지 못하고, 그 학맥이 여러 가지로 서로 나뉜다고 하지만, 대강 사학四學을 학이라고 합니다. (『再稿西洋事情書』88頁)

앞의 사이스케의 「중흥혁명설」에서 서술했듯이 기원紀元 문제는 정치권력과 종교권위와의 연속·미분과 관계되어 있다. 즉 정치권력의 일원적 사고(왕조 교대에 의해 기원이 바뀐다는 사고)에 의하면, 그리스도 탄생 기원은 이해하기 힘들었다. 여하튼 사교문邪敎門인 그리스도의 탄생을 기원으로 하는 것 등은 상상의 울타리 안에서의 일이었기 때문이다. 그런데, 이런 '교주'와 '천자' 사이가 다원적인 세계임을 인정하기 때문에, 가잔과 마찬가지로 '만사의 옥蠻社の獄'으로 투옥된 다카노 죠에이는, "서양 제국의 범속凡俗, 왕고往古는 창업흥국의 군주를 기원으로 하여 대대로 이를 셈한다. 로마 제751년에 한 진인眞人이 태어난다. 서양 제국은 대개 그 교를 받들고 이를 교화주敎化主라 했다. 이로 부터 원元을 고쳐 지금에 이르렀고, 또한 연호가 없다"[52](「見聞漫録」, 西洋年號ノ說) 라고 말하고 있듯이, 정치적인 '창업흥국의 군주'가 아닌 '진인'='교화주'=그리스도의 탄생을 기원으로 하는 서력에 대한 올바른 인식을 가질 수 있었던 것이다.[53]

5. 미쓰쿠리 쇼고箕作省吾의 『坤輿図識곤여도식』과 그 후

와타나베 가잔은 막말 사람들에게 큰 충격을 안겨 주었던, 아편전쟁에서 청조가 패배한 것을 모르고 자결했는데, 아편전쟁 후 간행된 세계지리서가 미쓰쿠리 쇼고(文政4~弘化3, 1821~1847)의 『곤여도식』(弘化2年刊)이다.[54] 막말

---

52) 『高野長英全集』 卷4(第一書房, 1978年) 수록. 小沢栄一는 죠에이의 이 『見聞漫録』이 그리스도 탄생 기원을 올바로 설명하고 있는 '최초의 기록'이라고 지적하고 있다. 앞의 책 309쪽. 이후에 그것을 어떻게 평가하는가는 별개로 하고, 지식인들은 공통적으로 서양력이 그리스도 탄생에 입각하고 있음을 인식하게 되었다. 비난하는 입장에서의 자료는 가령 "서양 기원은 야소耶蘇 탄생으로부터 센다고 하고, 십자가는, 야소 책형磔刑의 형상이라 하며, 'アニュアレイ'는 야소의 생신이라 하므로, 그런 것을 써서 축하함은 곧 조종祖宗의 금을 범하고 요교妖教를 받듦에 가까워 미워하지 아니할 수 없다"(大橋訥庵 『闢邪小言』 卷4, 『明治文化全集』 15卷, 132頁)이라 한다. 또 사이토 사쿠도斎藤竹堂는 『蕃史』 卷上(嘉永4年)의 '혁명'조에서, "성주聖主 삼천구백사십칠년(스이닌덴노垂仁天皇 40년에 해당)에 여덕아如德亞에서 났고, 서양의 교조이다. 그 다음 해를 혁명의 원년으로 삼아 제국이 모두 그 정삭正朔을 받들고 건원을 고침에 불복했다"(『有所不爲斎雜録』 卷22)라 하고 있다. 유럽 제국이 '종삭'을 받든다는 유교적·중국적 개력改曆観에 의하면서도, 중흥혁명의 기점이 그리스도에 있음을 명확히 인식하고 있다.

53) 이러한 서구 세계의 정교분리의 사실인식과 가치판단은 다른 차원이다. 가잔은 이를 "서양 교정이 성대한 일"이라 하여 긍정적으로 파악하고 있는데, 가잔 이후의 사실 인식에 입각한 막말 국학자 오쿠니 다카마사大国隆正에 따르면, 정교의 분리·교권의 우위는 군신 관계의 본말이 전도된 증거라며 부정적으로 보고 있다. "서구가 본本을 잘못 잡고 있다고 하는 것은, 국왕을 본으로 하지 않고 교주를 본으로 세우고 있음을 말한다. 서양에서 기원 천팔백오십년이라는 것은 교주를 본으로 하고 있음이다"(『本教擧要』 卷上, 『大国隆正全集』 卷1, 有光社, 29쪽). 가잔의 정교 분권인식에 대해서는 본서 제2편 제5장 참조.

54) 『坤輿図識』에 대해서는 이시카와 히로시石川洋 「箕作阮甫の地理学」(蘭学資料研究会編 『箕作阮甫の研究』 文文閣出版, 1978年) 참조.

난학계의 중심 인물인 미쓰쿠리 겐포箕(作阮甫의 서양자壻養子(=데릴사위)였던 미쓰쿠리 쇼고는 "막말의 전문 지리학자로서, 분카文化기의 선배 야마무라 마사나가山村昌永와 쌍벽을 이룬다"고 평가된다. 『곤여도식』은 후쿠자와 유키치福沢諭吉의 『서양사정』 이전에 "이 책처럼 널리 유포되어 세상을 계몽시킨 것은 타에 비할 것이 없다"[55]고 평가된 것으로서, 요시다 쇼인 같은 막말의 지사들에게 큰 영향을 주었다. 마지막으로 이『곤여도식』을 살피고, 위원魏源의『해국도지』 수용 이전의 난학자의 국제사회관에 대해 지금까지의 서술을 정리한다.

알려진 바와 같이 『곤여도식』은 Republiek을 '공화정치'로 번역한 것으로 유명하다.[56] 주의해 둘 한 마디는, 『곤여도식』에서는 '공화정치'가 행해지고 있는 나라는 '北亞墨墨利加州' 즉 아메리카뿐 만이 아니었다는 것이다. 인도의 '독립 제주諸州'의 하나로 '독립불기不羈의 강국'인 '際苦私セイクス세이쿠스'도 "합주闔州는 모두 공화 정치를 행하여 어긋남[偏倚]이 없다"(『坤輿図識補』卷2, 17ォ)라 되어 있고, '閣龍比亜コロンビア콜롬비아'도 "공화정치의 일대 독립주"(『坤輿図識補』卷2, 37ォ)라 하여, '공화정치'의 이상형이 실현되어 있다고 한다.

그것은 그렇다 치고, 쇼고는 "제국帝国이라 칭하는 나라, 셋이 있는데, 이르기를 独逸독일, 都児格도아격(=터키), 魯西亜로서아, 그 아래 후국侯国으로 공화정치 등의 나라가 있다"(『坤輿図識』卷2, 2ォ)고 하는 것처럼 '제국'이라는

---

55) 앞의 책『鎖国時代日本人の海外知識』176쪽.

56) 오쓰키 후미히코大槻文彦의 『復軒雑筆』에 의하면 미쓰쿠리 쇼고가『坤輿図識』을 집필할 무렵에 レプブリーカ(Republiek)의 번역어에 막히자, 후미히코는 아버지인 오쓰키 반케이大槻磐渓에게 상담하여 서주西周 시대에 무도한 려왕厲王이 체彘로 도망하여 달아난 14년간, 주공과 소공召公이 협의하여 행한 정치를 '공화'(『十八史略』卷1)라고 했던 고사에 바탕하여 '공화'라는 단어를 썼다고 한다. 사이토 다케시斎藤毅『明治のことば』(講談社, 1977年) 147쪽 참조.

호칭은 존재하나 '제국' – '왕국' 사이의 조공 관계 같은 계층시스템으로 파악하지 않고 훨씬 현실적인 권력 관계로서의 '제국'과 식민지와의 관계를 크게 다루고 있다. 그것은 『곤여도식』의 서술에서도 알 수 있다. 쇼고는 '독립'국과 '부속'국을 구별하여, '부속'국은 문단을 달리 하여 명료히 보여 주었다(『坤輿図識』 凡例).

　쇼고의 최대 관심사는 그 나라의 '독립' 여부였다. 앞서 서술했듯이 쇼고가 간행한 세계지도인 『신제여지전도』는 "제국諸国의 정치 구획을 상세하게 색으로 구별하고 있다"고 한 뒤 "세계 각지에 분산되어 있는 식민지가 어느 나라에 속하는가를 각각의 기호로 표시하고 있다"는 것이다. 이에 대해 가와무라 히로타다川村博忠는, 쇼고가 "19세기 열강에 의한 식민지 확대 현상을 정확히 전했다"[57]고 지적한다. 확실히 쇼고는, 예를 들어 '翁加里亜ヲンガリヤ(=헝가리)'와 '波羅泥亜ボロニヤ(=폴란드)'처럼 처음에는 "본래 자립한 왕국"이었는데, "최근에 이르러 都児格과 싸워 몇 번 패하여 기세가 꺾이고 또 그 영토 내 몇 개소를 빼앗겼다고 하고, 그 뒤에 합주闔州가 들어서 독일이 관할하는 바가 되었다"(卷2. 4ウ), 혹은 "본래 자립 왕"이 있었는데도, "근 30년 전에 이르러" 러시아가 "허를 틈타서 기병 수천을 이끌고 와 타지他地를 병유"(卷2. 5 オ)했다는 등 최신 정보에 바탕하여 영토가 침략된 현상을 구체적으로 상술한다.

　쇼고의 『곤여도식』이 중요한 것은, 이러한 먹느냐 먹히느냐의 치열한 국제관계의 현실 속에서 "제주諸州의 회맹会盟"(卷2. 2オ)을 지적하고, 단순한 전쟁 상태가 아니라 가잔과 마찬가지로 '맹약' 아래에서도 국제관계가 있음을 인식하고 있었다. 그 단적인 표현이 미쓰쿠리 겐포의 한학漢学

---

57) 川村博忠, 『近世日本の世界像』 213쪽 참조.

스승이었던 고가 도안古賀侗庵(天明8~弘化4, 1788~1847)이 썼던 『곤여도식』의 서문(『侗庵六集』 卷9, 弘化2年)이다. 당시, 고가 도안은 쇼헤이코의 유관으로 있으면서 와타나베 가잔의 만자蛮者 그룹의 일원이기도 했고, 지금까지 살펴 본 야마무라 사이스케의 『정정증역채람이언』(『侗庵六集』 卷7, 弘化元年) 아오치 린소의 『여지지략』(『侗庵五集』 卷7, 天保2年)에도 서문을 쓴 바, 19세기 전반의 사상계에서 주자학의 자연법적인 관념을 근거로 여러 국가의 위에 있는 '리'의 보편성을 주장했던 사상가였다.[58] 그 도안은 다음과 같이 서문을 적고 있다.

세계 여러 나라에는 두 가지의 유형이 있다. 하나는 "확연히 스스로 지켜[自守] 사士를 기르고 민을 지켜 국세国勢로 하여금 금으로 도금한 병瓶이 이지러짐이 없는 듯이 하는" 나라이고, 다른 하나는 "원략遠略을 일삼고 무역에 힘쓰고 교제를 중시하며, 적국에 틈이 있으면 쳐들어가 이를 취하는" 나라이다. 전자는 '숭의崇義' '과욕寡欲'임에 비해 후자는 '탐림貪惏' '잔폭殘暴'하여, '우열왕직優劣枉直'이라는 도의적 입장에서 보자면 전자가 우위에 있음은 말할 나위가 없다. 그럼에도 불구하고 현실의 군사력과 경제력의 입장에서 말하면, "확연하게 스스로를 지키는 자는 간혹 다투지 않는다. 그러나 원략을 일삼는 자는 왕왕 강성"하다. '만국정형' 을 보면, 지금 이 시점에서 "인교隣交를 맺지 않고 변방辺防(=국경주변을 방어함) 을 갈무리 하지 않으며 확연히 스스로 지킴은 결단코 해서는 안 될 것" 이다. 그렇다면 어떻게 하면 좋은가. "무릇 반드시 바깥의 오랑캐[外夷] 를 우레처럼 칠[雷征] 힘을 가진 연후에 일국을 퇴보退保해야 한다. 적敵을

---

58) 고가 도안에 대해서는 졸저 『近世日本の儒学と兵学』 (ぺりかん社, 1998 年), 「古賀侗庵の海防論」(『環』13号, 2003年), 『兵学と朱子学・蘭学・国学 수록)을 참조. 眞壁仁 『德川後期の学問と政治 昌平坂学問所儒者と幕末外交 変容』(名古屋大学出版会, 2007年) 참조.

위엄으로 두렵게[威懾위섭]할 계략이 있은 연후에 굳은 맹약을 말해야 할 것"이라고 하여, 힘을 동반한 도의를 구했다. 이 서문에서 볼 수 있는 권력 정치와 도의의 긴장관계, 여기에, 후쿠자와 유키치로 연결되는 서구 국가시스템관이 자각적으로 표명되어 있었던 것이다.

근세 일본의 난학자들 사이에서 여러 나라의 관계에 대한 파악이 계층시스템으로부터 서구 국가시스템으로의 전개가 이루어 졌는가 그렇지 않은가. 이를, 로마 교황과 신성 로마제국 · 황제로의 인식을 초점으로 하여 검토해 보았다. 여기서 밝혀진 것을 다음과 같이 개조식으로 적어 볼 수 있겠다.

1. 아라이 하쿠세키의 『채람이언』의 계층시스템관은 19세기 초엽의 야마무라 사이스케의 『정정증역채람이언』으로 계승된다. 그로 인해 로마 교황과 신성 로마교황과의 관계가 명확하게 되었다.
2. 『정정증역채람이언』으로 인해 계층시스템관은 후기 미토학에도 영향을 주었다.
3. 「지오그라피」의 번역서 『여지지략』에 이르러 계층시스템관을 부정하는 정보를 얻게 되었다. 구체적으로는 교황과 국왕의 관계, 의회와 국왕이라는 다원적인 긴장관계가 전해졌다.
4. 와타나베 가잔이 『여지지략』의 세계관을 컴팩트하게 정리했다. 나아가 계층시스템관과는 다른 카테고리인 정체론에 기반하여 제諸 국가를 파악함으로써 제국帝国의 일원적 지배를 부정하여 서구 국가시스템관으로의 길을 열었다.
5. 『곤여도식』에 실린 고가 도안의 서문은 권력정치와 도의 사이의 긴장관계를 제시했다.

위원의 『해국도지』 이전에 막말의 난학자들이 이런 관점을 공유했다는 것은 큰 의미가 있다. 무엇보다 이런 인식이 있었기 때문에 『해국도지』

(도안의 제자인 시오노야 도인과 미쓰쿠리 겐포가 가에이 7년에 60권 본의 주해편籌海篇을 번역 간행했다)를 위시한 당본 지리서, 서계여徐繼畬의『瀛環志略영환지략』(이노우에 슌요井上春洋・모리 데키엔森荻園・미쓰모리 류호三守柳圃 훈점, 文久분큐 元年刊)과 비치문婢治文(브리지맨)의『聯邦志略연방지략』(미쓰쿠리 겐포 훈점, 元治겐지 元年刊) 등이 막말에 보급될 수 있었고, 메이지 초 후쿠자와 유키치의 서양국가 시스템관으로 바로 연결된 것이다.

4장
국학자의 서양인식

야마무라 사이스케 『정정증역 채람이언』(山村才助 『訂正增訳采覧異言』)에 게재된
동아시아 지도

1. 난학자의 번역 세계지리서와 국학

국학과 난학은 에도 후기의 양대 사상 조류로 18세기 후반에 탄생한 동시대 사상이다. 이 두 학문은 어떻게 연관되어 있는가. 이 문제는 에도 후기 사상사 연구에서 피할 수 없는 과제다.[1] 이 장에서는 국학자가 서양을 어떻게 인식하고 있었는가를 중심으로 이를 살펴본다. 이와 관련하여 이미 지금까지의 연구를 검토해 볼 때, '한의漢意'를 비판한 국학자가 서양을 반드시 완전히 부정하지는 않았음을 알 수 있다.[2] 예를 들어 모토오리 노리나가와 히라타 아쓰타네가 서양 관련 지식을 이용했던

---

1) 이토 다사부로伊東多三郎, 『近世史の研究 第二册 国学と洋学』(吉川弘文館, 1982年)에 수록된 여러 논문은 고전적 연구이다. 그리고 국학과 난학의 관계에 대한 필자의 생각은 졸저 『兵学と朱子学・蘭学・国学』의 서장 「近世日本思想史の四本軸」(平凡社選書, 2006年)에서 논했다. *『兵学と朱子学・蘭学・国学』은 『일본사상으로 본 일본의 본질』(논형, 2014)의 제명으로 역자가 번역했다/역주

2) 이토는 위의 저서에서 "필경 국학의 양학 수용은 전면적으로 그 정신을 받아들인 결과가 아니라, 편의상 개개의 지식을 필요한 경우에만 섭취하여 유교와 불교의 논적을 비판할 무기로 삼고 또는 스스로에 의거하여 서서 신화에 합리성을 부여하는 것에 이용했다"(위의 책, 357쪽)라고 총괄하고 있다. 또 에비사와 아리미치海老澤有道도 "국학은, 성립한 이래 한의의 배척에 국수적国粹的・양이적攘夷的 성격을 갖고 있었기 때문에, 그 서양지리와 천문학의 섭취에 의한 세계관의 확대에도 불구하고 독선적인 팔굉위우八絋爲宇 사상에는 도달했어도 참된 의미에서의 국제주의에 이를 수 없었다" "그 기본에서는 국수양이사상으로부터 탈각한 것이 아니라 양학에 접촉함으로써 오히려 그것을 강화하게 되었다"(『南蛮学統の研究』創文社, 1958年, 429쪽)라 한다. 또 가쓰라지마 노부히로桂島宣弘는 노리나가・아쓰타네 등이 "'부외자部外者'로서의 천문학・지리학만의 서양지식을 이용하는 것은 그것이 피아를 관통하는 '기준'으로서 작용하지 않고 결국은 항상 '탁월'한 '황국'으로 귀착하게끔 되어 있다"(『思想史の十九世紀』ぺりかん社, 1999年, 202쪽)라고 지적하고 있다. 필자도 기본적으로는 이들 서양지식 이용설에 동의하나, 본장에서는 그런 이용이 가능했던 이유를 난학지리서 측면에서 고찰함과 동시에 국학측에서 보아 난학의 정보・지식허용의 한계선을 보여주고자 하는 것이다.

것은 잘 알려져 있다.[3] 지금까지 이 경우는 세 가지 측면에 주목했었다. 첫째 천문지식, 둘째는 기독교이며 그리고 세 번째가 세계지리이다. 이 가운데 이 장에서는 난학자들이 번역한 세계지리서에서의 서양 관련 정보를 국학자들이 어떻게 수용했는가를 살펴본다.

먼저, 난학자의 세계지리서를 논의의 대상으로 삼는 이유는, 그것이 만국 속의 일본이라는 인식을 불러 일으킬 가능성을 내포하고 있기 때문이다. 거기에는 자국·자민족중심주의=에스노센트리즘에서 벗어날 가능성마저 포함하고 있다고 생각된다. 지금까지도, 이런 시각을 토대로, 국학자가 중국 중심의 화이사상을 부정하는 사상적 무기로서 서양정보를 이용했던 것이 주의를 받고는 있다. 그러나 사정은 그 정도로 간단하지 않다. 노리나가가, "(난학자가)만국의 일을 알았다면, 황국(=일본)이 뛰어나다는 것은 저절로 알 터인데, 그런데도 황국이 존귀함을 모르는 것은, 저 (유학자가 중국에만)집착하는 것을 나쁘다고 하므로, 다만 (어떤 나라에도)집착하지 않는 것을 좋다 하고, 또 그것(집착하지 않는다고 생각하는 것)에 집착할 것이라, 오란다(화란)의 것에만 한하지 않고, 세간 일반의

---

3) 국학자가 서양지리서를 섭취한 개관은 사노 마사미佐野正巳 「近世国学界に利用されたる洋学について―泰西地理学を中心として」(神奈川大学人文学研究所 『人文学研究所報』10号, 1976年 10月), 사토 다카토시佐藤孝敏 「国学者の'国'意識における'特殊'と'普遍'」(玉懸博之編『日本思想史その普遍と特殊』ぺりかん社, 1997年) 참조. 노리나가의 서양지식 이용에 대해서는 죠후쿠 이사무城福勇 「国学の成立契機としての西洋知識―宣長学の場合」(『香川大学学芸部研究報告』Ⅰ部 8号, 1956年), 오카다 치아키岡田千昭 『本居宣長の研究』(吉川弘文館, 2006年) 참조. 다만 노리나가의 서양지식 정보원은 주로 艾儒略(줄리오 아레니)의 『職方外紀』(1623年刊)였고, 난학서는 아니었다. 한편 아쓰타네에 대해서는 아유자와 신타로鮎澤信太郎 『地理学史の研究』(愛日書院, 1948年), 호시야마 교코星山京子 『徳川後期の攘夷思想と'西洋'』(風間書房, 2003年), 나카가와 가즈아키中川和明 「平田篤胤の国学思想と『西洋雑記』」(『神道宗教』195号, 2004年7月) 참조. 아유자와는 "양학은 아쓰타네에게는 소위 그의 고학을 수립하기 위해 유불사상 비판, 배척의 도구로 제공되었고 이용된 것에 다름 아니다"(앞의 책 365쪽)라고 지적하고 있다.

학자에게도 지금은 이 부류도 있다"[4] (『玉勝間』 卷7, おらんだという国のまなぶ)/"
속의 ( )는 역주/라 하고 있는 바와 같이, 서양 정보를 입수했다 하더라도 자기
자신의 '황국' 중심주의는 극복되지 않았기 때문이다. 그 이유는 도대체
어디에 있을까.

물론 그 주된 이유가 국학자 측에 있음은 부정할 수 없다. 그러나 이
문제를 밝히는 것은 국학의 깊숙한 세계관·인간관에 관계되어 있는
만큼 이 장에서 다룰 바는 아니다. 여기서는 그런 고찰의 전단계로서
국학자가 받아들였던 난학자의 세계지리서의 성격에 초점을 맞춘다.

난학자가 번역한 세계지리서는 과연 어떤 것이었는가. 거기에는
국학자의 에스노센트리즘을 극복시킬 어떤 내용을 포함하고 있었던가.
여기서는 앞 장에서의 고찰을 바탕으로, 국학자가 수용할 수 없었던
서양정보가 무엇이었는지를 제시함으로써 '황국' 중심주의의 외연外
緣이라고 해야 할 것을 드러내 보이고자 한다. 즉, 국학자가 서양정보를
어디까지 받아들일 수 있었는지, 그리고 도저히 받아들일 수 없었던
사정이 무엇이었는가를, 최대한의 경계선까지 밝혀 본다.

이러한 문제를 고찰할 때 거론되어야 할 국학자는 당연히 히라타
아쓰타네, 사토 노부히로佐藤信淵, 오쿠니 다카마사 등 난학에 접근하고
있었던 국학자들이다. 이 장에서는 논의의 진행상 히라타 아쓰타네와
사토 노부히로를 하나로 묶고, 또 오쿠니 다카마사와 다케오 마사타네竹
尾正胤의 『大帝国論대제국론』(文久3年)을 하나로 합친다.

그 이유는 그들의 서양 정보원이었던 책의 차이에 주목하기 때문이다.
즉, 아쓰타네와 노부히로는 야마무라 사이스케의 『정정증역채람이언』(享和2年
頃成)·『서양잡기』(享和3年頃成)가 중심이었고, 다카마사와 다케오 마사타네는

---

4) 『本居宣長全集』 卷1 (筑摩書房, 1968年) 213쪽.

사이스케의 책과 거기에다 아편전쟁 후 미쓰쿠리 쇼고의 『곤여도식』(弘化 2年刊)과 개국 후 수입된 마틴(丁韙良)이 한역한 『만국공법』(慶応元年翻刻)이 큰 위치를 점하고 있기 때문이다. 이 중 『만국공법』은 엄밀하게는 지리서는 아니지만, 다카마사의 『新眞公法論신진공법론』(慶応3年成)은 『만국공법』을 비판할 목적으로 쓴 것으로, 서양인식이라는 이 장의 문제와 깊은 연관이 있다.

2. 『정정증역채람이언』과 사토 노부히로 『西洋列国史略서양열국사략』

첫 머리에 언급한 대로 국학자는 중국의 독선적 화이사상을 부정하기 위해 서양정보를 이용했다. 예를 들어, 노리나가의 다음과 같은 말이 그 예증이다.

> 근래에 이르러서는 저 천축天竺보다도 훨씬 서쪽에 치우친 나라들의 일도 차츰 알게 되었고, 대체로 지금은 천지 사이의 만국의 일을 모르는 것이 거의 없다. 저 먼 서쪽 나라들에도 중국에만 있다고 생각했을 뿐이었던 것들은 모두 예부터 있었고, 중국에 없는 것도 많이 있으며, 중국보다 훨씬 뛰어난 것도 있다. 저 나라들은 모두 최근까지 중국과는 통하지 않았다 해도 본래부터 뭐든지 충분하다[5] (『玉勝間』 卷七, 唐の国人あだし国あることをしらざりし事)

이와 같은 '천축'·'중국(もろこし)'·일본, 세 나라의 세계상像을 초월한, '서쪽에 치우친 나라들'이라는 새로운 세계를 수용함으로써 성립된, 중국중심의 화이사상 비판 논리는 아쓰타네·노부히로도 기본적으로

---

5) 위의 책, 212쪽.

다르지 않다. 다만 국학자가 서양정보를 이용할 수 있었던 이유가 그것을 제공한 난학자의 지리서 자체에 있었음에 주의해야 한다. 특히 아쓰타네가 "만국의 일을 알려면 사실 이 위치 정도의 것(=책)은 있어야 한다"[6]『古道大意』卷下)고 상찬하는 야마무라 사이스케의 『정정증역채람이언』은 중요하다. 이는 아쓰타네 뿐만 아니라 그의 제자 사토 노부히로에게도 큰 역할을 했다. 노부히로가 일본 최초의 서양역사서 『서양열국사략』(文化5年序)을 집필하기 위해 종본種本으로 했던 것이 사이스케의 『서양잡기』와 『정정증역채람이언』이었기 때문이다.

본래 사이스케의 『서양잡기』 서두에는 「세계개벽설」이 적혀있고, 국가의 연원을 신화에서 구하고 있다는 점에서 볼 때 아쓰타네와 노부히로 사이에 위화감은 없었던 것 같다. 물론 신화에 대한 입장은 사이스케와 아쓰타네와 노부히로가 각각 크게 다르다. 사이스케 자신은 "이는 지금의 신도자神道者라고 칭하는 자들이, 스스로의 사의私意로써 상고의 일에 리理를 억지로 끌어다 댐과 같고, 이 설이 가장 괴이하고 헛된 이야기일 것임"[7](『西洋雜記』卷1, 世界開闢の説, 一ヮ), "서양 여러 나라는 상고 시대부터 성인들이 많이 나와 가르침을 세웠다고 하나, 옛날에는 여러 귀신을 우러러 믿음으로써 기이괴탄, 혹은 기이한 비유의 종류가 많았다"(上同, 卷2, 西洋上世鬼神の説, 23ォ)고 말하고 있는 바와 같이 서양 신화에 회의적이었으나 그럼에도 불구하고 세계의 신화에 착안한 것은 동시대의 '신도자'의 언설을 상대화하고 비판함에 있었다고 생각된다.

---

6) 『新修平田篤胤全集』 卷8 (名著刊行会, 1967年) 60쪽.
7) 『西洋雜記』의 텍스트는 가리야刈谷 시립도서관의 무라우에村上 문고 소장의 가에이 원년 간행본을 사용했으며 책의 장수는 약기했다.

그러나 아쓰타네와 노부히로 쪽에서 볼 때 이들 신화는 자기 자신의 상대화에 연결되어 있는 것이 아니고, 오히려 그를 이용하여 자기의 '고전古伝'을 보강할 수 있는 재료였다고 할 수 있다.[8] 예를 들면 사이스케가 소개하는 "조물주가 천지를 만든 다음 흙 두 덩이를 뭉쳐 이 두 사람(아담과 이브)의 형상을 만들어 만민의 시조로 삼았다"(『西洋雜記』卷1, 世界開闢の說, 1ォ)는 신화는, 아쓰타네에게는 외국인의 창생신화로 여겨져, "외국의 여러 민초는 신의 자손이 아닌 것은 논하지 않는다"[9](『靈の真柱』卷上) 하듯이 외국인과 '신의 자손[神胤(미다네)]'인 일본인과의 우열 논증에 이용되었다. 이와 관련하여 노부히로는 아쓰타네의 이 설을 "이 또한 공론이 아니다"[10](『天柱記』卷上)고 비판하고, 그 자신은 같은 『서양잡기』에 쓰여 있는 이집트의 'ケエフ케에후'라는 신의 "입에서 알을 하나 토했는데, 모든 세상은 이 알에서 생겼다. 이것이 세상이 열리는 시초이다"(『西洋雜記』卷2, 西洋上世鬼神の說, 24ォ)라는 설명을 근거로 하여 『서양열국사략』을 쓰기 시작했다. 동시에 사이스케가 수집한 정보에 의존하고 있는 점에서는 마찬가지였다.

이런 시각으로 볼 수 있는 몇 군데 외에, 국학자들과 사이스케가 훨씬 깊은 곳에서 세계 인식을 공유하고 있었음을 주목해야 한다. 좀 더 구체적으로 말하면 앞 장에서 검토했던 황제 – 국왕 – 후작의 작위를 붙여 제국가 · 제민족을 서열화하는 아라이 하쿠세키 이래의 계층 시스템관이다.[11] 더하여, 앞 장에서 살핀 것처럼 사이스케가 '제국'

---

8) '고전' 보강의 정당화 로직 언설이 '와전訛伝'이었다. 고대 일본의 '고전'이 전파 되고 거기에 남았다는 것이다.

9) 『平田篤胤 · 伴信友 · 大国隆正』(日本思想大系50, 岩波書店, 1973年) 68쪽. 아쓰타네의 일본인 '신윤'설에 대해서는 졸저 『近世神道と国学』第11章「平田篤胤における日本人'神胤'観念」참조.

10) 『安藤昌益 · 佐藤信淵』(日本思想大系45, 岩波書店, 1977年) 368쪽.

11) 본서 제1편 제3장 참조.

을 정점으로 하는 계층시스템이 세계에는 여러 개 있다는 인식을 하고 있었음에 주목할 필요가 있다. 사이스케는 말한다.

'インペラトヲル인페라토오루' 또한 라전어羅甸語(=라틴어)이다. 払郎察불랑찰(=프랑스)에서는 'エムペレウル에무페레우루'라 하고, 和蘭화란에서는 'ケイゼル케이제루'라 한다. 즉 제자帝者(=제왕)라는 뜻이다. 대저 위덕융성威德隆盛하여 여러 나라를 신하로 복종시킬 대국의 군주가 아니면 이 벼슬을 칭할 수 없다. 구라파주 가운데 오직 入尔馬泥亜입이마니아ゼルマニア제루마니아(=독일), 莫斯哥未亜막사가미아 ムスコミア무스코미아(=러시아)의 두 나라만 이고, 그 외는 支那지나, 都児格도아격トルコ토루코(=터키), 莫臥児막와아モゴル모고루(=무굴) 등을 서양인은 이렇게 칭한다. 또한 서양 책에 실린 바를 생각건대, 이 외에도 百児西亜백아서아ペルシア페르시아 亜毘心域아비심역アビシニイ아비시니이(=이디오피아), 馬羅可마라가マロック마롯쿠(=말레이시아) 등의 여러 큰 나라, 그리고 暹羅섬라シアム시야무(=태국), 일본 및 瓜蛙과와ジャワ지야우(=인도네시아)의 瑪荅蘭마답란マタラン마타란(=자카르타) 등은 모두 세력이 왕성하여 자립해서 타에 속하지 아니하니 각각 일방적으로 웅雄이라 칭함으로써, 서양인 또한 제국으로 부른다.[12] (上同, 卷1, 135頁)

사이스케의 이 인식은 황제를 정점으로 하는 중국의 화이질서가 유일한 세계가 아니라는 의미로서, 중국 중심주의에 대한 비판이었다. 신성로마제국, 러시아, 청조淸朝, 터키, 무굴제국, 게다가 페르시아, 아비시아, 말라카, 샴, 일본 등과 마찬가지로 '자립'하는 '제국'이라는 의미로, 이들 제국은 상대적인 것에 지나지 않기 때문이다. 사이스케에 따르면 샴왕의 존호의 허세는 '덴노 대제'를 포함하여 어디에나 있는 자국 · 자민족 중심주의의 표현이라 '그다지 불가사의하지' 는 않았다.

---

12) 『訂正增譯采覽異言』은 국립공문서관 내각문고 소장본을 영인한 『蘭学資料 叢書1 · 2』(靑史社, 1979年) 상하 2권을 텍스트로 했다. 이하의 쪽수는 본문 중에 약기했다.

생각건대, 이 존호尊号는 웃어야 할 것 같다. 그렇기는 하나 한나라 때의 흉노匈奴가 겉으로 천지가 서는 바, 일월이 비치는 바를 흉노대선우匈奴大單于라 칭하고, 수나라 때의 돌궐突厥이 겉으로 하늘로부터 난 대돌궐自天生大突厥, 천하성현천자天下聖賢天子라 칭하고, 당송唐末 이래 여러 나라 제왕帝王이 혹은 생시에 스스로 성신문무聖神文武 등의 존호를 더하여 혹 당唐의 고종高宗, 남한南漢의 고조高祖 등, 천황대제天皇大帝라고 시호謚号하는 등속으로써 이를 보면 그다지 불가사의할 것은 없다. (上同, 卷8, スイヤン, 895~96頁)

다만 국학과의 관련에서 중요한 것은, 그런 여러 '제국' 속에서 일본이 뛰어나다는 인식을 사이스케도 하고 있었다는 점이다. 중국의 왕조 교체는 말할 것도 없고, 서양에서도 罷鼻落你亞파비락니아バヒロニア바빌로니아, 百児西亞백아서아ペルシア페르시아, 厄勒祭亞액륵제아ギリシア그리스 로마邏馬와 사회四回도 제국이 '치란흥폐'(『西洋雜記』 卷1, 西洋古今四大君의 說, 8ウ) 했었음에 비해, 덴노를 받드는 '제국' 일본의 질서는 영원하고 그 우월성은 흔들림 없는 것으로서 받아들이고 있었던 것이다. 예를 들어 야마무라 사이스케는 다음과 같이 말한다.

波尔匿何파니익하ボルネオ/보르네오 이하의 다섯 나라 및 그 외 韃靼달단·亞剌比亞아자비아/아라비아 등의 아주 큰 나라도, 어떤 나라는 많은 군장이 이를 나누어 다스리고, 어떤 나라는 타국에 종속되어서 감히 통일된 일본 제국과 같지 않다. 그럼에도 우리나라는 예부터 부도씨浮屠氏(=부처)의 언설을 사용하여 때로는 속산변토粟散辺土(좁쌀을 뿌린 것과 같이 먼 곳에 흩어져 있는 좁은 땅/역주) 등으로 칭하고 스스로가 자기 나라를 천하다는 우매함이 심하다. 저 부도씨의 나라와 같은 것은 옛날에는 厄勒祭亞기리시아에 격파되어 제왕이 사로잡히고 지금은 莫臥児모고루에 병합되어 회교국이 된 것이 어찌 우리 만고불역의 신령한 전통의 제국과 같은 날의 이야기이겠는가. (上同, 卷10, 日本, 1058~59頁)

사실 이러한 '우리 만고불역万古不易의 신령한 전통의 제국'이라는

자기인식은 사이스케의 난학상의 스승 오쓰키 겐타쿠의 것이었다. 즉,
겐타쿠도 센다이의 표류민인 쓰다유津太夫의 사적事跡과 견문을 기술했던
『環海異聞환해이문』(文化4年)에는, 쓰다유가 세계에 '인페라토리(帝爵, 帝号)'
라고 하는 나라가 '네 곳'이 있다면서 그 하나로 '일본'을 들고 있음에
주목하여, "우리 일본은 이역異域에 비하여 땅은 협소하나 황통 일세가
만고불역의 황제 작위[帝爵]의 국호이어서 다른 여러 나라 보다 뛰어나
외국[外域]이 더욱 존중하고 두려워서 복종[畏服]하는 까닭이다"[13](卷15)

---

13) 스기모토 쓰토무杉本つとむ 해설『環海異聞─本文と研究』(八坂書房, 1986年)
   429~30쪽. 난학자 가운데에는 의외라 할 정도로 '제국帝国'에 대한 집착이
   있었다. 가쓰라가와 호슈桂川甫周가 이세伊勢의 표류민인 다이고쿠야 고다유
   大黑屋光太夫의 견문을 정리한『北槎聞略』(寬政6年成)에 있는 다음의 글이 그것
   을 말해준다.
      제호帝号를 칭하는 나라를 임페라토루스코이イムペラトルスコイ 라고 하고, 왕
   작王爵의 나라를 코로레프스쯔위コロレプスツワ라 한다. 저들 나라에서 다른 나
   라의 사람들을 만나, 서로 고국이 어떤 나라이며 어떤 작위(의 나라)인가를 물
   었을 때, 코로레프스쯔위라고 하면 서로 상대할 것도 없고, 임페라토루스코이
   라고 하면 끝자리에 앉고 상석을 양보한다. 세계 속의 사대주에 그 모양 있는
   바의 제국은 천백千百을 밑돌지 않는다. 그 속에 제호를 칭하는 나라는 겨우 일
   곱으로, 황조가 그 하나이다. 그렇다면 고다유 등이 어디로 가더라도 소략해
   지지는 않을 것이다.(『北槎聞略』卷9, 岩波文庫, 249쪽)
   고다유의 이 증언은 난학자들 주변에서 긍정적으로 받아들여졌다. 예를 들
   면 "저들 나라 사람들이 말하기를, 일본 땅이 협소하다 하나 '임페라토루스코
   이'라고 항상 칭송함을 고다유 등의 표류인들에게 들었다. 이는 황통이 만고
   불역함을 들어서 알고 있음이다"(마쓰모토 다네치카松本胤親『献芹微衷』, 天
   保8年,『日本海防史料叢書』卷4, 1933年, 74쪽)이라 한다. 또 사이스케의
   인식을 같은 시기의 난학자들이 공유하고 있었던 것은 한 세대 전의 스기타
   겐파쿠도 역시 제국─왕국의 계층시스템을 바탕으로 국제사회를 파악하고
   있었음에서도 알 수 있다.
      대저 로서아국이라고 함은 이른바 没斯箇未亜몰사개미아モスコビア모스코비아
   인데, 옛날에는 하나의 왕국이었으나, 지금보다 45대 이전의 영주인 페테루
   데고로토ペテルデゴロート라는 남자가 그 가까운 나라들을 굴종시켜 그 나라를
   중흥하여 점점 세력이 왕성해지자 자연히 그 손을 뻗어 우리 에소蝦夷(홋카이
   도) 방향의 카무시카쓰カムシカツ(캄챠카) 라는 곳까지 자기의 영지라 하고 드디
   어 그들 쪽의 제위를 거쳐 지금은 세계 제일의 강성한 대방大邦이 되어 있음
   이다(『野叟独語』, 文化4年成,『洋学 上』295쪽)
   여기서는 표토르 대제의 영토 확대가 '왕국'으로부터 '제위'라는 '강성한 대방'
   으로의 격상의 조건이 되고 있다. 또, 켄페르의『日本誌』의 부록을『鎖国論』
   으로 이름하여 번역한 시즈키 다다오志筑忠雄는 거기서 일본의 '케이즈루' 덴

라고 쓰고 있다. 이러한 자국의식은 "본조는 아마테라스오미카미天照大御神의 본국, 그 황통이 다스리시는 어국御国/미쿠니이면서 만국의 원본대종元本大宗이 되는 어국이므로, 따라서 만국이 공히 이 어국을 받들어 모시는 신복臣服으로 사해四海 안이 모두 이 참된 길에 의해 따르지 않으면 안 될 이치"[14](『玉くしげ』) 라고 말하고 있는 모토오리 노리나가 같은 국학자와 그리 멀지 않다.[15] 생각건대 거꾸로이기 때문에 사이스케의 세계 인식은 거리낌 없이 아쓰타네와 노부히로에게 쉽게 받아들여질 수 있었다.[16]

사이스케의 이러한 계층 시스템관에 입각한 세계인식의 구체적 예를 노부히로의 『서양열국사략』에서 살펴보자.[17] 노부히로는 여기에서, '세계

노만을 '천하'의 '케이즈루'라는 별도의 기원을 갖고 있다고 설명하고, '황국'이 중국과 다른 까닭을 말하고 있다. 기시모토 사토루岸本覚 「『鎖国』観の形成と海防論—ケンペル著・志筑忠雄訳『鎖国論』を題材として」(『日本思想史研究会会報』13号, 1995年, 10月)참조. 기시모토는 시즈키가 『鎖国論』을 매개로 하여 '황국'을 새로이 읽기 시작했던 것이고 그 때문에 히라타 아쓰타네와 구로자와 오키나마로黒澤翁満가 매끈하게 수용했다고 지적하고 있다. 난학자의 이러한 자국인식에 대해서는 아라노 야스노리荒野泰典 「近世の対外観」(『岩波講座 日本通史』巻13, 1994年)가 언급하고 있다.

14) 『本居宣長全集』 巻8 (筑摩書房, 1972年) 312쪽.

15) 물론 양자가 같은 것은 아니다. 난학자가 복수의 '제국帝国'을 사실로 하여 세계의 다多중심성을 인식했음에 비해, 노리나가 등의 국학자는 '제국'이라고 존칭할 수 있는 유일한 자격이 있는 것은 아마테라스오미카미가 나고 텐노가 통치하는 일본 뿐이라고 하는 점에서 달리 한다.

16) 이와 같은 제작帝爵—국작国爵의 계층질서관이 일본 유자들에게 위화감이 없었다는 것은 주의할 필요가 있다. 계층시스템관은 주자학자 아라이 하쿠세키의 세계관이며, 같은 시대의 사이토 세쓰도斎藤拙堂와 아사카 곤사이安積艮斎 등의 지리서에도 제작—국작으로 구별하고 있다. 그 희화적 모습은 주자학자 사이토 사쿠도斎藤竹堂의 서양사 책『蕃史』(嘉永4年)의 범례이다. 거기에는 "帝書殂, 王侯書卒, 待外蕃之道宜爾(제왕의 죽음은 조殂라 적고 왕후는 졸卒이라 적으니, 외번의 도를 기다림이 마땅하다)"라 하여 제와 왕후의 죽음에 대해 서법을 달리하고 있다(小沢, 앞의 책, 『近代日本史学の研究 幕末編』, 443쪽). 춘추의 필법이 잘 관철하고 있다.

17) 『西洋列国史略』에 대해서는 小沢栄一 『近代日本史学史の研究 幕末編』(吉川弘文館, 1961年) 第2章 第1節 「海防論と西洋の歴史」 참조. 『西洋列国史略』은 『佐藤信淵家学全集』 巻下 (岩波書店, 1927年) 수록본을 텍스트로 했다. 쪽수는 약기했다.

개벽 이래, 홍수 및 사대 제왕 연혁 대략'을 쓰고, 더하여 '자립제국약전自立諸国の略傳'(『西洋列国史略』 巻上, 780頁)을 서술했다. 그 때 사이스케의 설을 근거로 '구라파주의 자립국'으로서 네 종류의 서열(上同, 783頁)을 추가했다. 첫째는 '제작국帝爵国'. 구체적으로 '西洋總天子羅馬帝서양총천자로마제'를 받드는 '入爾馬泥亜입이마니아(=독일)' 신성로마제국, '魯西亜로서아' '都児格도아격(=터키)'의 세 나라이고, 둘째는 '자립전통왕국'이다. 여기에는 '払郎察불랑찰(=프랑스)', '伊斯把爾亜이사파이아(=스페인)', '波羅泥亜파라니아(=폴란드)', '雪際亜설제아(=스웨덴)', '諳厄利西암액리서(=영국)', '孛漏西패루서(=프러시아)', '弟那瑪爾加제나마이가(=덴마크)', '撒而地泥亜철이지니아' '那波里나파리(=나폴리)' '波爾杜瓦爾파이두와이(=포르투갈)' 등 10개 왕국이 포함된다. 그리고 셋째는 "군주가 세습하지 않고, 나라의 세가世家(제후들 가문) 중에서 가장 공덕있는 자를 밀어서 군주로 하는 나라"(上同, 783頁)다. 여기에 속하는 나라들은 '阿蘭陀아란타(=네덜란드)' '勿搦察亜물닉찰아(베네치아)' 'ヘルヘシヤ헤루헤시아' 'ゼニユヤ제뉴야' 등이다. 그 외에 "여러 나라의 왕들 보다 한 등급 더 높은"(上同, 792頁) 로마교황을 '거소居所'인 '이탈리아의 로마' 등의 '승관僧官이 다스리는 나라'가 있으나 여기서 주목해야 할 것은 세 번째의 나라들이다. 이는 나중에 '공화정치'라는 번역어로써 표현된 정치 체제의 나라들이다(이는 후술한다).

노부히로는, '서양 총천자 로마제'인 신성로마 황제의 세력이 약해졌다 해도(그리고, 약해졌기 때문에 각 왕국은 '자립'화 되었지만), 유럽에는 여전히 제국-왕국 간의 서열이 있다고 인식했다. '분카文化 보신戊辰(1808년)' 현재의 서구 여러 나라들은 큰 틀에서는 신성로마제국 발 아래에 있다고 보았다. 본래 로마 제국은 '영무절륜英武絶倫'한 케이사르에 의해 건국되었다고 한다.

> 그 자손 '쥬리우스 케이사르'라는 자 영무절륜하여 싸움마다 반드시 이기고, 향하는 곳에 감히 대적할 자 없어 入爾馬泥亜 · 'アツリア아시리아' · 伊斯把爾

亜 · '레인란드レインランド' '헤르헤시아ヘルヘシア' 여러 나라를 신복臣服하여 위덕이 날로 성하여, 그 후 마침내 '기리이키스ギリイキス'를 병합시켜 구라파 총주의 제왕이 되는 바 이를 서양 개기開基 이래 제4대 대군이라 부르니 이것이 곧 서양 개기 3902년일본 스진崇神 덴노 53년, 한원제초漢元帝初 원元3년 을해乙亥에 해당함의 일이다(上同, 772~73頁)

그리고 로마에서 '빈'으로 천도한 신성로마제국은 다음과 같이 그려지고 있다. "구라파 가운데는 이 제루마니아와 로서아 및 토루코가 제국의 범凡 삼국이라지만, 이 '빈'의 로마 황제는 예로부터의 서양 총주의 천자이므로 만민의 존경 또한 각별하다고 한다"(上同 780頁). 서양 여러 나라는 이 신성로마제국의 지배 아래에 종속되어 있다. 가장 확실한 증거는 '로마'에 '신령대덕神靈大德'이 있는 '성제聖帝'가 탄생하여 "정교제국政敎諸国이 시행되어 율도律度가 모두 갖추어"졌기 때문에, 이 '성주聖主'가 강탄降誕한 해'를 "서양 혁명의 원년일본 스이닌垂仁 덴노 30년, 한평제원시원년 신유漢平帝元始元年辛酉'으로 정하여, 이 이후 "서양 여러 나라는 모두 그 정삭正朔(=책력)을 받들고 특별히 연호를 정함이 없이 지금 보신戊辰 시대의 추세에 맞추니 로마혁명 제1808년이다"(上同, 780頁)이라 하듯이 사이스케의 '서양중흥 혁명설'을 근거로 하여 '로마혁명' 기원을 받들고 있음에서 구할 수 있다.[18]

그런데 난학 지리서에 국학자의 가치관과 일탈하는 정보가 전혀 없지는 않았다. 왜냐하면 그 지리서에 군신 관계가 아닌 나라의 존재를

---

18) 이 장의 본래 첫 원고에서는 앞 장의 사이스케 '중흥혁명'론을 오해하여, 서양 제국諸国이 '카에사루'를 건국의 종조로 높여 그 '정삭'을 받들고 있다고 서술했다. 그러나 사이스케와, 사이스케에 의거했던 노부히로는 로마제국의 종조인 '카에사루'와 개력改曆의 기원이 된 로마에서 태어난 '성제聖帝' '성주聖主'와는 다른 인물로 인식하고 있었던 것 같다. 따라서 이 장 본문을 수정했다. 다만 앞서 언급했지만 두 사람이 '성제' '성주'를 예수 그리스도라고 인식하고 있었는지 여부는 알 수 없다. 또 노부히로는 '신유혁명'설을 취하여 "서양 제국諸国이 모두 그 정삭을 받든다"고 적고 있듯이 로마 제국의 '성제'의 한 사람으로 이해하고 있었던 점은 중요하다.

전하고 있었기 때문이다. 예를 들면 네덜란드에 관하여, "그 군주를 세우지 않고, 군국軍国의 일은 각각 맡은 일이 있다"(『采覧異言』)고 기술한 아라이 하쿠세키에 대해 사이스케는 다음과 같이 말한다.

마사나가昌永(=사이스케의 호. 사이스케는 통칭/역주) 생각건대, 화란에 군주가 없지 않다. 오직 자손에 한하지 않고 그 국주国主의 종족宗族 안에서 그 연령 공덕 작위 등의 차례에 의해 자리에 올려 군주로 할 따름이다. 이 국주를 칭하여 (中略)이라 한다. 이것이 화란 칠주七州의 도독都督의 군주라고 하는 것이며 칠주는 모두 그 명을 받들어 따른다. (『訂正增譯采覧異言』 卷4, 438頁)

다른 곳에서는 "후레이 · 레퓨부레이키フレイ · レピュブレイキ'는 그 벼슬, 혹은 공후公侯일지라도 자손에 세습하지 않는다. 그 곳의 귀한 가문 중에서 연치공덕年齒功德이 있는 자를 추대하여 주인으로 삼음을 말함이다(上同, 卷一, 137頁)라 하고 있다. 이 점, 앞서 다루었듯이 '제작帝爵의 나라', '자립전통의 나라'를 거론하며 노부히로는 다음과 같이 말한다.

또, 阿蘭陀아란타ホルランド · 勿搦祭亜몰닉제아ベネチア '헬헤시야ヘルヘシヤ해루헤시야' 'ゼニ ユヤ제뉴야' 등은 그 주主가 세습하지 않고, 나라의 세가世家 중에서 가장 공덕 있는 자를 추대하여 주인으로 하는 나라다. (『西洋列国史略』 卷上, 783頁)

노부히로는 사이스케의 정보를 기반으로 하여 '주인'이, 세습이 아닌 '공덕'을 기준으로 하여 선택되는 나라의 존재를 적고 있다. 모토오리 노리나가의 말에 의하면, '덕' 보다도 '종種タネ'[19](『くず花』卷下)을 중시하는 국학자로서, 세습 군주가 없는 이런 나라가 세상에 존재한다는 것은 놀라웠을 것이다. 그것은 정말 이질적인 세계관 · 인간관에 기반하고 있는

---

19) 앞의 책 『本居宣長全集』 卷8, 153쪽.

것이었기 때문이다.[20] 다만 사이스케 단계에서는 아직 '후레이 · 레퓨부레이키'의 번역어 자체가 없었던 것처럼 문제의 단서에 지나지 않았지만, 아편전쟁 후의 『곤여도식』에 이르러 '후레이 · 레퓨부레이키'가 '공화정치'[21](卷4下, 3ウ)로 번역됨으로써, 그리고 '공화정치'의 강대국인 미국의 개국 · 통상조약 요구라는 현실의 힘에 직면하여 '공화정치' 문제는 절실한 것으로서 받아들여지지 않을 수 없었다.

3. 공화정치의 파문

아쓰타네 · 노부히로 이후의 국학자로 서양인식에서 주목해야 할 인물은 오쿠니 다카마사大国隆正다.[22] 그는 쇼헤이코에서 고가 세이리에게 주자학을 배운 뒤 나중에 국학으로 방향을 틀었다. 서양인식이라는 점에서 볼 때, 다카마사의 서양 정보원이 야마무라 사이스케의 다음 단계인 미쓰쿠리 쇼고의 『곤여도식』이었다는 점은 간과할 수 없다. 왜냐하면 『곤여도식』은 이미 계층시스템으로부터 독립한 여러 국가가

---

20) 앞의 책 「近世神道と国学における系譜尊重の意味」(『神道宗教』194号, 2004年) 참조.

21) 愛知教育大学付属図書館所蔵.

22) 물론 난학 섭취에 비판적인 국학자도 있었다. 예를 들면 오쿠니 다카마사와 동시대 인물이었던 스즈키 시게타네鈴木重胤은 "최근 서양학이라는 한 학문이 나온 뒤부터, 신기新奇함을 즐기는 속사俗士의 습관으로서, 혹시 그들이 말하는 바라고 하기 때문에 더욱 좋은 것으로 여겨서, 그 선악을 구분하지도 않고 망령되이 믿어버리는 폐풍을 선망해서, 그들과 닮은 이단의 학을 일으켜 신전구리神典究理라고 칭하는 무리가 교토에도 에도江戸에도 여기 저기 있다. 그 말하는 바를 들으니, 그 설을 세우는 것은 모두 서양열국사략西洋列国史略이거나 또는 서양기문西洋紀聞 등에 있으며 신괴기담神怪奇談을 본받아 거기에다 왁자지껄한 소리小理를 덧붙여 가미神는 오직 끌어 맞추고 왕왕 어명御名을 끌어당기는 것만의 치우친 학[僻学]이어서, 보아도 들어도 추접스러워 지탄받는 일이 되어 있다"(『日本書紀伝』卷三, 嘉永 七年成, 『鈴木重胤全集』卷一, 鈴木重胤先生学徳顕揚会, 1937年, 173頁)이라 하여, 『西洋列国史略』『西洋紀聞』 정보를 섭취하는 국학자(大国隆正를 염두에 두고 있다)를 비판하고 있다.

분립하는 국제사회를 인식함과 동시에, 정치 형태에 착안하여 여러 국가의 이해 방법을 적고 있기 때문이다. 단적으로 말하면 후자의 측면은 정체론政体論이다. 거기서 문제된 것이 바로 '공화정치'였다.

『곤여도식』 이후의 서양 인식은 이 '공화정치'가 하나의 초점이 되어 왔다. 세습이 아니라 '공덕'에 의해 대표를 선출하는 나라도 실제로 세상에 있다는 현실을 어떻게 받아들여야 좋을 것인가.[23] 일부의 유학자처럼 요순堯舜의 다스림과 비교하여 추정할 수 있는 것으로서 긍정했던 것인가[24](예를 들어 아사카 곤사이安積艮斎의 『洋外紀略양외기략』에서는 '공화정치국' 미국의 초대 대통령 워싱턴을 높이 평가하고 있다[25]). 아니면 "사람의 신분이 귀하고 천한지

---

23) 막말 · 메이지기의 '공화정치'의 번역을 둘러싼 문제 상황은 사이토 다케시斎藤毅 『明治のことば』(講談社, 1977年), 제4장 「王なくして支配される国」를 참조.

24) 에도 후기의 유학자 중에 서양 여러 나라의 수장이 선거에 의해 선출되는 것을 중국 고대의 이상적인 요순의 다스림 같은 것으로 높이 평가하며 선수를 치고 나간 것은 고가 도안이었다고 생각된다. 도안은 『殷鑑論』(文化10年)에서, "서양 이탈리아意太里亜 등의 나라는 예로부터 모두 구라파주에 들어, 현자를 인선選選하고 세워 군주로 삼는다. 그리하여 화란禍亂이 생기지 않으며 찬탈簒奪의 싹도 트지 않는다. 그 아름다움은, 이를 요순에 비해도 뒤지지 않는다"(『侗庵初集』卷9)라 하고 있다. 이에 대해서는 졸고 『近世日本の儒学と兵学』(ぺりかん社, 1996年) 404쪽 참조. 다만 졸저의 주기注記에서는 선출된 수장을 로마 법왕과 로마제국의 황제인가 애매했던 하쿠세키의 『채람이언』에 근거했던 마에노 료타쿠 · 혼다 도시아키의 언설을 정보원으로 했으나, 도안이 『은감』을 집필할 때에는 이미 『정정증역채람이언』을 읽고 있었으므로, '서양 이탈리아 등의 나라'의 수장이란 '공화'의 번역어는 아니라고 할 수 있고, 공화정체의 제국諸国의 그것이라고 인식하고 있었다고 생각된다. 또 와타나베 히로시는 유학의 기본적 가치인 '공公'을 기반으로 하는 서양의 의회제도와 공화제 이해가, 중국의 세계지리서인 위원魏源의 『해국도지』와 서계여徐繼畬의 『瀛環志略』에서도 볼 수 있다고 하고, 일본에서의 하나의 예증으로서 필자가 인용한 도안의 『은감』의 한 절을 들고 있다(『東アジアの王権と思想』東京大学出版会, 1997年, 207쪽). 또 요코이 쇼난이 아메리카에 관하여 "전 나라의 대통령의 권력은 현명하게 양도하지 아들에게 물려주지 않는다. 군신의 의를 폐하고 오직 한 방향 공공화평에 힘쓴다"고 하고 있는 것을, "거의 삼대의 치교治教에 부합함에 이른다"(『国是三論』, 万延元年, 『渡辺崋山 · 高野長英 · 佐久間象山 · 横井小楠 · 橋本左内』448~49頁)라고 평가하는 것은 주지하는 대로이다.

25) "吾乃知=九州之外, 五經之表, 復自有⌐人也. 話聖東庶幾近⌐之내 곧 구주 바깥의 오경의 겉에 다시 저절로 사람이 있음을 안다. 워싱턴이 거의 이에 가깝다"(『洋外記略』話聖東傳, 東京学芸大学付属図書館所蔵写本).

그 땅이 도시인지 시골인지를 가리지 않는 불랑찰払郎察의, 영길리英吉利의, 로서아魯西亞의 공화정치라고 떠들면서 나도 나도 라면서 그 학문을 닦겠다며 다투어 오랑캐의 설을 장황張皇하는"26)(『闢邪小言』卷1, 安政四年) 것을 비난했던 오하시 도쓰안大橋訥庵처럼 어디까지나 이적夷狄의 소업으로 부정해 버렸던 것인가. 이런 문제가 막말 일본의 유학자와 국학자들에게 들이닥쳤었다. 다음과 같은 오쿠니 다카마사의 유학자 비판은 그런 문제 상황 속에서 나왔다.

일본국은 지나支那의 중니仲尼의 도를 신봉함으로써 옳다는 등으로 말하고 생각하는 사람이 있는 것은 이해할 수 없다. 잘 생각해 보시게나. 지나의 중니든 어떤 성자든 일본 사람이 아닌데 그것을 자랑스럽게 말하는 것은 본질에서 벗어나는 것이다. 게다가 그 가르침은 요순堯舜을 조술祖述하고 문왕과 무왕[文武]을 헌장憲章함에 있다. 그 요순과 문무는 국왕을 바꾼 이들이다. 우리 일본은 만만세의 덴노[天皇]가 바뀌시지 않기 때문에, 그 가르침은 우리의 국체와 어긋난다. 저 미국의 공화정치인에게 들려주고 싶다면 어떻게 말할 것인가. 자기가 만약 미국인이라면, 일본인이 그와 같은 이상한 것을 말한다면 웃으며 대답할 것이다. '귀국은 요순을 조술한 중니의 도에 따라 하신다 해도, 국왕이 천하를 집[家]으로 하고 있으므로 그 징험이 없다. 우리나라는 현자를 보고 선정하여 국왕으로 삼으므로 요순의 도에 잘 들어맞는다'. 아무리 나라에서 공자 공자라 한다 해도 실제의 일에 징험함이 없으면 동의하기 어렵다고 말할 것임에 두 손 들지 않을 수 없을 것이다. 외국인에 대해 그 같은 소견 얕은 말을 내 뱉는 것은 정말 있어서는 안 되는 볼썽사나운 일이고 소문나면 난처하게

---

26) 『明治文化全集』卷15 (日本評論社, 1929年) 62쪽. 야스이 솟켄安井息軒의 「與某生論共和政事書」(『弁妄』)에서도, "왕성히 공화정사가 좋다고 외치고, 이에 있지 않으면 부국강병할 수 없다"(『近世後期儒家集』日本思想大系47, 岩波書店, 1972年, 270쪽)라고 하는 자를 비판하고 있다.

된다.[27] (『馭戎問答』卷上)

　다카마사는, 유학자 처럼 요순의 선양을 이상으로 삼는 한, '공화정치'의
미국과 우열을 다툴 수가 없다고 한다. 다카마사의 이런 유학자 비판은,
'일본인'으로서의 의식과 함께, 잘 알려진 요코이 쇼난에게서 보이듯이
유학의 이상주의적인 정치사상의 대응에 따르는 서양 수용의 문제점을
공격한 것이라 할 수 있다. 그것은 어쨌든 여기에서는, 유학자 비판이
앞의 노리나가에게서 보았던 것과 같은 중화사상의 독선성으로 향하지
않고, '공화정치'로 연결되어 있음에 주목하자. 이 언설은 아쓰타네와
노부히로에게는 없는, 『곤여도식』 이후의 사상 공간 안에서 생겼다.

　『곤여도식』에는 '공화정치'를 포함하는 정체론 뿐만 아니라, 또 제국을
정점으로 하는 계층시스템론과는 다른 주권국가 간의 평등을 원칙으로
하는 서구국가 시스템관에 대한 싹이 보이는데, 그것을 명확히 제시했던
것이 중국에 거주했던 미국 선교사 마틴이 한역하고 게이오慶応 원년(1865)
에 번역 출판된 『만국공법』이었다.[28] 『만국공법』에서는, '자주자립'하는
여러 국가 사이는 평등하고, 보편적인 법 아래서 국제사회가 성립함을

---

27) 『增補大国隆正全集』 卷1 (国書刊行会, 2001年) 85~86쪽. 이하 인용 쪽수는
　　본문 안에 약기했다. 오쿠니 다카마사의 '일본' 의식에 대해서는, 졸저 『近世
　　神道と儒学』 제14장 「大国隆正の 'やまとごころ'論」을 참조 바람. 그리고 오
　　쿠니 다카마사의 난학자의 번역지리서 수용에 관해서는, 오쿠니의 진무神武
　　덴노를 기원으로 하는 중흥기원론과의 관련에서 아라카와 구스오荒川久寿男가
　　논하고 있다. 荒川久寿男 「大国隆正の中興紀元論について」 (『皇学館論叢』
　　3卷 6号, 1970年) 참조.

28) 丸山眞男 「近代思想史における国家理性の問題」 (『忠誠と反逆』) 수록, 筑摩
　　書房, 1992年), 야스오카 아키오安岡昭男 「日本における万国公法の受容と適
　　用」 (『東アジア近代史』 2号), 및 앞의 졸저를 참조 바람. 만국공법이 일본을
　　포함한 동아시아 세계에 초래한 의미에 대하여 야마무로 신이치山室信一는 "세
　　계 모든 국가는 주권국가로서의 평등한 권리를 갖는다는 다원적 · 상대적인
　　만국공법의 '이념'은 중국과 제국가의 대칭성과 상대성을 주창함으로써 종번
　　宗藩 · 조공체제로부터의 이탈과 자립화를 촉진했다"고 지적하고 있다. 『思想
　　課題としてのアジア』 (岩波書店, 2001年), 230쪽.

말하고 있었기 때문이다. 지금까지 지적해 온 것처럼 '공화정치'와 마찬가지로 주자학의 자연법적인 '천리' 관념은 이런 만국법을 수용할 때에도 적극적인 매개 역할을 해왔다.

그런데, 국학자들에게는 이런 보편적인 규범 하에서의 주권국가 간의 평등관은 그 정도로 간단하게 이해될 수 있는 것이 아니었다. 오쿠니 다카마사의 다음과 같은 비판이 그것을 말해준다.

> 벌조차 벌의 왕이 있다. 세계에 총왕이 없으면 만족스럽지 못할 것 아니겠는가. 총왕이 없음으로 인해 피차 서로 침범하여 쟁란이 그칠 때가 없다. 총왕이 있어서 그 명령을 좇아 갈 때는 무엇을 해도 그 이름이 바르며 만물의 원칙이 좋게 되는 것이다. 신대神代의 것은 잠시 제쳐 두고, 중흥中興부터 헤아려도 백이십여세百世, 이천 오백년, 그 줄기 변치 않으시는 우리나라의 덴노를 세계의 총왕으로 정하여, 그대들 나라들 망신이 되지 말라. 아주 잘 생각해 보실 것. (『馭戎問答』卷上, 全1, 106頁)

국가 간에는 상하의 종적 서열 관계가 반드시 존재한다. 다카마사의 이해에 따르면, 만국공법을 기초한 그로치우스[29]는 "지나인의, 중화와 이적으로 만국을 둘로 나누어서 자국을 중히 하고 타국을 가벼이 함을 싫어하여, 그것을 사론私論이라 하고 공법을 세웠다"(『新真公法論』, 全三, 211頁)까지이고, 국제사회는 "저 어디에서 국작国爵을 세움에 제작帝爵·왕작王爵·후작侯爵이 있다. 일본국은 본래 제작오국帝爵五国안에 있다"(『球上一覧』卷上, 全8, 129頁)고 하듯이 세계 여러 나라는 계층시스템에 의해 성립되어 있다는 인식을 다카마사는 의연히 갖고 있었다.[30] 그 이유를 다카마사는

---

29) 네덜란드 출신 정치사상가이자 법률가 Hugo Grotius(1583~1645)를 말함/역주
30) 주16)에서 언급했다시피 국학자뿐만 아니라 유학자들도 帝爵-国爵의 계층질서로부터 벗어나기가 어려웠다. 『곤여도식』 이후의 서양사론인 아사카 곤사이의 『洋外紀略』, 사이토 사쿠도의 『蕃史』 외에 오쓰키 세이반大槻西磐의 『遠西

이렇게 말한다.

지금, 만국에, 통할하는 군주가 없으므로 만국이 동등하다 하여 공법을 세운다는 것은 스스로는 용납키 어렵다. 사람은 선인과 악인이 있다. 선인은 모두 이를 존중하고 악인은 모두 이를 비하한다. 이로써 생각하면, 나라에도 선악존비는 반드시 있다. 그렇다면 서양에도 조속히 국작國爵이란 것을 세워서 제작국帝爵国, 왕작국王爵国, 대공작국大公爵国으로 해서, 그 나라의 군주를 만국을 통할하는 군주로 우러러야 할 것이다. (『新真公法論』, 全3, 214頁)

다카마사는, 사람에게 '선악존비'가 있듯이 세계 여러 나라에도 "선악존비는 반드시 있다"고 한다. 여기서는, 세계에 병립하는 복수의 제국 가운데 황통 일계의 일본이 특히 우수하다는 사이스케 이래의 논점은, 오히려 보다 강고해졌다고 조차 할 수 있다. 다카마사는 덴노는 여러 제국帝国의 황제의 위에 위치하여 그들을 통할하는 '총제總帝'라고 한다. 이 '덴노 총제론'은 그의 독특한 논리였다.

제국 가운데 다만 이 일본의 덴노 만이 신대로부터 황통을 전해오셨다. 그렇다면 이 일본의 덴노를 세계의 총황으로 하여 만국에서 우러러 받드는

記略』(安政2年刊)에는 바빌로니아·페르시아·기리시아·로마·토루코·오로스의 「帝国記」, 프랑스·스페인 등의 「왕국기」를 구별하고 있다. 小沢栄一 앞의 책 449쪽 참조. 또한 왕국이 제국으로부터 자립한 것을 가치적으로 부정적으로 평가하는 예는, "로마의 제업帝業이 쇠퇴함에 따라 각국이 자립하여 서로 먹는 일이 더욱 전국의 칠웅 같다. 지금에 이르러 일제一帝로 돌아간다"(나가야마 죠엔長山樗園『西洋小史』, 嘉永元年頃, 小沢栄一 앞의 책 439쪽 인용), "신주神州의 국체는 크게 외국 혁명의 풍의와는 같지 않다. 그러므로 만고일계의 천조天朝를 익재翼載하는 것, 또한 이방이 자립하는 군주自立之主를 보報함과 크게 다르다. 그러한 즉 존황양이는 황국신민의 만고불역의 상도常道이다. 이를 능히 변지弁知함을 국체를 아는 것이라 하고, 또한 국시의 큰 기본을 세우는 것이라 이른다"(山口藩明倫館の告諭, 『日本教育史資料』第1册, 1890~92年, 721頁) 등이 있다. 당연하지만, 국가평등관은 일부의 주자학자은 이해할 수 있었다 해도 대다수는 계층 질서관에 머물러 있었다. 그 이유는 군신·부자·부부 라는 종적 인간관계를 절대시하는 주자학자에게는 국가 사이의 평등은 받아들이기가 어려웠기 때문이었다.

것이 참으로 당연한 이치다. (『新真公法論』, 全三, 214頁)

마쓰우라 미쓰노부松浦光修는 다카마사의 '덴노 총제론'이 페리의 내항에 직면하여 조정과 막부의 존재를 논리적으로 정합시키기 위한 목적으로 성립한 것임을 지적하고 있다.[31] 그것은 확실히 대외적인 교섭에서 일본의 존엄을 잃지 않기 위한 논리로서 제공되어 있다. 그것을 단적으로 다카마사는 다음과 같이 말한다.

> 우리 일본인, 외국인에 개방할 것에는, 우리 일본은 평범한 제작帝爵의 나라와는 달리, 지금 제일열의 높은 나라이기 때문에 스스로 대제작의 국체를 갖추고 있음이다. 지금 보다 뒤에 서양에서 나라의 자리를 정할 때에 별도로 대제작의 나라를 세워서 일본을 그 위치에 두고, 그 외 제작의 국왕들은 우리 덴노를 세계의 총왕으로서 조공을 바쳐 신하로 칭하고, 우리 조정의 관작을 받으라고 좋은 말로 해야 할 것 아닌가. (『本学挙要』卷上, 全1, 18~19頁)

이 다카마사 설을 받아들여 다케오 마사타네도 같은 말을 한다.

> 홀로 우리 대황국大皇国만이 전 세계를 관통하는 확호確乎한 대제작국大帝爵国으로, 지나·독일·도아격都児格(티키)·로서아·불란서 같은 것은 사사로이 참칭하는 가짜 제국이다.[32] (『大帝国論』)

또, 마사타네에 따르면, 다카마사와 마찬가지로 "덴노노미코토天皇命는 곧 하나의 지구 안에 대군주로 대좌에 자리하고, 천조天朝는 곧 전 세계의

---

31) 松浦光修『大国隆正の研究』(大明堂, 2001年)는, 다카마사의 '덴노총제론'의 사상적 배경으로서 하쿠세키·사이스케 등의 '제국' 인식을 들고, 난학의 '제국' 관념이 "정통성을 기준으로 하여 여러 국가를 선별할 수 있는 점"에서, 사상적으로 '응용'가능한 것이었음을 지적하고 있다. 또 다카마사의 영향을 받은 다케오 마사타네竹尾正胤의 『大帝国論』에 대해서는 같은 마쓰우리 미쓰노부의 「『大帝国論』の一考察」(『明治聖徳記念学会紀要』12号, 1994年) 참조.
32) 『国学運動の思想』(日本思想大系51, 岩波書店, 1971年) 491쪽. 이하의 인용 쪽수는 본문에 약기했다.

대제국"(上同, 491頁)이었다. 여기서는 오래된 계보와 난신적자亂臣賊子가 없었음이 더욱 더 강조된다. "서양은 예부터 구라파 전체의 제국으로 칭해온 독일"(上同, 492頁)조차 "서양에서 역대 전통의 제국이라고 자랑해도, 그 추장의 조상을 찾아보면 겨우 'シント신토'라 불릴 뿐인 자로서 존중하기에 족하지 않다. 또 게다가 군주를 죽이고 빼앗거나 위에 기재한 것처럼 반란이 대대로 끊이지 않는다. 지극히 혼란한 나라여서 'マキセンシウス마키센시우스' 같은 부류가 제위를 노리고 쟁란을 일으킨 것으로써도 왕통이 옳지 않음을 알겠다"(上同, 495頁)라고 한다. 그리고 이에 비하여, "이렇게 흉맹용위凶猛勇威한 자, 군사를 일으켜 이웃 나라를 병탄하고 자립하여 제帝라고 칭함은 정통의 제국이 아니기 때문이다. 실로 우리 황통과 같은 제위帝位가 있다면 모반 · 역적의 무리가 스스로 정예하고 강한 군사력의 위세에 맡겨, 가령 제왕이라 칭한다 해도 싸울까. 나라의 사민士民이 군상이라고 우러러 신하로서 복종하지 않겠는가"(上同, 498頁)라 하여, 일본의 황통일계의 우위성 · 정통성을 역사적으로 주장한다.

4. 국학자가 거부한 관념

서양정보가 에스노센트리즘(ethnocentrism)을 극복하는 계기가 될 수 있었는지의 여부의 문제에 대해, 이 장에서는 국학자가 이용했던 서양지리서 자체의 성격에 주목했는데, 결론적으로는 부정적이다.

여기서 분명해진 것은, 국학자가 난학자의 서양지리서를 이용한 이유는, 그 자체가 국학자로서 이질적인 타자는 아니었던, 환언하면 자기의 세계인식과 가치의식에 저촉되지 않았기 때문이었다. 다만 이것도 야마무라 사이스케까지의 초기 단계였고 『곤여도식』 이후에는 그 한계를 넘는 듯한 정보가 유입되었다. 거기에는 국학자로서는 이해할 수 없는, 도저히 받아들이기 어려운 서양 정보가 포함되어 있었다. 구체적으로는 '공화정치'인 국가평등관념이었다. 일부의 유학자는 요순堯舜의 다스림을 이상화함으로써 '공화정치'를, 또 자연법적인 '천리'를 매개로 하여 국가평등관을 받아들일 수 있었으나, 국학자는 이 두 가지를 아무래도 허용할 수 없었다. 그리고 이 두 가지 때문에 막말의 오쿠니 다카마사와 다케오 마사타네에 이르게 되면 더욱 더 사이스케 단계의 서양정보에 의해 획득된 여러 국가·여러 민족을 서열화하는 계층시스템관이 강조되어 에스노센트리즘은 극복되기는커녕 오히려 심화되었다.

5장

근세 일본의 봉건 · 군현론의 두 가지 논점

일본 역사와 세계 지리의 인식

쇼헤이자카 학문소(昌平坂学問所)

1. 봉건·군현론의 과제

근세 일본의 봉건·군현론을 고찰하고자 할 때, 아사이 기요시浅井淸의 『明治維新と郡県思想메이지유신과 군현사상』은 그 출발점이라 할 수 있다. 아사이의 저술 의도는 그 제목이 단적으로 시사하듯이 군현사상이 메이지 정부의 중앙집권국가 건설의 큰 추진력이었다는 것, 그리고 군현제도 채용이 '입헌군주국가 건설의 필연 과정[1]'이었음을 실증하는 바에 있었다. 군현사상이 메이지 초기의 판적봉환版籍奉還/한세키호칸·폐번치현廃藩置県/하이한치켄을 추진했던 논리의 하나였음을 고려할 때, 아사이의 책은 지금 더욱 유익하다. 그러나 에도시대에 한해 말하면 검토할 여지가 있다고 생각된다.[2] 그 근본적 이유는 아사이의 책이

---

1) 浅井淸, 『明治維新と郡県思想』(厳松堂書店, 1939年) 15쪽.
2) 에도시대의 봉건·군현론에 대한 기존 연구는 다음과 같다. 植手通有「江戸時代の歴史意識」(『日本近代思想の形成』岩波書店, 1974年). 小沢栄一「幕藩制下における封建・郡県論序説」(『東京学芸大学紀要』第3部門·24集, 『近世史学思想史研究』吉川弘文館, 1974年). 衣笠安喜「近世人の政治・社会観」(『日本史研究』199号, 1979年3月, 『近世日本の儒教と文化』수록, 思文閣出版, 1990年). 石井紫郎「'封建'と'郡県'」(『東西法文化の比較と交流』, 1983年. 『日本人の国家生活』수록, 東京大学出版会, 1986年). 石井紫郎「'封建'制と天皇制」『法学協会百周年記念論文集第一卷』, 1983年. 『日本人の国家生活』수록, 東京大学出版会, 1986年). 高橋章則「上古封建'論と国学」—近世史学思想史の一断面(『日本思想史研究』16号, 1984年). 同上「本居宣長の'国造'制論とその思想的意味—宣長学考察の一視点」(『日本思想史学』16号, 1984年). 同上「新井白石の鬼神論と'大化改新'論」(『日本思想史研究』17号, 1985年). 河原宏「郡県'の観念と近代'中央'観の形成」(『年報政治学1984 近代日本政治における中央と地方』岩波書店, 1985年). 宇野田尚哉「近世儒教の経世論—相克する〈徳川日本〉の諸表象」(『江戸の思想』3号, 1996年2月). 자료의 소재는 이들 연구에서 많은 것을 배웠다. 또 이 장의 초출 논문이 수록되어 있는 張翔·園田英弘編 『封建'·'郡県'再考』(思文閣出

봉건으로부터 군현으로라는 도식에 의해 근세 일본의 봉건·군현 사상을 기술하는, 이른바 결말로부터의 계보론이었기 때문에 논술이 충분하지 않다는 점과 누락된 부분이 있기 때문이다.

때문에 이 장에서 다룰 논점은 두 가지이다. 하나는 복고와 군현의 관계다. 왕정복고 대호령大号令→판적봉환→폐번치현이라는 일련의 정치 과정을 볼 때, 일반적으로 마치 왕정복고 대호령이 발령되었을 즈음에 이미 폐번치현으로 이어지는 프로세스를 메이지 신정부 지도자들이 생각하고 있었을 것이라는 착각을 하기 쉽다. 그러나 아사이에 따르면 왕정복고 대호령은 어디까지나 '진무神武 창업의 시초'에 기초함을 선언했을 뿐으로서, 반드시 군현제를 채용하겠다는 기치를 든 것은 아니었다. 요컨대 "본래 우리나라는, 메이지 이전은 유교의 영향을 받아 우리나라 상고上古를 지나支那 상고의 삼대三代(夏·殷·周/역주)같은 봉건으로 보는 학설이 많고, 이를 군현으로 보는 학설은 아마도 절대 없었을(絶無) 것이다. 그러므로 진무 창업으로 돌아간다는 것은 결코 당연히 군현론은 아니었을 터이다"[3] 라고 아사이는 지적하고 있다. 아사이의 이 주장은 과연 타당한가. 정말로 메이지 이전에 "우리나라 상고를 지나 상고의 삼대같은 봉건으로 보는 학설이 많았"던가. 그리고, 더하여 '우리나라 상고'를 군현의 시대로 간주하는 논의가 '절무絶無'했던가. 이 점에 대해 좀 더 차분히 근세 일본의 사상계를 되돌아보고 '절무'라고까지 단정할 수 있을지의 여부를 검증해 보는 것이 이 장의 하나의 과제다.

그리고 또 하나의 과제는, 규범으로서의 군현제가 서양에 있다는

<hr/>

版, 2008年)은 봉건·군현론의 원리적 고찰과 함께 중국과 일본에서의 전개를 논한 여러 논문이 수록되어 있어 유익하다.
3) 浅井, 앞의 책, 71쪽.

아사이설과 관련이 있다. 아사이는 "서양 여러 나라의 근대 입헌 정치조직의 지반으로서의 군현제도"라는 인식은 "막말에 이르기까지 거의 알려진 바가 없었다. 그런데 이를 알게 되면서 우리나라 사람은 종래의 유교적인 군현·봉건사상에 중대한 수정을 가하지 않을 수 없게 되었다"[4]고 말하는데 이는 올바른 이해인가. 아사이는 서양의 군현제를 소개한 서적으로서 안세이安政 6년(1859)에 구리모토 죠운栗本鋤雲[5]이 프랑스인 메르메 카숑[6]으로부터 전해 들었던 것을 기록한 「鉛筆紀聞연필기문」이 "가장 오래되었을 것"이라고 추정하고 있다. 죠운이 "서양 제국의 근대 입헌정치조직의 지반으로서의 군현제도"를 상세히 전한 것은 틀림없지만, 그 정보를 오랑캐의 것이라 하여 완전히 부정하지 않았던 배경에는 그 이전에 난학이 학문적으로 축적되어 있었기 때문일 것이다. 물론 아사이도 그것을 충분히 이해한 데에서, 프랑스의 지방 제도를 기록한 것으로서, 예를 들면 간세이寛政 원년(1789)에 출판된 구쓰키 마사쓰나朽木昌綱[7]의 『泰西輿地図説태서여지도설』과 분세이文政 9년(1826) 경에 번역된 아오치 린소의 『여지지략』을 들면서 난학의 세계지리서와의 관계를 시사하고 있는데 그 이상의 언급은 없다. 앞의 서술처럼 근세 일본의 봉건·군현론 자체가 아사이의 논의의 전제였음을 고려하자면 어쩔 수 없는 면이 없지는 않았다 하더라도 그로써 누락되는 문제가

4) 浅井, 위의 책, 92~93쪽.

5) 1822~1897. 막말 外国奉行가이코쿠부교/막부의 외교담당 직명역임. 메이지 유신 직전 1867 도불, 막부 붕괴후 귀국. 신문기자로 활동/역주 *고토방쿠 일부 참조

6) 1828~1889. Eugène-Emmanuel Mermet-Cachon. 막말에 來日한 프랑스인 신부. 막말 에도 막부를 지원했던 주일 프랑스 공사 레옹 로슈의 통역관. '和春'이라는 일본 이름을 썼다/역주 *위키피다이 일부 참조.

7) 1750~1802. 단바노쿠니丹波国 후쿠치야마번福知山藩(현 교토부 북부)의 8대 번주. 유럽 地誌와 세계지리 연구자. 화폐 연구가로도 알려져 있다/역주 *위키피다이 일부 참조.

없었는가의 여부는 검토할 가치가 있다. 그것은 다음과 같은 문장 때문이다.

> 생각건대 이 주州 중고中古 시절에 왕국의 이름이 있는 것, 翁加里亜オンガリア온가리아 · 博厄美亜ボエミア보에미아 · 斯刺勿泥スラホニア스라호니아(슬라비아) · 諾爾勿入亜ノルウエジア노루우에지아(노르웨이) · 思可斎亜スコシア스코시아(스코틀란드) 등이다. 그러나 앞의 세 나라는 지금 邏馬로마 제帝의 군현이고 諾爾勿入亜는 弟那瑪爾可デエネマルカ데에네마르카 왕의 군현, 思可斎亜는 譜厄利亜(잉기리아/영국) 왕의 군현이 되어, 오직 왕국의 이름만이 남는다. 그러므로 이 열 개 왕국의 열에 들어가지 않는다. [8] (山村才助『訂正増譯采覧異言』卷1)

야마무라 사이스케의 『정정증역채람이언』은 아라이 하쿠세키의 『채람이언』을 보정한 책으로, "질과 양 공히 우리 쇄국시대 제일의 세계지리서"[9]다. 이 책은 현금의 서양 여러 나라에는 '군현'이 여러 국가 사이에 존재하고 있음을 기술하고 있다. 세계지리서가 제공한 서양에 대한 이같은 정보는, 근세 일본의 봉건 · 군현의 논의에서 어떤 의미를 지니고 있었던가. 일반적으로 봉건 · 군현론은 중국과 대비하는 문맥에서 논의하는 것이 근세 일본인들의 통상적인 사례였는데, 세계지리서의 이런 정보가 그로부터 벗어난 별도의 가능성을 지니고 있었던 것은 아니었던가. 일종의 그러한 기대감이 부풀어 온다.

어찌되었든, 복고와 군현과 결부되는 최초의 문제는 일본의 역사상, 특히 고대에 대한 인식과 관련되어 있고 또 규모로서의 군현제의 문제는 서양인식과 관련되어 있을 터이다. 이 장에서는 이 두 가지의

---

8)『訂正増譯采覧異言』(蘭学資料叢書2, 青史社, 1979年) 164쪽.
9)『鎖国時代日本人の海外知識─世界地理 · 西洋史に関する文献解題』(開国百年記念文化事業会編, 乾元社, 1953年, 原書房, 1978年復刊) 48쪽.

논점을, 아사이 처럼 결말에서부터가 아니라, 출발의 문제의식으로부터 밝힘으로써 메이지 초기의 폐번치현의 이데올로기로서의 왕정복고= 군현제도의 채용이라는 언설에 대해 다시 검토해 보고자 한다.

2. 일본 역사의 이분법

근세 일본에서 일본 역사상을 묘사하고자 할 때, 봉건·군현 개념이 거의 유일한 틀이었음은 틀림없다. 그 때, 자신이 살고 있는 도쿠가와德 川 치세[御代]를 봉건제 시대로 간주한 다음 그때까지의 역사 과정을 어떻게 해석하는가의 차이에 따라 두 가지의 시대 구분법이 생겼다. 하나는, 아사이가 "우리 상고를 지나의 상고 삼대三代 같은 봉건으로 보는 설"로 지적하고 있는 역사상이다. 이는 7세기의 율령제 도입을 중국의 군현제 채택으로 보고, 그 이전의 '상고'를 봉건제 시대로 간주하여 봉건으로부터 군현으로 이행하고, 그리고 나아가 무가武家/ 부케 정권이 들어섬으로써 군현으로부터 한 번 더 봉건으로 바뀌었다는 삼분법이었다. 예를 들면 막부 말기의 국학자 오쿠니 다카마사의 다음과 같은 문장은 그 전형이다.

> 우리 상고는 지나支那 같은 봉건 형태였는데, 중고中古부터 군현 형태로 되었
> 다. 그리고 다시 봉건의 형태로 바뀌었다.[10](『馭戎問答』卷3, 安政2年成)

---

10)『大国隆正全集』卷1(有光社, 1937年) 107쪽. 다카마사에 따르면, 상고의 봉 건은 진무神武 덴노의 봉건제 실현 이후, 중고의 군현은 유교불교의 전래 이 후, 그리고 미나모토노 요리토모源賴朝의 무가정권 이후에 또 봉건으로 돌아 갔다는 것이다. 이 역사의 변천 속에 다카마사는 '신의神議'와 '기운氣運'의 움 직임을 보고 있다. 이러한 삼분법에 기초한 일본 역사상을 포함한 다카마사 의 역사사상에 대해서는 다마가케 히로유키玉懸博之「幕末における'宗教'と '国家」一大国隆正における宗教論と歷史論との関連をめぐって」(『東北大

그러나 이 봉건 → 군현 → 봉건의 삼분법 외에 일본 역사를 군현에서 봉건으로의 전개로 보는 이분법에 근거를 둔 역사상이 있었다. 오규 소라이의 다음의 말이 그것이다.[11]

　일본도 옛날에는 군현이었으나 지금은 봉건인 까닭에 당송唐宋 유자들의 설을 받아 들이기는 어렵다.[12] (『徂徠先生答問書』卷上, 享保12年成)

후술하겠지만, 삼분법이 보급되기 이전에는 군현에서 봉건으로 이행했다는 이분법이 오히려 일반적이었다고 생각된다. 이 이분법은 소라이와 동시대 인물인 이토 도가이伊藤東涯도 같은 입장이었기 때문에 반드시 소라이의 독자적인 견해였다고 보기 어렵고 적어도 소라이학 계통의 유자들의 공통된 인식이었다.[13] 예를 들면 다쟈이 슌다이太宰春

学文学部紀要』 31号, 1981年, 『日本近世思想史研究』 수록, ぺりかん社, 2008年) 참조.

11) 소라이 이전에 야마가 소코山鹿素行가 봉건·군현 병용론을 말했는데, 일본 역사로서는 『中朝史實』에서, 고대에 봉건의 시초와 군현의 시초가 이미 존재하고 있었다고 주장하고 있는 것처럼 시간적인 전개과정에는 그 정도로 관심은 없었던 것 같다. 다만 소코의 논의는 근세 국가의 존재를 생각할 때는 중요하다. 왜냐하면 오자와 에이이치에 의하면, 야마가 소코는 '막번 정치체제의 지배적 상에 대한 기초를 세우기 위한 의론'으로서 봉건·군현론을 취하여 자세히 설명했던 최초의 사상가였기 때문이다(小沢, 앞의 책. 450쪽). 잘 알려진 바와 같이, 소코는 주자학을 비판하고 근세 국가상에 걸맞는 학문으로서의 유학을 취했다. 그는 중국과 일본, 조정과 무가와의 차이에 착목하여, 봉건·군현 개념으로써 근세 국가상의 이론을 세우고자 했다. 그의 논의는 봉건·군현 병용론으로 알려져 있다. 소코의 봉건·군현론에 대해서는 이시이石井의 앞의 논문 참조.

12) 『近世文学論集』 (日本古典文学大系 94, 岩波書店, 1966年) 189쪽.

13) 봉건·군현으로써 역사상을 수립했다는 것은, 위정자의 덕·부덕을 재단하는 도덕주의적 역사관과는 다른 역사관 위에 서 있다는 뜻이다. 분명히 진시황은 악덕했다는 의미로, 군현제를 채용한 것 자체가 악덕의 증명이 된다는 것은 생각할 수 있지만, 제도의 좋고 나쁨이 현실적인 효과의 차원에서 문제가 됨에 주목해야 한다. 이런 의미에서는 소라이 이후의 에도 후기에 봉건·군현 개념에 의한 역사상이 문제가 된 것은 우연은 아니다. 오자와 에이이치는 이 점을 "오규 소라이·다쟈이 슌다이라는 겐엔護園학파에게, 현실의 정치가의 도의가 아닌 작위, 정책론이 중대한 과제가 되었을 때, 정치제도로서의 봉

台도 같은 견해를 피력하고 있다.

중화中華는, 왕고往古는 봉건의 천하였고 진한秦漢 이후는 군현이었다. 일본
은 옛날에는 군현의 정체政體였으나 지금은 봉건이다. 이국과 본방이 고
금의 세태가 바뀜이 이와 같다.[14] (『経済録』 卷1, 享保14年刊)

아는 바와 같이 슌다이는 일본의 고대는 야만의 세계로서, '도道'라는
말이 없었다고 논하고, '중화'의 군현제를 받아들임으로써 비로소 문명이
개화했다고 생각하고 있었다.

일본은 상고의 일을 기재記載함이 상세하지 않아 미루어 생각[推考]하여 알
수 없다. 진무 덴노가 제위에 오르셨을 때, 어떠한 법을 정하지도 않았고 제
후를 세우지도 않았으며 군현을 설치함도 없어 홍황초매洪荒草昧함 그대로 수
백 년을 거쳐 왔다. 그 후 이국異国과 교통함에 이르러서는 중화는 이미 군현
의 다스림이거니와 우리나라도 이를 본받아 구니国와 군郡을 정하여 설치하
였는데, 구니는 고쿠시国司를 두고 군에는 군지郡司를 두었다.[15] (『経済録』 卷1)

슌다이에 의하면 진무 덴노 이래의 일본의 '상고'는 '홍황초매'한
세상이었고, 아직 문명화되지 않은 미개한 시대였다. '중화'의 군현제를
채용함으로써 국군国郡제도가 만들어지게 되어 문명화 되었다고 한다.
그리고 슌다이는 군현으로부터 봉건으로 이행하는 시기에 대해서는
"신조神祖가 명을 받아 나라[海内]를 하나로 하기에 혼란스러워, 이를
해결코자 여러 호걸귀항자豪傑帰降者를 신하로 삼았고, 또 자제 공신을
봉하여 울타리[藩籬번리]를 지키도록 명하였다. 이에 비로소 제후가 있게

건·군현론이 다시금 중요한 의의를 띠고 있다.

14) 『徂徠学派』 (日本思想大系37, 岩波書店, 1972年) 22쪽. 한편   다이의 역사
사상에 대해서는, 玉懸博之 「太宰春台の歴史思想」 (源了圓編 『江戸後期の比
較文化研究』 ぺりかん社, 1990年, 앞의 책 『日本思想史研究』 수록) 참조.

15) 『徂徠学派』 20쪽.

되니 대체로 삼대의 봉건제도와 비슷하다"(及神祖受命, 混一海內, 因立諸豪傑歸降者為侯, 又封子弟功臣, 令守藩籬, 於是始有諸侯, 大似三代封建之制)[16](『斥非』, 延享二年刊)고 하고 있는 것처럼 도쿠가와 아에야스德川家康에 의해 시작되었다고 하고 있다.

'중화'의 봉건제가 도쿠가와 치세에 실현되어 있었다는 이와 같은 사고는 중국에 대한 일본의 우위성을 주장하는 근거로서 퍼졌다. 그 주장은 망명 주자학자 슈 슌스이朱舜水의 감개에 의해서도 보강되어 있다. 슌스이는 "당토唐土/중국에서는 옛날의 봉건 세상이 우수하다고 하기도 하고, 또는 후세의 군현이야 말로 뛰어나다고 하기도 하는 등 그 설이 여럿이나, 이 나라에 와서 비로소 봉건 시대의 풍의風儀라고 할 수 있는 것을 직접 봄에 참으로 삼대三代 성인의 법이 있다고 생각된다"[17] (雨森芳洲『たはれぐさ』卷上, 正德年間跋)라고 한다. 슌스이의 이 말은 자기의 망명을 허락한 나라 사람들에 대한 일종의 립서비스임을 부정할 수는 없으나, 용맹했던 '동이'의 나라에 사는 소외된 유자로서, '중화'에 대한 열등감을 뒤집기 위한 우월감을 부추기는 것이라 하겠다. 사실 에도 후기의 사람들 이 이분법을, 이제는 군현의 나라로 바뀌어 버린 중국과 비교하면서 늘 말하고 있었던 것이, 무엇보다 그것을 암시한다. 다음과 같은 문장이다.

도가이東涯 이르기를, '봉건이 폐지되고 군현이 흥한 것은 한토漢土(=중국)의 고금古今이며, 고쿠시国司가 바뀌어 수호守護를 오로지 함은 본조의 고금이다. 본조의 오늘은 한토의 예古이다. 그러므로 술직述職 조공朝貢하는 오늘날의 예의는 삼대의 공후백자남公侯伯子男과 같다. 진한秦漢 이후를 보건대

---

16) 위의 책, 144쪽.
17) 『名家隨筆集』卷下 (有朋堂文庫, 1914年) 23쪽.

곧 헛되이 그 이름이 있을 뿐이니, 한토의 오늘은 본조의 옛날이다. 그러므로 고쿠시 군지郡司라는 왕조의 제도는 한당漢唐과 송명宋明의 군수郡守 현령縣令 같은 것이다. 삼대의 시절을 살펴보건대 곧 그 기준을 볼 수 없다. 이것이 고금의 대체이다(東涯曰, 封建廢而郡県興, 漢土之古今也. 国司替而守護專, 本朝之古今也. 本朝之今, 即漢土之古. 故述職朝貢今日之礼, 猶三代之公侯伯子男也, 視之秦漢以後, 即徒存其名焉. 漢土之今, 即本朝之古, 故国司郡司王朝之制, 猶漢唐宋明之郡守県令也. 稽之三代之時, 則未見其準焉. 此古今之大体也)[18] (『盍簪錄』, 『正名緒言』卷上所引)

경제의 큰 취의에는 두 가지가 있다. 봉토와 군현이 그것이다. 당산唐山에서는 하·은·주夏殷周 삼대는 봉건이었고, 진나라 이후는 군현으로 되어 지금까지 변함이 없다. 일본은 고대에는 군현이었고 지금은 봉건이다.[19] (林子平 『海国兵談』 卷16, 寬政3年刊)

본조는 고금 이래 군현제도로써 천하를 부렸다. 센고쿠戰国 이후 이미 봉건으로 다스렸으나 관작 제도는 군현의 고사故事를 그대로 씀으로 인하여 봉작封爵의 전범典範이 없었다. 또한 서토西土의 후세에 이미 군현의 치세로 됨과 같고 그리고 다섯 등급의 봉호로써 조신朝臣에게 헛되이 더하는 것 같으니 진실로 우리들이 논의할 바가 아니다(本朝古者以郡県之制而馭天下. 戰国以後, 既爲封建之治, 而官爵之制, 仍用郡県故事, 未有封爵之典. 亦猶西土後世既爲郡県之治. 而猶以五等封号, 虚加於朝臣也. 固非我輩所得而議也).[20] (猪飼敬所 『操觚正名』, 寬政7年成)

본방本邦의 상세上世는 나라에는 사司/시와 조造/미야쓰코가 있었고, 군군郡에는 령領료/미야쓰코이 있었으며 현에는 주主가 있던 군현의 제도였다. 밝고 빛나는 이천년 동안 변함이 없었다. 쇼군 미나모토노 요리토모源賴朝가 권력을 취하여 천하를 나누되 공功이 있으면 상賞을 주어 이에 봉건이 밝아지게 되었

---

18) 『日本経済叢書』 卷16, 117쪽.

19) 『海国兵談』 (村岡典嗣校訂, 岩波文庫, 1939年) 252쪽.

20) 『日本儒林叢書』 卷8, 17쪽.

다. 우리 열조烈祖가 사해를 통일하여 천이백년동안 바뀜이 없어 제후가 복종하고 백성이 편안했다. 이 이후에 이 같음이 몇 수 백 년인지 모른다. 이로 말미암아 보건대 본방에서 행해진 즉 봉건 군현이 다 어긋남이 없었다. 모든 땅에서 행해진 즉 봉건 군현에 두 가지 폐단이 있다. 모든 사람이 본방 제도를 보지 못할 따름이다(本邦上世, 国有︵司有︵造, 郡有︵領, 県有︵主, 郡県之制也. 皞々熙々歷二千禩 而不︵変. 源将軍頼朝, 擧︵権割︵裂天下︵, 以賞︵有功︵, 封建昉︵於此. 我烈祖統一四海︵, 仍而不︵改千今二百年禩, 而諸侯帖服, 黔黎艾安. 自︵是之後, 不︵知幾世幾歲如︵此. 由︵是観︵之, 行︵於本邦︵, 則封建郡県倶無︵失. 行︵於斉州︵, 則封建郡県両有︵弊. 斉人惟不︵見︵本邦之制︵耳).[21](『佪庵初集』卷4, 封建論, 文化8年成)

대개 우리나라 풍속이 중국과 다름이 있어, 그러므로 제왕은 하나의 성姓이며 반민叛民이 뜻을 얻은 자 없다. 그러나 장상將相이 바야흐로 눌러서 번갈아 일어나 권세를 맡았는데, 그 기세가 수차례 변하고 수차례 일어났다. 그러므로 이전은 군현이요 이후는 봉건이니 중국의 고금과는 상반된다(蓋我国之俗, 有︵異︵於漢土︵者︵, 故帝王一姓, 無︵民得︵志者︵. 然将相方鎮, 迭起司︵権. 其勢数変数成. 故前郡県, 而後封建, 与︵漢土之古今︵相反).[22] (賴山陽 『通議』卷1, 論勢, 天保3年成)

당토唐土는 옛날은 봉건이고 지금은 군현이다. 우리나라는 옛날은 군현이고 지금은 봉건이다. 봉건과 군현이란 인정과 풍속이 바뀌어 온 것이다.[23] (広瀬淡窓 『迂言』天保11年成)

당토는 봉건에서 시작되어 군현으로 되었다. 우리나라가 이와 반대되는 것은 무엇 때문인가. 내 이르노니 이는 넓고 좁음의 다름이다.[24]

---

21) 西尾市岩瀬文庫所藏.
22) 安藤英男編『賴山陽選集』卷5 (近藤出版社, 1982年) 298쪽.
23) 『近世政道論』(日本思想大系38, 岩波書店, 1976年) 298쪽.
24) 『日本儒林叢書』卷2, 69쪽.

우에테 미치아리植手通有는 이 이분법에 대해 "군현에서 봉건으로의 시대 구분은 주대周代 봉건제의 이상화理想化와 도쿠가와 봉건제 찬미를 결부시킴으로써 상고尚古 내지는 복고復古와 현상 긍정이라는 두 가지 경향을 안이하게 양립시켰다는 점에서도 주목해야 할 의미가 있다"[25] 고 지적하는데, 그 정도로 안이하지는 않았다. 그것은 소라이의 시문을 계승한 핫토리 난가쿠服部南郭가 언급한 다음의 말에서 엿볼 수 있다.

> 중국 학자의 이굴理屈을, 오늘날 학자가 그대로 베껴서 여러 가지로 말하지만 모두 맞지 않다. 오늘날 일본의 다이묘大名가 있는 모양, 세계가 꾸려진 모양은 천지가 열린 이후 이 형태 일색의 방법이다. 주공周公과 공자가 나오신다 해도 따로 이를 재편성 할 방법이 없다. 그것을 후세의 군현 시대의 이굴에서 평판함을 듣지 못했다. 또한 옛날 봉건 시대의 것을 갖다 대어도 지금의 다이묘 제도와는 유난히 다른 것이 있는 것이라 한다, 난가쿠가 하신 말씀.[26] (『文会雑記』)

소라이는 당시를 "지금은 봉건이다"라고 분명히 규정했고, 슌다이도 "삼대의 봉건제도와 거의 흡사하다"(前出)라고 말하고는 있다. 그러나 이시이 시로石井紫郎에 의하면 경세가로서의 소라이는 "엄중한 지방 제어장치를 갖춘 중앙집권 국가상을 그리고"[27] 있었다. 또 "대저 삼백 제후는 완연한 삼대三代의 제도이다"[28](『斥非』 附録, 封建論)라고 말하는

---

25) 植手 앞의 책, 204쪽. 마스부치 다쓰오増淵龍夫도 일본의 봉건・군현론이 중국과 달라서 체제를 정당화하는 이념으로서의 역할을 다하여 비판개념이 되지 않음을 지적하고 있는데 과연 그러할까. 『歴史家の同時代史的考察について』(岩波書店, 1983年) 참고. 본고는 이러한 통설적인 이해에 대한 비판적 검토를 의도한다.

26) 『日本随筆大成』 I 期 14巻, 226쪽.

27) 石井 앞의 책, 280쪽.

28) 前掲 『徂徠学派』 164쪽.

슌다이의 경우도, "때를 앎"[29]$^{(『経済録』卷1)}$ 것을 설파하고 있었음을 감안할 때 소라이 학파의 학자들은 난학이 말하는 '옛날의 봉건'과 '지금의 다이묘 제도' 사이에 있는 괴리를 인식하고 있었다고 할 수 있다. 생각건대, 고문사학자古文辞学者 소라이의 날카로운 언어감각과 역사인식을 상기할 때, 괴리를 인식하고 있지 않았다고 생각하는 쪽이 오히려 어렵다. 이 점, 소라이의 토착론의 경우에도, '옛날의 봉건 시대'부터 당대의 '여숙旅 宿의 경계'에 대한 비판론이 있었음은 주의할 필요가 있다.[30] 이 괴리는 사무라이의 토착론이, 18세기 후반 이후의 대외적 위기의식이 높아지는 가운데 해방론海防論의 일환으로서 논의되자 보다 확실해졌다.

주지하는 바와 같이, 봉건제가 변경邊境 방위에 뛰어나다는 논점은 본래 중국의 봉건론에서 유래한다. 일본에서는 슌다이가 "대개 봉건은 성인의 제도이다. 공연히 은덕을 미루어 공功으로 갚고, 어버이를 어버이로 삼고 현자를 현자로 삼는 것만이 아니라, 바깥은 이로써 이적을 방어하고 안은 이로써 왕실에서 번병藩屏으로 삼는다. 천하의 이로움이 이 보다 더 큼이 없다"[31]$^{(『斥非』附録, 封建論)}$고 논하고, 또 "군현의 세상에서는 국세가 반드시 약했으니, 저 나라는 한漢나라 이래, 항상 이적의 침범으로 힘들었다(郡県之世, 国勢必弱, 彼国漢以来, 常苦夷狄侵犯」)"[32]$^{(帆足萬里『建業餘論』卷2, 文化5年跋)}$, "우리나라의 봉건제도는 그 유래가 오래다. 제후는 각자 그 구니国를 지키고 안으로는 왕실을 지키고 밖으로는 융적을 막으니 법도가 삼엄하고 호령号令이 숙정肅整하여 진실로 한당을 이미 뛰어 넘었으니 해외의 제후가 풍위를 바라서 경외하지 않음이 없다(我邦封建

---

29) 위의 책, 20쪽.
30) 衣笠 앞의 책, 14쪽.
31) 前掲『徂徠学派』164쪽.
32) 『帆足萬里全集』上卷 (帆足記念図書館編, 1926年) 580쪽.

之制, 其來尙矣, 諸侯各守┐其国┘, 內藩┐王室┘, 外捍┐戎狄┘, 法度森嚴, 号令肅整, 固已超┐軼乎漢唐┘, 海外諸侯, 靡┐不┘望┐風而敬畏┐焉)"[33] (安積艮齋『禦戎策』卷上) 고 말하고 있다. 이 변경 방비론防備論이 하야시 시헤이林子平 이후의 해방론海防論에서 강조된다. 예를 들면 이분법론자인 라이 산요賴山陽의 다음과 같은 논의이다.

저 땅[漢土]의 도적 막는 방책[防寇策]을 생각해 보면 둔술屯戌에 지나지 않을 따름이다. 도적이 올 때는 오는 방위와 장소[方所]가 있다. 방소가 없으면 둔술은 쓸모없다. 그래서 나는 그 쓰임이 족하지 않음을 알겠다. 어찌해서 그런가. 저들은 군현이고 우리는 봉건이다. 군현의 세력[勢]은 병력이 거처하되 없는 곳이 있고, (적당한)때가 없음이 있다. 둔술이 있기 때문이다. 봉건에 이르게 된 즉 병력이 거처하되 없는 곳이 없고, 때가 맞지 않음이 없다. 둔술을 일삼지 않기 때문이다. 도적이 오는데 방소가 없다는 것은 이것이 방어할 바가 없음이 아니다. 그래서 방어하는 까닭이 저에게 이로운 것이다. 어찌하여 그런가. 즉 제후는 각기 그 땅을 땅으로 하고 그 백성民을 백성으로 하니 곧 방어하지 않을 수 없기 때문이다. 제후가 아닌 자는 땅은 그 땅이 아니고 백성도 그 백성이 아니다. 그러한 즉 감히 방어하지 않을 수 없으니 감하 하지 못하는 자와 능히 할 수 없는 자는 그 힘을 다 쓰고 효용을 다 함에 사이가 벌어지는 것이다(考┐彼[漢土]防┐寇之策┐, 不┐過┐日┐屯戌┐耳已. 是其盜之来, 有┐方所┐也. 無┐方所┐者, 屯戌不┐可┐用也. 然吾知┐其不┐足┐用也. 何則彼郡県, 而我封建也. 郡県之勢, 兵有┐処而無┐, 有┐時而無┐. 所┐以有┐屯戌, 至┐封建, 則兵無┐処而無┐, 無┐時而無┐, 無┐事┐於屯戌┐也. 盜来無┐方所┐者, 非┐此無┐以防┐也. 而所┐以防┐之, 利┐於彼┐矣. 何則諸侯各土┐其土┐, 民┐其民┐, 則不┐能┐不┐防. 非┐諸侯┐者. 土非┐其土┐, 民非┐其民┐, 則不┐敢不┐防, 不┐敢者与┐不┐能者┐, 其竭┐力致┐效有┐間矣).[34] (『通議』卷3, 論辺防)

봉건제인 일본은, 다이묘 제후가 토지와 인민을 지배하고 있으므로,

---

33)『日本海防史料叢書』卷4, 1933年, 109쪽.

34) 前揭『賴山陽選集』卷5, 477~78쪽.

변경 지대 방비에 취약한 군현제인 중국보다도 바다를 방어한다[海防]는 점에서 낫다는 것이다. 그러나 물론 현실적으로는 에도시대의 사무라이武士는 병농분리 이후 죠카마치城下町에 집단으로 거주하며 토지로부터 유리되어 '여숙旅宿의 경계'에 있는 '화분花盆[=鉢植]'의 사무라이였다. 라이산요가 활동했던 덴포天保기 이전에는 몽고 내습시의 단병기습책短兵奇襲策이라는 전법을 논한다면 통용되었을지 모르겠으나, 아편전쟁에서 청조 패배의 정보를 접하고, 서양 열강의 경제력과 군사력의 파워가 몸에 닥치는 위협으로 감지되었을 때, 보다 절실하게 봉건제의 변경 방비의 유효성이 문제시되었다. 이에 대해서는 뒤에서 논할 삼분법론자의 토착론에서 검토한다.

한편 대외적 위기의 현실에서 봉건제의 군사적 우위성이 의문시되었을 때 다른 가능성이 대두된 것에 주목할 필요가 있다. 구체적으로, 군현으로부터 봉건제라는 이분법을 취하면서도 지금까지의 논의와 뉘앙스를 달리 하는 언설이 나타났다는 것이다. 그 대표자가 혼다 도시아키本多利明와 사토 노부히로의 역사인식이다. 알려진 바와 같이 두 사람은 대외적 경세론을 설파한 특이한 사상가들이다. 먼저, 혼다 도시아키는 서양 여러나라의 해외 진출책을 모범으로 삼은 『西域物語서역물어/세이이키모노가타리』(寬政 10年成)를 썼는데, 다음과 같이 말한다.

> (미나모토노)요리토모(源)賴朝는 가마쿠라鎌倉에 머물면서 세이다이쇼군征夷大將軍의 선지宣旨(덴노天皇의 말을 아래로 전하거나 또는 그것을 쓴 문서나 전하는 것을 맡은 사람/역주)를 받고 운에 올라 타 권세를 믿고 우쭐하고 천자를 멸시하여 다이텐구大天狗[35]

---

35) 텐구는 일본 민간신앙에서 전승되어 온 가미 혹은 요괴로 불리는 전설상의 동물. 일반적으로 수행자의 복장을 하고 얼굴이 붉고 코가 높으며 날개가 있어 하늘을 자유로이 날면서 심산에 산다고 함. 다른 뜻으로는 자랑하고 우쭐해 하는 사람을 가리키는데, 다이텐구는 매우 교만하거나 그런 사람을 가리키는 말/역주

로 세상에 평판이 나빴다. 거기다가 일본 소쓰이부시惣追捕使[36]를 내려 받아, 여러 구니에 슈고守護를 바꾸어 설치하고, 장원에 지토地頭를 두고 이를 다스렸다. 진무神武 이래의 군현의 법도를 봉건으로 개혁하고, 천자는 주어진 집도 없이 그때까지 지녔던 전답을 잃고 백성과 동등하게 되어 천하는 제멋대로 부케武家/무가가 하나로 통치하게 되었다.[37] (『経世祕策』卷下)

도시아키는, 미나모토노 요리토모가 슈고와 지토를 두었을 때, '진무 이래 군현의 법도'를 채택했던 중앙집권적인 국가가 '봉건' 시대로 되었다고 설명하여 군현으로부터 봉건으로의 이분법을 말하고 있는데, 지금까지 거론해왔던 논자들과는 그 의미가 좀 다르다. 여기서는 '진무 이래의 군현의 법도'로서, 군현의 기점을 다이카大化 개신 이후의 율령제 도입이 아닌 진무 덴노에게 두고 있을 뿐 아니라 '봉건으로 개혁하고, 천자는 주어진 집도 없이'라는 표현처럼 봉건제로 '개혁'한 것이 부정적으로 평가되고 있다. 진무 덴노의 군현제에 대해서는 사토 노부히로도 같은 견해다.

황국 상대上代에는 신세제기神世諸記에 실려 있는 것처럼, 호타루비노카가 야쿠카미螢火の光神와 사바에나스아시키카미蠅聲邪神[38]가 많이 있어, 곳곳의

---

36) 가마쿠라 시대에 설치된 군사검찰관의 하나. 미나모토노 요리토모源賴朝가 헤이케平家 토벌 중에 사이고쿠西国의 여러 구니国에, 1185年의 칙허 후에는 미나모토노 요시쓰네源義経를 추토追討하는 명목으로 지토地頭와 함께 전국에 설치했던 군사검찰관. 구니마다 1명씩 두었던 것과 장원 단위로 두었던 것이 있는데 전자는 슈고守護와 같은 실체로서 소쓰이부시라 불린 것은 조정의 인가를 얻었다는 표시로, 요시쓰네를 토벌한 뒤에 슈고로 호칭이 바뀌었다는 견해가 있다. 1190년에 요리토모가 소쓰이 부시에 임명된 후 여러 구니의 소쓰이부시의 임면권이 가마쿠라로 옮겨지게 된다. 쓰이부시는 나중의 슈고./ 역주 ※인터넷 백과사전 마이피디아 및 위키피디아 참조

37) 『本多利明・海保靑陵』(日本思想大系44, 岩波書店, 1970年) 23쪽.

38) 『일본서기』의 용어로, 아마테라스오미카미天照大御神의 명으로 니니기노미코토瓊瓊杵尊가 지상을 다스리기 위해 다카마가하라高天が原에서 히무카日向 지방으로 강림할 때(천손강림 신화) 나타난 가미(반딧불처럼 빛을 발하는 가미와 모기 날개 소리를 내는 가미)로서 두 가미 모두 사신邪神의 상징/역주

엄읍嚴邑에 할거하여 서로 자웅을 겨루는 싸움을 일삼음으로써 국토가 이 때문에 시끄러워져[騷擾] 창생蒼生이 도탄의 곤란을 겪는 것이 몇 천 년인 지 모른다. 그러므로 진무 덴노가 병위兵威로써 사악한 두목[邪酋]을 주륙 誅戮하여 사해를 한 줄기로 평안하게 함[統平]으로써 천하의 사민을 안정安 靖시키셨다. 이에 천하를 모두 군현으로 하여, 황도皇都를 야마토구니大和国 가시하라橿原(지금의 나라현/역주) 땅에 세우고 황도로부터 여러 고을에 구니노 미야쓰코国造・아가타누시県主를 두어 이를 다스리고, 토지를 나누어 봉건 으로 함이 절대 없었으니, 이를 만세의 정법으로 삼았다.[39] (『農政本論初編』 卷上, 封祿位田職分田季祿神地, 天保3年)

여기서도 진무 덴노가 '황도'를 세우고 '천하를 모두 군현으로 하' 여 '만세의 정법'을 수립했다고 한다. '황국 상대上代'가 미개했다는 것은 슌다이와 중첩되나, 군현의 기점을 '중화'의 율령제도를 도입한 이후가 아니라 혼다 도시아키와 마찬가지로 진무 덴노 때로 본다는 것이다. 게다가 중앙집권국가의 군현의 가치 평가도 종래의 논의와는 뉘앙스가 다르다. 확실히, 앞서 소개했던 이시이 시로의 지적처럼 소라이와 슌다이는 현실론으로서는 중앙집권국가를 묘사하고 있으나 표면적으로는 어디까지나 변함 없이 '중화'의 봉건을 이상적으로 여기고 있고 군현을 오롯이 긍정하지는 않았다. 그런데 도시아키와 노부히로는 진무 덴노의 군현적인 집권 국가의 참모습에 대해 긍정적으로 평가하고 있다.

그러면 그들의 평가가 왜 엇갈렸는가. 그 이유로, 그들의 세계인식에 결정적인 영향을 끼쳤던 난학자의 세계지리서를 고려하지 않으면 안 된다고 생각한다. 이를 검토하기 전에 우리는 '상고'를 봉건시대로 보는 삼분법을 살펴볼 필요가 있다.

---

39)『佐藤信淵家学全集』卷中 (岩波書店, 1926年) 34~35쪽.

3. 일본 역사의 삼분법

아사이는 "원래 우리나라에서는 메이지 이전은 유교의 영향을 받아
우리나라 상고를 지나 상고의 삼대 같은 봉건으로 보는 설이 많고 이를
군현으로 보는 설은 아마도 절대 없을 것이다"고 지적했는데, 이는
상고봉건 → 군현 → 봉건이라는 삼분법이었다.

에도시대에 삼분법을 주장한 인물이 누구인가는 특정하기 어렵지만
시기적으로는, "생각건대 우리 동방 상세의 제도는 삼대 봉건과 같고
중세 이후는 진한의 군현제와 같다(維我東方上世之制, 猶三代封建也, 中
世已降, 猶秦漢郡県之制也)"[40](「田制考序」)라고 했던 아라이 하쿠세키의
논의가 가장 앞선다. 다만 근세 일본의 사상계에서 삼분법이 큰 영향력을
가진 것이 국학의 대성자인 모토오리 노리나가를 기점으로 하고 있음은
틀림없는 사실이다.[41]

---

40) 『新井白石全集』 卷5 (国書刊行会編, 1977年) 45쪽.

41) 다카하시 아키노리高橋章則는 노리나가 삼분법의 획기성을 지적하고 있다(앞의
84년 논문 참조). 여기에서는 노리나가의 삼분법이 동시대 사람들에게 영향을
주었던 한 예로, 야마가타 반토山片蟠桃의 『夢ノ代』를 들고자 한다. 반토는 『夢
ノ代』에서 노리나가의 황당무계한 신대관神代観을 비판하고 있지만, 그러나 일
본 역사의 시대 구분에 대해서는 노리나가의 영향을 받았던 것 같다. 반토는
『夢ノ代』를 완성하기 전에 『宰我のつくのひ』를 지었는데, 그 책에서는 "한토
漢土는 처음에는 봉건이나 후에 군현으로 바뀌었고, 우리는 처음에 군현이었고
나중에 봉건으로 되었다"(『宰我のつくのひ』, 스에나카 데쓰오末中哲夫『山片蟠
桃の研究―著作篇』 269쪽)라며 이분법을 취하고 있으나 그 후 가모노 마부치
・모토오리 노리나가의 저작을 읽고, 그들을 비판함과 동시에 역사 구분과 관
련하여서는 삼분법으로 전환했기 때문이다. 즉 『夢ノ代』에서는 "한토는 처음에
봉건이었고 후에 군현으로 되었다. 일본은 처음부터 봉건제로 바뀌지 않았으
며, 중세에도 아직 완전히 소멸되지 않았다. 마침내 본래의 봉건으로 복귀했다.
아름답다고 해야 할 것이다"(制度第五, 『富永仲基・山片蟠桃』日本思想大系43,
岩波書店, 1973年, 334쪽)라고 말하고 있다. 이 전환에는 노리나가의 영향이
있었다고 추정된다. 다만 역사 인식으로서 노리나가의 영향이 있었다 하더라도
반토의 봉건론은 노리나가처럼 '길흉 만사의 일은 모두 하나 하나 가미의 행하
심'(『直毘霊』)으로 간주하여 현실을 그대로 용인하는 것이 아니라 소생산자로서
의 농민의 경제적・인간적 자립과 성장을 가능한 한 촉진시키고자 하는 '왕도'

당토唐土는 여하튼 세상이 바뀔 적[革命]마다 그 왕이 마음대로 천하의 법을
모두 바꾸어 버린다. 이는 그 제도를 단속하지 않기 때문이다. 우리나라는
그러하지 않아, 자잘하고 작은[細小]한 것이라도 때로 천자의 어의에 맡겨,
이국異国의 제도까지도 배우라 하는 것도 있고, 고쳐야 할 것이 있어도 천하
의 대법을 고칠 것이라 말하는 일 없다. 다만 자연의 대세[勢]에 따라 고쳐
간다. 그 자연의 대세라고 함은 모두 아마테라스오미카미天照大神의 어심御心
에서 나온다. 우리나라 상고上古는 봉건제였으나, 중고中古에 이르자 어느 사
이엔가 군현으로 되었고, 또 최근에는 봉건으로 되었다. 이는 어느 때 바꾼
것이 아니라 자연히 변한 것인데, 이는 모두 자연의 기세로 아마테라스오
미카미의 어심에서 나온 것이다.[42] (『本居宣長隨筆』 卷11, 『蘓庵隨筆』)

　노리나가의 이 삼분법은, 고대 일본에는 '도'가 없었고 '중화'의 군현제를
섭취함으로써 비로소 문명화되었다는 다자이 슌다이의 이분법에 대한
반론이라는 의미가 있다. 속된 표현으로, '일본에도 봉건은 있어!' 라는
나라 자랑이다. 단지, '한의漢意/가라고코로' 배척을 외쳤던 국학자의 경우,
이 나라 자랑은 '중화'를 존숭하는 유학자 정도로 직설적이지는 않았다.
왜냐하면 봉건제가 일본에도 있다는 언설 자체가 '중화' 봉건제의
가치를 인정하게 되기 때문이다. 그 때문에 노리나가는 지금 인용한,
초기에 간행되지 않았던 수필 『蘓庵隨筆순암수필/안즈이히쓰』에서 분명히 '
우리나라의 상고上古는 봉건제였으나, 중고中古에 이르자 어느 사이엔가
군현으로 되었고, 또 최근에는 봉건으로 되었다' 라고 하는데, 공간公
刊된 『古事記伝고사기전/고지키덴』에서는 미묘하게 표현한다. 『고사기전』
권1에 수록된 『直毘霊직비령/나오비노미타마』에서는 아마테라스오미카미의

<hr />

를 도모하는 체제 비판적인 성격을 띠고 있다. 사카사이 다카히토逆井孝仁 「山片
蟠桃における'封建'」(『立命館文学』 542号, 1995年 11月) 참조.
42) 『本居宣長全集』 卷13 (筑摩書房, 1971年) 603쪽.

자손인 "아마쓰히쓰기天津日嗣의 높으신 어좌는 천지와 함께 영원히 변치 않는다"고 하고 있는데, 여기에 붙인 보충 주석에서는 왕조가 교체되는 저 중국에서도 "주대周代까지는 봉건제라 하여 이런 구별이 있었으나, 그것도 왕통王統이 바뀌면 아래까지 함께 바뀌는 것이므로 실제로는 구별이 없다"[43]고 하여, 봉건제도의 세습제를 긍정적으로 말하고 있기는 하지만, 『순암수필』처럼 "우리나라, 상고는 봉건제다"라고 직설적으로 말하고 있는 것은 아니다. 또 노리나가는『고사기전』에서는 야마토大和 정권의 지방 지배 기구였던 구니노미야쓰코国造의 성격을 다음과 같이 규정한다.

> 고대 구니노미야쓰코는 대대로 전해져 그 구니国를 다스렸다. 한漢나라 고대의 봉건제도 이와 비슷하다. 그런데 고토쿠 덴노孝德天皇[44] 치세부터 저 나라의 군현제를 본 떠 교京[45]로부터 고쿠시国司를 멀리 보내, 여러 구니들을 다스리시게 되었다. 그 이전에도 미코토모치宰라는 직이 있었으나 각 구니에 반드시 정하여 설치한 것은 저 어대御代부터이다.[46] (『古事記伝』 卷7, 寬政10年成)

여기서도 노리나가가 '한나라 고대의 봉건제 역시 이와 비슷하다'고 뭉뚱그려 표현하고 있는 것은 봉건 개념으로써 일본의 '상고'를 이해하는 데 주저했기 때문이다. 왜냐하면 봉건제라고 단언해 버리면 중국적인 기준으로써 판단하는 일종의 '한의漢意'에 함몰되어 버리기 때문이다. 이를 피하기 위해서는 뒤에서 서술하는 것처럼 봉건·군현의 카테고리와는

---

43) 『本居宣長全集』 卷9, 57쪽.

44) 596(?)~654. 일본의 제36대 덴노(재위 645~654)/역주

45) 여기서는 나니와교難波京(고대 일본에 나니와 지역에 설치된 도성. 아스카 시대에 궁이 설치되었으나 교의 존재는 확인되지 않음)를 말한다/역주 *위키피디아 참조

46) 『本居宣長全集』 卷9, 338쪽.

다른 준거 개념을 창출할 수밖에 없었는데, 이에 대해서는 후술한다.

　노리나가의 삼분법을 지지한 사람들은 말할 나위도 없이 그의 학문을 계승한 국학파 학자들이었다. 여기서 중요한 것은, 노리나가가 "나니와難波[47]의 나가라노미야長柄宮[48]와 오우미淡海[49]의 오쓰미야大津宮[50] 쯤에 이르러서, 천하의 제도도 모두 한漢으로 되었다."(『直毘靈』)고 말한 것처럼, 고토쿠孝德 덴노와 덴지天智 덴노의 율령제도＝군현제의 채택을, 본래 덴노 통치의 모습을 중국풍으로 왜곡한 것으로 비난하는 점에서 공통적이라는 것이다. 이를테면 다음과 같은 문장이다.

　쇼토쿠聖德 태자가 신법新法을 제정하심은 세상 사람들의 뜻이 굽어 있기 때문에 그것을 바로 잡으려고 생각한 실의實義에 다름아니다. 나시면서 총명하시어 거창한 다른 나라의 도道들을 좋아하셨던 성격이시거니와 스메미오야카미皇御祖神[51]의 신도[神随]인 어제御制는 두시되, 그 도들을 넓히시고자 하시는 어심에 다름아니다. 그 후 세세로 그것을 멀고 널리 하심에, 당풍唐風(＝중국풍)을 좋아하심은 본래부터 그러하여, 신세神世/가미요(가미가 다스리던 진무 덴노 이전의 시대/역주)로부터의 이른바 봉건 상태를 정폐停廢하고 이른바 군현제도로 고쳐 오미臣와 구니노미야쓰코国造 등의 세력을 크게 위하시는 어심御心의 배려로 쓰시게 되었다.[52] (平田篤胤『古事徵』卷1 秋 , 文化8年成)

　히라타 아쓰타네에 의하면, '거창한 다른 나라의 도들을 좋아하셨던

---

47) 아스카飛鳥 시대의 지명은 셋쓰노쿠니摂津国. 지금의 오사카시大阪市 주오쿠中央 区 일대./역주
48) 고도쿠 덴노의 황거. 지금의 오사카 성 남쪽에 궁터가 있다/역주
49) 지금의 사가현에 해당하는 옛 지명./역주
50) 아스카 시대에 덴지덴노가 오우미구니近江国 사가군滋賀郡에 두었던 도읍. 오우미미야近江宮 라고도 함/역주 ＊위키피디아 일부 참조
51) 덴노의 선조. 즉 역대 덴노와 그 모친. 또 황조의 아마테라스오미카미天照大神 를 가리킨다./역주 ＊디지털 大辭泉 참조
52) 『新修平田篤胤全集』 卷5 (平田篤胤全集刊行会編, 1972年) 142쪽.

성격'이었던 쇼토쿠 태자가 '당풍을 좋아하여', '신세神世로부터'의 '이른바 봉건 상태'를 군현제로 바꾸었다. 그러나 군현제는 영원한 제도가 아니라 장원莊園의 발생과 함께 어지러워져서, '자연스럽게 옛 봉건으로 복귀' 했다. 그것은 '스메카미皇神의 근본인 나라御国'의 은혜로움'이었고, 지금도 '다이쇼군 가문大将軍家'이 다이묘大名들을 이끌고 덴노의 '미오사키御尾前'가 되어 있다는 것이다[53]('古事徴』 卷1 秋). 아쓰타네는, 군현으로부터 당시의 봉건으로 전환한 것은 "오직 가미의 도神道에 맞추어 옛 봉건 상태로 돌아가는" 유익한 전환이었다고 한다.

> 군현 제도ォキテ는 이미 폐지되고 오직 신도에 맞추어 옛 봉건 상태로 돌아가 있음을, 세속의 율령가 등이 말하는 쓸데없는 심지는, 더욱 그 군현 제도를 흠모하여 내뱉는 말은 몹시 멀리 있다.[54] (『古事徴』 卷1 秋)

그리고 무엇보다 "황국은 신대로부터 군신의 나뉨이 일찍이 정해져, 군주는 귀하다. 그 귀함은 덕에 의한 것이 아니고 오직 종種(=씨)에 의한 것으로서, 신하가 어떤 덕 있는 사람이 있다 해도 바꿀 수 없는 까닭에 만만년 말대까지 군신의 자리는 움직이지 않고 엄연하다"[55](本居宣長 『くず花』 卷下) 라고 하듯이 덕성·능력보다도 혈통·계보를 중시하는 국학자들이 볼 때, 거꾸로 봉건에서 군현으로 이행시킨 능력주의 위주의 율령제도=군현제도의 채택은 옛날의 좋았던 일본 본래의 모습을 잃게 하여 '당풍唐風'으로 타락시키는 것이었고 배척되어야 할 것이었다. 이런 견해는 아쓰타네만 아니라 가령 쓰와노번津和野

---

53) 위의 책, 165~166쪽.
54) 위의 책, 165쪽.
55)『本居宣長全集』卷8, 153쪽. 국학자의 계보 존중에 대해서는 졸고「近世神道と国学における系譜尊重の意味」(『神道宗教』194号, 2004年4月) 참조.

藩[56]의 국학자 오카 구마오미岡熊臣는 다음과 같이 말한다. "중고中古의 시작에, 아직 나라에 봉건풍이 없었을 무렵, 상궁태자上宮太子(쇼토쿠 태자를 지칭하던 다른 이름/역주), 더욱 성현의 타고난 자질이라 한학에 정통하여 처음으로 저 수나라 왕과 교빙交聘(서로 사신을 보냄)하시고, 저 나라의 군현제도를 더욱 더 선망하는 마음에 그렇다면 닌토쿠 덴노仁德帝 이래, 역대 삼한三韓과 통문通聞하신 사이에도, 주로 한토漢土의 학문을 배우게 해 온 것은 저쪽의 군현제도를 흠모해 오셨기 때문이다. 이것이 유학을 배워 옮긴 주된 뜻의 큰 요령이다 일[事]에 접하고 물物에 의탁하여, 열국列国의 구니노미야쓰코国造 등을 없애려고 함도 여러 번이다"[57](『兵制新書』卷1之中, 天保12年自序). 같은 쓰와노 번의 오쿠니 다카마사도 "당토 냄새나는 군현은 우리의 국체에 맞지 않는다. 지금 세상처럼 있는 것이야 말로 천양무궁天壤無窮의 신칙神勅에 부합하고, 외국에 뛰어나다고 할 만한 나라의 징표는 드러나서 볼 수 있다"[58](『やまとごころ · 異本』一)고 말한다. 능력주의인 군현제는, 세습제를 지상至上으로 여기는 국학자에게는 열등한 제도였고 과거로 돌아감이 군현제를 도입하는 것이라는 메이지 초기의 사태는 상상을 단절하는 자기모순이었다.

이는 마지막에 서술하기로 하고, 국학자의 삼분법에 대해 좀 더 살펴보자. 여기서 검토할 것은 국학자의 일본 역사서로 유명한 다테 치히로伊達千広의 『大勢三転考대세삼전고』(嘉永元年成)다. 『대세삼전고』는 노리나가 이래의 삼분법을 취하면서도 봉건 → 군현 → 봉건의 삼분법이 아니라 '가바네노요骨の代'(씨氏와 성姓의 시대) → '쓰카사노요職の代'(관직의 시대) → '묘노요名の代'(다이묘大名 · 쇼묘小名의 시대)라는 세 번의 변화를 설명한다. 진무

---

56) 현재의 시마네현島根県 쓰와노마치町에 설치되었던 도자마번外様藩/역주
57) 『日本経済叢書』卷24, 332쪽.
58) 『大国隆正全集』卷3 (有光社, 1938年), 111쪽.

덴노를 기점으로 하는 '가바네노요'는 '상고上古'의 봉건에 해당하지만 앞서 살핀 바와 같이, 노리나가가 "고대 구니노미야쓰코国造는 대대로 전해져 그 구니国를 다스렸다. 한漢나라 고대의 봉건제도도 이와 비슷하다"(前出)라 했듯이 봉건이라고 단언하기를 주저했다. 그 이유는 중국적 개념과 틀에서 '상고' 일본을 파악하는 것을 꺼렸기 때문이라고 이미 설명했다. 그것은 노리나가에 한하지 않고 "신세神世로부터의 이른바 봉건 상태를 정폐停廃하고 이른바 군현제도로 고쳐"(前出, 『古事徴』)라고 했듯이 굳이 ' 이른바'라고 반복하는 아쓰타네에도 오카 구마오미도 "황국은 황국풍의 봉건제이므로, 저 한토의 상대上代를 준칙으로 보아서는 안 된다. (중략) 그렇다면 후에 이르러 다이카大化 개신의 영제令制를 소위 군현제라고 칭함도 그 대부분 저 한토의 군현과 비슷하다고 할지언정 참으로 전혀 저 나라와 같지는 않다"[59](岡熊臣 『兵制新書』 卷3)라 하듯이 국학자들이 공유하고 있었다. 이런 가운데 치히로는 일본 역사에서 완전히 다른 시대 구분의 틀을 제시함으로써 노리나가의 역사 인식을 발전시켰다. 이로써 일본의 역사에서 봉건·군현개념과는 다른 독립적인 정치제도·사회제도의 틀이 생겨났다고 할 수 있다.

또한 국학자의 삼분법을 거론할 때, 역사가 전개되는 직접적 원인이 무엇인가를 묻는 역사관 역시 유학자의 견해와 달랐던 점도 주목할 필요가 있다. 즉, '자연의 대세', '어느 사이엔가', '어느 때 바꾼 것이 아니라 자연히 변한'(前出, 本居宣長) '자연스럽게 옛 봉건으로 복귀한 것은 스메카미皇神의 근본인 어국御国/미쿠니의 은혜로움'(前出, 平田篤胤) '저절로 봉건으로 된'[60](마키 야스오미眞木保臣 『経緯愚説』, 封建の名を正す事, 安政6年), 혹은 "시세時勢가 변하는 것은,

---

59) 『日本経済叢書』 卷24, 388쪽.

60) 前揭 『近世政道論』 365쪽.

천지의 자연스러운 이치인가 아니면 가미神의 배려이신가, 보통사람의 생각으로 헤아려야 할 것은 아니고 필경 사람의 지혜에도 사람의 힘에도 미쳐야 할 일은 아니다"[61](『大勢三転考』) 등으로 표현되는 국학자의 역사관은, 명확하게 역사의 전환점을 확정하고 있었던 유학자의 역사관과는 다르다. 여기에서는 라이 산요가 "내 말하건대 봉건은 대세이고 대세를 마름하는 것은 인간이다(余日封建勢也, 制‚勢人也)"[62](『新策』封建略卷1, 六略) 라고 논하는 바와 같이 역사에 적용할 능동성·주체성은 희박하고, 봉건으로부터 군현으로 그리고 군현으로부터 봉건으로라는 이행은 불가피한 역사의 대세라는 '자연'의 흐름으로 파악하여 "인간의 지혜와 인간의 힘에도 미쳐야 할 것은 아니다"라는 것이다.

한편 에도 후기의 삼분법론자로 염두에 두어야 할 것은 후기 미토水戶학파다. 아오야마 노부유키靑山延于가 편찬한 『大日本史대일본사』의 콤팩트판이라 할 수 있는 역사서 『皇朝史略황조사략』(文政9年)에는 '천하의 대세'가 '세 번 변[三変]'했다고 적고 있다.

일찍이 고금을 토의하고 헤아려 그로써 천하의 대세를 말함에 대체로 세 번 변했다. 상고 봉건 때는 세상과 사람이 질박하여 천하는 법을 받들었고 정사는 황실에서 나왔다. 다이카大化[63]에 이르러 비로소 고쿠시国司와 군료郡領를 두어 봉건이 모두 폐하니 천하의 세가 한 번 변했다. 다이호大宝[64]이후, 제도가 크게 갖추어지니 전장典章을 볼 수 있게 되었다. 그러나 외척外戚이 점차 왕성하여 정사는 셋칸攝関(섭정과 관백/역주)으로 돌아가 천하의 세는 또 한 번 변한다. 호헤이保平 이후 왕실이 권력을 잃고 무신武臣이 정사를

---

61)『近世史論集』(日本思想大系48, 岩波書店, 1974年) 415쪽.

62)『賴山陽全集』卷中(賴山陽先生遺跡顕彰会, 1932年) 11쪽.

63) 645~650년 사이의 일본 연호. 최초의 공식적 연호. 고도쿠 덴노 시대/역주

64) 701−704년 사이의 일본 연호. 몬무 덴노文武天皇 시대/역주

오로지 함에 여러 구니国에 슈고守護와 지토地頭를 두고 권세를 주고 빼앗아 모두 간토関東로 돌아가니 천하의 세는 이에 또 한 번 변한다. 이것이 역사를 읽는 관건이며 이 책의 요령이다(嘗商_権古今_, 以謂天下之大勢, 蓋三変矣. 上古封建之時, 世質人朴, 天下奉_法, 政出_王室_. 至_大化_, 始置_国司郡領_, 封建悉廃, 天下之勢, 一変矣. 大宝以後, 制度大備, 典章可_観. 然外戚寖盛, 政帰_摂関_, 天下之勢, 又一変矣. 保平以降, 王室失_馭, 武臣専_政, 諸国置_守護地頭_, 以与奪之権, 悉帰_関東_, 天下之勢, 至_是又大変矣. 此廼読_史之関鍵, 而斯書之要領也).[65](『皇朝史略』序)

전형적인 삼분법이다. 같은 무렵에 아이자와 세이시사이도 '시세의 변'을 설명하면서 삼분법으로 시대 구분을 한다. 먼저, 진무 덴노가 전국에 구니노미야쓰코国造를 '봉건'하여 토호들의 할거 상태를 통일했다는 것이다.

무엇이 시대의 변화인가. 옛날, 천조天祖가 처음으로 천업天業을 기초하여 창생을 사랑하여 기르심에, 천읍군天邑君을 정하여 이로써 편히 어루만지[綏撫]고, 용맹한 무사를 뽑아 그로써 아래 땅[下土]를 경략経略하시니, 이에 백성이 천조를 받들어 모심을 알게 되었다. 그러나 천조초매天造草昧(하늘이 만물을 창조한 이 세상의 시작/역주)하여 사방이 아직 아래로 평화롭지 않고, 토호와 읍걸邑傑이 곳곳에 할거하여 여러 세상을 지나도 아직 서로 통일되지 못했다. 태조[진무]가 이미 천하를 평정하시어 구니노미야쓰코国造를 봉건하고 사람과 가미를 사목司牧하심에 구족旧族·세가世家 모두 이를 줄기로 명위名位로써 하여 토지와 인민 모두 조정으로 귀속시키니 천하가 크게 다스려졌다.[66] (『新論』国体上, 文政8年成)

그 뒤 다이카 개신 후에, '중종中宗' 덴지 덴노天智天皇가 군현제도를

---

65) 愛知教育大学付属図書館所蔵. 『大日本史』 卷280. 직관사職官史에서도 삼분법을 말하고 있다.
66) 『水戸学』(日本思想大系53, 岩波書店, 1973年) 60쪽.

채용하여 '한 번 변[一変]'한다.

중종 덴지 덴노에 이르러 이미 난적乱賊을 주륙誅戮하고 저위儲闈(=태자) 때에 정사를 도와 구폐旧弊를 바꾸어 제거하고 신정을 베푸셨다. 그 봉건의 대세로 인하여 이를 일변하여 고쿠시国司로써 국군国郡을 통치하게 하여 드디어 군현제도를 완성하여 사지私地와 사민私民을 없애고 이를 모두 조정으로 귀속하니, 천하가 하나로서 왕토王土와 왕신王臣으로 있게 되어 천하는 또 크게 다스려졌다. 몇 세 후에 이르러 후지藤씨가 권력을 전담하여 공경公卿 · 대부가 참사僭奢(자기 몸에 어울리지 않는 지나친 사치)하는 풍속을 만들고 다투어 장원莊園을 설치함으로써 토지와 인민을 사유화했다. 활과 말[弓馬]이 있는 집안 또한 권세에 기대어 군郡을 나누고 읍을 줄 지워 그로써 자기 소유로 하고 어떤 곳에서는 양민을 몰아서 노예로 만들었다. 천하의 땅은 거북 등처럼 나뉘어지고 오이덩굴처럼 갈라져[亀分瓜裂] 할거의 추세였다. 미나모토노 요리토모源頼朝가 천하의 소쓰이부시總追捕使가 되자, 즉 토지와 인민을 들어서 모두 이를 가마쿠라로 귀속시켰다.[67] (『新論』 国体上)

게다가 미나모토노 요리토모가 슈고와 지토를 설치함으로써 또 '한 번 변'하여 봉건제로 돌아간 것이다. 『신론』이 이렇게 삼분법을 취하고 있는 것은 분명하나, 조금 더 눈여겨보면 『신론』에서는 왕토왕신론王土王臣論을 바탕으로 봉건과 군현이 상대화되고 있음을 알 수 있다. 즉 진무 덴노 이래의 '상고'를 봉건 시대로 파악한다 하더라도 지방 분권이라는 의미에서가 아니라 "토지와 인민을 모두 조정으로 귀속시키니 천하가 크게 다스려졌다"(前出)고 말하듯이 왕토왕신적인 중앙집권적 원칙에 준하고 있음이 전제되어 있는 것이다. 여기서는 구니노미야쓰코国造를 '봉건'했다고 하더라도, 세습적인 영주를 두었을 때까지로, 덴노의 집권적인 힘은 흔들리지 않았다. 더구나 이 관점에서, 덴지 덴노가 채택한 군현제는

---

67) 위의 책, 61쪽

"사지私地와 사민私民을 없애고 이를 모두 조정으로 귀속하니, 천하가 하나로서 왕토王土와 왕신王臣으로 있게 되어 천하는 또 크게 다스려졌다"(前出)라 하여, 보다 철저한 집권국가가 실현된 것으로서 긍정적으로 평가하고 있다. 이 점은 국학자가 율령제도=군현제를 부정했던 것과는 대조적이다. 또, "대저 방금, 천하가 봉건이 대세임은, 본래 태조太祖의 다스림을 마름하신 까닭이다"[68](『新論』 国体上)라 하여 도쿠가와 정권이 틀림없이 봉건제였다 하더라도 "천하의 토지인민, 그 다스림은 하나로 귀속되어 해내일도海內一途 모두 천조天朝의 어짊을 우러러, 막부의 뜻에 복속한다"[69](『新論』 国体上)고 적고 있는 것과 같이 왕토왕민의 이념이 실현된 것으로 볼 수 있다. 이런 역사인식 위에서, 현재의 분열 상태를 위기의식으로 받아들여 존왕양이尊王攘夷손노죠이 책술로써 국내적인 '민심' 통합을 꾀하는 것이 급선무였다.

세이시사이는 이와 같이 왕토왕민론의 바탕에서 봉건과 군현을 상대화하고, 양자의 차이는 세습주의인가 능력주의인가, 거기에 더하여 어느 것이 바다 방어[海防]에 유리한가 아닌가의 차이로 파악하고 있다. 전자에 대해, 세이시사이는 동시대의 한코藩校 교육이 군현적 능력주의에 빠져 있음을 비판하여, 당대의 세습 봉건제도에 걸맞는 교육을 추구했다. "근세에 제가諸家에서 학교를 세워도, 많게는 중국 땅[漢土]에서 군현의 시대 때 옛 봉건의 모습을 알지 못하고 설립한 학제를 모범으로 한 까닭에, 봉건 시대에 세록자世禄子를 문위門闈(闕門 안)에서 교육시키는 깊은 뜻을 잃어 세록자에게 유용한 실질적 재능이 생산되기 어렵다. 지금 도쇼구東照宮(도쿠가와 이에야스)의 깊은 뜻과 문위학門闈学의 뜻을 짐작하여 세록자를

---

68) 위의 책, 64쪽.
69) 위의 책, 63쪽.

교육하여 실재実才를 낳아 그리하여 장수의 직에 임해서는 부하를 다스림을 전직으로 해야 한다"[70](『江湖負暄』 卷2). 그는 세습제의 현실위에 서서 어디까지나 '세록자'를 교육시키는 한코를 추구했던 것이다. 뒤에 서술하겠지만 이는 서양 정보를 바탕으로 난학자들이 능력주의에 입각한 학교제도의 정비를 추구했던 것과 표리관계에 있다.

또 세이시사이는 변경 방비防備에도 봉건제도가 우월하다고 역설하는 한편, 사무라이武士가 죠카마치城下町에 집단거주하는 것이 군사적으로는 약점임을 지적한다. 즉, "당시 봉건의 대세에서는 해적海賊이 있을 때, 그 땅의 영주의 성 아래[城下]에서 병사를 징발함이 당연하다 해도, 일이 터졌을 때 바닷가에서 성 아래로 보고하고 성 아래에서 달려가는 사이에 해변의 인민을 짓밟는 일이 눈앞에 벌어지게 된다"[71](『江湖負暄』 卷2)며 방어하는데 '토민土民' 징집을 주장한다. 후지타 도고에 의하면 미토학의 토착론은 "화분 속의 사무라이[鉢植武士]에게도 없고, 또 모반 등의 염려도 없는 모양의 조립組立"[72](『土着の議』)을 꾀하고 있다. 죠카마치에 집단 거주함으로써 '화분 속 사무라이'가 되어 버린 약점을 보강함과 동시에 그렇다고 해서 자기 영유지를 거점으로 모반을 일으킬지도 모른다는 머리보다 꼬리가 더 큰 근심을 감안한 타협적인 것이었다.

앞서 살핀대로 라이 산요와 같은 군현 → 봉건의 이분법론자도 변경 방비의 관점에서 봉건제도의 우위성을 역설하고 있는데, 이는 삼분론의 해방론海防論과는 어떻게 다른가. 반복하면, 당대가 봉건시대이고, 게다가 봉건제가 변경 방어를 위한 유효한 체제라 판단하는 인식과 관련하여

---

70) 『神道大系論說篇 水戶学』(神道大系編纂会, 1986年) 493쪽.

71) 위의 책, 508쪽

72) 『東湖全集』(博文館, 1909年) 811쪽.

이분법론자와 삼분법론자는 거의 차이가 없다. 그 차이는 어디서 생겼는가. 근원적으로는 당대를 봉건시대로 간주함에도 불구하고 앞서의 핫토리 난가쿠의 견해를 빌면, '옛날의 봉건'과 '지금의 다이묘 제도'와의 사이에 틈새가 있었기 때문이다. 세습 다이묘가 영지를 지배하고는 있지만 사무라이가 죠카마치에 집단 거주하고 있는 당대의 '여숙旅宿의 경계'를 봉건제로 볼 수 있느냐 하면 반드시 그렇지는 않았기 때문이다. 게다가 화폐경제가 발전하는 가운데 취약해진 '화분 속 사무라이'가 도리어 변경 방비에서는 역할을 다하지 못했다는 위기의식이, 한 층 그 틈을 심각하게 만들었다. 이런 현상을 어떻게든 고치고 변화시키고자 하는 기동력이 된 것이 삼분법론자의 '복고復古'의 기치였다. 참된 봉건제로 돌아감으로써 당대의 봉건 어대를 재편성하자, 삼분론법자들은 이런 슬로건을 외치며 변방 방비의 해방론의 긴급성을 촉구했다.

이는 쇼헤이코계系의 삼분법을 볼 때 보다 명확해진다. 예를 들면 쇼헤이코에서 배운 쓰번津藩[73]의 번유藩儒였던 사이토 세쓰도斎藤拙堂의 다음과 같은 논의는 전형적인 삼분법의 하나다.

대개 봉건제도는 군현과 다르다. 군현이란 만방이 일존一尊으로 통일되어 천자는 나라 안에서 신하를 얻으니 진한秦漢 이래가 이것이다. 봉건이란 만국이 각각 군주가 있어 위로는 천자에 복속되니 삼대三代 이상은 봉건이다. 우리나라 상고는 여러 구니国에 구니노미야쓰코国造가 있어 그 땅이 전해지니 이는 봉건제이다. 중고中古는 그 반역과 복종이 한결 같지 않아서 그 권세를 점점 거두어 들여 고도쿠孝德 덴노에 이르러 드디어 폐지되고 구니시国司와 군료郡領를 설치하니 이는 군현제이다. 왕실이 쇠락해지자, 한 번 변하여 가마쿠라 씨鎌倉氏 세상이 되고 다시 변하여 아시카가 씨足利氏가 되

---

73) 이세伊勢의 아노군安濃郡 아노쓰安濃津에 위치했던 번藩. 지금의 미에현三重県 쓰시市津市/역주

었으며 세 번 변하여 오늘의 세상이 되었다. 아시카가 시대부터는 다이묘大名가 여러 구니에 할거하여 위로는 쇼군將軍에 복종하니 나라는 다시 봉건의 형세로 되었다. 그리고 이른바 쇼군은 삼대의 천자와 같은 류이며 소위 다이묘는 삼대의 제후와 비슷하다. 그러므로 아카마쓰赤松 오토모大友 등 여러 씨족이 아시카가의 신하가 아님을 알면 곧 탕무湯武가 하은夏殷의 신하가 아님을 아는 것이다. 송명宋明의 유학자들은 군현의 세상에 태어나 봉건제를 보지 못했다. 그러므로 탕무를 논함에 모두 그 마땅함을 잃었다. 우리나라의 유학자들은 다행히 봉건제에 태어나 당연히 당시의 제도를 알고 있으나 어려서부터 송명 제유의 설에 익숙하여 그것이 먼저 입력되어 주가 되니 혹 또한 의심스럽다 하겠다(蓋封建之制, 与郡県 不同. 郡県者万方統於一尊, 天子得臣海內, 秦漢以下是也. 封建者万国各有君, 上服属天子, 三代以上是也. 我邦上古諸国有国造, 伝有其土, 是封建之制也. 中古以其叛服不常, 稍收其権, 至孝徳帝遂廃之, 置国司郡領, 是郡県之制也. 及王室之衰, 一転為鎌倉氏, 再転為足利氏, 三転為今之世. 自足利氏時, 大名割拠諸国, 上服属将軍, 海內復為封建之形, 而所謂将軍, 類三代之天子, 所謂大名, 似三代諸侯. 故知赤松大友諸氏非足利之臣, 則知湯武非夏殷之臣矣. 宋明諸儒生於郡県之世, 而不見封建之制, 故論湯武皆失其堂. 我邦諸儒幸生於封建之制, 宜知当時之制, 而幼慣宋明諸儒之説, 以先入為主, 或亦容疑焉).[74] (斎藤拙堂『拙堂文集』卷4, 湯武放伐弁一)

같은 쇼헤이코에서 배웠던 사이토 사쿠도斎藤竹堂도, 덴지 덴노가 군현제도를 채택한 것은 그 이전의 '봉건이면서 군현을 겸'하고 있었던 상고의 봉건적인 것을 바꾸었을 뿐이라고 설명한다[75](『読四賢議逸編』天智). 『阿片始末아편시말』(天保14年)을 썼던 사쿠도의 경우, 중국이 아편전쟁에서 패한 원인이 군현적인 중앙집권국가 체제에 있고, 영국에 저항했던

---

74) 나카우치 준편中內惇編『拙堂文集』(影印版, 斎藤正和 発行, 2001年) 117~18쪽.

75) 『日本儒林叢書』卷8, 4쪽.

것은 재향 의용군이었다는 정보를 접하고 있었다.[76] 그는 아편전쟁의 교훈부터 보아도, 대외적 침략에 대한 저항력으로서 기대할 수 있는 것은 소박한 애향심이었다고 생각하고 있었다. 사쿠도만 이렇게 인식한 것이 아니었다. 예를 들면 "근년에 광동[広東]에서 영국[諳厄利亞]에 패한 것은, 또 군현의 폐단이라고 보는데, 만약 제후가 강계를 받든다면 의문義問하기 부끄러워 몸으로 받아들여, 필사적으로 들어가 항거하는 일도 있지 않을까"[77](正司考祺[78]『経済問答秘録』 卷26, 天保12年刊)라 했고, 또 아카이 도카이[赤井東海]도 같은 견해였다. 와타나베 가잔의 '만사蠻社' 그룹의 일원으로, 가잔을 "난학의 대시주"라고 평가하고 있던 아카이 도카이는 패배의 원인을 청조가 군현제도였고, 거꾸로 중국의 저항운동이 향토애로부터 생겼다는 사실을 인지하고 있었던 바탕에서, 산킨코타이參勤交代 제도를 완화하여 "의용의군을 길러 일국일향—国—鄕, 군신 상하가 사생존망을 함께"[79](『海防論』) 하는 봉건제를 철저히 할 것을 역설했다.

이렇게 삼분법이, 대외적 위기의식이 심각해졌던 덴포기에는 국학, 후기 미토학, 그리고 쇼헤이코의 주자학자에게까지 확산되었음을 볼 때, 각자의 강조점은 다르다 해도 그리고 그 차이는 간과할 수 없겠지만, 확실히 아사이浅井가 "원래 우리나라에서는, 메이지 이전은 유교의

---

76) 아편전쟁 정보가 막말 일본에 끼친 사상적 영향에 대해서는, 졸고「幕末日本のアヘン戦争観」(『近世日本の儒学と兵学』所収, ぺりかん社, 1996年)을 참조.

77) 『日本経済叢書』卷23, 258쪽.

78) 쇼지 고키. 1793~1857. 에도 시대 후기의 경제학자. 농공상 삼민은 무가武家의 삼보三寶이며 평등히 사회의 중요한 요소임을 인정하고, 당시 여러 번에서 행해졌던 번 직영 사업과 전매, 균전 등에 반대하면서 죠닌町人의 자유로운 경제활동이 부국의 기초임을 인식, 주장하고 그것을 장려했다/역주 ＊인터넷판 세계대백과사전 해설 등 참조

79) 『日本海防史料叢書』卷1, 237쪽.

영향을 받아 우리 상고를 지나 상고의 삼대 같은 봉건으로 보는 설이 많다"고 하는 결론을 내린 것도 당연하다고 할 수 있다. 그건 그렇다 치더라도, 막말 존왕양이 운동의 두 개의 근원이라 일컬어지는 국학과 후기 미토학이 삼분법 입장이었다는 것은 분명히 해 두어야 될 사실이다. 양자는 '상고' 봉건을 이상화함으로써 봉건체제를 다시 일으키고자 했다. 거꾸로 말하면, 봉건체제의 모순·문제점을 극복하고자 하는 에너지는 '상고' 봉건론에 의해 발생했다. 군현론으로써 봉건 어대御代를 부정하는 것이 아니고, 참된 봉건으로 돌아가지 않으면 안 된다는 슬로건으로써 현상現狀에 대한 혁신의 에너지가 발생했던 것이다.

4. 난학자의 세계지리상

중국의 봉건·군현론에서는 봉건제가 선험적으로 올바른 것이라고 알려졌다. 이것이 일본 역사의 이분법이든 삼분법이든 어떤 경우에도 기본적으로는 봉건제도에 보다 높은 가치를 인정하게 되었다(중국 것인가 일본 것인가의 차이가 있어도). 역으로 말하면 군현제도는 열등한 정치제도라는 것을 함의하고 있다는 것이다. "류자후柳子厚(柳宗元)는 군현을 옳다하고 봉건을 그르다 하나 잘못되었다(柳子厚是郡縣, 非封建, 謬矣)"[80] (五井蘭洲[81] 『璃語』 卷下, 昭和四年刊), "봉건은 자연의 대세이고 군현은 한 사람의

---

80) 『日本儒林叢書』 卷1, 29쪽.

81) 고이 란슈. 1697~1762. 에도 중기의 유학자. 가이토쿠도懷德堂 2대 학주 나카이 슈안中井甃庵의 부름을 받고 가이토쿠도의 조교가 된다. 이토 진사이, 오규 소라이 등 당대의 고학파를 비판했다/역주 *고토방쿠 일부 참조. *가이토쿠도 : 1724년 오사카의 호상들이 미야케 세키안三宅石庵을 학주로 영입하여 설립한 사숙. 나카이 슈안은 세키안의 뒤를 이은 2대 학주. 슈안의 정성으로 에도 막부로부터 관허를 얻게 된다. 주자학을 중심으로 가르친 죠닌들을 위한 학교. 현 오사카 대학의 전신.

사사로움이다. 그러므로 하늘은 봉건을 좋아하고 군현을 싫어한다(封建者自然之勢也, 郡縣系者一人之私也, 故天愛封建, 而憎郡縣)"[82](中井竹山[83]『弊帚季編』封建論). 다만 지금까지 살펴 본 것처럼, 단순히 '성인의 도'이므로 좋은 것이라는 도그마로 부터만이 아니라, 아편전쟁의 교훈에 입각하여, 군사적으로도 군현제는 봉건제보다 못하다는 사실 인식에 의해서도 봉건제가 지지되었다. 이런 유교적인 통념에서부터 출발하여 그것을 상대화 할 가능성이 에도 후기에는 없었을까. 이 점에 관하여 먼저 혼다 도시아키와 사토 노부히로의 이분법에서 군현에 대한 가치평가의 역전이 일어났음을 지적해 둔다. 그 이유로서 난학자의 세계지리서가 관계되어 있었음을 시사해 두었다. 이 점을 검토해 보자.

우리는 앞장에서 위원의 『해국도지』 수용 이전에 있어서 난학자의 세계지리서의 사상적 가능성을 검토해 보았다.[84] 거기에서 난학자들이 국제사회를 어떻게 파악하고 있는가, 구체적으로 말하면 '제국帝国'을 정점으로 하는 일원적 계층시스템으로 보았는가 아니면 여러 나라 사이의 평등을 원칙으로 하는 분산적인 서구 국가시스템으로 보았는가 하는 문제에 대해 검토했었다. 거기에서의 논의를 이 장의 봉건·군현론으로 끌어와서 말하면, 국제사회를 계층시스템으로 볼 때 봉건·군현 개념이 미끌어져 들어가게 된다고 할 수 있겠다. 왜냐하면 황제를 정점으로 하여 여러 국가 간의 관계를 서열화하는 계층시스템은, 국내적으로는 황제─신하 사이의 군신 관계를 전제로 하고 있기 때문이다. 이 점에 입각하여,

---

82) 『日本儒林叢書』卷9, 8쪽.

83) 나카이 치쿠잔. 1730~1804. 나카이 슈안의 장남. 동생 나카이 리켄中井履軒과 함께 고이 란슈에게 사사하여 정주학을 위주로 하는 도학을 펼치며 미야케 세키안三宅石庵과 슈안의 학풍을 계승한다. 가이토쿠도의 4대 학주로, 가이토쿠도의 최전성기를 구축하는데 큰 역할/역주 ※고토방쿠 참조

84) 본서 제1편 제3장 참조.

난학자의 지리서가, 서구열강은 식민지를 확대하고 군현을 확대하고 있다는 정보를 전하고 있었음에 주의할 필요가 있다.

(만국전신기사万国伝信記事에 이르기를)이 국왕에 속하여 그 군현이 된 것은 왕국 若尓勿入亜ノルウェジア노루우에시아, 依蘭地エイスランド에이스란도, 臥児狼德グルウンランド구루운란도,[85] (山村才助『訂正増譯采覽異言』, 卷2)

틀림없이 암액리아諳厄利亜(=영국) 군현의 제制에 들어,[86] (靑地林宗, 『輿地志略』 卷5)

만국기사万国紀事에, 화란십칠주和蘭十七州는 모두 伊斯把爾亜이사파이아(=스페인)의 속국이다. 법제를 새로 고쳐 주마다 亜德児満아덕아만/官名을 두고 성읍城邑마다 朧亜杜랍아두/官名를 두어 그 땅을 다스렸다. 그 제후국의 추수酋帥(우두머리)는 여러 부部의 건件을 멸하고, 소유하고 있는 땅을 나누어 마침내 伊斯把爾亜의 군현이 되고자 하였다.[87] (渋川六蔵[88]訳 『和蘭紀略』, 天保5年)

여기서 중요한 것은 서양 여러 나라는 대외적인 식민지, '속국'에는 군현을 설치하고 있음을 전하고 있다는 점이다. 또 국내 통치에서도 군현제적인, 세습과는 다른 교육제도 정보를 전하고 있다. 서양 여러 나라는 한 사람 한 사람의 뜻과 재능을 신장시키기 위해 소학교부터 대학에 이르는 체계적, 중앙집권적 교육제도를 국가적으로 정비하여 거기서 육성한 우수한 인재를 등용한다. 이것이 서양 여러 나라의 강한

---

85) 前揭, 『訂正増譯采覽理言』, 221쪽
86) 『文明源流叢書』 卷1, (国書刊行会, 1913年) 376쪽.
87) 『日本海防史料叢書』 卷3, 1932年, 44~45쪽.
88) 시부카와 로쿠조. 시부카와 히로나오渋川敬直가 본명. 1815~1851. 에도시대 후기의 역산가. 덴포 2년(1831) 막부의 천문방의 견습으로 들어가 부친 시부카와 가케스케渋川景佑를 도와 『新法暦書』 등을 편찬했다. 난학과 영어에 능통. 덴포天保 개혁을 단행했던 미즈노 다다쿠니水野忠邦(1794~1851, 에도 후기의 로주老中. 12대 쇼군 도쿠가와 이에요시徳川家慶의 각별한 신임으로 개혁을 단행했으나 반대파가 많이 실각)를 보필했으나 미즈노의 실각과 함께 지금의 규슈 오이타大分현에 유폐되어 생을 마감한다/역주 *디지털판 일본인명대사전 참조

국력과 연결되어 있음을 전하고 있다.

서두에 소개한 것처럼 아사이 기요시는 "서양 여러 나라의 근대 입헌정치조직의 지반으로서의 군현제도는 막말에 이르기까지 거의 알려지지 않았다"고 지적하는데, 이는 역시 지나친 견해 같다. 왜냐하면 이러한 난학지리서를 배우면서 독특한 경세론을 전개했던 사상가가 등장했기 때문이다. 그들은 뉘앙스가 다른 이분법론자로서 앞서 예로 들었던 혼다 도시아키와 사토 노부히로이다. 두 사람 공히 진무 덴노가 군현제를 정착시켰다고 말한다. 그리고 중앙집권적인 군현제로 기울어져 있음을 지적한다. 잘 알려진 바와 같이 혼다 도시아키는 18세기 후반의 일본의 현상에 대치對置시켜 해외무역 등 대담한 경세책을 전개하여, '4대 급무'의 하나로서 에조치蝦夷地(지금의 홋카이도) 개발을 역설한다.

> 대일본국의 호号를 동쪽 에조蝦夷의 안쪽 가무사스카(캄챠카) 땅으로 옮겨, 고古 일본국이라 부르고, 가관假館을 세우고 군현을 설치, 여러 유사有司유우지(관리)를 돕고, 토착인을 돌보아, 지금의 법령에 상당하지 않는다 해도 나라를 위해서는 바꾸기 어려워, 당시 모스코비야의 관리가 많이 도래하여 거주한다 해도 이에 상관하지 않고, 원래 일본의 속국인 에조 땅이기 때문에 저들도 자기들이 강력히 옳다 하기 어렵다.[89](『西域物語』卷下)

에조치에 군현을 설치하자는 말이다. 이는 명백한 식민지 경영이다. 더구나 "군현의 여러 유사有司의 선거는 대신大身, 소신小身, 배신陪臣, 서인庶人, 필부匹夫를 가리지 않고 덕망있는 자를 거용해야 할 것"[90](『西域物語』卷下)이라 하여, 군현에 임명하는 '유사'는 사무라이 · 햐쿠쇼百姓 · 죠닌의 신분 차이에도 불구하고 '선거'에 의해 뽑아야 한다고 한다. 여기에는 봉건의

---

89) 前揭 『本多利明 · 海保青陵』, 161쪽.

90) 위의 책, 161쪽.

세습제와는 다른 인재 등용의 길을 열고자 하는 의도가 있다. 도시아키의 경우, 아직 얌전하게 에조치 뿐이었으나, 사토 노부히로는 에조 뿐만 아니라 보다 과대망상적으로 '전세계'를 '군현'으로 하자고 역설한다.

> 황대어국皇大御国은 대지大地 최초로 성립한 나라이어서 세계만방의 근본이다. 그러므로 능히 그 근본을 경위할 시에는 즉 전세계 모두 군현으로 삼아야 하며, 만국의 군장을 모두 신복으로 삼아야 한다.[91] (『混同秘策』混同大論, 文政六年成)

이러한 해외경영과 함께 노부히로가 중앙집권국가의 구상을 품었다는 바는 널리 알려져 있다. 그는 중앙에 삼대三台(교화대敎化台 · 신사대神事台 · 태정대太政台)와 육부六府(본사부本事府 · 개물부開物府 · 제조부製造府 · 융통부融通府 · 육군부陸軍府 · 수군부水軍府)등의 여러 관청을 설치하여 전국의 제후를 일괄 통제하고자 했다. 그 안에, 신사부의 관할인 신사神祀와 교화부가 통할하는 제국諸国 제주諸州의 학교는 "제후 및 누구라도 마음대로 움직일 수 없고, 모든 신사와 학교의 청관淸官은, 제후의 봉국封国 안[內]도 모두 다 황도皇都의 토대에서 보임함은 반고무동盤古無動의 정례定例이다"[92](『混同秘策』混同大論)라 하고 있듯이, 제후로부터 독립시켜 중앙정부가 인사권을 갖고 통제한다. 그 뿐만 아니라, 제후는 "모두 그 일국一国 안에는, 제왕후가 누구라도 모두 고쿠시国司의 하지下知(게치=분부 또는 판결)를 받든다"[93](『混同秘策』卷1)라고 하여 중앙정부가 파견하는 고쿠시의 명령을 따라야 한다고 한다. 그 의미에서 노부히로의 '수통법垂統法'에 의한 국가구상은,

---

91) 前揭『佐藤信淵家学全集』, 195쪽. 노부히로는 일본 최초의 서양사인『西洋列国史略』을 지을 때 야마무라 사이스케의『西洋雜記』를 종본種本으로 했다.

92) 위의 책, 214쪽.

93) 위의 책, 217쪽.

봉건적 세습 제후의 존재를 인정하면서도 실질적으로는 군현제 정치형태였다고 할 수 있다. 환언하면 노부히로는 제후를 기초로 하는 봉건제의 저쪽에 군현제를 구상하고 있었다. 더욱이 앞서 살핀 바와 같이, 노부히로가 진무 덴노의 군현제를 긍정적으로 받아들였던 것과 합하여 고찰해보면, 진무 덴노로 '복고'하는 것은 그대로 군현제의 중앙집권적인 국가 건설을 의미하는 것이 된다. 이 점에서, 앞서 살핀 것과 같은 세습제를 지상의 가치로 여기는 국학자의 복고=봉건제와 대차적이었고 도리어 메이지明治 정부의 공정 이데올로기의 선구적인 주장이었다고 조차 할 수 있다.[94]

한편 난학의 세계지리서 정보가 군현제를 긍정적 가치로 전환시킨 매개체 역할을 했다고 인정된다 해도, 그 이상의 정보를 가져다 주었음을 간과할 수 없다. 본래 봉건제든 군현제든 군신 관계의 절대성을 전제로 하는 것은 마찬가지다. 그러나 군주가 없는 공화제 정치체제가 세계에 현재 존재하고, 뿐만 아니라 미국 같은 강력한 국가가 탄생하기까지 한 이런 것을 세계지리서는 전하고 있었다. 메이지 이후의 일이기는 하지만

---

94) 사토 노부히로의 사상에 복고와 군현제의 통합 루트가 있는 점을 가와하라 히로시河原宏는, 봉건론의 부정적 평가가 일반적이었던 시대에, "혼다 도시아키, 사토 노부히로가 공히 절대주의적, 제국주의적 미래상을 그리고, 그 한 국면을 '군현'으로서 본 것은 군현론 역사에서 보면 큰 의미를 지닌다"고 하고 "옛날의 언어는 새 의미를 띠고 미래의 예감을 표현하려 한다. 막연한 미래에의 적용은, 머지않아 그 속에 근대 국가의 제특성이 담기게 되는 준비가 되는 것이다"고 지적하고 있다. 가와하라 앞의 논문 참조. 또 도시아키와 노부히로가 '절대주의적 제국주의적 미래상'을 그리고 있다는 가와하라의 지적은 丸山眞男의 「国民主義の'前期的'形成」(『日本政治思想史研究』東京大学出版会, 1952年)를 바탕으로 한다. 마루야마는 근대적 국민주의의 전단계로서 해방론海防論과 부국강병론과 존황양이론尊皇攘夷論의 삼단계가 있다고 하여, 이 중에 도시아키와 노부히로의 '집권적 절대주의의 색채를 띤 부국강병론'은 사농공상의 '다원적 정치력'을 배제한 '국군国君'과 '만민'의 양극화가 나타남을 논하고 있다. '군현' 개념은 이 양극화를 재촉하는 기능을 수행했다고 할 수 있다. 또 도시아키가 진무덴노의 군현적인 '일통一統의 업'을 평가하고 있는 점은 본서에 수록한 「蘭学系知識人の'日本人'意識」을 참조하기 바람.

니시무라 시게키西村茂樹는 다음과 같이 말한다.

> 아메리카米利堅의 워싱턴華盛頓은 국민의 추선推選으로 13개 주의 대장大将이
> 되었다. 영국과의 8년 혈전 끝에 드디어 그 국민으로 하여금 영국의 패범
> 覇範으로부터 벗어나게 했고, 그 후에 그 나라의 옛 제도를 본 받아, 봉건군
> 현 외에 별도로 일종의 정체政体를 세워 그로써 그 나라를 다스렸다. 위싱
> 턴의 이 행위는, 공평무사公平無私와 오직 애민으로써 마음을 삼음으로써 그
> 공이 맹렬히 나타나 빛남이 지금에 이르러 쇠하지 않는다. 길을 바꾸어 왕
> 위를 널리 하고자 함은 사사로움[私]이며 워싱턴의 합중合衆 정치를 세움은
> 공公이다.[95] (西村茂樹「郡県論」, 明治2年)

니시무라가 적절히 "봉건군현 외에 별도로 일종의 정체를 세워"라고
서술하고 있는 것처럼, 봉건·군현에 의해서는 아메리카 합중국과
같은 공화제 정치체제의 나라를 파악할 수 없었다. 이 공화제를 포함한
정체론의 등장은 봉건·군현과는 별도의 정치제도 카테고리를 만들게
되었다. 그때까지 정치형태를 논하는 틀은 봉건·군현 이외에는 존재하지
않았는데(앞서 살핀 바와 같이, 『大勢三転考』에서 국학자에 의한 별도의 가능성의
모색은 있었다), 완전히 다른 카테고리가 등장하게 되었다. 에도 후기의
사상 공간에서 그런 정체론을 소개한 것은, 고세키 산에이小関三英[96]가
P.J.프린센Prinsen(1777~1854)의 『地理学教科書지리학교과서』 제2판(1817年

---

95) 『泊翁叢書』(日本弘道会編纂, 1909年) 372~73쪽.

96) 1787~1839. 에도 후기의 난학자, 蘭方 의사. 데와쿠니出羽国 스루오카鶴岡(지
금의 야마가타현 스루오카시) 출신. 1804년(文化1年, 17세) 에도로 나가 난방의蘭方医
요시다 죠슈쿠吉田長淑(1779—1824)에게 의학과 난학을 배운다. 1821년에 고향
으로 돌아와 의원을 개업. 센다이번 의학관 강사 등을 거쳐 1831년 다시 에
도로 나가 난학자 와타나베 가잔渡辺崋山 다카노 죠에이高野長英 등과 교류, 이
들과 함께 진보적 양학자 단체인 상치회尚歯会/쇼시카이에 속하여 지리, 역사
강연 등 서양사업연구의 유력한 멤버가 된다. 만사의 옥 사건에 연루되어 자
결한다./역주 ＊고토방쿠 참조

刊)을 번역한『新撰地誌신찬지지』가 그 최초라 생각된다. 이를 기반으로 하여 국제사회 이미지를 계층시스템으로부터 서구 국가시스템으로 전환한 것은 '난학의 대시주'로 평가되고 있던 와타나베 가잔이었다. 앞서 살핀 것처럼, 그는 국제관계를 '제국帝国' 이하의 계층시스템이 아닌 '독립국'= 전제군주국, '수맹국守盟国'=입헌군주국, '공치국'=공화국 등의 셋으로 나누어 정리했다.[97] 그리고 가잔 이후의 세계지리서, 예를 들면 스기타 겐단杉田玄端의[98]『地学正宗지학정종』등도 프린센의『지리학교과서』를 기초로 하고 있어서 막말에 정체론이 보급되어 가게 된다. 이로부터 또, 가토 히로유키加藤弘之는 다음과 같이 논의한다. 가토는『隣草인초』(文久元年)에서 군주악권君主握権・상하분권上下分権・호족전권豪族専権・만민동권万民同権의 네 가지 정체 중 상하분권 정체(군민동치君民同治의 입권정체立権政体)의 도입을 주장했는데, 거기에서 상하분권정체가 군현제 국가에서도 또 봉건제 국가에서도 행해질 수 있을까를 자문한 뒤, 양자 모두 가능하다고 설파한다.

묻건대, 그대[足下]의 말은 실로 이치에 합당하다. 다만 서양 각국이 모두 군현이어서 이 정체를 채용하는 것이라면, 지금 군현인 청조에서 이를 채용함은 적당한 것이어야 하지만, 만약 삼대의 시대와 같이 봉건의 세상에 이를 채용함은 그 이해利害가 어떨 것인가.

답하기를, 내가 생각하는 바로는, 가령 봉건이라 해도 군현이라 해도 이

---

97) 와타나베 가잔의 경우 '단체'였고, 후에 일반적이 된 정치 형태로서의 '정체政体'라는 말은 사용되지 않았다. 이 점은 라이 산요가 "대저 우리 왕조가 처음 나라를 세움에, 정체는 간이하여, 문무가 일도一途하니 나라 안이 개병皆兵이어서, 천자는 원수元帥가 되고 대신大臣・대련大連은 편비偏裨가 된다"(賴山陽『日本外史』卷1, 岩波文庫, 35쪽)라 하고 있다.

98) 1818~1889. 막말, 메이지 초기의 난방의蘭方医, 난학자/역주

정체를 잘 쓸 것을 안다면, 결코 이 때문에 해가 되지는 않을 것이다.[99](加藤弘之『隣草』)

입헌군주국가가 봉건제에서 실현 가능한가, 아니면 군현제에서 밖에 실현될 수 없는가 하는 문제가 있겠지만, 여기서 지적할 것은 정체론의 출현으로 봉건·군현에 의한 정치제도론이 진부하게 되었다는 점이다. 물론 판적봉환版籍奉還-폐번치현廃藩置県이라는 일련의 정책이 실행되어 갈 때 공의소公議所에서 봉건·군현론이 논의되기는 했으나, 그것은 봉건·군현론의 최후의 빛이라고 해야 할 것으로, 중앙집권적인 군현제가 정비된 폐번치현 이후에는 입헌군주제인가 공화제인가 하는 정체론에 기반한 정치제도론에 초점에 맞추어졌다.[100]

5. 메이지 유신의 복고 군현론

막말 전환기에서 군현제의 가치적 우위성은 난학계의 세계 인식에서 발생했고, 또 복고는 국학계의 역사인식 속에서 강조된 것으로 완전히 별개의 사상적 계보였다. 그러나 양자는 메이지 초기의 시행착오 역사가 진행되는 가운데 결부되어, 처음부터 복고=군현제도의 채택이라는 계획이 있었던 것 같다는 착오를 낳은 것이 아니었을까 여겨진다. 그 착각의 얼마간의 책임은 메이지 신정부의 지도자에게 있다. 그 증거가 기요시가 소개하는 이토 히로부미伊藤博文의 다음의 말이다.

나는 소싯적부터 산요(라이 산요를 말함/역주)의 일본정기日本政記를 애독하여 그

---

99)『西周·加藤弘之』(日本の名著34, 中央公論社, 1972年), 322쪽.
100) 가토 히로유키의 『隣草』(文久元年) 이후의 국정개혁론으로서의 '정체론'에 대해서는 오쿠다 하루키奥田晴樹『立憲政体成立史の研究』(岩田書店, 2004年) 참조.

들의 근왕론에 감격함과 동시에, 우리 왕조의 성시盛時는 금일의 이른바 군
현제가 행해져 이 제도는 곧 왕조의 생명임을 마음 깊이 느끼고, 그 후 유
학을 위해 영국에 가서 구주의 여러 나라 역시 군현 제도를 실시하여 국가
의 융성이 도래함을 목격하고 더더욱 봉건을 폐지하지 않으면 안 되는 필
요성을 확신하여, 유신 초에 이미 그 의견을 이와쿠라岩倉 공에게 개진한
것도 있으니, 나의 군현론은 일조일석에 나온 것이 아니다.[101] (直話「廃藩置
県の決定」)

앞서 보았지만 라이 산요는 군현에서 봉건으로의 이분법론자였고,
더욱이 나라의 변경 방비는 군현제보다 봉건제가 유익하다고 여겼다.
이토 히로부미처럼 군현제가 가치적으로 우월하다는 등의 언급은 산요의
저작 안에는 없다. 이토가 잘못 읽은 것이 분명하다. 이토의 경우, 분큐文
久 3년(1863)의 유학으로 "구주 여러 나라 역시 군현제를 실시하여 국가의
융성이 도래함을 목격"하고 군현제의 우위성을 확신하게 되었다. 이토
개인으로서는 유학 체험으로써 그런 확신을 갖게 되었겠지만, 그러나
에도시대에 이미 그 바탕으로서 난학자가 번역한 세계지리서의 정보가
있었음을 우리는 살펴 왔다. 어느 쪽이든 군현제를 가치적 우위로 보는
시각은 서양 정보로부터 생긴 것이다. 때문에 다음과 같은 비판은 너무도
당연했다.

하물며 이 군현론이 진정 우리의 고대로 돌아갈[復古] 것이라면 만부득이
한 것이라 해도, 옛 것을 차용하는 기실其実은 후쿠자와福沢라는 양학자류
가 번역하여 서양류로 하는 것으로 내려온 마음이 아닐 것인가. 신臣 실
로 날마다 밤마다 제읍啼泣에 견디지 못한다.[102] (『郡県論に付意見』明治2年)

101) 『伊藤公全集』 卷3(伊藤公全集刊行会, 1927年), 148쪽.
102) 『谷干城遺稿』 卷8 (日本史籍協会編, 東京大学出版会, 1967年覆刻), 39쪽.

난학 지식과 서양 유학 체험이 없는 이들에게 '복고復古'란, 참된 봉건제가 실현되어 있던 '상고上古'로 복고하여 현재 봉건제의 재편성을 의미하고 있었던 것이었고, 군현제 채택 같은 것은 상상도 할 수 없었다. 이 점, 아사이 기요시는, 일찍이 마키 이즈미眞木和泉[103]를 낳고 미토학파 ='덴포학天保学'파에 속하는 인물이 많았던 구루메번久留米藩[104]이 메이지 초기에는 '메이지정부 반대파'로 지목된 것에 대해, 그들은 "실제는 왕년의 존황양이尊皇攘夷파이자 현상타파파였"는데, 봉건제도를 지켜 유지하고자 하는 한, 유신 후는 "어제의 현상타파파가 곧 오늘의 보수주의자가 되어 반동사상자로 되어버리는 까닭이다"[105]고 평하고, 시사하고 있었다.

복고와 군현제도를 결부시켰던 것은 분명히 메이지 초기의 정치 과정에서 였고, 누가 주장하기 시작했는지를 명확히 특정하기는 어렵다. 그러나 사실은 이 양자가 결부되는 논리적 근거를 후기 미토학이 제공하고 있었음을 마지막으로 지적해 둔다.

우리는 아이자와 세이시사이의 『신론』에서, 왕토왕신론王土王臣論을 토대로 봉건과 군현이 상대화되어 있음을 보았는데, 이 왕토왕신론은 애초에 군현의 논리였음을 상기해 두자. 마쓰오 마사히토松尾正人가, "왕토왕민의 관철이, 판적봉환의 구체화가 되고, 나아가 그 후의 군현제론으로 연결되어

---

103) 1813~1864. 에도 후기의 지도적 손노죠이파 지사. 지쿠고노구니筑後国 구루메스久留米 스이덴구水天宮의 사관祀官. 미토水戸에 유학하여 아이자와 세이시사이会沢正志斎에게 사사한다. *스이덴구는 일본 신도에서 물과 자녀를 지키고 수해를 방지하며 어업, 해운, 농업, 수산업, 육아 등과 관련된 신앙이 깊은 신사이다/역주 *위키피디아 일부 참조
104) 지금의 후쿠오카현福岡県 구루메시에 소재했던 번/역주
105) 아사이 앞의 책, 231쪽. 이에 대해 다카하시 아키노리는, 국학자의 복고가 봉건제로의 복고이고, 메이지 신정부가 추진했던 군현제에로의 복고가 아니었음의 모순과 단절을 지적하고 있다. 앞의 84년 논문 참조.

갔다"106)라고 지적하듯이, 실제로는 이 왕토왕신론이 판적봉환으로부터 폐번치현을 추진해나가는 이데올로기적 원동력이 되었다. 그렇다면 아이자와 세이시사이는 분명히 양자를 연결하는 소양을 지니고 있었다. 그 자신의 입장은 봉건 → 군현 → 봉건이라는 국학자류의 삼분법이라 하더라도 또 한편으로는 비판적이기는 하나 난학의 세계지리서로부터의 정보도 충분히 숙지하고 있었기 때문이다. 아아이자와 세이시사이는, 서구 열강이 식민지를 확대하고 군현을 확대하고 있다는 정보를 전했던 야마무라 사이스케의『정정증역채람이언』도 읽었다. 세이시사이는 봉건제의 세습주의 입장에 서서, 나아가 봉건제의 군사적 우위성을 역설하고 있는데, 서양열강의 세계침략에 대항하기 위하여 왕토왕신론을 토대로 하는 '국체/고쿠타이'로의 복고를 주장하고 있었던 점에서, 복고와 군현제를 연결하는 논리를 제공하고 있었다.

---

106) 松尾正人,『廃藩置県の研究』(吉川弘文館, 2001年), 139쪽.

2부
국학과 난학의 교착

난학사시(蘭学事始)

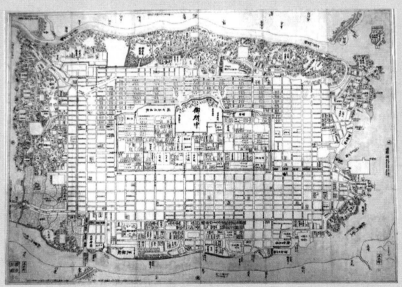

모토오리 노리나가의 하시하라 씨 성아랫 마을 그림지도 (本居宣長의 端原氏城下絵図)

1. 「端原氏城下絵図하시하라시죠카에즈/단원씨성하회도」

모토오리 노리나가本居宣長(享保15~享和 元年, 1730~1801) 라는 인물을 생각할 때면 「하시하라시죠카에즈」가 머리에 늘 떠오른다. 이는 노리나가가 19세 때 그렸던 상상 속의 그림 지도로, 현재 마쓰자카松阪의 모토오리 노리나가 기념관에 소장되어 있다. 기념관의 『名品図録명품도록』 해설에 의하면, "성아래城下/죠카는, 북쪽으로는 산을 사이에 둔 시마다가와嶋田川, 남쪽으로는 모미지가와紅葉川를 접하고, 동쪽으로는 시군코四郡湖를 바라보는 땅"이 그려져 있으며, 중앙의 '고쇼御所/궁궐'를 중심으로, 바둑판의 눈금과 같은 길이 뻗어 있는, 극히 정밀한 지도다. 해설 집필자 요시다 에쓰시吉田悦之는, 노리나가는 이 지도 뿐 아니라 이 지도를 보완하는 성주城主 '하시하라' 씨氏의 가계도[系図]도 『古今選고금선/고킨센』(宝暦八年成稿) 종이 뒷면에다 그렸다고 한다. 거기에는 가령 "하시하라 노리마사端原宣政는 신안親安 4년 11월 18일에 태어나, 신가親雅 14년 22세에 하시하라 씨 2천석의 15대 당주"가 되었다고 매우 분명하게 표현하고 있다는 것이다. 요시다는 이 상세한 그림과 계도에 대해 "『大日本天下四海画図대일본천하사해화도』『経籍경적』『都考拔書도고발서』에서 시작하여 세상을 떠나기 직전의 『鈴屋新撰名目目録명옥(스즈야)신찬명목목록』(미완성)에 이르기 까지 일생 동안의 노리나가의 일종의 유찬類纂에 대한 편집광적인 성향과 계도에 대한 관심의 표현이었다"[1]고 지적한다. 이

---

1) 『本居宣長記念館名品図録』(本居宣長記念館編, 1991年) 37쪽. 일찍이 히노

의견에 동감하면서 좀 더 상상해 보자.

이 그림을 그리기 시작했던 엔쿄延享 5년(1748), 7월에 연호가 바뀌어 간엔寬延 원년이 된 이 해 11월에 노리나가는 장삿꾼[商人]이 되기 위한 수업修業을 쌓으려 지물상인[紙商人] 이마이다今井田 집안의 양자가 된다. 흥미로운 것은 바로 이 해에 노리나가는 이 그림 지도와 궤를 같이 하여, 노래[歌]를 짓기 시작하고 그의 생애를 관통하는 왕조 문화에의 동경심이 강해졌다는 것이다.[2] 즉 노리나가는 장삿꾼으로 일하는 데 반발하듯 왕조문화에 대한 동경을 품고 가공의 지도와 가계도를 편집광적으로 계속 그리게 된다. 주위의 잡음을 차단하고 공상의 세계에 잠기는 청년 노리나가의 모습이 떠오르지 않는가. 그것은 되어야 했던 상인이 되지 못하고, 꿈의 세계에서 왕조 세계의 일원이 되고자 했던 청년 노리나가의 모습이다.

알려진 바와 같이 노리나가는 끝내 상인이 되지 않았다. 되지 않았다기 보다는 되지 못했다. 그는 "하고 싶은, 마음에 들지 않는 일이 있어서"[3] (『家のむかし物語』), 간엔 3년(1750) 11월에는 이마이다 가문을 뛰쳐 나와 마쓰자카松坂로 돌아온 뒤 그대로 12월에는 인연을 끊어 버렸다. 그 때문에 할 수 없이 어머니 오카쓰おかつ는 노리나가가 의사가 되었으면

다쓰오日野龍夫는 이 「端原氏城下絵図」에 착목하여, 노리나가의 그림에 대한 기호는, "자신이 완전히 이해하여 지배할 수 있는 세계를 구축하려는 바램이 강했다는 것"을 보이는데, 가공의 죠카마치 그림을 극명하게 마무르는 정신은 노리나가의 학문 활동에서 극단적이기까지 한 망라주의·완벽주의가 되어 나타남과 동시에 "내향적 소년의 고독한 위안이라는 그림자가 달라붙어 있다"고 예리하게 지적하고 있다. 日野龍夫, 「本居宣長と地図」(『新潮』 80卷, 12号, 1983年11月), 『日野龍夫著作集』第2卷 所收, ぺりかん社, 2005年) 참조.

2) 죠후쿠 이사무城福勇, 『本居宣長』(人物叢書, 吉川弘文館, 1980年) 23쪽.

3) 『本居宣長全集』 卷20 (筑摩書房, 1975年) 28쪽. 이하 본문 중의 쪽수는 약기했다.

하는 마음에, 보레키宝曆 2년(1752)에 교토京都로 유학 보낸다. 노리나가는 거기에서 자유로운 청춘 시절을 보낸 후 마쓰자카로 돌아와서는 '마을 의사[町医師마치이샤/오늘날의 개인병원 의사]'(『系譜下書』, 別卷2, 522頁)로서 거의 전 생애를 보낸다. 의사로서의 노리나가의 이런 일생은, 동시대의 히라가 겐나이平賀源内가 '엉터리 의사でも医者'라고 야유한 것이 딱 들어맞을 것 같다.

> 지금의 의사는, 사무라이武士의 아들이라면 나태하고 약한 자[惰弱者]가, 햐쿠쇼百姓라면 게으름뱅이[疎懶者]가, 죠닌이라면 장사를 잘 못하고, 쇼쿠닌職人이라면 손재주가 없어서[無器用者] 입에 풀칠하기 어려운 자가 의사[医者]라도 배운다 한다. 이를 일러서 엉터리 의사라고 하여 머리 주위의 나가하오리長羽織(기장이 무릎 밑까지 내려오는 긴 하오리), 허영과 겉치레일 뿐으로, 약藥에 관한 것은 진피(陳皮:감귤껍질 말린 약재)도 모른다.[4] (『天狗髑髏鑑定緣起』)

물론, 노리나가의 명예를 위해 언급하면, 그는 내과의로서 모범적으로 일했다. 그는 매일 매일의 조제와 약재료 등을 상세히 장부에 적고, 약제藥劑를 독자적으로 조합하여 판매하는 등 경영 노력을 게을리 하지 않았다. 그러나 그런 단순한 생활은 뭔가 만족스럽지 못했다. 그 뭔가의 불만족스러움을 보충할 수 있는 것, 그것이 노리나가로서는 『고사기전』 집필이었을 터이다. 34세에 착수하여 69세에 완성하기 까지, 햇수로 35년에 이르는 터무니 없이 긴 시간을 거기에 쏟아 부었다. 노리나가는 1층과 2층 사이의 방 하나에서, 제자들과 떨어져서 바깥 세계와 차단한 채 피곤하면 가끔 방울을 울려 마음을 다스리며 『고사기전』을 끝없이 글로 엮어 썼다.

---

4) 『風来山人集』(日本古典文學大系55, 岩波書店, 1961年) 282쪽.

하나의 상상이지만, 이 큰 저작 『고사기전』에 묘사되어 있는 '신대神代/가미요'의 세계는, 19세의 노리나가가 「하시하라시죠카에즈」에서 꿈에서 본 세계의 연장이라는 생각이 든다. 그것은 19세 청년이 꾸었던 꿈의 연속이었을 것이다. 필자는 필경 그런 느낌이 든다. 이 장에서 노리나가의 「하시하라시죠카에즈」를 먼저 언급한 것은, 에도시대 사람들에게 신화가 어떤 의미를 갖고 있는가에 대한 답이, 이 그림을 그린 노리나가의 자세에 있다고 생각하기 때문이다. 결론을 앞세우면, 에도시대 사람들에게 기기記紀(『故事記』·『日本書紀』를 합하여 부르는 용어/역주) 신화란 고독한 지식인의 꿈이었지 않았을까. 이 장에서는 그런 가설을 서술하고자 한다.

2. '신대神代'와 '인간사[人事]'

노리나가가 본 '신대'의 세계가 무엇이었는가에 대해 먼저 지적해 둘 것은, 그가 재현했던 '신대'의 세계가 그 자신 삶의 방식의 지침이 되었다는 점이다. 잘 알려진 바와 같이 노리나가는 "인간은 인간사[人事][5]로써 신대를 논하는데, 세상의 식자識者, 신대의 묘리妙理의 어소위御所為/고쇼이(みしわざ미시와자=하심/역주)를 알아야 하나 이를 왜곡하여 세상의 보통 사람들의 일로 설명함은 모두 한의漢意에 빠지게 되는 까닭이다 나는 신대로써 인간사를 알 수 있다"(『古事記伝』 卷7, 全9, 294頁) 고 말하고 있다. 이 말을 어떻게 해석하는가 하는 것은 노리나가 이해를 위한 한 포인트였었다. 여기에서는 '신대'의 세계가 19세 청년이 본 꿈의 연장선상에 있다는 가설에서, 이 '신대'와 '인간사'를 꿈과 현실로 바꾸어 말해 보고자 한다.

---

5) 본문에서는 人事의 루비(=후리가나/뎟글자)를 'ヒトノウエ히토노우에'라 붙이고 있는데, 의미는 인간 세상의 일, 곧 인간사라는 뜻/역주

그렇게 바꾸어 말할 수 있다면, 노리나가가 "나는 신대로써 인간사를 알 수 있다"는 말은, 꿈이 현실보다도 리얼하다는 것이다. 그의 주관으로 보자면 '신대'의 꿈은 현실의 반영이 아닌, 거꾸로 현실의 '인간사'를 규제한다. 여기서는 꿈과 현실의 가치전도가 이루어졌다고도 할 수 있겠다. 물론 노리나가를 비판하는 에도 국학파의 총수 무라타 하루미村田春海가 볼 때 그것은 필경 '치인痴人의 꿈'[6](『明道書』)이었겠지만, 노리나가의 주관에 의거하는 한 어디까지나 그렇게 믿을 수 있었다.

무라타 하루미와, 유명한 우에다 아키나리上田秋成[7] 등의 비판이 충분히 예상됨에도 불구하고, 노리나가가 '신대'의 리얼리티, 꿈의 확실성을 주장할 수 있었던 이유는 어디에 있는가. 그 답은 고야스 노부쿠니의 지적처럼, '신전神典(가미神의 업적을 그대로 적은 책/역주) 그대로'라는 언설에 있다.[8] 노리나가에 의하면, '중세[中昔]' 이래 '신전'을 말하는 사람들은 '옛날의 의언意言(마음의 말)'을 찾을 생각이 없이 다만 오직 '외국의 유불儒佛의 뜻'에 매달려서 '리理'만 논하여 완전히 '옛날의 의언'을 모르기 때문에, '한의漢意/가라고코로'의 리 외에 별도로 '옛날의 뜻'이 있음을 알 수 없었다. 그 때문에 '옛날의 뜻'은 모두 묻혀져 버렸다. 그러나 "각자 가미神의 글을 말하는 뜻이, 세상의 설說과는 너무 달리"하고 있다고 하여 노리나가는 말한다.

내가 말하는 풍취는 모두 고사기古事記와 서기書紀(일본서기)에 적혀 있는 예부터의 전하는 말[伝說] 그대로이다. 세상 사람들의 말은 모두 그 둘러싸여

---

6) 『国学運動の思想』(日本思想大系 51, 岩波書店, 1971年), 158쪽.

7) 1734~1809. 에도 후기의 국학자이자 요미혼読本 작가. 모토오리 노리나가와는 고대 음운과 황국주의를 둘러싸고 논쟁을 벌였다/역주
   *요미혼 : 에도 시대 소설의 한 종류. 그림을 중심으로 하는 구사조오시草双紙에 대해 '글을 읽는 책'이라는 의미. *고토방쿠 일부 참조

8) 子安宣邦, 『本居宣長』(岩波新書, 1992年), 155쪽.

있는 한의漢意에 말[說]이 왜곡되고 사사로워져서 심히 예부터 전해져 오는 말과 다르다. 이렇게 다른 것은 고사기와 서기를 잘 보면 스스로 알게 될 것으로, 만약 내가 한 말을 책망하려면 먼저 고사기와 서기를 책망해야 할 터이다. 이 어전御典을 믿지 못하는 한은 내가 말한 것을 타박하는 것밖에 아니다. (『玉勝間』卷2, 全1, 74頁)

노리나가는 '한의'에 억지로 끌어다 댄 비전秘伝을 부정하고, 확실성의 근거를 '신전神典' 그 자체에 두었다. 게다가 주요한 '신전'이란, 한문 윤식潤飾이 덧칠해져 있는 『일본서기』가 아니라 '고전설古伝說'이 있는 그대로 기술되어 있는 『고사기』였다. 그리고 그 『고사기』를 '신전 그대로' 이해하는 방법이 '고어古語'를 밝히는 문헌학적인 방법이었음은 말할 나위가 없다. 노리나가는 교토에 유학하는 동안 게이츄契沖[9]의 저작에서 이를 배웠다. 그 방법은 근대에도 통하는 학문의 객관성을 과시할 수 있는 것이었는데, 노리나가의 경우는 어디까지나 꿈을 아주 자세히 묘사해 가는 절차였음에 주목해야 한다.

고야스에 따르면, 이 '신전 그대로'라는 언설의 획기성은 '사건'으로서의 노리나가이다. 그것은 "근세의 가미神들을 둘러싼 언설의 공간에, 차이의 단층을 꿰뚫는 듯한 사건성으로써 등장한다."[10] 그 획기적 의의는, 『고사기전』에 묘사된 '신대'의 세계가 「하시하라시죠카에즈」처럼 노리나가만의 공상의 산물은 아니었고, 엄밀한 학문적인 절차를 거친다면 누구라도 생각해 낼 수 있는 공공적인 확장성을 가졌다는

---

9) 1640~1701. 에도시대 중기의 진겐슈真言宗 승려이자 고전학자(국학자). 『만요슈』의 올바른 해석을 추구하던 가운데, 당시 가나仮名 사용법의 주류였던 데이카가나즈카이定家仮名遣의 모순점을 발견, 역사적으로 올바른 가나 사용법을 『만요슈』『고사기』『일본서기』등의 고전에서 습득하여 분류. 그런 과정에서 실증적 학문 방법을 정립하여 국학의 발전에 기여했다./역주

10) 子安宣邦, 위의 책, 154쪽.

점에 있다. 즉, 비전秘伝 등의 특별한 장치 없이, 누구도 '신대'라는 장대한 '그림' 작성에 참가하여 꿈을 꾸어 보게 될 수가 있다는 것이다. 노리나가는 "나를 따라서 뭘 좀 배우려는 동료들도, 내(가 가르친/역주) 다음에 또 좋은 생각이 나왔다면, 결코 나의 생각[說]에 매달려서는 안 된다. 내가 잘못된 이유를 말하여 좋은 생각을 넓히라"(『玉勝間』 卷2, 全1, 88 頁) 라고 제자들을 격려하며 자유토론 탐구의 필요성까지 말하고 있다 (앞서 살핀 바와 같이 이 자유토론 탐구 정신은 회독장에서 발휘되고 있다). 이에 이르러 노리나가의 상상은 각 개인의 유희만이 아닌, '황국'인의 공동 환상이 될 가능성을 열었다고 할 수 있다. 익히 알고 있듯이, 이 '신대' 의 '그림' 작성 때문에 방방곡곡에서 많은 사람들이 노리나가 문하에 모여 교와享和 원년(1801)에는 40여 구니로부터 온 약 498명의 문인 수를 헤아리고 있다.

3. 스이카垂加 신도와 노리나가

그러면 노리나가가 몽상했던, 그 스스로의 삶의 방식까지도 규제하는 '신대'의 세계는 어떤 것인가. 그것은 사후의 문인門人인 히라타 아쓰타네平 田篤胤를 비롯한 많은 사람들이 '신대'의 그림 작성에 참가해, 노리나가와 마찬가지로, 자신들의 삶의 지침이 되는 매력적인 것이었을 터이다. 어디에 그 정도의 매력이 있었을까. 노리나가가 일생을 걸었던 『고사기전』 전체가 그 답을 보여주고 있는데, 그 중에서도 『고사기전』 권1의 마지막에 수록된 『直毘靈직비령/나오비노마타마』와 『玉くしげ다마쿠시게』 『くず花구즈바나』 등의 고도론古道論에 대한 글이 그 답을 가장 잘 제시하고 있다. 이와 같은 대표적 글로써 하나의 해석을 해보자.

'신대'의 세계를 재현하고자 할 때, 노리나가는 '한의'에 의해 오염된
『일본서기』가 아닌, '고전설古傳說'을 있는 그대로 기술했다는 『고사기』를
중심에 두었다. 그는 『고사기』가 『일본서기』와 그 세계관·코스몰로지를
달리하고 있다고는 인식하지 않았다. 가령 『다마쿠시게』에는 『일본서기』
의 한 절節이 중요한 의미를 갖고 인용되어 있다. 그것은, 천양무궁天壤無
窮의 신칙神勅(『日本書紀』卷2, 第9段 1書 第1)과 현유계顯幽界의 분리(上同, 1書 第2)
라는 두 곳이다.

> 아마테라스오미카미天照大神가 스메미마노미코토皇孫尊에게 아시하라나카
> 쓰노쿠니葦原中国를 다스리게 하여, 천상으로부터 이 땅에 내려오셨다.[11]
> 그 때에 오미카미의 칙명에는 宝祚之隆当与天壤無窮者矣보조지융당여천양
> 무궁자의アマツヒツギハアメツチノムタトキハカキハニサカエマサム/아마쓰히쓰기와아메
> 쓰치노무타토키와가키와니사카에마사무/[아마쓰히쓰기(皇統)의 번영하심은 천지와 함께
> 무궁할지언저/역주]라 적혀 있는 바, 이 신칙은 도의 근원이자 대본이다. (『玉
> くしげ』, 全8, 310頁)

> 오쿠니누시노미코토大国主命[12]가 이 천하를 스메미마노미코토皇孫尊에게 이
> 양하고 몸을 피해, 아마쓰가미天神의 칙명에 귀순帰順하셨을 때, 아마테라
> 스오미카미와 다카미무스비노카미高皇産靈神의 분부로 약속함이 있으셨다.

---

11) 일본 신화에 나오는 이른바 천손강림天孫降臨이다. 스메미마노미코토는 곧 니
니기노미코토邇邇芸命를 말하는데, 니니기노미코토는 아마테라스오미카미의
손자로 천손강림의 주체이다. 천손강림은 일본 신화에서 천손인 니니기노미
코토(일반적으로 니니기로 약칭)가 아마테라스오미카미의 신칙을 받들어 아시하
라나카쓰노쿠니를 통치하기 위해 다카아마하라高天原로부터 휴가노구니日向国
(지금의 미야자키현 일대)의 다카치호노미네高千穂峰로 강림한 것. 이 때 니니기는
아마테라스오미카미로부터 삼종三種의 신기神器(거울, 구슬, 칼)를 받아 지니고 내
려온다. 아시하라나카쓰노쿠니는 일본 신화에서 다카아마하라와 요미노구니
黄泉の国(황천국) 사이에 있는 세계로 일본 국토를 말한다./역주

12) 『고사기』와 『일본서기』에 등장하는 일본 신화의 가미神. 구니쓰가미国津神의
대표적인 가미로, 천손강림때 아마쓰가미天津神에게 국토을 헌상했기 때문에
'국토 이양의 가미'로 불린다. 아마테라스오미카미의 남동생인 스사노오노미
코토素戔鳴尊의 아들이다. 이즈모다이샤出雲大社의 제신祭神사이진/역주

그 약속에 '지금부터는 세상의 현사顯事/아라와니고토는 스메미마노미코토(=황손인 덴노)가 다스리는 것이 좋겠고, 오쿠니누시노미코토는 유사幽事/가미고토를 다스리는 것이 좋겠다'고 하여 이것이 만세불역万世不易의 정법이 되었다. 유사란 천하의 치란治乱과 길흉吉凶, 사람의 화복 등 그 외에도 전부 누가 하는 것인가를 정확히 몰라 어두움[冥]에서 가미神가 하시는 미시와자御所業(업으로 하시는 일)를 말하며, 현사란 세상 사람들이 행하는 사업이어서 이른바 인간사[人事]이기 때문에 스메미마노미코토가 말씀 올리는 현사는 곧 천하를 다스리는 어정御政이다. (『玉くしげ』, 全8, 320頁)

이 두 가지는 노리나가의 고도론古度論에서 이론의 여지가 없을 정도로 중요하다. 노리나가로서 『고사기』와 『일본서기』는 서로 보완한다는 의미에서, 어디까지나 기기記紀 신화였음은 이 두 곳으로부터도 분명하다. 그 중에서도 후자인 오쿠니누시노미코토가 유명계幽冥界를 지배한다는 언설은 사후의 구제론으로서, 무라오카 쓰네쓰구 이래, 노리나가와 그 뒤를 이은 히라타 아쓰타네 등의 복고신도復古神道의 핵심적 부분을 차지하는 것으로 알려져, 사가라 도루相良亨 고야스 노부쿠니 등이 노리나가 · 아쓰타네론을 전개해 왔다. 본래 신화가 인간 존재에게 불가피한 죽음을 의미짓는 것이었음을 상기할 때, 노리나가가 기기신화에서 요미노구니黃泉国와 오쿠니누시노미코토의 명계 지배의 언설을 보아낸 것은 고대 신화의 재현으로서 이상할 것이 없다. 그러나 우리는 그래서 고대 · 중세에는 없는 근세적 문제를 파악해야 한다.

주지하는 바와 같이 근세 사회는 세속적 세계였고 출세간의 불교는 쇠퇴했으며 그 대신 사후死後 문제는 뒤로 미뤄둔 채 현세에서 어떻게 잘 살 수 있을까를 전파하는 유학이 사상계를 주도했다. 유가는 사후 문제를 뒤로 미뤄두는 귀신론을 전개했다. 그 중에서도 특히 노리나가와 동시대 인물인 야마가타 반토山片蟠桃의 무귀론無鬼論은 그 극한적 표현이었다고 할 수 있다. 이러한 현세적인 사상계의 마당에서, 새삼스럽게 기기記紀의 요미노구니를 재생하여 언급한 것이 과연 어떤 의미를 지니고 있는가. 이런 문제 설정은 근세의 신화를 이해하고자 할 때 불가결하다. 이 점에 대해서 이 장에서는 간단하지만 국학 전사前史로서의 스이카신도를 살펴본다.[13] 왜냐하면 스이카신도는 국학의 유명론이 불거져 나오는 사상사적인 전제로서의 의의를 지님과 동시에 보다 선명한 형태로 문제가 드러나기 때문이다.

야마자키 안사이山崎闇斎[14]가 창시한 스이카신도는, 노리나가 이전의 신도계에서, 그 사상적 활력이라는 부분에서 그 영향력이 컸었다(물론, 신도계에서는 신관을 통합하는 요시다吉田 신도[15]가 실질적인 주도권을 장악했었다).

---

13) 스이카 신도에 대해서는 졸저, 『近世神道と国学』(ぺりかん社, 2002年) 참조. 또 이 장의 노리나가 이해에 대해서는 졸고, 「宣長における '心だに'の 論理の否定」「本居宣長の天皇観」(『近世神道と国学』)을 참조.

14) 1618~1682. 에도 전기의 유학자(특히 주자학), 신도가. 어려서 출가했으나 도사土佐 남학파南学派 문인들과 교류하면서 유학에 눈을 떠 환속한다. 따라서 주자학으로서는 남학파에 속했으나 나중에 독자적 유학인 기몬崎門 학파를 창시했는데 이를 안사이학이라고도 한다. 안사이는 호号, 특히 자字를 경의敬義라 할 만큼 조선의 이퇴계李退溪를 존숭했다. 안사이학의 요체는 엄격한 군신・사제 관계와 대의명분의 중시인데, 사상의 큰 특징은 탕무방벌湯武放伐을 부정한 데 있다고 할 수 있다. 안사이 사상은 주자학에 머물지 않고 신도에서도 요시카와吉川 신도를 더 발전시킨 '스이카垂加 신도'를 창시하여 신유神儒 일치를 주장한 바, 역시 군신관계가 중시된다. 안사이학은 에도 말기의 미토학, 국학 등과 함께 막말의 존왕양이사상에 큰 영향을 미쳤으며 막말 지사들이 대의명분과 경敬을 중시하는 실천윤리에도 큰 영향을 주어 덴노 중심의 내셔널리즘(=일본주의) 형성에 역할을 했다고 할 수 있다/역주

15) 무로마치室町 시대에 교토京都의 신도가인 요시다 가네토모吉田兼倶(1435~1511)가 창시한 신도. 본지수적설本地垂迹説을 주장한 료부신도両部神道와 산노신도山王神道와 달리, 반본지수적설反本地垂迹説(=神本佛迹説)을 주장했다. 본지本地이자 유일한 것을 가미神로 삼아 삼라만상을 체계화하는 범신론적인 세계관을 구축하는 등 유불도儒佛道 사상을 수용한 총합적 신도. /역주
   *료부신도 : 일종의 불교 밀교인 신곤슈真言宗의 입장에서 성립한 신도해석을 바탕으로 하여 불신佛神 일치를 주장하는 신불습합 사상.
   *산노신도 : 헤이안平安 시대 말기부터 가마쿠라鎌倉 시대에 걸쳐, 천태종天台宗덴다이슈의 총본산인 교토 히에이잔比叡山의 엔랴쿠지延暦寺에서 발생한 신도의 유파. 산악신앙과 천태종, 신도를 융합한 신도.

앞서 본 바와 같이 노리나가는 스이카신도 신화 해석의 '한의'에 의한 견강부회성과 비전성秘伝性을 비판했지만, 그 비전에는 히모로기덴神籬伝[16]이라는 최고 단계의 비전이 있다. 그는 덴노天皇를 수호함으로써 "야오요로즈노가미八百万の神의 아랫자리[下座]에 열지어 설"[17](若林強斎『神道大意』)수 있다고 가르쳤다. 거기에는 불교의 삼세인과설三世因果說과 유학의 음양이기취산설陰陽二気聚散說과는 다른, 덴노를 수호한다는 조건을 바탕으로, 누구든지 사후死後에 가미神가 될 수 있다는 언설이 있다.

> 어쨌든 일본에서 태어나서 부터는 선악의 구별 없이 조가朝家(=朝廷)를 수호하고, 크게 지킨다고 말할 것을 내세워 그로써 조가의 우메쿠사埋草(빈 곳을 메우는 풀. 즉 하찮은 것을 의미/역주)라도 되어 가미神가 되기 때문이라면 내시內侍(여성 관리)가 있는 곳의 바위의 이끼라도 되어 슈고가미守護神의 끝자리[末座]에 덧붙여지게 라고 할까, 이 전伝이 지극하다.[18] (松岡雄淵筆記『玉木翁神籬口授』)

> 뜻을 세운다는 것은 이 다섯 척尺의 몸이 계속 있는 동안 만이 아니라, 형기形気는 쇠하고 사라져도 저 덴진天神이 내려주신 어옥御玉/미타마을 어디까지나 충효의 어옥으로 지켜 세워서, 덴진에 복명하고 야오요로즈노가미八百万の神의 아랫 자리[下座]에 열지어 군상君上을 수호하고 국가를 평정하는 신령한 가미[靈神레이진]가 됨에 이르기 까지라고, 내내 확 서는 것이다.[19] (『神道大意』)

＊ 본지수적 : 불교가 융성했던 시대에 발생했던 신불습합 사상의 하나로, 일본의 야오요로즈노가미八百万の神들은 본래는 부처와 여러 보살이 화신하여 일본 땅에 나타난 곤겐權現이라고 주장하는 설. 이를 반대한 것이 반본지수적설이다.

16) '히'는 영靈, '모로기'는 울타리로 '히모로기'는 가미를 지킨다는 뜻. 즉 고대 일본 신도에서 신령이 머무른다고 믿는 삼림이나 고목, 큰 바위 등의 주의에 상록수를 심고 울타리를 쳐서 가미가 있는 곳[神座]로 했던 것. 오늘날의 신도에서는 신사나 가미다나神棚가 아닌 곳, 즉 실내나 정원 뜰에 상록수 세워 임시로 가미를 맞이가기 위한 대체물을 가리킴/역주

17) 『神道叢說』(国書刊行会, 1911年), 326쪽.

18) 写本. 京都大学付属図書館所蔵.

19) 『神道叢說』, 326쪽.

헤르만 옴스는 사후에 가미神가 된다는 이 언설이 오다 노부나가 · 도요토미 히데요시 · 도쿠가와 이에야스의 자기 신격화와 관계있음을 예리하게 논하고 있다. 가미가 된다는 언설은, 근세 초기에는 오직 한 사람의 특권적 현상이었는데, 스이카신도의 히모로기덴에서는 모든 사람들로 확대되었다는 것이다.[20] 여기에는 강고한 계층질서 사회 속에서, 강한 상승 지향이 있다고 할 수 있다. 사후에 가미가 된다는 것은 환상 · 꿈이었겠지만, 신분제 사회의 기반에서의 불우한 자들에게 구제였음은 간과할 수 없다. 스이카신도의 지지자, 문인의 대다수가 구게公家와 간누시神主[21]였던 이유도 여기에 있다. 그들로서는 스이카신도의 비전이 가르치는, 덴노를 수호함으로써 가미가 된다는 환상 · 꿈이, 불우한 덴노와 자신들을 동일화함으로써 매력적인 것으로 투영되지는 않았을까. 스이카신도의 이 히모로기덴이 시사하고 있듯이 근세 일본의 신화는 불우한 지식인의 꿈이라는 일면이 내재되어 있다고 할 수 있다.

한편, 불교도 유교도 아닌, 사후에 가미가 된다는 스이카신도의 교설이 히라타 아쓰타네의 유명론幽冥論과 어떻게 결부되어 있는가 하는 흥미로운 문제가 남는데 여기서는 더 이상 논하지 않는다. 유명론만을 종교사상적 관점에서 일면적으로 강조하면 근세의 신도 · 국학의 전체상이 일그러질 우려가 있기 때문이다. 환언하면, 그럼으로써 앞에서 살핀 『다마쿠시게』에서의 현유顯幽 분리와 함께, 노리나가가 『일본서기』의 언어를 채용한 천양무궁의 신칙이 간과되고 만다. 스이카신도 중에서도, 사후에 가미가 된다는 언설은 어디까지나 덴노에의 충성이라는 회로를 통한 것이었다.

---

20) 『德川イデオロギー』(ぺりかん社, 1990年), 268쪽.
21) 일반적으로 신사에서 일하며 가미神를 모시는 사람을 말하는데 때로는 그 우두머리, 신관을 지칭하기도 함/역주

그 의미에서는 천양무궁의 신칙과 사후의 구제론은 떼려야 뗄 수 없는 관계에 있고, 스이카신도는 직선적으로 말하고 있는 것만으로 국학의 문제를 보다 소박한 형태로 제출했다고도 할 수 있다. 이 천양무궁의 신칙의 측면을 버리게 되면 에도 후기에 노리나가가 기기신화를 재해석하고자 한 역사성은 상실되고 만다.

4. 부조리한 현실과 마가쓰비노카미禍津日神

그런데 천양무궁의 신칙이 덴노가家의 정통성에 대한 신화적 근거임은 말할 나위가 없는데, 노리나가는 그 신칙의 외연을 확장하여 개인의 삶의 방식, 개인의 마음 깊숙이 관계된 것으로서 파악되었던 것에 착안해야 한다. 그것은 다음과 같은 『나오비노미타마』의 본문에 나타나 있다.

> 본래 이 천지 사이에 있는 것은 모두 가미의 어심御心인 가운데, 마가쓰비노카미禍津日神의 어심이 거칠기만 한 것은 어쩔 수 없이 정말 슬픈 일이다. 그러나 아마테라스오미카미가 다카마노하라高天原에 계시어 오미히카리大御光는 조금도 흐려지지 않아 이 세상을 비추며, 아마쓰미시루시天津御璽도 또한 헤매는 일 없이 전해져 오신다. 위임하신 대로 천하는 미마노미코토御孫命가 다스려 아마쓰히쓰기天津日嗣의 다카미쿠라高御座는 천지와 함께 언제까지나 변함없이 움직이지 않는 것으로, 이 길道은 영묘하고 다른 나라의 모든 길보다 우수하여 바르고 높고 귀한 증거다. (『直毘靈』, 全9, 53~56頁)

여기에서 노리나가는 마가쓰비노카미의 '거칢'으로 인한 불행·불운을 "어쩔 수 없이 정말 슬픈 일"이라고 받아들이면서도, "그러나"라고 되받고 있다. 노리나가는 '황국'인은 그 되받을 수 있는 특권적 위치에 있다고 한다.

왜냐하면 일본에는 '고전설古傳說'을 그대로 전하는 『고사기』가 전해져 오고 있고, 무엇보다도 그것을 사실로 증명하는 아마테라스오미카미의 자손으로서의 덴노가 지금 현재 여기에 있지 않은가. 노리나가는 그 사람들에게 외치고 있다. 여기서 주의할 것은 "그러나"라는 역접으로 연결하고 있는 마가쓰비노카미와 천양무궁의 신칙 사이의 관계이다.

노리나가의 신학에서 마가쓰비노카미가 중요한 의미를 차지하고 있었음은 분명하다. 그러나 본래 『고사기』에서는 파생적 가미神에 불과한 마가쓰비노카미에게 노리나가가 이토록 집착하는 까닭은 아마도 노리나가의 현실 인식이 거기에 담겨져 있기 때문이 아닌가 생각한다. 단적으로 말하면 그것은, 착한 사람이 보답받지 못하고 악한 사람이 넘쳐있는 '세상'의 현실에 대한 울분이다.

> 세상에는 모두 이처럼 도리에 어긋나는 일이 지금도 눈앞에 아주 많다. 마 찬가지로 착한 사람이 반드시 복받고 나쁜 사람은 반드시 화를 입는 것이 조금도 틀림없다고 생각하는 것은 저 매약賣藥(미리 만들어 놓고 파는 약/역주)을 효능서대로 틀리지 않고, 효험이 좋다는 것으로 갈피를 못 잡는 우매한 마 음인저. 자칫 효능서처럼 듣지 않는 것을 알면서도 오히려 사람을 속여 팔 고자 하는 구나. (『くず花』卷上, 全8, 145頁)

노리나가가 볼 때, 착한 사람이 보답받는다는 유교의 천명설과 불교의 삼세인과설 같은 선인선과善因善果·악인악과惡因惡果 식의 낙천주의는, 그 부조리한 현실을 은폐하는 허위에 지나지 않았다. 그러나 노리나가의 신학에서 특이한 위치를 점하고 있는 마가쓰비노카미는, 부조리한 현실에 살고 있는 사람들에게 신의론적神義論的인 구제를 부여했다. 노리나가의 마가쓰비노카미설은, 이러한 불행이 공교롭게도 왜 나에게 일어나는가, 그 부조리가 생긴 이유를 가리키고 있는 한에 있어서, 가령

사후의 극락이라던지 자손의 행복을 약속하지 않는다손 치더라도,
하나의 구제를 제시하고 있었다.[22]

　여기서 두 가지의 문제가 생긴다. 하나는 부조리한 현실이란 어떤

---

22) 피터 L.버거(Peter Ludwig Berger, 1929~2017. 미국의 사회학자, 신학자/역주)
는 "개인과 집단의 경험 속에서의 고통과 악, 그리고 무엇보다도 죽음이라는
부조리의(또 질서를 파괴한다고 해도 좋다) 여러 현상"(『聖なる天蓋』薗田
稔訳, 新曜社, 1979年, 97쪽)의 이유와, 어떻게 그것을 타개할 것인가를 종
교적 정당화의 수단으로써 설명하는 신의론의 역할을 이렇게 말한다. 즉 "신
의론이 제일의적으로 가져다 준 것은 행복이 아니라 의미이다. 게다가 있을
수 있는 것은(예를 들어 마조히즘적인 모티브가 반복되어 나타나는 것을 별개로 해
도) 격한 고뇌가 최고조에 달했을 때 의미를 구하는 기분은 행복을 추구하
는 욕구처럼 강하고, 때로는 그 보다도 강하기 조차하다고 할 수 있다. 확실
히, 예를 들면 격한 고통을 수반하는 병과 동료들의 제물이 되어 학대받는다
든지 하여 고통 받는 사람들은 틀림없이 그 불행에서 구제되기를 바란다. 그
러나 그가 마찬가지로 원하고 있는 것은 왜 이런 불행이 하필이면 자신에게
덮치는지를 알고 싶어 한다는 것이다. 어떤 형태이든 저 신의론이 이 의미의
질문에 답이 된다면, 그것이 가령 그의 고난에 대한 보상이 현세 혹은 내세
의 행복이라는 약속을 포함하고 있지 않다고 해도, 그 신의론은 고뇌하는 사
람에 대해 가장 소중한 목적을 다하게 된다는 것이다"(위의 책, 88쪽). 노리
나가의 마가쓰비노카미는 흡사 이 불행·부조리한 현실의 '의미'를 부여하는
것이었다고 할 수 있다. 즉 이러한 종교적인 신의론 입장으로부터 국학의 유
명론을 논한 선구자는 무라오카 쓰네쓰구였다. 무라오카는 히라타 아쓰타네
의 그리스도교의 영향을 논한 「平田篤胤の神学に於ける耶蘇教の影響」(『増
訂日本思想史研究』岩波書店, 1940年, 『新編日本思想史研究—村岡典嗣論
文選』再錄, 東洋文庫, 平凡社, 2004年)에서, 아쓰타네가, 노리나가 개인에
있어서는 평형을 유지할 수 있었던 '안심 없는 안심'(『答問錄』)의 경지로부터
"현세에서의 응보의, 불합리한 사실을 인정하는 견지가, 내세의 사상을 요구
함과 동시에 그 신관神観이 도덕적 철학적으로 한 층 더 철저한, 절대적 신격
의 암시까지 나아가려"하고 있었다고 이해한 위에, 마침 마테오 리치의 천주
교 신학에 접촉함으로써 감화를 받았던 것이라고 논하고 있다. 획기적인 이
논문의 배경에는 하타노 세이치波多野精一(1877~1950, 일본철학사가, 종교철학
자, 니시다 기타로西田幾多郎에게 배웠다. 교토학파의 중심 인물/역주)에게 배우고
슐라이어마허(Schleiermacher Friedrich Ernst Daniel, 1768~1834, 독일의 철학
자, 신학자/역주)의 종교철학을 공부했던 무라오카 자신의 교양에 더하여 무
라오카 개인의 통절한 체험이 있었으나(『增補本居宣長2』解題, 東洋文庫,
平凡社, 2006年), 그것은 그렇다 하더라도 무라오카는 '과격하고 윤리적인
일신교'(버거, 앞의 책, 112쪽)인 그리스도교 신학의 신의론적인 물음을 바
탕으로, 국학자의 유명관의 발전을 내재적으로 밝히려 했다는 것은 주목할
필요가 있다. 하나 더 부언할 것은, 무라오카의 이러한 문제의식을 계승하여
현대 국학연구의 새로운 지평을 연 것이 고야스 노부쿠니의 『宣長と篤胤の
世界』(中央公論社, 1977年) 이라 할 수 있다.

것이었는가 라는 점이다. 그것은 노리나가가 현실을 어떻게 인식하고 있었는가의 주관적인 문제임과 동시에 사회경제사적인 시점에서 객관적으로 파악되어야 할 문제이다. 또 하나는, 부조리를 느끼는 자가 '그러나'라고 되받아 천양무궁의 덴노를 우러러 본다는 점이다. 여기서는, 천양무궁의 신칙은 덴노가의 정통성을 보증한다는 차원에 머물지 않고, 부조리한 감정을 품은 '황국'에 살고 있는 사람의 내면으로 연결되는 것으로 파악되고 있다.

먼저 첫 번째 문제를 살펴보면, 노리나가의 부조리감은 상품경제의 진전, 경제사회화에 의해 가문과 신분에 기초한 계층질서가 붕괴해 가는 것의 반영이라고 할 수 있다. 노리나가는 『秘本玉くしげ비본다마쿠시게』에서, 지금 세상은 돈이 돈을 낳는다고 적고 있다. 빈부의 격차가 점점 확대되고 있다고 인식하고 있었다.

> 세간의 곤궁을 살피건대, 부자는 점점 갈수록 부를 쌓아, 대체로 세상의 금은재보는 움직이고 동요하는 가운데 부상의 손에 모이게 된다. 부유한 자는, 장사 줄기의 여러 것과 주머니 사정이 좋은 것은 말할 바 없고, 금은이 넘치게 되어 무슨 일에 대해서도 수단이 좋아서 이익을 얻을 뿐인 까닭에 싫어해도 금은은 자연히 불어나게 되는데, 가난한 자는 무슨 일도 모두 그 뒷자리가 되기 때문에 점점 가난하게 되는 이치이다. (『秘本玉くしげ』卷上, 全 8, 345~46頁)

이 인식의 배경에는 18세기 후반의 상품경제·화폐경제의 발전에 따라 경제사회화가 진전된 정황이 있다. 일반적으로 "일단 경제사회화가 진전되면, 가령 생산자는 생산의 효율을 구해서 비용을 줄여 이익을 극대화하려 한다. 소비자는 같은 상품을 조금이라도 싼 가격으로 구입하려고 가격과 품질에 관한 정보를 찾게 된다. 생산기술이 개선되고 정보 획득의 수단이 발달한다. 한편으로는 경쟁이 도입되어 승자와 패자가 생기게 된다. 승자는 경제적 부를 획득하고 패자는 몰락하여 사회적 구제수단이 필요해진다. 이런 상황은, 어떤 사회가 경제사회화 될 때 나타나는 불가피한 부수 현상이다"[23]라 한다. 이렇게 경제사회화가 진전됨에 따라 '승자와 패자'가 생기고 자본력에 의해 빈부의 차가 확대되는 사태를, 노리나가는 스즈야鈴屋의 서재에서 씁쓸한 마음으로 바라보고 있었던 것이다.

경쟁이 진행되는 경제사회 속에서는 신분적인 계층질서의 토대에서 조상 대대로 전래되어 온 가업에 전념하여 성실하고 정직하게 살고 있는 자들은 커다란 불안감을 갖지 않을 수 없다. 성실하게 생활하고 있음에도 불구하고 그들은 자신의 힘으로는 어쩔 수 없는 무언가에 의해 농락되고 있다고 느꼈을 터이다. 그것이 부조리한 세상에 대한 분만憤懣(=분노)이 되었다. 앞서 논한 유명관에 대해서도, 상품경제·화폐경제의 진전에 따르는 계층질서의 불안이, 죽음의 문제를 전경화前景化(언어가 비일상적으로 사용되어 두드러지게 보임/역주)했다고 할 수 있다. 히라타 아쓰타네 이래의 유명관도, 이런 의미에서는 보다 급속히 진전되고 있었던 19세기의 경제사회화의 징후라고도 할 수 있다.

부조리한 세상에 대한 분노라는 이런 관념에 대해서는 반론이 있을 수 있다. 노리나가는 죠닌町人이었고, 오히려 경제사회화의 추세를 대변하는 사상가였지 않은가 하는 반론이다. 이하라 사이가쿠井原西鶴[24]

---

23) 『日本経済史1 経済社会の成立』(岩波書店, 1988年, 速水融하야미 아키라·宮本又郎미야모토 마타오「1槪說 17−18世紀) 16쪽.

24) 1642~1693. 에도 시대 오사카大坂의 우키요조시浮世草子·닌교죠루리人形浄瑠璃, 하이카이俳諧 작가. 그의 『好色一代男고쇼쿠이치다이오토코』은 너무도 유명한 대표적 우키요조시이다/역주

가 묘사했던 미쓰이 다카토시三井高利[25] 처럼 노리나가의 선조가 에도에 상점을 열었던 마쓰자카松坂의 상인이었던 것은 틀림없다(노리나가의 생가는 미쓰이가의 발상지와 접해 있다). 그러나 "마쓰자카는 부유한 상인이 많아 누구든 에도 지점[江戸店/에도덴]을 갖고 있는데, 그 중에서도 뛰어난 가운데로 손꼽혔"(『家のむかし物語』, 全20, 17頁)던 노리나가 집안은 몰락하고, 그 자신 스스로 상인의 자질이 없음을 일찍부터 깨닫고 있었다. 앞서 살핀 것처럼, 그는 꿈꾸는 사람이었다. 생각건대, 오히려 성공한 사람이 가까이 있는 것만으로 깊이 실망하지 않았을까. 노력하는 자가 보답 받는다는 선인선과ㆍ악인악과 식의 낙천주의에 대한 격렬한 분노의 언사를 읽을 때, 그것이 그 깊은 실망감의 반증이라 생각된다.

또 하나의 문제는, 즉 부조리한 현실에도 불구하고, '그러나'라고 되받는, 천양무궁한 신칙의 절대성을 강조하는 의미이다. 노리나가는, 신대 이래 줄곧 '황국'인은 귀천과 상하의 구별없이, 덴노를 따라 왔었고, "천지가 있는 한, 일월이 비추는 한" 영원히 그렇게 있어야 할 것이라 한다.

말하기조차 황송한 우리 스메라미코토天皇尊는 그런 비천한 나라들의 왕들과 같은 반열에 계시지 않는다. 이 미쿠니御国를 생성하신 가무로기노미코토神祖命[26]가 손수 하사하신 황통皇統/아마쓰히쓰기에 계시게 되기 때문에, 천지

---

25) 1622~1694. 에도시대 전기에 활약했던 상인. 모토오리 노리나가와 같은 이세의 마쓰자카 출신. 미쓰이가家의 창업자. 에도와 교토에 에치고야越後屋 라는 상호로 포목점을 개업하고, 박리다매, 현찰ㆍ에누리 없음의 새로운 상법을 개척, 실천했다. 또 환전소를 열고, 다이묘를 상대로 한 금융 대부업(= 다이묘가시大名貸し), 막부의 공금 환율을 맡는 등의 사업으로 급속히 성장, 미쓰이가의 기초를 닦았다/역주 *고토방쿠 일부 참조

26) '가무로기'는 가미의 조상으로, 이자나기노미코토伊邪那岐命와 이자나미노미코토伊邪那美命를 아울러 부르는 말, 혹은 아마테라스오미카미를 가리키는 단어이기도 하다/역주

의 시작부터 스메라미코토께서 다스리시는 나라로 정해진 천하이다. (아마 테라스)오미카미大御神의 대명大命/오미코토에도 '스메라미코토天皇가 나쁘시다고 하여 따르지 마라'라고는 하시지 않으므로, 착하시든 나쁘시든, 옆에서 틈을 노리기를 꾀하여서는 안 된다. 천지가 있는 한, 일월이 비추는 한, 몇 만대를 거쳐도 움직이시지 않는 것이 대군大君이시다. 그러므로 옛 말[古語/후루고토]에도, 당대의 스메라미코토를 가미神라 이르는 것이고, 정말로 가미로 계시기 때문에, 좋다 나쁘다고 의론하는 것을 내버리고 오로지 경외하여 받들어 모심이 참된 도리이다. (『直毘靈』, 全9, 55~56頁)

노리나가는, 지금, 여기에 있는 '우리 스메라미코토(吾天皇尊=덴노)'를 그대로 '가미'로 여겼다. 이 "인간 중의 가미"로서 "평범한 사람과는 아득히 멀리, 높고 두려워할 만한 곳에 계시는"(『古事記伝』 卷3, 全9, 125頁) 스메라미코토(덴노)에게 "좋다 나쁘다고 의론하는 것을 내버리고 오직 경외하여 받들어 모시"는 것이 "참된 도리"(上同, 56頁), 즉 신하로서의 '황국'인의 도덕이었다.[27] 중요한 사실은 덴노가 아마테라스오미카미天照大御神의 어자御子로서 "아마쓰카미天つ神의 어심御心/미고코로을 대어심大御心/오미고코로"(上同, 49頁)으로 삼듯이, 위로는 쇼군으로부터 아래 만민에 이르는 "아래의

---

27) 무라오카 쓰네쓰구는, 가미神에 대한 절대적 귀의와 신뢰의 정을 바치는 경건한 신앙에 노리나가학宣長学의 근본 사상이 있다고 강조했다. 『增補本居宣長1·2』참조. 이 점, 흥미로운 것은, 버거가 신의론 시도의 중요한 모티브로서 피학애적被虐愛的(마조히즘적) 태도를 논하고 있다는 것이다. 버거는 "나는 무無이고 그는 모든 것이며, 거기에 나의 무상無上 지복至福이 있다"는 상투어에 피학애적 태도의 본질이 있다고 하여, 스스로의 삶의 의미를 신에게서 구하는 신의론이, 자기를 無로 여기는 것과 연결하는 패러독스를 지적하고 있다(앞의 책, 48쪽). 사회학자 에리히 프롬은, 무라오카가 의거하고 있는, 절대적 존재의 감정에서 종교의 본질을 보는 슐라이어마허의 종교철학을 마조히즘이라고 분명히 비판했다. 졸저 『兵学と朱子学·蘭学·国学』(平凡社選書, 2006年) 서장 참조. 이런 관점에서 보면, 무라오카가 국학자의 유명관의 도달점으로 규정한 난리 유린南里有隣(1812~1864. 나베지마번鍋島藩(지금의 사가현) 번사/역주)의 신학이, 버거가 신의론 문제에 대한 마조히즘적 해결=전적으로 타자에 대한 절대적 복종의 전형으로서 들고 있는 구약성서의 욥기를 신앙의 이상으로서 섭취하고 있었던 것은 시사적이다. 본서 제2편 제9장 참조.

아래까지, 다만 스메라기天皇의 대어심을 마음으로 삼아, 오로지 대명大命오미코토을 받들어 모시어"(上同, 61쪽), 따라야 할 것을 추구했다.

옛날의 대어대大御代/오오미요에는 아래의 아래까지, 다만 스메라기天皇[28]의 대어심을 마음으로 삼아, 오로지 (스메라기의)대명大命/오미코토을 경외하여 잘 따라, 자애로운 어음御蔭(의 그늘)에 몸을 숨겨, 각자 조상의 가미를 공손히 모시고, 신분에 상응하는 일을 하여 온화하고 즐거운 세상을 건너는 것 외에는 없기 때문에, 지금 또 그 무슨 도道라고 하여 따로 가르침을 받아 행해야 할 일이 있겠는가,(『直毘靈』, 全9, 61~62頁)

여기서 주목할 것은, 상품경제가 진전하면서 빈부 격차가 확대되는 가운데, 올곧게[律儀] 사는 자들의 구제의 대상으로서의 덴노가 우러러보여서, 가업의 일에 부지런히 노력하고 애쓰는 '평범한 사람'들의 평범한 일상생활이, '스메라기天皇의 대어심을 마음'으로 삼는 신성한 일로 되고 있다는 점이다. '평범한 사람'은 조상 대대로의 가업을 올곧게 유지해왔음에도 불구하고 보답 받지 못하고, 성실한 자가 왜 행복해지지 않는가 하는 부조리감·분노를 품기도 했었다. 이러한 '세상'의 슬픔을 참고 사는 '평범한 사람'들에게 노리나가는, 지금, 자신에게 주어진 가업을 수행하는 것이 그대로 '스메라기의 대어심을 마음'으로 삼는 신성한 일이고, 그런 삶이야 말로 '신대' 이래의 올바른, '황국'인 본래의 생활이었다고 가르쳤다.

이러한 '신대'의 꿈에 의해 의미가 부여되는 삶이 매력적인 이유는,

---

28) '천황天皇'이라는 단어는 일반적으로 음독으로 읽고 '덴노てんのう' 라 한다. 그러나 축사 등을 경우에는 대체로 음독이 아닌 훈독을 하는데, 이 때 읽는 방식에 두 가지가 있다. 하나는 '스메라미코토すめらみこと'이고 다른 하나는 '스메라기すめらぎ'이다. '스메라미코토'는 특정의 덴노 혹은 현재의 덴노를 지칭할 때 쓰는 말이다. '스메라기'는 '황조皇祖/고소', 혹은 '황조로부터 이어져 내려 온 '황통皇統/고토'를 의미하는데 옛부터 계속된 황통의 연속성을 포함한 문맥에 많이 사용된다/ 역주 ※慶応義塾大学講師 다케다 쓰네야스竹田恒泰의 '天皇弥栄(すめらぎいやさか) 강좌 참조.(http://www.hokkaidojingu.or.jp/sizume/column/takeda6.html)

내셔널리즘을 종교의 '대체물'로 보는 영국의 사회학자 안토니 스미스 (Anthony David Stephen Smith, 1939~2016)가 지적한 바와 같이, 그럼으로써 "대수롭지 않고 티끌 같은 지금의 자신을 맑게 하여, 평범한 존재에서 벗어나 공동체의 '참된' 운명을 짊어질 수 있게 된다. 이상화된 과거와 자신을 동일시하는 것은, 가치없고 추한 현재의 자신을 추월하는데 도움이 된다. 그리고 죽음을 초월하여 생의 덧없음을 불식하는 통일체 중에서 한 사람 한 사람의 인생에 영원히 무거운 의미가 부여되기"[29] 때문이다. 평범하고 변변치 못한 생은 꿈 속에서 영광스러운 인생으로 전환된다. 노리나가가 몽상했던 '신대'의 그림이 많은 사람들의 마음을 끌어당겼던 매력은 바로 여기에 있었다. 그리고 이 매력 때문에, 스즈야의 넉 장 반짜리 다다미에서의 몽상은, 노리나가가 개인의 것에서부터 많은 사람들의 공동환상이 되어 '황국' 일본이라는 국가를 세우는 하나의 원동력이 되었다.

---

29) 『ネイションとエスニシティ』 (스야마 야스지巣山靖司 · 다카기 가즈요시高城和 義他訳, 名古屋大学出版会, 1999年) 215쪽.

2장

야마가타 반토山片蟠桃의 '우리 일본[我日本]' 의식

신도 · 국학 비판을 중심으로

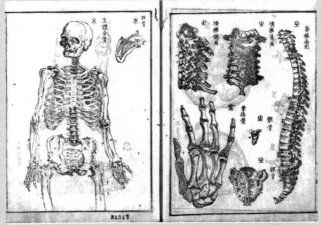

해체신서(1774년에 간행된 일본 최초의 서양 해부학 번역서).

1. '일본'에의 귀속 의식

오사카의 죠닌町人 학자 야마가타 반토(寛延 元年~文政 4年, 1748~1812)는 근세 일본사상사에서 가장 급진적인 무귀론無鬼論을 주장한 인물로 잘 알려져 있다. 반토는 또한 신도·국학의 신비주의·비합리주의를 배척하고, 황당무계한 신화와 세계관에 근거한 당시 국학자들의 독선주의를 비판한 것으로도 유명하다. 그 가운데 그의 주저인 『夢ノ代유메노시로』에서는 실명을 거론하면서 모토오리 노리나가本居宣長를 비판했다. 물론 반토로서도, 『고사기전』을 읽고, 어느 정도 유보하면서 고전학자로서의 노리나가 평가에 인색하지는 않았다. "모토오리 씨의 탁견은 신학자 중의 교초翹楚(출중함. 또 그런 사람)라 할 만하다. 친왕親王의 찬撰을 비난하고, 불교를 쓰지 않은 것은 옳다. 다만 성인聖人을 비방하고 황국을 자랑하는 것은 천하의 충忠이라 하겠으나 그 실질을 잃은 것이다"[1](『夢ノ代』 卷3, 285頁). 그러나 반토는 '황국을 자랑하는' 노리나가의 과대한 '황국' 중심주의에 대해서는 강력히 반발하지 않을 수 없었다.

노리나가 씨 이르기를本居宣長ノ古事記傳卷十五ノ三十八丁, "그 이세伊勢의 오미야大宮(神宮진구의 높임 말/역주)는 일륜日輪(=태양)에 계시기 때문에 황국인들은 새삼 말할 것도 없고, 고려高麗·당토唐土·천축天竺, 그 나머지도, 천지 안에 있는 모든 나라들의 왕들을 비롯하여 국민들까지도 적어도 멀리서 절하고 받들

---

1) 텍스트는 미즈다 노리히사水田紀久·아리사카 다카미치有坂隆道 校注 『富永仲基·山片蟠桃』(日本思想大系43, 岩波書店, 1973年)을 사용했다. 이하 권수와 쪽수를 약기했다.

어, 한없는 어덕御德에 감사해야 할 도리인데도, 지금에 이르기까지 외국의 사람들이 그런 이치를 알지 못하고 지내는 것은 매우 비참한 일이 아닌가" 라고 하는데, 그 외에 견강부회가 이르지 않는 곳이 없다. (卷3, 271~271頁)

반토에 의하면, '천축의 수미산설須彌山說'과 '일본의 신대권설神代卷說' 등에 있는 천지개벽설은 모두 다 "가만히 있으면서 천지를 측정하는 것" 이고 "대롱으로 하늘을 쳐다보는 것과 같은"(卷1, 198頁) 편협한 억설이다. 지금의 서양과학의 진보에도 불구하고, "지금 또 더욱 이를 만들어 낸 것"(上同)이『고사기전』권17의 부록으로 수록되어 있는 핫토리 나카쓰네服部中庸[2])의 『三大考삼대고』이다. 반토는 이를 "고금에 유례가 없는 진기한 설이다. 그 앎은 미쳐야 하나 그 어리석음은 미칠 수 없는 것이다"(卷1, 196쪽) 고 일축하고, 나아가 아마테라스오미카미天照大神가 낳은 일본이 만국의 중심에 서 있다는 노리나가의 에스노센트리즘(ethnocentrism)을 비난했다.

옛날에는 우리나라我国만 있는 것을 알았지, 다른 나라가 있는 것을 몰랐다. 일월日月은 각기 그 나라를 위해 있다. (卷1, 215頁)

지금까지의 반토에 대한 연구가 이와 같은 '선구적 계몽사상가' 반토의 '합리주의' '유물론'을 높이 평가해 온 것은 주지의 사실이다.[3] 그러나

---

2) 1757~1824. 에도시대 후기의 국학자. 노리나가에게 국학을 배워『고사기』의 천지개벽을 독자적으로 해석한『삼대고』를 지어 국학자들 사이에 대논쟁을 야기했다. /역주 *위키피디아 일부 참조

3) 종래의 반토 연구에서, 무귀론에 보이는 합리주의·계몽주의의 진보적인 측면에 대비된 것은, '봉건론' '유학적 윤리사상' '농본주의'의, 이른바 지연된 측면이고, 양자의 '모순'에 초점이 모아졌다. 마쓰무라 고지松村浩二,「蟠桃論再考—いわゆる蟠桃論の'矛盾·二重性'について」(『甲南国文』44号, 1997年) 참조. 본고는 '봉건론'의 단위인 번藩에 대해 '일본'이라는 국가의식과 '유학적 윤리사상'의 적극적인 면에 주목했다는 점에서 지금까지의 반토 연구의 틀과는 다르다.

종래의 반토 연구는, 노리나가의 자기편애적인 '황국'주의를 비판하는 반토가, 또 한편으로 '일본'에의 강렬한 귀속의식을 지니고 있었음에 대해 반드시 주의를 기울였다고는 할 수 없다.[4]

예를 들면 그 귀속의식을 단적으로 보여주는 언어가 『유메노시로』에서의 '우리 일본[我日本]'이다. 반토는 말한다. "무武로써 나라를 다스리고, 대국에 침범되지 않는 것은 '이기리스(=영국)'와 우리 일본 뿐이다. 이로써 천하에 적이 없다"(卷2, 269頁), "우리 대일본我大日本이라지만, 모두 서양인이 명명하여, 인도라 하고, 지나라 하고 '야펜ヤーペン'이라 한다. 부끄러워해야 할 일이 아닌가"(卷2, 253頁), "우리 일본의 불자들의 무리, 조신祖神(소신 혹은 오야노카미, 가미로 모시는 선조/역주)을 습합習合함이 심해지지 않았는가"(卷9, 465頁). 『유메노시로』에는 이처럼 '우리 일본'이 자주 나올 뿐 아니라, 노리나가를 닮은 '우리 황국'(卷1, 216頁)이라는 표현도 있다.

구체적으로 말하면, 반토의 '우리 일본'이라는 귀속의식은 다음과 같은 논의에 잘 나타난다. 반토는 아라이 하쿠세키新井白石가 나가사키長崎 무역을 제한하자는 논의를 둘러싸고 '우리나라[我邦]'의 '국권 국리'(卷5, 346頁)를 잃지 않도록 해야 한다고 논하며, "우리나라의 치욕을 외국에 보이는 것은 국위를 손상하는 것이다"(上同)며 경고하고, 일본과 중국 양국의 표류자 교양을 비교해서는, 지적으로 열등한 '일본인'에게 치욕감조차 느낀다.

---

4) 源了圓은 반토에게 '미약하지만 국가의식의 자각'이 있었다고 지적하고 있는데, "세계사의 소용돌이 속으로 말려들어가는 일본에 대해서가 아니라, 막번 체제하의 폐쇄된 일본으로 향했음은 부정할 수 없다"고 부연하고 있다(『山片蟠桃 · 海保靑陵』日本の名著23, 中央公論社, 1971年, 30쪽). 본고는, 대외적 문제가 발생하기 이전에, '막번 체제하의 폐쇄된 일본' 속에서 '우리 일본我日本'이라는 내셔널 나의이덴티티가 부상해 왔음을 보여주는 입장에서의 고찰이다.

광동인広東人이 센다이仙台에 표착하고, 센다이인이 광동에 표착하여, 똑같은 위로를 받아 함께 호송하여 나라로 돌아올 수 있는 것, 천하에 태평한 효험, 사해일철四海一轍의 정사政事는 말하지 않아도 같은 마음이다. 성대한 일이 아닌가. 그러나 한인漢人은 일본에 오면 어부漁夫도 유사儒士와 마주하여 시부詩賦를 짓는다. 일본인은 다른 나라에 있으면 오로지 묵묵히 슬퍼하고 울 뿐이다. 부끄러워해야 하지 않겠는가. 이와 같이 일동一同 왕래가 있어 교환하는 것도 또한 우연이다. (卷2, 253頁)

여기에는 일면식도 없는 표류자를 '우리 일본'의 일원으로 동포로 보는 감각을 엿볼 수 있다.[5] 나아가 반토는, "우리나라 사람은 오직 한토漢土의 문물만을 따를 뿐으로, 그 시비를 변별함이 없으니 개탄스럽다"(卷5, 322頁)며 중국을 숭배하는 유학자들을 비난한다. 이와 같은 반토의 '우리 일본'이라는 귀속 의식은, 분명히 "우리나라가 있는 것은 알고, 다른 나라가 있는 것을 모르는"(前出) 노리나가적인 독선성을 피하고는 있지만 내셔널 아이덴티티의 한 형태였음은 부정하기 어렵다. 그러면, 그와 동시대를 살았던 노리나가의 '황국' 의식과는 어떤 차이가 있는가.

여기서 상기해 두어야 할 것은, 반토가 살았던 시대, 신도가와 국학자가 받들어 믿었던 신령神靈의 실재實在를 부정하는 것은, 간접적으로 일본이 '신국神国'이라는 관념도 부정하는 것을 의미한다는 점이다. 이 연관은

---

5) 반토가 기록하는 중국인 표류민의 한시 작성 사건은 잘못 전해진 것 같다. 다치바나 난케이橘南谿 『北窓瑣談後篇』 卷2(文政 12年刊)에 의하면, 센다이의 한코藩校인 요켄도養賢堂의 유자 시무라 고쇼志村五城가 '문맹'으로 '시도 읽을 수 없었'던 표류민에게 한시를 가르쳤다. 표류민은 귀국 후 "일본에서 수습手習 공부를 했음을 이야기하니까 그 나라 사람이 기이하다"고 주위로부터 말을 들었다고 한다. 이렇게 기록하고, 난케이는 "경은 일본의 명예이다"라고 맺고 있다. 반토가 말하는 '오방의 치욕' 사건과 180도 바꾸어, 일본인의 자존심을 부추기는 사건으로서 전하는 『北窓瑣談』 기사는 쓰사카 고샤쿠津坂孝綽의 『夜航詩話』 卷2(天保7年刊)에 한문으로 고쳐져 있다. 이에 대해 니시지마 란케이西島蘭渓는 『북창쇄담』 『야항시화』 기사는 잘못 전해진 것이고, 『유메노시로』가 '실록'으로, 사실을 전하고 있다고 비판하고 있다(『淸暑間談』 卷2, 弘化3年成).

예를 들면, 『유메노시로』에 인용된 나카이 리켄中井履軒[6]의 다음과 같은
말에 잘 나타나 있다.

> 리켄 선생이 말씀하시기를, "딴 나라들 사람들은 지혜가 밝다. 모든 괴이한
> 일은 대체로 있기만 할 뿐으로, 여기에 도리를 부여하지 않는다. 옛날의 일
> 은 알 수 없는 것으로 제외해 둔다. 이른바 있되 논하지 않는다는 것이다.
> 오직 우리나라만 이에 도리를 갖다 붙여[附会] 이로써 가르침을 세우고자 하
> 는 이가 많다. 이르기를, 이를 신도라 한다. 또 우리나라는 신국이라고 떠들
> 어 댄다. 우매함의 극치이다"(卷10, 512~13頁)

  '신도' 비판은 그대로, 자민족 중심주의적인 '신국'론으로 향하고,
게다가 '신국' 일본 중심에 있던 덴노의 존재로 연결되어 있다. 신령의
실재를 부정하는 것은, 가미들이 보호해주고 아마테라스오미카미의
자손으로서의 덴노가 나타나 계시는 '신국' 일본의 특권성의 부정으로
연결되고 있었다.
  그 의미에서는, 반토가 "내가 발명"(凡例, 147頁) 했다는 무귀론은, 단순히
신령의 실재 여부에 대한 종교적 논의가 아니라 '신국'으로서의 '일본'을
인정하는가 아닌가 하는 국가론의 문제였다.[7] 이 때문에 반토는 자신이

---

6) 1732~1817. 에도시대 중·후기의 유학자. 오사카 가이토쿠도懷德堂/회덕당의 2대
   학주였던 나카이 슈안中井甃庵(1693~1758)의 차남. 고이 란슈五井蘭洲(1697~1762)에
   게 주자학을 배웠다. 형인 나카이 치쿠잔中井竹山(1730~1804)과 함께 가이토쿠도의
   전성기를 이룩하여 가이토쿠도 학파로서 최대의 학문적 업적을 남겼다. 고전과 경
   학 주석의 일인자이며 천문학과 해부학 등의 서양과학에도 통달한 한편 야마가타
   반토에게 큰 영향을 주었다/역주 ＊위키피디아 일부 참조
7) 반토의 무귀론은 子安宣邦『鬼神論—儒家知識人のディスクール』(福武書
   店, 1992年), 陶德民『懷德堂朱子学の研究』(大阪大学出版会, 1994年), 中
   村一基「蟠桃·篤胤の朱子'鬼神論'批判」(『岩手大学教養学部研究年報』52卷
   1号, 1992年, 후의『本居派国学の展開』수록, 雄山閣, 1993年) 참조. 단지
   지금까지의 귀신론 연구에서는, 그것이 '신국' 일본을 인정하는가 아닌가의
   국가론 문제이기도 했던 것은 간과되어 있다.

주장하는 무귀론이, 신도가 · 국학자들이 '일본의 죄인'(卷3, 272頁)이라는 거친 비판을 하리라고 예상하지 않을 수 없었다. 반토의 입장에서 볼 때, 사실 그들이야말로 "한漢 보다 멀고 또 외진 범법梵法을 배워 가미神와 습합한다. 일본의 죄인, 이 보다 큰 것은 없다"(上同, 272頁)고 하는 것처럼, '일본의 죄인'이었다. "신대권神代卷을 믿고, 여러 설을 이루는"(卷3, 277 頁) 비합리적인 '신화'에 기초한 독선적 '황국'주의야 말로 '우리 일본'을 위험하게 하는 것이다. 여기서는 같은 '일본' '황국'이라 하더라도 노리나가와는 다른, 신령과는 연관이 없는 '일본'을 주장한다.[8]

---

8) 『유메노시로』에서 노리나가 비판이 하나의 논점이 되어 있는 것은, 『유메노시로』의 초고인 『宰我の償』과 비교할 때 분명해진다. 주지하는 바와 같이 『재아의 상』은 교와享和 2년(1802)에 쓰기 시작하여 다음 해에 완성했다. 이에 대해 『유메노시로』는 분카文化 2년(1805)부터 3년, 늦어도 4년까지는 완성되었다고 한다. 이후 『유메노시로』는 그 때 그 때 다소 추필追筆되었는데, 분카 10년(1813)경 이후에는 가필도 없고, 분세이文政 3년(1820)에 발문을 집필하여 현재에 남은 완본이 완성되었다고 한다. 아리사카 다카미치有坂隆道, 『日本思想大系』 해제 참조. 주목해야 할 것은 이 『재아의 상』으로부터 『유메노시로』에로의 개정증보의 하나의 논점이 모토오리 노리나가에 대한 비판에 있었다는 점이다. 반토는 『유메노시로』에서, 노리나가를 따라 『일본서기』의 신대권神代卷이 "고사기의 고어古語와는 크게 다르다. 특히 사인친왕舍人親王(도네리진노)은 불교를 믿고 한문을 귀히 여기신 까닭에, 신대 황국의 고의古意를 잃으심이 많았다"(卷3, 270쪽)고 비판한 뒤에 앞선 "와가쿠샤和学者 · 신토학神道学을 주창하는 사람들"이 이 신대기神代紀를 '금과옥조'로 여겨 온 것을 논하여 다음과 같이 말하고 있다.

후세의 와가쿠샤, 신토학를 외치는 사람들, 오직 일본기日本紀를 금과옥조로 삼아 회호점장回護点粧하고, 글귀를 좇아 주해注解를 쓰고, 한 구절 한 글자에 천착하고 뜻을 푸니, 지루하고 산만하며 번거롭게 만연함이 이르지 않은 곳이 없고, 한 글자의 의혹이 생기지 않을 수 없다. 예로부터 신대의 권을 강론하는 자 많아, 중세에는 박사가의 업이 되어 시강侍講시킨 것이다. 때문에 사적인 기록[私記]이 많고 교엔竟宴경연(헤이안 시대에 궁중에서 진강이나 칙선집의 찬진撰進이 끝났을 때 개최했던 잔치/역주)의 노래 등도 있는 것이다. 그 후에 기타바다케 쥬고 치카후사北畠准后親房(1293~1354)공公 · 이치죠 젠코 가네이에一条禅閣兼家(1402~1481)(가네요시兼良의 誤記)공을 비롯하여 와타라이 노부요시度会延佳(1615~1690) · 야마자키 스이카山崎垂加(1618~1682) · 시라이 소인白井宗因 · 다다 요시토시多田義俊(1698~1750) · 가모노 마부치賀茂真淵(1697~1769), 지금의 모토오리 노리나가 그 외 많은 사람들, 망설견강妄設牽強이 이르지 않는 데 없다.(卷3, 270~71쪽)

* 사인친왕(676~735) : 아스카/나라 시대의 황족. 덴무 덴노天武天皇의 황자로 『일본서기』 편집을 총괄했다고 전해짐/역주

여기에서 반토는, 근세의 이세伊勢 신도가인 와타라이 노부요시 이하의 신도가

이 장의 과제는, 반토의 '우리 일본'이라는 귀속의식이 무엇이었는지를 밝힘으로써 18세기 후반부터 19세기 초인 에도 후기의 '일본인'이라는 내셔널 아이덴티티의 양상을 탐구하는 것이다. 구체적으로는, 반토의 신도 · 국학 비판을 검토하여, 반토가 '우리 일본'이라 할 때의 '우리[我]'와 '일본'의 관계는 어떠한 것이었는지, 또 그것은 국학 · 신도가들의 '황국'주의와 어디가 다른지를 밝히는 것이다. 이와 같은 검토를 통해 우리는 신화에 근거 지워진 '황국'주의와는 다른 '일본인'이라는 내셔널 아이덴티티의 광맥을 발굴해 낼 수 있을 것이다.

2. 유가신도儒家神道 비판

에도 후기의 사상 공간에서 역사와 신화에 근거하지 않은 '일본인'이라는 내셔널 아이덴티티가 서서히 부상하기 시작한 것은 18세기 전반의 교호享保기 부터다.[9] 이 방향으로 나아 간 이들은 앞 장에서 본 스이카신도를 비롯한 근세 신도가와 국학자들이었다. 물론 모토오리

와 국학자를 들고 있는데, 이『유메노시로』의 바탕이었던『재아의 상』의 해당 조에는 실은 가모노 마부치와 모토오리 노리나가의 이름은 보이지 않는다(스에나카 데쓰오末中哲夫『山片蟠桃の研究—著作篇』淸文堂, 1966년, 449쪽). 분명히『유메노시로』를 집필할 때 반토는 마부치와 노리나가를 읽고 그들을 비판했던 것이다. 거기에는『재아의 상』에 대한 첨삭을 구했던 나카이 리켄의 영향이 있었던 것으로 보인다. 리켄에게는 마부치와 노리나가를 비판했던『弁妄』이라는 저작이 있는데, 반토가『재아의 상』초고를 리켄에게 보여주었을 때, 리켄이 마부치와 모토오리 노리나가 설에 대해 주의를 환기시켰기 때문이다. 어찌되었던『유메노시로』에서 국학자, 특히 노리나가가 반토의 비판의 사정권에 들어 있었던 것은 분명하다. 또한『유메노시로』범례의 인용 문헌 가운데 있는 노리나가의 저작은,『古事記伝』(寬政 9년[1797]에는 권1부터 권17까지 간행됨),『神代正語』(寬政 2년刊),『伊勢神宮さき竹の弁』(享和 元年刊),『くず花』(享和 3년刊)『直毘靈』(『古事記伝』수록)이다.

9) 상세한 것은 졸저『近世神道と国学』(ぺりかん社, 2002年)를 참조. 본장의 모든 신도 · 국학 이해는 졸저를 전제로 했다.

노리나가의 문헌학은 그 실증적 엄밀성에서 볼 때, 종래 근세 신도의 자의적인 주석 태도와는 다르다. 그러나 이른바 기기記紀신화에의 신앙과, 그 비합리적인 신앙에 근원하는 '일본인' 우월의식에 대해 말할 때, 그렇게 멀리 떨어져 있지는 않았다. 그 하나의 증거로서 들 수 있는 예가 태양=아마테라스오미카미=덴노라는 삼위일체론이다. 교호기에 가장 번성했던 스이카신도의 다마키 마사히데玉木正英는 "이 어자御子 천일天日/아메노히과 합체合体하시므로, 이와 같이 칭하여 받든다고 하는 자들은 잘못되어 바른 뜻이 아니다. 바로 천일어일체天日御一体라고 경배하여 받들어사御事이다"[10]『神代卷藻鹽草』卷2, 3ォ)라 하는데, '스이카신도의 근본 뜻과 모토오리의 관계'를 설명한 무라오카 쓰네쓰구는, 이 종교적 경건성이 노리나가로 통한다고 한다.[11] 앞에서 보았던 아마테라스오미카미 신앙에 대한 반토의 비판도 이렇게 근세 신도가와 국학자들로 향했던 것이다.

이에 대해, "내, 민첩하지는 못하지만, 신대권에 의심을 갖고, 신학자의 망설과 우설愚說을 바로잡고자 한다"卷3, 272頁)는 반토는, 그들 신앙의 근거가 된『일본서기』와『고사기』즉, 기기신화 그 자체의 위험성을 도마 위에 올린다.

반토는, 기기신화를 믿는 신도가와 국학자들은 쓰인 것을 그대로 사실로 믿는 서물書物 신앙이 바닥에 깔려 있다고 한다(앞 장에서 본 모토오리 노리나가의 '신전神典 그대로' 라는 언설이 그 전형이다). 반토는 본래 일본에 문자가 전래된 것은 오진 덴노応神天皇 시대였고, 그 때까지의 일은 '입으로 전해진[口授] 전설'이었지 사실을 전한 것이 아니라는 것이다. "일본에

---

10) 愛知教育大学付属図書館所蔵.

11) 村岡典嗣,「垂加神道の根本義と本居への關係」(『增訂日本思想史研究』岩波書店, 1940年) 참조.

문자가 전해진 것은 오진 덴노 때이고, 그 후의 일이 사실 명백하다. 그 전까지의 것은 입으로 전해진 일로서 사실일 수가 없다"(卷3, 272頁). 때문에 "책(=書経)을 맹신하는 것은 책이 없는 것만 못하다(盡信書, 不如無書)"(盡心下篇)라 말했던 맹자孟子에게 배워서, 책을 그대로 믿지 않고, "의심할 것은 의심하고, 논의할 것은 논의하는"(卷3, 270頁) 태도가 신대神代에 대한 기본적 입장이어야 한다는 것이다.

> 이로써 전해 들은 것이 믿을 수 없음을 알 것이니 가지고 논하지 않음이 옳다. 일일이 이를 말하여 설을 붙일 때에는, 마침내 둘러대는 말[遁辞] 없이, 결국은 한학漢学의 리理로써 말해서는 안 되고, 신대의 일은 기묘하여 헤아릴 수 없다고 말할 밖에 없다. 아아, 신학자 무리는 신대권神代卷은 믿고, 단丹·파播의 설은 의심한다. 저를 믿고 이를 의심하며, 이를 실이라 하고 저를 허라 한다. 바람을 잡는 것과 같고 그림자를 매놓는 것과 같다. 그것을 취할 바 없음을 알아야 한다.(卷3, 278頁)

신령의 영험을 이야기하는 비합리적인 신화를 무리하게 합리적으로 해석하려 하고(아라이 하쿠세키의 『古史通』), 혹은 거꾸로 비합리적인 신화를 사실로서 그대로 받아들이지 않고(모토오리 노리나가의 『고사기전』), 어디까지나 공자孔子를 배워서 "아는 것을 안다고 하고 모르는 것을 모른다고 해야"(『論語』為政篇) 한다. 반토에 따르면, 이러한 태도야 말로 신도가들이 외치는 '정도正道'에도 맞다는 것이다.

> 우리가 유학을 배워서 한토漢土를 역성들어 억지로 끌어대는 것이 아니다. 삼대三代의 곧은 도[直道]와 정직한 머리에 머물러 논할 뿐이다. 아아, 와가쿠샤和学者의 박람강식[博覽强識]함이 다다르지 않는 곳이 없다지만, 오로지 인의가 없을 뿐이다. 때문에 그 지혜의 사용 방법을 모른다. …원컨대 신교神教처럼 정직한 머리에 머물러, 아는 것은 안다고 하고 모르는 것은 모른다고

하여 신대의 곧은 도로써 행해야 할 것이다. 내 민첩하지 못하지만, 신대권에 의심을 갖고, 신학자의 망설ㆍ우설愚說을 바로잡고자 한다.(卷3, 272頁)

그런데, 반토가 『유메노시로』에서 '망설ㆍ우설'이라며 비판하는 선행 신도가神道家는 요시다吉田 신도가와 이세伊勢 신도가 같은 중세의 신도가가 아니라, 같은 시대의 신유일치론자였다. 특히 반토가 참을 수 없었던 것은, 자기 처럼 보편주의적 주자학을 배우면서도 신도에 경도되어 있었던 자들이었다. 특히 하야시 라잔林羅山[12]과 야마자키 안사이가 공격의 대상이었다. 먼저 하야시 라잔에 대해 반토는 다음과 같이 비판한다.

> 하야시 선생의 신사고神社考는 첫째로 이세伊勢를 적고서, 불자의 망설ㆍ습합褶合론을 게시하되 하나로 하여 설파說破함이 없다. 그 외의 다이샤大社 모두 이와 같다. 마침내 방기方伎ㆍ무승巫僧의 무리를 들어 나란히 논하여, 또 그 설을 이루지 못했다. 독자에게 의혹을 일으키는 괴이함에 빠졌다. 도를 해침이 심하다.(卷10, 516頁)

반토는 라잔의 『本朝神社考본조신사고』에 대해서는 '불자의 망설ㆍ습합론'을 비판했던 획기적 의의를 인정하면서도, 그것을 '설파함'이 없었던 불철저성을 문제삼는다. 이 비판은 『본조신사고』가 고대 이래의 신불습합설에 대해 승려가 신도에 '부회'했다고 비판하는 한편으로, 덴구天狗를 비롯한 괴기한 현상을 서술할 뿐으로, 그 실재 그 자체를 부정하지

---

12) 1583~1657. 아즈치ㆍ모모야마安土桃山시대 말기부터 에도시대 초기의 유학자. 후지와라 세이카藤原惺窩(1561~1619)에게 주자학을 배웠다. 세이카의 천거로 도쿠가와 이에야스德川家康의 시강侍講이 되어 4대 쇼군 도쿠가와 이에쓰나家綱 까지 출사하며 도쿠가와 바쿠후의 초기 봉건교학과 제도 수립에 힘썼다. 그가 설립한 사숙 고분칸弘文館은 에도 후기의 쇼헤이코가쿠몬쇼昌平坂学問所의 기원이 되었다. 린케林家의 종조/역주

않았던 것으로 향해 있다고 할 수 있다.[13] 이는 앞서 논했던 책에 씌어져 있는 것을 그대로 믿어버리는, 이른바 책의 권위 앞에서 사고가 정지되는 태도에 대한 비판으로 연결된다.

　다만 반토가 '불자의 망설·습합론'을 비판함에, 기본적으로 라잔과 입장을 같이 하고 있음은 주의를 요한다. 오히려 이 점에 관한 한 반토는 라잔설을 계승, 발전시키고 있다고 할 수 있다. 라잔의 '불자의 망설·습합론' 비판이란, 그것을 주장하는 승려의 공리적인 의도를 적출하는 이데올로기 폭로라는 형태에서의 신도자·불교자 비판이다. 라잔은, 승려가 '신도'에 습합하여 자기의 교선敎線의 확대를 꾀하고, 또 거꾸로 신도가 측에서도 불교에 대항하여 그 번영을 부러워하여 불교 이론을 빌어 신도 교설을 만들어 내는 것을『본조신사고』에서 비판하고 있다. 이러한 비판을 반토가 그대로 답습한 것이다. "역易에 이르기를 신도는 이천년 전의 것이다. 지금의 신도라 함은 불仏의 번성을 부러워하여 일파一派를 세운 것이라, 천지현격한 차, 혼동해서는 안 된다"(卷10, 513~14頁). 이런 비판은 딱히 반토만이 아니라 해도 반토에게 끼친 영향은 크다. 반토 득의의 쇼토쿠聖德 태자 비판 방법도, 이 이데올로기 폭로이기 때문이다.[14]

---

13) 졸고『林羅山の『本朝神社考』とその批判』(『近世神道と国学』수록) 참조.
14) 반토는 라잔의 쇼토쿠 태자 악인론을 받아들이고, 게다가 아마테라스오미카미·남체설男体説을 관련시켜 쇼토쿠 태자 비판을 전개했다. "스이코推古(일본의 33대 덴노, 최초의 여성 덴노/역주)는 비다쓰敏達(제30대 덴노)의 황후이자 여동생이므로, 인심도 처음에는 복종했다. 그러나 한 때는 여러 신하들이 엎드렸지만, 과연 예가 없었던 여제女帝의 일이기 때문에 구구하게 비방하는 의론이 생겨났다. 우마코馬子(소가노우마코蘇我馬子를 말함. 소가노우마코는 비다쓰 덴노 때 대신으로 취임하여, 이후 31대 요메이 덴노用明天皇, 32대 스슌 덴노崇峻天皇, 스이코 덴노에 봉사하면서 아스카 시대에 소가씨의 전성기를 이룬 인물로, 29대 긴메이 덴노欽明天皇의 처남이자 스이코 덴노의 외숙부/역주)와 태자가 이를 두려워하여 진정시킬 계략을 꾀한다. 이에 국사国史의 편술이 시작되어, 니치진日神(=아마테라스오미카미/역주)를 음체陰体로 칭하여 제신과 만민을 속였다. 이에 상하가 순순히 복종했다. 이는 순전히 태자의 간계이다. 당세를 속이기 위해 황조를 거짓말하고 만세를 속였다. 이는 태

다음으로 스이카신도와의 관련을 살펴보자. 안사이에 대해서는 "야마자키 씨가 주자학을 배워서 심학을 귀히 여긴다는 이런 언사를 발설하는 것은 어떤 것인가. 이 또한 신도를 배워 우매함으로 돌아가는 것 아닌가. 가여울 뿐이다"(卷3, 280頁)라며, 주자학자임에도 불구하고

자의 대죄이다. 이를 구사본기旧事本紀라 한다. 그러나 이 책은 결국 없어져 전하지 않는다. 지금의 구사기旧事紀는 후세의 위작이다"(卷3, 281頁). 반토는 아마테라스오미카미를 '여체'라 하는 삿된 설은 쇼토쿠 태자가 '여제' 스이코덴노의 즉위를 정당화하기 위해『구사기』를 위작했던 것에서 시작한다고 한다. '여체'가 황조皇祖인 것은 유학적 가치관에서 볼 때 용인할 수 없는 것이었다. "신대권의 그 외 신학神学 수 백가家의 논설, 일언이폐지一言以蔽之하여 이르되, '니치진은 양체陽体일 따름이다'"(卷3, 285頁). 반토는 이 '여체'설을 '쇼토쿠正德 (1711~1716) 무렵'에 노노미야 코몬사다모토野宮黄門定基 경(1669~1711. 에도시대 중기의 구케公家. 국학자/역주)이 말한 것과, 스승인 나카이 치쿠잔 · 리켄에게 들었다고 적고 있다(上同, 281頁). 이 점, 도덕민陶德民은 가이토쿠도懐德堂 학파 가운데 사다모토定基의 '아마테라스오미카미 여체'설에 가장 먼저 주목했던 이는 고이 란슈五井蘭洲라고 지적하고 있다(앞의 책 참조). 이와 같은 가이토쿠도 학파가 설한 바와의 관련에서, 미와 짓사이三輪執斎(1669~1744. 에도 중기의 유학자 사토 나오가타佐藤直方에게 주자학을 배웠으나 나카에 도쥬中江藤樹의 저작을 읽고 양명학에 경도되었다/역주)의 신도개설서『神道憶説』가 참고 된다. 왜냐하면 미와 짓사이가 어떤 이의 다음과 같은 설을 소개하고 있기 때문이다.

어떤 이 이르기를, "스슌 덴노는 그 때의 천자이면서 우마야도厩戶(=쇼토쿠 태자)에게는 숙부이다. 소가노우마코曾我の馬子, 이를 시해하려 하고, 우마야도 이를 주살하지 않을 뿐만 아니라(소가노우마코는 외척의 발호를 전제하고 왕권을 강화하려 했던 스슌 덴노를 암살한다/역주), 이에 당党이 되어 서로 함께 불법仏法을 보급했다. 우마코와 우마야도가 상의하여 죽은 비다쓰의 후后, 스이코를 세워 여제로 하고, 우마야도가 태자가 되어 섭정했다. 이것이 여제의 시초이고 또한 섭정의 처음이다. 아마테라스스메天照皇를 여제라 하는 것, 일본기日本紀에 나온다고 해도, 그 뿌리는 우마야도가 구사기에 나오는, 이 스이코를 여제로 한 것에 근거를 두고 있는 것이라"고 한다.(『神道憶説』下卷, 東北大学付属図書館所蔵, 写本, 13ウ~14オ)

짓사이는 이 설에 대해, "이는 추량의 설이나 우마야도의 전후를 보면 그럴법하다"(上同)며 소극적으로 찬동하고 있다. 짓사이는 '추량설'을 주창한 사람을 특정하고 있지 않으나, 노노미야 사다모토野宮定基 설이라는 가능성은 있다. 왜냐하면 짓사이는『신도억설』안에 사다모토가 말한 바를 긍정적으로 끌어들이고 있기 때문이다(上卷, 16オ). 짓사이는 거기에서, 요시다 신도가가 '신도'와 '가미고토神事'의 구별을 변별하지 않고, 신도가 기도祈禱 신도에 빠져버려 있음을 비판한 사다모토설을 소개하고 있다. 짓사이가 가이토쿠도懐德堂와도 관계가 깊었음을 상기한다면, 짓사이와 반토의 결부는 흥미로운 과제이다. 짓사이와 가이토쿠도와의 관계에 대해서는, 미야모토 마타지宮本又次「三輪執斎の学風と懐德堂」(『季刊日本思想史』20号, 1983年) 참조.

신도설에 이끌려 들어갔음을 비난했다.

> 우리나라에서 귀신의 일을 논하는 사람들에는 야마자키 씨의 사어社語가 있지만 취할 바도 없는 책이다. 이 사람은 처음에는 부도浮屠에서 출발하여 유학을 배우고, 주자를 신봉하여 지은 책이 많다. 그 가운데에는 보아야 할 것 또한 조금도 없다. 나이가 들어 신학에 들어갔다. 어째서 그 허망함이 많은가. 거의 유학을 배울 때와 같지 않다. 늙어서 망령이 들었는가.(卷10, 516頁)

여기서 반토는, 인용한 책 제목에도 올린『垂加社語수가사어/스이카샤고』를 '취할 바 없는 책'이라고 비판하고 있는데, 이는 가령 "덴진天神 제1대는 천지일기天地一気의 가미神, 2대부터 6대까지는 수화목금토水火木金土의 가미, 제7대는 곧 음양陰陽의 가미이다"[15](『垂加社語』)라 하는 것처럼, 오행설을 끌어 들이는 것을 지적하고 있다. 반토는 이를 "많은 와가쿠샤和学者(=국학자)는 상고의 일에 기리[義理]와 교훈을 덧붙여 논한다. 신대권을 성가시게 리를 말하고, 덴진天神·지신地神의 가미神들을 일일이 오행五行에 해당시켜 무리하게 상생상극相生相剋의 리에 갖다 붙인다"(卷3, 298頁)고 비판하고 있다. 이런 부회설은 안사이 자신이 비교 대조하고 있는 것처럼, 중세 신도의『神皇実録신황실록』과『唯一神道名法要集유일신도명법요집』에도 있지만, 특히 반토가 스이카신도에서 문제 삼는 것은 가미의 사화설神の四化説이다. 가미의 사화설이란 "우리 신도는 네 가지, 조화造化·기화気化·신화身化·심화心化(가 있다). 조화·심화는 형形이 없다. 기화·신화는 체体가 있다. 이는 신대를 배우는 자가 반드시 알아야 할 바이다"[16](『垂加社語』)라 적고 있듯이, 성립·출생을 토대로 한 가미들의 분류이자 안사이의 독창적 견해다. 이에 대해서는『재아의 상』에서 이미 언급하고

---

15)『近世神道·前期国学』(日本思想大系39, 岩波書店, 1972年), 122쪽.
16) 위의 책, 123쪽.

있으며 스이카신도 비판의 핵심을 이루고 있다.

본래 가미의 사화설은 아마테라스오미카미와 스사노오노미코토의 서약誓約 단계[17]에서 발단한다. 야마자키 안사이는, 아마테라스오미카미가 낳은 삼여신三女神/산죠신(다코리히메田心姫 · 다기쓰히메湍津姫 · 이치기시마히메市杵島姫)을 스사노오노미코토와의 '교합'에 의해서가 아닌 마음이 현현화顯現化한 '심화心化'의 가미라 하여, 유학자의 입장에서 볼 때 형제의 '교합'이라는, 있어서는 안 되는 부도덕 행위를 회피했다.

> 니치진日神(=아마테라스오미카미)이 낳으신 산죠신三女神은 심화의 가미라고 앞서 전혀 이렇게 알고 있다. 이는 심화의 가미이고 어인체御人体가 아니다. 무엇도 체体가 있는 가미는 없을 터이다. 이를 요시다吉田의 오비奥秘에서 이르기를, 이것을 니치진과 스사노오노미코토素戔嗚尊가 교합하여 낳으셨다고 한다. 그것이 여기 저기서 읽는 것이고, 여기의 문단에는 전혀 없다[18] (『神代卷講義』)

이에 대해 반토는 이렇게 말한다.

> 니치진 · 스사노오素戔嗚, 아마노야스가와天ノ安川에서 맹세하고 오시호미미노

---

17) 『古事記』에 나오는 두 가미의 서약 내용은 이러하다. 이자나기가 네노쿠니根の国(=黃泉国)에서 이자나미의 추격에서 도망쳐 나와 '하라에祓え' 의식을 하여 코를 씻자 태어난 가미가 스사노오노미코토이다. 스사노오는 '이자나기'로부터 바다를 지배하라는 명에 불만을 품고, 바다로 가기 전에 '이자나미'가 있는 네노쿠니에 가고 싶다며 울부짖자 천지에 큰 피해가 생겼다. 이에 이자나기가 분노하여 스사노오를 추방해 버린다. 추방당한 스사노오는 네노쿠니를 방문하기 전에 마지막으로 누이인 아마테라스오미카미를 만나기 위해 다카마가하라高天原로 올라갔는데, 이 때 산천이 움직이고 나라가 진동했다. 아마테라스는 스사노오가 다카마가하라를 빼앗으로 온다고 생각, 무장武装 하고 스사노오를 맞는다. 스사노오는 아마테라스의 오해를 풀기 위해 서약誓約うけい을 하기로 하고, 두 가미는 아마노야스가와天の安川를 사이에 두고 서약을 행하는데, 먼저 아마테라스가 스사노오가 지니고 온 '십권검十拳剣도쓰카노쓰루기'를 받아 잘게 씹어 부수어 불어낸 숨의 안개에서 나온 가미가 바로 본문의 삼여신이다. 위 본문에 나오는 삼여신의 이름은 『고사기』가 아닌 『일본서기』에 표기된 것/역주
18) 『近世神道 · 前期国学』, 153쪽.

미코토忍穂耳尊를 낳았다고 말하는 것도 심화의 가미이다. 이상하지 않은가.
(卷三, 280頁)

반토는, '심화'로 가미가 태어날 리가 없다. 가미는 인간이기 때문에, '교합'에 의해 태어나야 하고, 그 이외는 태어날 수 없다는, 지극히 당연하고 그리고 상식적인 비판을 한다. 이 비판은 이런 표면적 의미 이상의 것으로 향하고 있음에 주의해야 한다. 왜냐하면, 안사이의 '심화'를 포함하는 가미의 사화설에는, 처음에 가미가 있다는 대전제가 있었기 때문이다. 환언하면, 스이카신도의 사화설은, 군주=덴노라는 근원을 절대화하는 것으로, 처음에 덴노가 있다는 대전제 위에 있었다. 그러나 반토는 말한다.

그 책 속에 있는 바의 가미들은 모두 조화造化·기화氣化의 가미이다. 그러한 즉 군주君主가 있어도 다스려야 할 민民이 없고, 살아가야 할 소인이 없다. 군주라 하여 무엇을 알고 무엇을 다스리겠는가. 시詩에 이르기를, '하늘이 만백성을 낳으심에, 물이 있어야 법칙이 있다'(天生_蒸民_, 有_物有_則)라 했고, 서書에 이르기를, '하늘이 아래로 백성을 내리시고, 군주를 만들고, 스승을 만들었다'(天降_下民_, 作_之君_, 作_之師_)라 했고. 맹자가 이르기를, 군주는 가벼우며, 사직이 그 다음이고, 백성은 소중하다(君為_輕, 社稷次_之, 民為_重)라 했다. 민이 있은 후에 군이 있다. (卷3, 297頁)

여기에서는, 군君과 민의 관계가 전도된다. 앞에서 든 스이카신도의 아마테라스오미카미=니치진=덴노의 삼위일체론도, 그리고 『유메노시로』에서는 직접 비판하지는 않지만 덴노에 대한 절대적 충성심도 이런 '군'지상주의를 나타내는 것에 다름 아니다. 반토는 "민이 있은 후에 군이 있다"는 맹자의 민본설의 입장에서 이를 비판했다. "무릇 신臣이 있은 후에 군君이 있다. 신민臣民이 없는데 누가 이를 군君이라 하겠는가. 스스로 칭하여 군이라 해야 할 것인가"(上同)이라 하여, '신민'이 있어야 '군'이라고, 반토는 주장한다.

3. 귀신과 '지술智術'

그런데, 하야시 라잔과 야마자키 안사이 같은 일본의 주자학자들이 귀신의 실재를 부정하지 않았던 이유는 어디에 있는가(송대 주자학자의 경우, 조상에 대한 제사가 눈앞에서 실행되었던 것이, 간단히 귀신의 실재를 부정할 수 없는 이유의 하나로 들 수 있을 것이다). 반토의 입장에서 말하면, "우리 일본은 상고부터 가미에게 빌어서 길흉화복을 묻고 기도하여 태평을 구하는 것, 그 풍습이다. 일본기를 읽고서 말해야 한다"(卷11, 559頁)라 하고 있듯이, 인지가 발달하지 않은 '상고'라면 그렇다 하더라도, 지금도 귀신을 부정하지 않는 이유는 어디에 있는가. 여기에는 단순히 비합리주의와 합리주의라고 했던 문제와는 차원을 달리하는, 도덕과 행복 사이의 신의론적 문제가 있다고 생각된다.

본래, 근세 일본의 신유神儒 일치론자가 막다른 곳에서 귀신에게 의지하지 않을 수 없었던 것은, 도덕적인 행위의 결과를 구했기 때문이다. 그것은 귀신에게 의거하지 않을 수 없는 자아·주체의 취약성의 뒤집기라 할 수 있다.[19] 어딘가에 공리公利를 추구하는 기분,

---

19) 유학자 다수는 도덕성과 지력에 철저할 수 없고 자기 자신을 확신할 수 없음에도 불구하고, 일반인들[民]은 그들보다 열등하다고 생각하고 있기 때문에, 어리석은 사람의 교화를 위해서는 귀신에 의한 협박이 필요악이라고 생각하고 있었다. 가령 반토의 스승 나카이 치쿠잔이 "대체로 기도는 세인천민細人賤民의 처지에는 깊이 책망함에 족하지 않고, 왕공대인에게서는 결코 있어서는 안 될 것이다"(『草茅危言』卷八, 祈禱の事)라 했고, 혹은 동시대의 오타 긴죠大田錦城가 "어리석고 불초한 사람도, 신불에 기도할 때에는 먼저 몸을 경건하고 마음도 깨끗이 하기 때문에 크게 볼만하게 이루어져, 비방해서는 안 된다"(『梧窓漫筆』卷上)라 말하고 있다. 귀신론은 지식인의 세속에 대한 스탠스의 언설이라고 한 고야스 노부쿠니의 앞의 책 참조. 반토는 이런 이중진리를 부정했다. 그것도 주자학적인 철저한 논리에 의해 행했던 것은 주목할 필요가 있다.
어떤 이가 이르기를, "그대, 귀신은 있지 않다고 한다. 그러나 성현은 귀신을 공경하여 가르침을 세웠다. 또 본조의 풍속은 예로부터 가미를 모심에 나태함이 없었다. 그런데 지금 귀신이 없다고 하면 아국가의 법을 어기고 성현이

도덕성에 철저할 수 없는 약함이라고도 할 수 있다. 이는 스이카신도를 비판했던 사토 나오가타佐藤直方가 이미 지적했다. "일본에서 가미를 존경함은 모두 자기 체면[我一分]의 명가冥加(묘가/신불의 가호)를 구함이다"20)(『韞藏錄』, 卷3). 귀신 등에 의지하지 않기 위해서는 스스로가 스스로에 대한 절대적 신뢰가 필요하다. 사토 나오가타가 "배우는 이가 자기의 리理를 믿지 않는 것은 기본[本事]이 아니다.21) (중략)신도자神道者가 신명을 믿어 거기에 매달리는 것은 본을 잃은 것이다. 사람들 스스로가 존중하는 것이 있는데, 천리이다. 그 존중은 상대가 없으며(人々有┌尊┐於己┌者┐天理也, 其尊無┐対),내 마음[我心] 외에 신뢰할 힘이 되는 것은 없다"(『韞藏錄』, 卷3) 라는 말이 그것을 단적으로 표현하고 있다. 반토도 또한 "그 모시지 않아야 할 가미를 모시는 것은 모두 음사淫祀다. 후세에 모시지 않아야 할 가미를 모시는 사람들의 마음 속[心底]을 보면 모두 복을 구할 뿐이다"(卷10, 496頁) 라고 하여 귀신을 제사지내는 사람들의 '심저'를 간파하고 있다.

가르침을 세우는 인仁에 어긋나서 사람들로 하여금 두려워 할 바를 없게 하여 충효를 폐하고, 난신적자亂臣賊子로 하여금 신벌神罰·불벌仏罰이 없게 하여 불의를 자행하게 만든다. 어떠한가"라 했다. 내가 답하여 말하기를 "이정전서二程全書에 '어떤 이 말하기를, 석씨의 지옥과 같은 것은 모두 밑바닥의 사람들을 위해 이 가르침을 세워 선을 행하게 한 것이다 하니, 명도선생 말씀하시기를, 지극한 정성은 천지를 꿰뚫으나, 사람은 오히려 변하지 않음이 있다. 어찌 위교로써 사람을 변화시킬 수 있겠는가(或曰, 釋氏地獄之類, 皆是為┌下根之人┐設┌此教┐, 令┌為┐善. 明道先生曰, 至誠貫┌天地┐人尚有┐不┐化, 豈有┌僞教而人可┐┌化乎)"라 했다. 이로써 보아야 한다. 그 말이 불교를 위해 답한 것이라 해도, 귀신에 있어서도 같다. 무귀無鬼라 하면 참이고, 유귀有鬼라 하면 거짓이다. 어찌 인화人化 이겠는가.(卷11, 575頁)
반토의 이러한 이해는, 주자학의 귀신론을 철저히 했던 진사이를 경유한 것으로 자리매김 할 수 있다.

20)『增訂佐藤直方全集』卷上, ぺりかん社, 1979年) 86쪽.

21) 위의 책, 128쪽.

논어에는 귀鬼와 의義가 많이 대립한다. (중략)의義는 실제와 가까워[実近] 오늘 해야 할 것을 말한다. 귀鬼는 허하고 멀어[虚遠]서 오늘 절대로 쓸 수 없다. 의에 정통한 사람은 실을 토대로 해야 할 것을 행하며 귀에 아첨하지 않는다. 귀를 일삼는 사람은 허를 행하며, 하여서는 안 될 것을 행하니 의가 아니다. 이는 고금의 통폐通弊이다. 질병이 있는데 가지기도加持祈禱(병이나 재앙을 면하기 위해 주문을 외며 부처의 도움을 비는 기도)를 일삼는 사람은 의약医薬과 멀다. 의료를 일삼는 사람은 기도를 믿지 않는다. 늘 의義에 적합하지 않는 것을 행하고 내 몸의 행실이 나쁜 사람은 반드시 귀신에게 구하여 화를 피하고 복을 구한다. 귀신에게 구하지 않는 사람은 내 몸을 잘 다스려 의를 행하고 성실히 화를 면하니 복은 저절로 온다. 공자는 귀신을 버리지 말라고 하셨지만, 이를 멀리하라고 하여 의에 대한다. 후세를 생각하는 깊이를 보아야 할 터이다.(卷7, 416頁)

반토는 '의'에 맞는가의 여부가 가장 중요한 문제였고 화복은 행동의 결과로서 뒤에서 따라 온다고 한다. 미리 결과를 기대할 수는 없다. 중요한 것은 자신의 판단·행동이 '의'에 합당한지의 여부에 있다고 한다. 사토 나오가타와 마찬가지로 반토에게도 알 수 없는 귀신을 믿지 않는, 늠름한 자아가 존재하고 있었다. 물론 반토도 선이 보상받는 것을 부정하지는 않았다. 오히려 적극적으로 긍정했다고 할 수 있다. 단지 반토에 따르면, 길흉화복은 우연이 아니며 정체를 모르는 귀신에 의해 초래되는 것도 아니다. 중요한 것은 자신의 도덕성이다.

길흉회린吉凶悔吝은 모두 그 사람의 덕부덕德不德·행불행幸不幸에 있지, 간지干支·방우方隅·요괴妖怪가 하는 바가 아니다.(卷11, 566頁)

그 의미에서 반토는, "천도는 선함에 복을 주고 음란함에 화를 준다(天道福, 善禍, 淫)"(『書経』, 487頁 所收), "선을 쌓는 집안은 반드시 경사가 남아돌고,

선을 쌓지 않는 집안은 반드시 재앙이 남아돈다(積善之家, 必有¬余慶¬, 積不善之家, 必有¬余殃¬)"(『易経』, 文言傳)라는 유학의 선인선과·악인악과善因善果·悪因悪果설을 어디까지나 믿었다. 특히 반토의 특징은, 보답은 알 수 없는 신령의 가호가 있기 때문이 아니라 선한 행동의 결과이고, 그 이외의 힘에 의한 것이 아니라고 단언했던 것이다.

날이 밝고 저물어도 선을 행하고 터럭만큼의 악이 없는 사람은 천하가 모두 이를 칭찬하고, 그 사람에게 급하고 어려운 일이 생기면 만인이 이를 구한다. 또 조석으로 악행하고 한 점의 착함도 없는 사람은 천하가 모두 이를 미워하여 그 사람에게 환난患難이 생기면 만인이 일어나 이를 같이 쳐서 그 멸망을 기뻐한다. 그러므로 이르기를 "때와 해가 어찌 죽겠는가. 내 너와 더불어 다 망하리라"(時日曷喪, 予与¬女皆亡)(『書経』 湯誓)라 했다. 이로써 보아야 할 것이다. 선악의 응보는 모두 하늘에 있지 않고 사람에게 있다. 그러나 그 만인이 이를 사랑하고 만인이 이를 미워하는 것은 곧 하늘이다. 역易에 이르기를, "선을 쌓는 집안은 반드시 경사가 남아돌고, 선을 쌓지 않는 집안은 반드시 재앙이 남아돌 것이다"(積善之家, 必有¬余慶¬, 積不善之家, 必有¬余殃¬)라 한 것이 바로 그 뜻이다. (卷10, 489頁)

그러나 스스로를 믿지 않고 "지금처럼 귀신에 빠져서 홀리는[溺惑]"(卷11, 558頁) '일본인'은 미지未知의 것을 두려워하는데 비해, 서양인은 "만국을 다녀, 대양만리大洋万里 사이에 하늘이 변하는 요괴가 있어도 놀라지 않고"(卷2, 263頁) 그것에 과감하게 맞선다고 한다. 반토는 이런 지적知的 용기가 있기 때문에 서양인은 만국을 분주히 돌아다녀, 미지의 세계를 열수 있었다. 이에 비해 "우리 사인士人이 이렇게 먼 바깥의 나라에 다다르면 공포가 얼마나 있겠는가. 이로써 서양인 지술의 늠름함을 알아야 한다"(卷2, 263頁)고 반토는 말한다.

여기에는 프란시스 베이컨 류의 '아는 것이 힘이다'라는 인식이 있다.[22) 귀신을 두려워하지 않는 힘은 스스로의 도덕성에 대한 신념과 함께 당당한'지술智術'에서 유래하고 있다는 것이다. 반토는, 도덕은 동서고금을 막론하고 바뀌지 않지만 지성은 시대를 좇아 진보한다고 한다.[23) 가령 도덕적으로 완벽한 성인인 공자의 시대에는 "공성孔聖 조차도 일식日食을 예지하시지"(卷7, 402頁) 못했으나 지금은 서양 천문학의 발달로 예지할 수 있다. 여기에는 '지술'의 현격한 진보가 있다고 한다. 물론, 그것은, 과보果報는 잠자며 기다리는 식의 나태로부터는 생기지 않는다. 부단한 '부지런함'이 필요하다.

예로부터 아주 부지런한 사람은 공을 이루고, 나태한 사람은 그 가정과 나라를 잃게 된다. 기회를 보아 움직이고, 때를 알고 행하는 사람은 무엇을 할까, 아니다. 때문에 몸을 일으키는 것은 부지런함에 있고 지행知行에 있다. 이렇게 해서 성취할 수 없는 것은 천天이고 명命이다. 이 천명은 논할 수 없다. 오직 근신지행勤愼知行에 맡겨 죽은 뒤에 멈추어야 한다. 아주 부지런하여 이루었던 사람은 요堯·순舜·우禹·탕湯·고高·반盤·문文·무武, 익益·

---

22) 미나모토, 앞의 책, 34쪽. 미나모토는, 용기가 지식에서 유래한다고 말한 반토를 후쿠자와 유키지에 앞서는 '선구적 계몽주의자'(『德川合理思想の系譜』中央公論社, 1972年)라고 높이 평가한다. 이에 대해 사쿠라이 스스무櫻井進는, 서양 근대과학에 의해 '귀신'의 존재를 부정하는 '계몽이성'이, 표백하는 예능민과 종교자를 억압하는 폭력성을 지니고 있다고 비판한다. 『江戸のノイズ──監獄都市の光と闇』(NHKブックス, 2000年). 사쿠라이의 입장에 서 보면, 반토가 태만을 경계하고 부단한 '일'을 구한 것도 근대의 규율=교훈적 사회를 스스로 내면화한 것으로 이해할 수 있다. 사쿠라이의 근대 비판이 급진적이고 예리하지만 필자는 미나모토의 설에 동조한다.

23) 와타나베 히로시渡辺浩는, 반토의 진보관념의 표현이 "시시時時 물물物物에서 하루하루 열리는 것은 천지 자연이다"(卷1, 157頁)라 하듯이 '열림[開]'이었다고 지적하고 있다. 『東アジアの王権と思想』(東京大学出版会, 1997年) 241쪽 참조. 또 이러한 도덕과 지술의 어긋남이라는 인식은, 후대의 와타나베 가잔도 다음과 같이 말하고 있다. "고금이 크게 변한 일입니다만, 대도는 어떤 나라와 먼 바다에도 지금이 옛날에 미치지 못합니다만, 물리의 학은 옛날이 지금에 미치지 못합니다"(『外国事情書』, 『崋山·長英論集』岩波文庫, 1978年, 61쪽).

직직稷 · 이伊 · 부傅 · 주周 · 소召와 같은 부류이다. 공孔 · 안顔 · 증曾 · 맹孟은 이루지는 못했다 해도 가르침[敎]을 남겨 만대의 스승이 되었으니 또한 이루었다 할 것이다. 그 보다 뒤에 거대함과 자세함을 논함에 쉴 겨를이 없다. 가령 이루지 못한다 해도, 인仁에 몸을 맡겨 한 치도 쉬지 않는 근면한 사람들은 사람이 사람으로 행해야 할 소임을 다하는 것이다. 근면하지 않고 나태하여, 일생 사람이 사람인 길도 이루지 못하고 우치맹매愚痴盲昧하여서 목석과 함께 썩는 사람은 유감스러울 것도 아니다. (卷12, 609頁)

이러한 근면의 권장에는, "우치맹매하여서 목석과 함께 썩는 사람은 유감스러울 것도 아니다"라는, 자기의 인생을 의미있게 만들고자 하는 공명에 대한 강한 의지가 잠재되어 있다. 또 이런 큰 뜻은 반토와 같은 일개 오사카 죠닌만의 고립된 것도 아니었다. 동시대의 히라가 겐나이와 뒤에서 논할 시바 고칸, 그리고 난학자들이 공유하는 정신이었기 때문이다.[24] 예를 들어, 반토와 교류했던 오쓰키 겐타쿠는, 난학자로서의 '직職'의 유용성을 논하여 다음과 같이 가르친다.

정자산鄭子産께서 '사람의 마음이 같지 않은 것은 그 얼굴이 그러함과 같다'고 하신 말씀이 있다. 사람들은 각각 뜻하는 바가 있다. 내가 좋아하는 것을 억지로 타인에게 시켜서는 안 된다. 실제로 우리는 태평의 은택恩沢에서 목욕하고 고복흔변鼓腹欣抃(배를 두드리고 기뻐서 박수침), 풍의미식豊衣美食할 수 있어서, 초목처럼 스러짐은 장부가 부끄러워해야 할 바이다. 이에 화란에 권학勸学을 경계警戒하는 말이 있다. 이르건대 'メン ムート エーテン ヲムテ レーベン マール ニート レーベン ヲムテ エーテン[Men moet eten om te leven, maar niet leven om te eten]'라 했다. 이를 번역하면, 천지 사이에 생을 부여받아 마시고 먹어서 생명을 온전히 한다. 그러나 음식만을 위해 생을 부여받은

24) 졸고 「平賀源内の功名心と'国益'」(『日本文化論叢』 10号, 2002年, 『兵学と 朱子学 · 蘭学 · 国学』 수록, 平凡社選書, 2006年), 본서 다음 장 참조.

것은 아니라는 것으로, 이를 절실한 뜻으로 한다면, 각기 직직職으로서 받은 바를 힘써서, 천하 후세의 비익神益이 되는 하나의 공업功業을 이루자고 가르치는 뜻을 품고 있다.25)(『蘭学階梯』卷上, 天明八年刊)

겐나이와 겐타쿠는, 이러한 '초목처럼 스러짐은 장부가 부끄러워 해야 할 바'이라고 느끼는 '공업功業(=공적)'의 큰 뜻을 지녔던 '내'가, 타고난 '예芸'로써 '국익'을 진력하는, 그런 '일본'을 마음에 그리고 있었다.26) 강렬한 공명에의 의지가 뒷받침한 반토의 '우리 일본' 귀속의식도 그들과 공통적이었다고 할 수 있다.

그러나 평범한 생을 거부하고 어떤 높은 '뜻'을 품고 있었다 해도 근세의 신분제 사회의 현실은 그것을 충분히 실현시킬 수 없었다. 반토가, 거기에는 단순히 의지의 박약이라는 개인의 도덕적 차원의 문제가 아닌 그 실현을 가로막는 사회제도의 문제가 있음을 인식하고 있었던 것은 중요하다. 반토는 '서양'과 '화한和漢/와칸(일본과 중국)'을 비교하여 '우리 일본'의 결함을 간파했기 때문이다. 반토는 동시대의 시바 고칸 처럼27) '서양'

---

25) 『洋学 上』(日本思想大系64, 岩波書店, 1976年) 339~40쪽. 히라이시 나오아키平石直昭는 이 『蘭学階梯』의 일절을 인용하여, '천하후세의 비익'을 둘러싼 보편적 가치지향과 결합한 울발鬱勃한(=왕성한) '창업' 정신이 소극적인 '지족안분知足安分'의 의식과는 다른 새로운 직업관이며, 후쿠자와 유키치의 근대적 직업관으로 이어지는 하나의 선구가 되었음을 지적하고 있다. 平石直昭 「近世日本の'職業'観」(東京大学社會科学研究所編 『現代日本社會4 歷史的前提』東京大学出版会, 1991年) 참조.

26) 오쓰키 겐타쿠가 중국의 중화사상 극복뿐만 아니라 난학에 뜻을 둔 것은 '국가를 위함'과 번의 틀을 뛰어 넘은 일본이라는 '나라'를 의식하고 있었던 것에 대해서는, 야마자키 아키라山崎彰 「'和魂洋才'的思惟構造の形成と国家意識─大槻玄沢を中心に」(『洋学史の研究Ⅲ』創元社, 1974年) 참조.

27) 시바 고칸은 이렇게 말한다. "구라파주 가운데 여러 백성이 재능 있는 자를 왕으로 고告하고, 왕은 그 할 수 있는 바를 청취하여 모두 그 좋아하는 곳에 종사하도록 명하고, 혹은 천지도학天地度学을 연구하여 가선䑸船을 생각하는 자 있으면, 곧 큰 배를 조제造製하여 주고, 혹은 아직 정교하지 않은 것을 처음으로 제작하는 자에게는 왕이 금은을 주어 이를 만들게 한다"(『和漢通舶』卷1, 『司馬江漢全集』卷3, 154頁)

은 각인의 '뜻'을 실현하기 위한 제도가 정비되어 있다고 한다.

천문지리는 해마다 발전하기 때문에 옛날의 학설에 집착해서는 안 된다. 서양인이 여러 기예[諸芸]에 정통함은 일본 중국[和漢] 사람들이 미칠 바가 아니다. 그릇 하나를 만들고 기술 하나를 공부한다. 모두 관[官]에 알리면 바로 그 집에 녹봉[禄俸]을 주고, 비용을 준비하여 이르지 않는 곳이 없다. 병[病]이 있으면 자식 혹은 제자에게 넘겨 이를 알리므로, [又]그 받들어 이음이 이전과 같다. 때문에 삼대·오대를 거쳐도 이루지 못할 것이 없다. 천문지리에서는, 만국에 왕래하는 배를 대고 비용을 준비한다. 때문에 가지 못할 곳이 없고 공부가 지극한 것이다. 그 외에 의술을 비롯하여 여러가지 기예가 모두 그와 같다. 일본 중국 사람들은 그 뜻이 있다 하더라도 입에 풀칠하기도 힘들다. 때문에 마침내 얻을 수 없다. 그 술의 정조[精粗]로 인하여 차이 나는 바이다. (卷1, 197頁)

자연과학과 기술은 '해마다' 진보한다. 그러나 "일본 중국 사람들은 그 뜻이 있다 하더라도 입에 풀칠하기도 힘들다. 때문에 마침내 얻을 수 없고" '여러가지 기예[諸芸]'의 개발에 전념할 수 없다. 그 '뜻'을 완수시키기 위해서는 '삼대·오대'까지도 걸치는 긴 시간이 필요하고, 그 사이의 '가난을 극복[糊口]할' 제도가 사회적으로 정비되지 않으면 안 된다. 이 나라의 '여러가지 기술'이 정밀한가 그렇지 아니한가는 개인의 노력·재능의 문제가 아닌 제도의 문제다.[28]

물론 반토는, 사람들이 귀신에게 의지하지 않을 수 없음은 결국, 인간의 창의 공부를 충분히 발휘할 수 있는 제도가 정비되지 않았으므로 무언가의 우연이 개입하기 때문이라고 확실히 언명하지는 않았다.

---

28) 와타나베 가잔은 이와 관련하여 뒷날, 에도 참부[参府]의 네덜란드 상관장[商館長]이었던 니먼과의 대담(天保9年)에서, 반토의 이와 같은 서양 이해가 사실인지의 여부를 질문하고 있다. 본서 제2부 5장 참조.

바꾸어 말하면, 귀신을 인정하려는 타력적 인간이 생기는 것은, '국정国政'의 문제다'라고 하는 것을 반토가 인식하고 있었는지는 분명치 않다. 그러나 그런 인식의 단서를 쥐고 있었던 것은 확실하다.

4. 모토오리 노리나가와의 비교

그러면 이렇게 신령을 부정하고, 스스로의 지력과 근행을 절대적으로 신뢰한 반토는 노리나가 등의 국학과는 어떤 차이가 있는가. 그리고 나아가, 그런 '우리[我]'가 담당하는 '우리 일본' 의식은 노리나가의 '황국' 주의와 어떻게 다른가.

노리나가는, 근세 일본의 주자학자가 마자막에 '명가冥加'를 기대하고 '귀신'의 존재를 부정하지 못했음에 대해, 가미神를 전면적으로 신앙한다. "세상이 있는 모양은, 만사가 모두 선악의 가미가 행하시는 바이기 때문에, 좋게 되는 것도 나쁘게 되는 것도 뜻이 지극極意한 곳에는 인력이 미칠 바가 아니어서"[29](『玉くしげ』), 길흉화복은 인간의 선악과 '마음'의 본질과는 관계없다고 한다. 이는 근세 일본의 신유일치론자의 도덕과 행복의 문제에 대해, 주자학자 사토 나오가타와 대극적인 입장에서 가미와 인간 사이의 상호의지를 부정하는 것이었다.[30]

앞 장에서 검토한 대로 노리나가는 선한 행위가 보답받는 것을 믿을 수 없었다. 오히려 착한 사람이 보답받지 못하고 나쁜 사람이 잘 되는 것이 현실의 '세상'이다. 노리나가가 볼 때, 이 부조리한 세계에 살 유일한

---

29) 『本居宣長全集』卷8 (筑摩書房, 1972年) 319쪽.
30) 졸고 「宣長における'心だに'の論理の否定」(앞의 졸저 『近世神道と国学』수록) 참조.

버팀목이 현인신現人神/아라히토가미로서의 덴노의 존재였다. '보통사람[凡人/다다히토]'은 "덴노의 대어심大御心을 마음"³¹⁾(『直毘靈』)으로 삼아 삶으로써, 매일 매일의 단조로운 가업과 조상의 제사는 신성한 종교 생활로 바뀌어 의미가 부여된다. 이 의미에서 덴노의 '황국'은, 부조리한 세계에 사는 노리나가로서 자기의 약함을 보상해 주는 것이었다. 노리나가의 '황국' 중심주의는, 이와 같은 부조리감을 안은 약자의 환상상의 자부심이었기 때문에, 자기도취적으로 비대화했다고 할 수 있다.

노리나가의 '황국' 중심주의를 이렇게 이해할 때, 반토와 노리나가의 본질적 차이는 어디에 있는가. 생각건대, 마쓰자카 상인商人 오즈小津 가문에서 태어났으면서도 장사 자질이 부족했던 노리나가의 입장에서는 오사카의 대상인 반토는 자기에게 대립할 존재가 아니었다. 노리나가는 당시 상품·화폐경제가 진전되어 가는 가운데, 부유한 상인[富商]과 가난한 자의 격차가 벌어지는 것을 보고 탄식하고 있는데, "세간의 곤궁을 살피건대, 부자는 점점 갈수록 부를 쌓아, 대체로 세상의 금은재보는 움직이고 동요하는 가운데 부상의 손에 모이는 것이다. 부유한 자는, 장사 줄기의 여러 것과 주머니 사정이 좋은 것은 말할 바 없고, 금은이 넘치게 되어 무슨 일에 대해서도 수단이 좋아서 이익을 얻을 것 뿐인 까닭에 싫어 해도 금은은 자연히 불어나는 것이 됨을, 가난한 자는 무슨 일도 모두 그 뒷자리가 되기 때문에 점점 가난하게 되는 도리"³²⁾(『秘本玉くしげ』卷上)이고, 반토는 바로 여기서 묘사되고 있는 '여러 것이 주머니 사정이 좋은' '부상富商'이었다.

노리나가는 본래, 이처럼 부자가 '점점 부를 쌓고' 가난한 자가 '점점

---

31) 『本居宣長全集』卷9, 61쪽.

32) 『本居宣長全集』卷8, 345~346쪽.

가난하게 되는' 사회 속에서, 반토가 확신했던 선인선과 · 악인악과의
도리를 믿을 수 없었다. 생각건대, 가미가 실재함[実有]을 인정하는가
아닌가 라는 표면적 비판의 근저에 있는 차이는 여기에 있다. 환언하면,
자기의 힘을 얼마만큼 믿는가 아닌가와 관계되어 있다. 노리나가는
자기의 힘으로서는 어찌 할 수 없는 부조리가 횡행하고 있는 현실사회를
체념하고 있었다. 노리나가는, 반토처럼 "돈이 있으므로 집이 부유
번영하고, 어리석은 자도 지혜로운 자가 되고, 불초한 자도 현인이 되며,
악인도 선인이 된다. 돈이 없으므로 집은 가난하게 되며, 지혜로운 자도
어리석게 되고, 어진 자도 불초한 자가 되며, 선인도 악인이 된다. 결국
이로써 끊어짐이 이어지고 없어진 것이 흥하고, 삶과 죽음 · 왕성함과
쇠퇴함이 모두 돈의 있고 없슴에 달려있기 때문에, 위의 공후公侯로부터
사농공상士農工商에 이르기까지, 모두 이것이 신명을 유지하는 제일의
보물이 되는"(卷5, 353頁), 만사가 돈으로 해결되는 엄한 현실에 맞서,
자신의 힘에만 의거하여 '복선화음福善禍淫'의 '천도天道'를 믿고 살아 갈 수가
없어, 환상의 신대神代에서 구원을 구했다. "사람들은 인간사[人事]로써
신대를 말하지만, 나는 신대로써 인간사를 안다"[33](『古事記伝』卷7)라 하듯이,
노리나가는 '신대'에서 부조리한 세상을 살아 갈 근거를 보아 내려고
했다. 그것은 신대 이래의 계도환상系図幻想에 의해 보증된 것이었다.
노리나가에게, 그 계도의 중핵에 있는 것이 아마테라스오미카미의
자손으로서의 덴노였다.[34]

---

33) 上同, 卷9, 294쪽.
34) 계도 · 혈통의 환상이 노리나가와 같은 약자의 르상티망이라는 점에 대해서
   는, 졸고「近世天皇権威の浮上」(『日本文化論叢』11号, 2003年3月, 『兵学
   と朱子学 · 蘭学 · 国学』수록) 참조.

이와 달리 반토는 가계도[氏系図]의 불확실성을 인식하고 있었다.[35] 예를 들면, 다이코太閤 히데요시秀吉처럼 '위엄스런 이름[威名]'이 천하에 적수가 없는'(卷3, 278頁) 영웅이었어도, 계도는 신용할 수 없다고 한다.

아직도 문자가 없는 구니[国]도 있을 터이다. 그 구니들은 이,삼대二代三代 전에는 입으로 전해지는 것[口碑]으로 밖에 알 수 없고. 그보다 이전의 일은 알 수 없다. 지나간 것으로써 보는데, 도요토미 다이코豊臣太閤의 위명은 천하에 적敵이 없다. 부친은 야에몬弥右衛門이라 하고 또 지쿠아미筑阿弥라 하며, 그 조부가 누구인지도 모른다. 오늘 우리들의 신상身上에서 알 것이다. 예를 들어 어려서 아버지와 헤어져 고독해졌다 해도, 어머니 오만도코로大政所[36]가 있지 않은가. 그렇다면 조부모 · 고증조부모의 일은 어머니에게

---

35) 반토와 같은 가계도의 부정은 "속성俗姓의 혈통에 관계없이, 다만 돈이 죠닌町人의 가계도가 되는 것이다"(『日本永代蔵』 卷6) 라고 호언했던 이하라 사이가쿠를 계승한 *하치몬지야혼八文字屋本에서도 보인다. 반토와 관련하여 주목해야 할 것은, 그 하지몬지야혼의 중심 작가 중 한사람인 *다다 란레이多田南嶺이다. 반토는 다다 란레이의 신도설을 높이 평가하고 있는데, 그 란레이도 다음과 같이 계도 의존성을 비판하며 '스스로'의 자율성을 강조하고 있다.
사람에게 성씨가 없는 자는 없을 터이나, 영락零落하여서는 몇 대 안에 조상을 잃고, 다른 사람이 계도를 지어 주어서, 우리 시조에도 없는 사람을 선조로 세워 두루마리(=족보)를 만들어 자만하는 부류, 타인을 속일 뿐만 아니라 자손을 기만함이 심하지 않은가. 자손은 그 두루마리를 믿어 그 귀신 아님을 제사지내는 일이 있게 된다. 사람은 다섯 세대에 계보가 다한다고 하여, 5대 선조를 증거로 삼고 6대 째는 필경 증거가 없게 되는 것이다. 5대에 이미 있어온 땅의 햐쿠쇼百姓 라면, 6대 전에는 다이묘大名라고도 구케公家(=황실을 비롯한 귀족)라고도 핑계를 대서는 안 된다. 걸식하고 있는 사람도 다이묘가 되면 금일의 다이묘, 다이묘도 걸식하게 되면 금일의 걸식으로 알아서, 영락한 몸에 선조의 이름을 대서는 안 된다. (중략)계도에 의해 스스로 행적을 지나치는 자 세상에 많다. 선조에 의지하지 말아야 한다. 스스로 일해야 한다.(多田南嶺 『半宵談』卷中). 또 반토가 계보보다 재능을 중시한 것은 『유메노시로』의 '각력角力'의 대화에서 볼 수 있다.(卷4, 330頁)
*다다 란레이(1698~1750) : 에도 중기의 국학자이자 우키요조시浮世草子 작가.
*하치몬지야혼 : 교토에 있었던 서점인 하치몬지야에서 출판했던 우키요조시류의 총칭. 특히 문학적으로는 우키요조시를 가리키나 넓은 의미로는 당시의 하치몬지야 풍의 우키요조시를 말한다/역주

36) 본래 '오기타만도코로大北政所'의 약칭으로, 섭정攝政 · 관백関白/간파쿠 직에 있는 자의 모친에게 천황의 선지宣旨로 하사한 존칭이나, 일반적으로는 도요토미 히데요시의 생모를 가리킴/역주

들어서도 알 것이다. 틀림없이 이를 듣고 다이코가 알았겠지만, 책에 남겨져 있지 않다면 알 사람이 없다. 다이코 이전 이삼대는 알려지지 않은 바 없다고 해도 비천함에 틀림없기 때문에 꺼려서 부르지 않게 되었다. 가까이 이백년 전에 고금에 유례없는 호용豪勇한 자도 이와 같다. 하물며 진무神武부터 진코神后(=神功皇后)까지 천년 정도로 긴 것이랴. 하물며 신대의 일이랴. 대체로 간과함이 알맞다. (卷3, 278~79頁)

반토는, 가계도에 상징되는 과거의 기억을 환기시킴으로써 지금 자신의 비참함을 위로하지는 않았다. 하물며 "세상이 있는 모양은, 만사가 모두 선악의 가미가 행하시는 바이기 때문에"(前出)라 하여, 가미에게 모든 것을 맡겨버리게 되는 것도 없다. "길흉회린吉凶悔吝은 모두 그 사람의 덕부덕·행불행에 있지, 간지干支·방우方隅·요괴가 하는 바가 아니다"(前出). 신뢰할 수 있는 것은 자기 자신 뿐이라 한다. 이러한 늠름한 자기에의 확신은, 경제, 상거래의 경험에서 얻은 자신감이 뒷받침하고 있었다. 반토는 쌀 시세의 투기는 인간의 지력에 좌우된다고 보았다. 거기에 신불神仏이 개입할 여지는 없다.

서쪽에서 사서 동쪽에 팔고, 북에서 사서 남에 판다. 혹은 오르고 혹은 내리며 혹은 지니고 혹은 날아간다. 아침 저녁으로 입선입격入船入檄할 때 마다 오르고 내리는 것이 메아리가 소리에 응하는 것과 같다. 그렇다 하더라도 그 길은 둘이다. 말하건대 팔고 사는 것이다. 그 응대도 둘이다. 말하건대 귀하고 천한 것이다. 오직 이로써만 하지, 하늘에 있지 않고 가미神에 있지 않다. 행동[行]과 일[事]로써 보여주는 것은 즉 사람의 기가 흩어지는 바, 또 이것이 하늘이고 또 이것이 가미이다. (卷6, 397頁)

쓰치야 다카오土屋喬雄는 반토가, 시장 가격이 수요공급 내지 경쟁에 의해 결정되고, 가격 변동이 어떤 인위적 작위에 의해 움직이는 것이 아니라 "오직 하나의 법칙으로서 나타나는"[37] 것을 명확히 인식하고 있었다고 한다. "하늘에 있지 않고 가미에 있지 않다"란, 이 시세 '법칙' 성을 나타내는 형용이다. 반토가 추구했던 '지智'란, "세상이 태평할 때에 센고쿠戰国의 근심 없이, 만민이 각각 그 장소를 얻어 싸우는 것은 오직 이익일 뿐"(卷8, 398頁)이라는 경쟁 세계 속에서, 북쪽은 마쓰마에松前[38]로부터 남쪽은 사쓰마薩摩(지금의 규슈 최남단 가고시마현鹿児島県/역주) 까지의 전국 시장의 동태를 지켜보면서 적확하게 "말하건대 팔고 사서(日売 日買)" 승리하는 능력이었다.

알려진 바와 같이 반토는 오사카의 호상 마스야枡屋의 반토番頭[39]로서 재바른 능력을 떨쳐, "겨우 '육십 관목貫目의 은銀'으로 '신상투출身上投出'의 위기를 벗어나, 센다이 번仙台藩을 비롯한 전국 수십 개 번과의 관계를 개척·개선하여 마스야가 융성하게 되었다."[40] 가이호 세이료에 따르면,

---

37) 『日本資本主義の経営史的研究』(みすず書房, 1954年, 75쪽) 참조. 쌀시세가 시장원리로 움직인다는 것은 반토의 독자적 인식은 아니다. 가령 "시세의 고저는 매매하는 데 따라 비싸고 싸다 해도, 이는 인력이 미치는 바가 아니고 천지자연의 도리이다"(大玄子『商家秘録』第四相場高下論, 著者·刊行不明)이라 한다. 혼다 도시아키도 같은 견해다. "이로써 물가의 가격은 사사로움이 아닌 까닭이 있어, 외람되이 상하를 명령하기 때문이라고 해서는 안 된다. 물가의 고저는 천민의 산업으로부터 나와, 자연히 시세가 서기 때문에 망령되이 좋은 것이 아닌 것이라 말해야 한다"(本多利明『西域物語』卷上, 『本多利明·海保青陵』日本思想大系44, 岩波書店, 1970年, 103쪽). 노구치 다케히코野口武彦는 반토의 귀신 부정과 쌀시세의 자기운동의 인식과의 관련에 대해, "(반토는)천리·천명·귀신이라는 불가측성의 영역을 세차게 밀어 내고, 인지人知의 힘의 가동범위를 확장해나가려 했다. 이 경우, 크게 받아 둔 것은 반토 자신의 경험에 바탕한 물가법칙의 인지였다"(『日本思想史入門』ちくまライブラリー, 1993年, 236쪽)이라 말하고 있다.

38) 홋카이도北海道 남서단부의 지명. 에도시대에는 마쓰마에 우지氏의 죠카마치城下町로, 에조蝦夷(홋카이도의 옛 이름) 경영의 중심이었다/역주 *고토방쿠 참조

39) 에도 시대, 상가에 고용인의 가장 높은 지위를 이르는 용어, 즉 지배인. 뎃치丁稚와 데다이手代의 상위직으로 상점의 전반을 맡은 자. 일반적으로 소유주를 대신하여 데다이 이하를 통솔하여 경영과 집안일에도 권한을 부여받았다./역주

40) 前出『富永仲基·山片蟠桃』해설, 706쪽.

마스야와 센다이의 관계는 "센다이의 신상을 완전히 쇼헤이升平가 맡고"[41](『升小談』) 있어서, 반토는 "센다이의 대신상大身上을 한 사람이 인수"[42](上同) 했다고 하고 있다. 이런 '한 사람'으로 번의 재정을 인수할 정도의 강력함은,

> 사람으로서 독경충신篤敬忠信하므로 위로 하늘에 부끄럽지 않고 아래로 사람에게 부끄럽지 않다. 천지에 부끄럽고 두려워해야 할 것이 없다. 어째서 하늘에 아첨하겠는가. 또 어째서 권세에 아첨하겠는가. 하물며 영험도 없는 안채[奧]와 부엌[竈]이랴. 또 하물며 덴진天神·이나리稻荷·세이덴聖天·묘켄妙見·후도不動·간논観音·인시淫祀·고리狐狸이랴. 결코 반드시 기도해서는 안 된다. (卷10, 500頁)

라고 하듯이 '하늘'에도 '권세'에도, 무엇도 두려워하지 않는 늠름한 자아에 의해서 비로소 가능했다고 할 수 있다. 그리고 이 늠름한 자아가 짊어지는 '일본'을 상상했다는 점에서, 노리나가의 약자의 공동체로서의 '황국'과는 달랐다. 과학적 합리성과 자본주의적 경제합리성이 개인의 주체성, 강한 자아를 낳았는가. 아니면 어떤 것에도 좌우되지 않는 자아를 만들어 내는 것이 불가능하고, 그런 합리성에 대한 반동을 야기하여 환상의 세계에서 구원을 보아내는가. 반토와 노리나가의 분기점은 여기에 있다.

---

41) 『海保青陵全集』 438쪽.
42) 上同, 436쪽.

3장
난학계 지식인의 '일본인' 의식
시바 고칸司馬江漢과 혼다 도시아키本多利明를 중심으로

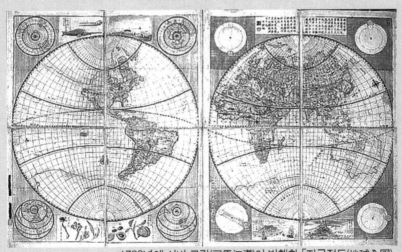

1792년에 시바 고칸(司馬江漢)이 발행한 「지구전도(地球全図)」

1. 고칸과 도시아키의 '일본'으로의 귀속의식

에도 후기의 사상 공간에서 특기해야 할 현상은 '일본인'이라는 내셔널 아이덴티티의 등장이다. 모토오리 노리나가를 필두로 하는 국학자가 그런 아이덴티티를 고취시켰음은 당연하나, 같은 시기에 새로이 나타난 난학자들도 그와 무관하지는 않았다.[1] 이와 관련하여 야스마루 요시오 安丸良夫는 히라가 겐나이・시바 고칸・혼다 도시아키 등의 사상을 '근대적 내셔널리즘의 선구'로 자리매김했다.[2] 앞 장에서는 야마가타 반토의 '우리 일본' 의식을 동시대의 모토오리 노리나가와 비교하면서 살펴보았는데, 이 장에서는 거기에 더하여 시바 고칸(延享4年~文政元年, 1747~1818)과 혼다 도시아키(寬保3년~文政3年, 1743~1820) 두 사람을 대상으로 에도 후기의 '일본인' 의식의 상태를 검토한다.

알려진 바와 같이, 고칸과 도시아키는 서로 교류했고, 사상적으로도 여러 가지를 공유했다. 가령, 인구에 회자되고 있는 고칸의 말 "사람은 짐승에 미치지 못한다"[3](『春波楼筆記』, 全2, 66頁)라는 한 구절은, 도시아키의 저작에서는 도시아키 본인의 것이라고 말하고 있다[4](『西域物語』卷上, 92頁).

---

1) 졸저『兵学と朱子学・蘭学・国学』(平凡社選書, 2006年) 서장「近世日本思想史の構図」참조.
2) 安丸良夫『日本ナショナリズムの前夜』(朝日新聞社, 1977年) 8쪽.
3) 시바 고칸의 텍스트는『司馬江漢全集』(八坂書房, 1992~94年)을 사용했고, 혼다 도시아키의 텍스트는『本多利明・海保青陵』(日本思想大系44, 岩波書店, 1970年)을 사용했다. 이하 전집 권수와 쪽수는 약기했다.
4) 이 외에도 두 사람의 저작에는 유사한 논점이 있다. 그것은 이탈리아 '제왕[帝]'이 '선거'로 선출된다고 말하고 있는 대목이다.

이 장의 과제인 '일본인' 의식이라는 점에서도 마찬가지다. 도시아키의
『経世秘策경세비책』(寛政10年成) 서두는 이런 문장으로 시작한다.

> 나도 본래부터 신하이고 다른 사람도 또한 신하인 바, 동물동체同物同体의 논
> 리이므로 논할 것이 없다. 논할 것이 없으므로 억지로 그만 두게 할 수 없
> 다. 일본에서 생을 내려 받은 자, 누군가 국가를 위해 여러 모로 생각해야
> 하지 않겠는가. 국가를 위해서 악을 기뻐하고 선을 미워해야겠는가. 그러므
> 로 선한 일은 함께 돕고 기뻐하고 악한 일은 함께 피하고 미워해야 함은, 처
> 음부터 일본에서 생을 내려 받은 몸의 몫이다. (『経世秘策』 卷上, 12頁)

구라파 여러 나라의 치도治道를 탐색하건대, 무武를 사용하여 다스리지 않고 다
만 덕으로써 다스릴 뿐이다. 위권威権으로써 다스리면 마음 근저에서부터 따르
지 않는다. 여기 서양에서 지중해를 바라보는 땅에 이타리아意太利亜イタリヤ라
는 나라가 있다. 도읍을 라마羅瑪(=로마)라 한다. 여기의 제왕은 구라파의 총제惣
帝인데 왕후가 없으며 지금도 그렇다. 구라파 제국諸国 안에서 덕이 높은[高德]
자를 선거하여 제위帝位를 잇게 한다. 요순임금이 순舜을 유신有莘의 들판에서
뽑은 것과 같다. フルキイシング-ハン-カヲニグ라 하는데, 왕을 뽑는다는 말이
다. 왕자王子라도 제업帝業의 자리에 마땅하지 않는 인물은 제위를 승계하지 못
한다. 제업이라고 하여 힘써 지켜야 할 몇 개 조항이 있고, 이 조항을 힘써 지
킴으로써 영구히 국가의 혼란은 없을 것이라 말하는 설이 있지만, 일이 길어지
면 먼저 그만둔다(『西域物語』 卷上, 98~99頁)
서양 제국諸国은 무武로써 통치함을 심히 혐오하고, 다만 덕으로써 다스리는
것이다. 위세로써 사람을 따를 때에는 마음속으로 복종하지 않으므로 흔들리
기 쉽다. 지중해를 바라보는 땅 '이타리야'라 하는 나라가 있어 예로부터 지금
에 이르기까지 누세累世 동안 그 나라의 제왕에 왕후가 없고, 구라파 여러 주
안에서 이기는 자를 뽑아 제위를 잇는데, 그것이 옛날의 요순과 같다. 'フルキ
イ, シング, ハン, カヲニング'라 함은, 왕을 뽑는다는 말로서, 왕의 아들이라 해
도 제왕의 직업에 힘쓰는 일이 맞지 않는 자는 왕위를 잇지 못한다(司馬江漢,
『おらんだ俗話』, 寛政10年成, 全3, 123頁).
유럽 제국은 '무'가 아닌 '덕'으로써 통치되고 있고, 그 증거로서, 이탈리아의
'임금'의 '선거'제를 들고, 중국 고대의 요순의 덕치주의에 비정比定된다는 논술
은 완전히 중첩된다. 『西域物語』와 『おらんだ俗話』도 함께 간세이寛政 10년
에 썼음에서 추측하면, 이 때 두 사람은 친하게 교제했던 것 같다. 앞서 살핀
것처럼, 여기에서의 이탈리아·로마의 '임금'이 로마의 법황인지 신성로마제
국의 황제인지는 확실히 드러나지 않는다. 또 도날드 킨의 『日本人の西洋発見』
(芳賀徹訳, 中央公論社, 1968年)은 고칸과 도시아키 이 두 사람을 중심으로
18세기의 사상 공간을 생생하게 그려 "도시아키와 시바 고칸 등 당시 선진적
인물들의 '서양문명에의' 이러한 수용력이 있었기 때문에, 아시아 여러 나라들
속에서 단지 일본 한 나라가, 서양의 도전에 응하여 일어설 수 있었던 것이
다"(188쪽)라고 결론짓고 있다.

도시아키는 "일본에서 생을 내려 받은 몸의 몫"이라는 사명감으로써, 폭약제조, 광산개발, 대형선박 건조, 주변 제도諸島 개발이라는 '사대四大 급무'를 '국정의 가장 중요한 것'(上同, 13頁)으로 제언했다. 이런 도시아키 처럼 강렬하지는 않지만 고칸 또한 "일본에서 태어난 내가 일본이 틀렸 다고 말할 수는 없다"(『無言道人筆記』 卷坤, 全2, 144頁) 라고 말할 정도로 애국 자였다. 5) 이 장에서는 이와 같은 '일본에서 생을 내려 받은 자'라는 난학 계 지식인6)의 내셔널 아이덴티티가 어떤 것이었는가에 대해, 개개인의

---

5) 시바 고칸과 혼다 도시아키에 대한 연구는 많으나, 여기서는 내셔널리즘의 문 제 관심에서 볼 때의 두 사람과 관계된 연구사를 살피고자 한다. 고칸의 '일 본' 의식을 논하는 적지 않은 연구의 하나는 다지리 유이치로田尻祐一郞『司馬江 漢と'日本'像』(『江戸の思想』 4号, 1998年7月)이다. 이에 대해 도시아키의 '일 본' 의식은 小沢栄一『近代日本史学史の研究—幕末編』(吉川弘文館, 1961年) 가 제1장「前啓蒙主義と歴史意識」제1절에 혼다 도시아키를, 제2절에서 시바 고칸을 논하고 두 사람의 사상적 교감을 지적하고 있다. 특히 도시아키에 대해 오자와는, 18세기말 덴메이天明·간세이寛政의 국내 및 대외적 위기 인식을 바 탕으로 입안된 도시아키의 "책론의 기저가 된 입장으로서, '이국'에 대한 '일본' '일본국'(『蝦夷拾遺』), '대일본제국'(『蝦夷開発に関する上書』), '대일본국'(『四大急務 に関する上書』)등 이라 한다. 그로부터 '일본' 그 자체를 '국가'로서 생각한다는 구체적 입장이 생겼다. (중략)일본인 전체를 '국민'(『経世秘策』)으로서 생각할 수 있는 입장까지 도달했다"고 설명하며 "맹아적이기는 하지만, 도시아키의 '일본' 또 '국가' 의식에, 봉건제 하에서 봉건적 관념을 극복하고자 하는 역사적 의의 를 인정할 수 있음에는 이론이 없을 것이다"고 논하고 있다(35~36쪽). 쓰쓰이 와카미즈筒井若水「本田利明の国際社会観—幕藩期における主権平等意識」(『社 会科学紀要』 23号, 1974年3月), 미야타준宮田純「本田利明の国家論—徳川時 代の経世論における〈エスニシティ〉の発見」(黒田弘子·長野ひろこ編『エ スニシティ·ジェンダーからみる日本の歴史』吉川弘文館, 2002年) 참조. 다 만 이들의 선행 연구는 내셔널리즘의 맹아를 인정하면서도, 국가와 그것을 담 당하는 주체의 참모습을 눈여겨보지는 않았다. 때문에 동시대 국학자와의 차 이가 명확해지지 않고, 일반적인 '국가'의식의 자각으로 해소해 버리고 말았다.

6) 이 장에서 다룰 시바 고칸과 혼다 도시아키의 난학자 여부는 '난학자'의 정의와 관 계 있다. 요시다 다다시吉田忠는 "그런대로 난서蘭書를 번역할 수 있는 자"를 협의의 난학자라 한다면, 광의의 난학자는 히라가 겐나이와 시바 고칸처럼 "협의의 난학 자의 번역서와 난서의 삽화 등을 참조하면서 서양에 대해 뭔가의 형태로 논술하고 그것을 실제로 이용하여 활동했던 사람들"이라 한다. 吉田忠「蘭学と国学者」(源 了圓『江戸後期の比較文化研究』ぺりかん社, 1990年) 참조. 이 정의에 의하면, 시바 고칸과 혼다 도시아키만이 아니라 뒤에서 검토할 와타나베 가잔도 광의의 난 학자라 할 수 있다. 이 장에서는 이 광의의 난학자를 난학계 지식으로 간주한다.

아이덴티티=귀속의식이라는 차원에서 고찰한다. 이런 시각의 고찰이 중요한 이유는, 18세기 후반 상품경제의 진전에 따라 수직적 신분 계층 질서가 요동치는 가운데, '아我'로서 살 의미가 어디에 있는가 하는 자기 탐색이, 이 시기, '일본에 생을 내려 받은 자'라는 내셔널 아이덴티티의 부상을 바탕으로 하여 결정적인 열쇠가 되었기 때문이다.[7] 이에 시바 고칸과 혼다 도시아키를 들어서 그 구체적 모습을 검토해 보자.

2. 고칸과 도시아키의 '뜻[志]'

시바 고칸은 수필 『春波楼筆記춘파루필기/슌파로힛키』의 「江漢後悔記고칸후 회기」에서 자신의 인생을 반추하는데, '젊었을 때'의 입지에서부터 이야 기를 풀어 나간다.

> 내 어릴 때부터 뜻을 세운 것을 생각하니, 뭔가 한 가지 재주[一芸일예/이치게]로써 이름을 이루어, 죽은 뒤에 이르기까지도 이름을 남길 것을 바래서 처음에는 칼을 만들고자 했다. 칼은 무문武門의 첫 번째 도구라서 이를 만들어 후대에 남겨 이름을 후세에 알리고자 생각했다. 지금은 천하가 다스려지고 나라가 조용하고 태평하여 이름 높은 옛날 칼로써 무문을 갖추고, 새 칼을 쓰지 않는다. 또한 사람을 베는 도구이면서 흉기다. 그러므로 후회해 마지 않는다. (『春波楼筆記』, 全2, 49頁)

---

7) 와타나베 히로시는 18세기 후반 "당시, 위기가 아니라 '태평'이었으므로 '황국 의식'이 확산되기 쉬웠다는 사정이 있었다"고 지적하여, 위기의 정치학인 소라이학의 좌절 이후, '태평' 속에서 성장한 자기만족이 '황국의식'을 양성했음을, 국학자뿐만 아니라 난학·유학자의 언설을 섭렵하여 논하고 있다. 『東アジア の王権と思想』(東京大学出版会, 1997年) 참조. 필자도, 대외적 위기 이전의 '태평'한 사회 가운데서 '황국의식'이 나왔다는 데 대해서는 와타나베와 견해를 같이하지만, 국학·난학이 공유하는 '황국' '일본'의식을 개인의 아이덴티티 문제로 보고 '태평'사회 내부의 모순을 밝히고자 한다.

여기에, 뭔가 '한 가지 재주[一芸]'로써 '이름'을 이루고 싶다는 '어릴 때'의 공명功名의 의지가 회고되어 있다. 고칸은 다른 곳에서는, "일찍이 명리名利를 얻자고 함에는 장년의 때, 먼저 뜻한 바를 하나로 결정하고 이를 정함을 표적이라 하여 곧 겨냥할 과녁[的]이다"(『独笑妄言』, 全2, 8頁) 라 하고 있는데, 사실 이 '입신의 과녁'(上同, 9頁)을 구하여, 그는 도공刀工, 목관目貫메누키[8] 연두縁頭후치가시라(=柄頭쓰카가시라),[9] 우키요에浮世絵 등의 '예芸'를 편력한 뒤, 히라가 겐나이平賀源内가 개척한 서양화에, 안에이安永 연간 후기(1770년대 후반)에 자기의 능력을 발휘할 수 있는 '예'를 발견해 냈다. 나아가 덴메이 3년(1783)에는 오쓰키 겐타쿠에게 쇼멜의 난역蘭訳 가정백과사전[10]의 기사를 번역하게 하고, 부식동판화腐蝕銅版画 제작에 성공한다.

정해진 가업이나 가직家職에 힘쓰는 것이 아니라, '한 가지 재주'로써 "당대에 이름을 얻어 후세에 이름을 남기고"(上同, 9頁) 싶어 하는 고칸의 의지는, 원래 그에게 서양화를 전수한 히라가 겐나이의 것이었다.[11] 겐나이는 그런 의지를 희작戯作인 『風流志道軒伝풍류지도헌전/후류시도켄덴』(宝暦13年刊)에 묘사하고 있다. 『풍류지도헌전』은 아사쿠사浅草의 이야기꾼 후카이 시도켄深井志道軒이 젊었을 때의 제국편력諸国遍歴 이야기라는 멋스런 내용인데, 불도仏道 수행을 그만두고 제국 수행을 하는 계기가 된 선인과의 해후 장면에서 주인공은 다음과 같이 말한다.

---

8) 칼날이 칼자루에서 빠지지 않게 하기 위해 자루와 슴베의 구멍에 박아서 정지시키는 못. 메쿠기目釘라고도 함/역주 ＊고토방쿠 참조

9) 칼자루의 끝, 또 거기에 붙이는 철물 장식/역주

10) 프랑스의 사제이자 농학자인 노엘 쇼멜(Chomel Nöel)이 편집한 가정백과사전. 가정의 생활설계와 건강관리를 비롯하여 가축 기르기와 질병 치료법, 새와 고기잡이, 수목 재배 등 다양한 내용을 수록하고 있다/역주 ＊야후 재팬 참조

11) 히라가 겐나이에 대해서는 졸저, 「平賀源内の功名心と '国益'」(『日本文化論叢』10号, 2002年, 『兵学と朱子学・蘭学・国学』수록) 참조.

아사노유키浅之進가 손뼉을 치며 크게 깨달아 말하기를, '선생님의 가르침을 받으니 지금까지 헤맸던 것이 활연히 꿈을 깨는 것 같습니다. 지금부터 출가의 뜻을 접겠습니다. 그러나 사람이 세상 속에서 단지 초목草木처럼 스러져 버리는 것은 본뜻이 아닐 겁니다. 선생님, 원컨대 제게 업이라고 할 만한 도를 가르쳐 주십시오'[12] (『風流志道軒伝』 卷1)

여기서 '초목처럼 스러져 버리는' 것을 유감으로 여기는 공명심이 드러난다. 이런 '업'으로써 공명을 드높이고자 했던 강한 의지는 다름 아닌 겐나이 자신의 의지였다. 겐나이는 자신을 잘 이해한 오타 난보大田南畝[13]에게 다음과 같이 술회했다고 전해진다.

세상 사람들은 몸의 지계智計가 부족한지 모른다. 지혜와 기술[智術]을 가진 자를 폄훼하여 야마시 야마시山師(=야바위꾼/사기꾼)라고 부른다. 그러나 그런 무리들은 모두 이른바 율의자律儀者[14]들이어서 근근이 스스로를 지키며 근효謹孝라 칭하고 채찍질을 해도 앞으로 나아가지 못한다. 초목처럼 스러져 자취나 흔적도 없이 사라져서 들을 수도 없다. 어찌 대장부의 일이겠는가. 무릇 사람은 다섯 솥[五鼎]을 먹지 못하거든 죽어서 다섯 솥에 삶기는 것이 나은 법.[15] (中略)예로부터 일본이나 중국이나 제왕과 장상將相 공후公侯는 모두 야마시이다. 성공하면 제왕과 공후가 되고 실패하면 도적이 되고 반역자가 되는 것이다. (中略)이룸과 못 이룸에 따라 포폄이 바뀐다. 어찌 사람이 (때를)만나고 못 만남이겠는가 (『鳩溪遺事』)[16]

---

12) 『風来山人集』 (日本古典文學大系55, 岩波書店, 1961年) 165쪽.

13) 1749~1823. 에도 시대 후기의 문인. 게샤쿠戱作 작가/역주 ＊고토방쿠 참조

14) 규율과 틀에 얽매인 자. 진보적 사상이 결여된 보수주의자들을 말함/역주

15) 이는 『史記』「主父偃傳」의 "丈夫生不五鼎食, 死即五鼎烹耳"에 나오는 말로, 다섯 솥으로 먹는다는 말은 고대 중국에서 대부大夫가 제사지낼 때 소, 양, 돼지, 물고기, 사슴 다섯 종류의 고기를 다섯 개의 솥에 삶아 성대하게 차려 신전에 바쳤으므로 출세를 의미한다/역주

16) 城福勇 『平賀源內の研究』 (創文社, 1976年) 405쪽 인용.

여기서는 『풍류지도헌전』과 마찬가지로 '초목처럼 스러지는' 것을 치욕으로 보고, '지술'에 의해 '제왕공후'도 목표로 하는 '대장부'의 강렬한 공명심을 토로하고 있다. 가업과 가직에 부지런히 노력하고 힘쓰며 '근근이 스스로를 지키며 근효'라 칭하는, 세심하게 전전긍긍[小心翼翼] 하는 '율의자'인 의지가 낮은 무리들은, 겐나이에 의하면, 스스로 '제왕'이 되고자 하는 의지가 없을 뿐 아니라 르상티망[17] 때문에 '지술이 있는 사람'을 '야마시 야마시'라고 폄훼하는 약자에 지나지 않았다.

이런 평범한 삶을 준열히 거부하고 '예'와 '지술'로써 공적을 지향하는 겐나이의 의지는, "어릴 때부터 뜻을 세운 것을 생각하니, 뭔가 한 가지 재주[一芸]로써 이름을 이루어, 죽은 뒤에 이르기까지도 이름을 남길 것을 바라"고 있었던 고칸과 그대로 중첩된다.[18] 고칸의 다음의 말은 이런 의지를 단적으로 표현한다.

구양공 본론에 이르기를, 만물이 낳고 죽어서 무물로 돌아가는 것은 같다. 잠깐 동안 모이는 형체다. 만물과 함께 없어지지 않고 탁연히 스러지지 않는 것은 후세에 남길 이름이다(歐陽公本論云, 同乎万物生死, 而復歸於無物者, 暫聚之形也. 不与万物共尽, 而卓然不朽者, 後世之名)

사람이 죽으면 만물과 함께 멸하여 없어져 끝나는 것이다. 살아 있는 동안

---

17) 니체의 용어로, 원한·증오·질투 등의 감정이 반복되어 마음속에 쌓인 상태/역주.

18) 또 스기타 겐파쿠의 다음과 같은 회상과도 중첩된다. 겐파쿠는 스물두 살 때 야마와키 도요山脇東洋 문하의 고스기 겐테키小杉玄適에게 고의방古医方의 활동을 듣고, 내과의로서는 "이미 호걸로 흥하고" 있음을 알아, 그 "꼬리에 붙는 것은 유감"스럽고, 다행히 외과의 집안에 태어났으므로, "이 업으로써 일가一家를 일으키자고 발연히 뜻을 세웠다"고 술회하고 있다(『形影夜話』, 享和2年 自序, 『洋学 上』 256쪽).
*야마와키 도요(1705~1762) : 에도 중기의 의사. 일본 최초로 관의 허락을 얻어 인체 해부를 했던 인물. 고스기 겐테키(1730~1791) : 에도 중기의 한방의사. 스승 야마와키 도요와 함께 일본 최초로 인체 해부를 실현했다. 근대 의학의 문을 연 스기타 겐파쿠에게 큰 영향을 미친 인물/역주 *고토방쿠 참조.

의 것도 마찬가지다. 무릇 그 때문에 무언가 할 수 있는 일이든가 진귀한 일을 공부하여 가능한 한 이름을 남기라고 말하는 것이다. 헛되이 살아서는 안 된다. (『訓蒙画解集』, 全2, 317頁)

고칸 또한 죽고 난 뒤는 어떤 것도 사라지고 말기 때문에,[19] 이 짧은 인생에 "무엇이 가능한지, 드문 일을 공부하여 능히 이름을 남기는" 것을 갈망했던 한편, 그와 반대로 의지가 약한 '율의자'의 평범함을 참을 수 없었다. 고칸은 이런 평범함을 오미노구니近江国 히노日野의 나카이 겐자에몬中井源左衛門 이라는 상인을 소개하면서 비판하고 있다. 『춘파루필기』에 의하면, 나카이 겐자에몬은 "얼마 안 되는 원금元金을 갖고", 오슈 센다이奥州仙台로 가서 거기에서 오사카로 들여온 '솜과 목면 헌 옷가지'를 팔아서 한 때 돈을 번 사람이다. 고칸은 이 상재에 능했던 활동적 인간을 호의적으로 그려내고, 그와 대비하여 "왕래하는 길가에서 밥 한 그릇을 파는 자는, 살아서 그 곳을 떠나지 못하고 살아가기 때문에, 생애 밥 한 그릇으로 끝난다"(『春波楼筆記』, 全2, 38頁)고 범용한 삶을 낮게 보고 있다.

이 나카이 겐자에몬(享保元年~文化2年[1716~1805], 호는 良祐료스케)은, 겨우 두 냥을 밑천으로 하여 만년에는 수십 만 냥의 자산을 모아 전국 각지에 수 십개의 지점을 열어 전국적으로 장사 조직을 넓혀 활약한 전형적인 오미近江 상인으로 알려진 인물이다.[20] 겐자에몬은 교호 19년(1734) 19세 때 칠기漆器 그림을 그려서 저축한 두 냥을 밑천으로 하여, 간토関東

---

19) 사후의 영혼을 부정했던 고칸에게, 죽음은 무로 돌아가는 것을 의미했다. 그것만으로 한층 공명심은 강하게 되었다. 관련하여 고칸이 「歐陽公本論」의 말로서 인용하는 한 문장은 사실은 「祭石曼卿文」(『歐陽文忠公文集』 卷36)의 말이다. 「本論」(上同, 卷3)은 불교비판의 문장이므로 틀린 것이 아닐까.

20) 에가시라 쓰네하루江頭恒治『近江商人中井家の研究』(雄山閣, 1965年) 참조.

에서 아와세구스리合藥(몇 가지의 약제를 조합한 약/역주) 행상을 시작했고, 그 후 15년간 행상 생활을 계속했다. 행상지는 가즈사上總(지금의 치바현千葉県 중앙부)·아와安房(지금의 치바현 남부)·무사시武藏(지금의 가나가와현神奈川県)·시모쓰케下野(지금의 도치키현栃木県)로부터 히타치常陸(지금의 이바라키현茨城県) 방면까지, 게다가 가이甲斐(지금의 야마나시현山梨県)·시나노信濃(지금의 나가노현長野県)에도 발을 넓혔다. 엔쿄延享 2년(1745) 경에는 시모쓰케의 고에보리마치越堀町에 점포를 새로 냈고, 간엔寬延 2년(1749)에 시모쓰케구니下野国의 오타와라大田原에 점포를 열고 고에보리마치의 점포를 흡수했다. 오타와라 개점을 시작으로, 종래의 행상 중심에서 점포 중심으로 바꾸어 메이와明和 6년(1769), 센다이·후시미伏見(지금의 교토에 소재)·우시로노後野(지금의 이바라키현에 소재) 세 곳에 거의 동시에 점포를 열었다. 고칸이 소개하는 오슈센다이의 성공은, 이 센다이점에서의 번성을 가리키고 있다. 겐자에몬은, 교사카京坂 지방 등의 헌옷[古手]과 셋쓰摂津(지금의 오사카 북중부와 효고현兵庫県 남동부 일부)·야마토大和(지금의 나라현奈良県)·단바丹波(지금의 교토 중부와 효고현 중동부) 등에서 매입한 면綿 등을 히가키카이센菱垣廻船[21]에 싣고 에도와 우라가浦賀(지금의 가나가와현 요코스가시橫須賀市 동부 지역) 등을 돌아, 여기에서 다른 배로 다시 실어 해로 또는 육로로 센다이로 운반하여 센다이점을 통해 리쿠젠陸前(지금의 미야기현宮城県 대부분과 이와테현岩手県의 일부)·리쿠츄陸中(지금의 이와테현 대부분과 아키타현秋田県의 일부)·이와키磐城(지금의 후쿠시마현福島県 동부와 미야기현 남부)·이와시로岩代(지금의 후쿠시마현 중앙부와 서부)·우젠羽前(지금의 야마가타현山形県) 등의 상점에 풀었다. 반대로 센다이점 및 오타와라점에서는 생사生糸기이토·청저青苧아오소(모시)·홍화紅花베니바나·

---

21) 에도 시대에 오사카 교토 등의 가미가타上方와 소비도시였던 에도를 연결하는 화물선/역주 *위키피디아 참조

납蠟로 · 대소두大小豆다이아즈키(큰 팥) · 칠漆우루시(옻) · 잠종蚕種산슈(누에씨) 등을 오우奧羽 지방[22]으로부터 간토 북부에 걸친 물산을 매입하여, 해로와 육로를 이용하여 게이한京阪(교토와 오사카) 지방으로 보냈던 것이다. 겐자에몬은 이 '물산회송' 상법으로써 눈부신 발전을 이룩하여 교와享和 2년(1803) 센다이점의 자본은 49,405여냥이 되었다고 한다.

전국의 시장을 뛰어 다니며, 당대에 거대한 부를 남긴 나카이 겐자에몬과 같은 진취적인 상인이야 말로 고칸이 말하는 "무언가 할 수 있는 일 진귀한 일을 공부하여 가능한 한 이름을 남긴" 인물이었다. 때문에 겐자에몬의 요청에 응하여 그의 초상화도 그렸다. 거꾸로 고칸은 수직적 계층질서 속에서, 선조 대대로의 가업에 성실하게 임하고 매일 매일의 단조로움이 반복되는 생활 가운데 한 평생을 "태어난 곳을 떠나지 못하고"(前出) 어떤 공적도 남기지 못하고 헛되이 죽는 평범한 삶에 초조함을 느꼈다.[23]

한편, 공적을 추구했던 겐나이가 세간으로부터의 '야마시'라는 비난에

---

22) 옛 지명. 무쓰노쿠니陸奥国(奥州)와 데와노쿠니出羽国(羽州)를 합한 지역. 기본적으로 현재의 동북부 지방(아오모리青森 · 아키타 · 이와테 · 미야기 · 야마가타 · 후쿠시마현)에 해당한다/역주 *위키피디아 참조

23) 범용한 삶을 부정하는 격언이, 앞 장에서 인용했던 『蘭学階梯』의 "Men moet eten om te leven, maar niet leven om te eten"이라는 화란어였다. 고칸이 이 말을 알았던 것은, 오쓰키 겐타쿠를 소개하면서 였다. 『난학계제』는 처음에는 『和蘭鏡』이라는 제목으로, 시바 고칸과 같은 난벽蘭癖(화란풍 취미) 서민을 위해 쓰여졌다고 추정되기 때문이다. 佐藤昌介「大槻玄沢小伝」(洋学史研究会編『大槻玄沢の研究』思文閣出版, 1991年) 참조. 즉, "Men…" 화란어는 『独笑妄言』(全2, 23頁)에 인용되고, 게다가 고칸의 회화, 견본착색絹本着色의 『江戸城外蘭人図』의 윗부분에도 씌어져 있다. 이소자키 야스히코磯崎康彦「司馬江漢の西洋画観」(가타기리 가즈오편片桐一男編『日蘭交流史—그 人 · 物 · 情報』思文閣出版, 2002年) 참조. 여기에서, 이소자키 야스히코는 고칸이 란서蘭書『人間の生業』로부터 많은 모사도를 그리고 있음에 대해, 고칸이 민중교화를 위해 권계화勧戒画의 의미를 불러냈다고 지적하고, "동판화와 회화에 전념했던 아오구도 덴센亜欧堂田善(1748~1822) 과는 다른 고칸의 특징이다. 따라서 덴센을 직인적職人的 화가로, 고칸을 교양적 화가라 하는 것이다"고 설명하고 있다.

도 불구하고 의연할 수 있었음은, "나는 다만 미흡하나마, 일본의 이익이 되는 일을 생각할 따름"[24]('放屁論後編' 追加)이라 하여, 개개의 공명심이 '일본의 이익'으로 연결된다는 자부심이 있었기 때문이다. 개인이 각자의 능력에 상응하는 '예'로써 '국익'을 위해 진력하는 것이 겐나이가 목적하는 사회였다. 그것을 희문戱文인 『방비론』에서 겐나이는 그의 독특한 도회韜晦(재능이나 본심 또는 지위 따위를 숨겨 감춤)를 섞어서 논하고 있다. 그는 신분이나 출신이 아닌, 어떤 속박도 없는 '자유'로운 내가, 가령 방귀와 같은 하잘 것 없는 재주라 하더라도, 자기의 공부와 정진에 의해 획득한 각자의 '예'로 써, '국가로부터 받은의 작은 은혜'에 보답하는, 그런 사회를 희작 속에 꿈꾸었다. 고칸의 언설 속에서도, 이런 개개인의 공명이 '국익'과 연결된다는 생각이 나타난다.

> 하늘로부터 내려받은 생인데 재능 있으면 이를 세상에 써야 한다. 이것이 국익이다. 스스로를 이롭게 하고, 마침내 뜻을 얻고 이름을 후세에 남기는, 이것이 인간의 본성일 것이다. 지혜롭지 않은 자, 필시 스스로를 지혜로운 자라 하나 그 도량을 알 수 없다. 다다르지 못함으로써 스스로를 지혜롭지 못함에 비하여, 생애에 뜻을 얻지 못한 자가 늙어서 깨달음의 길에 들어가는데 이는 명리를 버림이 아니고, 명리를 얻을 수가 없었음이다. 명리는 상대적이라 같은 큰 이익을 얻은 자는 반드시 이름이 있고, 이름 있는 것 이익이 반드시 그 안에 있다. (『独笑妄言』, 名利一則, 全2, 8頁)

하늘로부터 받은 재지才智를 발휘하는 것은, '스스로'를 이롭게 할 뿐 아니라 '국익'이 된다(뒤에서 검토할 사쿠마 쇼잔의 일거양득론이다). 고칸에게 서구는 그런 개개인의 하늘로 부터의 재능을 '국익'으로 연결시키는 이상사회였다.

---

24) 前揭 『風来山人集』, 253쪽.

구라파인들이 성性으로 사람을 가르쳐 이끈다고 할 때 우리 일본인이 뜻하는 것과 큰 차이가 있다. 더구나 나와 다른 이가 함께 새로이 공부하여서 끝까지 파고들어 깊이 연구함이 쉽지 않고, 무릇 이런 까닭에 쉽게 사람들에게 줄 수가 없고 자연히 아까워서 감추는 것이다. 왜냐하면 나의 이익을 잃는 것 같기 때문이다. 이런 나라의 풍조国風에서는 위로 그 사람을 높여서 칭예하지 않는다. (일본)사람들은 재록財禄과 위계位階의 둘 밖에는 원하는 것이 없다. 구라파의 국풍은 귀천을 불구하고 천성天性으로 얻은 바의 재기才気를 존중하여 들어서 쓰는[挙用] 까닭에 그 나라에 기묘함을 이루는 자가 많다. 일본도 그 정政을 따르면 재인이 사방에서 나타나 일어날 것이건만.(『おらんだ俗話』, 全3, 133頁)

서구사회는 개개인의 재주와 지혜를 신장시키는 제도가 정비되어 있기 때문에, 개개인의 새로운 '공부'가 헛되지 않고 '나라에 기묘함을 이루는 자'가 많다.[25] 그런데 일본에서는 자기의 '공부'를 감추고 사람들에게 전하고자 하지 않는다. "그러므로 저 나라에서 만들어져 나오는 정묘한 기물[妙器]을 일본인이 만드는 것은 불능, 그러나 오랫동안 해를 거쳐 꾸밀 때에는 저쪽에도 뒤처지지 않을 텐데, 일본인은 나면서부터 소심해서, 어떤 것도 사람들에게 전하는 것을 아까워하는데, 다만 자신만의

---

25) 가이호 세이료海保青陵는 '공부'하여 '국익'에 공헌하는 자를 보상하라고 주장하고 있다. 이 경우의 '국익'은 번藩 국가를 단위로 하는 것이어서 일본은 아니지만, 다만 세이료가 일본 대 외국이라는 시각을 갖고 있었음은 주의를 요한다. "위[上]에 도움이 되는 일을 했다면 그 때에는 급히 상을 내려야 한다. 그 땅에 없는 것을 다른 구니[他国]로부터 씨앗을 가져와 심는다는 일이든지, 지금까지 다른 구니로부터 실어 보낸 것을 그 구니国에서 만든다든지, 도하都下가 번화하게 되어 다른 구니의 금을 년년히 그 땅에 떨어지게 한다든지, 큰 배를 건조하여 다른 구니에 산물을 보내어 그 구니에 금을 떨어지게 한다든지, 무릇 나라의 이익이 되는 일을 하는 남자에게는 급히 상을 내려야 한다. 이것은 효孝와는 달리 돋보이는 일이며 훌륭한 일이다. 구니의 부의 줄기이다. 때문에 상을 주는 일은 수단[術]이다. 이와 같은 류에 상을 내리면 이 부류를 공부하는 자가 늘어 구니에 금은이 모일 것이다. 이는 인국隣国의 골짜기에는 없는 제일의 공부이다"(『富貴談』『海保青陵全集』八千代出版, 1976年, 535쪽)

이윤으로 삼기 때문이다. 저 나라의 사람들은 뜻이 달라, 다른 사람에게 전해지기를 원한다"(『おらんだ俗話』, 全3, 133頁).

고칸이 서구사회에서 본 것은, 일본처럼 '재물과 위계'를 갖고자 서로 '한 몸의 이윤'만에 급급하지 않고, 개성 있는 '공부'(=지식과 깨달음)를 서로 내 놓아 '국익'을 꾀하고자 하는 열린 사회이고, 그의 스승 겐나이와 같은 특이하고 남다른 재능을 가진 사람을 허용하는 유토피아였다고 할 수 있다.

고칸의 친구 혼다 도시아키도 겐나이와 고칸과 마찬가지로 강렬한 공명심에 바탕하여 업을 일으킴[起業]이 '국가'의 이익으로 연결되고, 서구사회는 그것을 실현하고 있다고 생각했다. 그 보다는, 그의 주저 『서역물어』는 그런 유토피아로서의 서구사회를 그렸었다.

> 화란타和蘭陀(=네덜란드)는 본래 호우고도이쓰ホウゴドイツ[26]라는 나라 안이기 때문에, 저 나라와 땅을 잇고 있어서 북방의 땅 끝이다. 일본으로 말하자면 지금의 에조치蝦夷地(=홋카이도)와 같은 황폐한 땅이었으나, 그런데 개조開祖 아무개가 아직 서인庶人이지만, 고금의 독보의 영재이기 때문에 평범한 인간[庸物]과는 함께 하지 않았다. 곰곰이 생각건대 인간은 한 생애에 백세를 장수長壽라 한다. 생애 공적이 없이 먼지와 쓰레기처럼 공허하게 보람 없이 스러져버리는 것은 유감스럽다. 아무쪼록 국가를 일으키고 영원히 자손을 전하는 것이야 말로 인간의 공적이라 할 것이다. 그렇다면 이에 결단한 뒤에 밀책을 꾀함이, 운운(『西域物語』卷下, 155頁)

인간은 한 생애에 백세를 장수라 한다. 생애 공적이 없이 먼지와 쓰레기처럼 공허하게 보람 없이 스러져버림은 유감스러운 것이다"는 술회

---

26) Hoog Duits. 화란어로 독일을 당시에 이렇게 읽었다. 호우고ホウゴ는 영어로 high. 즉 화란의 낮은 땅에 대응하는 지세를 나타내는 말/역주 *『日本思想大系44 本多利明・海保靑陵』155쪽의 頭註 참조.

는, 겐나이·고칸과 같은 평범한 생을 거부하는 것이었다. 짧은 '생애'에 뭔가 '공'을 남기고 싶은, 헛되이 생을 보내는 것이 아닌, 무언가 사업을 일으켜, 자신의 생을 유의미하게 하고 싶은 왕성한 의욕이 '암스테르담의 개조開祖 아무개'의 말을 빌어서 표명되어 있다.

도시아키의 경우 "아무쪼록 국가를 일으키고 영원히 자손을 전하는 것이야 말로 인간의 공적이라 할 것이다"라 하는 것처럼 '이름'을 남기는 공적이 고칸 이상으로 확실히 '국익'으로 연결되어 있음은 주목해야 한다. 그것과 함께 습득해야 할 '예'도, 보다 한정된 '천문·지리·해양·섭도涉渡(바다를 건넘)의 도道'가 강조되었다. 외국과의 교류로 부강한 국가를 만들기 위해서는 무엇보다도 천문학, 지리학, 도해술渡海術를 숙달하지 않으면 안 된다는 것이, 널리 알려진 도시아키의 논리였다. "만국의 힘을 가려 취함[拔取]에는 교역을 하여 가려서 취하는 것 외에 없다. 교역은 해양을 건넘에 있다. 해양을 건넘은 천문·지리에 있고, 천문·지리는 산수算数에 있다. 이것이 곧 국가를 부흥케 하는 큰 단서이다(『西域物語』卷下, 160頁). '예'가 자연과학적 기술에 한정되어 있다는 것은 겐나이와 고칸에게는 없는 도시아키의 독창적 생각이고, 이는 그가 화산가和算家/와산카에서 출발했다는 것과 관련있다.[27] 또 도시아키는 고칸과 같은 모양으로 서구 사회를 그런 개개인의 '개업開業' 의지를 저해하지 않고 신장시키고자 하는 제도가 정비된 세계로서 묘사하고 있다.

---

27) 사토 쇼스케는, 시바 고칸에 있어서는 "해외교역에 필수 불가결한 항해기술은 천문역학이 뒷받침되어 있다"며 『和蘭通舶』을 인용한다. 앞의 『양학사연구서설』 94쪽. 틀림없이 사토의 지적대로이다. 그렇다면 "겐나이와 고칸에게는 없는 도시아키의 독창적 생각"이라는 한 구는, 분명히 도식화했던 한에서라는 일정한 유보가 필요하다. 도시아키의 『서역물어』와 중복되는 시바 고칸의 『오란다속화』에, "배를 탐은 저 제국 누구가 나라를 부유하게 했기 때문이다. 무릇 그렇기 때문에 천지의 도학度学은 여러 별들이 선회함을 보아 알아서, 만국을 역람歷覽하여 교역의 길을 열기 위함이다"(全3, 127頁)라 하는 데에서도 도시아키와 겹친다.

그 기본을 미루어 찾아보니 대지대능大智大能을 뽑는 제도[28]가 있다. 런던에 대학을 세워 두고, 일능일예一能一芸한 자를 계속 지켜 유지[扶持]하기 때문에, 언어가 통하지 않는 먼 나라로부터도 그 깨달음이 있는 능한 자가 와서 학교에 들어간다. 절차切磋의 공을 쌓아 이름을 이루고 몸을 세울 것을 도모하여 각각 주야로 한껏 심력을 다하기 때문에 마침내 명예로운 사람이 되고 이 때문에 양지良智를 여는 사람 있어서, 대지대능이 완전히 갖추어진 사람들이 나오고 기기명기奇器名器도 나오는 것이다. (『交易論』177頁)

한편 난학계 지식인이 '국익'이라고 할 때, 큰 문제가 되는 것은 해외무역론이다.[29] 다음 장에서 다룰 에토 헤이스케江藤平助 및 고칸도 분명히 해외무역론을 언급했으나 단편적이었다. 예를 들면 에토 헤이스케의 다음과 같은 말이다, "어떤 모양의 국익을 생각해도, 우리나라 안에서 꾀하는 공부로는 순조롭기가 어렵다"[30](『赤蝦夷風説考』上卷). 고칸 또한 일본의 틀을 벗어나서 외국과의 교역을 목표로 하고 있다. 그 때, 일본의 수출품이 쌀[米穀]이었다. 쌀은 다른 나라들에는 없는 일본의 특산물이 될 수 있다고 고칸은 자주 말하고 있다. "우리 일본의 쌀은 다른 나라에는 없다. 이를 큰 배에 실어 러시아魯西亜를 비롯하여 여러 나라에 팔면 돈이 된다. 저 여러 나라에서 가져오는 물건, 여러 종류의 약薬과 기묘한 것[奇器]은 우리나라에 없는 물건이다"(『無言道人筆記』卷坤, 全2, 151頁). 또 『오란다속화おらんだ俗話』에는 "배를 타는 것은 저 여러 나라들 스스로가 나라를 부유하게

---

28) 문벌이나 출신이 아닌, 정말 위대한 지혜로운 자와 달인을 발탁하여 씀. 여기에서의 선거는 오늘날 투표에 의한 선거와는 다르다/역주 *『日本思想大系44』176쪽의 頭註 참조

29) 시바 고칸의 '개국론'이 도시아키의 '중상주의적 개국사상'과 유사하다는 점에 대해서는 오다 신지小田信士『幕末キリスト教経済思想史』(教文館, 1982年) 참조.

30) 『北門叢書』第一冊 (北光書房, 1943年) 222쪽.

하기 위함이다. 무릇 그러므로 천지의 도학度学(=측량학)은 여러 별들의 선회를 탐구하여 알아, 만국을 역람歷覽하여 교역의 길을 열기 위함이다. 세계 안은 도수度数에 따라 생산되는 물산이 다르다. 땅에서 나오는 산물은 하지선夏至線으로부터 동지선冬至線 사이의 47도度 안에 있다. 그러므로 화란和蘭의 여러 주州는 대왕이 항상 큰 배를 만들고, 그 나라의 여러 사람들 중에서 도학천문度学天文에 능한 자를 뽑아 관직에 세워, 만국으로 건너가니 이것이 첫번째 중요한 국무이다. 우리 일본인은 쌀로 관록官祿을 주고, 그 미곡을 우리나라에서 교역하고, 사무라이[士]를 사민四民의 위에 두니, 때문에 화란인을 칭하여 가인賈人고진(=상인)으로 아는 자 많은데, 가인이란 시가에서 장사하는 사람을 말한다"(『おらんだ俗話』, 全3, 127頁)고 한다.

이에 대해, 주지하는 바와 같이 도시아키는 대외무역론을 경세론의 중심에 두었다. 거기에는, 이것도 잘 알려진 도시아키의 위기의식이 작동하고 있었다. 도시아키는 18세기 후반, 상품경제·도시화가 진행됨에 따라 도시도 농촌도 곤궁의 정도가 심화되고 있다는 강한 위기의식을 갖고 있었다. 도시에서는 부시武士들이 큰 상인으로부터 빌린 많은 돈을 갚는 고통, 그 때문에 연공年貢 징수가 격화되고, 연공 수납이 되지 않음에 따라 농촌이 황폐해지는 악순환에 빠졌었다. 도시아키는 특히 덴메이天明 대기근 후의 오슈奥州의 참상을 직접 보고 들으며 농촌의 곤궁이 무시무시하다는 것을 실감한다. 거기서는 마비키間引き[31]와, 심한 경우에는 식인조차 행해지고 있었다고 한다. 이런 현상을 보고, 국내의 곤궁을 구제하기 위해서는 대외무역으로써 '일본국' 전체의 이익을 도모

---

31) 묘를 빽빽이 심은 상태에서 소수의 묘만 남기고 나머지를 솎아 내는 작업을 가리키는 말. 전하여, 지나치게 증가한 것을 인위적으로 줄이는 것을 의미. 특히 에도시대 후기에 생활고로 태어난 아기를 바로 살해하는 것에도 이 말이 쓰였다/역주

해야 한다는 것이 도시아키의 제언이었다.

내셔널 아이덴티티의 관점에서 볼 때 도시아키의 이런 '일본' 의식은 중요하다. 도시아키는 도시와 농촌의 곤궁 해결책을 단순히 국내에서 구하지 않고 대외적인 교역에서 구했기 때문이다. 도시아키는 "일본의 토지에 한하여 변통하는 경제"[32](『経済放言』)로는 참된 경제적 곤궁의 해결이 불가능하고 '일본'을 단위로 한 해외무역에 의해서야 말로 해결 가능하다고 생각했다. 혼다의 개명성으로 평가되는 부분이다.

> 일본은 해국이므로, 도해渡海 · 운송 · 교역은 본래 국군国君의 천직이자 최대의 국무이기 때문에, 만국에 선박을 보내어 나라에 쓸 필요한 산물 및 금은동을 가려 취하여[拔取] 일본에 들여와 국력을 두터이 해야 함은 해국이 갖추어야 할 일이다. 자국의 힘으로써 다스릴 계획으로는 국력이 점차 약해지고 그 약함은 모두 농민이 짊어져서 농민이 해에 따라 감소하는 것은 자연스러운 추세다. (『経世秘策』 卷下, 32頁)

여기에 '일본의 국력'(上同, 44頁) 증강을 지향하고자 하는 내셔널 아이덴티티가 있다. 도시아키는 독특한 '중금주의重金主義' 입장에서, 금은동金銀銅이 해외로 유출되는 것에 강한 위기감을 느끼고 다음과 같이 말한다.

> 금은동을 왕성하게 파내기 시작한지 이미 삼백년에 다다라, 나라 인민이 뼈가 부러질 정도의 고생을 한 암굴岩窟 속에서의 정성을, 여리고 무른 약종류 · 사탕류 · 포백布帛 때문에 던져버리고 다른 나라에 건넸던 것은 안타깝고 분하다고 말해야 할 것도 아니다. 일본에서 생生을 받은 사람, 누가 이를 탄식하지 않겠는가.(『西域物語』 卷下, 153~54頁)

금은동이 나가사키의 데지마出島에서 '다른 나라'으로 유출되는 것을

---

32)『本多利明集』(近世社会経済学説大系, 誠文堂新光社, 1935年) 114쪽.

"일본에서 태어난 사람"은 누가 탄식하지 않겠는가라고 한다. 이런 "일본에서 태어난 사람" 한 사람 한 사람이 '일본'의 국익에 관심을 갖고, 만약 국익을 손상하는 것이라면 자기 자신의 불이익으로 탄식한다. 거꾸로 '일본'의 진전을 자기 자신의 것으로 기뻐한다. 도시아키는 '일본'에 자신을 동일화한 이런 내셔널 아이덴티티를 지니고 있었다.

그러나 고칸과 도시아키의 유토피아적인 언설은 당연히 당시 사회에서 받아들여지지 않았다. 겐나이·고칸이든 도시아키든 그들은 동시대의 사상 공간 속에 고립되어 있었다. 특히 고칸의 이른바 '허무사상[33]'은, 야스마루 요시오의 지적처럼 근본적으로는 "그들의 자유로운 발견과 그 방법을 수용하여 기르는 사회적 기반은 아직 거의 없었기"[34] 때문에 '패배' 했다고 할 수 있다.

앞서 보았지만, 고칸은 평범한 삶을 거부하는 공명심을 주장했다. 그러나 그것은 서구사회에서는 충분히 발휘될 수도 있었겠지만 현실의 근세 사회에서는, 겐나이가 실의로 죽었던 것이 상징하듯이 큰 어려움을 안고 있었다. 그것은 단적인 공명심의 표현으로서 들었던 「구양공본론歐陽公本論」(정확하게는 祭石曼卿文)에 연속하여, 공명의 허무함을 덧붙이지 않을 수 없었던 바에 나타나고 있다.

---

33) 무라오카 쓰네쓰구는, '이름名'을 구해, "허무하지 않은 것, 부정할 수 없는 것을 추구했던 결과로서 도달했던" 시바 고칸 사상의 '궁극'이, "만물이 돌아갈 바는 허무라고 하여 일체의 가치를 부정하는 시각"인 '허무주의'에 있다고 지적하고 있다. 「市井の哲人司馬江漢」(前田勉編 『新編日本思想史研究—村岡典嗣論文選』 수록, 東洋文庫, 平凡社, 2004年). 미나모토 료엔은 무라오카의 견해를 수용하여 청년시대의 고칸의 사상형성을 탐색하여 욕망과 지혜에서 일어선 고뇌로부터 어떻게 이탈할 것인가 하는 만년의 문제를, 고칸이 '아포토카토アポトカート'=서양궁리학자로서 답한 것인가를 논하고 있다. 『德川合理思想の系譜』(中央公論社, 1972年) 제3부 참조.

34) 安丸良夫, 앞의 책, 11쪽 참조.

먹고 싸고 교접하고 헤매는 세상의 벌레, 위 천자로부터 아래 서민까지.

만물이 낳고 죽어서 무물로 돌아가는 것은 같다. 잠간의 형체의 모임이
다. 만물과 함께 없어지지 않고 탁연히 썩지 않는 것은 후세에 남길 이
름이다(同乎万物生死, 而復帰於無物者, 暫聚之形也. 不与万物共尽, 而卓然不
朽者, 後世之名) 또 이르기를, 이름이 후세에 남겨지는 것은 천세千歲에
불과하다. 무릇 천지는 시작 없음에서 생겨나 끝없음에 이른다. 사람은
작지만 하늘은 크다. 수 억 만년이 한 순간에 달려왔는데 소려小廬일까
나, 오호라(『無言道人筆記』卷坤, 全2, 140頁)

고칸은, 우주의 무한함 속에다 자신의 보잘 것 없음[卑小]을 대치시킨다.
여기서는 노장적老莊的이라기 보다는 자연과학적 지식이 뒷받침됨으로
써 자기의 공명심이 헛됨을 강조하고 있다.[35] 게다가 '허무사상'과의 관련
에서 말하자면, 앞서 보았던 것처럼 고칸은 나카이 겐자에몬과 대비하여
"왕래하는 길가에서 밥 한 그릇을 파는 자는, 살아서 그 곳을 떠나지 못하
고 살아가기 때문에, 생애 밥 한 그릇으로 끝난다"(前出)고 하는 것처럼, 태
어나면서부터의 가업을 지키기만 할 뿐인 평범한 삶을 비판하는 한편으
로, 가업으로부터 일탈함으로써 안게 될 재화災禍를 경계하고도 있다.

『회남자』에 이르기를, 잘 헤는 자 빠지고, 잘 타는 자 떨어진다. 각각 그
좋아하는 바가 오히려 자신의 화가 된다고 했다(淮南子云, 善遊者溺, 善騎
者墮, 各以其所好, 反自為禍)
사람이 태어나며 품부받은 바 있고, 본성으로 좋아하는 것이 있다. 가업을
깨트리고 벼슬길[仕官]을 그만두어, 몸을 각자 좋아하는 데에 맡기는데. 이
는 길을 잃음으로써 마침내 몸을 망치게 된다. 돈 좋아하는 자[金癖者]는 거
만巨万을 쌓아도 성에 차지 않으니 결국 화禍를 입는다. 기예技芸를 좋아하
는 자 또한 마찬가지다. 강가에 서면 강에서 죽는다고 하는 말과 같다.(『無
言道人筆記』卷坤, 全2, 140頁)

---

35) 이는 이 책 제2편 제10장 「津田真道の初期思想」에서 검토한다.

이러한 모순적 표현을 통해, 닫힌 사회에서 '가업'을 부수고 '기예'로 살아감의 어려움을 우리에게 가르치고 있다.

3. 고칸의 '나 한 사람[予一人]'의 자각

그러나 고칸 만년의 저작에는 '허무사상'과 함께 내셔널 아이덴티티를 생각해 가는 데에서의 중요한 논점이 제시되어 있다. 따져 말하자면 그 것은, 왜 18세기 후반의 근세사회에서 '일본인'이라는 내셔널 아이덴티티가 부상했는가 하는 근원적 의문에 대한 암시이다. 아는 바와 같이 고칸은 "위로 천자天子 쇼군将軍으로부터 아래의 사농공상士農工商 비인非人/히닌 걸식乞食에 이르기까지" 모두 '인간'이라는 평등관을 갖고 있었다.

> 위의 천자 쇼군부터 아래의 사농공상 히닌非人(=백정) 거지에 이르기까지 모두 인간이다. 사자, 곰, 이리, 개, 고양이에 이르기까지 짐승이다. 인어, 고래, 상어, 정어리에 이르기까지 물고기다. 난새[鸞], 봉황, 기러기, 거위, 작은 참새에 이르기까지 모두 새이다. 뱀, 지네, 지렁이에 이르기까지 벌레다. 작은 것은 큰 것에 잡히지 않으려 하고 큰 것은 작은 것을 쫓는다. 이 모두 지구의 물과 땅에서 살고 있는 것이라서 각각 마음이 있다. 근골의 틀은 어떤 것도 인간과 같다. 먹기 때문에 살며 욕념의 정이 있다. 그 중에 사람은 지혜가 있고 그 지혜 때문에 스스로 괴롭다. 살아 있는 동안 이 세상에서 헤매는 것, 귀천상하가 모두 같다. (『春波楼筆記』, 全2, 87~88頁)

그는 "위로 천자 쇼군으로부터 아래의 사농공상 히닌 거지에 이르는" 수직적 계층질서의 아이덴티티를 부정한다. '천자 쇼군' '사농공상 히닌 거지'라는 신분적 아이덴티티를 넘어서, 그 기저에 깔린 보편적 아이덴티티로서의 '인간'을 말하고 있다. 고칸에게는 '천자' '쇼군' '사농공상 히닌 거지'의 신분에 걸맞는 삶의 방식이 문제되는 것이 아니라, "먹고 싸고 교접하고 헤매는 세상의 벌레, 위 천자로부터 아래 서민까지"(前出) 이라 하듯이, 먹고 배설하고 생식에 애쓰는 생물학적인 벌거숭이 존재로서의 '인간'이 출발점이다.

고칸은 이런 '인간'의 본질은 명리名利에 있다고 한다. 생물로서의 '인간'은 "먹고 싸고 교접하고 헤매는 세상의 벌레, 위 천자로부터 아래 서민까지"(前出)라 했듯이 귀천빈부의 사회적 차이에 상관하지 않고, 먹고, 배설하고, 교미한다. 그렇게 하여 백년도 안 되는 시간을 산다. 그 짧은 시간, "명리라 부르는 대욕大欲에 분주하여 이름을 구하고 이익을 구하"(『春波楼筆記』, 全2, 54頁)는 '인간'은 서로 이익을 다툰다.

> 지금은 크게 평안한 세상이고, 옛날, 인간의 시초를 모르고, 다만 명리만을 옳다고 하고, 환락을 최대한 하며 포만하게 먹는 이 욕망을 위해 크게 미혹되어, 현명한 이도 어리석은 이도 같이 서로 다투어 입신하여 뜻을 얻고자 하여 더위에도 추위에도 분주하고, 귀한 이는 가마를 타고 천한 이는 이를 메며, 늙어 빈천하게 되어도 걸식하여 삶을 유지함은 무슨 일인가.(『春波楼筆記』, 全2, 58頁)

> 그 동안은 전쟁이 일어나 서로 먹고 서로 물어뜯었고, 태평한 세상에는 명리로써 다툰다. 이에 지혜 있는 자는 모두 위가 되고 무지한 자는 아래가 된다. 하늘에서 보면 사람에게 귀천이 없다. 지금 귀인이라 칭하는 자, 선조가 반드시 지혜 있는 자의 자손이다. 태평한 세상에는 어리석다 해도 나라를 지켜야 하고, 난세에는 어리석은 자는 모두 망하게 된다.(『独笑妄言』―生談, 全2, 7頁)

고칸은 이렇게 "명리로써 서로 다투는" '대평大平한 세상', '태평泰平한 세상'을, "세상에는 여우 너구리가 덫을 놓아 지혜의 미끼로 바보馬鹿/바카를 낚는다"는 노래로써 묘사하고 있다.

세상에 여우라는 짐승은 사람에게 달라붙기도 하고, 또는 여러 가지로 둔갑하기도 하는데, 사람은 전혀 그럴 수 없다. 그 때문에 여우를 이나리稲荷라고 알고 있는 사람이 많다. 또 여우 쪽에서 보면 사람은 기묘한 것이어서 보즈坊主방주/스님로 변하기도 하고, 사무라이侍로 변하기도 하며, 상인으로 변하기도 하고 유자신주儒者神主로 변하기도 하는 등 여러 모양으로 변하지만, 그 중에 우매한 자는 변화하는 모양이 서툴다. 영리한 자는 지혜라는 미끼로써 다이묘大名와 부자를 감화시켜서 자기가 비천함에도 불구하고 홀연히 큰 복 있는 사람[大福人]이 되어서 맛있는 음식을 먹고 이 괴로운 세상을 마음먹은 대로 생애를 보내는 것이라, 단지 이 미끼를 놓음으로써 바보 같은 사람은 몇 명도 덫에 걸리게 된다. 예를 들어 금화小判고반를 미끼로 쓰면 욕심 많은 자가 걸리고, 잔[盃]으로써 하면 술 좋아하는 사람이 걸리며, 여자를 내서 놓으면 늙고 똑똑한 자도 어리석은 자도 한 번에 걸린다.(『無言道人筆記』, 全2, 117~18頁)

서로 속고 속이는 인간관계의 성립 배경에, 상품경제의 발전과 도시의 성숙이라는 사회경제적 정황이 있음은 말 할 필요도 없다. '영리한 자'는 '지혜'로 '다이묘와 부자'를 속여서, '내가 비천'하지만 '큰 복 있는 사람'이 되어 안락하게 생애를 보낼 수 있다. 고칸이 상정하는 '인간'은 이런 서로 속이는 사회 속에서, 부모 자식과 형제 같은 인격적인 연결조차도 끊어버리고 마는 '나'이다.

삼세인과경三世因果經에, 天上天下唯我独尊三界皆苦我等安之(천상천하에 오직 나 홀로 존귀하다. 삼계가 모두 고통인데 내 이를 마땅히 편안케 하리라).[36]이라 했다. 이는 석가가 남긴 말로 사람들이 능히 아는 바이다. 내 이 말을 풀어 말하면, 천지는 시작 없음[無始]에서 열렸고, 그 가운데 시작 없음에서 사람이 나왔는데, 이보다 앞서서 끝이 없는 햇수[年數]에 사람을 낳음이 무량無量하다. 그 가운데 나라고 하는 자는 나 한 사람[子一人]이고, 부모 자식 형

---

36) 我'等'安之는 고칸이 我'當'安之를 잘못 썼거나, 원서의 교정의 실수로 보임/역주

제가 있다 해도 모두 다른 사람[別物]이다. 그렇다면 내 능히 나에게 가르쳐서 헤매지 않을 때에는 생애토록 내가 편안하고, 헤맬 때에는 삼계가 모두 괴롭게 되어 나를 망하게 한다.(『春波楼筆記』, 全二, 65頁)

고칸은 여기에서 불교적 체념으로부터 '나 한 사람'이라는 자각을 서술하고 있는데, 이러한 '나 한 사람'이라는 의식은 '명리로써 서로 싸우는' 세상 속에서, 본래 친밀해야 할 '부모 자식 형제' 조차도 타인끼리의 관계가 되어버리고 만 지점에서 생긴 것이었다.[37]

그러면 '부모 자식 형제'로부터도 단절된 '나'는 어떻게 사람들과 연결되는가. 그 답이 고칸에게서의 '일본'이었다. '나 한 사람'의 '재주[芸]'로써만 '집안'을 일으키고, '이름'을 후세에 남긴다. 게다가 그 '재주'는 단순히 자기의 몸에 이익을 가져다주는 것이 아니라, '국가'의 이익이 된다. 고칸의 내셔널 아이덴티티는, 이런 '부모 자식 형제'로부터도 유리된 '나 한 사람'의 귀속의식이었다. 상품경제의 진전과 함께, '부모 자식 형제'로부터도 유리된 '나 한 사람'이라는 의식을 가진 개인이 원망[遠望]하는 '상상의 공동체'[38]가 '일본'이었다고 할 수 있다.

그러나 고칸의 경우, '나 한 사람'이 '일본'이라는 '상상의 공동체'의 '국

37) 田尻祐一郎 앞의 책, 「司馬江漢と'日本'像」 참조.
38) ベネディクトーアンダーソン베네딕트 엔더슨Benedict Richard O'Gorman Anderson 『想像の共同体—ナショナリズムの起源と流行』(시라이시 다카시白石隆・시라이시 사야白石さや 訳 リプロポート, 1987年) 참조. 앤더슨은 "국민이란 이미지로서 마음에 그려진 상상의 정치공동체"(17쪽)라 정의하고 있다. 나카무라 슌사쿠는, 앤더슨의 이 내셔널리즘론에 기초하여 "이에家・한藩・고講 등등의 신분적・혈연적, 종교적 소집단에 귀속하는 '나'의 자각과, 공유하는 '국가'라는, 새로운 전체상의 일원으로서의 자각과의 사이에는 헤아릴 수 없는 격차가 본래 있고, 그것을 어떻게 극복할 것인가"하는 과제는 19세기 일본의 문제로서 중요하다고 지적하고 있다. 中村春作 『江戸儒教と近代の'知'』(ぺりかん社, 2002年) 172쪽 참조. 고칸의 '부모 자식 형제'로부터도 유리된 '나 한 사람'의 '일본'의식이란 바로 나카무라가 말하는 "새로운 전체상의 일원으로서의 자각"이었다고 할 수 있다.

익'을 위해 진력한다 해도, '부모자식형제'로부터 떨어진 '나 한 사람'의 고독이라는 어두침침한 음영이 강한, '국익'에의 언질이 전면에 나오지 않았다.

이에 비해 처음에 언급했던 도시아키는, "일본에서 생을 내려 받은 자, 누군가 국가를 위해 여러 모로 생각해야 하지 않겠는가. 국가를 위해서 악을 기뻐하고 선을 미워하겠는가. 그렇다면 선한 일은 함께 도와서 기뻐하고 악한 일은 함께 피하여 미워해야 함은, 처음부터 일본에서 생을 내려 받은 몸의 몫이다"라 하여 '일본'이라는 '국가를 위해' "선한 일은 함께 돕고 기뻐하고 악한 일은 함께 피하고 미워"(前出) 한다는 강렬한 사명감을 지녔던 내셔널 아이덴티티를 품고 있었다.[39] 그러면 이 차이는 어디에서 생겼을까.

4. 도시아키의 일본 역사상像

이 두 사람의 '일본'에 대한 언질의 차이를 보여주는 요소로 지적되는 것이 역사와 신화에 대한 태도이다. 고칸은 "우리나라, 신대神代의 일은 전기伝記가 없다. 신대 이전은 어떤 다른 나라 사람이 살고 있었던 것인

---

39) 고칸적인 '허무사상', 환언하면 인간혐오에 빠지지 않기 위해서는 '명리로써 서로 싸우는' 세상 속에서 어디까지나 자기의 '예'에 자부심을 갖고 '재지'로써 꿋꿋하게 사는 의지가 없어야 한다. 죽기까지 "무릇 천지는 한이 없고, 이름이 천세에 남는다 해도 십만 세에 이르지 못한다. 이로써 생각하니, 이름은 살아 있는 동안의 이름이어서, 이 모두 생각과 다르다"(『春波楼筆記』, 全2, 54頁)고 하듯이 깨달음을 거부하는 주체가 아니면 안 될 것이다. 이 의미에서는 도시아키는 고칸의 '허무사상'과는 대조적이다. 그는 스스로 나아가서 '명리'의 세상 속으로 뛰어 들어 기가 죽지 않았다. 도시아키에게 '호걸'이란 그런 주체였다.

가"(『春波楼筆記』, 全2, 60頁) 라고 내치듯 말해, 역사·신대에는 극히 냉담하다. 이에 대해 도시아키의 경우 역사와 신화는 그의 경세론에서 중요한 위치를 차지한다. 가령 도시아키는 '사대급무四大急務'의 긴요성을 '신국'의 '우리나라 진무 미가토神武帝 일통—統의 업'[40]으로부터 말하기 시작한다.[41]

> 본래 우리나라는, 진무 미가토께서 일통의 업業을 일으키시고, 산택山沢을 통해 만민을 구제하심으로부터, 점차 인도人道가 행해져, 일본의 구니国들에 구니노가미国の守[42]를 두고, 정사政事는 모두 천자로부터 나와 황통皇統이 이어져 지금 세상까지도 신하된 자가 제위帝位를 빼앗는 일 없었다. 예를 들어 폭악한 신하가 나오는 일이 있어도, 왕자王子가 조정에 반역反逆을 권고하여 천자를 바꾸어 놓고, 스스로는 권위를 빙자하여 영요栄耀를 다하고자 할 뿐으로, 제위를 찬역시키지 않으니. 이것이 다른 나라와 우리나라의 구별이며, 신국의 풍위로서 우르러고 소중하게 해야 할 바이다.(『経世秘策』卷下, 22~23頁)

앞에서 우리는, 도시아키가 군현 → 봉건이라는 일본 역사의 이분법을 취하면서도, 진무 덴노가 군현제 창업자라고 주장한 것의 획기적 의의를 살펴보았다. 이를 좀 더 부언하면, 도시아키는 또 "황통皇統이 이어져 지금 세상까지도 신하된 자가 제위를 빼앗지 않았"던 황통의 무궁성이 '다른 나라異国'과 '우리나라我邦'의 구별이었고 '신국의 풍위'로서 존숭해야 함을 역설하고 있음에 주의해야 한다. 즉, 황통의 무궁성을 주장

---

40) 일본 역사에서 진무 덴노가 동방 정벌로 야마토大和 지방을 평정하여 나라를 세운 일/역주

41) 혼다 도시아키가 진무덴노의 군현제를 긍정적으로 평가한 것의 사상적 의의에 대해서는 본서 제1편 제5장 「近世日本の封建・郡県論のふたつの論点」 참조.

42) 고쿠시国司의 장관의 하나. 고쿠시는 율령제를 시행하면서 중앙에서 파견되어 여러 구니国의 정무를 맡아보았던 지방관. 고쿠시는 구니의 규모에 따라 守かみ가미・介すけ스케・掾じょう죠・目さかん사칸의 4등관이 있었다/역주 *고토방쿠 일부 참조

하는 점에 관한 한, 도시아키는 동시대의 모토오리 노리나가와 같다.

물론, 황통의 계보를 핵으로 하여 구성되는 '일본'의 모습은 도시아키와 노리나가 사이에 큰 차이가 있다. 노리나가는 부조리한 세상에 사는 자의 아이덴티티의 위기를, 그런 부조리한 세상에도 불구하고 눈앞에 우뚝 서 있는 황통에서 질서의 근원을 보아내고 잃어버린 아이덴티티의 복권을 꾀하고자 했던 반면, 도시아키는 황통 일계성을 중심으로 하는 역사로부터 덴노의 '신臣/오미'이 행해야 할 정치제도의 개변·구축으로 향하는 의사를 끌어내고자 했기 때문이다.

생각건대 『경세비책』 모두에서 서술하고 있는, "나도 본래부터 신하이고 다른 사람도 또한 신하이기 때문에 동물우동체同物又同体의 이치이므로 논할 것이 없다"(卷上, 12頁)라이 할 때의 '신臣'은 이 의미다. 도시아키는 '황통 연속'을 말하지만 거기에 안주하지 않고, '그렇지만'이라며 계속하여 '신하'의 본모습의 중요성을 문제 삼고, 다음과 같이 말한다.

> 그렇지만 황통에도 명암의 두 가지는 있으시어, 혹은 현명한 신하를 써서 세상이 조용하고, 혹은 아첨하는 신하를 총애하여 천하가 시끄러운 등 여러 가지가 있지만, 진무神武의 인덕仁德이 없어지지 않고 그 징험이 밝아져, 그래서 명암으로부터 대대로 성쇠승강盛衰昇降함이 있다. (卷下, 23頁)

신하의 "명암으로부터 대대로 성쇠승강"이 있었던 과거의 역사로부터 교훈을 얻어 지금의 위기를 극복해야 한다는 것이다. 예를 들어, '인왕人王 육십팔대'[43] 고이치죠 덴노後一条天皇(1008~1036)때 후지와라 미치나가藤原道長(966~1027)가 "권력을 제 마음대로 흔든"(上同, 23頁) 이래 병란제국兵乱諸国이 계속되었다. 이 병란의 "천하를 좀 정밀靜謐(조용)"(上同)하게 한 자가

---

43) 진무 덴노를 제1대 덴노(『日本書紀』)로 하여 68대째 덴노/역주

미나모토노 요리토모源賴朝[44]이다. 그러나 요리토모는 여러 구니[諸国]에 슈고守護를, 장원에 지토地頭를 두고서, "진무神武 이래의 군현의 법을 봉건으로 개혁하고, 덴노는 수당을 받는 가구가 되어, 그 때까지 지니고 있었던 전답을 잃고 햐쿠쇼百姓와 동등한"(上同) 비참한 처지로 전락하고 말았다. 이 뒤에 "천하는 마음대로 무가武家/부케가 하나로 통솔하는[武家一統/부케잇토]"(上同) 세상이 되었다. 이 뒤, "요리토모 이래 백십 여년의 무가일통의 천하"(上同, 24頁)를, 우선은 고다이고 덴노後醍醐天皇[45]가 "공가일통公家一統/구게잇토의 천하로 복귀되었"지만, "덴노 (주위의)녕신佞臣(=간신)의 참설讒說을 믿어, 쥬고准后[46]의 내주內奏(임금에게 은밀하게 아룀)를 허용한 까닭에, 상벌에 밝지 않아" 혼란하여, "지인용智仁勇을 겸비한 대장"이었던 구스노키 마사시게楠木正成[47]의 분전에도 불구하고 아시카가 다카우지足利尊氏[48]에게 정권을 빼앗겼다고 한다.

도시아키는 이 구노스키 마사시게에 대해서는 "예로부터 지금까지 없었던 준걸", "누구의 신하인 자, 귀감으로서 높이 받들어야 할 자는 마사시게 뿐이다"(上同)이라고 절찬하고 있다. 대강의 줄거리로서는 "아시카가 15대 2백여 년 사이"는, 쇼군의 지위는 끝으로 가면 갈수록 '이름' 뿐이

---

44) 1147~1199. 가마쿠라鎌倉 막부 초대 쇼군/역주

45) 1288~1339. 일본의 제96대 덴노. 우여곡절 끝에 가마쿠라 막부를 타도, 왕정복고王政復古로 덴노가 정치에 복귀하는 덴노 친정親政 시대를 열면서 '겐무建武신정'을 단행했으나 이후 공무公武 불화로 요시노吉野로 정치 본거지를 옮겨 남조의 덴노가 되면서 남북조 시대를 연 인물/역주

46) 일본 조정에서 쥬산고准三后의 약칭으로, 태황태후, 황태후, 황후의 삼후三后(=三宮산구)에 준하는 지위와 녹봉을 받는 자, 또는 그 칭호/역주

47) 1294(?)~1336. 가마쿠라 시대 말기, 남북조시대의 무장. 고다이고 덴노를 받들어 가마쿠라 막부 타도에 공헌한 겐무 신정의 중심 인물/역주 ＊위키피디아 일부 참조

48) 1305~1358. 가마쿠라 시대 말기와 남북조 시대의 무장. 무로마치室町 막부의 초대 세이다이세이쇼군征夷大將軍. 아시카가 쇼군가의 개조/역주

고, 천하에 전쟁[兵革]이 끊이지 않고 전란이 계속되었다. 그리고 오다 노부나가織田信長, 도요토미 히데요시豊臣秀吉를 거쳐, '신군神君' 도쿠가와 이에야스德川家康가 '어위덕御威德'으로써 '삼백년 동안의 전쟁'을 진정시켰다고 한다(上同, 25頁). 이런 일본 역사를 회고한 다음, 지금 '이 시대'에 와서는 이라며 계속하여 다음과 같이 말한다.

> 이 시대에 당하여 사대급무四大急務로 다스릴 때는, 일본국 안의 여러 땅의 산물의 값이 모두 다 균등하여 만민의 회한의 응어리도 다 없어져, 본심으로부터 정직하게 되고, 만민이 평온한 길에 힘쓰니, 다스리지 않아도 만세의 기틀을 여는 참된 정책은 사대급무에 있다. (上同, 25~26頁)

'사대급무'가 '신군神君' 이에야스의 '유훈[御遺戒]'(上同, 26頁)과도 적합하다며 그 정당성을 주장하고 있다. 도시아키는 이렇게 신화·역사로부터 '사대급무'의 정당성을 논증하면서, 동시에 '황통'에 대한 '신臣' 본연의 자세를 도출해내고 있다. 고칸에게는 없는, 도시아키의 강렬한 '일본'에 대한 언설의 근거는, 사실 이 신화·역사에서 창출된 기억이다. 신화·역사를 공유하는 '일본에 생을 내려 받은 자'는 '신臣'의 신화·역사를 보고 배워서 '사대급무'를 실행하여 '국가를 위'해 진력하라는 것이다.

도시아키가 볼 때, 이 같은 '일본국'을 짊어지는 '신臣'은 '영웅호걸'이었다. 앞서 본 '개업開業'할 때에 도시아키가 '개업'의 주체로 설정했던 것은 '호걸'이라는 인간유형이었다.[49] 도시아키는 사대급무의 취지가 실현되어, '무국武国으로 이름 높은 대일본국'을 '세계 최제일의 대풍요·대강강大剛強의 방국邦国'으로 하는 '처사'가 괜찮다면, 그런 '일본국'을 떠받쳐 나갈 '영웅·호걸'이 넘쳐 나와서, '국군国君'의 "수족手足이 되어 충절을 다하"

---

49) '공업功業' '개업'에의 정신과 '호걸'의 인간유형과의 관계에 대해서는 平石直昭 「'物'と'豪傑'」(『懷德』57号, 1988年), 「近世日本の'職業'観」(東京大学社会科学研究会編『現代日本社会4 歴史的前提』, 東京大学出版会, 1991年) 참조.

(『経世秘策』卷下, 42頁)게 될 것이라 한다. 도시아키는 "재능을 겸비한 고금 독보의 영웅"(『経世秘策』後篇, 59頁)이 아니면 큰 사업은 물론, 작은 사업이더라도, "모두 도중에 감파勘破되어 끝까지 이룰 수 없고 마침내 폐업에 이른다"(上同, 60頁)고 한다. '영웅'은 사업을 수행하게 되면 담력과 함께 그 전후 본말을 차례대로 처리할 수 있는 합리적인 정신을 가진 인간이었다.

그리고 "국내에 영웅호걸이 나오면, 우리나라의 비의非儀(옳지 못한 모습) 궐겸闕歉(흉년)이 있으면 보조하므로 자연히 여러 도가 갖추어지고, 국호의 광휘도 증식"(上同, 61~62頁)할 것이라 한다. 가령 '우리나라의 비의, 궐겸'의 하나인, 중국ㆍ네덜란드와의 나가사키 무역에서의 금은동 유출은, "일본인끼리의 교역과 특히 달라서, 금金의 손실이 있으면 정말로 금의 손실인 까닭에" 어떻게 해서든 막아야 한다. 본래 "이국 교역은 상호 국력을 발취하고자 하는 교역이어서 전쟁과 같은 모양"이므로, "재덕을 능히 겸비한 뛰어난 인물[英物]에게 맡겨"야 한다고 논한다(上同, 61頁).

앞서 서술했다시피 '일본국'이 '신국'인 까닭은, 황통의 연속성에 있고, 덴노를 기반으로 하는 정치개혁은 '신臣'의 '역할[役目야쿠메]'이었다. 도시아키의 경우, '영웅ㆍ호걸'이 각광받으며 나온다고 할 때, 그 주체를 사무라이에 한하지 않고 널리 '서민[庶人]' 속에서 구했던 점은 주목할 필요가 있다.[50] 도시아키는 "옛 일은 모르겠고, 최근에는 서민 중에서 뛰어난 인

---

50) 이 장이 처음 나올 때의 졸고에서는, 도시아키의 '개업'의 주체는 어디까지나 사무라이[武士]일 뿐이었다고 한정했으나, 이 장에서는 사무라이에 한하지 않고, 죠닌과 햐쿠쇼도 포함한다고 고쳤다. 이 점은 후지와라 노보루藤原暹가 도시아키의 '서민' '서인' 개념에 착목하여, 국가 '개업'의 주체를 사무라이에 한하지 않고, '서인'에 까지 확대하고 있었다고 지적한 데에서 시사 받았다. 후지와라에 의하면 도시아키는, "서민의 자립적 참가 없이는 국가의 자립이 있을 수 없다고 생각하여" "서민의 국가 대업에의 참여를 통하여 '관서일체官庶一体'만민내심일치'의 체제를 기도했다"고 한다. 藤原暹 『日本生活思想史序説』(ぺりかん社, 1972年, 119쪽)참조. 다만 도시아키가 기근이 극도에 다다른 '서민' 생활의 궁핍을 타개하기 위하여 국내 개혁을 제안한 데 대해서는 인정하면서

물[英物]이 나와 이삼십년 전부터 신전新田 개발에 쓰이는 돈, 자신의 것을 들여서 개발하여, 좋은 논밭을 이루어 받들고자 하고, 시윤時尹에 소송하여 그 뜻을 빌어서 멈추지 않았다"(『経世秘策』後篇, 74頁)고 하듯이, 신전 개발을 청부맡은 자가 '서민' 즉 죠닌과 하쿠쇼 속에서도 나옴을 언급하여, 그들을 '서인'의 '영물英物'로 부르는 한편, 그들의 헌책獻策을 받아들이지 않는, "농가의 업業과 멀고, 위세委細(자세한 내용)를 모르는"(上同, 75頁) '유사有司(=관리)'를 비판하고 있다. 도시아키는 이런 진취적 정신의 소유자인 '서민'을 포함한 '영물'을 널리 일본 안에서 구하고, 그들 '호걸'이 '일본국'을 짊어지는 '신臣'으로서 개업開業을 일으켜야 할 것을 설파했다. 여기서는 개인과 '일본국'과의 새로운 관계가 전개되고 있다. 고칸의 언어를 빌면, '부모자식 형제'로부터 단절된 '나 한 사람'이 '호걸'이 되어 '일본국'을 짊어지고 가는 근대 내셔널리즘의 시대의 선구자였다고 할 수 있다.

도 "군현제 관리의 선거는 대신大身, 소신小身, 배신陪臣, 필부를 꺼리지 않고 명망 있는 자를 거용해야 한다"(『西域物語』卷下, 161頁)를 논거로, 서민 일반의 '자립적 참가'를 구하고 있었다고 까지는 할 수 없지 않을까 생각한다. 도시아키는 후지와라가 인용하는 "다 모두 중인衆人이 상호 상조상구相助相救하여 오늘날 입신하고 가정을 지키며 세상을 산다"(『経世秘策』後篇, 76頁)라고 말하고 난 바로 뒤에 "여러 사람 가운데에 사무라이[士] 정도로 귀한 자는 없다. 사민四民의 위에 세워진 조정의 제도이므로 이치에 맞지 않는 등은 말할 것도 없다"(上同)하고 계속하여 '사민' 위의 '사무라이', 사농공상의 신분을 뛰어 넘은 '사무라이'를 현창하고 있기 때문이다. 이 '사무라이'가 바로 '영웅' '호걸'이었고, '대신, 소신, 배신, 서인, 필부' 속에서 널리 구했던 인재였다.

4장
다다노 마쿠즈只野真葛의 사상

다다노 마쿠즈(只野真葛)가 살았던 당시의 일본전도

1. '일본'으로의 귀속의식

근세 일본 사상사에서 보기 드문 여성 사상가 다다노 마쿠즈(宝曆13年 ~文政8年, 1763~1825)는, 분카文化 14년(1817) 55세 때 『独考독고/히토리캉가에/ 혼자 생각』라는 책을 발표하여 에도 후기의 사상 공간에서 독보적인 존재로 자리매김 된다.[1]

『독고』라는 책 제목이 시사하고 있듯이 마쿠즈는 고독한 사색가였다. 그녀에게 '생각'한다는 것은, "이중 삼중의 상자에 들어가 법망法網에 몸을 숨겨", "마치 새장 안의 새"처럼 거북하기 짝이 없는 생활 속에서 "마음만은 세상을 달릴"(『独考』 375頁)수 있는 유일한 위안이었다. 『독고』 는 "세상사람들의 괴로움 그 밑바닥에는 어떤 까닭이 있겠지 하고 즐겨 생각하는 일이 가슴에 찬다"(上同, 357頁)고 하듯이, 그런 사색을 '즐긴' 산물이었다. 그 내용은 마쿠즈 자신이 '세상 사람들' 보다 "의외로 너무 빨리"(上同, 266頁) 태어나버린 것을 탄식하여, "이 책은 모두, 겸허하고 겸손한 문체로 쓴 것이 아니므로 지나친 언사라 생각하기 십상"(上同, 260 頁)이라고 스스로 인정하는 것처럼, 이 글을 읽은 다키자와 바킨滝沢馬琴이

---

1) 마쿠즈의 저작은 스즈키 요네코鈴木よね子 校訂 『只野真葛集』(總書江戸文庫, 国 書刊行会, 1994年)에 수록되어 있다. 본 장에서 사용한 텍스트는, 다키자와 바 킨滝沢馬琴의 『独考論』을 포함하여 이 책에 의한다. 이하 쪽수는 약기했다.
   *다키자와 바킨(1767~1848) : 에도시대 후기의 요미혼読本 · 게샤쿠戯作 작가. 교쿠테 이 바킨曲亭馬琴이라는 이름으로 더 잘 알려져 있다. 대표작으로 『南総里見八犬伝』이 있으며, 거의 원고료만으로 생활을 꾸렸던 일본 최초의 작가로 알려져 있다/역주 *위키 피디아 일부 참조

출판을 꺼릴 정도로 과격했다.[2]

본래, 개별 의식이 옅었던 에도시대 사람들의 내면생활, 하물며 여성의 그것을 탐색한다는 것은 어려운 작업이다. 그런 가운데 마쿠즈의 경우, 단편적이지만 그녀 자신이 자신의 내면생활을 이야기하고 있기 때문에 그 자취를 확인할 수 있다는 잇점이 있다. 때문에 지금까지의 마쿠즈 연구가, 짐작하기 어려운 근세 사회를 살았던 여성의 내면생활의 한 예증으로서 그녀에게 주목해 온 것은 어쩌면 당연했다.[3] 다만 지금까지의 연구가 마쿠즈 개인에게 초점이 모아졌었기 때문에 그녀의 삶의 방식이, 그리고 바킨이 '금기'로 접촉하기를 기피했던 논점이, 에도 후기의 난학과 국학에 어떻게 관계되어 있는가에 대해서 충분한 고찰이 없었던 것은 조금 아쉽다.[4] 이 누락을 보완하는 것이 이 장의 하나의 과제이다.

---

2) 마쿠즈는 분카 14년(1717) 12월, 55세 때 『독고』를 탈고했다. 그 1년 2개월 후 분세이文政 2년(1719) 2월에, 다키자와 바킨은 에도에 사는 마쿠즈의 여동생 슈니萩尼를 통해 『독고』를 받아 본다. 바킨은 그해 11월에 『독고』 비판서인 『독고론』을 써서 첨부 편지와 함께 마쿠즈에게 보냈다.

3) 마쿠즈 연구는, 전전戰前의 나카야마 에이코中山栄子『只野真葛』(丸善仙台支店, 1936年), 세키(미야자와)다미코関(宮沢)民子「幕藩制解体期における一女性の社会批判―只野真葛の独考を中心に」(『歴史学研究』423号, 1975年, 뒤의 総合女性史研究会編『日本女性史論集8 教育と思想』吉川弘文館, 1998年 수록), 가도 레이코門玲子『江戸女流文学の発見』(藤原書店, 1998年)을 참고 했다.

4) 마쿠즈의 『독고』에 난학과 국학의 영향이 있었음에 대해 바킨은 다음과 같이 말하고 있다.
　그대가 논한 것으로 미루어 보니, 최근 모토오리 노리나가가 고쿠타이国体를 펼쳐, 황국의 존귀함을 서술하여 주공과 공자周公孔子를 심히 비난하며 유학을 논파함을 보고 스스로 돕겠다고 하고, 한편으로 난학자류가 지은 글을 보고 몹시 진기하게 생각하는, 이 두 가지가 헝클어짐에 있다.(『独考論』315頁)
세키 다미코는 마쿠즈가 난학과 국학에서 받은 영향에 대해, "개괄적으로 보면, 난학의 영향은 그녀의 사회사상에서 볼 수 있는데, 국학의 영향은 그 여성사상에서 볼 수 있다. 또 그 자연관·인간관에는 양자의 영향이 섞인 형태로 표현되어 있다. 그러나 그 때 특히 중요한 것은, 후술하겠지만, 마쿠즈의 사상이 이런 영향을 받으면서도 그녀의 여성으로서의 체험과 그것에 대한 집요한 내적 성찰에 의해, 독자적으로 구축되어 있는 것이다. 이런 의미에서 그녀는 한 사람의 여성 사상가로 평가할 수 있다"(앞의 논문)고 한다. 필자도 결론적으로는 세키의 이 논의가 옳다고 본다. 다만, 세키의 논고는 '막번제 해체기의 여성해방의 선구자'로서의 마이 장의 또 하나의 과제는『독고』전체의 구상과 관련된 마쿠즈의 내셔널 아이덴티티의 문제다. 마쿠즈는『독고』서문에서 "우리나라 사람은 각자 혼자만을 풍족하게 하려 한다"(『独考』卷上, 260頁)고 말하고 있는 것처럼, '우리나라 사람'이라는 의식을 갖고 있었다. 이런 '우리나라 사람'이라는 귀속의식은 예를 들면 간세이寛政 4년(1792), 러시아 황제 에카테리나 2세의 공식 사절使節 아담 락스만이 "표류한 일본인(표류민 다이코쿠야 고다유大黒屋光太夫[5] 등)을 송환"함과 동시에 통상을 요구하며 일본에 왔을 때 그녀가 느낀 심정에 나타나 있다.『독고』에 의하면, 락스만이 상자에 담은 담배를 받았는데, 락스만은 일본의 명품 담배를 얻어서 기쁘다는 느낌도 잠시, 그가 받은 담배 상자를 열어보니 "위의 한 겹만 얇게 상엽上葉(=상등품)으로 덮고, 가운데는 의외로 하엽下葉이 채워져 있었다. 그 때문에 락스만은 "비웃고는 상자를 버렸다"고 한다. 이 이야기를 전해들은 마쿠즈는 "담당 야쿠닌役人(=공무원)과 담배상의 사욕 때문에" "훌륭하고 점잖은" 외국인에게 "우리나라의 부끄러움"을 노출시켜 버린 것에 큰 분노를 느꼈다. "말이 통하지 않는 나라 사람은 어떻게 대해도 좋다고 생각"하여, 눈앞의 이익에만 마음을 빼앗기는 당시의 사람들을, 그녀는 마쓰마에松前와 멀리 떨어져 있는 센다이仙台에서 쓰디쓰게 되돌아보고 있었다(『独考』卷中, 275頁).

쿠즈의 여성론에 중심 테마가 있기 때문에, 마쿠즈의 국학과 난학의 문제에 대해 정면으로 고찰하지는 않았다. 이 관점에서 가도 레이코는, "일견 섞여 있는 마쿠즈의 문맥 속에 잠재되어 있는 사색과, 당시의 남성 지식인들, 반토와 세이료 등의 사상을 파악했더라면 어떤 구도가 탄생했을까를 생각하는 것만으로도 자극적이다"(앞의 논문)고 서술하고 있는데, 본 장은 이 '자격적自激的'인 사소한 시도이다.

5) 1751~1828. 에도 시대 후기에 이세구니伊勢国(현 미에현三重県)의 시로코白子항(현 스즈코시鈴鹿市)을 거점으로 한 운송선의 선장. 1782년에 에도로 향하던 배가 폭풍으로 표류, 지금의 알류우산 열도에 표착하여 당시 러시아 수도 상트페테르부르크에서 러시아 여제 에카테리나 2세를 알현한 뒤 귀국을 희망, 표류한지 9년 만에 일본으로 돌아온다/역주 *위키피디아 참조

마쿠즈의 이러한 '일본'으로의 귀속의식 형성에는, 그녀가 배웠던 국학의 영향을 배제하고는 생각할 수 없다.[6] 알려진 바대로 국학은 '황국'의식을 강조했는데, 마쿠즈는 『독고』에서, "황송하옵게도 이 스메라미쿠니皇御国/황국를 가리켜 가미노미쿠니神の御国라고는 말하지 않는다"(『独考』卷上, 268頁)라고 적고 있듯이 이 말을 사용하고 있기 때문이다. 다만 '일본'으로의 귀속의식이 국학의 전매특허가 아니었음은 주의해야 한다. 국학과 동시대, 마쿠즈의 아버지 고토 헤이스케工藤平助와 깊이 관계했던 난학자들 또한 지금까지 살펴본 대로 국학과는 다른 형태로 '일본'을 주장하고 있었기 때문이다.[7] 이 장에서는 이런 점을 바탕으로, 18세기 후반부터 19세기 전반, 고독한 한 여성이 스스로의 내면에 난학과 국학을 섞어 가면서 어떤 사상을 형성했는가를 밝힘으로써, 그녀가 혼자 생각에서 벗어나 도달했던 선진적 사상을 에도 후기의 사상 공간 속에서 차지할 위치를 평가하고자 한다.

2. 마쿠즈의 사상형성

마쿠즈는 보레키宝曆 13년(1763)에 『赤蝦夷風說考적하이풍설고』의 저자로 유명한 센다이 번仙台藩의 에도즈메江戸詰め[8] 한의漢医 고토 헤이스케(享保19年

---

6) 필자의 국학 이해에 대해서는, 졸고『近世神道と国学』(ぺりかん社, 2003年)을 참조.

7) 본서 제2편 제3장 참조.

8) 에도 시대에 산킨코타이参勤交代 제도에 의해 각 구니国의 다이묘大名와 가신家臣이 에도에 있는 번 공관[藩邸]에서 근무했던 일을 말함/역주
　＊산킨코타이 제도 : 도쿠가와 막부가 전국의 모든 다이묘들을 통제하기 위해 그들을 2년마다 1년은 자신의 영지에, 1년은 에도에 머물며 상근하게 한 제도. 따라서 이들 다이묘들의 에도 행차로 인해 교통·숙박·유통·요식업 등 제반 산업이 발달하게 되었다.

~寬政12年, 1734~1800)의 장녀로, 에도의 니혼바시日本橋에서 태어났다. 이름은 아야あや・아야코綾子이다. 헤이스케는 마쿠즈를 비롯하여 남자 둘 여자 다섯, 모두 7명의 자식을 낳았다. 마쿠즈眞葛라는 이름은 가을을 대표하는 일곱가지 풀(秋の七草아키노나나쿠사)에 비유해서, 그녀는 쿠즈葛(칡)와 연관시켜 마쿠즈라 불렸다. 마쿠즈의 인생에는 한 가닥 굵은 줄이 관통하고 있는데, 그 출발점으로 마쿠즈 스스로 자리매김하고 있는 것은 메이와明和 8년(1771) 아홉 살 때의 결의이다. 그 때 마쿠즈는 '사람에게 도움'이 되고자 하여 '여자의 본보기女の本'가 될 것을 마음속으로 맹세했다고 한다.

> 어릴 적부터 사람에게 도움이 되고자 생각하여, 어떤 일을 하면 좋을까 하고 생각했었다. 아홉 살이 되던 여름에 쓰기 연습 책상 앞에 앉아 생각한 것은, 내가 세상 여자의 본보기가 되어야 겠다고 마음속으로 정했었다.
>
> (『独考』卷上, 264頁)

'사람의 도움'이 되는 '수[わざ와자/방책]'을 쓰고 싶다는 이 바램[願望]은 마쿠즈의 일생을 꿰뚫고 있다. 마쿠즈는 바킨에게 보낸 편지에서 다음과 같이 말한다.

> 그런데 생각건대, 무엇인가를 위해 태어나 있을 테지요. 여자 한 사람의 마음으로서 세상 사람들의 괴로움을 덜어 주자고 생각하는 것은 가장 이루기 어려운 일일 것입니다. 이를 한탄스럽게 생각한 까닭에, 밤낮으로 편할 마음이 없이 괴로워서 무익無益합니다. 지금 과부라면 죽어서 탄식을 남길 것도 없고, 숨이 붙어 있는 한은 이 탄식 멈출 수 없고 오래 살아서 괴로운 것 보다는 숨을 끊어 버리자, 그게 괴로움을 쉽게 하는 빠른 길일 것이라 생각하여, 헛되이 죽음만을 바라고 기다립니다만, 운운 (『独考余編』 375頁)

"세상 사람들"의 괴로움을 구제하고 싶다. 만약 그것이 불가능하다면,

"무엇인가를 위해 태어나 있을 테지"라는 다급한 생각으로, "밤낮으로 편할 마음 없이 고뇌"하여, 죽음을 바랄 정도였다고 한다. 마쿠즈의 인생을 이해하고자 할 때, "세상 사람들의 괴로움을 덜어"주고, "다른 사람의 도움"이 될 것을 하고 싶어 하여, "단지 아홉 살 때부터 결심하여, 다른 사람의 본보기가 되어야겠다는 일념이 마음 속에 타올라, 어떤 경우를 만나도 마음 약함 없이"(『独考余編』 377頁) 라고 말하는, 스스로의 생을 스스로의 의지에 의해 일관되게 형성하려는 강경한 의지와 그 연속성에 눈길을 주고 싶다. 이 의지의 연속성에 대해서는, 마쿠즈 개인의 것임과 동시에 좀 더 넓은 시각에서 논할 수 있겠는데, 이에 대해서는 뒤에서 다루기로 하고, 우선 '죽음'을 원할 정도로 격정적이었던 마쿠즈의 속생활을 그녀의 언어로써 탐색해 보자.

　마쿠즈는 아홉 살 때, "여자의 본보기가 되어야겠다고 생각했기 때문에, 어디에나 있는 규칙을 마음에 걸고서 굳게 지키고, 부모님의 마음 씀을 기다림"(『独考』 卷上, 265頁), '어디에나 있는 규칙', 즉 통속 도덕을 오로지 고분고분 지키고자 했다. 당시 '여자'로서의 통속 도덕은 이른바 삼종三從의 도덕이다. 마쿠즈는 그것이 강요되었기 때문이 아니라, '여자의 본보기'가 된다는 목적의식으로써 스스로의 의지로 선택하고 실천했다. 마쿠즈의 인생을 밖에서 들여다 볼 때, 전전戰前에 마쿠즈 사료를 발굴하여 세상에 알렸던 나카야마 에이코가 '일본여성의 귀감'이라고 평가했던 것처럼, 세상의 누구보다도 삼종도덕을 잘 따랐던 모범적 인생을 살았다고 할 수 있다. 그러나 그것은 어릴 때 '여자의 본보기'가 되자고 하는 결의 아래에서, 스스로가 선택했던 인생이었다는 점에 주목할 가치가 있다.

　삼종도덕 가운데 먼저 부모의 말씀을 순종하는 것과 관련하여, 마쿠즈는 열여섯 살 때(安永 7年), 모친의 바램에 따라 '세상 견습을 위해'

센다이번의 번주藩主 이토 시게무라伊達重村의 오쿠죠츄奧女中[9]로 '궁중 살이宮づかえ미야즈카에'를 한다(265頁). 스물 한 살 부터는 시게무라의 삼녀 센코詮子의 혼례에 따라가, 히코네彦根의 이이가井伊家에서 일하고, 10년 뒤 덴메이天明 8년(1788) 스물 여섯 살 때 집으로 돌아온다. 스물 일곱(寬政 元 年), 첫 결혼에 실패한 후 모친을 간병하고 동생들을 보살피면서 살았고, 그 때문에 혼기를 놓친다. 서른 다섯 때(寬政 9年) 고토가工藤家의 누군가가 센다이 번에서 벼슬을 하면 좋겠다는 부친의 소망을 이루기 위해, 연고를 얻어 둘 목적으로 두 번째 결혼을 한다. 에도 태생인 마쿠즈가 센다이로 내려가는 것은 "서른 다섯을 한 생[一期] 으로 생각하고 미련 없이 깨끗이 단념하고, 이 지방으로 내려가는 것은 죽으러 나가는 길이고, 저승으로 떠나는 길이라는 각오"(『独考』 卷上, 260頁)를 하는, 자신의 일생을 버리는 각오를 동반한 것이었다. 단지 오직, "아버지의 소망을 헛되이 하지 않기" 를 생각해서, "욕심을 버리고 내려가자"(『独考』 卷下, 283頁)고 적고 있듯이 자기 희생을 했다.

센다이로 옮긴 후, 삼종도덕의 이른바 남편을 따르는 제2의 인생이 시작되었다. 마쿠즈의 결혼 상대는 센다이 번의 에도 반가시라番頭[10](봉록 천이백석)인 다다노 쓰라요시只野行義라는 인물로, 이미 적자[嫡男]를 비롯한 세 명의 아들이 있었다. 바킨에게 보낸 편지에, 센다이로 시집간 이후의 생활을, "여자는 남편을 따르는 것이라고 배운 까닭에, 여기에 내려와서는 이 곳 풍습[国風]을 의심하지 않고, 더구나 집안의 법도를 굳게 지켜 어기지 않으며, 어떤 어리석은 법이라도 곧게 받아들여 어기지

---

9) 에도 시대에 쇼군 집안, 혹은 각 지역의 여러 다이묘 집안에서 살림살이를 일을 맡아 보거나 그 부인 등의 시중을 들었던 시녀/역주

10) 에도시대에 구케公家와 부케武家의 숙직 · 경비 · 경호 등을 맡아보던 직의 우 두머리/역주

않습니다. 사람들의 말이 시끄러운 것을 싫어하기 때문입니다. 이중 삼중의 상자에 들어가 법망에 몸을 숨기고 있기 때문에, 더구나 마음 펼칠 곳 없습니다. 그 모습이 마치 새장 안의 새와 같습니다"(『独考余編』357頁)라고 호소하는 바대로, '고향' 에도와는 풍속과 관습이 다르기도 했고, '새장 안의 새' 처럼 답답한 생활이 강요되었다. 더하여 남편은 에도즈메(江戶詰め)로 떨어져 살면서 가끔 돌아올 뿐으로, 삼종도덕 가운데 남편을 따르는 결혼 생활은 내용이 없는 형식적인 것에 지나지 않았다.

　게다가 마쿠즈가 불행했던 것은 그녀 자신의 아이가 없었다는 것이다. 마쿠즈는 남편의 아이를 귀여워했으나, 자기 아이를 낳지 않았다. "보통 사람은, 마음 둘 곳이 있고, 거기에 매달려 한 평생 진력하는 것"(『独考』卷下, 290頁)이라 하듯이, 인생에는 무언가 '마음을 둘 곳', 사는 보람이 있어야 한다. '여자'로서 그것은 자녀의 출산 · 양육이라고 한다. "여자란 자식을 낳아 계속하여 기르면서 나이를 먹는데, 그런 일도 없다"(『独考』卷下, 290頁)고 술회하듯이, 마쿠즈는 이 '여자로서의 사는 보람'을 가질 수가 없었다.

　이처럼 마쿠즈는 '여자의 본보기'가 되겠다는 목적의식으로, "어디에나 있는 규칙을 마음을 다하여 굳게 지켜"(前出), 통속 도덕, 넓게 말하면 유교의 교설을 누구보다도 잘 실천했다. 그것은 외면적으로는, 앞서 말한 바와 같이 '일본 여성의 귀감'으로 평가되는 '여자'로서의 모범적인 삶이었다. 그러나 마쿠즈는 유교적인 순종적 삶의 방식에 만족할 수 없었다. 이를 뒷받침하는 것이, 『독고』를 쓰게 된 경위를 적은 편지에서 바킨에게 호소하고 있는, "지금 이 몸은, 흡사 작은 뱀같은 것에 감겨서 죽을 수도 살 수도 없는 덧없는 생각이 남게 되는 것과 같습니다"(『独考余編』 357頁)라는 한탄이다. 만약 마쿠즈가 유교의 교설을 끝까지 믿었다면 이런 탄식은 하지 않았을 터이다. 아마도 마쿠즈는 "세상 사람들의 괴로움을 덜고"자 하여 '여자의 본보기'이고자 하는 의지와 통속도덕의 실천 사이의 모순, '여자의 본보기'이고자 하는 것이 오직 삼종의 도덕에 따라서 사는 것인가 하는 이런 모순에 이르게 된 것이라 보여진다.[11]

그 결정적 요인이 된 사건이 동생 고토 겐지로工藤源四郎의 죽음이었다. 마쿠즈에게 겐지로는 고토가家를 위해서, 그리고 이 세상에서 오직 한 사람, 자신을 이해해 준 인물로서 큰 존재였다. 앞서 본 것처럼 마쿠즈가 센다이로 시집간 것도 센다이 번에서 연고를 찾아서, 장차 동생을 벼슬시키고자 하는 아버지의 소망 때문이었다. 이를 위한 자기 희생이자, "이 곳에 내려와 아무리 괴로운 일이 있어도, 지옥의 고통보다는 덜할 것이라 생각하여"(『独考』 卷下, 283頁) 참았던 것이다. 사실, 동생 겐지로는 이런 기대를 받을 만한 소질과 교양을 지닌 유능한 청년이었다.[12] 그러나 분카 4년(1807) 12월 6일에 갑자기 세상을 버린다. 겨우 향년 34세이다. 마쿠즈는 뒷날에 다음과 같이 회상한다.

이 차남[次郎], 사람들이 부르는 이름은 고토 겐지로, 실제 이름은 모토스케もとすけ라 하지. 뜻이 맑고 굳세어서, 중국의 성현의 가르침을 굳게 지키는, 세상 사람들과는 다른 인물. 그런데 세상이 차츰 변해 감에 따라, 몹시 가난하게 되어 집도 가옥이 낡고 비가 새는 등 하면서 스산해도, 돈이 부족하니까 도리가 없다고 생각하는 것을, 이 사람의 사람됨을 애석하다 생각하는 사람 여기 저기 있고, 이것 저것 꾸려가며 다시 만들어 꾸밈을 아주 기쁘게 생각하여, 섣달이었음에도 이사하여 살았고, 이듬해 봄에 마가쓰비ま

---

11) 오구치 유지로大口勇次郎가 『女大学』적인 규범와 격투하는 정신으로서 마쿠즈를 논하고 있다. 大口勇次郎・高木昭作・杉森哲也 『日本の近世』(財団法人 放送大学教育振興会, 1998年) 14章.

12) 동생 고토 겐지로(名은 鞏卿교케이)는 간세이寛政 11년에 센다이의 문인 사쿠마 도간佐久間洞巖에게 보낸 아라이 하쿠세키新井白石의 편지를 정리한 『白石手簡』 4卷 (『新井白石全集』 卷5)을 편찬한다.

が火[13]의 우환을 만나 고즈넉히 미혹되었다. 이번에 (겐지로에게 와 달라고/역주)요구한 집은, 아주 상스럽고 사람 수도 거의 없는 모양인데 그것만으로 그만두어 버리면 안 된다고 본인도 생각하고 사람들도 그렇게 생각했던 것을, 이전부터 감기로 아팠으나, 그 집으로 옮겨서 부터는 게으르지 않게 돌보아, 병이 심해져서 분카文化 4년이 되는 해 연말에 세상을 떠났다. 이것으로 한 대의 끝난다는 것은 생각지도 않았던 일이다. (『真葛がはら』500~01頁)

남동생은 "뜻이 맑고 굳세어서, 중국 성현의 가르침을 굳게 지키는, 세상 사람들과는 다른 사람"이었고, 유교적 의미에서의 모범적인 인간이었다. 그럼에도 불구하고, "세상이 차츰차츰 변해 가는 대로 몹시 가난하게 되는" 무거울 정도의 불행이 계속되고, 자신이 감기에 걸린 것도 개의치 않고 의사로서의 일에 정성스럽게 애쓰는 가운데 급작스레 세상을 뜬다. 그녀는 동생의 이 죽음을 계기로 금욕적인 유교의 교설에 의문을 가지기 시작했다고 할 수 있다. 그것은 다음과 같은 노래에서 알 수 있다.

> 멈추어도 만날 수 없는 세월은 너무 빨리 쌓여, 해[年]도 얼마 남지 않으니까 헤어졌던 해[日]가 찾아 돌아와 그리워하는 것 많은 중에, '임원도원任遠道遠' 이라는 말을, 아주 깊이 지킬 것을 생각하여
> 당인唐人이 지운 무거운 짐은 등에 지면서도 먼 길을 찾아가지 않으면 안 되는 것
> 황천길로 가야 하는 사람에게 당국唐国의 무거운 짐을 지게 하는 비정함. (上同, 504~05頁)

'임원도원'은 『논어』「태백편」의 "曾子曰, 士不可以不弘毅, 任重而道

---

13) 일본 신화에 나오는 재액災厄을 관장하는 가미神. '마가쓰비노카미禍津日神'라 표기하는데, 마쿠즈는 이를 まがつ火마가쓰비라 적은 듯하다. 禍津日神에서 '禍'(まが마가)는 재액, '津'(つ쓰)는 ~의, 日(ひ히)는 신령을 뜻하는 단어로서, 마가쓰비는 재액을 관장하는 가미라는 의미이다/역주

遠, 仁以爲_己任_, 不亦_重乎_, 死而後已, 不_亦遠乎_(증자 이르기를, 선비는 넓고 의연함으로써 하지 않으면 안 되니, 책임은 무겁고 길은 멀다. 인으로써 자기에게 맡겨진 임무를 다해야 하니 또한 무겁지 아니한가. 죽은 뒤에야 그만 두게 되니 또한 멀지 아니한가)"라는 말이다. 동생의 죽음을 계기로, 마쿠즈는 유교의 교설을 지키는 것이 '당국의 무거운 짐'을 지는 것으로 인식하게 되었다. 여기서 '무거운 짐'으로 밖에 인식되지 않았던 것은, 유교의 금욕적인 도덕을 지켜도 어떤 보답도 없는, 아니 오히려 수갑이나 족쇄가 되는 것으로 느끼게 되었기 때문이다. 이 '무거운 짐' 의식은 '天道福善殃淫(하늘의 도는 선함은 복을 내리고 음란함은 재앙을 내린다(『書經』湯誥)적인 유교 도덕에 대한 비판으로 연결된다.

성인의 도[聖道]는 예로부터 오로지 공적(公的)인 것에 쓰기 때문에 진정한 도[道]와 같다고 생각되지만, 전적으로 사람이 만든 하나의 법을, 당토[唐土(=중국)]로부터 차용한 것이어서, 겉으로 꾸미는 도구, 예를 들면 가이도[海道(도카이도東海道를 말함/역주)]를 이끄는 수레[引車]와 같다. 공공연히 알리기 어려운 일이 있을 때에는, 그래서 실어서 밀지 않으면 움직이지 않는다. 그러므로 만일의 경우에 쓰기 때문에, 그 줄거리를 한 번 밝혀서 문 밖에 비치해 두고, 집안 일에 써서는 안 된다. 도구가 서툴러서 다치는 일도 있다. 선악까지도 꾸밈이 없다면서 이렇게 말하는 것은 잘못이다. 우리들, 성인의 도를 지켜, 형제 일곱 명이 살기 힘든 까닭에, 해를 거듭하여 생각하여, 뒷날의 사람을 위해 써 둔다. 성인의 가르침[聖教]의 대강은 사람 마음에 옥죔이 있으므로 다루기 좋은 까닭에, 시메나와[しめ縄(=일종의 금줄)]를 걸어 인도하는 일이라 해도, 으스댈 것도 없는 나쁜 사람들이 제멋대로 설칠 때에는 마음을 옥죄이는 쪽이 진다. 항상 밑지는 것, 성인의 가르침이 정말 존재한다고 재미있게 생각할 때에는, 내가 모르는 내 손으로 마음을 수 십 번 옥죄이게 되어, 우리나라(=일본) 사람들 마음과 소원한, 천지의 박자[拍子]에 틀리게 되고 마는 것이다. 가히 조심해야 할 일이다.(『独考』卷下, 268頁)

여기에서, '성인의 도'의 현실 적응성을 비판할 때, 마쿠즈 자신이 "우리들, 성인의 도를 지켜, 형제 일곱 명이 살기 힘든 까닭에, 해를 거듭하여 생각하여, 뒷날의 사람을 위해 써 둔다"며 설명 문구를 끼워 두고 있다.[14] 이 점은, 세키 다미코가 지적하듯이, 마쿠즈의 유교 비판에는 마쿠즈 자신의 "통절한 체험과, 그것에의 집요한 내적 성찰에 의해 지탱되고 있었던 것이다."[15] 마쿠즈는, "성인의 도를 지켜"는 까닭에 "내가 모르는 내 손으로 마음을 수 십 번 옥죄이게"게 되어 "괴로움"이 행복으로 바뀌지 않는다는 신의론적인 부조리감을 갖고, 유교에서 말하는 금욕적인 삶의 방식에 대해 의문을 갖게 되었다.

여기서 지적해 두고 싶은 것은, 마쿠즈가 동생의 죽음이라는 비통한 체험으로 자각했던 부조리감이 모토오리 노리나가의 것이었다는 점이다. 이는, 마쿠즈가 유교를 "전적으로 사람이 만든 하나의 법을 당토唐土로부터 차용한 것"(前出) 이라고 비판하고 있는 데에서 엿볼 수 있는 것처럼, 가모노 마부치와 노리나가 설을 받아들였음을 쉽게 알 수 있다.[16] 이 의미를 좀 더 자세히 살펴보자.

---

14) 이는 반마쿠즈론을 썼던 다키자와 바킨의 비판이 이면에서 증명하고 있다. 바킨은 '천명'을 들고 나와 권선징악론을 받치는 선인선과善因善果 · 악인악과悪因悪果를 주장하고 있다.
  "성인의 도를 지켰으나 형제 일곱 명이 세상에서 힘들다 운운"이라 하는 것은 편향적이다. 행과 불행은 천명이다. 도를 등지고 행幸은 없다는 것에서부터 도를 지켜 불행하게 된 것은 좋은 것. 공자는 송宋나라에서 위험에 처했고, 채蔡나라 진陳나라에서 고난을 겪어, 생애 뜻을 얻을 수 없었다 해도, 그 도는 지금 혁혁赫奕하여 만대의 사표이다.(『独考論』319頁)
  생각건대, 이 선인선과 · 악인악과의 신념이 흔들렸더라면, 바킨의 문학을 지탱해 온 인생관 · 세계관은 근본부터 무너져 버린다. 그 때문에 마쿠즈에 대해 통렬한 비판을 가하지 않으면 안 되었을 것이다.
15) 세키 다미코, 앞의 논문, 222쪽. 세키는 게다가 동생의 죽음이 결혼관의 전환을 촉구했음을 지적하고 있다. 재미있고 흥미 있는 견해다. 또 다카하시 메구로高橋惠는 동생의 죽음 전후로 결혼관이 다르다고 논하고 있다「只野真葛の思想」(『年報日本思想史』創刊号, 2002年 3月).
16) 가모노 마부치는 『国意考』에서 "중국의 유儒라 해야 할까. 저것은 천지의 마

노리나가는 착한 사람이 행복하게 되고 나쁜 사람은 불행하게 된다는 유교의 선인선과 악인악과 식의 사고방식에 만족할 수 없었다. 왜냐하면 그의 눈 앞에는 그런 낙천주의를 배신하는 듯한 부조리한 '세상'이 펼쳐져 있었기 때문이었다. 노리나가로서는, 인간의 선악 여부에 관계없이 불행을 주는 "마가쓰비노카미禍津日神의 어심御心이 거친 것"은 착한 사람이 보답받지 못하고 나쁜 사람이 넘치는 '세상'의 부조리 속에서 "어쩔 수 없고 아주 슬픈 일"(『古事記伝』卷1)이지만, 어찌 되었든 자기의 부조리한 생에 의미를 부여하는 것이었다.[17] 주목되는 것은, 마쿠즈가 노리나가의 이러한 신의론적인 '마가쓰비노카미'론을 알고 있었다는 점이다. 마쿠즈는 "마흔 대여섯(文化四 · 五年, 1807 · 8年) 무렵에, 『고사기전』이라는 책을 얻어 봄"(266頁) 이라 말하듯이, 동생이 죽은 해에 마쿠즈는 우연히 『고사기전』을 읽고 있었기 때문이다. 그것을 단적으로 표현하는 것이, 동생의 죽음을 듣고 "미칠 것 같은 생각을 적은 노래[物狂はしき思ひを逃ぶる 歌]"라고 제목을 붙인 장가長歌이다. 마쿠즈는 모두에, '여자'로 태어나 탄식을 거듭해 왔음을 노래하고 있다.

이승의(枕詞마쿠라고토바) 세상사람 되어   우연히 오게 된 나여   어째서 이렇게 추해질까   꾸려나갈 수 없는 여자에게   몸 하나에 겨운 탄식을

음을 구태여 작게, 사람이 만드는 방술이야말로 저것"(『近世神道論 · 前期国 学』日本思想大系39, 岩波書店, 1972年, 374쪽) 이라고, '천지의 마음'을 왜 소화한 '인간이 만든 방술'라고 비판하고, 모토오리 노리나가도 "성인들이 만 들어 마련하여 정한 것을 도라고 하는 것이다"(『直毘靈』, 『本居宣長全集』卷 9, 筑摩書房, 1968年, 51쪽)이라 한다. 이처럼 마부치 · 노리나가의 유교비판 이, 오규 소라이荻生徂徠의 성인작위설의 가치전도였음은 당연하다.

17) 본서 제2편 제1장 참조. 다만 마쿠즈가 젊었을 무렵 첨삭을 받았던 적이 있던 에도파 국학의 무라타 하루미村田春海는, 노리나가의 '마가쓰비노카미'의 해석 을 비판한다. 하루미는 스스로 유학자라 자인하고 있었는데, 그 하나의 근거가 유교적인 선인선과 악인악과 식의 낙천주의에 있었다고 생각된다.

몇 번이고 쫓아 오는 사이에   이를 놓고 뭔가를 탄식할거야   이 마저도 지극하다 생각하지

うつせみの 世人となりて わくらばに おひでし我や 何しかも 斯く醜ならむ
成り立たぬ 女にありて 一つ身に あまる嘆きを あまたいび おひ来し中に
こを措きて 何か嘆かむ これをしも 極みとぞ思ふ[18] (『真葛がばら』503頁)

그리고 계속하여 말한다.

어찌 되어서 마가쓰미카미禍つ御神의 어심의 소일거리가 되겠지 (上同)
如何なりし 禍つ御神の 御心の すさみなるらむ

그녀는 스스로의 불행을 어떤 '마가쓰미카미의 어심의 소일거리'일 것이라고 하소연하고 있다. 여기서는, 장가長歌라는 노래의 형식을 빌어 스스로의 불행을 탄식한다는 표현 양식을 취하고 있는 것과 합하여, 마쿠즈에 대한 국학, 모토오리 노리나가의 영향을 인정할 수 있다.

그러나 마쿠즈는 노리나가적인 국학에 빠졌던 것은 아니었다. 어릴 때부터 난학의 세례를 받았던 마쿠즈는 음지에서 현실 사회를 조종하는 가미神들의 행사를 믿기에는 너무 세속적이었다. 동생의 죽음에 직면하여 불행의 원흉으로서의 '마가쓰비노카미'를 상기했음은 분명하나, 그것은 이른바 일시적인 미혹이며 정신적 장애였을 것이다. 마쿠즈는 현실 사회의 불행이 더 밖에 있음을, 그녀 특유의 집요한 탐구심으로써 파악했기 때문이다. 그것이 '천지의 박자'와 '하루 밤낮[一晝夜일주야]의 수数'론이다.

그리고부터, 천지간에 살아 있는 박자 있는 것, 하루 밤낮[一晝夜]의 수라고 저절로 알 수 있었다. 성인聖人의 법에 어긋난다고 생각되는 사람들이 세상

---

18) 와카和歌에 대한 역자의 소양 부족으로 오역이 있을 수 있으므로, 참고로 원문을 부기했다/역주

에 많이 쓰이고, 올바름을 힘쓰는 사람이 출세하기 어려운 것 등도, 어떤 까닭이 있을 거라고 유감스럽게 생각하고 있음에, 올발라 보이는 사람은 천지의 박자에 반드시 느리고, 마땅하지 않은 행동으로 교제한다고 보이는 사람은 박자를 놓치지 않기 때문이라고 생각해 왔다. 어떻게 돋보이게 하여도 출세하기 어려운 사람은 천지의 박자를 놓치기 때문이다. 더 이상할 것 아니다. 내가 자라 온 모양을 돌아보면, 의외로 너무 빨라, 세상 사람들과 연결이 어렵게 되었지. (『独考』卷上, 265~66頁)

마쿠즈는 '성인의 법'=유교의 교설과 현실 '세상'의 행불행의 불일치를 "어떤 까닭일 거라고 유감스럽게 생각하"고 있었음을 술회하고, 이 신의론神義論[악의 존재에 관해 신(하느님)의 의로움을 변증하는 이론]적인 의문에 대해 '천지의 박자'와 '하루 밤낮의 수'라는 용어로써 그녀 나름의 해결에 도달했다.[19] 마쿠즈는 '천지의 박자'를 "놓치는"가 "놓치지 않는"가가

---

19) 마쿠즈가 이 '천지의 박자'론을 생각해 낸 것은 동생의 죽음 뒤였음이 타당할 것 같다. 만약, 동생이 죽을 무렵에 이미 '천지의 박자'론에 도달해 있었고, 그녀 나름의 깨달음을 얻었다면 그 정도의 탄식은 없었을 터이고, 또 동생의 죽음에 맞추어 노래한 장가 속에 표현되어 있었을 것이다. 추측건대 마쿠즈는 부친의 죽음, 동생의 죽음에서 부터 『독고』를 쓰기 까지 사이에, 부조리한 현실을 어떻게 받아들이느냐 하는 신의론적인 문제와 씨름하고 있었고, '천지의 박자'론에 도달했던 것이다. 그리고 '천지의 박자'의 입장에서, 저 '마가쓰비노카미'론 자체를 직접 부정한 것은 아니었다고 해도, 『고사기전』의 길이와 읽는 데 시간이 너무 걸리는 것을 비판하고 있다(294頁). 이 언저리의 시간적 선후는 사상형성사상史上에서는 큰 논점이 된다.
이와 관련하여, 마쿠즈가 일종의 깨달음을 얻었던 때가 언제인가에 대해서 살펴보자. 확실하게 말할 수 있는 것은, 마쿠즈가 '마음이 떠' 있던 감각을 얻었던 것은, 센다이로 내려가서부터 그리고 에도에 있던 동생이 살아 있을 사이라는 점이다. 간세이寬政 10년인 36세 때부터 분카文化 4년인 45세 사이다. 다만 『독고』에 "여가 있음에 맡겨, 마음을 바로잡고 버릇을 정리하여 몸을 쓰도록 할 것을 일로서 있을 정도로 뜻밖의 생각이 떠올라, 땅을 떠난다는 생각도 있다"(265頁) 라 하고 있으므로, 센다이의 다다노 집안으로 시집간 후 얼마 되지 않았을 때부터 일 것이다. 마쿠즈는 이 사이에, 37세 때에「みちのく日記」, 40세 때의 마쓰시마松島 구경 기행문「松島道の記」, 43세 때「身をなげく歌」라는 가사를 짓는다. 어찌되었든『독고』가 세상에 나온 분카 14년, 54세 까지 적어도 10년 이상의 격차가 있다.
이 점, 세키 다미코는 앞의 논문에서, "마쿠즈는 센다이로 내려가 몇 년인가

출세하는가 아닌가의 차이라고 한다. 마쿠즈 자신은, 자신이 시대보다 너무 빨리 태어났기 때문에, '세상사람'과 맞지 않고 불행하다고 느꼈다.

이 '천지의 박자'론이 자기의 행불행을 변증하는 것이었음에 대해, 또 하나의 '하루 밤낮의 수'란, 늘 시간을 의식하여 살아가고자 하는 것을 의미한다.

> 무릇 사람이 태내胎內에서 삼백일을 거쳐 세상에 나오고, 그리고 주야의 수에 따라 성장하고, 왕성할 사이는 이십 사오년, 길어야 삼십년. 사십을 초로初老라 하지 않는가. 날아가는 새처럼 움직여 가는 세상을, 나이가 들수록 놀고 시시덕거림에 빠져 세상을 헛되이 보내는 것은 무익하다. 어릴 적부터 밤낮의 수를 마음에 담아서 흉중胸中의 박자로 해야 할 것이다. 시각에 따라서 움직여 가는, 인간이 드나듦과 함께 떨어지지 않는 이 시각을 소홀히 생각하는 까닭에 사람은 갈팡질팡하는 것이다. 몸은 어디에 숨더라도 숨과 시각은 곁에 따르므로 세상은 움직여 가는 것이라고 생각해야 한다. 외국인이 시계를 손마다 차고 있음은, 시각을 잊지 않기 위해서이기 때문이다. 사람은 이렇게 있어야 한다. (『独考』卷下, 306頁)

마쿠즈에게 이는 두 가지의 뜻을 포함하고 있다. 하나는, 인생은 무한하지 않고 제한된 시간이라는 의미, 또 하나는 제한된 시간이기 때문에 일각도 헛되지 않게 써야 된다는 의미이다. "천지 사이에 태어난 인간은, 밤낮의 수 안에서 동등하다. 성하다가 쇠약해져 가는 것임을, 이 수를 소홀하게 생각해서는 안 된다"(『独考』卷下, 295頁). 인간은 똑같이 모두 제한된 시간을 부여받았다. 사람은 제각기 그 제한된 시간 속에서

지났을 때, 의외의 생각이 떠올라 깨달음의 경지에 도달했다. 그리하여 사회적 규범과 관습을 상대적인 것으로 간주하게 되었다"(206쪽)고 지적하고, 나아가 '천지의 박자' 론으로 진행되었다고 말하고 있다. '몇 년인가 지났을 때' 가 정확히 몇 년의 일이라고 특정할 수 없다고 한다면, 이런 표현일 수밖에 없다고 본다.

성쇠한다. 자신의 일생이 영원히 계속되지 않고 한정된 것임을 늘 자각하면서 살자고 마쿠즈는 말한다. 그 때문에 노리나가의 『고사기전』과 같은 긴 책을 읽는 것은 시간을 쓸 데 없이 보내게 된다(『独考』卷下, 294頁). 또 한정된 시간밖에 없다는 의식은, 그 속에서 자기가 살았던 증표를 남겨 두고, 후대의 사람들에게 도움이 될 무언가를 남겨 두어, 자신의 의지를 차세대에 전해 두겠다는 생각으로 연결되고 있다. 다음과 같은 마쿠즈의 학자 비판이 그것을 보여 준다.

> 모든 학자라는 사람은, 낮밤의 수를 소홀히 하여 천지의 박자에 의지하지 않는 까닭으로 마음을 관통할 것이 없기 때문에, 어떤 정도로 높이 배운다 해도, 일대一代 간절히 부서져 흩어짐은 무익한 것이 아닌가. (『独考』卷下, 295頁)

이 '하루 밤낮의 수'라는 시간 의식은 마쿠즈의 고독한 사상의 소산이지만 보다 넓은 배경이 있다. 이는 다음에 언급할 마쿠즈의 내면생활을 국학과는 다른 관점, 즉 난학과의 관련에서 볼 때 명확해 진다.

3. 마쿠즈가 품은 뜻

앞서 살펴 본 바, 마쿠즈는 "오직 아홉 살부터 결심하여, 사람의 본보기가 되어야 겠다는 일념이 마음 속에 타올라, 어떤 경우에도 마음 약함 없이"(前出) 라고 스스로 말하고 있듯이, '여자의 본보기'가 되겠다는 강한 선택적 의지를 계속 가지고 있었다. 여기에, 마쿠즈 개인의 문제에 머물지 않고 무언가가 있음을 앞 절에서 시사해 두었다.

이 점과 관련하여 눈여겨 보아야 할 것은 마쿠즈의 내적 갈등이다. 앞서 언급했지만, 마쿠즈는 부친의 소망을 실현하기 위해 '죽으러

나가는 길'이라고 각오하고 센다이로 내려갔는데, '고향'인 에도와 멀리 떨어진 센다이에 머물게 됨으로써, 자신의 삶이 쓸모없이 되어 버렸다는 초조감이 심해졌다. 「신세를 한탄하는 노래」라는 장가長歌에는 마쿠즈의 그런 생각이 적혀 있다.

세상 사람들 말에, 정들면 고향이라고 하는 것은 있을 수 없는 일이네. 이 구니国(=센다이)에 내려와 아홉 해를 살았지만, 세월이 갈수록 고향을 사모함은 깊어가는 것을. 이 곳으로 올 무렵에는 마음 내키지 않는 일이 있어도, "그렇구나. 이렇게 먼 곳으로 떨어져 오지 않을 것을"이라고 생각하면서 지나왔지만, 헤일 수 없는 세월을, 겨우 그 정도 가라앉더라도 죽기 어렵다는 생각을 하게 되는 본심을 일으켜 내서, 감내하기 어려운 괴로움이 멈추지 않네. 몸은 헛되이 끝난다지만 이렇게는 멈추기 어려울 뿐, 오로지 방심할 생각이 없어라. 이렇게 깊이 사물만을 외곬으로 생각하여, 있어도 있지 않는 초라해져 살 정도로. (『真葛がはら』 492~93頁)

동생이 살아 있을 동안에는, "몸은 헛되이 끝난다지만 이렇게는 멈추기 어려울 뿐", 어떻게든 참을 수도 있었으나, 분카 4년에 먼저 세상을 버려, 『독고』를 집필할 무렵에 마쿠즈는 결국 이대로 '헛되이 사라져' 버리고 마는 것은 아닌가 하는 절박한 마음을 강하게 갖고 있었다.

모토스케가 세상을 떠난 뒤부터, 잠시도 마음이 편치 않고, 아버지가 생각해 오신 것을 하나하나씩 내 뜻으로 이어가지 않으면 헛되이 사라져 버릴 것이라 이 책을 잘 갈무리 해 둔다. (『独考』 卷下, 283頁)

애초에 이렇게 초초했던 것은, 마쿠즈의 내면에 '세상을 위해' 무언가 '수[=일, 術=わざ]'로써 이루고 싶어 하는 강한 원망願望이 있었기 때문이다. '세상 사람의 괴로움을 돕는' 무언가를 이루고 싶다는 주관적 생각만이 아닌, 그것을 무언가 구체적인 '수[わざ]', 행동으로 표현해야 된다는 전제가

없다면 '죽음'을 원할 정도의 절망감도 없었을 것이다. 마쿠즈는 그것을 '여자의 본보기'가 되고자 하는 '수'로써 실현할 것을 지향했지만, 마쿠즈가 '수'에 대해 말한 바를 검토함으로써 이 어린 날의 결의의 의미를 좀 더 깊이 파악해보자.

그녀 자신은 아버지 헤이스케의 교육 방침도 있고 해서, 유학을 본격적으로 배우지는 않았지만 동생의 강의를 듣고, 그녀답게 '혼자'서 생각을 펼치는 방법으로 인의예지仁義禮智라는 유교의 근본 덕목을 재미있게 해석하고 있다. 마쿠즈는 『독고』에서 '인仁'에 대해 "인'은 마쿠즈 처럼 몸을 던져 세상을 위해 좋은 일을 남기고자 생각하는 것이다"(『独考』卷下, 283頁)고 말하여, "세상 사람을 위해 좋은 일"로서 남는 것으로 받아들이고 있다. 주관적인 애정으로서가 아닌, '수[=일]'로서 뭔가를 '남긴다'는 것이다. 이 '수'로서 후대에 남기는 것의 중요성은, 예를 들면 아라이 하쿠세키新井白石와 구마자와 반잔熊沢蕃山의 평가에 나타나 있다.

구마자와, 하쿠세키 두 유학자는 세상에 뛰어난 듯하지만, 써 둔 것을 보니 학력을 서로 칭찬만 할 뿐으로, 지금에 전해지는 그 사람의 사업仕業이라 할 만한 것이 없어 썩은 것 같다. 그러므로 도요토미 히데요시豊臣秀吉 공公이 대군大軍을 모아 공격한 조선국을 이렇다 할 것도 없이 버리심과 같아서, 그 혼자의 위[上]를 말하자면, 재지才智가 이김에 따라서, 일신一身을 괴롭게 할 뿐으로 무척 힘들지 않겠는가.(『独考』卷下, 295頁)

반잔이든 하쿠세키든 후세에 도움이 되는 그들의 구체적인 '사업이라 할 것'은 무엇도 없다고 한다. 마쿠즈는 또, 서구인과 일본인의 수명의 장단을 논한 곳에서는, 확실히 일본인은 명이 길지는 모르겠지만 "연령은 길지만 사람의 마음이 여려서, 장래 일을 꾀하는 것은 생각지도 않게 덧없는 것을 지운다. 만세의 나이가 쌓여도, 사람에게 도움이 되는 것을 남기지 않으면 유익하지 않다(『独考』卷中, 274頁)라 하여, 짧은 인생에서 후세에 '사람에게 도움이 되는 것'을 남기는 중요성을 논설하고 있다. 이 점, 다키자와 바킨의 『독고』비판은 마쿠즈의 '수'의 의미를 안에서부터 비추고 있어서 흥미롭다.

> 홍모紅毛[두발이 붉은 사람들, 특히 여기서는 네덜란드인을 가리킴/역주] 및 여러 오랑캐 나라 양태가 지술智術에 밝고, 그 수명이 길지 않은 것은 실로 금수에 가깝기 때문이다. 다시금 재차 부러워 할 것은 아니다. 중국에도 주나라 말의 전국시대 때에 소진蘇秦·장의張儀·이사李斯·한비韓非가 무리지어 지술을 뜻으로 삼고 적에게 이겨서 천하를 아우르고자 모의한 것은, 모두 성인의 죄인이다. 지술기예技芸는 나라를 다스리고 가정을 정돈하며 백성을 가르치는 소이所以가 아니다. 황국皇国에도 유학이 들어와, 지술을 뜻으로 삼아 덕행을 닦지 않고 마침내 나라를 혼란하게 하여 부월斧鉞로 죽는 자 있다. (『独考論』, 328頁)

바킨은 '지술기예'와 '덕행'을 대치시킨다. '홍모 및 여러 오랑캐 나라'는 '지술기예'를 존중할 뿐이고, '모두 성인의 죄인'임에 대해, 수신제가 치국평천하의 '덕행'은 그것과는 차원을 달리하는, 가치적으로 우월한 것이다. 바킨이 보기에, 마쿠즈의 '지술' 수의 편중은 스스로의 덕행을 멸시하는 '홍모 및 여러 오랑캐 나라 모습', 이적의 사고방식이었다. 여기서, 우리는 바킨의 비판이 마쿠즈 개인보다는 난학자로 향해 있음에 주의해야 한다. 이 점을 알기 위해 마쿠즈가 '수'에 대해 논한 바를 좀 더 검토해 보자.

마쿠즈에 의하면, 후세에 유익한 이런 '수', 바킨류로 말하면 '지술기예'를 남기기 위해서는 지속된 의지와 '공부'의 축적이 불가결한 요건이다. 바킨처럼 그렇게 간단히 부정할 수 있을 정도로 도움이 되는 '수'를 남기기는 쉽지 않다. 그 한 예로서 마쿠즈는『독고』에서, 에도시대 초기의 호상豪商 가와무라 즈이켄河村瑞賢[20]의 사적事蹟을 성실하게 추적하고 있다. 그에 의하면, 즈이켄은 젊었을 무렵 '날품팔이하는 소방수'였는데, 다양한 '공부'를 쌓고 쌓아서 호상이 되었다. 그 중에서도 특히 즈이켄이 창안한 '공부' 가운데 재목材木 입찰 시에 "일꾼 비용이 들지 않는 것"의 '공부'가 있는데, "지금도 이 공부로 사람을 돕게"(『独考』卷中, 280頁) 되었다고 한다. 마쿠즈는 즈이켄이 "뛰어난 재인이면서, 사람을 모아서 일신一身의 영달을 원함은, 소인의 꾀가 아닐까"(上同)라고 덧붙이는 것처럼, 단순히 개인의 이익만을 도모했음을 비판하고 있는데(이는 후술한다), 여기서는 '공부'를 거듭 쌓아, 지금 '사람들의 도움'이 되는 유익한 '공부'를 남겼던 점에서, 그 선취적 자세를 높이 평가하고 있다.

거기에다, 마쿠즈가 '공부'를 파악하는 방법에서 흥미로운 것은 혼자의 지혜, 공부 뿐 아니라, 중지衆知의 '공부'를 아우르고 있음에 주목하고 있었던 점이다. 마쿠즈에 의하면, 신변에서 그것을 실현하고 있었던 것이 가부키의 연출 기술이었다.

> 외국의 모양을 부러워함은 다른 것이라지만, 그렇게 물리칠 것은 아니다. 아국에서도 그런 마음을 얻어, 한 번 좋은 공부하기를 불사하고 생각을 쌓기만 해도 점점 성대하게 됨은 가부키 연극이다. (『独考』卷中, 277頁)

"외국의 모양을 부러워 할" 것은 없다고 하지만, 마쿠즈는 실은 서구 사회를, 개개인의 의지와 공부를 계승하고 축적하여 보다 좋은 것을 만들어 나가는 사회로서 선망하고 있었다. 거기서는 '혼자'의 생각을 고립시키지 않고 계승하여 간다고 한다.

---

20) 1618~1699. 에도시대 초기의 어용상인(=政商)이자 토목・해운업자/역주

오곡이 부족하고 문자를 옆으로 쓰는 나라는 고기를 먹는 까닭에 수명이 짧아 서른이 되면 머리에 백발이 생기고 쉰의 나이를 유지하면 오래 산다고 들었다. 스메라미쿠니皇御国(천황이 통치하는 나라, 즉 일본/역주)는 풀의 열매를 늘 먹는 까닭에, 연령은 길지만 사람의 마음이 여려서 장래 일을 꾀하는 것은, 생각지도 않게 덧없는 것을 지운다. 만세의 나이가 쌓여도, 사람에게 도움이 되는 것을 남기지 않으면 유익하지 않다. 고기를 먹는 나라는 서른에서 마흔 사이를 정업定業으로 정한다 해도, 홀로 특출하게 나와서[拔出] 진지하게 생각함을 본本으로 삼아 그 끝[末]을 깊이 생각하는 까닭에, 일본인이 따라가기 어려운 것도 이루어 냄은 부러워해야 할 일이 아닌가. (『独考』 卷中, 277頁)

오쓰키 겐타쿠는 오란다(=네덜란드) 사람의 수명이 짧다는 속설[21]을 비판했으나(『蘭説弁惑』), 마쿠즈의 관심은 그런 짧은 수명을 인정한 위에다, 그 짧은 인생에서라는 것 보다는 짧음에도 불구하고 "홀로 특출하게 나와서 진지하게 생각할" 수 있고 그것이 후대로 전해진다는 의지의 지속성에 있었다. 그것은, 의지가 계승되지 않고 "헛되어 스러져 버리는" 경제적이지 않은 '일본'에 대한 비판의 반증이었다.

우리나라의 모습이 경박하다고 탄식하는 까닭은, 책을 펴고 당唐·일본의 예로부터 있었던 것만이라도 알면, 스스로 박식한 사람으로 생각하여 마음을 내맡겨, 구니[国] 전체 등은 돌아 보일 것이라 알리는 사람이 없다. 이게

---

21) 오란다인의 수명이 짧다는 설은, 가령 "금기金気가 앞서서 기가 강건하고 퇴기退気의 자혈滋血이 부족한 까닭에 신체를 부지함이 오래가지 못해, 마흔과 쉰 사이에 죽는다. 일흔 여든 까지 장수하는 사람은 없다고 할 수 있다"(安藤昌益 『統道真伝』 卷4, 万国巻, 岩波文庫, 55頁), "이 나라는 다른 나라 보다 빨리 성장한다. 열 두세 살부터 여러 일에 서로 종사하고, 수명은 쉰 전후에서 끝난다"(고도 리슌後藤梨春 『紅毛談오란다바나시』 卷上, 明和2年刊, 『文明源流叢書』 卷1, 437頁), "우리나라 사람, 서역의 저것도 분별함 없이 화란타국和蘭陀国은 축생국畜生国이다, 일본인 등과 다른 것은 나이 열 두세 살부터 어른과 나란히 장성하고, 나이 마흔살 전후로 죽는다고 한다. 아주 틀렸고, 일본인과 그 수명이 다르지 않다"(本多利明 『西域物語』 卷上, 『本多利明·海保青陵』 日本思想大系44, 岩波書店, 1970年. 89쪽) 이라 되어 있다.

어떤 까닭 때문일까 생각하니, 물건이 풍부하여 즐거운 일이 많게 됨에 맡겨, 아까운 틈을 놀면서 보내고, 또, 이것은 열심이고 저것은 보통으로 여기는 사이에 늙게 되고, 늘그막에 생각한 것 보다, 같이 말할 사람도 없이 헛되이 스러져버리지 않을까. 문자를 옆으로 쓰는 나라의 모양에서 배워서 뜻을 이어서, 구니 전체를 잘 돌아 보아, 외국이 보는 눈 겨우 그 답지 않은 것을 잘 모른다고, 생각하는 사람이면 좋으련만. (『独考』卷中, 277頁)

마쿠즈에 의하면, 이런 지속적인 의지, 축적된 '공부'는 "옛 말[古言]이 세상에 널리 물드는 것도, 옛 말을 좋아하는 박식한 사람이 생각해 둔 것을 버리지 않고 차차 생각을 보탠 까닭에 그렇게 되지 않았겠나. 좋은 일을 버리지 않고 끝을 보태면 아름다운 일이 생기는 것과 타국의 모양을 배우는 것을 쓸모없지는 않다고 생각해야지. 많은 나라의 전체를 아는 것이야 말로, 튼튼한 정사[政事]가 될 것이다"(『独考』卷中, 282頁)라 적고 있는 것처럼, '옛 말'을 해명하는 국학의 학문적 발전의 기초에 있던 방법이었고, 반드시 새삼스러운 것은 아니므로,[22] "문자를 옆으로 쓰는 나라의 모양에서 배우"기를 주저하지 말라고 주장한다.

이렇게 의지를 지속시켜서 "밤낮의 수를 근본으로 하여 사물의 생각을 이루는 나라 사람의 규칙이 참으로 엄숙한"(『独考』卷中, 276頁) 서양 여러 나라에게서 배운다는 것은 마쿠즈 자신의 생활 방식과 연계되어 있음을 눈여겨보아야 한다. 앞서 '하루 밤낮의 수'에서 살폈듯이, 이런 지속적인 의지는 한 사람 한 사람의 짧은 생, 그리고 그 제한된 얼마 안 되는 시간

---

22) 국학자 히라타 아쓰타네도 서양인의 지속적 의지에 주의하고 있다. 서양은 "대단치 않은 기를 오래 생각한 국풍으로 밑바닥의 밑바닥까지 사물을 생각한다" "오년 십년 내지 일생도 걸리고, 한 대代에 생각을 부과시키지 않음은, 자신이 생각한 곳까지를 글로 남겨서, 그 후를 또 자손과 제자들이 몇 대건 대대로 관계하여 생각해내서 그래서 그 그릇으로써 생각해 내고자 한다"(『古道大意』卷下, 『新修平田篤胤全集』卷8, 名著出版, 1976年, 57쪽. 다카하시 신이치高橋磧一『洋学思想史論』148쪽 인용)이라 한다.

사이에, "사람에게 그렇게 되어 왔지만, 남기지 않으면 유익하지"(前出) 않고, 살아 있는 증거가 안 된다는 생각, 그것은 어떤 것도 남기지 않고 '헛되이 스러지는' 평범한 생을 거부하고, 한 번 뿐인 생을 충실토록 해야 하며, 뭔가의 '수'로써 실현시키고자 하는 강렬한 공명심, 바꾸어 말하면, 마쿠즈 개인의 의식에 기초하고 있었다.

마쿠즈에 의하면, 그녀만이 아니라 "신분 보다는, 뜻이 높았"던 고토 헤이스케의 자식으로서 일곱 형제는 모두 "세상 사람에게는 비슷하겠지 하고 마음껏 생각에 힘쓰는"(『真葛がはら』 500頁), 평범한 생활을 거부하고 있다. 또 이런 사고는 고토가家에 한했던 것이 아니라, 실은 마쿠즈 주변에 있었던 난학자들에게 공통적이었다. 예를 들면 앞에서 보았던 시바 고칸이 그렇다.[23] 고칸도 또, 헛되이 아무 것도 남기지 않고서 죽는 것을 초조하게 여기고, 범용한 삶을 보내는 것에 애를 태웠다. 그 가운데 고칸에게 동판화는 그 개인의 이름과 함께 썩지 않는 '공부'였다. 그리고 서양의 여러 나라는 개인의 이런 '공부'를 소중히 여기고, 그것을 후대에 계승ㆍ발전시켜 가는 사회제도가 정비되어 있다고 파악하고 있었다.

저 나라에서 가져 온 기묘한 물건[奇器] 하나가 묘하지 않은 것이 없고, 구라파 나라들 중에 '이기리스'의 수도 '론돈'이라는 곳에서 제작하는 것, 더욱 우수하다. 그 순서를 오란다의 수도 '암스테르담'이 그 다음이다. '프랑스'의 '하리수' 라는 도읍 모두 묘교妙巧 하다. 어찌 일본인이라도 사람에게 대체할 것은 있지 않고, 오래 오래 단련되어 있는 까닭에 이런 묘공妙工을 이루는 것이다. 저 제국諸国에 비하면 당唐도 일본도 심히 새로 오래가지 못해 미개함이 비슷하고, 때문에 저 나라로부터 만들어진 묘기妙器는 일본인이 만들 수 없는 것. 그러나 오랫동안 해를 거쳐 꾸밀 때는 저들에게도 떨어지지 않으련

---

23) 시바 고칸의 사상에 대해서는 본서 제2편 제3장 참조.

만, 일본인은 나면서부터 기氣가 잘아, 어떤 일을 다른 사람에게 전하는 것을 아까워하고 다만 혼자만의 이윤으로 하는 까닭이다. 저 나라 사람은 뜻함이 달라서 사람에게 전하고자 하는 것을 받는다.[24] (『おらんだ俗話』)

화란 말에 'コンスト콘스토'라는 말이 있다. 즉 공교하게 생각한다고 번역한다. 천문지리 혹은 만물을 만들고, 기기奇器한 류를 생각하여 만드는 것을 말하는데, 이 본성을 너무 존중하여, 한 세대[一世]에서 생각하여 끝나지 않으면 좋아하는 사람에게 물려주어 두 번째 세대[二世]에 드디어 새로이 만드는 데 이른다.[25] (『和蘭通舶』卷1)

이 점, 오다 신지小田信士는 "만교정묘万巧精妙=기예존중의 정신" "고칸의 이른바 '만교정묘'한 콘스토 정신은, 결국 구주欧洲 발흥기의 자본주의를 지도하는 소위 자본주의 정신의 특성의 하나로 생각된다"[26]고 평가하고 있다. 또 사토 쇼스케도, 양학계 경세론 논점의 하나로, "과학기술의

24) 『司馬江漢全集』卷3 (八坂書房, 1994年) 132~33쪽.
25) 위의 책, 155쪽.
26) 小田信士, 『幕末キリスト敎経済思想史』(敎文館, 1982年) 309쪽. 또 난학자가 사람의 슬기나 지식의 축적에 의한 '공功'을 기대하고 있었음에 대해서는, 藤原暹, 「洋学の歷史思想」(『季刊日本思想史』16号, 1981年) 참조. 서구의 기술축적에 대한 이런 높은 평가는, 이외에도, "일단은 공부는 하지만 그 몸의 생애에는 성사되지 않고, 삼대를 거쳐야 된다"(平賀源内「放屁論」, 『風来山人集』234頁, 高橋碩一 『洋学思想史論』 69쪽 인용), "당산唐山 및 아란타阿蘭陀, 모스코비야莫斯歌未亞 등이 대사를 이루었음을 들음에, 삼십년은 또 고사하고 오십년, 백년, 삼백년을 기간으로 하여 기도함이 있다. 그런 까닭에 오대五代, 십대를 거쳐 선조의 뜻을 성취함이 있다. 이 모두는 국정의 마땅함과 인심의 견실함에 있는 것이다. 부러워할 만하고 생각할 만하다"(林子平 『海国兵談』卷一六, 岩波文庫, 241쪽), "모든 규획規劃을 하는 뜻은 필히 기간을 이룬다고 말씀드리는 까닭에, 기기음교奇技淫巧한 물건, 이 삼세를 거쳐서 성취되는 것이 적지 않습니다. 일을 도모함도, 모두 그 취지이옵니다. 잉기리아英吉利亞가 인도를 점령한 것도 일조일석의 뜻이 아니고, 화란타和蘭陀가 자바爪哇에 들어간 뜻도 백 수년의 힘을 극히 하여 마침내 일국을 병탄할 뿐만 아니라 말라카馬路古 제도諸島를 통할하기에 이른 것, 이 또한 비인적려坐忍積慮가 행하는 바에 있는 것입니다"(渡辺崋山 『外国事情書』岩波文庫, 69쪽) 이라 한다.

측면에서 볼 때, 그 진흥을 위한 사회적 조건으로서 신분제도의 개혁을 전제로 하는 인재등용과 교육제도의 정비, 혹은 과학연구에 대한 국가적 지원과 연구 성과의 공표, 또 직업의 자유 등이 주장되었다"[27]고 지적하고, 그 예증으로 여기에 인용한 시바 고칸의 『화란통박』을 든다.

난학자들의 이러한 '공부' 수[わざ/기술]를 곁에 두고 '여자의 본보기'가 되고자 하는 마쿠즈의 결의와 『독고』의 저작 동기를 되돌아 볼 때, 다음과 같이 말할 수 있지 않을까. 만약 마쿠즈가 '남자'였다면, 스스로의 재능으로 '공부'한 '수' 속에서 자신이 살아 온 증거를 남길 수 있었을지도 모른다. 그것은 고정된 신분질서의 틀 속에서 운명적으로 '가업'에 힘쓴다는 이미 정해진 길로부터의 일탈이었는데, 근소하나마 그 가능성이 없지는 않았다. 사실 마쿠즈 주변에는 굳게 참고 마음을 뺏기지 않는[堅忍不拔] 그런 의지로써 자기의 재능을 꽃피웠던 인물이 있었기 때문이다. 예를 들면, 고토가家와 친인척이 되기로 약속했던 난학 제2세대의 오쓰키 겐타쿠가 그렇다.[28] 물론 굴러들어온 호박식의 요행이 아닌, 마쿠즈의 표현대로 끊임없이 '낮밤의 수'를 의식하면서 강인한 의지와 보통 이상인 각고의 노력에 의해 실현했던 것은 말할 나위가 없다.

그러나 '여자'로서의 마쿠즈는 난학자의 이런 '수'에 의한 자기실현이 허락되지 않았다. 그녀가 어릴 때 '여자의 본보기'가 되기로 스스로에게 맹세했던 것은, 그런 가업으로부터 일탈할지도 모르는 스스로 공부한 '수'

---

27) 佐藤昌介『洋学史の研究』(中央公論社, 1980年), 12쪽.

28) 헤이스케平助는 마에노 료타쿠와 친교가 있고, 오쓰키 겐타쿠를 이치노세키 번一関藩(지금의 야마가타현)에서 센다이 번으로 전적転籍시켰다. 이 두 사람만이 아니라 가쓰라가와 호슈桂川甫周·나카가와 쥰안中川淳庵 등의 난학자 사중社中과도 친하여, 그 관계를 활용하여 오란다 통역관 요시오 고사쿠吉雄幸作 등과 결탁하여 오란다에서 건너 온 상품 거래를 통해 큰 이익을 얻었다. 佐藤昌介『洋学史の研究』(中央公論社, 1980年) 121쪽.

를 통해서가 아닌, "흘러 넘치는 규칙을 마음에 걸고서 굳건히 지키는"(『独考』卷上, 264頁) 통속 도덕의 실천이었다.[29] 이런 의미에서 앞서 언급했던 것처럼, 마쿠즈에게 '여자'로서의 통속 도덕의 실천은 맹목적 실천이 아닌 스스로 의식적으로 선택하여 취한 것이었다.[30] 그러나 그것은 '수'의 우선 가치를 믿어 의심하지 않음에도 불구하고, '수'로써 자기를 실현하는 길이 막혀있었기 때문에, '세상 사람' 누구보다도 잘, 모범적으로 '여자'로 되자고 하는 좁고 험한 길이었다고 할 수 있겠다. 앞서 살펴 보았듯이, 동생의 죽음으로 인해 이런 생활 방식이 유교비판을 동반하여 의문시 되었고, 자기 삶의 의의를 놓쳐버리게 될 뻔 했을 때, 마쿠즈는 『독고』를 쓰기로 결심했다.

모토스케가 세상에 있는 만큼은 아버지의 뜻은 이을 거라고 마음 편했으나, 이런 세상이 되어서는, 나 말고는 누군가는, 옛날에 결심해 둔 일의 일

---

29) 센다이로 내려가기 전 까지 마쿠즈는 '여자의 본보기'가 되는 것으로써 교사가 되려는 꿈을 갖고 있었던 것 같다. 마쿠즈는 바킨에게 보낸 편지에서 "사람들의 스승이 될 것을 좋아하고 있음은, 어린 아이들과 마음을 같이 하기에, 다른 일이 아니라 친한 사이로 즐거워서 몇 번이고 같은 것을 반복하여도 싫증 날 일 없음. 운운"(376頁). 후의 마쿠즈의 학교론과 관련해서 보면, 에도 시대에 한코藩校에서 여자에게 문호를 개방하지는 않았고, 유일한 예외는 쓰야마번津山藩(지금의 오카야마 현岡山県 북부)으로, 덴포天保 연간에 일반 서민을 대상으로 하는 교육장에 여성만을 위한 교실을 만들고 여교사를 고용하고, "여대학에서 온나이마가와女今川 등의 여훈女訓을 가르치고 또 방적과 재봉 일을 가르치게" 했다(우미하라 도루海原徹『近世の学術と教育』思文閣出版, 1988年, 260쪽). 바킨은 이와 같은 처음부터 사람을 가르칠 것을 목표로 하여 '여자의 본보기'가 되고자 한 것을 비판하고 있다.
   *온나이마가와 : 에도시대 전기의 교육자였던 사와다키치沢田きち가 여자를 위한 일상 교훈을 가나로 기술한 오라이모노往來物. 교과서 기능에다 여성의 습자 교본으로도 사용되었다/역주
   *오라이모노 : 헤이안平安 시대부터 메이지 초기까지 생활에 필요한 여러 가지 지식을 편지체 문장 속에 엮어 넣은 초보 교과서의 총칭/역주
30) 마쿠즈는 '여자'로서 순종하는 삶의 근거를『고사기』의 이자나미 · 이자나기 신화에서 끌어내고 있다.『독고』266頁 참조. 순종적 삶 그 자체를 부정하는 것이 아니라 그 근거, 의미 부여를 그녀 자신 스스로 행했다는 점에서 한결같은 맹목적 순종은 아니다.

부분도 나타내지 않겠다는 마음도 그나마 천지에 통했을 뿐인 생각을 그만
둘 때 없었다. "죽으면 어쩌겠는가. 살아 있지 않은 한은 아버지의 뜻 못 잇
는다고 생각한다. 효라고 할 수 없지"라고 오로지 마음을 먹었더라도, 무엇
보다 라는 일이 없는 분함. (『真葛がはら』507頁)

이렇게 몸을 버려서 먼 조상의 충신忠信을 생각하네. 마쿠즈가 기리는 영혼
덧없으므로, 이 책으로 세상에 걸리는 것이 있다 해도 사람들에게 알려진
다면, 작은 뜻을 이어서 부조父祖의 망령亡靈에 바치면 생각의 영험이 되지
않을까라고 생각하는 까닭이다. (『独考余論』374頁)

그녀가 『독고』를 쓰고자 한 것은 부친 헤이스케의 '뜻'을 이어 고토가의
'이름'을 남김과 함께,[31] 마쿠즈 자신이 살았던 증거를 남겨 두고 싶다는
의지가 잠재되어 있었다고 생각한다. 그리고 또, "마쿠즈가 기리는 영혼
덧없으므로, 이 책으로서 세상에 걸치는 것이 있다 해도 사람들에게 알려
진다면" 이라고 하는, 자기가 살았던 증거를 남겨두고 싶다는 원망願望은
마쿠즈 부녀父女에 한하지 않고, 마쿠즈 주위의 난학자들이 공유했던
의식이었음에 주목해야 한다.

4. 마쿠즈의 독창성

이 절에서는 마쿠즈 스스로 '지나친 말[過言]'이라 할 정도였던 『독고』
의 선진적 내용을 살펴본다. 마쿠즈는 『독고』 권상卷上의 서문에서 "

---

31) 마쿠즈는 바킨에게 보낸 편지에서, 부계父系인 나가이가長井家가 일찍이 하리
마播磨(현 효고현 서남쪽에 있었던 번/역주)의 "한 성주[一城主]"였음을 자랑하고,
부친 사후, "일곱 명의 자녀 중 다섯은 없고 즈이쇼니瑞祥尼와 마쿠즈" 만 있어
서 그 때문에 "남동생이 세상에 성했다면 어떠한 수를 써서든지 사람들에게
이름을 알려, 선조의 체면을 세울 뿐만 아니라 이름의 메아리도 듣고자 부탁
할 것을, 실마리도 없다고 탄식"(373頁) 하고 있다.

세상에 괴이하다고 생각되는 것은" 많지만 "사람이 알려주"는 것은 어찌되었든 납득할 수 있다고는 해도, "결코 사람이 논할 수 없는 것" 중에 "심히 괴이하다고 생각되는 것"이 두 셋 있다. 그녀는 그 "괴이하다고 생각되는" 문제를 집요하게 혼자서 계속 생각하여, 이윽고 "파악할 수 있는 일"이 되어, 그 자신 나름대로의 답을 찾아냈다고 말하는데(261頁), 그 "괴이하다고 생각되는 문제의 하나는 '물가'가 오르내리는 이유였다("独考』卷上, 289頁).

놀라운 것은 마쿠즈가 물가 문제에 의문을 품게 된 것이 '여자의 본보기' 가 되리라고 결의했을 때와 같은 무렵인 메이와明和 9년(1773) 열 살 때였다. 그 계기는, 에도 3대 화재의 하나로 꼽히는 메이와 9년의 대화재大火災를 겪었던 일이었다.[32] 화재가 진정된 뒤에 물가가 올랐다. 그녀는 이 때 비로소 물건에 가격이 있음을 알았고, 어린 마음에 "아, 안타까워라. 불이 난 뒤의 일이지만 (물건)값까지 오르면 세상 사람들 아마도 힘들 것"과 "마음 깊이 탄식하는"것이, "물건의 마음을 깨닫는 근심의 시초" 였다고 한다. 그 때 이래, "해를 보내면서도 물건 값이 오르내리는 것은, 연결선 없는 배와 같은 느낌이 들며 매우 수상히 여겨 마음 깊은 탄식" 이 계속되어 "마음 속으로 이리저리 생각한 것이 삼십여 년"이라고 적고 있다("独考』卷下, 289頁). 마쿠즈는 이런 '삼십여 년'에 걸쳐 생각을 계속하여, 물가 문제의 본질이 '돈 다툼'에 있다는 결론에 도달한다.

> 내 젊었을 때부터, 사람의 마음이 찢어짐을 쫓아, 이를 물리치고자 하는 저의가 있고서는 그 멈추는 바 어디가 될까 하고 생각해 보니, 돈 다툼이라는 하나의 일에 있더라. ("独考』卷下, 294頁)

---

32) 세키 다미코는 앞의 논문에서, 열 살 때의 메이와 대화재 체험에 의한 물가문제 자각과, 아홉 살 때 '여자의 본보기'가 되겠다는 결의를 결부시켜, 후자의 결의 가 열 살 때였다고 정정하고 있으나, 반드시 이 둘을 연결할 필연성은 없다.

마쿠즈는 이 결론을 절대적으로 확신했다. 그것은 이 명제가『독고』에서 몇 번이고 반복되고 있는 데서 알 수 있다. "물건 값이 오르내리는 것은, 돈을 다투는 군심軍心의 짓이라고 확신한 후에는, 공적인 것은 영리하면 내버려 둔다"(『独考』卷下, 294頁), "옛날은 나라를 다투고, 토지를 다투어서 어지러웠던 세상, 지금은 돈을 다투어 마음이 어지러운 세상이 되니, 사람의 마음은 눈에도 볼 수 없고 소리도 없는 것인 까닭에 누구도 마음 붙이지 못 한다"(『独考』卷上, 270頁).

마쿠즈는 돈을 다투는 '마음의 난세'란, 무가武家/부케와 죠닌町人과의 사이는 말할 것도 없고 무가 내부의 주종 관계 조차도, 가신이 가증加增(영지, 녹봉 따위의 증가/역주)을 요구하려는 것은 주가主家로서는 '영지'가 줄어든다는 점에서, "활과 화살을 갖는 것은 같은 편이지만, 돈을 다투는 난세에는 이른바 확실히 영지의 적이 되지 않는가"(『独考』卷上, 270頁)라 한다. 모든 인간 관계가 돈을 매개로 함으로써 인격적 연결을 끊고 동지가 서로 사리만을 추구하게 되어버렸다는 것이다.

지금 세상은 온통, 돈이 떨어진 여러 사무라이[諸士]들은 마음에 들지 않아도 어쩔 도리 없이 전주錢主 앞에서 부탁한다는 말을 다하고, 머리 숙여 돈을 빌려서 살아 나갈 방도가 이루어지면 이자를 쥐어 주고서도, 그들에게 경멸당해 분한 것이다. 죠닌町人은 날마다 달마다 물건 값을 올려서 상품을 경멸하게 되리라 생각하고, 햐쿠쇼百姓(=농민)는 해를 더함에 연공年貢이 덜어질 것을 꾀하는, 큰 난세乱世와 마음의 세상 사이에 끼어서, 부케武家는 그 뜻을 깨닫는 데 수년을 보내는 동안에 언젠가 그들(=죠닌)의 생각대로 돈을 탈취당하여, 지금은 어느 분의 국주国主도 장삿꾼[町家/죠카]을 돈 주인[金主]으로 믿으시어 매물을 맡겨서, 그 힘에 걸려 날과 달을 보내게 되는데, 금군金軍을 위해서는 죠닌의 포로가 되지 않으면 안 된다. (『独考』卷上, 270頁)

상인이 주도권을 장악하는 이러한 '마음의 난세'에서는 도덕적 행위는, 당연한 일이지만 없어져 버리고 만다.

> 지금 세상 폐물이 된 것은 극정직極正直·자비심·나사케[情/동정]·기리義理·하지恥(부끄러움)다. 이 다섯 개의 마음은 지극히 마땅한 일임을, 지금은 소용없게 되어 그 명색만 머리를 내 보여서, 뒤를 짧게 잘라 두지 않으면 안 된다. 이는, 돈 다툼 군심軍心의 싸움이 급히 됨에 따라 주군·부모[主親]를 가리지 않고 오로지 그 맛에 틈타서 짜내는, 젊은 혈기의 창궐을 막는 까닭이다. (『独考』卷下, 305頁)

그보다 돈을 다투는 '마음의 난세'에서는 정직한 자는 자멸한다. 지금 세상에는 빚을 갚고자 하는, "법을 지키는 정직한 사람"이 쪼들려서 에이타이바시永代橋[33]에서 오가와大川[34]로 몸을 던지는 수 밖에 없다.

> 법을 지키는 것이 전체 모습과 맞지 않는 까닭에 눈감아 주는 것이 지금 풍조다. 대목이 되면, 한 밤과 썰물 때를 살펴서 조용히 에이타이바시로 가서 물속으로 뛰어 들어 죽는 사람이 수를 세기 어렵다고 듣고 있다. 이 모두 기리義理와 하지恥를 분별한 사람이 해야 함. 심한 장난의 행동거지가 아니다. 법을 지키는 정직한 이가 자멸할 뿐임은 탄식할 일이다. (『独考』卷下, 305頁)

에이타이바시에 몸을 던지는 성실하고 정직함[律儀]에 "법을 지키는 정직한 사람"은 어설피 '정직'에 구애되기 때문에 그것에 절여져, 돈을 다투는 싸움에서 지게 된다. 앞서 말한 "뜻이 맑고 튼튼하여, 중국 성현의 가르침을 굳게 지켰"(前出)던 동생의 죽음으로써 통절히 깨닫게 된 세상의

---

33) 에도의 스미다가와隅田川를 동서로 연결하는 다리. 겐로쿠 11년(1698)에 5대 쇼균 도쿠가와 쓰나요시德川綱吉의 50세 생일 축하와 스미다가와의 여러 도강渡江 도구를 대신하기 위해 현재의 위치보다 약 100m 상류에 놓인 다리. 지금 도쿄의 쥬오구中央区와 고토구江東区를 동서로 연결/역주*위키피디아 참조
34) 스미다가와에 가교된 아즈마바시吾妻橋로부터의 하류/역주

부조리성은, 돈을 다투는 '마음의 난세'가 초래한 것이었다. 마쿠즈는 이 현실을 젊디젊은 생각으로 인식했다.

물론, 유교를 '한의漢意/가라고코로'라고 비판하는 모토오리 노리나가 역시 이 점에 대해서, 마쿠즈와 같은 생각으로써 인식하고 있었다.[35] 다만 부조리한 현실을 앞에 두고, 그것에 어떻게 대응하는가에 따라 마쿠즈와 노리나가 사이에는 큰 차이가 있다. 앞서 언급한 바와 같이 노리나가는 '신대神代/가미요'의 '마가쓰비노카미'를 끌어냄으로써 '신대' 또한 부조리한 세계였다고 하여, 부조리한 세계를 "마가쓰비노카미의 어심이 거칠기만 한 것은 어쩔 수 없어서 정말 슬픈 일"[36](『直毘靈』)로서 한결같이 따라야 할 것을 말하고 있다. 마쿠즈 또한 동생의 죽음을 맞아 노리나가적인 '마가쓰비노카미'를 상기했는데, 그것에 머무르지 않고 "돈을 다투는 마음의 난세"(前出)에 대해서도, "낮밤의 수에 마음을 관통하여 천지간의 생생한 박자에 타서, 구니国의 이익이 될 것을 생각"(『独考』卷下, 294頁)해 냄으로써 부조리한 세계에 대한 거리감을 가진 대응책을, '수' 차원의 문제로서 제시하고 있었다.

그러면 어떻게 하면 개개인의 투쟁이 약육강식으로 끝나지 않게 할 수 있을 것인가. 마쿠즈는, "지금 세상 사람들이 마음 쓰는 풍조는, 다른 사람을 쓰러뜨려 내가 풍족해질 것이라고 생각하는 의향이다. 이렇게 되어서 편치 않다. 어찌해서든 이 마음을 뒤집어서 다른 사람이 잘 되고, 그래서 나도 잘 되게, 라고 하나로 같이 생각하게 하면"(『独考』卷下, 304頁)이라는 문제를 계속 생각하고 있었다. 마쿠즈는 그 해결책의 힌트를 러

---

35) 졸고 「近代天皇権威の浮上—近世神道と国学を中心にして」(『日本文化論叢』 11号, 2003年, 『兵学と朱子学・蘭学・国学』 수록, 平凡社選書, 2006年), 본서 제2편 제1장 참조.

36) 『本居宣長全集』 卷9, 55쪽.

시아에서 발견했다.[37] 마쿠즈는 러시아는 '군자'가 나라의 실권을 장악하여 '국익'을 꾀하는 나라라고 보았다. 락스만의 평가에 관하여 마쿠즈는 다음과 같이 말한다.

> 에조蝦夷까지 일본인을 보내준 아담アダム이라는 오로시야ヲロシヤ인의 아버지는 일본의 와카로쥬若老中에 해당한다 하는데, 다테구야立具屋[38]의 우두머리로 비이도로ビイドロ를 판다고 한다. 로쥬이므로 쥬돈야關問屋짐승도매상, 어떤 역役은 사케돈야酉間屋주류도매상 라는 모양에, 야쿠닌役人(=관리)이므로 돈야問屋들의 우두머리가 되어, 군자로서 상매하므로 이익이 정확하고 일국一国이 다투는 마음[情]이 없다. 교역하여 나라를 넉넉하게 할 것을 원한다.
>
> (『独考』卷中, 276~77頁)

락스만 같은 "군자로서 장사하므로 이익이 정확하고 일국을 다투는

---

37) 마쿠즈의 러시아 정보는 어떠했을까. 추측되는 하나의 정보원은 가쓰라가와 호슈桂川甫周다. 호슈는 고토 헤이스케와 친분이 있어 『赤蝦夷風説考』하권에서 이용했던 지리서『ゼオガラヒ一지오그라피』의 지식을 헤이스케에게 제공했기 때문이다(佐藤昌介, 앞의 책, 123쪽 참조). 알려진 바와 같이 호슈는 락스만이 송환하여 귀국했던 다이코쿠야 고다유大黒屋光太夫의 표류기인 『北槎文略』(1794年)의 저자인데, 가령 다음과 같은 곳에서 호슈가 정보원 가운데 하나였음을 알 수 있다. 마쿠즈는 러시아인의 맞선과 결혼에 대해 "아이를 낳아 성장하여 구애할 나이가 되면, 짝지어 주려고 생각하는 남녀를 사원에 같이 데리고 가서, 먼저 남자를 주지 앞에 불러 '저 여자를 그대가 일생 부부가 되는 아내로 정하겠는가 혹은 생각해 둔 곳이 있는가'라고 물을 때, 남자의 대답을 듣고 가부를 정하고, 또 여자도 불러서 전과 같이 물어서 밝혀, 같은 마음이면 부부가 된다"(『独考』卷中, 276頁) 라 하여, 남녀의 자유의지를 존중하는 것을 선망하여 묘사하고 있다. 이 점, 『북사문략』에는 "저 나라의 풍속은 귀천이 없고 남녀가 같이 나노카나노카七日七日(이레 마다 죽은 이를 위해 불공드리는 날/역주)의 제일祭日에는 반드시 사원에 가서 부처에 예배드린다. 이 때에 사위도 고르는 것이다. 그래서 중매로써 혼인의식 말이 들어오고, 그런 다음에 서로 인물의 좋고 나쁨을 들어서 말이 무르익게 되면, 날을 택하여 빙례聘礼를 보낸다"(卷5, 岩波文庫, 123쪽)이라 한다. 『북사문략』은 막부 직할의 기밀 사료로 취급되어 일반에게는 유포되지 않았으나, 호슈를 통하여 전해 들었던 것이 아닌가 생각된다.

38) 지어진 집의 규격에 맞추어 집을 완성하기 위해 미닫이와 맹장지襖(후스마), 문 등을 납품하는 가게. 다테구建具는 건축에서 문, 창처럼 일반적으로 칸을 막기 위해 다는 물건의 총칭/역주

마음이 없다. 교역하여 나라를 넉넉하게 할 것을 원한다"고, '군자가 상업 활동을 하면, 국내에 싸움이 없어지고, 대외적 교역으로써 나라를 넉넉하게 할 수 있다고 한다.[39] 그럴 때, "외국에서 일본산이라고 부르는 것은 금, 은, 동, 철, 수정, 쌀, 소금, 종이, 해삼, 금가루, 담배, 약재료에도 여러 가지가 있고"(『独考』卷中, 281頁), 또 "옻나무와 히노키檜(노송)도 일본의

---

39) 마쿠즈가 '오로시야인' 락스만을 인용하여 설명하면서, "군자로서 장사하면"이라 하여 '군자'라는 조건을 붙인 것은 어쨌든 간에, 대외적 무역활동을 긍정한 것은 당시의 통념으로 볼 때 주목할 만한 하다. 당시, "아란타는 국왕이 장사를 한다고 해서, 듣고는 우르르 웃는다"(海保靑陵, 『稽古談』卷1, 『海保靑陵全集』八千代出版, 1976年, 23쪽), 혹은 "서양 제국은 모두 교역과 시장을 통해 나라를 세운다. 그래서 국왕도 하나의 부상富商의 경계일 뿐이다. 그러므로 장사를 하여 이익을 취하는, 나라 부끄러운 일을 모른다"(히라야마 시료平山子龍 『海防問答』卷中, 『日本海防資料叢書』卷1, 1932年, 38쪽), "궁리를 위해 인체를 해부하며 분뇨 오물도 싫어하지 않고, 물과 불로 분리하는 기술 등은 이 또한 본조가 더러움[汚穢오예]을 금기하는 신교神敎에 반하고 옳지 않은 데다, 나라의 풍속이 모두 이익 추구에 분주하여, 왕신王臣을 비롯한 나라의 제도도 교역을 오로지 하여 상매商買의 뜻에 다 같이 심히 천하며, 인심이 반복하여 이익 때문에 변하여 신의충효信義忠孝의 뜻이 모자란다"(모토오리 우치토本居内遠 『古学本教大意』, 모토오리 세이죠本居淸造편 『本居宣長全集』卷12, 吉川弘文館, 1926年, 4쪽)이라 하고 있듯이, 국왕의 상업 활동 자체가 야유나 격노의 대상이었고, 어느 쪽이든 용인될 수 있는 것이 아니었기 때문이었다. 히노 다쓰오는, 히라가 겐나이의 『風流志道軒伝』을 언급하면서 18세기 후반의 민중 레벨의 시선에서 보면 "상인을 사무라이 보다 상위로 하는 신분제가 역전된 나라도, 문자가 겨우 스물 다섯 자 밖에 없어도 쓰기에 족하다는 나라도, 발뒤꿈치가 없는 인간이 사는 나라도, 대인국大人国·소인국小人国·장각국長脚国·장비국長臂国·천흉국穿胸国 등과 같은 모양의 동화 같은 기묘한 나라로 될 것이다"(「近代文学に現れた異国像」, 『日本の近世 I』中央公論社, 1991年, 『日野龍夫著作集』第3巻 수록, ぺりかん社, 2005年, 173~74쪽)라고 지적하고 있다. 이와 관련하여 가이호 세이료는 "아란타는 국왕이 장사를 한다고 하여, 우르르 듣고는 웃는다"에 이어서, "그러나 나 스스로도 역시 물건을 사고 물건을 판다. 물건을 사고파는 것은 세상의 이치이다. 웃을 것도 무엇도 아니다. 세상의 이치를 비웃는 것, 황송한 일이다. 사람이 물物을 그냥 취하는 것은 세상의 이치가 아니다. 천제가 싫어하시는 것이다. 세상의 이치가 아닌 것을, 공연히 하여 이를 행하여 부끄럽고, 세상의 이치를 국국연踘踘然히 하여 비웃어 치욕스러움은, 참으로 사람이 미혹되는 것이 심하지 않은가"(海保靑陵, 『稽古談』卷1, 『海保靑陵全集』 23쪽)이라 말하고 있다. 그는 "국왕이 장사하는" "아란타"를 대조시킴으로써, "나 스스로도 역시 물건을 사고 물건을 판다"고 하는 자기 자신을 대상화하여 "물건을 사고파는 것은 세상의 이치"임을 자각시키고 있다.

명산이다. 다른 나라에도 옻나무가 있지만, 많지 않아 하품下品이다. 그러므로 당·오란다의 칠기 광택은 거칠어서, 일본의 마키에ま き ゑ[40]를 타국에서는 특히 상찬한다. 누락한 것도 필시 있으리로다"(上同) 라고 말하는 것처럼, 일본의 국산품은 외국에서 상찬하는 것도 있기 때문에, 이런 일본의 특산품을 외국에 팔아서 '국익'을 증가시키는 것, 이것이 마쿠즈가 추구했던 것이었다.

마쿠즈는 일본 국내에서 돈을 다툴 것이 아니라, "무릇 천지 사이에 살고 있는 만물의 마음이 가는 형태는 승렬을 다투는 것이라 생각된다. 짐승 새 벌레에 이르기까지 승패를 다투지 않는 것은 없다"(『独考』卷上, 276~77頁)고 하듯이, 승패를 다투는 것이 인간으로서 불가피하다면, "나라 전체"(『独考』卷中, 275頁)를 위해 타국과 교역하여 이익을 다투자고 주장했다. 왜냐하면 '일본' 국내의 부케武家와 죠닌, 부케와 농민, 나아가서는 부케 주종 사이의 돈 다툼 충돌은 "뛰어난 재인이면서, 다른 사람을 쓰러뜨려 일신一身 영달하기를 원함은, 소인의 꾀가 아닐까"(上同, 280頁) 라는 가와무라 즈이켄河村瑞軒을 비난하는 말에서 볼 수 있듯이, "다른 사람을 쓰러뜨리는" 것 외에 이익을 얻지 못하는 제로섬 게임이었기 때문이다. 마쿠즈는 그런 충돌을 '일본' 전체의 이익을 도모한다는 목표를 설정함으로써 극복하고자 했다고 할 수 있다. 바꾸어 말하면, '일본' 전체의 이익을 추구하는 고차원의 목표를 공유하여, 지금까지 국내에서의 '돈 다툼'의 모순을 극복하고자 했다.

주지하는 바와 같이, 마쿠즈의 이런 사고는 다름 아닌 아버지 고토 헤이스케의 것이었다. 헤이스케는 일본 최초로 "러시아의 동방경략을

---

40) 금·은가루로 표면에 무늬를 놓는, 일본 특유의 공예/역주

구체적으로 설명하면서, 일본과 러시아의 지리적 관계를 분명히 한"[41] 『赤蝦夷風說考적하이풍설고/아카에조후세쓰코』(上卷·天保3年, 下卷·天明元年)에서 에조치蝦夷地(지금의 홋카이도)의 산업 개발을 수단으로 하는 외국 무역을 주장하여 다음과 같이 말한다.

> 모든 나라를 다스리는 첫 번째는, 자국의 힘을 두터이 하는 데 있다. 나라의 힘을 두터이 함에는, 특히 외국의 보물을 자국으로 들여오는 것을 첫 번째로 해야 한다.[42] (『赤蝦夷風說考』上卷)

> 어떠한 모양의 국익을 생각해도, 우리나라의 내계內計에서의 수단 공부에서는 진척될 일은 있기 어렵다.[43] (『赤蝦夷風說考』上卷)

마쿠즈 스스로 『독고』의 저작 의도가 헤이스케의 의지를 잇는데 있다고 술회하고 있는데, 이 외국무역론은 바로 그 중심에 있다고 할 수 있다.[44] 물론, 외국무역을 통해 국내의 경제적 모순을 해결코자

---

41) 佐藤昌介 앞의 책, 125쪽. 고토 헤이스케에 대해서는 사토의 앞의 책 외에 야지마 미치후미矢嶋道文 『近世日本の'重商主義'思想硏究』(御茶の水書房, 2003年) 참조. 또 오규 시게히로荻生茂博는, 러시아가 "병위兵威로써 포학을 차단하고, 또는 이름 없는 병사兵事는 내지 않는" 예의를 존중하는 문명국이라는 헤이스케의 『적하이풍설고』의 러시아관은, "만국蛮国은 심히 신의를 존중하고, 비례(의)非禮(義)한 병사를 일으키는 일을 싫어한다"(『函底秘說』, 東京大学史料編纂所蔵写本)이라 말하고 있는 마쓰다이라 사다노부松平定信에게 영향을 주면서도, 사다노부가 다누마 오키쓰구田沼意次 정권=헤이스케의 중상주의책을 부정한 것은, 러시아가 문명국이므로 화이질서관 속으로 편입하지 못하고 락스만의 통신통상 요구를 거부했던 것 이라고 설명하고 있다. 「江戸後期の海外認識と林述斎」(『近代·アジア·陽明学』所收, ぺりかん社, 2008年)
42) 오토모 기사쿠 편大友喜作編 『北門叢書』第1冊 (北光書房, 1934年) 221쪽.
43) 위의 책, 222쪽.
44) 헤이스케와 같은 생각은 가이호 세이료도 하고 있었다. "학鶴은 에도의 대정大政을 모른다. 말하지 않는다. 제번諸藩의 정사를 말할 때, 도요토미 공의 조선 공략은 마땅한 법이다. (도요토미)공이 우리 나라의 모양새를 보심에, 동서남북이 서로 공격하여 전투가 그칠 때가 없었다. 그래서 외국을 공략하는 일이 시작되었다는 말이 전해진다. 일본을 하나로 한 편으로 하고, 외역外域을 적으로 보는 법이다. 지금 아래의 돈을 우려낸다면, 아래는 위를 적으로 본다.

하는 경략론은 동시대 난학자 시바 고칸과 혼다 도시아키도 생각하고 있었고, 그 의미에서는 헤이스케의 의지가 사장된 것은 아니었다.[45] 그러나 객관적으로는 그렇게 말할 수 있어도, 마쿠즈의 주관으로서는 외국무역의 이익을 널리 세상에 알리는 것이 아버지 헤이스케의 의지를 헛되지 않게 하기 위한 자기에게 주어진 사명이라고 인식했다.

주목할 것은, 『독고』는 단순히 헤이스케의 뜻을 잇는 동시대의 난학자들의 공통 문제의 관심에서 나아가 그들에게는 없는 독자적 논점을 제시하고 있다는 점이다. 앞서 보았던, 락스만에게 담배를 줄 때 뜻밖에 드러난 것처럼, 마쿠즈는 눈앞의 이익을 근시안적으로 밖에 보지 못하는 데에 일본인의 결점이 있다고 말하고 있다. "우리나라가 다른 나라보다 못한 것은, 성급하여 생각이 짧아, 생각을 채워 엄숙하게 됨을 고안해 낼 수 없다. 당장의 이로움만 좋아하는 것은 나쁘고, 비용을 마다하지 않고 잠시 눈을 기쁘게 하는 것을 즐기고, 몸마저 즐기면 좋은 것이라 생각하는 것도 나빠서 모두 사라져 덧없는 마음이다"(『独考』卷中, 281頁). 마쿠즈에 의하면, 이는 "우리나라 사람은 나라 전체를 몰라서, 작은 것에 밝고 큰 것에 어리석다는 것, 그러므로 아버지가 늘 탄식했던 것"(『独考』卷中, 280頁) 이었다. 마쿠즈의 논의는 앞으로 더 나아간다.

상하가 번갈아 서로 적으로 삼는 이것은 심히 잘못된 것이다. 도요토미 공의 고지故智로써 보자면, 일국을 하나로 보는 시각이 되어, 타국의 금을 취하는 법, 심히 마땅하다고 생각한다"(『稽古談』卷5, 『海保青陵全集』92쪽).

45) 혼다 도시아키는 북방문제에 관심을 가지기 시작했을 때, 모가미 도쿠나이最上德內가 고토 헤이스케의 『적하이풍설고』에서 러시아 역사와 동방진출 기사를 뽑아낸 노트를 보정하여 『적하이풍설고』(天明元年, 1768년)라는 서책을 남기고 있다. 아베 마코토安部真琴 「本田利明の伝記的研究付『本田利明著作目録』(2)」(『ヒストリア』12号, 1955年 5月) 참조. 헤이스케의 『적하이풍설고』가 도시아키에게 미친 영향은 단순히 북방문제 만이 아니고, 후의 『서역물어』와 『경세비책』의 도해渡海 해운무역론까지 미쳤다고 생각된다. 小沢栄一 『近代日本史学史の研究 幕末編』37쪽 참조.

'일본'에서는 '낮 밤의 수'=시간을 의식하면서, 이성적으로 판단하여, "엄숙한 것을 고안해 낼 수" 없다. 더군다나 앞서 본 것처럼, 그 개개의 '생각'들을 '서로 말하'지도 않아, 한 사람 각자의 '생각'이 '헛되이 낡아'져 버린다. 마쿠즈의 『독고』에서 주목해야 할 것은, 이런 개개의 '생각'을 헛되지 않게 하기 위해서도, 그것들을 '서로 말하는' 공공적 장소를 구상하고 있었다는 점이다. 그녀의 학교론이 그러하다. 마쿠즈는 여러 번藩이 한코藩校를 유지하는 것이 지금까지 경제적 비용 손실이었다고 비판하고, 그것을 '일본국의 이익'이 되는 곳으로 바꾸자며 다음과 같이 말한다.

> 지금 세상이 돈을 두고 다투는 난세라고 생각해 보면, 이 어당御堂(=藩校)의 행위[わざ]는 금은보화를 멸시함이 법法인 까닭에 쓰는 것만으로 해서 구니国에 이익이 없다. 너무도 이렇게 위엄있게 받들기 시작하는 것이므로, 이 어당에 구니의 낭비를 근심하는 박식한 사람들을 모아 천지에 통하여 엄숙한 생각을 지극히 하는 곳이 되어야 하지 않겠는가. 여러 구니[諸国]에 세우고 어당에서도, 그것에서 배우고 사심을 다 물리쳐, 하루 밤낮의 수를 근본으로 하여 천지 사이의 박자에 의해 일본국의 이익이 될 것을 서로 생각하게 하면서, 이를 모아서 좋고 나쁨을 정하고, 행위를 의례에 따라 만대에 흔들림 없는 행위가 되고자 함에는, 성인도 나쁘다고 생각지 않을 것이다. 어문御門 밖에도 귀천을 가리지 않고 생각한 것을 받드는 상자를 붙박아서, 여러 사람의 생각을 모아서 저것과 이것을 비추어 보면, 구니에 이익이 되는 것도 많게 된다. (『独考』 卷下, 293頁)

마쿠즈는 한코藩校를, "구니의 낭비를 근심하는 박식한 사람들"이 모여서 "일본국의 이익"을 위한 방책을 고안해 내는 장소로 개혁하자고 했던 것이다. 나아가, 귀천상하라는 신분의 차별 없이 여러 종류의 의견을 제출하여, 그 의견들을 '비추어 보는' 것이 가능하다면 '나라의 이익'이 될

것도 많고, 그런 열린 장소에 학교를 하자고 했다.[46)]

본래 그런 중지를 모아 시비를 정한다는 개방된 태도는 다음과 같은
마쿠즈의 언설에 잘 나타난다.

확신하는 일이 있어도, 같은 마음이 아닌 사람에게 말하는 것은 쓸데없는
시빗거리만 일으키는 까닭에, 마음 (속)으로 삼켜서 사그라져 버리는 일도
많게 되리라는 것을, 각자 갖고 나와서 받들어야 할 일이다. 마음을 일으켜
생각을 지극히 하는 사람이 점점 더 많아져 모이면서, 백만 인의 지혜를 정
리하여 구니國의 이익이 된다면, 그렇게 되어 돈을 다투는 마음도 다스려져
안정될 것이다. 엄숙한 것으로써 공公에서 시키기 때문에 아래는 전전긍긍
하여 하게 된다. 작은 벌레조차 많이 모이면 등불을 밝힌다고 하는데, 사람
으로서 가만히 있어서는 안 된다. (『独考』 卷下, 294頁)

생각이 떠오르는 사항이 있어도, "같은 마음이 아닌 사람"에게 그것을
말해도 헛되이 "시빗거리"만 되므로, 결국, 홀로 "마음(속)으로 삼켜서"
사그라지게 되는 일이 많다. 이 대목에서 마쿠즈의 고독한 사색의
그림자가 있음을 잘 볼 수 있는데, 마쿠즈에 의하면, 그것은 "학자의
생각이 헛되이 사라지는 것은 낭비 아닌가"(『独考』 卷下, 296頁)라고 하였듯이
경제적 손실이라는 것이다. 이렇게 헛되지 않기 위해서도 마쿠즈는 "
마음을 일으켜 생각을 극히 하는 사람"들이 "모이면서", 모여서 "백만 인의
지혜를 정리하여 구니의 이익"이 된다면, "돈을 다투는 마음도 다스려"

---

46) 세키 다미코는 마쿠즈의 '성당聖堂'-'학교' 개혁론에 대해, "사무라이武士의 정
치 독점이라는 막번제적 신분질서의 원칙에 저항하는 하나의 새로운 정치기
관 구상이라는 데에 그 독자적인 의의가 있다"고 하고, "막번제 해체기의 시
대상을 사무라이 · 죠닌 · 햐쿠쇼가 '금은을 다투는 마음의 난세'로 간주함을
전제로 하여, 그 계급투쟁에 대한 유효한 억지책으로서 제기된 것을 간과해
서는 안 된다"고 하여, '절대주의 국가에의 지향'을 갖고 있었다고 지적하고
있다.

져 안정될 것이다. 그리고 중지를 결집하여 정리한 "엄숙한 것"으로써 '공'에서 명령하면 아래는 그것을 따를 것이라 한다. 마쿠즈는 이런 중지를 결집해 가는 것을 수많은 '작은 벌레'가 모여 '등불을 밝히는' 것에 비유한다.

마쿠즈의 이런 학교론이 동시대인에게 너무도 과격했던 것은, 이 학교론을 비판하는 바킨과 비교하면 분명해진다. 바킨은, 당대의 학교는 "참으로 태평의 선정御善政이시기에 우러러 받들어야 할"(『独考論』 352頁) 것이었고, 이를 무익하다고 단언하는 마쿠즈는, "나는 여자이므로, 생각한 그대로를 말해도 무슨 일이 있을까라고 스스로 용서하게 된다 해도"(上同, 351頁), 그 반정부적 언사는 용서할 수 없다. "그 도리에 어긋난 것은 말할 가치도 없다"(上同, 351頁), "당시를 비방하여 떠받칠 염려가 있다"(上同, 351頁)며 바킨은 마쿠즈의 참람됨을 극구 비난한다. 그리고 "백성은, 따르게는 할 수 있으나, 이를 알게 해서는 안 된다[民可使由之, 不可使知之/역주]"(泰伯篇), "보통 사람 이상은 높은 것을 말할 수 있으나, 보통 사람 이하는 높은 것을 말할 수 없다[中人以上, 可以語上也, 中人以下, 不可以語上也/역주]"(雍也篇)라고 하는 『논어』의 구절을 인용하여 말한다.

> 모든 일을 헤아려 생각함에, 사람이 많으면 여러 의론이 어지러워서[衆議繽紜] 일치되지 않는다. 백성에게 정사의 조언을 하게 하면 거리끼는 바가 없다. 그러므로 백성에게는 왕의 은덕에 따르게 해야 하지 그 은덕을 알게 해서는 안 된다. 위는 그 은혜를 은혜로 하지 않으므로, 백성은 편안한 것 같고 그 덕에 말미암지 않는 것이 없다. 어찌 백성의 지혜를 빌어서 정사의 바탕으로 하는 것이 옳겠는가. (『独考論』 352~53頁)

본래 유교적 덕치주의를 고집하는 바킨은, "모든 일을 헤아려 생각"함에 즈음하여 "많은 사람"의 "중론[衆議]"에 의한 "일치"를 이해할 수 없었다.

그러나 거꾸로 마쿠즈처럼 '중론'의 가능성을 통찰할 수 있었던 것은, 그녀 주위에 있었던 난학자들의 회독에 의한 독서회의 견문이 있었기 때문이었다. 예를 들면, 『해체신서』 번역의 뒤를 이은 오쓰키 겐타쿠의 학당에서도 회독이 있었다. 거기에서는 앞서 살핀 것처럼 난학서를 공동으로 독서하여 활발한 토론·의론이 몇 번 겹쳐지면서 번역이 이루어졌다. 난학자의 그런 회독을 알았기 때문에, 중지를 모아 시비를 정리하여 나간다는 학교론의 발상도 가능했었다. 게다가 한 발 더 나아가, 마쿠즈가 그 학교의 장을 '일본국의 이익'을 꾀하기 위한 중지를 모으는 장으로 한 것은 동시대, 가령 사토 노부히로도 같은 모양의 의견을 갖고 있었지만,[47) 회독의 장을 정치적 논의의 장으로 전환시키고자 했던 후대의 요코이 쇼난의 학교론 보다 선구적이었다고 할 수 있다.

5. '작은 벌레小虫'의 의의

마쿠즈는 '세상사람'의 평범한 삶을 거부하고, 자기가 산 증거를 '수 (わざ=방책)'로서 남겨 두고 싶다는, 내면에서 용솟음치는 원망願望을 갖고

---

47) 사토 노부히로는 다음과 같이 말하고 있다. "천하로 내리는 바의 모든 제령 조고制令詔誥 등은 대학교에서 공고를 내고, 또한 여러 관인官人 등의 선거도 학교의 정사政事 임으로써, 강당 뒤에는 회의당이 하나 있어 천자 및 삼대三 台·육부의 관인 모두 모여서 정사를 논의하고, 회의가 이미 결정된 다음에 는 대사大事는 반드시 종묘에 제고祭告한 후에 행한다"(佐藤信淵 『混同秘策』 卷1, 『佐藤信淵家学全集』 卷中, 岩波書店, 1926年, 212쪽). 또 하시모토 사 나이도 "특히 국가의 대사大事, 법령을 새로이 하고 병혁兵革을 맡고, 공작을 일으키는 모양의 바른 길은, 학교에 내려서 숙의한 후에 횡론黌論을 서로 정 하여 정부에 전달하고, 정부에서도 여러 관官이 반복하여 의론을 고쳐서 중 론을 하나로 한 위에 행함이 옳다. 따라서 국왕이라 하더라도 한 사람에게 그의 뜻에 맡겨서 마음대로 대사를 만들수는 없는 것이다(橋本左內 「西洋事 情書」, 安政2~3年, 『渡辺華山·高野長英·佐久間象山·横井小楠·橋本左 內』 日本思想大系55, 岩波書店, 1971年, 591쪽). 이라 하고 있다.

있었다. 그것은 태생적 충동이었다고 할 수 있다. 그러나 '여자'이기 때문에, 더 근본적으로는 고정적이고 수직적 신분질서 속에서 살아 가기 때문에, 실현 불가능한 "바구니 안에서 바구니로 옮겨져", "혼자 세상을 여기 저기 돌아다니는 것의 부러움"을 탄식하는 마쿠즈에게는 '혼자 생각'을 벗어날 수 없었다. 그 고독한 사색에서 태어난 그녀의 사상은, 다키자와 바킨이 비난하는 것처럼 과격한 내용이 들어 있지만, 우리가 볼 때는 에도 후기 사상 공간의 2대 조류, 국학과 난학 두 가지가 교착한 특출한 것이었다고 할 수 있다.[48]

그것은 마쿠즈가 '여자'의 몸으로 시대의 깊은 모순을 등에 진 채 '일본인'이라는 내셔널 아이덴티티에 생각이 도달했던 것에 나타나 있다. 강고한 신분 질서에 억압되어 자기 실현이 저지되었던 자가, 돈을 다투는 '마음의 난세'에서 개인으로서 어떻게 살아 나가야 할 것인가. 바킨처럼 권선징악의 도덕주의에 의해 현실의 부조리를 얼버무리지 않고, 사회의 연대성을 구하고자 할 때 거기에 '일본인'이라는 내셔널 아이덴티티가 수면 위로 떠오른 것이다. 특히 동시대의 국학자 모토오리 노리나가와는 달리, 마쿠즈는 자기의 능력과 생각을 실현할 수 있는 영역으로서의 '일본'

---

48) 본장에서는 마쿠즈의 국학과 난학의 교착을 국학과 난학의 차이에 착안하여 분석했으나, 본래 마쿠즈가 양자를 넘나들 수 있었던 것은 양자에 공통하는 무언가가 있었기 때문이었을 것이다. 이 점에 대해서는 히노 다쓰오의 다음과 같은 말이 시사적이다. 히노는 국학과 난학은 "국쇄주의"와 "국제주의"로 "대체로 정반대의 학문이나" 여기에 관계했던 사람들의 "심리적 출발점"으로 거슬러 올라가면 "근세 중기의 폐색 상황 가운데에서 양성된, 멀리 가고 싶다는 공통의 충동" "이계異界 체험의 원망"으로 발현하고 있어, 그 이계가 국학에서는 고대, 난학에서는 해외인 것만으로, "상호 눈에 띌 정도로 떨어져서 작동했던 것은 아니었다"고 한다. 日野龍夫「秋成の思想」(『国文学 解析と教材の研究』40巻7号, 1995年6月, 『日野龍夫著作集』第2巻 수록, 2005年). "두 겹 세겹의 상자에 들어가 법의 그물에 몸을 숨겨" "흡사 새장 안의 새"와 같은 어려웠던 생활 속에서 "마음만은 세상을 달릴"(『独考』357頁) 수 있었던 유일한 사상이 마쿠즈에게 국학도 난학도 함께 "멀리 가고 싶다는 공통의 충동"으로 발하고 있었기 때문에 받아들여졌던 것이다.

을 구상했다는 점에서 난학자와 공유하는 문제의식을 갖고 있었다고 할 수 있다.

더구나 주목할 것은 '여자'였던 마쿠즈에게는 동시대의 난학자들에게 없는 독자적 사고방식이 있다는 것이다. "돈을 다투는 마음의 난세"의 모순을 어떻게 극복할 것인가. 마쿠즈는 그것을 '일본' 전체의 이익, '국익'을 목표로 두고, 국내 이해의 대립을 극복하고자 했다.[49] 이 점은 혼다 도시아키 등 난학자 계통 지식인의 경세책과 다르지 않다. 그러나 마쿠즈의 『독고』는 거기에 머물지 않는 매력적인 사상이 내재되어 있다. 구체적으로는 마쿠즈의 학교론이다. 거기에는 위로부터의 권력으로써 사람들을 조종하고자 하는 것이 아니라, "귀천을 가리지 않는"(前出) 아래로부터의 중지를 모아서 '국익'을 위해 보다 좋은 방책을 잘 다듬어가는 길이 모색되어 있다.

생각건대 여기에는 남성적인 힘의 원리를 초월하는 시각이 있다. 예를 들면 같은 시대의 혼다 도시아키이다. 도시아키 또한 일본의 이익을 도모하기 위해 교역론을 주장하고, 국내의 계급적 이해의 대립을 국가 간의 교역으로써 해결하고자 했다. 그러나 마쿠즈와 비교하여 상기해야

---

49) 이 점, 마쿠즈의 천황론을 주목하자. 마쿠즈는 부케武家와 죠닌町人 같은 신분 간의 인간관계 뿐만 아니라, "오사카는 금은의 책을 매어서 통용시키는 땅이라 들었다. 옛날의 싸움하는 마음 버릇이야 남았을 것이다. 간토関東 사람을 쓰러트려 토지를 번성하게 하고, 몸을 풍요롭게 해서 즐겁다 생각하는 속정俗情이 있다. 두렵도다 두렵도다"(『独考』卷中, 280頁) 라 적고 있는 것처럼 지역적 대립도 있다 말하고, 이 국내의 지역적인 '집안싸움'을 극복할 것으로서 마쿠즈가 주목하고 있었던 것은 천황의 존재였다.
우에가타진上方人(=교토 사람/역주)들은 간토関東의 낭비를 의식하지 않는다. 자신이 사는 구니国의 번영이 옳다고 생각함은 집안싸움 아닌가. 말하기조차 황송하옵게도 이 도요아시하라豊蘆原(일본의 미칭/역주)에 오오미쿠니おほみ国(大御国)를 다스리시는, 스메라미코토(=천황/역주)의 어심에, 국내를 화목하게 생각하실 것이다. 간토를 비롯하여 여러 구니의 여러 다이묘를 동일한 천황의 마음으로 아름답게 취급하심이다.(『独考』卷下, 304頁)
국학과의 관계는 이 점에서부터도 검토되어야 한다.

할 것은, 도시아키는 국가 간의 교역을 일종의 전쟁으로 파악하고 있었던 것, 또 일본은 '무국武国'이라는 힘의 논리를 추진하고 있었던 점이다. 그 때문에 "나라에 영웅호걸이 뜨지 않으면 차츰 국무의 결점 있음을 보충하여 국부가 장구하다"[50](『西域物語』 卷上)라 하듯이 '호걸'에 의한 '개업'을 구상하고 있었다. 그것은 출중한 카리스마의 힘에 의한 모순 극복의 길이었다고 할 수 있다.

이 도시아키를 곁에 두고 보면, 마쿠즈의 시각은 어디까지나 '작은 벌레小虫'(『独考』 卷下, 294頁)의 입장에서부터였다는 점에서 뛰어났다. 생각건대, 그런 아래로부터의 시점이었기 때문에 비천한 가부키歌舞伎 속에서 '공부'의 축적을 보고 어떤 신분의 사람으로부터도 지혜를 모아 가자고 할 수 있었다. 마쿠즈의 구상은 남성적인 힘의 논리가 아닌 '작은 벌레'로서의 강유한 여성적 시점이 관통한다고 할 수 있다.

마쿠즈의 사상이 국학과 난학의 교착점에 있다고 생각되는 것은, 이 '작은 벌레'의 인식이, 마쿠즈도 읽었다고 추정되는 가모노 마부치의 『国意考국의고』를 상기시키는 점이다. 알려진 바대로 마부치는 '당인唐人'의 주지주의를 비판하고 있다.

> 사람이 조수鳥獸와 다르다는 것은, 사람의 편에서 나를 칭송하고 바깥을 멸시하는 것이라, 또한 당인의 버릇이다. 사방의 나라들을 오랑캐라고 멸시하여 그 말이 통하지 않는 것과 같다. 무릇 천지 사이에 나서 살고 있는 것은 모두 벌레가 아닌가. 그 중에 사람만이 어찌 귀하고 사람만이 살고자 하는 것이겠는가.[51] (『国意考』)

---

50) 『本多利明・海保青陵』 98쪽. 혼다 도시아키의 '호걸'관에 대해서는 본서 제2편 제3장 참조.
51) 『近世神道論・前期国学』 379쪽.

마부치의 이 비판은 유교와 불교에서의 인간의 특권성 · 독선성에 대한 비판인데, 마쿠즈의 경우, '작은 벌레'의 입장에서, 마부치 처럼 거기에 안주하지 않고, 어디까지나 인간의 '공부'의 축적 · 진보를 목표로 했다. 또 그 한편으로 마쿠즈는 도시아키와 같은 특권적인 '호걸'로 되어버리는 것도 아니다. 생각건대, '호걸'을 자부하는 자기에의 과신은, 부조리한 현실을 앞에 두고서는 어찌해도 미덥지 못한 것으로 비쳐졌을 것이다. 그 정도로, "이중 삼중의 상자에 들어가 법의 그물에 몸을 숨겨" "흡사 새장 안의 새"와 같은 어려웠던 생활은, 마쿠즈에게는 무거웠던 것이다.

"작은 벌레조차 많이 모이면 등불이 된다고 하는데, 사람으로서 가만히 있어서는 안 된다"(前出)이라 하듯이, '작은 벌레'가 모여 중지를 모아서 '공부'를 거듭 쌓아 나간다. '작은 벌레' 끼리의 협력으로써 '등불을 밝'혀 '일본'을 지탱해 나가는, 그러한 '일본인'이라는 내셔널 아이덴티티를 구상하고 있었던 점에서, 고독한 사색가, 다다노 마쿠즈는 에도 후기의 사상사상, 잊어서는 안 될 존재이다.

5장
와타나베 가잔渡辺崋山의 '지志'와 서양인식의 특질

와타나베 가잔(渡辺崋山)의
월하명기도(月下鳴機図)(1841년 작)

1. '만사의 옥蛮社の獄'과 고가 도안古賀侗庵

와타나베 가잔(寛政5年~天保12年, 1793~1841) 사상의 개명성에 대해서는 지금까지도 많은 이들이 논해 왔다.[1] 그러나 종래의 연구는 가잔의 탁월성을 현창한 나머지, 에도 후기의 사상 공간에서 가잔을 충분히 자리매김 하지 못했다고 생각한다. 그 때문인지 가잔의 사상이 에도 사상사에서 어느 정도 고립되어 있다는 느낌을 지울 수 없다. 우리는 가잔의 서양 인식과 궁리관 등에 대해, 동시대의 난학자 혹은 '만사蛮社' 그룹(=난학자 단체/역주)의 일원으로 알려진 고가 도안古賀侗庵 등의 쇼헤이코昌平黌의 주자학자와 나아가 가잔과 대립하는 후기 미토학자와도 비교 대조하여 가잔 사상의 특질을 파악할 필요가 있다.

이 장에서는 이런 문제의식에서, 우선 가잔에 대해 내재적 이해를 시도하여 난학 섭취의 주체적 조건을 밝힌 다음, 초고·재고『西洋事情書서양사정서』와『外国事情書외국사정서』를 분석하고, 거기서 도출되는 가잔의 서양인식을 동시대의 사상가들과 비교할 때, 어떤 점이 독창적인가를 규명한다.

주지하는 바와 같이, 난학의 본질을 근대사상으로 볼 것인가 아니면

---

1) 1998년까지의 가잔 연구 문헌은 오자와 고이치小澤耕一·하가 노보루芳賀登 감수 『渡辺崋山集』 卷7(日本図書センター, 1999年)에 목록이 있어 편리하다. 본고에서 인용한 가잔의 『慎舌小記』, 『慎舌或問』, 『慎機論』, 초고·재고『西洋事情書』, 『外国事情書』, 『退役願書之稿』의 텍스트는 이와나미岩波 문고 『崋山·長英論集』(岩波書店, 1978年)에 실린 것을, 또 서간·일기는『渡辺崋山集』을 각각 사용했다. 다카노 죠에이의 텍스트도 이와나미 문고본을 사용했다. 이하 쪽수는 약기했다.

봉건제 보강설로 볼 것인가 라는 고전적 시각에서 '만사' 난학을 파악하는 태도를 비판했던 이는 가잔 연구의 일인자 사토 쇼스케佐藤昌介였다.[2] 사토의 비판은, 두 가지 모두 '만사'의 실태와 '만사의 옥'의 진상을 파악하지 않았던 데로 향하고 있다. 그런 문제의식에서, 사토는 '만사의 옥蛮社の獄/반샤노고쿠'의 사적史的 과정을 규명하여, 그것이 직접으로는 에도만 방비防備 문제를 둘러싼 막부 관료 사이의 대립에서 파생된 정치 스캔들이었으며, 반드시 사상 탄압이 아니었음을 실증적으로 밝혔다. 나아가 정치사적으로 고찰함과 동시에 『愼機論신기론』, 초고 및 재고 『서양사정서』, 『외국사정서』의 사상 내용을 상세하게 분석하여, 협소한 '유교의 전통적 세계관'에 대치한 가잔의 '과학적 정신'을 논하고, 그것이 '봉건비판'적 성격을 지니고 있었다고 한다.

다만, 사토는 가잔 사상의 일정한 개명성을 인정하면서도, 봉건적 치자관治者觀에 서있는 한, '봉건제도의 보강·수정으로서의 한계[3]'를 지니고 있었다고 덧붙이고 있다. 가잔의 사상 이해에 대해서는, 봉건 보강설이라는 그 때까지의 난학 연구의 연장선상에 있다고 할 수 있겠다. 그러나 가잔과 가까웠던 고가 도안 같은 개명적 주자학자의 사상이 주목되는[4] 지금은 '유교의 전통적인 세계관'이라 해도 그 내실이 문제시 되므로, 이 점은 재고할 필요가 있다.[5]

---

2) 사토 쇼스케의 가잔 연구는 『洋学史研究序說』(岩波書店, 1964年), 『洋学史の研究』(中央公論社, 1980年), 『渡辺崋山』(人物叢書, 吉川弘文館, 1986年)에 정리되어 있다.

3) 위 『洋学史研究序說』170쪽.

4) 우메자와 히데오梅沢秀夫는 도안과 가잔이 함께 주자학적 '리理'를 기초로 하여, 성인을 복수화하여 서양문명의 교법을 이해하고 있었다고 지적하여, 쇼헤이코 주자학이 견고한 바위덩이가 아니었음을 논하고 있다. 梅沢秀夫「昌平黌朱子学と洋学」(『思想』766号, 1988年4月) 참조. 필자도 그런 관점에서 고가 도안의 사상을 고찰했다. 졸저 『近世日本の儒学と兵学』(ぺりかん社, 1996年) 참조.

5) 벳쇼 고이치別所興一는 유교를 부정적으로 보는 종래의 시각과 달리, 가잔이 유

그 때, 우리는 고가 도안과 아사카 곤사이安積艮斋 등이 "가잔의 학식과 지견을 좇아서"[6) "난학의 대시주大施主"(前揭『奪紅秘事』)인 가잔 앞으로 모여 들었다는 가잔 중심 사관史観을 버려야 한다.[7) 왜냐하면 예를 들어 도안은, 반드시 "가잔의 영향으로 난학 내지 해방海防 문제에 관심을 갖게 된 것이 아니었"[8)기 때문이다. 도안은 분카文化 연간에 발생했던 러시아 배 폭행 사건에 충격을 받고, 해방을 위해서는 서양 여러 나라의 정확한

학을 '세계보편의 도리'로 본 것을 적극적으로 평가하고 있다. 「渡辺崋山のア ジア認識と西洋認識」(片桐一男編『日蘭交流史―その人・物・情報』思文閣出 版, 2002年),『渡辺崋山―郷国と世界へのまなざし』(愛知大学綜合郷土研究 所ブックレット, 2004年) 참조.

6) 사토, 앞의 책『渡辺崋山』110쪽.

7) 사토 쇼스케만이 아닌 가잔 중심사관은, 본래는 다카노 죠에이高野長英의 다음과 같은 인식이 그 뿌리라 생각된다. "혹은 만국의 치란흥폐를 상세히 하고자 하여 [이 모임에 들어와 혹은 천산수학天算数学 연구를 하고자] 이 학을 존신하고"(『蛮 社遭厄小記』230쪽), "같은 기질끼리 서로 구하고 같은 소리로 서로 웅대하는 사리事理이어서, 가잔의 교우는 왕왕 만학을 존봉하는 자 많아, 이에 *즈이코瑞 皐・*가쿠사이学斎 등과 교류하는 자도 또한 적지 않았다"(上同, 231쪽). *쇼시카 이尚歯会에 대해 사토는 후지타 모키치藤田茂吉의『文明東漸史』(明治 17年刊) 이래 의 설, 즉 가잔・죠에이 등이 "동지를 규합하고 서로 모의하여 하나의 회의소를 설치했"다는 종래의 설에 대해, 기슈 번紀州藩 유학자 엔도 쇼스케遠藤勝助가 덴포 기근 때문에 설치했던 회합이라 하여, 후지타 설이 "가잔 등의 사적을 선양하고 자 한 나머지, 죠에이의 기술을 자의적으로 고쳤거나 혹은 확대 해석했다는 비 난을 면키 어렵다"고 비판하고 있는데, 만사蛮社 그룹 개개인의 연구가 진전되지 않았던 단계의 일이라고는 하더라도 사토 자신 또한 이 비판으로부터 자유롭지 않다고 생각된다. 이에 대해 오규 시게히로荻生茂博는 만사 그룹의 에가와 단안 ・하쿠라 간도羽倉簡堂의 교류권을 세밀히 조사했을 뿐 아니라, 모리슨 호 포격 사건에 즈음하여서도 하야시 줏사이林述斎가, 포격이 '무법'이며, '이국 접대의 예'가 결여되었다고 막각幕閣의 평의에서 의견을 개진했던 것 등, 보편적인 유교 적 인정론仁政論에 기초한 쇼헤이코파派 외교론의 적극적인 역할을 지적하여, 쇼 헤이코 '수구파' 대 난학 '개명파'의 도식을 비판하고 있다. 「幕府士人と言説形 成」(『江戸の思想』3号, 1996年2月),「海防論再考」「大国主義と日本の'実学」 (『近代・アジア・陽明学』수록, ぺりかん社, 2008年).

* 즈이코 : 다카노 죠에이의 호.

* 가쿠사이 : 하야시 가쿠사이林学斎. 에도 후기, 메이지 초의 유학자. 린케 12대 대학두.

* 쇼시카이 : 에도 시대 후기에 난학자 유학자 등 폭넓은 분야의 학자・기술자・관료 등 이 모여 발족했던 모임. 가잔과 죠에이도 이 쇼시카이의 일원이었다/역주

8) 사토, 앞의 책『渡辺崋山』111쪽.

정보를 입수하는 것이 긴요하다고 판단하여, 가잔이 난학에 접하기 훨씬 이전부터 오쓰키 겐타쿠 등의 난학자들과 교류하면서 가잔이 참조한 세계지리서를 숙독하고 있다. 즉 일방적으로 가잔 때문에 눈을 떠서 서양 정보를 얻었던 것이 아니었다.

도안과 가잔의 관계에 대해서는, 식견의 범위가 좁아 여기에서 직접 도안과 가잔의 관계를 뒷받침할 자료는 없다. 사토의 지적대로 "가잔과 그 정도로 깊은 관계를 맺고 있었다고는 생각되지 않지"[9]만, 도안의 문집에는 만사의 옥에 대한 도안의 입장으로 보이는 곳이 있다. 가잔과 마찬가지로, 외국선타불령外国船打払令[10]을 비판하고, 발전한 서양 제국의 군함과 대포를 받아들이고자 했던, 막말 해방서의 백미로 꼽히는『海防臆測해방억측』중의 한 구절이 그것이다.

『해방억측』후반부(31~50편, 나중에 권하卷下로 정리됨)는 덴포 10년(1839)에 쓴 것이다. 그 해 5월 14일, 가잔은 기타마치부교北町奉行[11] 오쿠사 다카요시大草高好의 관사로 소환되어 특별 감옥행[揚屋入り아가리야이리][12]에 처해지고, 12월 18일『신기론』및『초고서양사정서』에서 막부 정치를 비판한 죄로 재소칩거在所蟄居 판결을 받았다. 이는『해방억측』후반부가

---

9) 앞의『洋学史研究序說』201쪽.

10) 에도 막부가 일본인과 외국인의 접촉을 금지할 목적으로 1825년(文政8년) 발령했던 외국선 추방령. 異国船打払令이라고도 함. 그러나 모리슨호 사건과 아편전쟁에서 청조가 패한 뒤 막부는 서양 군사력의 막강함을 인식했고, 또 외국에 대한 정보를 고려할 때 무엇이 일어날지 몰라, 1842년에 폐지됨/역주 ＊위키피디아 재팬 일부 참조

11) 에도 막부의 직명으로서 에도마치부교 중의 하나. 미나미마치부교南町奉行와 매달 교대하여 에도 마치의 행정·사법·경찰을 관장했다/역주
＊마치부교町 : 에도 막부의 직명 중의 하나로, 중요도시의 마치町 및 죠닌町人의 행정·사법·경찰을 관장. 에도에서는 에도마치부교라 했고, 산부교三奉行의 하나. 지샤부교寺社奉行, 간죠부교勘定奉行와 마치부교를 산부교라 함

12) 아가리야揚屋는, 에도 시대에 다이묘, 하타모토 등의 중신과 사무라이, 승려 등의 신분 있던 미결수를 감금했던 일종의 구치소(로야시키牢屋敷)이며, 아가리야에 감금되는 것을 아가리야이리라 함/역주 ＊위키피디아 재팬 및 고토방쿠 일부 참조

바로 만사의 옥 와중에 작성되고 있었음을 뜻한다. 도안은 그 서장에서 '今之握 樞軸 者지금 추축을 쥔 자'는 상세한 만국전도를 늘 옆에 걸어두고 서양 제국諸国의 세계 침략 실태를 직시하라고 설파하면서 다음과 같이 말한다.

내 오늘날의 재서간충才諝幹蟲한 신하라는 자가 보는 바를 보건대, 그 처리하기 매우 어려운 난처한 일에 당하여서는 이로움을 따르기가 준마처럼 빨라서 모두 모여 법칙에 들어맞아 알지 못함이 없고, 오랑캐의 정세와 형태[外夷情形]를 논함에 이르러서는 곧 어둡고 그릇되어 어그러지고 이지러져 격화소양일 뿐 아니라, 이런 마음으로써 물리치기를 꾀하는 대계를 변통하여 처리함이, 결렬되고 붕괴함에 이르지 아니함이 얼마인가. 세상에는 충진스럽게 계책을 생각하는 사람[忠尽献為之士]이 있음에, 그 착란을 도저히 좌시할 수 없어서, 이 때문에 반복하여 깨우쳐 이끌어 권고[開譬]함에 바야흐로 또 눈물 흘리고 길게 큰 숨을 쉬고 또 나아가나(웃음) 듣지 못한듯하니 가히 슬플 따름이다.[13] (『侗庵五集』 卷10, 海防臆測續録, 天保10年)

직접 거명하지는 않았지만 여기서 말하는 외교 담당자의 '외이정형 外夷情形'에의 무지와 무책을 좌시할 수 없었던 '충진유위지사'는 가잔을 염두에 둔 것이라 생각된다. 그 때까지 도안은 가잔이 체포되었을 때 사면 운동에 힘을 쏟았던 마쓰자키 고도松崎慊堂[14]와 대비되는 모양으로 '연좌의 소문이 두려워'[15] 몸을 사리는 데 급급했던 유학자의 한 사람으로

---

13) 원서의 한문 문장은 다음과 같다. "予観下今代所┬目以=才諝幹蟲之臣┐者┘, 其値=盤錯難┴処之事┘, 順利駿快, 莫┌不=悉中┐窾会┘, 至┌論=外夷情形┐, 則迂謬舛乖, 不=啻隔┐靴而爬┘痒, 以┌斯心┐区┐処修攘大計┘, 幾何不┴至=於決裂崩潰┘也, 世有┌忠尽献為之士┘, 不┐忍┌坐視其錯乱┘, 為┌之反覆開譬, 方且流涕長大息, 而褮[笑う]若┌無┌聞知┘, 可┌哀也已┘."/역주

14) 1771~1844. 에도 시대 후기의 정주학파 유학자. 규슈 구마모토 출신. 사토 잇사이佐藤一斎 등과 함께 하야시 줏사이林述斎의 가숙에서 배웠고, 줏사이가 담당했던 조선통신사 응접을 대신했다/역주 ＊위키피디아 재팬 일부 참조

15) 앞의 『洋学史研究序説』 202쪽.

인식되었는데, "가히 슬플 따름이다"라는 말은 주목할 필요가 있다.

도안은 『해방억측』 전반부(1篇~30篇, 卷上)를 본래 덴포 9년(1838) 7월에 썼다. 즉 만사의 옥이 일어났을 때, 문제가 된 가잔의 『신기론』과 다카노 죠에이의 『戊戌夢物語무술몽물어/보쥬츠유메가타리』와 같은 시기에 작성한 것이다. 알려진 대로 가잔과 죠에이의 저작은 모리슨호 사건[16]이 계기였다. 덴포 9년 6월에, 전 해에 모리슨 호가 나타난 경위를 보고한 기밀문서가 네덜란드 상관장 니만으로부터 나가사키 부교長崎奉行 구세 히로마사久世伊勢守広正에게 제출되었고, 이를 받아 본 미즈노 다다쿠니水野 忠邦[17]는 간죠부교勘定奉行[18], 간죠긴미야쿠勘定吟味役[19] 및 대학두大学頭 하야시 줏사이, 다이쇼메쓰케大小目付[20]에게 의견을 구한 다음, 효죠소評定所[21]의 구성원(지샤寺社·마치町·구지간죠부교公事勘定奉行)에게 자문을 구했다. 가잔이

---

16) 에도 막부의 이국선타불령異国船打佛令에 근거하여, 1837년에 일본인 표류민의 송환과 일본과의 무역 개시를 교섭하기 위해 사쓰마薩摩(지금의 가고시마)와 우라가浦賀(지금의 가나가와)항에 나타난 미국 상선 모리슨(Morrison)호를 포격하여 격퇴한 사건. 이 사건에 대해 가잔이 『신기론』을, 다카노 죠에이가 『무술몽물어』를 지어 막부의 외국선에 대한 조치를 비판하였고, 막부가 이들에게 엄격한 처벌을 내린 조치가 '만사의 옥'이다/역주 *위키피디아 재팬 일부 참조

17) 1794~1851. 에도 시대 후기의 다이묘. 로쥬. 1840년대 전반 일본이 나라 안팎으로 여러 가지 위기에 처해 있을 때 덴포 개혁을 주도했으며, 해양 방위 강화를 위한 각종 조치를 계획함/역주.

18) 에도 막부의 직명의 하나. 에도 막부의 재정과 직할령의 지배 등을 담당했다. 지샤부교 마치부교와 함께 산부교의 하나로 함께 효죠쇼評定所(최고재판기구)를 구성했다/역주 *위키피디아 재팬 일부 참조

19) 에도 막부에서 로쥬에 속하여 간죠부교를 도와서 간죠쇼勘定所의 직무 전체를 감사했던 직책. 재정지출을 결정할 때에는 반드시 간죠긴미야쿠의 찬동이 필요했다/역주 *위키피디아 재팬 일부 참조
*간죠쇼: 막부 재정의 수지, 막부령에서의 연공징수, 나가사키 무역, 군다이郡代·다이칸代官 등의 근태 관리, 화폐개조 등 막부의 재정에 관한 사무 일체를 다루는 곳.

20) 에도 막부에서 직제상으로는 로쥬에 속하여 여러 다이묘와 고오케高家, 조정, 구케公家 등을 감시하고 이들의 모반으로부터 막부를 지키는 감찰관 역할을 가졌던 관직/역주

21) 에도 막부의 중앙기관의 하나로, 산부교三奉行(寺社·町·勘定)의 합의로 사건을 판결하고, 또 로쥬老中의 사법상의 자문에 응하는 막부 최고의 사법기관/역주

『신기론』을, 다카노 죠에이가 『무술몽물어』를 지은 것은, 엔도 쇼스케의 쇼시카이의 정례회가 열렸을 때, 이 10월의 효죠소 일좌一座의 답신이 유출되어 전해진 것이 직접적인 계기였다. 『해방억측』이 이 자문과 관계되었다고는 단정할 수 없으나 적어도 이런 긴박했던 상황 아래에서 저술된 것은 분명하다. 이러한 사실을 알게 되면, 가잔 사상의 이해를 위해서는 고가 도안을 비롯한 동시대 사상가들과의 대비가 더욱 더 필요하다고 생각된다.

2. 화업画業과 번정藩政

와타나베 가잔이 난학을 본격적으로 연구하게 된 계기는 덴포 3년 (1832) 5월, 다하라 번田原藩[22]의 도시요리年寄[23]의 말단에 기용되어 해방海防 담당을 겸직하면서 부터이다. 그 후 가잔은 다카노 죠에이와 난학자 고세키 산에이・하타자키 가나에幡崎鼎에[24]게 난서를 번역시켜, 서양 여러 나라의 정보를 정열적으로 수집했다. 배우기 시작했던 직접적 계기가 해방海防이라는 직책 때문이었음은 분명히 틀림없으나, 난학이 가져다 준 서양사정・정보, 서양 풍속과 사회 제도에 가잔이 공감하는 바도 있었다. 거기에는 가잔이 난학에 깊이 빠져 있었던 주체적 이유도 있었다고 생각된다. 그것을 알기 위해서는 가잔의 내면을 들여다 볼

---

22) 지금의 아이치현愛知県 다와라 지역에 있었던 번/역주
23) 무가에서 정무를 담당했던 중신/역주
24) 1807~1842. 에도 후기의 난학자. 長崎나가사키 出島데지마의 네덜란드 상관에 서 네덜란드어를 습득. 시볼트 사건에 연루되어 금고형에 처해졌으나 탈주하 여 오사카에서 난학숙을 열었고, 뒤에 에도로 나가 미토번에서 일했다/역주 *
고토방쿠 일부 참조

필요가 있다. 따라서 이 절에서는 가잔의 서양 인식을 검토하기 전에 그의 화업과 번정과의 관계를 중심으로 그의 내면 생활을 살펴본다.

가잔 사상의 출발점은 분카文化 원년(1804), 12세 때 다이묘大名 행렬의 사키도모先供(행렬의 맨 앞에 가는 종자/역주)에게 '구타' 당한 치욕과 그 때의 '의지'였다. 덴포 9년(1838)에 제출한 『退役願書之稿퇴역원서지고』에, 그 의지가 적혀 있다.

> 제가 열두 살 때 니혼바시日本橋 주변을 통행할 무렵, 잊을 수도 없는 것이, 비젠 다이묘備前侯의 사키도모와 맞닥뜨려 구타를 당했을 때. 어린 아이이면서도 한숨이 나왔습니다. 위의 비젠 다이묘의 나이는 동년배 같았는데 큰 무리를 거느리며 방자했고, 같은 인간인데 천분天分이라고는 하겠지만, 참을 수 없어, 발분發憤하여 지금부터라도 뜻을 세운다면 어떤 것이라도 할 수 있을 것이라 생각했습니다. 그 무렵에 다카하시 분페이高橋文平라는 분이 우필祐筆/유히쓰25)로 일하고 있어, 제가 비록 어린이였지만 이 분과 마음이 맞았기 때문에 상담하게 되어, 소큐爽鳩 선생(다하라번유田原藩儒 다카미 세이코鷹見成阜 문하)에 들어가 유자儒者가 될 것을 결심했으나, 저의 아버지가 20년 동안 지병을 앓고 있어서, 하루라도 간병과 안마를 하지 않을 때가 없어, 조석으로 퇴식退食(관청에서 물러남/역주)하는 사이에는 이를 봉공奉公과 같은 것으로 생각하여, 모친을 돕고 있습니다. (『退役願書之稿』 108頁)

"같은 인간"이면서 31만석의 다이묘와 15인 녹봉의 사무라이武士 사이에 이같은 경우의 차이가 있다는 현실을 깨달은 가잔은 "지금부터라도 뜻을 세운다면 어떤 것이라도 할 수 있을 것이라 생각하고" 분발하여, 처음에는 '유학자'가 되기를 뜻했다. 그러나 '유학자'로는 먹고 살 수가 없었기 때문에 가계의 궁핍을 돕기 위해 회화를 배워 애오라지 그림 그리는 일로

---

25) 중세, 근세에 무가에서 비서 역을 맡아 보던 문관/역주 *위키피디아 재팬 일부 참조

'천하제일'이 되겠다는 의지를 다진다.[26]

마침내 모처럼의 뜻을 같이 접어 곰곰이 생각하는 것은, 위로의 충군忠君과 아래로의 효친孝親은 모두 이 배움의 글 가운데에서 된 것, 더구나 위로의 충은 무학無學 무술無術로서는 다하기 어려워, 더욱더 그림에 전념하여 가난을 구제하여 조금이라도 부모를 안도시켜 드릴 것이라 생각하고, 앞으로는 더욱 일생 주어진 자리에 일하는 것이 반[半]도 짐작하지 않았고, 급기야는 부모의 가난을 구조하여 누그럽게 함은 천하제일의 화공畵工이 되는 것이라고 말씀드림을 하나의 일로 생각하여 정했다는 말씀올립니다. (『退役願書之稿』 111頁)

나아가 가잔은 '안전소효眼前小孝(눈 앞의 자잘한 효도)'를 희생하여 '천하제일'의 화공이 되기 위해 나가사키 '유학'의 '출분出奔(도망함)의 뜻'을 가졌으나 결국 병으로 누워 있는 부친을 생각하여 "의지도 부서져 버렸다"고 한다(『退役願書之稿』 112頁). "의지도 부서졌다"는 표현은 일기에 자주 등장하는 '패지悖志(뜻이 어그러짐)'라는 말과 중복된다. "오늘, 다수 뜻이 어그러짐此日, 悖志多數"(『寓畵堂日記』, 文化12年2月1日, 全1, 8頁), "공무로 해 저물고, 뜻 어그러짐. 밤에 잠자리日暮公用, 悖志, 夜寢"(上同, 3月22日, 全1, 12頁), "밤이 되어 뜻이 어그러지고, 속된 이야기를 함夜, 悖志, 入=俗談="(上同, 4月27日, 全1, 15頁). 가잔은 '의지'를 이루고자 함이 나날의 생활을 지탱하게 되었던 것이다. 이 점, 가잔의 회화에는 의지적으로 묘사한 선線이 현저하다는 지적[27]도 시사해 주는 바가 많다.

---

26) 스기모토 후미코杉本史子는 가잔이 분발하여 뜻했던 것이 '유자'와 '화공'이었음의 의미를, 당시의 신분제 사회에서의 '유자'와 '화공'의 위치를 검증하여 논하고 있다. 「絵師—渡辺崋山, 「画工」と「武士」のあいだ」(横田冬彦編 『芸能・文化の世界』 シリーズ近世の身分的周縁2, 吉川弘文館, 2000年) 참조. 스기모토는 또한 하버마스의 공공권의 개념에 의해, 가잔이 "나와 같은 사람들"과의 모임인 서화회를 지적하고 있다. 주목해야 할 견해이다. 뒤에서 서술할 본장의 '의논'에 관한 이해에 대해 시사해 준 바이다.

27) 요시자와 쥬吉澤忠 『渡辺崋山』(東京大学出版会, 1956年) 참조.

사토 쇼스케는 나가사키 유학의 뜻을 이루지 못했을 때를 경계로 하여, 가잔은 "번정과 화업畫業이 그의 내부에서 주객이 전도되었다"고 지적한다.[28] 여기서 중요한 것은, 번정과 화업, '번'과 '천하제일의 화공'이라는 가잔 내부에 있는 대립·모순이라는 지적이다. 가잔의 경우, 봉록조차 가신에게 제대로 지급하지 못하는 1만 2천석의 작은 번, 다하라 번에서 태어났기 때문에 '번'에 귀속되어 있다는 자긍심은 그 정도는 아니었을 터이다. 거기에 귀속되어 있다는 의식만으로, 일종의 살아갈 의지처가 되는 '번'에 의지할 수 없었던 가잔에게, 그것을 대신할 것이 '천하제일의 화공'이 되는 일, 그리고 또 그렇게 되었다는 강렬한 긍지였을 것이다. 그 의미에는 확실히 '번' 아이덴티티는 화업에 비교하면 가잔의 주관에서는 부차적인 것에 지나지 않았다. 가잔은 도시요리年寄의 말단에 취임한 직후인 덴포 4년(1833)의 일기에, "내 손은 천하의 손, 내 몸은 곧 승설勝薛의 재상[작은 번의 家老라는 뜻]"(全1, 301頁)라 적고 있다. 그는 이런 내적 모순을 같은 무렵에 가장 신뢰하고 있던 친구인 스즈키 슌산鈴木春山에게 '두 마음[二心]'을 갖고 있다고 말한다.

그런데 나는 높은 지위를 기대하지도 않거니와 매일 밤 전전戰々하며 있습니다. 이를 살펴주십시오. 대체 내 성격은 원래 성깃하고 게으른 데다, 어릴 때부터 죽자고 그림에 뜻을 두어 다른 일은 드러내지도 않은 차에, 부친의 큰 병을 만나 인순因循(구습을 버리지 못함) 위이委蛇(침착 태연한 모양)함이 오늘에 이르렀습니다. 기실은 두 마음을 갖고 있는 막대한 죄입니다. 지금 천하 그림의 진면목을 얻을 것 아니며, 이 나라는 예로부터 화도의 올바름을 보는 것이 절대로 없었습니다. 내 지금 죽을 시에는 이 길은 구름과 안개로 빠지게 됩니다. 이는 나의 진정한 색깔이었던 바, 누구 하나도 나를 가엾게 여

---

28) 사토, 앞의 『渡辺崋山』 34쪽.

기는 사람 없고, 군신부자가 어렵게 만나 내가 움[萌蘖맹얼]을 따서, 마침내 정원 구석의 하나의 굽은 마른 나무가 되는 격이라, 슬픔이 참으로 감당할 수 없습니다. 나는 뒤뜰의 유화幽花이고 정말 동량이 될 재목은 아니며, 가정의 지란芝蘭을 낳지 못하니 누가 이를 가련하다 아니하겠습니까. 오직 이를 아는 자는 그대 한 사람 입니다. 종이에 적어 이와 같이 탄소歎訴합니다. (鈴木春山宛, 天保4年, 全3, 107~08頁)

물론 이 편지는 이미 화공으로서의 역량과 기술로써 천하에 이름을 알려, "천하 그림의 진면목을 얻는 것"이라는 자신감을 얻었던 이후의 말이며, 화공에 뜻을 두었던 시점의 이야기는 아니다. 이를 줄잡아서 생각하지 않으면 안 된다 해도, 줄곧 가슴 깊숙한 곳에 '두 마음'이라는 갈등을 품고 있었음은 사실일 것이다. 가잔의 비극은, 그의 실생활을 어렵게 만든 것이, 주관적으로는 종속적이었던 '부모[父]'와 '군주[君]' 라는 '군신부자의 어려움' 때문이었다. 그가 거기로부터 탈출해야겠다고 마음 먹었음에도 불구하고(그의 나가사키 행으로의 희망, 또 무인도 조사의 수행 청원) 결국 '군신부자'의 울타리에서 도망치지 못하고 또 적당히 할 수도 없었고, 아니 누구보다도 충효의 도덕을 모범적으로 잘 실천했다. 다하라田原에 유폐된 뒤에는 '천하 제일의 화공'이라는 자부심을 가지면서도 그림 그리는 것조차 제대로 할 수 없었으므로 한 층 더 비극적이었다. 그런 고충을 제자 후쿠다 한코福田半香에게 보낸 편지에 다음과 같이 적고 있다.

겸하여서 아시는 바와 같이 곤괘困卦[29]에 처한 신분, 위로는 군친君親의 엄중

---

29) 주역 64괘 가운데 두 번째 괘명. 음효陰爻로만 이루어진 순음괘. 곤은 여러 가지 각도에서 건乾과 대응되는데, 건의 성질이 강건함에 비하여 곤은 유순함을 뜻한다. 즉, 건이 남성적이라면 곤은 여성적 성질을 대표한다/역주

함이 있고 아래로는 처자에 대한 근심[累]이 있으며, 게다가 벗과 끊기고 말[言]하면 궁핍하게 되고 움직이면 법망이 있네. 큰 돌을 등에 지고 깊은 골짜기로 들어서니 다리는 저리고 허리는 아픈데 바윗돌 있고 남가새[蒺藜]가 있으며 거기다가 비와 눈까지 와서 불러도 대답 없고 소리쳐도 도와줄 이 없는 것과 같네. 이것이 천리자연天理自然이네. 이 자연에 따름은 곧 천리에 따르는 것이라, 천리를 따름은 곧 위를 공경하고 부모에 효도하는 것이므로, 곤고·밀장·계신·칩복困苦密藏戒慎蟄伏이 진실로 그것이네. 이러하므로 가장 먼저 이름의 근심[累]을 없애고 나의 장점을 잘라, 반딧불도 두려워함 있고 초목과 부괴민멸腐壞泯滅할 것을 뜻하여서 오로지 노모의 슬하에 있어 그 뜻을 이루는 것, 큰 인은仁恩을 한 순간도 잊어서는 안 되네. 곧 이 천도자연으로 돌아감은 이 큰 은혜[大恩]를 보답함에 수단이 없네. (福田半香宛〈幽居の戒慎と義会の用心〉5月8日, 全4, 208~09頁)

여기서, 가잔은 주군과 부모를 섬기는 것이 '천리자연'이라 한다. 그의 생애가 주자학적인 도덕으로부터 자유롭지 않았다고 할 수 있다. 유폐 후 뿐만 아니라, 가잔은 주군과 부모를 모시는 것을 '천리자연'이라고 믿고 있었기에 그는 누구보다도 아버지를 봉양하는 효도를 다 했을 뿐 아니라 세상 물정 모르는 주군도 잘 섬겼다.

그러나 또 한편, 내심 '천하 제일의 화공'이라는 긍지가 있었기 때문에 그는 주군과 일정한 거리를 유지할 수 있었고 "번주 야스나오康直의 정치 자세에 대해, 시시비비의 입장에서 정론을 말하고, 직간하는 신하로서 당당히 자기의 견해를 주장하며 결코 번주에게 아첨하지 않았[30]다. 여기에는, 번주 측근인 가로家老라는 정치적 입장을 고려하지 않으면 안 된다 해도, 가잔 자신의 내면에 '천하제일의 화공'으로서의 자부심, 비속하게 表現하자면 번으로부터의 녹봉 없이도 '화공'으로 먹고 살 수

---

30)「政事的意見書をめぐって」(『渡辺崋山集』4卷 수록) 318쪽.

있다는 자신감이 있었음이 크게 좌우하고 있었다고 할 수 있다.

그런데 가잔의 '천하제일의 화공'에의 의지는 회화의 '한 가지 재주=일예一芸'로써 이름을 남기고 싶다는 갈망을 포함하고 있었다.

저 자신 어떠한 엄중한 분부를 받아도 싫다고 말씀드리지 못하므로, 노모가 살아 계시는 동안은 제 급료로써 모시겠다는 말씀드리고 싶습니다. 그 까닭은 저 어려서부터, 사람은 만물의 영靈, 한 가지 재주[一芸/일예, 이치게]로도 영靈에 이르지 못하면 사람이 아니라는 뜻, 어찌 해서도 한 세상에 밝게 빛나고 싶은 바, 인성人性이 그칠 수 없는 것은 사람의 일[人事]이라, 군부君父때문에 뜻도 이루지 못하고, 이도 저도 아닌 상태로 오늘에 이르렀는데, 그러나 적어도 사람을 위해 세상을 위해서라고 멈추지 않는 것만으로 살아왔다고 드리는 말씀. 마침내 이 재앙에 걸리게 되어 지금 만사를 제쳐 두므로, 노모 밖에는 다 해야 할 도리가 다시없어, 이 처지를 가련히 생각하시어 구제해 주시옵소서. (椿椿山宛〈獄中よりの消息と礼狀〉, 天保10年8月18日, 全4, 59~60頁)

지금까지 살핀 것처럼, 이러한 "한 가지 재주로도 영靈에 이르지 못하면 사람이 아니라는 뜻, 어떻게 해서든 한 세상에 밝게 빛나고 싶다"는 '예'에 대한 의지는 가잔 개인에 머무르지 않고 퍼져 있었다. 가잔의 '의지'는 또, 바로 난학자의 그것이었다.[31]

스기타 겐파쿠 · 마에노 료타쿠에게 난학을 배웠던 오쓰키 겐타쿠는, 앞서 살폈던 것처럼 자신의 난학자로서의 '직職'의 유익성을 논하여, 무엇도 이루지 못하고 "초목과 마찬가지로 스러"지지 않기 위한 '뜻'을 주장하고 있다[32](『蘭学階梯』 卷上, 天明8年刊). 가잔이 가졌던 '천하 제일의

---

31) 졸고, 「平賀源內の功名心と'国益'」(『日本文化論叢』 10号, 2002年, 『兵学と朱子学 · 蘭学 · 国学』 수록, 平凡社選書, 2006年), 본서 제2편 제3,4장 참조.

32) 『洋学 上』(日本思想大系64, 岩波書店, 1976年) 339~40쪽.

화공'에의 '뜻'은 시바 고칸에게도 보인다.[33] 고칸 역시 이 세상에 무엇도 남기지 않고 "초목과 마찬가지로 스러져" 버리고 마는 평범한 삶을 거부하고 화공에 뜻을 두고 있었다. 고칸도, "내 어릴 적부터 뜻을 세울 것을 생각하여, 무언가 한 가지 재주로써 이름을 이루고, 죽은 뒤에 이르기까지도 이름이 남기를 바랐다"(前揭, 『春波楼筆記』)고 하고 있다. 고칸의 경우 그 이름을 이루는 '일예'가 스스로 공부하여 창작했던 부식동판화腐食銅版画였음은 너무도 당연하다.

난학자들은 이렇게 『난학계제』에서 인용하는 "Men moet eten om te leven, maar niet leven om te etne"(사람은 살기 위해 먹지 않으면 안 된다. 그러나 먹기 위해 사는 것은 아니다)라는 생각을 갖고, 평범한 생을 거부하고 자기의 재능을 건 '한 가지 재주'로써 살았던 증거를 남기고자 했다. 이 '뜻' 은 지금 예로 들었던 오쓰키 겐타쿠와 시바 고칸 뿐만 아니라, 가잔이 접했던 다카노 죠에이高野長英와 고세키 산에이小関三英도 가졌었다. 두 사람은 함께 고향 도호쿠東北를 뛰쳐나와 스스로의 난학의 '재주[芸]'로써만 생계를 꾸려 나갔다. 가잔이 볼 때는 '번'이라는 울타리가 없는 만큼 그들 쪽이 자유롭다고 생각했을지도 모르겠다. 그것은 어쨋든 가잔에게는 난학을 받아들일 만큼의 바탕, 난학자와 비등한 공명의 에토스가 난학을 본격적으로 배우기 이전부터 있었다.

또한 중요한 것은, 지금까지 살펴 보았듯이 난학자는 자신이 살아 온 증거를 찾는다는 공명심과 함께, '국익'을 지향하고 있었다는 점이다. 난학자들은 난서의 번역이 단순한 번역에 머무르지 않는, 일본의 '국익' 때문이라는 의식을 지니고 있었다. 거기에 그들의 긍지도 있었다. 이렇게

33) 본서 제3장 참조.

난학자가 품은, 자기의 '재주[芸]'로써 국익에 진력한다는 생각이 가잔에게 영향을 주었던 것 같다. "참으로 실용의 기술이 치술의 도구이다"(『西洋畫談』)라고 시바 고칸이 말하듯이, 화업畫業이 단순히 고답적이고 취미삼아 하는 유예遊芸가 아닌, 훨씬 넓은 시야에서 인식하는 사고는 가잔으로서는 신선했던 것은 아닌가. 이 점에 대해서는 다음 절에서 검토한다.

3. '천하' 의식

가잔 또한 난학자와 마찬가지로, 화업은 역시 천하 국가를 위해 유용하다는 의식을 갖고 있었다고 생각된다. 가잔이 그런 의미에서의 일본의 국익을 위한 의지를 단적으로 토로한 것이 무인도(오가사와라제도小笠原諸島) 도항渡航 탄원서이다. 가잔은 덴포 8년(1837) 12월, 다이칸代官[34] 하쿠라 모로치카(간도)羽倉用九(簡堂)가 막부의 명령으로 무인도로 간다는 것을 알고 하쿠라와의 동행을 희망하는 원서願書를 번 당국에 신청했다. 그 글에서 가잔은 '천하'를 '위'=번주와 '노모'=어버이 이상으로 가치 있는 것으로 보고, 이를 위해 죽을 각오임을 밝히고 있다.

원컨대, 무거운 어역御役을 받고 가벼이 들고 남이 좋지 않기는 합니다만, 어일가御一家의 일은 천하의 일이고, 지금 이 일[擧]에 상당하는 자는 송구하오나 저 아니고는 있기 어렵다고 생각합니다. 그리하여 저를 염려해 주는 문인 한베半兵衛라는 자에게 부탁하게 된 것입니다. 그러나 저는 아무튼 유감스럽기는 하나, 비유컨대 도중에 죽더라도 천하를 위해 죽는 것이므로, 황송하오나 위에도 본의가 아니실 것이라고는 생각하지 않사옵니다. 제가

---

34) 군주 또는 영주를 대신하여 임지의 사무를 맡아 보는 자, 또는 그 지위/역주

노모도 돌보지 않고 원하옵는 정도의 일이므로, 깊이 어지러이 살펴 주시어 아무쪼록 검토해 주시기를 바라옵나이다.[35] (鈴木弥太郎・川澄又次郎宛〈無人島渡航願〉, 天保8年12月25日, 全3, 219頁)

여기서의 '천하'는 '어일가'=번과 '노모'=집안을 넘어선 가치로서의 일본이다. 그것을 위해 진력함이 '불후의 공[不朽之功]'을 세우는 것이다.

저도 이 큰일을 맡아서, 해가 지남에 따라 기호嗜好에 대해 쌓은 지식을 발휘하여 불후의 공을 세우고 싶습니다. 될 수 있으시다면 잠시 여가를 내려 주시어, 그 사이에 노모를 집에 있게 하도록 해 주시면 안심이겠고, 뜻을 이룰 수 있겠다고 말씀드리고 싶습니다. (上同, 218頁)

'불후의 공'은 앞서 보았던 오쓰키 겐타쿠의 말을 상기시킨다. 그것은 공허하게 스러져 가는 것에 대한 초조감의 반증이었다고 할 수 있다. 이 때 가잔 역시도, 주군과 어버이를 모시는 것 때문에 작은 번인 다하라번의 가로家老로서 헛되이 스러져 가는 것에 초조해 하고 있었다(앞서 보았던 후쿠다 한코 앞으로 쓴 편지에 "이름의 근심[累]을 멸하고 나의 장점을 잘라, 반딧불도 두려워하고 초목과 부괴민멸腐壊泯滅할 것을 뜻"한다는 구절은 "위를 공경하고 부모에 효도함"으로써 공허하게 스러질지도 모른다는 자조였다고 할 수 있다). 그것은 가잔을 번정의 최고위의 책임자로 삼으려 했던 마키 사다마에真木定前 앞으로 쓴 편지에서 자기를 희화화하고 있다는 말에 표현되어 있다.

---

35) 참고로, 독자들의 이해의 편의를 위해 원서에 있는 가잔의 '원서' 원문을 밝혀 둔다. "願之次第、蒙ニ重御役ニ軽々敷進退仕候ハ如何敷候得共、御一家之義ハ天下之義にて、今此撰ニ相当候者乍レ恐私ナラデハ有レ之間敷存候. 依レ之私ヲバ遠廬致、門人半兵衛ト申者御頼ニ相成候義ニ候. 然ルニ私何分にも残念ニ而、譬途中死候而も天下之ために死候ニ而候得ば、乍レ恐上ニも御不本意とハ不レ奉レ存候、私老母をも不レ顧、奉レ願候程之義ニ候得ば、深御仁察被ニ下置レ、宜敷御內評奉レ願矣."/역주

먼저 내 몸은 부싯돌 상자 정도의 가로家老, 미소요닌味噌用人[36]보다 조금 나은, 충분히 일이 된[事成] 바가 손바닥 정도의 시골이다. 내 손은 천하 백세의 공인된 손, 당唐이나 천축天竺까지도 붓 한 자루만 있으면 공행公行할 수 있다고 말씀드린다. 어떤 애석한 것도 이 보다 덜 할 것이라. 오호라, 나를 가련하게 여기는 자 슌산春山과 그대뿐 이로다. (真木定前苑〈藩政について〉, 天保9年7月7日, 全3, 254頁)

마키 사다마에는, 가잔이 편지 끝에 '오호라, 어느 저녁에 보고 싶은 사람이지'(上同, 255頁) 라고 할 정도로 가장 신뢰했던 동지였던 만큼 가잔이 본심을 표출했던 사람이라 할 수 있다. 주관적으로는 이차적인 것으로밖에 생각되지 않는, 작은 번의 가로라는 직책에 구애되고, 자기의 화가라는 천분·기량을 신장시킬 수 없는 울분이 무인도 도항이라는 모험적 행동으로 치달았던 일면도 물론 있었을 것이다.

그러나, 이 뿐만 아니라 이 정도의 각오로 무인도 도항을 원했던 근본적 이유는 '천하 제일'의 화가가 되려는 뜻과, '천하'를 위해 진력한다는 것이 결부되어 있기 때문이라 보인다. 무인도 조사를 위해서는 화가의 기량이 필요했기 때문이다. 무인도 조사는, 화가의 기량이 하등 쓸모없는 유예遊芸이기 때문이 아니라, '천하를 위해' 역할을 한다는 절호의 기회였다. 가잔은 이 임무를 완수하는 것은, 기량만이 아니라 '천하를 위해서'라는 높은 뜻을 품는 자기 자신 밖에 없다는 자부심을 가졌을 것이다.

무인도 도항 청원은 허락되지 않았으나, 가잔으로서 개인의 뜻과 '천하를 위함'이 맺어지는 절호의 기회는 『서양사정서』의 제출이었다. 덴포 10년, 이즈伊豆 니라야마韮山의 다이칸代官 에가와 단안江川坦庵이 막부의 명령으로 에도 연해를 순찰할 때, 관련 의견을 가잔에게 구했다.

---

36) 번이나 막부에서 미소味噌(된장)를 만들거나 관리하는 일을 주로 하는 역직/역주

그리하여 가잔은 『諸国建地草図제국건지초도』 『서양사정서』 『외국사정서』 등을 써서 에가와에게 보냈다. 그 때의 심경을 다음과 같이 토로한다.

대저 재작년은 봄부터 그림을 그린다는 말씀이 아니옵고, 뒤에서 사마귀가 노리는 것도 모르고, 본의를 전달하는 말씀드리고 싶어, 등의 심지[灯心]로 후지富士를 움직이기를 원하는 것이기 때문에, (椿椿山宛〈師弟相研の交わりを語る〉天保12年4月16日, 全4, 200頁)

"등의 심지로 후지산을 움직일 것"이란 그 때까지 학습해 온 서양정보가 개인의 기호에 머무르지 않고, 막부의 대외정책에 반영될지도 모르는, 그것은 나아가서는 "천하를 위해", 일본의 장래를 위해 도움이 될지도 모르는 그런 기회로서 『서양사정서』 제출을 받아들였던 것은 아닌가 생각된다.[37] 그 때문에 만사의 옥으로 체포되었지만, 가잔은 누구보다 신뢰하고 있었던 쓰바키 진잔椿椿山에게 담담하게 다음과 같은 편지를 보낼 수 있었다.

나, 마음에 걸리는 일이 실로 다시는 없다 하나, 아무튼 십 수 년의 생각을 쌓아, 적어도 국가国家에 공이 있을 것을 바래서, 올해 가을부터는 더욱 세를 고취할 것이라 생각하는 바, 백일의 설법이 방귀 하나가 되어, (椿椿山宛〈獄中よりの消息〉, 天保10年6月9日, 全4, 36頁)

여기에는, '국가'를 걱정하고 적어도 '국가에 공'이 있기를 바라는, 일본 '국가'에 대한 강렬한 귀속의식, 좁은 신분과 '번'의 할거의식을 초월하는 내셔널 아이덴티티가 확실히 표출되어 있다.

그런데 가잔에게, '천하 제일'의 화가가 되겠다는 개인의 '뜻'이 억압되지 않고 펼쳐질 수 있다는 의미에서, 서양 여러 나라는 이상적 세계였다고

---

37) 사토, 앞의 『渡辺崋山』 183쪽.

생각된다. 거기에서는 "국가에 공을 세울 것"을 뜻하는 사람들을 국가가 경제적으로 보증하여 충분히 재능을 꽃피울 수 있기 때문이다. 지금까지 살펴본 것처럼, 가잔 이전부터 난학자들은, 서양 제국諸国은 근면함을 장려하고 사람들의 '의지'를 완수할 수 있는 학교제도가 정비되어 있었음을 알고 있었다. 이미 시바 고칸과 혼다 도시아키가 그것을 말하고 있다. 가잔은 덴포 9년 3월, 에도 참부参府의 네덜란드 상관장商館長 니만과 대담하는 중에, 이런 서양 인식이 사실인지의 여부에 대해 질문한다.

> 누가 묻기를, 신기한 물건을 만들기에는 한 세대에 되지 않으면 두 세대, 세 세대를 거쳐서 이룬다고 들었습니다. 모두 관부官府 사람에게 말미암습니까. 그렇지 않으면 생활이 어려워서 통하는 것 있어도 뜻은 이룬다고 말하기 어렵겠지요. 어떠합니까. (『鴃舌或問』 19頁)

이에 대해 니만은 다음과 같이 대답한다.

> 우리나라(네덜란드)만 아니라, 서양제국의 풍風은 고쓰토레이케〈教道〉·멘센레이키〈芸学〉·콘스토〈工巧学〉, 모두 학교가 있어서 일신日新의 공을 쌓고 있습니다. 도가 있는 자는 제왕의 경제, 공이 많은 자는 보좌직에 오르고, 물학物学에 자세하고 박식한 자는 예학교의 학두로 나아가고, 공술工術이 아주 정교하면 이록利祿을 얻게 됩니다. 대체로 사람이 태어나 5,6세가 되면 마토시카쓰베이〈義学·郷学의 類〉에 들어가서, 이 때부터 그 사람의 천부天賦를 품평하고 그 뜻을 정해 여러 방면에서 쓸모없는 데[駢拇]에 이르지 않게 합니다. 나이와 배움 정도에 따라서 발명한 것이 있으면 그 내용을 기록하여 학원에 제출하고, 여러 학사의 논정論定을 얻어 관청에 나아가, 관청에서 또 모여서 논의하여 왕의 허락을 얻습니다. 그로부터 해서는 학비는 모두 관부에서 나오고, 그것이 성사될 때까지는 2, 3세를 거친다 해도 더딤과 빠름을 책망하는 일이 없습니다. 혹은 그 이익을 바라는 자는 상가商家의 요구에 응하여 값을 정하여 창시합니다. 그렇게 하지 않으면 물物을 열고 힘쓰는 일은

불가능합니다. 이 모두는 재능을 기르는 정사政事여서 나라 사람들에게 모두 향할 바를 알게 합니다. (『馱舌或問』19頁)

　가잔 앞에 있는 니만 바로 그가, 서양 여러 나라의 교육제도에 의해 육성된 "규모 광대하여 능히 담고 능히 변별하여 그 알지 못하는 것이 없는"(上同) 인물이었다.

　니만은 "뜻은 예학에 두텁고 벼슬에 나아감[仕進]에는 얇"고, '예학'을 위해 런던, 파리, 빈에 유학留学 · 유학遊学하고, 아시아 제도諸島를 돌아 일본에 와서, 항상 "관官에 매여 있는 자는 뜻을 이루기 어렵다"(『馱舌或問』10頁) 고 말하고 있었다. 서양 여러 나라에서는 정치의 기본이 '재능을 기르는 것[養才]'이라고 한다는 인식은, 아마도 니만과의 이 대담에서 확신하게 되었을 것이다. 왜냐하면 『격설혹문』의 인식이 『초고서양사정서』에서 『외국사정서』까지 일관되게 상세하게 펼쳐지고 있기 때문이다. 한 사람 한 사람의 "천부天賦를 품평하고 그 뜻을 정"하는 학교 제도에 대한 강렬한 관심은, 가잔의 체험에 뒷받침 된 개개의 '의지'를 실현할 수 있는 국가에의 원망願望을 빼고는 생각할 수 없다. '천리자연'인 '부父'와 '번' 에 구속되어 '의지'를 충분히 펼칠 수 없었던 가잔으로서는 "뜻이 있으면 생활에 부족함이 없는 나라는, 아무튼 낙원으로 보였을 것이다."[38] 가잔의 서양의 학교제도 · 교육제도에 대한 남다른 관심은 지금까지 서술해 온 가잔의 생을 떠나서는 이해할 수 없다.

---

38) 吉澤忠, 앞의 책, 122쪽. 에도시대 후기에서 메이지 전반의 지식인에게 서양이 유학적 가치인 '인'을 실현하고 있는 증거로서 교육제도가 있었다는 것은, 渡辺浩「西洋の'近代'と儒学」(『東アジアの王権と思想』所收, 東京大学出版会, 1997年), 참조. 와타나베는 여기에서 가잔의 『격설혹문』을 들고 있다.

4. 초고 · 재고 『서양사정서』와 『외국사정서』

앞서 서술한 바와 같이 에도만江戸湾 방어 계획과 관련하여 덴포 10년 (1839), "국가에 공功이 있기를 바라"는 가잔은 에가와 단안江川坦庵의 요구에 응하여 『제국건지초도』와 『서양사정서』를 보냈다. 그 중 『서양사정서』 는 재고再稿였고, 그 전에 초고를 쓰고 있었다. 초고는 가잔 스스로도 너무 '과격'(齊藤彌九郎宛. 天保10年9月7日. 全4, 61頁)했다고 인정하는 것으로, 도중에 내버렸었는데, 만사의 옥 당시에 압수된 못 쓰는 종이 속에 섞여 있었고, 가잔에게 유죄를 내리는 증거가 되었다. 가잔은 이 초고를 수정하여 에가와에게 보냈다. 다만 그 재고도, 에가와가 보기에 막부의 대외정책을 비판하는 불온한 데가 있었기 때문에 가잔은 다시 새로 고쳐서 『외국사정서』를 집필했다. 이런 경위가 있는 『초고서양사정서』 『재고서양사정서』와 『외국사정서』 사이에 어떤 차이가 있는가. 사토 쇼스케는 이에 대해 초고 · 재고 『서양사정서』가 "서양사정의 소개가 주제인 듯하지만 실은 논점이 봉건적 위정자의 대외관 비판에 집중되고 있음에 대해" 『외국사정서』는 "외국 사정의 객관적 서술에 중점을 두고 있다"고 지적하고 있다.[39] 이 평가에 대해서는 필자도 기본적으로 동의한다.

분명히, 『외국사정서』에는 가능한 한 객관적 서술을 강조하기 위해 정보원의 출전을 보이고 과격한 표현을 완화하며 삭제하고 있다.[40] 예를 들면 『초고서양사정서』 『재고서양사정서』에 있는 막부의 대외정책

---

39) 사토, 앞의 『渡辺崋山』 217쪽.

40) 佐藤昌介 「渡辺崋山稿 『外国事情書』の基礎的研究」(『東北大学教養部紀要』 15号, 1972年, 후에 『洋学史の研究』에 수록) 참조. 사토는 가잔이 정보원으로 의거했던 난서가 어떤 책이었는지를 서지학적으로 모두 조사하고 있다.

비판은 『외국사정서』에는 없다. 그 중에서도 "중엽에 야소耶蘇라는 사교邪教에 혼이 나고 규모가 협소하게 되어, 오직 나라를 다스리는 뜻인 까닭에 마침내 해외의 업신여김을 받고 그 이후의 변화는 어떠한지를 모른다"(103頁)고 하는 『초고서양사정서』의 이른바 쇄국체제 비판이 그 대표적 사례다. 또 『외국사정서』에는 『초고서양사정서』『재고서양사정서』(이하 초고·재고로 약칭)에 보이는 협소한 위정자의 식견에 대한 비판도 삭제했다. 그 삭제된 부분은 다음의 문장이다. 여기서는 재고의 문장을 들어 둔다.

평범한 사람의 편안함과 편안하지 못함은, 그 아는가 알지 못하는가와 서로 관계되어, 목전目前부터 다스린다는 것은 정와관견井蛙管見으로 참으로 충분하지 않은 논의입니다. 또 고명상고高明尚古라는 것은 게의 눈이 하늘을 향하고 등대 앞이 어두운 것과 같아서, 궁한 바, 장님이 뱀을 두려워하지 않고 귀머거리가 천둥을 피하지 않음으로 돌아가는 것이라 할 수 있습니다. (再稿, 85頁)

사토 쇼스케는 이 '정와관견'론을 인용하여, "이것이 가잔 대외론의 근본 명제였다. 그것은 과학적 인식으로써 기술적 실천의 기초로 간주된다. 난학적 사고방식의 정체론에 대한 적용에 다름 아니다"[41]고 지적하고 있다. 또 『외국사정서』에서 삭제된 것 중에 중요한 것은 가잔의 궁리관이다. 가령 초고·재고에서는 '궁리' 정신에 대해 다음과 같이 말한다.

생각건대 서양이 가히 두려움은, 천둥을 듣고 귀를 막고 번개를 꺼려서 눈을 감는 것을 가장 나쁘다고 하는 것입니다. 오직 만물을 헤아려 이치를 캐어 밝힘[究理]에는 이러함이 없고, 만사 의논은 모두 이치를 캐어 밝힘을 오로지 힘쓴다 합니다. (初稿, 103頁)

---

41) 사토, 앞의 『洋学史の研究』 159쪽.

사토 쇼스케는 이에 대해서도, "가잔이 말하는 '물리의 학'이란 단순히 과학기술을 의미하지는 않는다. 그것은 동시에 이것을 낳았던 정신도 의미했다"[42]고 지적한다. 현상을 끝까지 탐구하고자 하는 '궁리' 정신은 단순히 자연과학 뿐 아니라 '인사의 만반'에 걸쳐져 있음을 주목해야 한다.[43] 이는 후술하겠지만 위와 같은 여러 가지 포인트는, 부가되어 있는가 삭제되어 있는가의 물리적 차이이므로 비교적 찾기 쉽다. 이하, 좀 더 깊이 초고·재고와 『외국사정서』와의 차이에 대한 내용적 검토를 해보자.

먼저 주목해야 할 것은, 『외국사정서』에는 서양 제국諸国이 "양이洋夷〈세요노에비스セイヨウノエビス〉의 성예腥穢(불결한냄새)〈구사레타나마구사이니오이クサレタナマグサイニオイ〉"(60頁)라는 이적夷狄관이 전면에 등장하고 있는 점이다. 이에 비하여 "아세아 제국諸国은 인성이 선량〈요키세키キセイ〉 온아溫雅〈미야비오토나시ミヤビヲトナシ〉하므로, 시청視聴을 자랑하여 꾸밈[誇飾] 따름이다"(63頁)라 한다. 또한 일본의 호칭도 초고에서는 '아국我国', '아방我邦', 재고는 '아방'인데, 『외국사정서』에서는 '양이洋夷'에 대비한 형태로 "황국皇国만이 만방이 뒤집혀 엎어진[顚覆] 가운데 홀로 서 있다"(60頁)고 되어 있다. 가잔은 부교奉行所의 심문 때에도 '황국'이라 말하고 있다(全4, 283頁 참조).[44] 서양과 일본의 이와 같은 호칭 변화에는, 좋게 말하면 당시의 상식적 관념에 대한 비판이고 나쁘게 말하면 타협이라는 면이 있을 터이다. 그러나 주의해야 할 것은, 이런 '이적'관이 흥미 있는 서양 이해를 생산하고 있다는 것이다. 이는 후술한다.

---

42) 위의 책, 161쪽.

43) 사토, 앞의 『渡辺崋山』 97쪽.

44) '황국'이 18세기 말의 간세이寬政 때부터 가모노 마부치와 모토오리 노리나가 등의 국학자 뿐만 아니라 유학자·난학자들도 사용했다는 데 대해서는, 와타나베 히로시 「泰平」と'皇国'」(『東アジアの王権と思想』所收, 東京大学出版会, 1997年) 참조.

이와 관련하여, 초고 · 재고에는 거꾸로 서양 이적관은 표출되어 있지 않다. 오히려 초고에서는 "천지를 일통 統하고 겉으로 동인同仁의 의사意思를 기리어서, 공연스레 병력을 더하지 않는다고 하는 수, 이적 등이라고 상당히 가벼이 여기는 일은 참으로 맹인盲人의 상상이옵니다"(103頁), 재고에서는 "천지를 하나로 보고, 겉으로 동인의 가르침을 펼쳐, 공연스레 병력을 더한다고 말하지 않는 수, 이적 등이라고 가볍게 하는 것은 참으로 망인妄人의 상상이라 할 것입니다"(92頁)라고 적혀 있다. 초고 · 재고 안에서는 이적은 커녕 서양제국은 '융성' '성盛'한 국가들로서 긍정적으로 평가되고 있다. 이 점에서 주목해야 할 것은 서양의 높은 평가가 서양 여러 나라의 정교政敎 관계를 소개한 곳에서 보이고 있다는 점이다. 초고 · 재고에서는 "서양 교정敎政이 융성한 것"(초고), "서양 교정의 성한 것"(재고)의 모양으로서 정교 분리 체제를 말한다.

> 서양 교정이 융성한 것은, 교주敎主는 천자와 지위가 같고 생살의 권리가 모두 교주에게 있어서 한 사람 한 사람의 행장行狀의 가부를 모두 교주에게 맡기는 것입니다. 이에 따라 천자라 하더라도 천자인 까닭을 잃게 되면 교주가 바로 잡고, 그 명에 위배되는 일은 안 된다는 것입니다. 국주国主는 정사政事의 여탈권을 취하여 맹약을 지키는 것이어서, 말하자면 천자는 야쿠役와 같습니다. 이에 따라 몸을 다스리고 사람을 다스림을 제일의 임무로 하는 까닭에, 개토조사開土造士를 오로지 하는 일, 학교를 성하게 하는 일은 우리나라와 중국이 미칠 바가 없습니다. 교학教学 · 정학政学 · 의학医学 · 물학物学을 사학四学이라 칭하고 그 나머지는 예술芸術이라 합니다. (初稿, 100頁)

> 서양 교정이 성한 것, 교주는 천자와 지위가 같고, 천자로부터 서민에 이르기까지 한 사람의 행장에 구속되는 일은 교관教官의 책임인 까닭에 생살권을 가집니다. 이에 따라 천자라 하더라도 천자인 까닭을 잃게 되면, 교주를 어기는 일은 불가합니다. 그러므로 교주는 현자에게 물려준다 합니다. 국왕은

정사의 주체인 까닭에 여탈권을 가져 교주와 힘이 같고, 정교가 분리되지 않게 있는 것이어서, 말하자면 국왕이라고 하는 직역職役과 같은 것입니다. 이에 따라 자신을 다스리고 사람을 다스림을 제일의 임무로 하여, 조사개물의 학교, 당연히 정사의 근본으로 알고 있으므로, 학교가 성한 것은 중국 등이 미칠 바가 없고, 그 학파 교종敎種이 나뉘어 있다 하더라도 대강 사학四學을 학이라 칭합니다. (再稿, 88頁)

이 둘을 자세히 보면, 초고의 "우리나라[我邦]와 중국[唐山]이 미칠 바가 없습니다"가 재고에서는 "중국[唐土] 등이 미칠 바는 없고"로 되어 '우리나라'가 삭제되어 있다(게다가 『외국사정서』에서는 서양과의 비교 자체가 없어진다). 여기에서의 가잔의 배려는 막정 비판으로 연결되기 때문이었을 것이다. 사실 그것이 기우는 아니었다. 나중에 만사의 옥 사건 때, 초고의 "아방과 당산이 미칠 바가 없습니다"라는 곳이 부교쇼에서 문제가 되었기 때문이다.[45] 그것은 여하튼, 여기서 눈여겨 볼 것은 '교주'와 '천자' 사이의 긴장관계를 서양제국의 '융성'한 모양으로서 받아들이고 있다는 점이다.

이에 대해 『서양사정서』에서는 정교분리 체제에 대한 언급 자체는 남아 있으나, 서양 제국의 '융성' '성'의 상태로서 설명하고 있지 않다. 거기다가 『외국사정서』에서는 '당토 사람' 장견도張甄陶의 말을 인용하면서 소개하고 있는데 지나지 않는다.

교주라 함은, 이 곳이 유도儒道를 존봉하는 대로 사교邪敎이기는 하지만, 따로 대도大道가 없으므로, 존귀함은 국왕과 지위를 같이 하고, 당토 사람이 "그 나라에 선정왕善政王이 있고, 치세治世왕이 있고, 법왕의 세력은 민왕民王의 위에 있다"라고 말하는 것과 같다 해도, 나라에 따라 그렇게 까지의 것도 없는 까닭. (『外国事情書』 67頁)

---

45) 사토, 앞의 『渡辺崋山』 244쪽.

이와 관련하여, 초고·재고에서는 도덕적·종교적 '교주'에 대한 정치적인 '국왕'의 '야쿠役' '쇼쿠야쿠職役'로서, 인재양성·학교제도를 설명하고 있는 반면 『외국사정서』에서는 인재양성·학교제도는 보다 상세하게 기술하고 있지만 정교분리에 관한 설명은 없다.

이런 차이에도 불구하고, 서양제국의 정교분리 체제에 대한 가잔의 일관된 주목은 그의 서양인식의 큰 특징이라 할 수 있다. 이 점에 대해서는 그 서양 정교 관계의 정보원이 어디에 있었는가라는 문제를 포함하여 다음에 검토하고자 한다.

5. 정체론의 등장

앞에서 『외국사정서』에서는 초고·재고와 비교할 때 서양이적관이 전면에 나와 있음을 지적했다. 다음의 문장이 그것을 단적으로 보여준다.

> 외국을 힘으로 빼앗는[押領압령] 일, 경토境土를 물리치는 큰 일, 고기[肉]를 보고 반드시 싸우는 것 같은 것은, 전적으로 견융犬戎의 본성안에 있을 따름이어서, 필시 서로 갈라져서 스스로 뻗히는 까닭에 마침내 나눔을 모르는 대지大志를 격성激成(세차게 일어남)하여서 있습니다. 그렇다면 만국이 해를 입는 것은 만국이 근신하지 않을 뿐임은 아니고, 구라파 제국이 삼키고 쪼아댐 [呑啄탄탁]에 분주히 겨루는 일인 까닭이라 알고 있습니다. (『外国事情書』69頁)

'견융의 본성'이라는 본능적 투쟁심 때문만이 아니라 서양 제국諸国은 서로 경쟁하는 약육강식의 투쟁을 벌이고 있으므로 필연적으로 어쩔 수 없이 세계의 여러 나라는 거기에 말려 들어가 버리고 있다.[46] 그 현실을

---

46) 초고에서는 서양 제국이 '춘추의 세상'과 같은 상태임은 설명하고 있지만 '겨룸[競]'이라는 말은 나오지 않는다. 그런데 재고 안에 '겨룸'이라는 말이 보이

직시하지 않고 스스로 편안히 있을 수는 없다는 것이다.

여기에서는 문맥상, 서양 여러 나라는 서로 경쟁하고 있기 때문에 국내 '정치'를 '우근憂勤(집중하여 필사적으로 맡아 봄)'하고 있다는 인식이 『외국사정서』에서는 초고 · 재고 이상으로 강조되어 있다.[47] 초고 · 재고에서도 서양 여러 나라는 '춘추의 시대'(初稿 98頁), '춘추와 같고'(再稿, 87頁) '팔면강적八面强敵(再稿, 88頁)을 받고 있기 때문에, 서양 각국은 '그 정도政度와 풍속'에 대해 '우근신근憂勤愼謹(初稿, 99頁), '우근상신詳愼(再稿, 88頁)하고 있다는 인식은 있었다. 그러나 초고 · 재고에서는 대외적인 '춘추' 상태와 함께, 앞 절에서 지적했던 서양의 '융성'한 모습으로서 국내적 정교 분리를 들고 있다. 그런데 『외국사정서』에는 후자는 삭제되고 전자가 전면에 나오기 때

고, 『외국사정서』에서는 '상경相競' '분경奔競'으로 된다. 국가가 서로 경쟁하고 있다는 인식은 이적이기 때문이라는 평가가 확실하지만, 가잔의 흥미는 이런 경쟁 자체를 그대로 부정한 것이 아니라, 오히려 경쟁하고 있기 때문에 플러스의 정치체제가 생긴다는 것을 간파하고 있다는 것에 있다. 이와 관련하여 서양사회가 경쟁 사회임을 철저하게 부정한 것이 가잔과 친했던 시미즈 세키죠淸水赤城의 아들 오하시 도쓰안大橋訥庵이었다. 도쓰안은 이렇게 말한다. "서양의 설처럼, 군신부자, 형제부부가 서로 지지 않고 뛰어 내려고 기량을 다투고 경쟁함으로써 비로소 윤리가 서는 것이라면, 도道는 찬탈시역簒奪弑逆의 바탕이라서 왕망조조王莽曹操의 무리들이 돈박敦撲을 밖으로 하고 교사巧詐를 안으로 하여 그 간특姦慝함을 이루는 것을 대도에 부합한다고 칭하고, 비속한 야마시山師 라고 부르는 자가 오묘비략奧妙秘略한 바로써 대도의 정수극치精髓極致가 되는 것이다. 이것이 서양이 융적에, 한 점의 진실심이라 할 것이 없고, 서로 타국의 틈을 바라서 이빨을 날카롭게 하고 손톱을 갈아서 전투가 끊이지 않는 까닭이라, 간낭호표狼狼虎豹의 움직임 있으면 분쟁박서忿爭搏噬 하는 자와 무엇 다른 바가 있겠는가"(『闢邪小言』卷3, 『明治文化全集』卷15, 105~106쪽)

47) 다카노 죠에이의 경우, 경쟁은 과학기술의 진보를 촉구한다고 설명하고 있다. "저 나라의 리를 궁구하고 학문을 연구하는 법을 추천하여, 천문 · 지리 · 측량 · 율력으로부터 도화圖画 · 기계, 그 밖에 이르기까지 모두 각각 과국科局을 설치하고 가려 뽑아[選擇] 사람들로 하여금 능히 다투게 하여, 정미온성精微蘊成을 발명시킨다"(『漢洋內景說』題言, 154頁). 기술의 진보가 경쟁에 의해서라는 생각은 사쿠마 쇼잔도 갖고 있었다. 쇼잔도, 서양 제국이 서로 '절차切磋' 함으로써 '학술 · 지교'가 점차 열려간다고 말하고 있다(「攘夷の策略に関する藩主宛答申書」, 文久2年12月, 『渡辺崋山 · 高野長英 · 佐久間象山 · 横井小楠 · 橋本左内』日本思想大系55, 岩波書店, 1971年, 323쪽)

문에 국내 정치의 '우근'에의 절실함이 강조된 문맥으로 되어 있다. 즉, 『외국사정서』에서는 "춘추 전국과 같이" "팔면이 모두 적국"이기 때문에 "국정에 우근"(65頁) 한다고 되어 있고, 앞에서 설명하고 있는 서양 '이적' 관이 역설적 의미를 가지는 것으로 되어 있다. 즉, 이적이며 경합하고 있기 때문에, 오히려 성실히 '국정을 보살핀다는 것이다.[48]

또 서양 여러 나라는 서로 경합하고, 국제관계에서 '제국帝国'–'공국公国' – '후국侯国'의 계층시스템이 명목에 지나지 않는데, 『외국사정서』에서는 명료하게 설명한다. 본래 초고 · 재고에는 계층시스템관의 전제가 되는 '제국帝国'이라는 말은 보이지 않는다. 물론 가잔은 제국에 대한 지식이 없지 않았다. 『격설혹문』에는 제국에 대한 일반적 이해가 나타나 있기

---

48) 고가 도안도, 서로 경합하는 것이 군사적 세력 다툼뿐만 아니라 국내의 정치 체제의 정비와 연결되어 있다는 인식과 가깝다.
泰西大小数十国, 紛然星羅, 屹不_相下_, 譬猶_戦国之七雄_, 晋代之十六国, 本邦室町之季, 群雄割拠而龍争然, 彊者脅_弱, 治者制_乱, 智者敗_愚, 四隣耽耽垂_涎乎我_, 我有_小釁隙_, 立為_所_乗, 於_是乎, 淬厲礱磨, 発憤抗志, 竭_其智之所_及, 力之所_至, 以飭_武備_, 而扞_獲宗社_, 故国之衰荼緜弱者, 挙皆併_於強隣_, 其見_存于今_者, 皆其熾大富実, 巀然有_以自樹立者_也, 吾意_泰西人性之猛摯_, 纔比_漢土_, 断不_能_希_本邦士風ノ熇々_, 而今則陸梁跋扈, 横_行乎寰宇_, 独余亜細亜一大洲, 自余四大洲, 尽為_渠所_吞併, 威焰可_畏, 無_他故_焉, 亦惟憤悱勉勖之効已(『侗庵五集』戊戌下, 新論四)[태서의 크고 작은 십 수 나라가 어지러이 흩어져 있음이 별이 벌어진 모양이며, 서로 위에 있다며 우뚝 솟아 있음이 비유컨대 전국시대의 칠웅, 진대의 십육국, 본방의 무로마치의 말기와 같다. 군웅이 할거하여 용이 싸우는 듯하고 강자는 약자를 위협하고 치자는 난을 제압하며 지혜 있는 자 어리석은 자를 물리치며, 사방의 이웃이 나를 노려보며 침을 흘린다. 나에게 조그만 틈만 있으면 들어서서 타게 되는 바 이것이라. 담금질하고 숫돌에 갈아, 뜻을 겨루고자 분발하여, 그 지혜가 미치는 바 힘이 닿는 바를 다하여, 그로써 군비를 갖추어 종묘와 사직을 지킨다. 그러므로 (기운이)쇠하여 나른하고 솜처럼 약한 나라는 대부분 강한 이웃에 아우러져 지금 그 있음을 보니 모두 그 성함이 크고 부실富実하여, 우뚝함이 스스로 수립함으로써 있다. 내 태서인 성품의 맹렬함과 진지함을 생각건대 재주가 한토에 비하여 본방 사풍의 엄함이 바랄 수 없을 정도로 끊어져, 지금 곧 어지러이 날뛰고 발호함이 환우에 횡행하니, 홀로 아세아 일대주에 남고 스스로 사대주에 남으니 병탄하여 넓은 바를 다하여 위염이 두려워할 만 한 까닭이 다름이 아니다. 또한 오직 분하고 원통하여 힘써 본받을 따름이다]

때문에(24頁), 가잔은 구태여 '제국'이라는 말을 사용하지 않았다고 할 수 있다. 그러나『외국사정서』에는 러시아를 "세계 제일의 대제국"(62頁, 재고 에는 '世界第一之大国' 초고에는 '世界第一の大国'으로 되어 있슴)이라 소개하는데, 다른 곳에서는 '제국'이라는 호칭이, 그것은 '이왕夷王의 지志'를 격려하는 것이었고, 현실에서는 "누가 이 지구의 주인이 될 것인가"라고 부정한다.

> 구라[파] 중 제국이라 칭하고 있는 나라는 독일도국独逸都国 · 두이격국杜爾格国[토루코]입니다. 두이격은 교도敎道가 구별 되어 스스로 <u>シユルタン</u>슈르탄이라 칭합니다만, 양인洋人은 공히 역시 이를 제帝라 합니다. 위 제국諸国이 할거하면서 명교名敎도 자연히 행해져 마음대로 잠립潛立하기 어렵습니다. 옛날에 교도가 넓지 않았고 물리物理가 자세하지 않았던 세상에는 보는 바로써 대소大小를 구분했습니다만, 지금 사방이 이미 밝아지게 된 위에는 누가 이 지구의 주인이 되어야겠습니까. 이왕夷王의 뜻을 격려하고 양인이 규모를 넓혀 우근憂勤으로써 안을 닦고 밖을 제어하는 일, 온전히 여기에 있어야 함입니다. (『外国事情書』78~79頁)

이 사이의 사정은 이렇게 추측된다. 가잔은 본래, 국제관계에서 '제국'을 정점으로 하는 계층시스템관을 부정하고 있었는데, 『외국사정서』에서는 이를 읽은 사람들이 받아들일 수 있도록 당시의 서양이적관의 상식을 근거로 하고자 했기 때문에 러시아 · 신성로마제국 · 터키 등과 같은 제국을 소개했으나, 이 호칭의 과대성을 다시 문제 삼지 않을 수 없지 않았었던 것 같다. 물론 앞 단에서의 '이적' 비판의 문맥과의 연결에서 '이적'이기 때문에 그런 당치도 않은 자칭自稱을 하는 것이다라는 것이 된다.[49] 그러나 제국帝国을 부정하는 그런 언설은 '제국帝国' 일본을

---

49)『외국사정서』에서 '구라파인'의 '공리'적 성격을 기술했음에도, 가잔이 청나라 사람 하장령賀長齡이 편집한『皇朝経世文編』卷83「兵政14 海防上」에 실린 문장을 사용하고 있는 것은, 사토 쇼스케가 사상대계본의 두주에서 지적하고

부정하는 것도 되는, 양 날의 칼이었음에 주목해야 한다.

그런데 초고·재고에는 없고, 『외국사정서』에 있는 주목할 논점은, '치제治体'=정체론이다. 거기에서 공화정체를 소개하고 있다. 초고·재고에도 아메리카의 'フルエーニグデスターテン공화정치(初稿,102頁), 'フルエーニグデ スターテン'(再稿,92頁), '공치共治의 정政'(上同)을 언급하고 있으나, 그것과 나란히 전제군주 정체와 입헌군주 정체를 설명하고 있는 것은 아니다. 이에 대해 『외국사정서』에는 '치체' 관념의 바탕에서 정체를 구별하고 있다.

> 구라파 제국이 상호 스스로 뻗어나므로, 팔면이 모두 적국이어서 맹회盟会〈チカヒ〉로써 합종연횡〈モウシヤワセテセメル〉하는 취지가 거의 춘추전국 시대와 같습니다. 그러므로 국정에 우근憂勤하여 내외〈コクナイグハイコク〉 신밀慎密〈トリシマリフセギ〉한 것이 여러 땅[諸州]에서 훌륭합니다. 대저 치체治体에는 세 가지 길이 있는데, 하나는 독립국〈서양에서는 'ヲンベパールデ モナルカール'라 이르며, 혈맥이 서로 전해져 남녀를 구분하지 않고 즉위하고, 그 안에 군주 한 명이 권력을 오로지 하는 나라, 왕가와 정부가 권력을 합하는 나라도 있슴〉,

---

있다. 본래 장견도의 원문은, 마카오에 거주하고 있는 그리스도 교도를 서술하는 곳에, "蓋由二該国有二二王, 一日二善世国王, 係二属僧身二, 一日二治世国王二, 係二属民身二, 僧王気勢, 在二民王之上二, 専以二行二教為二二事[대개 저 나라에 두 명의 왕이 있음에 말미암아, 하나는 선세의 국왕이라 하는데 계통이 승려에 속하고, 하나는 치세의 국왕이라 하는데 계통이 민간에 속한다. 승왕의 기세가 민왕의 위에 있어 오로지 교를 행함을 일로 삼는다]"(『上広督論制馭澳夷状』)라 되어 있어서, 가잔과 같은 세계적 관점에서 논의한 것은 아니다. 또 당연한 것이지만 과학기술도 부정하는 노골적인 서양이적관을 표명하고 있는 곳은 무시하고 있다. 예를 들면 가잔은, "당인이 말하는 것 같이, 기뻐하므로 사람이고 노하므로 짐승이다"라 하고 있는데, 이 부분은 이하와 같다. "其人積二思於伎巧二, 若二自鳴鐘·千里鏡·風琴響樂二, 及泰西水車水器二, 皆詐異不ㄴ可二臆測二, 而無二済二於実用二, 天主教之説, 尤鄙浅不ㄴ足二道, 惟以二利啗二愚人二入ㄴ教, 其性喜人, 而怒獸"(張甄陶『澳門図説』, 『皇朝經世文編』卷83). 사토 쇼스케에 의하면, 가잔의 메모장 『客座掌記객좌장기』의 글을 바탕으로, 만사 그룹의 한 사람인 하쿠라 모로치카(간도)의 소장본 『皇朝経世文編』을 가잔이 빌려서 이용했다고 추정하고 있다. 앞의 「渡辺崋山稿『外国事情書』의 基礎的研究」 참조.

또 하나는 수맹守盟의 나라〈ベパルーデ モナルカール'라 하여, 앞은 부용附庸 (대국에 속함)과 같은 것〉, 공치국共治国〈ゲメーネベストゲジンド'라 하여, 현재 賢才 호걸을 추천하여 군장이 되어 일국을 공公으로 하는 정도政度〉. 위와 같은 나라들을 제국帝国〈ケイズル〉, 왕국〈コーニング〉, 상공국上公国〈アールツヘルートゲン〉, 대공국〈ゴロートヘルトーゲン〉, 후국〈ヘルトーゲン〉 등으로 칭하고 그 나라에 위계가 있슴. (『外国事情書』65~66頁)

이 곳은 사토 쇼스케의 지적처럼, 프린센(P. J. Prinsen)의 지리학교본 제2판(1817年刊)을 번역한 고세키 산에이의『新撰地誌신찬지지』가 그 바탕이다.[50] 계층시스템의 배경화와 함께 정체론의 등장이라는 의미에서 이 곳은 매우 중요하다.[51] 이 장의 관심에서 말하자면, 서양제국이 "팔면이 모두 적국"이기 때문에 "국정에 우근"하고 있다고 하는 문맥 안에서 "치체의 세 가지 길"을 말하고 있음을 주목해야 한다. 즉 초고 · 재고에서는, 정교분리 체제가 설명되고 있는 곳에, 정체론이 전개되어 있다.

6. 정치와 종교의 분리

정교 분리라는 인식은 초고부터 『외국사정서』까지 가잔의 일관된 주장이었다. 앞서 살폈지만, 정치와 종교의 분리가 유럽이 번성한 이유인 것처럼 썼던 초고 · 재고와 달리, 『외국사정서』에는 그 사실을 정보로서 전하는 것만으로도(중국인의 설로서) 강한 메시지였음은 분명하다. 이 점,

---

50)『渡辺崋山 · 高野長英 · 佐久間象山 · 横井小楠 · 橋本左内』補注「治体三道」 594쪽. 사토, 앞의『洋学史の研究』184쪽 참조.

51) 이 정체론이 중국 전래의 전통적인 봉건—군현의 정치제도의 틀과 다른, 완전히 새로운 틀이라는 점에서 획기적 의의가 있다는 점에 대해서는 본서 제1편 제3장 참조.

모리슨호 정보를 접한 뒤 분격한 나머지 썼던 『신기론』에서도 가잔은 다음과 같이 말한다.

　무릇 서양 각국이 정치 제도의 오융汙隆, 풍속의 미열美劣, 인물의 현부賢否가 한 결 같지는 않으나, 대저 성질이 침인沈忍함(割註省略)으로써, 일국을 법으로써 다스린다 해도, 위에 있는 자를 군君·사師라 하여, 군은 자식에게 전하고, 스승은 현자에게 전하므로 교敎·정政 두 길로 나뉜다. 아래에 있어도 예술도 또한 이학二學으로 한다. 그 천부의 기질에 나아가 뜻을 뽑아내어 도道·예芸 의 이학으로 나아가게 한다. 그러므로 뜻하는 바를 천시하지 않고, 그 [자질의]당 연함을 힘쓰지 않음을 책망한다. 그러므로 그 예술이 정교하고 넓어서, 교정 의 우익고무羽翼鼓舞를 이루는 일, 중국이 미칠 바 없을 것 같다. (『愼機論』 37頁)

　그러면 가잔은 이와 같은 서양제국의 정교 분리 정보를 어디에서 얻었을까. 앞서 언급한대로 『외국사정서』에는 "그 나라에 선정善政 왕이 있고 치세治世 왕이 있고, 법왕의 세력은 민왕의 위에 있다"라고 하는 『황조경세문편』에 실려 있는 '당토인唐土人' 장견도의 설이 명시되어 있는데, 보다 상세한 정보로서는 아오치 린소의 『여지지략』이었다고 생각된다. 『여지지략』은 「ゼオガラヒ—지오그라피」로서 난학자들 사이에 퍼져 있었던 『일반지리학』 육책본六冊本의 일본어판이라 할 수 있는 지리서다. 거기서는 정교분리를 다음과 같이 서술하고 있다.

　라마羅瑪 보사宝斯ハウス(교주의 호칭)의 위엄이 나라 가운데 오로지 행해진 다, 국중의 교도敎徒의 관직은 국왕이 명한다고 해도 보사의 명을 받아 이 를 정한다. [52] (『輿地志略』 卷2, 波爾杜瓦爾)
　보사宝斯ハウス는, 세사世事에서는 일개 자립한 나라의 군주이나, 교사敎事에서 는 구라파 법교 가운데의 대부라, 보필하는 재상[宰輔]이 칠십 명이 있고, 葛

---

52) 『文明源流叢書』 卷1 (国書刊行会, 1913年) 300쪽.

爾弟那児갈이제나야/カルデナール라 부른다. 보사는 葛爾弟那児 가운데서 뽑는데, 그 무리가 칭거稱擧하는 삼분의 이를 얻은 한 사람을 민다. 熱爾瑪尼亜게루마니아의 제帝라도, 그 선거에 관여할 수 없다.[53] (『輿地志略』卷3, 意太里亞)

프로테스탄트였던 요한 휴브네르는 로마 교회를 신랄하게 평가하고 있는데, 그것은 어찌되었건 가잔은 『여지지략』에서, 종교와 국가뿐 아니라 국가 내부에서의 '왕권'과 '정부권'이 분리된 정치 형태의 정보를 인출하고 있다. 다음의 자료가 그것을 말해 준다.

> 치도治道는 'ベパルーデ モナルカール', 독립한 나라로서 혈통을 대대로 전한다. 만약 왕자가 없을 시에는 왕녀가 즉위한다. 정사는 왕권과 정부권으로 서로 나누어, 국왕이 상전常典하는 것은 오직 외국의 맹회盟会, 군려軍旅・상벌賞罰・출보黜歩만이다. 신법 창제와 조세 부여의 두 가지 일은 정부에 맡긴다. 이는 국왕이 위복威福을 넘지 않기 때문이다〈カラメロス地志〉. (『外国事情書』76頁)

'카라메로스 지지カラメロス地志'란 아오치 린소의 『여지지략』이다.[54] 거기에 다음과 같이 서술되어 있다.

> ○정치 貌利太泥亜모리타니아(=영국) 국정은 伊斯把爾亜이사파니아, 佛郎察불랑찰 등의 제국과 동일하지 않다고 해도, 또한 하나의 자립 왕국의 정사政事이다. 雅谷貌아곡모/야곱 제1세 왕이 처음으로 국왕의 상전常典을 세웠고, 이를 깨트리면 왕 스스로 자리를 물려주는데, 정부 대신이 항상 이를 감수監守함을 맡는다 한다. 그러므로 위권威權은 왕가와 정부로 나뉘어, 이에 명령을 내리는

---

53) 위와 같음, 334쪽.
54) 앞의 『洋学史の研究』 179쪽 참조. 「ゼオガラヒー」 6책본(1769年刊)의 난역서가 카라메로스(Ernst Willem Cramerus) 였기 때문에 『カラメロス地志』라 불렸다. 宮地哉惠子「'ゼオガラヒー'から『海国図志』へ—舶載書籍による西欧政治制度紹介」(『歴史学研究』 623号, 1991年 9月) 참조.

바도, 저쪽이 허락하지 않으면 행할 수 없고, 왕과 정부가 서로 합치되면 서정庶政이 순조롭고 합치되지 않으면 자칫하면 관내管內에 간과干戈(=무기)를 동원하는데 이른다. (『輿地誌略』 卷5. 諳厄利亜)

가잔은 정교분리, '왕권'과 '정부권'의 분리를 포함하여 권력의 분산화, 다원화에 강한 관심을 갖고 있었다.

가잔이 당시 일본의 위협이 되고 있다고 인식하고 있었던 영국과 러시아 중에서, 입헌군주국 영국은 "정사는 ベパルーデモナルカル베파르데모나르카르라 한다. 귀족·대신과 상의하고, 권력은 군주 일인에 (있는 것이) 아니다"(『戊戌夢物語』 崋山朱書. 201頁)라 하는 것처럼, 말할 것도 없이 'ヲンベパールデ モナルカール온베파르데 모나르카르' 전제군주인 러시아 역시 의회에 의한 합의체제가 있다고 한다.

> 치국治国의 도는 ヲンベパーアリングモナルキー〈즉 ベパルーデモナルカール인 것입니다〉라 하여, 독립 대군大君의 나라이고, 英吉利亜영길리아와 서로 다른 것은, 당토唐土 처럼 일인이 만기万機〈ヨロヅノマツリゴト요로즈노마쓰리고토〉를 총람〈トル도루〉하는데, 국정은 재상宰相〈ロウヂウ로쥬〉과 내각〈ヲソバガシラ온바가시라〉, 〈ミニストル미니스토루〉와 의회〈ソウダン소단〉가 하고, 교주〈ジウシヤ지우샤〉도 또 관여하여, 공히 군덕君德을 보익함. (『外国事情書』 81頁)

여기에 권력의 다원화·분산화와 합의에 착목한 가잔의 특징이 있다.[55]

---

55) 막말의 하시모토 사나이橋本左內는 "특히 국가의 대사, 법령을 고치고 병혁을 움직이는 공작을 일으키는 같은 것은, 학교에 내려 보내 숙의한 다음에 횡론橫論을 정하여서 정부를 신달申達하고, 정부에서도 여러 관이 반복정론反覆訂論하여 중의衆議를 하나로 같이 한 다음에 행한다고 합니다. 따라서 국왕이라 하더라도, 혼자서 자신의 뜻에 맡겨 마음대로 대사를 만드는 것은 불가하다 합니다"(橋本左內「西洋事情書」, 安政2,3年頃, 『渡辺崋山·高野長英·佐久間象山·横井小楠·橋本左內』 591쪽) 며, '국왕' 부터도 '학교' '정부'의 '중의'가 우위에 서는 것에 서양제국이 강한 원인을 갖고 있는데, 가잔의 인식은 사나이의 선구였다고 할 수 있다.

주지하는 바와 같이 유교의 정통적 가치관에서는 정교일치(정치권력자가 동시에 도덕적·종교적 권위인 것)가 바람직한 모습이었다. 예를 들면 가잔의 유학상의 스승인 사토 잇사이佐藤一斎가 한 다음의 말은 그 전형이다.

> 총명예지하여 능히 그 성性을 다 하는 자, 군사君師이다. 군君의 고명誥命은 곧 사師의 교훈이요 둘도 없는 것이다. 세상에 내리는 다스림은 군사가 판단한다. 사도가 서면 군도는 쇠한다.[56] (『言志録』)

경쟁이 이적끼리의 것이었던 것처럼, 정교 분리는 후세로 내려왔기 때문이었고, 결코 바람직한 것은 아니다. 틀림없이, 가잔도 『외국사정서』에서 다음과 같이 시대가 쇠함에 따라 분리되었다고 말한다.

> 옛날에는 덕으로써 왕이 됩니다. 후세後世에 인지人智가 깨치게 되어 소박한 풍이 물러나 쇠퇴하고, 일도 더욱 번다하게 되어, 한 사람이 겸치兼治하가기 힘들고, 또 따라서 신인神人도 세상에 나오지 않아, 마침내 교정教政 두 가지 [二道]로 나누고, 이것을 レクツゲレールドヘイト레쿠쓰게레르도에이토라 칭합니다. 주례周禮에서 사유師儒를 나누는 것과 같습니다. (『外国事情書』61頁)

그러나 이는 타협적이었던 『외국사정서』 특유의 레토릭이었고, 가잔의 본심은 유럽의 국세가 강한 비밀은 정교분리에 있다고 생각한 바, 이는 초고·재고를 보면 분명하다. 여기에 가잔의 서양 인식의 특질이 있다. 정교일치를 일본의 우월성으로 간주했던 동시대 국학자와 후기 미토학파와 비교할 때, 그 독특함은 한 층 더 부각된다.

에도 후기의 사상 공간에서 오규 소라이가 정치와 도덕의 분리를 주장했던 것은, 마루야마 마사오가 지적한 이래 알려진 바대로이다. 그러나 소라이도 도덕과 종교 자체를 부정한 것이 아니라 그 정치적

---

56)『佐藤一斎·大塩中斎』(日本思想大系46, 岩波書店, 1980年) 41쪽.

이용 가치를 인정하고 있다. 특히 종교에 대해서는 "우리 동방의 도[我東方之道]"로서 "天祖祖天, 政祭祭政, 神物之与官物也無別(천조는 하늘을 본받고, 정사와 제사는 다스림으로 갚으며, 신물은 관물과 더불어 구별이 없다)"[57](『徂徠集』卷8, 舊事本紀解序)며 제정일치 체제를 주장했고, 이를 받아들여, 동시대의 아이자와 세이시사이会沢正志斎는 민심 통합의 장기적 전략으로서 종교의 정치적 이용을 고안했다.

> 천조는 하늘에 있어, 아래 땅에 조림照臨하시고, 천손은 성경誠敬을 아래로 다하여 그로써 천조에 보답한다. 제정祭政은 하나라 다스리는 바의 천직天職, 대를 잇는 바의 천공天工은, 하나로서 천조를 섬기는 까닭이 아님이 없다.[58]
>
> (会沢正志斎『新論』国体 上)

또 모토오리 노리나가를 비롯한 국학자가 "다스림政은, 대저 군주가 나라를 치좌治坐하는 만사의 가운데, 신기神祇를 제사함이 가장 중요한 일인 까닭에, 타국에도 이 뜻이 있고 황국 역시 그러하다, 그 나머지 일 등을 아울러서 제사 지낸다고 함은, 누구도 생각하는 바이라, 참으로 그러한 것이지만, 오히려 그렇게 생각함에 말의 근본은 그에 말미암지 않고 봉사해야 하는 것이라"(『故事記伝』卷18)고 하듯이, 제정일치를 주장하고 있음은 말할 나위가 없다.[59] 이러한 제정일치 체제를 일본

---

57) 『近世儒家文集集成』第3卷(ぺりかん社, 1985年) 82쪽.

58) 『水戸学』(日本思想大系53, 岩波書店, 1973年) 53쪽. 민심통합이라는 정치적 목적을 위해 천황 제사가 이용된 점에 대해서는, 졸고「『新論』の尊王攘夷思想」(졸저『近世日本の儒学と兵学』수록),「近世大嘗祭観の展開」(源了圓・玉懸博之編『国家と宗教』思文閣出版, 1992年,「大嘗祭のゆくえ」로 제목을 바꾸어『兵学と朱子学・蘭学・国学』에 수록)을 참조하기 바란다. 또 후기 미토학의 천조 개념과 국가신도의 관련에 대해서는 子安宣邦『国家と祭祀─国家神道の現在』(青士社, 2004年) 참조.

59) 『本居宣長全集』(筑摩書房, 1968年) 卷10. 322쪽.

우위성의 근거로 삼는 에도 후기의 사상 공간에서[60], 도덕과 종교의 권위 그 자체를 인정하면서, 그것과 정치와의 긴장관계가 있음으로써 오히려 국력을 증진시킨다고 하는 가잔의 인식은 주목할 가치가 있다.[61]

7. '만사의론万事議論'관

그런데 가잔이, 정교분리 체제 때문에 서양제국이 강하다고 생각한 것은, '의론'을 존중하는 '궁리 정신'과 깊은 관계가 있다. 앞서 인용했던 가잔의 궁리관을 보여주는 곳을 다시 인용한다.

---

60) 가잔 뒤에, 사이토 사쿠도斎藤竹堂는 『蕃史』卷上(嘉永4年)의 '혁명' 조에서 서구 제국이 그리스도 탄생을 기원으로 하는 서양력을 사용하고, 로마 교회와 정치권력이 대립하여, "나라에 드디어 주인이 둘 있는" 것에 대해 "정교는 하나이다. 사람으로 하여금 믿어 참되게 따르게 하는 이것을 일러 교繳라 하고, 그것으로 하여금 두려워서 따르지 않으면 안 되는 것 이것을 일러 정政이라 한다. 정과 교가 나눠지면 곧 정도 아니고 또한 교도 아니다"고 논하고, 후세에 '영주米主'가 나와서 그리스도교를 소탕한다면, 교와 정이 일치하여 "국체가 떨쳐지고, 사대군四大君의 업業이 재흥"할 것이라고 말하고 있다(『有所不為斎雑錄』卷22). 주자학자인 사쿠도에게는 결국 정치와 종교의 대립 긴장이 '국체'를 진흥하는 것에는 생각이 미치지 않았다고 할 수 있다.

61) 주목해야 할 것은, 일본에서는 덴노天皇와 쇼군 사이에 정교분리가 이루어졌다고 하는 인식이, 가잔과 대담했던 니담에게서 볼 수 있다는 점이다. "혹자, 우리나라의 교토京都는 여하한가 라고 물었다. 답하여 말하기를, 게스테레키ゲーステレーキ(神孫家신손가), 에르후케이즈루エルフケイヅル(累世ノ帝누세의 제왕)"(『跌舌或問』24頁). "혹자가 에도江戸는 지지가地志家들이 무엇이라 합니까. 답하여 말하기를, 게이즈루ケイヅル라고 말씀드림이 온당할 것"(『跌舌或問』25頁). 이는 "켐페르ケンペル가 지은 일본지日本誌를 옆에 두고 읽기를 게을리"(『跌舌小記』11頁) 하지 않았던 니만이 애독했던 켐페르의 말을 그대로 받아들였다고 생각된다. 가잔이 이에 찬동했는지의 여부는 알 수 없다. 관련하여, 히라이시 나오아키平石直昭는 가잔의 인류동포관이 켐페르의 쇄국론의 영향이었다고 지적하고 있다. 『日本政治思想史』(放送大学教育振興会, 1997年, 140쪽) 참조.
＊켐페르 Engelbert Kaempfer, 1651~1716 : 독일 북부 렘고 출신의 의사, 박물학자. 유럽에서 일본을 처음으로 체계적으로 기술, 소개한 『日本誌』의 원저자. 위키피디아 재팬 참조.

생각건대 서양이 가히 두려운 것은, 천둥을 듣고 귀를 막고 번개를 꺼려서 눈을 감는 것을 가장 나쁘다고 하는 것입니다. 오직 만물을 헤아려 이치를 캐어 밝힘[究理]에는 이러함이 없고, 만사 의논은 모두 이치를 캐어 밝힘을 오로지 힘쓴다 합니다. (初稿, 103頁)

사토 쇼스케는 이 곳을 인용한 가잔의 '궁리 정신'을 지적하고 있는데, 여기서는 가잔이 '만물' 뿐만 아니라 '만사의론'에 있어서도 '구리究理(사물의 진리를 밝힘)'를 이루었다고 설명하고 있음에 주목하고자 한다. 이 부분에 해당하는 재고는 다음과 같이 부연한다.

서양이 과감히 단행한 바가 있는데, 모두 이치를 궁구함[究理]에서 나옵니다. 그로 인하여 제국諸国이 정사를 개정改正함이 여러 번이고, 근래 英吉利斯영길리사(=영국)는 상법商法이 갑자기 대단해졌다 합니다. 궁리라고 한다면 물계物計처럼 이해합니다만, 사리事理를 궁리하는 일, 더욱 정밀하게 되었다 합니다. (再稿, 90頁)

'만사의론'이라는 말은 삭제되었으나, '상법' 같은 '여러 국정의 개정'이 구체적 예로 제시되고 있다. '만사의론'은, 천둥과 전기 같은 자연과학 뿐만 아니라 '국정'에까지 관계되어 있는 것이다. 앞서 보았던 정체政体의 하나, 공화제의 번역어, '회의会議〈サウタン소단〉 공치共治〈トモニオサメル도모니오사메루〉'(『外国事情書』61頁)도 이것과 연결되어 있을 것이다. '의론'과 상담은 같은 계열이기 때문이다. 이 절에서는, 궁리의 '만사의론'이 국정으로 연결되어 있다는 인식의 의의에 대해 검토한다.

한편 이 궁리의 '만사의론'의 자연과학에서의 구체적 모습을 제시한 사람이 다카노 죠에이이다. 죠에이는 해부학을 테마로, 한방의학과 서양의학을 비교한 『漢洋内景説한양내경설』에서 다음과 같이 말한다.

저 나라의 풍속은, 특히 형벌로 죽은 사체[刑屍]를 해부할 뿐만 아니라, 오랜 병과 기이한 질병[沈痾奇疾침아기질] 및 여러 병을 치료하는 방법[治術]을 다하여 치료되지 않으면, 바로 그 사체를 해부하여 병의 근원[患原]을 궁구하여 알고, 병독을 탐색하여 이를 바깥으로 드러난 증세에서 징험함으로써 먼저 나의 생각[思]을 다 내고, 그런 다음에 동지와 모의하여 서로 함께 회의하여, 그 병이 본래부터 죽는 대환大患이므로 치료법이 틀린 바가 아닌 것은, 그 고칠 수 없는 안의 원인[內因]과 밖의 증세[外症]를 밝혀서, 천명으로 반드시 죽는 것으로 정하고, 만약 그 병이 치료될 수 있음에도 치료법이 병원病原에 적당하지 않은 데에 자리 잡고 있는 것은, 이 그 죽음이 잘못된 치료에 기인함을 알아차려서 다시 각각 그 원인 증상을 기록하고, 나중에 다시 감계鑑戒한다. (『漢洋內景說』 題言, 155頁)

병사한 사체를 해부하여, 그 "병의 근원[患原]"을 끝가지 밝혀 알아내고[窮究], 병독을 탐색"하기 위해 "먼저 나의 생각을 밝히고, 그런 다음에 동지와 모의하여 서로 함께 회의"하는 것이, 서양에서는 행해지고 있다는 것이다. 여기에서의 '회의'에서는 사실을 근거로 하여 그것을 인과적으로 설명하는 합리적·실증적 사고가 요구될 뿐만 아니라, 여러 가지 의견을 다투게 하여 모든 가능성을 탐색하면서 진리로 접근해 가는 것이 요구된다. '의론議論'이 진리에 도달하기 위한 불가결한 과정이다. 이 '의론'을 불가결한 과정으로 하는 궁리관에는 "모두 각각 실측에 의해, 하나라도 허망한 공론空論 없이, 해를 쫓고 달을 쌓음에 따라서, 명량확실明亮確実한 설이 점차 새롭게 된다"(高野長英 『西洋学師ノ說』 197頁)라 하는 지식의 축적과, 나아가 공개의 원칙이 수반되어 있다. 이 점을 가잔은 서양제국의 장점이라고 논한다.

대체로 서양의 여러나라는 소국이라 하더라도 규모가 광대하게 서있어 비밀리에 감추어 두는 일은 없습니다. 이에 따라 유의구전流儀口伝(학문이나 예술

따위의 형태나 방법이 구전되는 것)이라는 것, 그 비루한 풍속이기는 합니다만, 일에 당하여, 나를 포장할 때에는 숨기는 일도 있다 해도, 저가 늘 하는 말에 '나츄루ナチュール'에 등진다는 것, 스스로 부끄러운 일로 생각합니다. 나츄루라고 함은 천의天意를 등진다고 하는 마음입니다. (再稿, 89頁)

'비장'의 '유의구전'은 '나츄루'='천의'를 등진다는 것이다.[62] 거꾸로 말하면, '사리'를 궁구하기 위해 한 사람 한 사람이 속으로 감춤이 없이 의견을 내어서 '의논'하는 것, 그것이 '나츄루'='천의'에 걸 맞는 행동인 것이다. 궁리의 과정에 '의론'을 구했던 점에서, 가잔과 죠에이의 궁리관은 특필할 가치가 있다.

이와 관련하여 다카노 죠에이는 의료 현장에서의 '회의'를 말하고 있는데, '국정'의 마당에서는 아무래도 분명하지 않지만, 쇼시카이尙齒会에 관한 죠에이의 기사를 보면 죠에이 · 가잔 주변에서는 '의론'이 빈번하게 행해졌음을 엿볼 수 있다. 덴포 4년(1833) 이후의 대기근의 위기감을 느낀 기슈 번紀州藩의 번유 엔도 쇼스케遠藤勝助가 쇼시카이를 설립하기에 이르렀음을 설명하여 죠에이는 다음과 같이 말한다.

이로써 개연慨然히 탄식하여, 구황救荒의 여러 책을 저술해서 오로지 경제의 실학을 연구하였음에, 제후가 때때로 방책을 세우고 정사를 질문하셨다. 단지 중도에 파하기가 착잡하고, 급히 답하기가 어려운 것이 있으므로 쇼시카이를 설립하여, 노인 회합을 이름으로 하고, 대소 도하의 유명한 인사를 불러, 나아가 중인衆人의 의론을 주흡湊洽하여, 항상 회답을 다하게 하므로, 말하는 자 그 두터움을 깊이 믿고, 정무를 묻는 자 따름이 많았다. 그러므로 도하의 사람이 일시에 경제학의 대가가 되다. (『蛮社遭厄小記』 231頁)

---

62) '나츄루'에 대해서는 도리이 유미코鳥井裕美子 「渡辺崋山のキリスト教理解」 (『季刊日本思想史』 15号) 참조.

쇼시카이가 기슈번사 엔도 쇼스케가 주도한 모임이고, 여기에서 죠에이가 전하고 있는 바와 같이, "제후의 정무 자문기관으로 해석하는 것처럼, 정치적 성격의 색채가 농후한 단체로 보는 것은 갑자기 찬동하기 어렵다"[63]고 해도, 이와 같은 '중인의 의론'을 행하는 자주적 모임이 에도의 지식인 사이에 존재했던 데 대한 사상적 의의는 크다.

가잔만 하더라도, '화공'으로서 가잔 자신은, '번'의 좁은 인간 관계와는 다른 '동지'적인 인간 관계를 갖고 있었음을 상기해야 한다.[64] 가잔이 스스로 솔선하여 만든 모임으로서는 분카文化 11년(1814)에 회화 단체인 갑을회甲乙会가 있고, 또 분세이文政 원년(1818)에 부패한 번정을 개혁하기 위해 '동지'가 모여 만든 것이 있다. 그 외에도 가잔은 '그림'을 매개로 하여 신분과 번의 소속에 고민하지 않는 사람들과 교류했다. 게다가 갑을회는 규약이 있었다.

규약을 가진 자주적 모임과 거기에서의 '의론'의 하나의 예를 들자면, 가잔에게 정교분리 정보를 전해 준 『여지지략』의 작자 아오치 린소의 '동지회'이다. 만서화해어용蛮書和解御用의 사업으로서 쇼멜의 일용백과사전(『厚生新編』)을 번역한 린소는, 덴포天保 2년(1831) 11월에 "동지와 함께 상의하여 번역어의 맞고 틀림을 정"하기 위해 '동지회'를 설립했다. 거기에는 다음과 같은 규약이 정해져 있다.

규약規約　근금近今, 태서泰西(=서양) 의서医書가 우리나라에 전해 온 것, 매우 호번浩繁(넓고 크며 번거롭게 많음)하다 한다. 만약 한 사람의 힘으로 번역하여 정함을 두루고자 함은 쉽게 이루어질 일이 아니다. 그러나 각자가 얻는 바는 곧 편집고아偏執固我한 폐단을 면치 못한다. 그러므로 이에 동지가 서로

63) 사토 앞의 『洋学史研究序説』 135쪽.
64) 스기모토杉本 앞의 논문 참조.

약속[相約]하여 함께 그 일을 이룬다면 사업의 진척과 임무 완수[進業成務]에 가까울 것이다. 이 회会는, 번역함을 일로 한다. 이 업은 세심한 심정審訂을 요한다. 만약 의심가거나 비슷하여 번역하기 어려운[疑似難翻譯] 뜻이 있으면 회상会上에서 상의하여 반드시 합당함을 얻어서 불만이 없을 때 멈춘다. 만약 두찬망탄[杜撰妄誕(틀린 곳이 많고 거칠며 터무니없는 거짓말)]하면 곧 여럿이 함께 공세하여 용서치 말라. 대저 반역反訳하는 바는 그 문장이 매우 많다하다 해도, 일일이 이를 갖추어 그 정핵精覈[아주 자세히 조사하여 철저히 밝힘] 절실한 사법師法이 되어야 하는 자는 여러 참가자[衆士]의 평론을 거쳐 정한다. 곧 저역자著訳者, 교자校者의 이름[名字]은 선사繕写[잘못을 바로잡아 다시 고쳐 베낌]하여 한 책이 된다. 무릇 저술하는 바의 약명薬名과 술어述語는, 선배가 가린[選] 바의 것은 이를 다하여 쓰고, 그 논의해야 할 것은 회상会上에서 이를 논하여 그 마땅한 바에 따른다. 새로 나온 것은 일정한 의논을 기다려 통사通社가 이를 사용한다. 또한 우리, 시험하는 바의 방술이 실핵実覈하여 틀리지 않는 것이 되면 자세히 기록한다. 또한 동지를 고무鼓舞하는 것은 번용煩冗[번거롭고 쓸데없슴]하지 말아야 하며 이를 묵지黙止한다.[65]

여기서는 '한 사람의 힘'으로는 이룰 수 없는 공동의 번역 작업에서 '편집고아의 폐단'을 면하기 위하여 '회상에서 상의'할 것을 구하고, 그 때문에 '동지'의 '규약', 구체적으로는 서로 철저한 의문을 '상의'할 것, 그 때 개인적인 '불만'과 같은 사적 감정을 빼버릴 것, '두찬망탄'한다면 비판할 것, 모두 '중사의 평론을 거쳐서 일정'할 것 등이 확정되어 있다. 여기에 적혀 있는 회독에서의 번역 작업이 바로 가잔이 말하는 '만사의론万事議論'의 궁리이다. 그것은 『난학사시』에 생생하게 서술되어 있던 저 마에노 료타쿠와 스기타 겐파쿠의 『해체신서』의 번역 회독을 상기할 필요도 없는, 난학자들의 세계에서 이미 실현되어 있었다.[66]

---

65) 『日本洋学編年史』 440~41쪽.
66) 오쓰키 겐타쿠는 의료 현장에서의 의론의 필요성을 다음과 같이 말한다.

주목할 것은 난학자들의 이러한 '의논' 정신을, 가잔은 도시요리年寄에 임명되면서부터 번정에 실현하고자 노력했던 행적이 인정된다는 점이다. 일례로 가잔은 도시요리야쿠年寄役의 말단에 재직하던 중, 다하라 번 번의藩 医 스즈키 슌산鈴木春山 같은 친구와, "격고格高(번사들에게 지급되는 녹봉)에서는 정리政理가 서 있고, 중사中士 이하는 급료가 없음이 오히려 해를 초래할 수 있음에 이르는 것, 여하튼 그러함에 다다라서, 일찍이 의논하고 있습니다"(鈴木春山宛), 天保4年, 7月, 全3, 111頁)라 적고 있는 것처럼, 번정을 '의론할 뿐 만 아니라, 가로家老들이 평의하는 장에서도 '만사의론'을 구했다고 추정된다. 본래 가잔의 눈앞에 있었던 평의의 모습은 다음과 같았다.

> 한 나라에 큰 일이 생겼을 때, 같은 근무자[同勤]가 평의評議하는 사이에, 앞의 쓰키반月番(=1개월마다 교대로 근무하는 일)이 앞서서, 윗 분의 소견 등이라고 미루어 양보하여 쉬이 발언하지 않고, 때마침 경솔한 자가 한 마디 하면 그 자에게 미루고, 만약 실수가 있으면 처음부터 좋은 계책이 아닌 등이라며, 나중에는 스스로의 생각을 섞어서 동료 관리[同役]을 비난하는 자 세간에 간간이 있다고 하는 바, 실은 이는 세록世祿 세관世官의 풍이라 역부족인 자도 자리에 앉히는 까닭에, 어려운 일이 있을 때에는 늘 눈[目]싸움 하는 아이들 놀이처럼 됩니다.(「国家老宛」〈救荒家老の心得〉, 天保7年月日不明, 全3, 166~67頁)

윗 분의 소견'이라고 해서 쉬이 발언도 하지 않고, 또 반대로 '경솔한

무릇 의술 등은 생애의 업으로, 이것으로 끝이라 말씀드리는 것은 아닙니다. 점점 후원해 주시어 시중들게 됨에 대해서도, 자신의 아들은 물론 다른 동료들도 젊은이들을 서로 모아서 의서를 회독会読하여 병의 증상 등에 대한 것을 서로 논의하여, 이와 같이 훌륭히 잘 시중들게 된 뒤에는, 의학교에도 파견됨에 뽑힐 수 있도록 마음 쓰는 것으로 말씀드리고 싶은 것 생각하고 있습니다.(大槻玄沢『医師育才案』,『磐水存響』坤, 52頁)
위는 무엇이든 공의公義 의학관医学館과 마찬가지로, 의학관에도 파출 본래의 길에도 부합하옵는 사업 같은 것은 담론이 융통해야 할 것이라 생각하옵니다. 이 잡과의 무리들은 따로 구법旧法과 가법家法을 지킴에 몰두하여 타인과 널리 사귀는 예술의 논의도 하지 않기 때문에, 별도 옹고집으로 편벽된 것으로 볼 수 있다는 말씀입니다.(大槻玄沢『医師育才案』,『磐水存響』坤, 53頁)

자가 무언가 말을 꺼내면 거기에 양보하고, 나중에 실패하면 처음부터 그것은 '좋은 계책'이 아니라고 생각하고 있었다는 등으로 '동료'를 비난한다. 이처럼 가잔은 가로들의 무책임성과 책임 회피를 비판한다. 이런 현상에 대해 가잔은 다음과 같이 제안한다.

> 일동이 말씀드리고 상의[申談]할 때, 생각 하는 바[所存] 충분히[一盃] 말하고 들을[申聞]수 있습니다. 누구는 삼가고, 누구는 사사로운 생각을 억지로 밀어붙여 끝내 무르익지 않게 되고, 또는 그 자리에서 한 마디도 신문[申聞]하지 않고, 숨어서 저것이 옳다고 말하는 자는, 모두 위[上]의 대사大事를 알지 못해 자기 마음대로 하는 것들이어서 모든 상담相談이 불화不和의 장이 되므로, 이와 같은 것의 가타시로[形代][67]도 없게 됨이 옳다고 생각됩니다. 만약 음사[陰事]에서도 정사政事에 방해된다든지 또는 일동의 의견에 흔들리는 것도 곧 하나로 화합하지 않게 되어, 평소와는 다른 엄한 분부를 받는 일도 있어서, 또 알고 있어야 할 것. (『國家老苑』〈救荒諸役任命草案〉, 月日不明, 天保7年, 全3, 172頁)

여기서 주목할 것은, 가잔이 '사사로운 생각'을 억지로 밀어 붙이거나, '숨어서 저것이 옳다고 말'하는 것을 부정한다는 점이다. 회의는 공개된 장에서, 각자가 '생각 하는 바 가득히' 자기의 의견을 숨기지 않고 서로 내 놓고, 그리고 여러 의견을 짐작하여 합의를 도출해 내자는 것이다. 가잔의 이런 제안은 "유감 없어야 멈춤"(前揭, 同志會規約) 사사로운 정을 끼워 넣지 않는, 완전한 공개를 지향하는 '만사의론'의 궁리관이 그 바탕에 있다고 생각된다. 그리고 이런 '의론'의 공개적 모양은, 회독에서의 '의론'의 경험을 정치적 장에서의 '의론'으로 살리고자 하는 것이라 할 수 있다.[68]

---

67) 신사 등에서 마쓰리를 지낼 때에 재앙을 쫓기 위해 신령을 대신하여 놓는 물건. 주로 종이로 만든 인형의 형태가 많다/역주

68) 번교성장관藩校成章館의 취의서에서 사제 간의 문답의 중요성을 말하고 있는 것도, 가잔의 '의논'이라는 사고와 연결되어 있다. 全4解題, 313頁 참조.

8. 고가 도안과의 '의론'관의 차이

마지막으로, '궁리의 정신'을 가진 가잔의 '만사의론' 주장이, 동시대 사상 공간에서 어떤 의미에서 독창적인지에 대해 간략히 서술하고자 한다. 여기서 주로 비교 대조할 대상은, '만사' 그룹의 한 사람으로 꼽히는 주자학자 고가 도안이다. 왜냐하면 도안 역시 '의론'을 중시하는 사고방식의 소유자였기 때문이다.

이 책의 서두에 소개했던 바, 고가 도안은 가잔과 접촉하기 훨씬 이전, 분카文化 연간의 대외적 위기에 즈음하여 국내의 일치를 구하여 '의론' 의 필요성을 역설하고 있다.[69] 또 덴포 9년(1838)의 『해방억측』에서도 " 우리나라는 위의 경상卿相으로부터 아래의 천하賤下에 이르기까지를 논함에, 외국의 사정과 형편情形을 절대로 알지 못한다. 그러므로 의론이 움직여 참됨을 잃고, 주조注措(=조치함)가 필히 괴자乖刺(=어그러지게 간함)를 면치 못한다〈論本邦上自卿相, 下至賤下, 絕不諳外国情形, 故議論動失真, 注措必不免乖刺〉(『侗庵五集』卷8, 戊戌下)라 논하고 있다. 그리고 덴포 10년에 쓴 『해방억측』 권하卷下에서 '충진유위지사忠尽猷為之士' 가잔에게 언급했던 다음 문장에서 다음과 같이 말한다.

'지금의 대사중신大使重臣'들은 서양 열강의 침략을 증오한 나머지, 그 스스로 절대로 서양의 '정치와 풍속 및 방어의 마땅함'을 말하려 하지 않고, 또 '타인이 이를 말하는 것을 좋아하지 않는'다. 이러한 현상에 대해 도안은, "내, 나의 심사心思를 다하고 때의 마땅함을 헤아려 상세하게 이를 논하고, 또 널리 여러 사람의 논의를 취하고 참증고핵參証考覈(참고가

---

69) 졸고 「古賀侗庵の海防論」(『環』 13号, 2003年, 『兵学と朱子学・蘭学・国学』 수록) 참조.

될만한 증거를 생각하고 조사하여 밝힘)하여서 이로써 오랑캐를 방어하는 원대한 책략[長策]을 정하여 바야흐로 좋고 나쁨의 마땅함을 얻고자 한다"고 하고, "만약 곧 외이外夷의 치홀강약治忽强弱(다스림과 나태함과 강함과 약함)은 대개 이를 막 바깥[膜外]에 두고, 스스로 이미 잘라서 토구討究하지 않고, 또 사람을 느슨하게 하여 숙의할 수 없게 해서, 그로써 해방병비海防兵備가 무너져 수리할 수 없음에 길들여[馴致]지므로, 다른 날에, 시끄러운 침입의 화는 모두 이루 말할 수 없는 것이 있다"(『海防臆測』 32)라고 경고하고 있다. 도안은 의론을 일으켜, 많은 의론을 '참증고핵'하면서 국론의 일치를 꾀하고자 했던 것이다. 그 의미에서 도안은 결코 만사의 옥과 같은 언론 봉쇄는 취하지 않았다. 그것이 '충진유위지사' 가잔이 공감하는 바가 되었을 것이다.

그러나 우리는 도안과 가잔의 차이에 주목할 필요가 있다. 그 차이는, 도안의 경우, '의론'을 받아들이고 그것을 짐작하여 최종적으로 판단하는 주체가 군주였고, 군주의 절대성은 흔들리지 않았다는 점이다. 이에 대해 가잔의 경우 앞의 정교분리의 사고와 합하여 보면, "군신이 권력을 나누고 의논을 합하여 서로 다스린다"(『外国事情書』 76頁)는 권력의 분립·분산을 주장하여 군주와 신하의 합의를 제도적으로 보장하고자 했던 점에서 도안과 다르다.

나아가 도안은, 가잔 처럼 궁리의 관련에서 '의론'을 자리매김하지는 않았던 점도 다르다. 그 때문에 도안은 '의론'을 장려하면서도 한편으로는 「多議論而小成功論의론은 많으나 성공한 의론은 적음」(『侗庵二集』 卷7, 文政2年)이라는 논설에서는 '의론'이 많은 것을 부정적으로 받아들이고 있다. 거기에서는, 원나라 사람이 송宋왕조가 멸망했던 이유로서, "의론이 많고 성공이 적다"고 지적하고 있는 설에 대해, "실로 천하의 공론, 한 사람의 사사로운 말이 아니다"며 찬성하는 뜻을 나타내고 있다. 도안에 의하면, "대개 의론의 많음은 역시 쉽게 생긴다. 리理를 보는 것이 밝지 못함에서 생기고, 역행하는 마음이 없는 데에서 생긴다. 다른 사람의 선을 시샘하고 자기의 잘못을 치장하려고 하는 데에서 생기는 것이다" 라고 한다. 이 첫 번째 점에 대해 "훗날의 사람은 그러하지 않다. 아직 사물의 정리[物情]에 통달하지 않고, 억탁臆度하여 말한다. 그러므로 양을 보고서 웅크린 올빼미[蹲鴟]라 하고, 해[日]를 논하여 소반[盤]이라 하고 촛불이라 한다. 더욱 더 논하여 점점 더 혼란해지고, 점점 더 상세해지고 점점 더 어두워진다. 어찌 리理를 보는 것이 분명하지 않음에서 발생하지 않겠는가"라고 부연하고 있다. 도안은 '리'에 바탕하지 않은 공허한 의론을 위한 의론을 부정하고 있다. 관련하여 도안의 제자 사카다니 시로시阪谷素는 「尊異說존이설」(『明六雜志』 19号)에서, "지나는 이론異論이 많은 송조宋朝를 최고라 여기는데, 그러나 그 떨치지 않음은 무엇 때문인가"에 자답하여, "송나라의 의론은 많음을 허물이라 하지 않고, 그 많지 않음을 유감으로 듣는다"고 반론하고 있다.

  '의론'의 옳고 그름을 정하는 근거가 되는 '리'에 대해서 도안은, "궁리란 문학問学에서 지극히 요청되는 일이다. 그리고 그것이 둘로 나뉘는데, 인의도덕의 궁리가 있고, 명물기수의 궁리가 있다. 둘은 획연히 같지 않다(窮理者, 問學之至要務也, 而其中自析二道, 有仁義道德之窮理, 有名物器數之窮理, 二者劃然不同)"(『侗庵六集』 卷6, 天保14年, 窮理說) 라 한다. 궁리에는 두 종류가 있고, 도덕적 '리'의 궁리를 중시하고 있다. 이 의미에서는, 자연과학적 '리'는 부차적인 것에 지나지 않는다. 이렇게 궁리에는 형이상形而上과 형이하形而下를 별개로 보고, 전자 쪽에 가치를 두면, 몇 개의 '의론'이 중요하다고 해도 결국 그것이 '성공'할 수

있을지에 대해서는 도덕적 수양을 하고 있는가의 여부에 의해 그 결과가 판단된다는 것이다. 그리고 도덕적 수양을 안목으로 하는 한, '의론'의 대부분은 오히려 방해가 된다. 즉 위로부터 일정한 기준이 내려지지 않는 한, '의론'의 성패成敗를 거두어 다잡을 수 없게 된다. 다시 말하면 도덕·가치의 다양성은 하나의 가치가 권력적으로 주어지지 않는 한 정돈될 수 없다는 것이다(앞장에서 검토했던 간세이리가쿠노킨寬政異學の禁을 상기하자). 그러나 형이하의 차원에서는, 실증성과 합리성이 판단의 기준이 된다. 거기에는 눈으로 볼 수 있는 실험이 어떤 것이 옳은지를 판정하는 수단이 된다. 더하여 중요한 것은, 가능한 한 가설이 많은 쪽이 진리에 근접할 가능성이 높다는 점이다. 왜냐하면, 진리는 소수자 이단자의 의견 속에 있을지도 모르기 때문이다. 그래서 가능한 한 많은 의견을 검토하는 '의론'이 필요하다.[70]

---

70) 의론에서 도안의 이 문제는, 주자학자와 난학자 사이의 회독관会讀観과 연결되어 있다. 난학자의 회독관은 네덜란드 책을 번역하는 장이 중심이었음과 동시에, 그 진리의 타당성을 과학적 실증성에서 구했다. 네덜란드 책을 통해 서구 자연과학(의학, 천문학, 화학, 물리학 등)을 배웠다. 그것을 번역할 경우에는 단순히 책에서만의 지식에 머물지 않고, 실험을 했는지는 모르겠지만, 적어도 뒤에서 살펴 볼 사쿠마 쇼잔佐久間象山은 쇼멜을 번역하고 그 성과를 실험하여 확인하려 했다고는 할 수 있다. 여기에서는, 가설의 타당성은 실험을 통해 확인할 수 있는 것이었다. 때문에 의론도 그런 가설과 실험을 반복하는 과정에서 행해진다. 그러나 주자학자의 경우, 회독의 의론은 '천리'는 사서 등의 경서 속에 엄격히 존재한다. 그 때문에 어느 정도 활발한 논의가 이루어져도, 최종적으로 '천리'는 요순·공자·맹자·주자의 도통道統을 계승한 학문상의 스승이 판정한다. 여기에 권위주의와 의논을 위한 의논에 함몰될 위험성이 있는 것이다. 또 이 양자의 차이는 마쓰자와 히로아키松沢弘陽가 말하는 토론의 '적극적 근거'와 '소극적 근거'에 기인하고 있다고 할 수 있다. 마쓰자와는 "객관적 진리의 실재를 전제하여, 이 진리의 인식에 맡기는 기회가 사람들에게 열려있는 것, 혹은 사람들의 다양한 의견이 진리 계기를 나누어 갖고 있는 것을 사상적 관용과 토론의 근거"로 하는 토론의 "적극적 근거지움"와, 후쿠자와 유키치福沢諭吉처럼 "토론의 원동력을 '의문을 받아들이는' 데에서 보아 내어서, 토론을 시행착오의 실험과 동질의 행위로 보는" 토론의 '소극적 근거지움'을 명석하게 나누고 있다. 松沢弘陽「公議輿論と討論のあいだ―福沢諭吉の初期議会政観」(『北大法学論集』41巻 5·6号, 1991年10月) 참조. 이

도안에게는 궁리가 형이상의 '인의도덕의 궁리'인 한, '의론'에 부정적일 수밖에 없지 않았을까 생각한다. 거꾸로 말하면, 가잔은 궁리의 주된 대상을 형이하에 두고 있었기에 적극적으로 인정했다. 가잔도 도안과 마찬가지로 "고금古今이 크게 변했고, 대도大道는 어떤 나라라도 지금이 옛날에 미치지 못합니다만, 물리의 학은 옛날이 지금에 미치지 못합니다"(『外国事情書』 61頁)고 말하고 있는 것처럼 '대도'와 '물리의 학'을 확연히 구분하고 있고, 후자가 인류문명 진보의 근본 원인이라고 인식하고 있기 때문이다.[71] 가잔의 '만사의론'의 궁리관이 도안과 달랐던 점은 여기에 있다.

이념형적 분류를 따르면, '소극적 근거지움'을 행했던 후쿠자와 유키치는 그야말로 난학자의 '형이하'의 회독에서 단련된 토론의 달인이었음에 대해, 마쓰자와가 '적극적 근거지움'의 예증으로 언급한 사카다니 시로시阪谷素의 스승이었던 주자학자 도안은, '형이상'의 회독으로서 의논·토론을 용인했던 것이다. 물론 그렇다고 해서 에도 후기의 사상 공간에서 주자학자 회독의 적극적인 의의는, 의의로서 인정되어야 하고, 본서가 주장하는 하나도 거기에 있다.

71) 도덕과 지성의 분리와, 후자의 진보 긍정은 이미 야마가타 반토山片蟠桃의 사상에서 보인다. 본서 제2편 제2장 참조.

6장
사쿠마 쇼잔佐久間象山의 내셔널리즘 논리

사쿠마 쇼잔의
해국도지(佐久間象山 海国図志)

1. '황국'을 위한 '동양도덕'과 '서양예술'

사쿠마 쇼잔(文化8年~元治元年, 1811~1864)은, 와타나베 가잔과 함께 막말의 개화 사상가로 알려져 있다. 특히 '동양도덕, 서양예술'[1](『省愆錄성건록』)이라는 그의 명제는 막말 서양사상 수용의 하나의 전형으로 평가되고 있다. 쇼잔에 따르면, 선진적 '서양예술' 즉 서양 과학기술의 섭취는 어디까지나 '동양도덕'을 기초로 하는 주체성을 견지하면서 이루어져야 하는 것이었다.[2] 주목해야 할 것은, 이러한 '동양도덕'과 '서양예술'을 동시에 추구하는 목적이 '황국' 일본을 위한 것이라고 쇼잔이 주장하고 있다는 점이다.

저들의 가로쓰기 문자를 자유롭게 읽고 외워, 천지만물의 궁리로부터 하여 화술火術 병법兵法 등을 섭렵, 지금에서는 중국[漢土] 성현의 도덕인

---

1) 『渡辺崋山 · 高野長英 · 佐久間象山 · 横井小楠 · 橋本左内』(日本思想大系55, 岩波書店, 1971年) 244쪽. 본고에서 사용한 쇼잔의 텍스트는 『省愆錄』 이외에는 모두 信濃教育会編 『象山全集』 5卷 (信濃毎日新聞社, 1934~35이다. 인용한 쪽수는 본문 가운데 약기하고, 구두점을 편의적으로 넣었다.

2) 지금까지의 쇼잔 연구는 주로 '동양도덕'과 '서양예술'의 관계가 어떤 것이었는가에 대해 논의되어 왔다. 거기에서의 문제 관심은 대외적 위기의 충격에 의해 강요된 근대화 · 서양화 가운데, 전통적 사상인 주자학이 어떻게 적용되는가 하는 점에 있다고 할 수 있다. 또 '동양도덕'과 '서양예술'이 아라이 하쿠세키新井白石의 『西洋紀聞』에서의 '형이상'과 '형이하', 혹은 근대 중국의 양무파洋務派의 '중체서용中体西用'론과 어떻게 같고 다른가도 논해져 왔다. 어쨌든 『성건록』에서 군자의 오락五楽을 논했던 한 구절, "동양도덕, 서양예술, 정교함과 조박함을 남기지 않고, 표리를 겸하여 갖추며, 그럼으로써 민물民物을 윤택하게 하고 국은国恩에 보답함은 다섯 가지 즐거움이다"(244頁)의 후반부, 즉 "국은에 보답하는" 것이 '동양도덕, 서양예술'을 겸하는 목적이라는 점에 대해서는 이상할 정도로 주의가 기울여지지 않았다.

의道德仁義의 가르침을 씨줄[經]로 삼고, 서양 예술의 여러 과학을 날줄[緯]로 삼아, 다만 돌아봄에 황국의 위광[御威稜]을 성대히 하고 싶다는 말씀, 마음속에 간직하고 있습니다. (「松代藩留守居津田轉より荘内藩への返簡」 全4, 111頁)

쇼잔의 목적은, "중국 성현의 도덕인의의 가르침"을 씨줄, "서양 예술 여러 과학"을 날줄로 하면서 "황국의 위광"을 융성시켜 국력을 증강하는 것이었다. 쇼잔이 막말의 내셔널리스트로 평가되는 이유도 서양열강에 대항하여 이런 '황국' 일본을 강렬하게 의식하고 있었기 때문이다.

잘 알려져 있듯이, 쇼잔의 내셔널 아이덴티티 형성은 아편전쟁에서 청조의 패배가 결정적이었다. 쇼잔은 덴포天保 13년(1842) 11월, 당시 로쥬老中(海防담당)에 취임했던 마쓰시로 번松代藩 번주 사나다 유키쓰라真田幸貫에게 해안방비[海防] 상서를 제출했는데, 거기에 다음과 같이 썼다.

미천한 제가 공의公儀 묘당廟堂의 어대계御大計를 이러저러하다고 말씀드림은 실로 황송하옵니다만, 외구外寇는 국내의 쟁란과도 상위한 일, 사세事勢에 의거해서는, 세계만국에 비할 류類가 없이 백대百代로 연면聯綿히 있어 오신 황통皇統의 안위에도 관계있는 것이고, 홀로 도쿠가와가德川家의 영욕榮辱에만 관계된 것이 아니기 때문에, 신주합국神州闔国의 휴척休戚(편안함과 근심)을 함께 하는 것이어서, 생을 이 나라에서 받은 자는 귀천존비貴賤尊卑에 한하지 않고 어떤 모양으로도 우념憂念해야할 것이라고 생각하옵니다.(「感応公に上りて天下当今の要務を陳ず」, 全2, 31~32頁)

'미천한 저'같은 자가 '공의' 막부의 정책을 제언하는 것도 '생을 이 나라에서 받은 자'에게는 '외구'가 공통과제이기 때문이라고 한다. 여

기에는 대외적 위기가 '도쿠가와 가문의 영욕'을 넘어 선 '황통의 안위'
에 관계되어 '귀천존비를 한하지' 않는 것이라는 내셔널 의식이 드러
나 있다. 또, 이러한 국가에의 귀속 의식은 막부와 해리스[3]와의 교섭
에 분개하여 제출코자 했던 의견서에도 표현되어 있다.

> 외국과 관계되어 있는 국환國患은 다른 일과 달리, 세계 만국에 비할 류가
> 없는 천조天朝의 아마쓰히쓰기天津日継(=황위/역주) 안위에도 관계되는 것이라,
> 오로지 도쿠가와가 일대의 영욕에만 있지 않기 때문에, 황국에서 생을 받
> 은 자는 호적에 편입된 천민에 이르기까지 모두 적개심을 품음이 옳다고
> 말씀드립니다.(「依田源之丞の名を以て象山が幕府に奉事を上る事の諾否を藩老に伺ふ
> 書」, 安政5年5月15日, 全2, 132頁)

일찍이 마루야마 마사오는, 여기에서 볼 수 있는 '외구'에 촉발된 쇼잔
의 내셔널한 귀속의식을 '내셔널리즘의 논리'라고 지적했다.[4] 마루야마
에 의하면 그것은, "국가의 대외적 독립은, 일부 식자 혹은 일부 지배층
의 문제가 아니고, 신분의 상하를 초월한 국민 전체의 관심사이다"라는
논리이다. 서양 열강에 대하여 "황국에서 생을 받은 자는 호적에 편입된
천민에 이르기까지 모두 적개심"을 가지라고 외치는 쇼잔이 막말의 내
셔널리스트임은 동의할 수 있다 해도 문제는 그 앞에 있다.

분명히 쇼잔에게 '내셔널리즘 논리'가 인정된다지만 그것은 어떤 특질
을 갖고 있는가. 에도 후기의 사상 공간에서, 동시대의 국학자와 후기

---

3) 타운센드 해리스(Townsend Harris, 1804~1878). 미국 외교관, 초대 주일
   미국 공사. 에도 후기에 방일하여, 일미통상수호조약 체결을 주도했다/역주

4) 丸山眞男「幕末における視座の変革─佐久間象山の場合」(『忠誠と反逆』수록,
   筑摩書房, 1992年), 초출은『展望』1965年5月号) 118쪽. 근년에는 마쓰모토 겐
   이치松本健一도 쇼잔을 막말의 '패트리어트'라 규정하여 평전을 짓고 있다.

미토학의 존왕양이 사상과 같은가.[5] 만약 다르다면 어떤 면에서 다른가. 그 다름은 아마도 양이인가 개국인가 혹은 존왕尊王인가 경막敬幕인가 라는 정치적 입장을 초월한, 그것들의 입장을 심층에서 규정하는 개인과 국가와의 관계에 대한 인식방법에 기인한다고 생각된다.

도대체 왜 쇼잔이라는 한 사람의 탁월한 사상가에게 '내셔널리즘 논리'가 생겼을까. 소박하다 할 수 있는 이런 의문을 제기하는 것은, 당연하지만, 쇼잔과 동시대의 모든 사람들이 이런 논리를 체현하지는 않았기 때문이다. 여기에는 쇼잔에게만 고유한 문제가 잠재되어 있다. 이 장에서는 개인과 국가(여기에는 일본국 뿐만 아니라 번 국가도 포함한다)와의 관계를 초점으로 그의 사상형성을 추적함으로써 쇼잔에게 '내셔널리즘 논리'가 생긴 까닭을 고찰해 보고자 한다.[6]

이런 문제의식에서 주목할 것은 쇼잔 자신의 유명한 말이다. 애제자 요시다 쇼인吉田松陰의 밀항 사건에 연루되었을 때, 옥중에서 쓴 『성건록』에서 쇼잔은 그 때까지의 자신의 사상 형성을 다음과 같이 적었다.

나, 스무살 이후에는 곧 필부도 일국에 연계되는 것이 있음을 알았다. 서른

---

5) 국학자와 후기 미토학자의 존왕양이론에 대해서는 졸저 『近世神道と国学』(ぺりかん社, 2002年), 『近世日本の儒学と兵学』(ぺりかん社, 1996年)을 참조.

6) 쇼잔의 전기伝記는 미야모토 쥬宮本仲 『佐久間象山』(岩波書店, 1932年), 오히타기 마타大平喜間多 『佐久間象山』(人物叢書, 吉川弘文館, 1959年), 源了圓 『佐久間象山』(幕末・維新の群像8巻, PHP研究所, 1990年)을 참조했다. 미나모토는, 쇼잔이 서구의 충격에 대해 아놀드 토인비의 설에 따라 "적극적으로 이질 문명의 탁월성을 인정하고 그것을 배우고 수용하고자 하는 태도를 취하고, 나아가 그를 통해 이질 문명의 탁월성을 자신의 것으로 하여 이질 문명의 임팩트에 저항하고자 하는 태도"를 취했던 헤롯 주권자의 대표자였다고 파악하고 있다. 미나모토의 논문은 이 외에도 「幕末・維新における 『海国図志』の受容—佐久間象山を中心として」(『日本研究』9集, 1993年9月), 「佐久間象山における儒学と洋学」(伊東俊太郎編 『日本の科学と文明』同成社, 2000年)가 있다.

이후에는 곧 천하에 연계되는 것이 있음을 알았다. 마흔 이후에는 곧 오세계五世界에 연계되는 것이 있음을 알았다. (『省諐錄』 260頁)

쇼잔은 자신의 시야가 '일국'→'천하'→'오세계(=전세계)'로 동심원적으로 확대되고 있다고 반복해서 말한다. 물론 이는 막말의 지사가 사상적으로 성장해 가는 하나의 이념형理念型이라 할 것이기 때문에, 다른 누군가도 이와 같은 길을 걸었다는 것은 아니다. 거의 대다수의 사람들은 '일국'=번藩이라는 울타리에서 벗어날 수조차 없었다. 만약 '일국'을 뛰쳐나갈 수 있었다 해도, '일국'과 '천하'가 대결하는 가운데 번주에게 충성할 것인가, '천하'를 위해 번주를 버릴 것인가 하는 상극相克으로 괴로워하게 되었다(죠수長州 번사藩士 요시다 쇼인을 상기하자). 하물며, '천하' 이상의 '오세계'에 눈을 뜬 자는 극히 희박했었다. 그렇다면, 어떻게 하여 쇼잔이 이렇게 시야를 확대할 수 있었을까. 이 물음에 대한 대답이, '비상한 인물'(사나다 유키쓰라의 쇼잔 평)이었던 쇼잔을 이해하는 데 중요하다고 본다.

이하, 이 장에서는 '일국과 연계되는' 시기(20세 이후), '천하와 연계된' 시기(30세 이후), '오세계와 연계된' 시기(40세 이후)의 세 시기로 나누어 쇼잔의 사상형성을 탐색하고, 그로부터 발굴되는 쇼잔 사상의 특징에서 쇼잔의 '내셔널리즘의 논리'의 특질을 밝히고자 한다.

2. '일국에 연계되는' 제1기

'일국에 연계되는' 제1기는(20세 이후)는, 덴포 13년(1842), 아편전쟁의 충격을 계기로 대외적 위기의식을 품고 난학을 배우기 시작하기 이전, 곧 쇼잔이 줄곧 주자학을 배우고 있었던 시기이다. 이 시기 이미 그는 제

2기 이후의 난학 수용을 가능하게 하는 주자학을 이해하고 있었다고 한다.[7] 이 글에서는 쇼잔 개인과 '일국' 번과의 연결 쪽에 초점을 맞춘다. 이런 문제 관심에서 주목할 사건은 이 시기 에도 유학을 둘러싼 쇼잔의 대응이다.

마쓰시로 번松代藩의 하급 번사藩士/한시(五兩五人扶持)의 아들로 태어난 쇼잔은, 분세이文政 9년(1826) 16세 때, 번로藩老 간바라 도잔鎌原桐山의 문하에 들어가 경서를 배우고, 덴포 4년(1832) 23세 때 문학 수업修業을

---

7) 우에테 미치아리植手通有는 쇼잔이 "주자학의 격물궁리格物窮理 이론을 근대 과학의 경험적·실증적 방법으로 해석하고자 했다"(『日本近代思想の形成』岩波書店, 1974年, 55쪽)고 하고, 미나모토 료엔은 덴포 11년(1840)에 쇼잔이 『邵康節先生文集』을 편찬한 것과 관련하여, 물리와 도리라는 주자학의 리理의 관념 속에 물리를 궁구하고자 하는 경향성을 갖고 있고 그것이 서구 자연과학과의 결합을 가능하게 했다고 지적하고 있다(앞의 책 82~84, 163~164쪽). 다만 이 경우, 나중에 쇼잔이 "상증술詳証術은 만학万学의 기본이다"(『省諐錄』248頁)라면서 수학을 중시하고 있는 점이, 같은 '궁리'라 해도 주자학과 서양과학 사이에 있는 차이로서 문제가 된다. 이에 대해 고이케 요시아키小池喜明는, 난학을 체험한 뒤 쇼잔은 주관적으로는 주자학의 절대성에의 확신을 갖고 있었으나, 실질적으로는 주자학적 리를 변용시킴으로써 교학적 방법과 실험을 결합한 '서양실측의 학' 도입이 가능하게 되었다고 지적하고, 주자학과 서구 자연과학과의 실질적 단절을 주장하고 있다. 「幕末における'理'の変容──佐久間象山の場合」(『倫理学年報』26号, 『攘夷と伝統』수록, ぺりかん社, 1985年). 한편 교학사가인 가와지리 노부오川尻信夫는 "자연 가운데의 수적数的 법칙성을 탐구하고자 했던 의식은 마지막까지 보이지 않는다"(「幕末における西洋教学受容の一断面──佐久間象山の'詳証術'をめぐって」, 『思想』628号, 1976年10月)라고 지적했고, 거기에다 가와지리 설을 받아들인 사토 쇼스케는 쇼잔이 "근대 과학을 특징짓는 수학적, 실험적 방법과는 무연했다"(『洋学史の研究』中央公論社, 1980年, 233쪽)라며 쇼잔은 "상증술은 만학의 기본이다"고 말하고 있지만 서구 자연과학의 기초인 수학적 방법을 체득하고 있지 않았다고 단언하고 있다. 또 다른 관점에서, 마쓰다 히로이치로松田宏一郎는 주자학이 서양과학의 수용기반이 되었다고 하는 통설을 비판한다. 「朱子学·正学·実学」(『年報近代日本研究14 明治維新の確信と連続』山川出版社, 1992年, 『江戸の知識から明治の政治へ』수록, ぺりかん社, 2008年). 마쓰다는 쇼잔이 주자학을 "지知의 존립 그 자체를 다시 묻는 '학문'"으로서 받아들이고 있었기 때문에, '외'적 지식을 전해주는 난학과의 접촉을 통해 점점 더 주자학에 대한 확신이 깊어졌다고 설명하고 있다. 또 아즈마 도루東撤는 쇼잔의 '서양예술'의 지식이 대포의 운용·주조와 유리 제작을 실천하는데 어느 정도로 유효하게 활용되고 있었는가를 실증하고 있다(『佐久間象山と科学技術』思文閣出版, 2002年)

위해 마쓰시로 번에서 처음으로 인가한 에도 유학을 수행했다. 도잔이 사토 잇사이佐藤一齋의 문하였기 때문에, 에도에서는 도잔의 알선으로 잇사이에게 입문했다. 3년의 에도 유학을 마친 뒤 번으로 복귀한 쇼잔은, 성城 소속 월차月次 강석 보조(원서에는 御城付月次講釈助라 되어 있음/역주)에 임명되었는데, 번사들의 소독素読 · 회독会読의 임무를 맡을 뿐이었으므로 충분한 학문 수양을 할 수 없었다(「藩老に呈す」, 天保8年12月2日, 全3, 45頁)[8]. 그 때문에 그는 번의 교육제도 정비를 건의함과 동시에, 보다 심층적인 공부를 위해 다시 에도 유학을 청원한다. 그 때의 의견서에는, 그 무렵의 쇼잔의 원망願望이 표출되어 있다.

> 천지간에 우연히 사람으로 잠깐 태어나서, 출세의 공功도 없이 목석木石처럼 알려지지 않은 채 보람 없이 죽는 것[朽果]은 너무도 유감스럽다고 생각하옵기 때문에, 차라리 어정御情으로써 천하인으로 꼽히게 되어, 어용御用에도 도움 되며 두터우신 은혜의 만분의 일[恩之万一]을 갚아드리려 원하고 있으므로, 아무쪼록 수행의 겨를을 내려주시도록 합당한 조정調停의 정도를 내심 바라옵고 있습니다. (「学政意見書並に藩老に呈する附書」 天保8年5月27日, 全 2, 16~17頁)

여기에서 쇼잔은 마쓰시로 번이라는 좁은 세계에서 보람 없이 사라짐에 초조함을 느끼고, 에도에 유학하여 수행修行하고 '천하인'으로 손꼽히게 되어 번에 보은[恩返し/온가에시]하고 싶다고 적고 있다. 이 편지에서 우선 주의해야 할 것은, "천지간에 우연히 사람으로 잠깐 태어나서, 출세의 공도 없이 목석처럼 알려지지 않은 채 보람 없이 죽는 것은 너무도

---

8) 쇼잔은 간바라 도잔 밑에서 동학들과 함께 윤독회輪読会를 열고 「윤독회오칙五 則」이라는 회칙을 정했다. 이는 강연을 위주로 하는 회독이다. 宮本仲『佐久間 象山』 42쪽 참조. 근세 사회에서 경서를 강연하는 회독이 대등한 인간관계의 공공 공간이고, 실력 본위의 경쟁의 장이었음에 대해서는 본서 제1편 제1장 참조.

유감스럽다고 생각하오므로"라는, 평범한 생을 거부하고 있다는 점이다. '공功'에 대한 이런 의지는 제1기만 아니고 쇼잔의 일생을 관통하고 있기 때문이다.

> 뜻도 행하지 못하고 초목처럼 썩어[朽腐] 버리는 것은 탄식해야 할 일이라 생각됩니다.(「感応公に上りて和蘭語彙出版資金貸与を乞ふ」, 嘉永2年5月7日, 全1, 71頁)

> 지지난 어느 분들도 뜻을 행하였으므로, 이 생을 헛되이 할 것이라 말씀드리지 않겠다고 생각하는 것이옵니다.(「白井平左衛門に贈る」, 嘉永3年7月27日, 全3, 588頁)

"목석처럼 알려지지 않은 채 보람 없이 죽는 것[朽果]" "초목과 마찬가지로 썩어[朽腐] 버리는 것"처럼 평범한 삶을 보내며 헛되이 죽는 것을 거부하고 공적을 이루어 '천하인'이 되고 싶다는 의지가 쇼잔의 행동을 촉구하고 몰고 가는 원동력이었다. 그리고 이 공명심은 제1기에 한하지 않고 오히려 '일국,' '천하', '오세계'로 시야가 확대되어가는 가운데 한층 강화되어, 나중에는 자신이 '천하인'이라는 자부심이 때로는 거꾸로 오만불손하다고 비난받는 원인이 되기도 했다.

> 저도 심한 상처가 많은 태생입니다만, 차차 알아주시는 대로, 일본의 좁은 천하이지만 천하인으로 손꼽히게 되었기 때문에, 또 한토漢土와 서양을 합해도 그렇게 수두룩히 많기는 어렵습니다. 이는 공언空言이 아니옵고, 천지만물의 궁리 등 일본 중국[和漢] 서양 수 백 년 동안, 수 천만 사람이 생각하고 있지 않은 것을 발명해서, 작동하고 있지 않는 것도 아마도 많이 있을 것 같다고 드리는 말씀입니다.(「姉に贈る」, 弘化3年正月30日, 全3, 358頁)

육친의 누이 앞으로 쓴 편지지만, 강렬한 자아를 주장하고 있음에 주목해야 한다. 물론 '천하인'이 되고 싶다는 공적에 대한 이런 명예심은 쇼잔 한 사람 뿐만 아니라 막말幕末의 행동하는 지사들의 공유물이었다.

쇼잔의 경우, 이 시기에 공적에 대한 의지는, '천하인'으로 헤아려지는 유학자[儒者]가 됨으로써 가능하다고 생각하고 있었다. 이런 바람은 막말幕末에 사회적으로 인지되고 있었던 하나의 과정임에 주의해야 한다.[9] 실제로 잇사이 문하에는 그렇게 유학자가 됨으로써 새로운 운명을 개척하고자 하는 야심을 가졌던 젊은이들이 북적대고 있었다. 앞서 살펴 본 것처럼, 쇼잔과도 친교가 있었던 다하라 번의 와타나베 가잔도 처음에는 유학자가 되려고 했다. 무엇보다 잇사이 자신이 다음과 같이 제자들을 고무하고 있었다.

그러므로 뜻 있는 자, 요는 마땅히 고금 제일등第一等의 인물로써 스스로 기약할 것.[10] (『言志錄』)

일찍이 영국의 일본학자 샌섬[11]이, 아편전쟁 후에 쇼잔이 제시한 해방팔책海防八策에서의 인재등용법인 '공사법貢士法'을 평가하여, "그[쇼잔]와 같은 사람들은 정부의 전단성專斷性을 증오, 천하게 태어난 젊은이들의 기회를 막는 승진 제도에 더 할 수 없는 초조감을 느꼈다. 막부의 붕괴로 끝나는 반막·존왕운동의 여러 원인 중, 가장 유력했던 것이 젊은 사무라이들의 야심이었음은 의심할 여지가 없다"[12]고 지적한

---

9) 마쓰다 히로이치로는 '학문'을 이유로 정치사회를 상승하게 하는 역사적 상황을 '실학'적 상황이라 부르고, 서양과학에의 탐구심을 가진 쇼잔이 그 상황을 지지하면서도 '학문'의 경쟁이 초래하는 위험성을 경계하고 있다고 지적한다. 앞의 책 61쪽 참조.

10) 『佐藤一斎·大塩中斎』(日本思想大系46, 岩波書店, 1980年) 30쪽.

11) 죠지 베일리 샌섬 경(Sir George Bailey Sansom), 1883~1965. 영국 외교관으로 전근대 일본 역사학자. 특히 일본 문화에 관한 연구로 잘 알려져 있다/ 역주 ＊위키피디아 참조

12) G·B サンソム 『西欧世界と日本』(金井圓外譯, 筑摩書房, 1966年) 상권, 314쪽.

것을 상기할 필요가 있다. 야심으로 불탔던 이 젊은 사무라이들에게는 유학자가 되는 것이 입신 출세의 하나의 과정이었다. 물론 과거제도科擧制度가 없었던 근세 일본 사회에서 그 과정이 제도화 되지는 않았지만, 전혀 없었다고 할 수는 없다. 마쓰시로 번 출신인 쇼잔의 경우, 번주인 사나다 유키쓰라 자신이 학문을 좋아하는 측면이 강했다 해도 유학, 특히 주자학에 뛰어났던 번사藩士가 등용되었기 때문이다. 당연히 쇼잔은 그 중 한 사람이었다.

귀번한 뒤에 주자학의 논리에 따라 학제를 개혁하고자 했던 제언은, 입신 출세의 통로를 마쓰시로 번에서 제도화하고자 했던 것이었다. 쇼잔은 번로藩老에게 보낸 편지에서 '재주와 능력[オカ]' 있음에도 불구하고 변변치 못한 녹봉[微祿] 때문에 충분히 그 '재력'이 활약할 장場이 주어지지 않았던 '소급小給(박봉)의 불행'을, 부친인 사쿠마 이치가쿠佐久間一学를 끌어들이면서 다음과 같이 호소한다.

> 그간 재지才智 있는 자 나옴이 드물게 있다 해도, 대저 녹봉으로써 어용御用의 분부를 받자와 균형을 맞추고 있사오므로, 그 재지를 드러내는 일이 여의치 않고, 망부亡父 이치가쿠一学를 비롯한 재력이 있는 곳[オカ之処]은 각별히 탁절卓絶하다고 말씀드리기가 어렵습니다만, 또한 예사스러운 사람도 아니옵고, 그 표리表裏와 내외內外가 완고하여 거짓 없는 바에 이르고 있음은, 유명한 옛 사람에게도 열등하다고 말하기가 어렵다고 생각하고 있사옵니다. 그러므로 노년에 이르러서 온바御側나 유히쓰祐筆[13] 등의 분부를 받자왔습니다만, 역시 각별히 어용御用의 분부를 받잡지 못하고, 마침내 세상에 큰 공을 남기지 못하는 결과가 되었사옵니다. 이 모두 소급小給의 불행이라고 말씀드리는 것이옵니다. (「藩老に呈す」, 天保8年12月2日, 全3, 49頁)

---

13) '온바'는 무가에서 주군을 가까이서 모시는 인물, '유히쓰'는 무가의 비서역을 담당했던 문인/역주

그는 공명의 의지를 부친의 안타까운 생각을 계승하는 것이라고 함과 동시에, 번의 문벌제도를 완곡하게 비판하면서 '재주와 능력'을 발휘할 수 있는 번 체제의 개혁을 요구했다.

그런데, 쇼잔의 재유학 희망 의견서에 "천하인으로 꼽히게 되어, 어용에도 도움 되고 두터우신 은혜의 만분의 일[万一]을 갚아드리겠다는 바람"(前出) 이라고 적은 것 처럼, 자신이 '천하인'이 되는 것이 그대로 마쓰시로 번의 '어용'에 이익이 된다는 논리는 주의할 필요가 있다. 번로를 설득하려고 썼던 편지에 의하면, 쇼잔의 유학 청원을 "오직 혼자만의 명리를 구하기 위함"(「藩老に呈す」, 全3, 46頁) 이라고 비난하는 목소리도 있었던 것 같다. 이에 대해 쇼잔은 그와 같은 "한 몸의 이욕을 탐하는 것은 이적금수夷狄禽獸가 하는 바"(上同)라고 반론하여, '천하의 공판公判'을 얻은 유자로 되는 것은 그 같은 유학자를 번藩 안에서 배출했다는 것으로서, 결국은 번으로서도 또 명예로울 것이라는 논리로 자기정당화를 꾀하고 있다.

> 세간에서 보고 있는 바는 제가 이 빈곤에 막다라서 수행 상경[出府/숫푸] 하기 위한 청원을 드리는 모양으로 되어 있습니다만, 깊이 추구해 보면 어상御上[=藩主]의 모습과 맞음에도, 제가 숫푸出府(=上京)하는 쪽이 좋다고 여겨지고 있다고 생각하옵니다. (「藩老に呈す」, 全3, 51頁)

여기에서 중요한 것은, '천하인'이 되겠다는 쇼잔 개인의 의지가 번을 위한 것이라는 논리다. 쇼잔은 '천하인'인 유학자를 번에서 배출했다는 번의 명예를 위해 "어상御上의 모습과도 맞다"는 논리로 자기를 정당화하고 있다. 이런 언설은, 번내의 사람들을 설득시키는 명목임은 물론이거니와, 번에서 주는 학비로 유학하는 쇼잔으로서도 스스로를 납득시키는 것이었다고 할 수 있다. 이에 대해서는 후술한다.

3. '천하로 연결되는' 제2기

쇼잔의 제2기는 마쓰시로 번주藩主 사나다 유키쓰라가 덴포 12년 (1841) 6월에 해방 담당[海防掛] 로쥬老中에 임명된 것이 계기였다. 쇼잔은 번주의 고문으로서 해방 문제에 관심을 기울이는 도중에 커다란 전환을 이루었다. 서두에서 언급한 바와 같이, 덴포 13년(쇼잔 32세) 번주에게 올린 「해방팔책」에는 '외구'에 대비할 수 있는 해방은 '천하의 안위'에 관계된 것이었고, '도쿠가와 가문의 어영욕御栄辱'을 넘어서, '귀천존비에 한하지 않고' '생을 이 나라에서 받은 자'로서의 공통 과제였다는 사고가 표명되어 있기 때문이다. 이것이 바로 『성건록』에서 말하는 삼십세 이후의 '천하로 연계된' 의식이고, 이 때에 '마쓰시로 번의 쇼잔으로부터 일본의 쇼잔으로 변신'[14] 했다고 할 수 있다.

이 덴포 12, 3년부터 가에이 2, 3년 경 까지가 '천하로 연계되는' 쇼잔의 제2기에 해당한다. 이 절에서는 이 제2기에 명확하게 된 '내셔널리즘 논리'가 무엇인지를 검토한다.

잘 알려진 바와 같이 이 시기, 아편전쟁에서 청조가 패배한 충격은 쇼잔으로서는 심각했다. 당시 유학계 지식인이 받은 충격의 예증의 하나로 종종 인용되는 다음과 같은 언설에서도 그것을 알 수 있다.

> 청국과 영국의 전쟁 양상은 최근에 전해 들었습니다. 확실히, 들었어도 말하지 않을 일일 것입니다만, 근래의 풍문에서는 실로 쉽지 않은 일이라 생각되옵니다. 일의 형편에 따라서는 당우唐虞 이래 예악의 땅[礼楽之区]이 구라파의 성예腥穢(비린내 나고 더러움, 즉 오랑캐/역주)로 변하는 말씀하시지 않겠으나, 말하기 어려운 상황으로 들리어, 참으로 한탄스럽습니다. (「加藤氷谷に贈る」, 天保13年10月9日, 全3, 215頁)

---

14) 源了圓, 앞의 책 『佐久間象山』 87쪽.

'당우 이래 예악의 땅'인 중국이 이적인 영국에 군사적으로 패배한 것은, 쇼잔 자신이 의지하고 있던 가치관을 흔들었다. 쇼잔 개인에게 이점은 틀림없었다.[15] 그러나 해방론의 선구성先驅性이라는 점에서 볼 때 쇼잔이 반드시 동시대에 발군인 것은 아니었다.

이른바 「해방상서」에서 쇼잔은 서양식 함선 및 총포의 도입을 주장했는데,[16] 이는 아이자와 세이시사이가 『신론』에서도 제기했던 것으로서 반드시 선구적이었다고는 할 수 없다. 또 예를 들어, 『신론』 이전에 이미 쇼헤이코의 유학자 고가 도안이 양식洋式 전함을 건조하자고 외치고 있었다. 특히 쇼잔과 관련하여 말할 때 도안은, 아편전쟁 정보가 전해지자 도의의 관점에서 영국의 불법 행위를 비난함과 동시에 청조淸朝가 독선주의에 빠져 서구 과학기술 섭취를 거부하는 어리석음을 지탄했다.[17] 이런 도안과 비교하면, 이 시점에서 더욱 '당우 이래 예악의 땅'이라고 청조를 다시 보고 화이사상을 받아들였던 쇼잔의 인식은 개명성이라는 점에서는 할 발 늦었다고까지 할 수 있다. 다만 쇼잔에 있어서 상징적인 것, 세이시사이와 도안이 불가능했던 것은 군사기술의 습득을 목표로 하여 스스로 오란다어(=네덜란드어)를 익히고 난학을 배우기 시작했다는 점이다.

그 전에, 미즈노 다다쿠니水野忠邦는 다카시마 슈한高島秋帆이 서양 포술을 실제 시연했던 것을 보고, 막부가 직접 참석하는 가운데 '집심執心하는 자

---

15) 아편전쟁의 충격에 대해서는 植手通有「幕末における近代思想の胎動─西洋観の転回との関連において」앞의 『日本近代思想の形成』 수록), 졸고 「幕末日本のアヘン戦争観」(『近世日本の儒学と兵学』 수록) 참조.

16) 이「海防上書」에 대하여, 고이케 요시아키小池喜明는 아이자와 세이시사이・오하시 도쓰안의 화이사상과 비교하면서 논하고 있다. 「開国の階梯─象山'上書'(天保十三年)考」(『井上円了センター年報』 15号, 2006年9月).

17) 고가 도안에 대해서는 졸저 『近世日本の儒学と兵学』 참조

일인'에게 전수를 허락하고 있다. 이에 응하여 슈한으로부터 다카시마류 포술을 배운 이가 이즈니라야마 다이칸伊豆韮山代官[18]·에가와 단안江川坦庵이다. 쇼잔은 덴포 13년 9월에 에가와 문하에 들어갔다. 그러나 쇼잔은 오직 심신을 단련하는 에가와 학숙의 교육에 만족하지 못하고 직접 난학 수업을 개시한다. 그는 쓰보이 신도坪井信道의 소개로, 여섯 살 연하인 구로가와 마사야스黑川良安와 교환 교수를 하면서 오란다어를 배우기 시작했다. 고카弘化 2년(1845), 가가 번加賀藩의 시의侍医였던 구로가와가 에도를 떠난 뒤에는 직접 사전을 앞에 두고 치르케チールケ 병서兵書와 카르텐カルテン 포술서를 독학했다. 사토 쇼스케는 쇼잔의 난학 능력을 의심하고 있으나,[19] 그 정도는 어쨌건 고카 원년(1844) 34세부터의 힘들었던 오란다어 학습이 새로운 지점으로 쇼잔을 끌어올려 갔다. 그런 사정이 다음의 편지 속에 확실히 표명되어 있다.

> 구로가와黑川 생生도 귀성帰省하였으므로, 때때로 후카가와深川 강변까지도 고지마치糀町 주변까지도 바람과 먼지와 더운 날의 비[風塵暑雨]를 피하지 못하며 다니고 있고, 불분명한 바를 찾게 되는 일, 밤도 자시子時를 모르고 드러누워 있다고 말씀드리는 것은 아닙니다. 이처럼 쓸데없는 수고를 하고 있는 것, 편안하고 즐거움[逸樂]을 원하는 것은 인지상정이기 때문에, 소생이라 해서 그 노고를 즐기는 것은 아니옵니다만, 이 때에 당하여 이에서는, 미진한 일이라고 생각이 미치고 있는 것도 하늘의 영총靈寵에 힘입는 일이므로, 이를 적게는 나라를 위해, 이를 크게는 황국皇国의 간성干城이 되기 위

---

18) 에도 시대에 이즈伊豆 지방 일대를 관리하기 위해 설치된 관직/역주 *위키피디아 재팬 참조

19) 佐藤昌介『洋学史の研究』(中央公論社, 1980年) 206쪽. 사토는 쇼잔의 낮은 오란다어 능력 수준과 근대 자연과학에 대한 이해가 없음을 논하여, 그에게 있어서 난학은 "정통파의 그것과 달리, 막말 유신기의 격동기에 제철이 아닌 데 핀 수꽃에 지나지 않는다"(248쪽)고 결론내리고 있다.

하여 이리 하여, 하늘의 은총에 응답하게 하옵는 것입니다. 최근 양학에 침
식瘦食하는 것도, 감히 저의 호기심으로 하는 것은 아니옵니다. (「竹村金吾に
贈る」弘化2年5月18日, 全3, 320頁)

"편안하고 즐거움을 원하는 것은 인지상정"임에도 불구하고 외국어를
배워서 체득하는 '노고'를 하는 것은 작게는 마쓰시로 번='미쿠니御国를
위함[御国の御為]'일 뿐만 아니라 크게는 '황국' 일본을 위한 것이라는 의식이
이 시점에서 생기고 있다. 제2기의 획기성은, 자기의 행동이 번='미쿠니[
御国]'에 그치지 않고 '황국' 일본을 위한다는 논리를 제시하기 시작했다는
데에 있다. 즉 '황국' 일본이라는 의식, 말하자면 스스로가 번을 넘어서
'천하에 연계된다'는 내셔널한 귀속 의식이다.

그러면 이 시기 '천하에 연계되는' 의식은 어떤 것인가. 이를 쇼잔이
이 시기에 진력했던 마쓰시로 번의 국산 개발의 한 건을 통해 살펴보자.
덴포 14년(1843) 11월, 구록[旧祿 백석百石의 녹봉으로 복구된 쇼잔은
군츄요코메야쿠郡中横目役(군감시역)에 취임했고, 나아가 다음 해인 고카
원년(1844) 11월, 구쓰노무라沓野村 · 사노무라佐野村 · 유다나카무라湯田中村
등 3개 마을의 이용담당[利用係]이 되었다. 이 때 쇼잔은 3개 마을의 물산과
산업 개발에 서양의 과학기술 지식을 이용하고자 하여 고카 원년 봄에
쇼멜ショメール의 일용백과사전을 번비藩費로 구입한다.

쇼멜의 일도 갈수록 감사하다고 생각하고 있사옵니다. 드디어 (백과사전을)사
주시어서, 구니의 이익[国利]을 넓히려 하고 있습니다. 여러 건을 검토하였
사오므로 상세히 결말이 나고 실로 유용한 좋은 책[良書]이라 기쁘기 그지없
습니다. 모처럼 위와 같은 좋으 책이 있음에, 더욱더 사람들에게 읽혀서 그
요지를 발췌해낸다 해도 쓰임은 남음이 있습니다만, 큰 개요[大概]를 요해할
정도로 읽는 힘이 저 자신에게 없어서는, 읽는 이들이 속이는 일도 있을 것

이기 때문에, 자서字書(=字典)를 인용하여 읽을 위치에도 되어 있고 싶고, 지난 달 말부터 일의 틈틈이 읽어 보아 온 바, 최근에 이르러 글의 뜻을 조금 이해할 수 있게 되었사옵니다. (『竹村金吾宛』弘化元年3月か, 全3, 251頁)

여기서 말하는 '국리国利'란 마쓰시로 번의 이익이다. 쇼잔에 의하면 '서양학'이 '국리'의 측면에서 이용 가치가 있는 것은 미지의 정보를 포함하고 있기 때문이다.

무릇 세상 사람이 착상도 하지 않는 국리国利(=국익)를 흥하게 함에는 서양학을 겸용하지 않으면 도달하지 못할 바가 있고, 서양학을 왕성히 일으킴에는, 성하지 않으므로 쓰임이 적음 그 책이 아마 없으면 그것이 가능하지 않고, 책이 있어도 그 배움의 줄기에 힘쓰는 자가 가르쳐 이끌지 않고서는 그 쓰임을 이룬다고 말씀드릴 수 없습니다. (「小山田壱岐に贈る」, 弘化2年正月 9日, 全3, 281頁)

쇼잔에 의하면, '서양학'을 융성하게 하는 것은 "세상 사람들이 착상도 하지 않는 국리를 흥하게 하기" 위해 불가결하다. 그러나 거꾸로 그 때문에 번내의 사람들이 이해하지 못하고 '자기의 작은 이익'을 꾀한다는 비난도 있었다.

이 표表(=글)에 한하지 않고, 우리나라에서는 어떤 곳에서도 아직 개발되지 않은 굳고 단단한[堅剛] 물품을 제조해 내어서 여러 구니[国]로 차출하여 미쿠니[御 国]의 이익을 열 것을 말씀드리고 싶고, 게다가 천하에 외래[舶来]를 기다림이 없이, 강한 약藥을 만들고 강한 약을 쌓음에 곤란하지 않도록 말씀드리고 싶다는 생각에, 그것이 내밀히 말이 나온 바, 시험할 수 있을 것 같으므로 착수하겠다는 말씀드립니다. 이 때문에 큰 헛수고이기도 합니다만, 또한 이전에 말씀드린 바와 같이 이 구니(마쓰시로 번)에 시작되지 않은 것을 극진히 일으키는 바, 천하의 이로움이므로, 석달 다섯 달의 헛수고였더라도, 그릇되지 않다고 마음속으로 생각하고 있었던 것이옵니다. 그렇지만 그 표表에서 그것

들의 사정을 생각하지 않는 사람들은, 스스로(=쇼잔)의 작은 이익[小利]을 꾀하는 듯이 말합니다. 어미와 누이로부터 그것을 전해 듣고 있습니다. 너무도 (저를)희롱하는 것입니다. (「藤岡甚石衛門に贈る」, 弘化2年5月28日, 全3, 331頁)

쇼잔은 이런 비난과 중상에도 불구하고 유리 제조, 감자[馬鈴薯마령서] 재배와 양돈의 장려, 그리고 약초류 재배, 석회石灰를 굽고 초석硝石(=질산칼륨)을 만들고 포도주를 양조하는 등 '서양학'을 이용하면서 번의 '리'를 높이기 위해 산업을 일으키고자 했다.[20] 이런 새로운 사업은 흥미 본위가 아닌 어디까지나 '국리' 즉 번의 이익을 위해서였다.

제2기의 이러한 번의 산업을 새로이 일으키는 것은, '천하'를 시야 안에 둠으로써 번의 울타리로부터 벗어날 가능성을 가지고 있었기에 주목할 만하다.

지모智謀와 기략機略이 있는 옛사람에 비하면 저는 본래 하둔下鈍하여 볼품 없습니다만, 또 스스로 생각하옴에, 오늘의[當今]의 보통 사람도 아닙니다. 이런 까닭에 세상의 평범한 것은 이루고 싶다고 생각지 않고 있습니다. 설령 하였다 해도 보통의 일은 굉장히 서툴러서, 역시 보통 사람에게 미칠 수 없다는 말씀입니다. 다만 천하의 형세를 살펴 알아서, 국가를 위해 이로움을 흥하게 하고 폐단을 제거하는 것 같은 책략에 이름에 있어서는, 이를 일반인[常人]과 비교하면 스스로 남보다 조금 낫[一日之長/이치니치노쵸]습니다. (「小山田壱岐に贈る」, 弘化2年正月9日, 全3, 280~81頁)

---

20) 아즈마 도루東徹는, 쇼잔이 쇼멜의 난역蘭訳 가정백과사전을 입수하여 '서양학'을 번의 식산흥업에 이용함에 즈음하여 가장 먼저 착수한 것이 유리 제조였던 점과 관련하여 유리 만드는 전통이 있는데다가, 분카 7년(1810)에 바바사쥬로馬場左十郎가 쇼멜과 보이스의 백과사전 등에서 번역해 낸 『硝子製法集説』이 있었기 때문이라고 추정한다. 아즈마는, 쇼잔이 『硝子製法集説』과 그 원본인 쇼멜의 백과사전 둘 다를 훑어보고 원료 배합과 녹이는 방법 등의 지식과 전통적인 유리 제작기술을 사용하여 유리 용융에 성공했다고 추정한다. 아즈마 앞의 책 제2장 제1절 「ガラス作」 참조. 난학 학습의 일정한 유효성과 성공이 있었다면 주17)의 사토의 평가도 재고할 여지가 조금 있을 것 같다.

쇼잔은 '천하의 형세'를 주시하면서, 번 '국가'의 이익을 거두고자 했다. 다만 일본 전국을 시야에 넣은 국산장려책도 쇼잔 스스로 '평범한 일'은 아니라고 자랑하기는 했지만, 이는 하야시 시헤이林子平와 가이호 세이료海保青陵 등의 근세 후기 경세사상가와 공통적이었고 쇼잔 고유의 것은 아니었다. 그렇다면 이 시기 어디에 쇼잔의 특질이 있는가.

본래 전국 시장을 무대로 하는 국산 장려책은 번국가 주도로 행해지는 것이었고, 봉건적 신분제도 하에서 개인이 관여하기에는 그렇게 간단하지 않았다. 그것을 실현하기 위해서는 번 수뇌부의 지지가 필수적이었다. 그러나 '천하인'을 자부하는 쇼잔의 오만한 태도는 주변 사람들에게 받아들여지기가 상당히 어려웠고 지지 또한 얻기가 쉽지 않았다. 때문에 쇼잔은 다음과 같은 울분을 품지 않을 수 없었다.

> 소생 등도 다이묘[諸侯] 집안에서 태어나지 않은 것이 유감이옵니다. 작은 번 [小家]이오나 다이묘라면 그때까지의 빚[借財] 등이 있어도, 그 수단은 어떻 게 해서든지 된다는 말씀입니다. 그것만큼의 자산이므로 여분의 경비를 줄 인다면, 뜻을 만족시키기까지에는 이르지 못한다 해도, 조금은 출중한 것 도 있을 것이기 때문에, 혼자만 살찌고 있을 뿐인 호걸이라고는 말할 수 없 고 적잖이 슬퍼하고 탄식[慷慨]하고 있습니다. 그러한 마당[場]에서 본번本藩 의 다른 보통 사람들의 케케묵은 모습을 보고 있자니 때때로 실로 분노가 생긴다는 말씀입니다. (「竹村金吾に贈る」, 弘化2年7月16日か, 全, 3, 348~49頁)

앞서 살핀 것처럼, 세상에 대한 울분은 일생 떠나지 않았는데, 쇼잔은 그런 분함 때문에 세상으로부터 은둔하지 않고 어디까지나 능동적인 태도를 잃지 않았다. 그는 번주와 번수뇌부라 했던 누군가에게 의지하지 않고, 지금 여기서 무엇을 해야 할 것인가를 잃지 않았다.

제2기, 쇼잔으로서 당시 거기에서 전력을 다하여 이루어야 할 행동이 난학 학습이었다. 쇼잔이 내셔널한 귀속의식을 가지고 있었던 점에서는 에도 후기의 경세사상가(혼다 도시아키와 와타나베 가잔 등)와 공통적이지만,[21] 앞서도 보았던 것처럼 번역서와 얻어 들은 것으로서가 아니라 만학임에도 불구하고 각고의 노력으로 난학을 스스로 배웠다는 점에서 그들과 다르다. 쇼잔은 그 즈음 의기양양했던 모습을 스스로 다음과 같이 말한다.

> 서양인이라 해도 삼면육비三面六臂[22]도 아니고 역시 같은 사람이며, 우리나라 사람이라 해서 불완전한 자도 아니기 때문에 그 책을 잘 읽을 생각을 할 것이므로, 필시 마찬가지로 가능할 것이라고 생각하기 시작한 바, 역시 어떤 어려움도 없을 것이라 말씀드립니다. (「藤岡甚石衛門に贈る」, 弘化2年5月 28日, 全3, 329~30頁)

'서양인'이 할 수 있는 이러한 것을, '우리나라 사람'도 틀림없이 이해할 수 있다는 기개는 이만저만한 것이 아니다. 그리고 마쓰시로 번='미쿠니御国의 어위御爲오타메/남을 위해 이익을 도모함'일 뿐만 아니라 '황국' 일본을 위하여 행해진 이 각고정려刻苦精勵가 '내셔널리즘 논리'에서 독자의 세계를 열어 젖혀 나가게 된다.[23] 이에 대해 살펴보자.

---

21) 혼다 도시아키와 와타나베 가잔의 내셔널·아이덴티티에 대해서는 본서 제2편 제3장·제5장 참조.

22) 三面六臂산멘롯비. 얼굴 셋에 팔이 여섯 있는 불상, 즉 혼자서 여러 사람 몫을 한다는 뜻/역주

23) 이런 신념에 실질적 내용을 부여했던 것은, 서양 기술에의 수요가 마쓰시로 번만이 아니라 여러 번에 있고, 문인이 모여듦으로써 번에서 받는 가록家祿 이외로도 생활할 가능성이 커졌던 것을 지적해 두고 싶다. 가에이 3년 7월, 출부出府하여 에도의 후카가와深川에 있는 번 공관에 머물면서 포술 교수敎授 간판을 걸었는데, 포술 수행도 번 때문이 아니라 일본을 위해 행했던 것이다. 그 때문에 전수자에게도 숙塾에서 배운 것을 공개하도록 요구했다.
내가 이 기술을 강습하는 것, 오로지 집안과 나라 천하를 위함을 생각하고 있으므로, 세간의 낮은데 있으면서 높은 것을 하고 싶어 하는 것에 비할 바가 아니다. 그러므로 애써서 발명하는 바의 업이라지만, 처음부터 이를 감추지 않는다. 이 나라에 양법기술良法奇術을 알고 있는 자, 나는 한 사람이라도 많기를 바란다.(「大槻龍之進に与ふ」, 嘉永4年11月, 全4, 44頁)

4. '오세계에 연관된' 제3기

『성건록』의 '오세계에 연관된' 제3기(사십세 이후)는 가에이 2, 3년(1849, 1850년), 쇼잔 39, 40세 무렵부터이다. 이는 가에이 2년의 『增訂和蘭語彙증정화란어휘』 출판 시도, 그리고 다음 해 출판이 불허된 뒤인 가에이 3년의 연안방어의 의견서沿岸防禦意見書가 큰 획기였다고 추정된다.

제3기의 쇼잔은, 제2기의 난학 학습의 결과로 세계의 과학기술·군사기술의 우수성을 숙지하게 되었기 때문에 세계 속에서의 일본의 앞날을 걱정하게 된다. 결론을 앞당겨 말하자면, '오세계'라는 전세계가 난학 수업의 진전과 함께 인식화되어, 스스로 '국력'을 증진하기 위한 행동을 취하게 되었다. 그 구체적인 행동의 하나가 『증정화란어휘』의 출판 계획이다. 처음에 쇼잔은 번藩 사업으로 계획했으나 그것이 불가능함을 깨닫자 자신의 녹봉 백석을 저당 잡혀 자비로 출판하려 했다. 그는 집념이라 할 수 밖에 없는 이 출판 계획 의지를 마쓰시로 번의 절친한 친구에게 다음과 같이 밝히고 있다.

> 그런데 천하의 해구海寇(=해적)가 우환인 시절이 되어서, 이 일본에 태어나서 지금까지의 학력을 얻은 것도 곧 하늘의 뜻이라고 생각하며, 예의 자서字書를 내세워, 천하의 사람들에게 저를 알고 나를 지키는 법을 가르쳐서 어국은御国恩일본을 합하여 드리는 말씀에 보답해야 하는 것이라 알고 있는 바, 때로는 (그에)이르지 못하고 점점 말씀드리게 됨에 이르러, 빚[借財]만 남아 있게 된 것이 시비에 미치지 못합니다. (『三村晴山に贈る』嘉永3年4月27日, 全3, 566頁)

처음에 번으로부터 유학 허락을 받아 난학 수업을 하게 되었음에도

덧붙여 이 포술숙塾 경영은, 번으로부터 경제적으로 독립했었고, 그대로 정신적 독립으로 연결되었다고 보여진다.

불구하고, 그 성과에 대한 '어국은'은 이미 '일국'=번이 아닌, 명확히 "일본을 합하여 드리는 말씀"이라고 '일본'을 향해 있다. 환언하면, 쇼잔이 염두에 두었던 것은 일본 속의 마쓰시로 번이 아니라 세계 속의 일본이었다. 그것은 제3기의 '오세계에 연관된' 의식이라고 할 수 있다.

제3기에서는, 에도만 연안방어책이 갖추어지지 않은 것은 "지금 이에 힘쓰지 않고, 치도매첩痴堵呆堞을 설치하여 높이 이를 해표海表로 내세우는 것은, 우리가 계책이 없음을 해외에 보여주는 것"(『省諐録』 257 頁), "외국 사람에게 본방의 무능을 명백히 보여주고 있는 근거"(全4. 576頁)라고 적고 있는 것처럼, '해외', '외국'에 대한 '우리나라의 무능'을 속속들이 드러내기 때문에 비판받는다. 여기서는 '오세계'에 대한 일본이 의식되어, 일본을 짊어지는, 일본과 일체화한 개인이 분석되어 있다. 이에 이르러, 번이라는 중간 집단을 넘어선 일본국가와 쇼잔 개인이라는 도식이 성립했다고 할 수 있다. 다음의 언설이 그것을 단적으로 보여준다.

> 가운데에는, 자서字書(=증정화란어휘) 등도 필요 없는 것이라고 기도企図하고 있어, 자신의 집도 잃고 어상御上의 손실도 되는 것임은, 어떤 등속의 의견[申論]이 있다고 해도, 대저 사람의 등급에는 천하의 사람이 있고, 일국의 사람이 있으며, 일군一郡의 사람이 있고, 일읍一邑의 사람이 있고, 일가一家의 사람이 있습니다. 천하에 몇 명이라고 손가락 꼽히면 곧 천하인天下人입니다. 나라에서 손꼽히면 일국의 사람입니다. 일군 일읍도 모두 그와 같습니다. 저는 말씀드릴 것도 없이 잘 알고 계시겠습니다만, 이미 천하에 손꼽히고 있습니다. 그렇다면 거처하는 곳은 낮다 해도, 스스로 그것만큼의 천직이라고 말씀드릴 것이 있습니다. 지금 삼국三国의 학에 통하고 있고, 용병화술用兵火術 등의 일도 겸비하는, 저 정도의 역량 있는 자가 일본국 안에 몇 사람이 있겠습니까. 이제 또한 해구海寇에 대해서도 깊이 마음을 다하고 마음을 애써

서 몸이 할 수 있을 데까지의 것으로써 하여, 국은에 보답하지 않으면 안 되는 까닭이옵니다. 그 일이 되고 안 되고는 하늘에 있습니다. 그 일(=증정화란어휘출판/역주)에 대해서는 필요가 없다는 의견은 받아들일 수 없다고 생각하고 있사옵니다. (「三村晴山に贈る」嘉永3年4月27日, 全3, 567頁)

『증정화란어휘』의 간행때문에 번의 재정이 위태로워졌다는 말들에 대해, 그것은 '일국의 사람', '일군의 사람', '일읍의 사람', '일가의 사람'의 협소한 견해라 비판하고, '천하의 사람'인 자신은 보다 높은 차원의 '국은'에 보답해야 한다는 '천직' 의식이 나타나 있다. 쇼잔에 따르면, 사전 간행으로 향했던 그 개인의 노력은, 어디까지나 일본의 독립과 발전을 위해, 일본국 안에 있는 사람들로 하여금 외국사정을 알게 하는 것이 그 목적이었다.

앞서 어머님 봬오러 갔을 때 간절히 말씀드린 바대로, 이 외국에 대한 걱정이 있을 때의 일에 대해, 가령 이 곳에서 쓰지 않는다 해도 천하에 쓰고 있는 사람이 있고, 일본을 위하게 되는 것이므로 제가 세상에 나와서 지금까지 고학苦學해 온 보람이 있었다고 생각하고 있사오므로 기뻐해 주십시오. (「母に上る」, 嘉永3年7月16日, 全3, 581頁)

이 시기, '일본을 위해서'라면 '내가 세상에 나와서 '고학'한 보람도 있었다고 말하는 쇼잔에게는 난학 학습으로 생긴 새로운 인식이 있었다고 생각된다.

본래 쇼잔의 '천하인' 자부심은 계보와 신화에 기반을 둔 환상적 허세가 아니라 오란다어 체득에서 볼 수 있듯이 뼈를 깎는 노력 끝에 획득한 능력·지식에 기반한 것이었다. 자기의 난학 학습과 일본국가가 의식 속에서 결합되었을 뿐 아니라, 그 결합이 실질적인 내용을 가진 것, 여기에 제3기의 쇼잔이 열어젖혔던 독자적 지평이 있다. 그 때 개인의 난학 학습과 일본국가를 결합하는 연결고리는 쇼잔의 '국력'이라는

개념이었다. 물론 '국력'이라는 말은 제2기인 아편전쟁 이후의「海防に関する藩士宛上書해방에 관한 번주께의 상서」에 보인다. "어대御代의 서양 오랑캐[西洋夷]와 요즈음의 서양 오랑캐는 그 대비의 대소와 국력의 강약 등이 총체적으로 현격하게 단절되어 있습니다"(全2, 36頁) "재용財用을 절약하여 국력을 강성하게 하는 일은, 황송하오나 지금 가장 먼저[最第一] 힘쓰셔야 하실 일이라고 생각하옵니다"(全2, 48頁). 그러나 그것은 군사력·경제력을 의미하고 있고 동시대의 용례와 멀지 않다. 제3기의 획기성은 '국력'이 단순히 군사력과 경제력뿐만이 아니라 과학 기술력을 포함하는 것이었다는 점이다.

> 오늘날의 세상처럼 오대주가 하나로 이어지게 되어 있는 것, 개벽 이래 일찍이 없었다고 말씀드리는 가운데, 서양 여러 나라의 학술을 정밀히 연구하고 국력을 강성히 하여, 끊임없이 세를 얻어서, 주공 공자의 나라까지도 이 때문에 타략打掠되어 있는 것, 대저 무엇 때문인가라고 생각됩니다. (「ハルマを開板せんことを感応公に答申す」, 嘉永2年2月, 全2, 62頁)

'국력'의 내용이 단순히 함선·총포 등의 군사력·경제력만이 아니고 그것을 떠받칠 과학기술력을 의미하게 된 것은, 내셔널리즘이라는 관점에서도 획기적이었다.[24] 생각건대 이 '국력'관으로써 개인과 국가의

---

24) '국력'이 군사력·경제력뿐만 아닌, 그것을 떠받치는 과학기술을 포함하고 있다는 쇼잔의 생각은 동시대 사람들 가운데에서 특징적이다. 같은 시기의 병학자 야마가 소스이山鹿素水는, "우리나라가 또 창평昌平의 은택으로 인하여 무비武備가 얇고 사기士気가 쇠한 허점을 틈타, 동서남북의 해안을 엿보고 병위兵威로써 숙원인 통상을 열려고 한다. 우리가 이에 굴하고 그 위세가 두려워서 통상의 길을 열려고 함이 국가의 평안함 같지만, 어찌 십년의 장구함을 기다릴까. 홀연히 국력이 수폐瘦弊하여 마침내는 이적에게 침탈당함에 이르지 않는가"(『海備全策』卷1, 『日本海防史料叢書』卷1, 1932年, 181頁)라 하고, 아이자와 세이시사이는 "만의 하나 장수가 잘못하여 상패喪敗하는 것도 아닌데, 그 때에 이르러 *진회秦檜처럼 간악하지는 않다 해도, 일시의 패배에 혼나서 화和를 체결하려 한다면 항복을 요청하는 것과 같은 자세이고, 서양의

관계에 새로운 실질적 연결고리가 생겼기 때문이다. 개인이 국가에 다해야 할 회로回路가 명확하게 된 것이다. 개개인이 과학 기술을 배워 응용하는 것이 '국력' 증강으로 연결되어 간다.

애초에 저는 다년간 서양 서적을 겸하여 배워, 천지만물의 실제實際를 궁구하고, 상정술詳証術(=수학) 분석술分析術 등의 대략도 알게 되었으며, 대포와 소총 등 여러 기계의 제작 사용도 강구하고, 공격과 방어[攻戰守禦]의 진법 전술에 도달하여 있고, 동서東西의 장점인 바를 아울러 취하여 일가견[一家言]을 이루고자 도모했던 주된 뜻은, 외국이 생각하는 것을 이 나라는 생각지 못하고, 외국이 능한 것을 이 나라는 능하지 못할 때에는 국력도 마침내 저들에게 필적할 수 없는, 그런 바를 깊이 걱정하는데, 동학이 헐뜯고 비웃기도 하여 오늘까지도 그것에 침식寢食하는 것입니다. 동력탁덕同力度德[25]이라고 상서尙書에도 적혀 있는 바대로, 적국 있음에 대하여서는, 성학으로써 말한다 해도 어쨌건 국력이 제일이어야 한다고 생각하옵니다. 국력이 약하면

관습으로 군비 보상을 책임지게 되어 국력이 지급해주기 어려운 것도 헤아리기 어렵고, 첫째, 신주神州(=일본)는 만국보다도 제국이라 불러 예로부터 높았음을, 후일에 이르러 만일 존호尊号에 하자가 생기는 일에 이른다면, 국체를 욕되게 함이 이보다 심한 것은 없을 것이다. 먼 장래 일을 미리 생각해 두지 않으면 가까운 장래에 걱정거리가 생기는 법이라고도 하므로 깊이 생각하지 않으면 안 될 것이다"(『時務策』, 『水戸学』日本思想大系53, 岩波書店, 1973年, 364쪽)라 말하고 있는데, 공히 군사력으로서의 '국력'이다. 또 혼다 도시아키는 "일본은 해국이므로 도해渡海 · 운송 · 무역은 본디 국군国君의 천직이고 최대의 국무国務이므로, 만국에 선박을 보내서 나라의 쓰임에 꼭 써야 할 물건인 물산 및 금은동을 발취하여 일본에 들여, 국력을 두터이 해야 함은 해국이 갖추어야 할 일이다. 자국의 힘으로써 다스리는 계책으로는 국력이 점차 약해지고, 그 약함은 모두 농민이 당하여 농민이 매년 계속하여 모멸耗滅함은 자연의 추세이다"(『経世秘策』卷下, 『本多利明 · 海保青陵』日本思想大系44, 岩波書店, 1970年, 32쪽)라 말하고 있는데, 이는 경제력으로서의 '국력'이다.
　*秦檜(1090~1155) : 중국 남송의 정치가. 고종의 신임을 받아 재상에 올라 전횡을 일삼음. 금나라와의 굴욕적 강화를 체결하는 과정에서 주전론자인 악비岳飛를 옥사시킴. 후세 간신의 전형으로 볼림/역주
25) 『書經』 태서상泰誓上에 나오는 말로, 힘이 같으면 덕을 헤아려 우열을 가린다는 말/역주

어느 정도의 덕이 있다고 해도 강적을 제압하여 엎드리게 하기가 불가능하다고 생각되옵니다. (「川田八之助外壱名に贈る」, 安政元年2月19日, 全4, 230~31頁)

쇼잔 개인의 난학·병학 학습은 어디까지나 '외국'의 '국력'에 필적하는 일본의 '국력'을 증강하기 위해서였다. 『증정화란어휘』출판에 힘을 쏟은 것도, 그럼으로써 난학 학습의 수준을 끌어올리고 그것이 '국력' 신장과 연결되기 때문이었다.

본래, 기술을 매개로 하여 개인과 국가가 결부된다는 시각은 이미 18세기 후반에 생겼었다. 남다른 능력을 가졌던 히라가 겐나이平賀源內만 보더라도 '예芸'를 매개로 하여 개인이 국가에서 자립적으로 살아간다는 인식이 싹트고 있었다.[26] 그것은 다카마쓰 번高松藩을 뛰쳐나온 겐나이처럼, 선조 대대로의 가업과 직분을 뛰어 넘은 것이었다. 그 의미에서, 국학처럼 정해진 자신의 가업과 직분을 성실하고 정직하게 끝까지 해내는 것이 그대로 "천황의 대어심을 마음으로 삼는"(前揭 『直毘靈』), 국가에 봉사하는 것이 되는 약자의 논리가 아니라, 자신의 창의와 재각才覚으로써 국가에 다하는 강자의 논리였던 점에서 주목해야 할 것이었다. 쇼잔의 사고는 이를 계승하면서 '국력'이라는 개념으로써 국가와 개인 간의 관계성을 더욱 일보 진전시켰다고 할 수 있다.

여기서는 '국력' 증강의 기초에 과학기술이 뒷받침되어 있음으로써 '오세계' 속에서 국가 간의 '국력' 경쟁은, 콜럼버스와 뉴튼과 같은 '발명'을 지향하는, 과학기술 진보로 향했던 절차탁마로서 받아들여져, '황국' 일본에 사는 개개인이 적극적으로 참여하는 회로가 열렸던 것이다.

---

26) 히라가 겐나이의 '예'에 대해서는 졸고 「平賀源內の功名心と'国益'」 (『日本文化論叢』 10号, 2002年 3月, 『兵学と朱子学·蘭学·国学』 수록, 平凡社選書, 2006年)을 참조 바람.

어리석은 생각으로 가만히 송구하올 것 하나는, 바야흐로 지금의 세계는 화한和漢와칸(일본과 중국)의 학식만으로는 아무래도 도달할 수 없고, 무슨 일이 있어도 오대주五大洲를 총괄하는 큰 경제가 없이는 이루기 어렵습니다. 전 세계의 형성, 코롬뷰스가 궁리窮理의 힘으로써 신세계를 발견하고, 코페르니큐스가 지동설을 발명하였으며, 네우톤이 중력인력重力引力의 실리를 궁구하여 알아내는[究知], 삼대三大 발명 이래 만반万般의 학술이 모두 근저를 얻어 조금도 허망한 얼게가 없이 모두 다 착실하게 되어, 이로써 구라파 아메리카[彌利堅] 여러 주가 점차 면목을 고쳐서 증기선, 마그네티세, 텔레그라프 등을 창제함에 이르고 있고, 실로 조화의 공을 빼앗는 것이라 가히 놀랍고 가히 두려운 모양이 되었다는 말씀입니다. 이에 반드시 사마법司馬法에서 말하는 바의 이 둘의 수단으로 하는 것 외에는 없다고 생각하옵니다. (「深川星巖に贈る」, 安政5年3月6日, 全5, 9~10頁)

부국강병이 단순히 막부와 번의 과제가 아닌, '황국' 일본에 살고 있는 사람들의 공통과제가 된 것이다.

한편 제3기의 페리 내항은 쇼잔에게 어떤 의의인가를 보자. 페리가 우라가浦賀에 내항하자 쇼잔은 번의 군의역軍議役에 임명되었는데 곧 파면되고 안세이 원년(1854)에는 요시다 쇼인의 밀항 사건에 연루되어 에도 덴마쵸伝馬町의 감옥에 투옥되며 마쓰시로 번 칩거를 명받았다. 쇼잔으로서 인생의 가장 격동기에, 우선 당연하지만 아메리카인과 직접 접했던 것에서 '오세계' 속에 일본의 진로를 생각해 나가지 않으면 안 된다는 인식이 점차 깊어졌다고 할 수 있다.

쇄국의 취지도, 외번外蕃(외국을 폄하여 부르는 말/역주)의 형세가 지금과 같이 성대하지 않고 증기선 등의 발명이 있기 전까지는 아주 좋은 법이라 할 수 있겠사옵니다만, 외국의 기능 예술이 오늘날 왕성함에 이르러, 증기선의 편리함이 만국에서 행해져서 전 세계를 한 달 남짓하여 일주할 정도의 일이 되

었고, 세계 만국의 형세는 지난날과는 다른 별물別物이 되어, 이천리 삼천
리 떨어진 나라라 해도 인근과 마찬가지라, 이에 저들을 압도할 정도의 국
력이 없이는 도저히 쇄국의 취의가 관철될 수 있는 때가 아닙니다. 그런데
다 저들이 잘 하는 바를 우리 역시 잘하지 못하면 저들에 항거抗拒함이 결국
어렵게 되고, 이미 올 봄에 나라가 큰 부끄러움을 참게 되고, 요충지의 토지
를 저들의 말에 맡겨 빌려주고 있음도, 우리의 기교예술이 저들에 비할 것
도 없고, 증기선은 물론 여러 군함軍艦도 저들과 같이 견뢰편리堅牢便利한 것
이 없는 까닭이옵니다. (『獄中より某に贈る』, 全4, 250頁)

혼고 다카모리本鄕隆盛는, 이 '국력' 제일주의는 "페리 내항 이래 화친조약
체결에 이르는 대외교섭 과정에서 쇼잔이 배웠던 최대의 교훈"[27]이라고
한다. 중요한 것은, 국제관계를 관념적으로 파악하지 않고 '국력'의
세력균형과 도의에 의해 국제관계가 성립한다는 냉철한 인식을 가졌다는
점이다. 『성건록』의 다음의 한 구절이 이를 단적으로 말해준다.

> "병력이 같으면 덕(이 많고 적음)을 헤아리고, 덕이 같으면 의義(에 마땅한지)
> 를 헤아린다"(『書経』泰誓). 문왕의 아름다움을 칭송한다 해도 또 "큰 나라는
> 그 힘을 두려워하고 작은 나라는 그 덕을 그리워 한다"(『書経』武成)고 함에
> 지나지 않는다. 그 힘이 없이 능히 그 나라를 지키는 것은 예로부터 지금에
> 이르기까지 내가 아직 이를 보지 못했다. 누가 왕자王者가 힘을 숭상하지 않
> 는다 하는가. (『省諐錄』247頁)

미나모토 료엔은, 이 한 구절을 "일본의 국제정치와 관련한 사상적 문
헌 속에 '힘'을 정면으로 문제 삼은 최초의 문헌"[28]이라고 평가하고 있다.
쇼잔은 확실히 전 세계를 추상적인 세계 일반이 아닌, 힘과 덕, '국력'과

---

27) 本鄕隆盛「佐久間象山─西洋受容の論理とパターン」(『近代日本の思想
    (Ⅰ)』有斐閣新書, 1979年) 58쪽.
28) 미나모토, 앞의 책, 163쪽.

도의가 긴장 관계에 있는 현실의 국제관계로 파악했다. 페리 내항 이후의 쇼잔의 사상적 심화는 여기에 있다고 할 수 있다.

한편 "오세계에 연관된" 의식을 가진 쇼잔은, 분큐文久 연간에 이르러 일본의 '국력'을 충실히 하기 위해 개국론을 전개한다. 분큐 2년의 쇼잔의 상서에는 '황국' 일본은 '외국'에 비할 때 '순정[順正]한 기후', '풍부하고 넉넉[富饒]한 미곡', '영묘하고 슬기로운[靈慧]인민이 많음'에도 불구하고 '국력'이 열등한 것은, 첫째 '유민遊民'이 많은 것, 둘째 '무역이재貿易理財의 도'가 열려 있지 않은 것, 셋째 '물산의 학'이 정밀하지 않은 것, 넷째 '백공百工의 직업이 아직 역학力學 · 기학器學을 모르는 데에 있다고 한다. 이 상서에서 주목할 것은, 과학기술이 '국력'의 진흥과 연관되어 있을 뿐만 아니라 서양의 '무역 이재의 도'를 '국력' 증강의 수단으로 인식하고 있다는 점이다.

> 제가 이재술理財術을 배운 것은 아닙니다만, 서양 여러나라는 무역의 이익으로 나라의 근본을 세웁니다. 대략은 알고 있사옵고 그로써 제 생각으로는, 지금까지의 회계가 바로 세워지는 것 이외에, 별도로 오로지 서양의 무역이재술을 취용取用하여, 로쥬老中 아래에 그 담당을 정하고, 공의어선公議御船으로써 그 정액定額도 세워서, 부단히 청국을 비롯하여 오세계를 왕래하여 저들과 무역하고 그 출방出方으로써 그 해방海防 비용과 외번外蕃 접대 등의 용도로 쓰여져야 한다고 생각하옵니다.(「時事を痛論したる幕府へ上書稿」文久2年9月, 全2, 191頁)

쇼잔은 '서양의 무역이재술'을 채용하여 '오세계'와 무역을 하고, 거기에서 생기는 이윤을 국방비와 외교비로 충당하자고 제언하고 있다. '천하와 연계된' 제2기에는 시야를 '천하'에 두고 마쓰시로 번의 산업 개발을 도모했으나, '오세계로 연계된' 제3기에서는 '오세계'를 상대로 한 '황국' 일본의 '국력' 증강을 제창하고 있다.[29]

---

29) 시노부 세이사부로信夫清三郎는, 제2기의 마쓰시로 번 식산흥업에의 참여가 쇼잔의 생산론과 무역론에 하등의 영향을 주지 않았다는 마쓰우라 레이松浦玲

5. 내셔널리즘 논리의 특질

지금까지 '일국' → '천하' → '오세계'의 시야 확대라는 쇼잔의 사상 형성과정을 탐색해 보았다. 이 절에서는 이 형성과정에서 공통적으로 확인되는 쇼잔의 사고 · 행동의 패턴이 무엇인지 파악해 보고자 한다. 그 패턴은 둘이다. 하나는 일거양득의 발상이고 다른 하나는 반전의 발상이다. 이 두 가지 패턴은 쇼잔의 인생에서 반복됨과 동시에 쇼잔의 '내셔널리즘 논리'를 특징짓고 있다.

일거양득의 발상이란, 예를 들면 제1기의 유학遊学 허가를 얻기 위한 고육책에서 엿볼 수 있다. 쇼잔은 거기에서 '천하인'이 되겠다는 원망을 충족함과 동시에 그것이 마쓰시로 번=국가'의 명예도 된다고 번로를 설득하고 있다. 또 제3기의 『증정화란어휘』 출판에 즈음하여서도, 그 사업이 일시적으로는 번의 재정을 압박할 수도 있겠지만, 그 성공은 번내의 '작은 급료와 난삽小給難渋]한 것'을 구제할 뿐만 아니라, 난학을 전국에 보급하는 조력 수단이 되어 일본 전체의 국익도 될 것이라는 논법을 사용하고 있다. 쇼잔은 거기에서 "참으로 지금의 급무는 의리양득義利両得의 좋은 책략이라 생각하옵니다"(「ハルマを藩業にて開板せんことを感応公に答申す」, 嘉永2年2月, 全2, 64頁)라 말하고 있다. '의리양득의 양책'이라는 말이 단적으로 나타내 주고 있는 것이 일거양득의 발상이다.

> 이를 허용해 주신다면 실로 오로지 저의 일시의 행복일 뿐만 아니라, 천하 후세에 그 혜사惠賜를 지워주시는 것이라 생각합니다. (「感応公に上りて和蘭語彙出版資金貸与をを乞ふ」, 嘉永2年5月7日, 全2, 72頁)

의 주장에 의문을 던지고 있다 (『象山と松陰―開国と攘夷の論理』河出書房新社, 1975年, 291쪽). 필자는 제2기의 '천하' 속에서의 마쓰시로 번으로부터 제3기의 '오세계' 속에서의 '황국' 일본에로의 확대는, 차원을 달리 한다고는 하지만, 일직선상에 있다고 이해하고 있다.

"저의 일시의 행복"일 뿐만 아니라, "천하 후세에 그 혜사"가 된다는 '양득의 양책'이라는 발상은 비근한 바로는 돈을 빌리고자 부탁하는 데에서도 보인다.

> 단지 이것들은 모두 내밀한 일들이므로, 증서는 저의 일판—判(=도장)으로 부탁드리고 싶사옵니다. 위[上]로 부터 가볍지 않은 고야쿠御役(=직책)도 분부 받자와 두고 있는 것, 설령 그렇지 않다 해도 천하의 사람들에게도 손꼽히고 있는 수리修理에 있어서, 타인의 재보를 빌려, 기리義理가 아님을 행하는 것은 도리도 아니므로, 그 도타운 바와 더불어 갖가지가 포함됩니다만, 그 마무리하는 자리에 미흡한 때에는 흔히 사람들은 저쪽이 옳다고 할 것이므로, 대저 이 국리国利를 개척하고자 하는 준비도 저 독단적으로 한 일이옵니다. 그렇지만 기인하는 바는, 군국君国의 행하심[御爲오타메]을 알고서, 영내는 물론이고 가까운 영토도 영원히[永世] 그 이롭게 하고 싶은 바임을 알고 있으므로, 이번의 일을 알아주심에 있어서는 저 혼자만의 계략이 아니라 지극한 바의 국익의 계제가 될 것이라 아무쪼록 용서해 주십시오. (「塚田源吾に贈る」弘化元年7月28日, 全3, 262~63頁)

이 일거양득 논법이 '내셔널리즘 논리'였다는 점은 간과할 수 없다. 확실히, 개인의 이익·생활과 국가의 이익이 조화하는 논리가 쇼잔의 '내셔널리즘 논리'였기 때문이다. 그것은 국가 이익 때문에 개인의 이익이 부정되고, 최종적으로 개인의 생활과 생명까지도 빼앗는 논리는 아니었다. 그것이 단순한 멸사봉공이지만은 않은 의의를 높이 평가해야 한다. 여기에는 국학자와 같은 비굴함은 전혀 없다. 자신의 재능과 이익을 신장하는 것, 그것은 결코 비하해야 할 것은 아니었다. 아니, 오히려 그것을 충분히 발휘함으로써 국가가 발전한다는 신념이 있다. 그리고 앞서 서술한 대로 이 개인과 국가를 매개하는 개념이 '국력'이었다.[30]

---

30) 다만 '국력'의 기초가 과학기술에 두어진 것은, '국력' 증강이 기술적 문제로 다

쇼잔의 내셔널리즘 논리는, "콜롬브스가 궁리의 힘으로써 신세계를 발견하고, 코페르니쿠스가 지동설을 발명하였으며, 뉴튼이 중력 인력의 실리를 궁구하여 알아내어"(前出) '국력'을 증강시킨 것처럼 재능 · 능력을 가진 개인이 맡았던 것이었다. 그것은 국학의 신화 · 계보 같은 환상이 아닌, '천하인'이라는 자기의 재능 · 능력에의 절대적 자신감이 그 바탕에 있다. 쇼잔을 호언장담 · 자의식 과잉이라고 평가하고 있지만, 쇼잔에서 보자면 오란다어 습득처럼 남들 이상의 끊임없는 노력 · 극기적인 근면으로써 획득했지, 환상과 신분 등의 공허함에 의존하지는 않았다.

그리고 일거양득 발상과 함께 '내셔널리즘 논리'를 관통하고 있는 또 하나의 특질은 반전의 발상이다. 제1기에 이미 주위의 정황이 아무리 심하더라도 '은둔'한다거나 하지 않고 '계책'으로 정황을 타개해 가고자 하는 의지를 나타내 보이고 있다. 그것은 '은둔한정隱遁閑靜'으로 도피하려 한 친구에게 보낸 다음과 같은 편지에 드러나 있다.

> 이전 편지의 인사 말씀도 이번에 결례를 무릅쓰고 한결같다는 말씀 올립니다. 가르침 주시어 말씀하신 당시의 일반적 모양, 나라를 걱정하고 백성을 걱정하는 것 등이라는 말씀, 우원迂遠한 것은 털어버리고, 도저히 저[下愚]의 힘에 미치지 않는 것, 무여기無余岐, 불충이라고는 알고 있습니다만, 단지 은둔한정隱遁閑靜할 뿐으로 지내고 있는 것, 이는 같은 모양으로 크게 탄식할 수밖에 없습니다. 위와 관련해서도 소생 등은 우선 계책을 가질 것입니다. 이도 국은으로 시시時時로 감사하다고 생각하고 있습니다. (「緒貫新兵衛に贈る」, 天保11年11月20日, 全3, 163頁)

루어지게 되어 사회정치 체제의 문제가 희박해진 것은 부정할 수 없다. 우에테 미치아리는 "사회 정치체제 차원의 문제에 눈을 가리고, 테크노로지컬로 해결할 수 있는 문제로 관심을 집중하는 점에 쇼잔 사고의 특징—그의 자연과학적 합리주의의 플러스 · 마이너스가 있다"고 지적하고 그 때문에 주자적인 사회관이 유지되었다고 설명하고 있는 점은 정곡을 찌르고 있다. 「佐久間象山における儒学 · 武士精神 · 洋学」(『日本近代思想の形成』 수록, 310쪽).

이같은 체념하지 않는 강굴한 정신은 쇼잔의 편지글 속에 많이 보인다.

어제 저녁의 사정 전해 듣고 그대 심중을 이해하고 있습니다. 그렇지만 이로써 뜻이 꺾여 져서는 아니 됩니다. 무릇 천지간에 어떤 것도 굽히지 않으면 펴기 어렵고, 엎드리지 않으면 일어서기 어렵습니다. 그렇다면 이번의 과실過失로 어제 저녁의 사정에 다다른 것도, 뜻이 세워지는 쪽으로써 맡겨서 종신토록의 남을 위한 이익을 도모[御爲/오타메]함에는 마땅한 것은 아닐 것이므로, 분발하시어 보통 사람이 이룰 수 없는 업이 몸에 갖추어지도록 해 주십시오. (「山田兵衛に贈る」, 安政2年12月19日, 全4, 405頁)

쇼잔은 어떤 역경도 겁내지 않고 그것을 타개할 방도를 찾아내어 행동하려 했다. 마루야마 마사오는 "일사보국一死報国의 각오라 해도 쇼잔의 경우는 어떤 곤란에 직면해서도 목적을 완수하기 위해 꿋꿋이 살아가는 뚝심과, 항상 목적을 위해 상대적으로 유효한 방법을 선택하는 합리적 태도와 결부되고 있었던 점에서 막말幕末의 많은 지사들과는 오히려 대차적인 특색"[31]이 있었던 점을 지적하고 있다. 쇼잔의 이러한 사고방식이 여기서 말하는 반전의 발상이다.

앞서 서술했듯이, '오세계' 속의 일본을 의식하여, 그 일본과 일체화하고 있던 쇼잔은 개인의 삶의 방식 뿐 아니라 일본이 나아가야 할 길도 이 반전의 발상으로 제시하고 있다. 예를 들면, 페리와 일미화친조약을 체결할 즈음에, 내정되어 있었던 시모다下田 개항을 비판하여, 요코하마横浜로 개항처를 변경할 것을 요구했을 때, 다음과 같이 말한다.

아무쪼록 어력御力을 다하시어, 조속히 시모다下田 건이 연기될 수 있도록 계책을 비는 바이옵니다. 그 땅을 요코하마横浜 등의 가까운 곳으로 바꾸어,

---

31) 마루야먀, 앞의 책, 150쪽.

정박하는 양선洋船을 바라보며, 구천勾踐(중국 춘추시대 말기 越나라의 임금/역주)이 와신상담하여 이루었던 것, 또한 이로 잇는 하나의 책략이옵고, 지난밤에도 분부하신 바와 같이, 가까운 땅이라 말씀 드린 곳, 바로 지금의 큰 금기禁忌라고는 하지만, 그 큰 금기이기 때문에 또한 대중對症의 큰 좋은 약[良藥]이 될 것이옵니다. 지금 화를 바꾸어 복이 되고, 패배가 바뀌어 공이 되는 계책은, 아마도 이것 외에는 있기 어렵다고 생각되옵니다. (「藤田東遡に贈る」, 安政元年 2月 26日, 全4, 234頁)

에도로 부터 멀리 떨어진 시모다에 개항하지 말고, 에도와 지척지간인 요코하마에 항구를 개설하면 서구 열강의 동정을 관찰할 수 있다. 이것이 쇼잔이 말하는 "화를 복으로 바꾸고, 패배를 공으로 바꾸는 계책"이었다. '화를 복으로 바꾸고, 패배을 공으로 바꾸는', 이 반전의 발상은 통상조약 체결을 위해 전권사절로서 시모다에 왔던 미국 총영사 해리스와의 교섭에 대한 쇼잔의 절충안에도 보인다.

통상조약 체결은, 쇼잔에게 그리고 일본에게, '국력'이 충분하지 않은 시점에 체면을 잃지 않고 국가로서의 독립을 잃지 않고 어떻게 대응할까 하는 턱밑에 와 닿은 선택을 요구하고 있었다. 쇼잔은 유럽 열강과 국력이 필적할 수 없는 지금 시점에 더욱 "사명辭命을 닦는", 즉 "오늘날의 말로 표현하자면 자주적 대등외교"[32]로써 그들과 대항하고자 했다.

세력이 필적하여 가지 않음에서부터 마침내 부득이한 줄기가 있기까지도, 사명辭命(사신이 명을 받들어 외교 무대에서 응대하는 말/역주) 상에서는 변명의 여지가 없이 설복시키지 않으면 국체가 설 것이라 말씀드릴 수 없다고 생각하고 있사옵니다. 춘추春秋시대에 정鄭나라가 좁고 작아[褊小] 진晉과 초楚나라 사이에 끼어서 그 병화兵禍를 받은 것, 대부분 헛된 세월이 아니었던 바, 자산子産(정자산을 말함/역주)이 집정執政하게 되자, 사명辭命이 아니면 이 대환大患을 면키

32) 위와 같음, 137쪽.

어려움을 알고, 비심神諶(정나라 대부)과 자태숙子太叔(정사산의 뒤를 이어 집정함/역주), 자우子羽 등의 명사를 뽑아 써서 창초創草, 토론討論, 수식修飾의 공을 다하고 나아가 자신도 이에 윤색하여[33] 제후와 빈객 교통할 사이에 썼던 까닭에, 항상 일을 그르침이 없이, 정공定公 헌공獻公 양공襄公에 맞추어 오십여 년 병화를 면하고, 사직과 인민이 이로써 보전할 수 있었음은 사명詞命의 비익裨益이라 생각하고 있사옵니다. (「山寺源大夫に贈る」, 安政4年12月3日, 全4, 636~37頁)

쇼잔은 외교 교섭의 장에서, 국제관계가 도의와 힘에 의해 성립하고 있음을 근거로 한 다음에 미국 외교의 모순을 붙인다고 제안한다.

서양 제국諸国이 세계 중에 일족一族으로 일통一統을 이루고자 함은, 천지공공天地公共의 도리로부터 나오는, 자국 타국의 격차 없이, 생령生靈을 애육하고 유무有無를 교통하여 있고자 하는 정원情願에서 나옵니다. 그렇지 않으면 각국이 나라마다 자기의 이익을 추구하여 세계의 이익을 망라하기 위한 사욕邪欲으로 흥하고 있는 것인가 라고 물을 때, 그렇다면 저들은 반드시 공공의 도리로부터 나오는 것이라고 대답할 것입니다. 그 때 이 쪽에서 말하고 싶은 것, 그렇다면 그 쪽이 주장하고 있는 줄기는 전혀 받아들이기 어렵다는 것입니다. 그 자세함을 말씀드리면, 중국[唐国]인들이 아편 때문에 해마다 막심한 피해를 입고 있었기 때문에, 중국의 관부官府의 도리는 이를 마땅히 엄금해야 합니다. 그런데 영국에서 자국의 이익이 된다 하여 화친을 맺고, 교통하고 있는 나라가 엄금하고 있음을 범하여, 인민의 잔해殘害를 생각하지 않고, 뿐만 아니라 쉽게 손대기 어려울 정도로 그 배에 대포 등을 준비해 두고, 엄중히 수배하여 그 흉간兇奸을 자행하고 있다고 합니다. 그것은 인자롭지 않고 예의가 없는[不仁不慈無禮無義] 강도의 행위라 말함이 옳습니다. (「米使応接の折衷案を陳べ幕府に上らんとせし稿」別紙, 安政5年4月, 全2, 141~42頁)

---

33) 쇼잔이 『論語』 「憲問篇」에 "子曰, 爲命, 裨諶草創之, 世叔討論之, 行人子羽修飾之, 東里子産潤色之[공자 말씀하시기를, (정나라의 외교문서는 명을 하면)비심이 초하여 짓고, 세숙(자태숙)이 토론하고 자우가 수식하고 동리(정사산이 거했던 땅이름)의 자산이 문채를 더하였다]"라 한 데서 인용한 내용/역주

쇼잔이 여러 나라 서로를 규제하는 고차원의 규범인, 국가평등 관념으로 연결되는 '천지공공의 도리'를 수용했는지의 여부는 의문의 여지가 있다. 여기서도, 외교 교섭에서의 흥정에서 자국을 유리하게 이끌기 위한 술책으로서 '도리'를 제시하고 있는 측면은 부정할 수 없다.[34] 그렇다 하더라도 '도리'도 하나의 힘이라는 인식 자체는 주의 깊게 보아야 한다. 쇼잔은 단순히 '국력' 일변도의 논자는 아니었다.

그것은 어찌 되었건, 우리는 여기에서 '국력'의 우열이 확실한 시점에서 여전히, 국가의 체면을 잃지 않기 위해 '도리'가 힘이라는 전제로 상대방 깊숙이 들어가는 터프한 외교 자세를 간파해야 한다. 쇼잔이 추구했던 일본 국가를 짊어지는 주체는, 이런 외교 교섭의 장면에서 나라의 명예를 잃지 않도록, 의연한 태도가 무너지지 않는 터프한 정신의 소유주였다. 어떤 불리한 조건에서도 반전의 가능성을 찾아내어서 행동하는 주체였다고 할 수 있다. 여기에 쇼잔의 '내셔널리즘 논리'의 특질의 하나가 선명히 드러난다.

---

34) 우에테 미치아리는 쇼잔에게 국가평등 관념은 맹아라 해도 인정할 수 없다고 한다(앞의 책 42쪽). 또 혼고 다카모리도 이 도의관념을 너무 강조할 수 없다고 주의하고 있다(앞의 논문 100쪽). 한편 시노부는 마쓰시로 칩거 중의 쇼잔이 『만국공법』 지식 없이 유학적 교양을 근거로 서구적으로 보편적인 국제관념에 도달했던 것을 높이 평가하고 있다(시노부 앞의 책 197쪽).

7장
미토학水戸学의 '국체国体'론

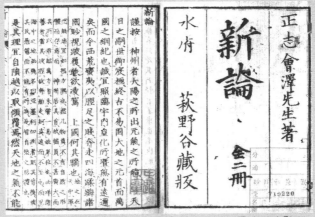

미토학자 아이자와 야스시(会沢安)의 대표적 저서 『新論』

1. 천황 권위의 부상

　비토 마사히데尾藤正英의 미토학 연구 이래, 후기 미토학은 단순히 막말幕末 정치운동의 지도이념이 되었던 존왕양이 사상이라는 측면에 머물지 않고 근대 천황제 국가의 국가주의와의 관계가 주목되었다.[1] 이 책도 이런 흐름에 편승하지만, 종래 연구와는 다른 관점에서 미토학의 '국체'론을 검토하고자 한다.

　잘 알려진 바와 같이, '국체/고쿠타이'는 아이자와 세이시사이会沢正志斎의 『新論신론』과 도쿠가와 나리아키德川斉昭[2]의 『弘道館記홍도관기/고도칸키』 에서 볼 수 있는, 후기 미토학의 특질을 단적으로 보여주는 말이다. 일단 '국체'를 "기기記紀 신화에 근거하는 일본국가의 건국 원리 내지 그 국가 체제"[3]로 정의할 수 있다면, 기기신화에 근거하여 "일본국가의 건국 원리 내지 그 국가체제"를 논하는 문제구성 그 자체에 문제가 있다. '일본국가' 라는 공동체를 역사의 원초에 상정하는 것에서 시작하여, 그 '건국 원리' 와 '국가 체제'를 기기신화에 근거하여 제시하고자 하는 것까지, 이렇게

---

1) 尾藤正英「水戸学の特質」(『水戸学』日本思想大系53, 岩波書店, 1973年), 「尊王攘夷思想」(『岩波講座日本歴史 近世5』, 岩波書店, 1977年) 참조. 전후 戰後의 미토학 연구에 대해서는 유고쿠幽谷의 『正名論』을 초점으로 하여, 本郷 隆盛「藤田幽谷「正名論」の歴史的位置」(衣笠安喜編『近世思想史研究の現在』 思文閣出版, 1995年)가 정리하고 있다. 필자의 미토학 이해는 졸저『近世日 本の儒学と兵学』(ぺりかん社, 1996年) 수록「『新論』の尊王攘夷思想」 참조.
2) 1800~1860. 에도시대 후기의 신판親藩 다이묘. 히타치구니常陸国(지금의 이바 라키현 대부분) 미토 번水戸藩의 제9대 번주. 에도 막부 마지막 15대 쇼군인 도 쿠가와 요시노부德川慶喜의 친부이다/역주
3) 앞의「水戸学の特質」578쪽.

자명하게 되어 온 국체론적 발상 자체를 의문시하고 되묻는 것이 하나의 과제라고 생각한다.

다만 이 장에서는 이런 '국체'론적 문제구성을 묻지 않고, 거기에 왕성했던 내용에 주목한다. 구체적으로는 『신론』의 국체론에 "대저 천지가 개벽하여 처음에 인민이 있음부터, 천윤天胤(천조의 혈통을 이어 받은 자손)이 사해四海에 군림하여 하나의 성姓으로 이어내려 오셔서, 아직 일찍이 한 사람도 감히 천위天位를 기유覬覦(분수에 넘치게 바라고 넘봄)하는 자 없이 이로써 오늘에 이른 것이 어찌 우연이겠는가"(52頁)고 하는 것처럼, 만세일계万世一系가 된 덴노天皇라는 존재이다.

대개 에도 후기 사상공간에서 18세기말 부터 19세기의 내우외환에 대한 위기의식의 근원, 덴노라는 존재가 부상한 것은 무엇 때문인가. 근세사뿐 만이 아닌 일본사의 근본문제라고 할 이 의문에, 에도시대의 조막朝幕 관계를 해명하면서 답할 수 있는 정치사적 접근이 있겠으나, 여기서는 당시 사람들의 의식과 인식에 초점을 맞추어 사상사적 접근을 시도한다. 때문에 미토학과 함께 막말의 존왕양이 사상의 원류였던 국학도 사정권에 두면서, 덴노라는 존재가 사람들에게 어떻게 인식되어 에도 후기의 사상 공간에서 부상浮上했는가를 살펴본다.

논의를 전개하기 전에 미리 단정해 둘 것은, 국학을 다루는 것이, 미토학에 모토오리 노리나가本居宣長와 히라타 아쓰타네平田篤胤의 영향이 있었는가 없었느냐는 관심에서가 아니라는 점이다.[4] 그런 사상 계보론이 아닌, 에도 후기 사상 공간에서 미토학의 '국체'론을 파악코자 한다. 환언하면 미토학과 국학을 포함한 19세기의 사상 공간에서 왜 덴노의

---

4) 미토학과 국학과의 영향관계에 대해서는 후지타 유고쿠藤田幽谷의 제자 요시다 가쓰도吉田活堂를 매개하여 가지야마 다카오梶山孝夫가 논하고 있다. 『水戸の国学——吉田活堂を中心として』(錦正社, 1997年) 참조.

권위가 큰 힘을 가지게 되었는가를 검토한다. 넓게 말하면 이 문제는 막말 일본의 내셔널리즘 양태에 대한 물음이다. 구체적으로는 덴노 권위와 함께 왜 일본인이라는 내셔널 아이덴티티가 성립했는가 하는 물음에 대한 대답이 되리라 생각한다.[5]

또 이런 큰 문제에 입각한 다음에 미토학의 '국체'론이 동시대의 국학과 어떻게 다른가 하는 질문은 반드시 나온다.[6] 물론 지금까지의 두터웠던 미토학 연구사가 분명히 해왔던 것처럼 후기 미토학이라 해도 그것이 견고하게 획일적이지는 않다. 아이자와 세이시사이와 후지타 도고藤田東湖의 경우, 같은 존왕양이 사상이지만 그 뉘앙스가 다르다. 다만 미토학을 총체적으로 볼 때, 역시 일정한 공통성이 있고, 국학과의 비교는 충분히 가능하다고 생각한다.

2. 미토학의 위기의식

익히 알고 있는 바와 같이 후기 미토학은 내우외환의 위기의식을 갖고 있었다. 이 지적 자체는 틀림없다. 그러나 한 걸음 더 나아가 우리는 그 위기의식의 모습에 시선을 두어야 한다.

미토학자에게 내우외환의 위기란 주관적으로는 '충효'라는 도덕으로 유지되었던 군신·부자 관계의 종적縱的[夕テ/다테] 계층질서가 붕괴되는

---

5) 졸저『兵学と朱子学·蘭学·国学』(平凡社選書, 2006年)에 근세 일본의 내셔널리즘에 대해 지식인의 아이덴티티와의 관련에서 고찰했다. 본장은 거기에서 간단하게 다루었던 미토학을 근세 일본사상사의 구도 속에서 자리매김하고자 하는 것이다.

6) 후기 미토학과 국학의 사상적 차이에 대해서는 가쓰라지마 노부히로桂島宣弘 『增補改訂版 幕末民衆思想の研究』(文理閣, 2005年), 호시야마 교코星山京子 『德川後期の攘夷思想と'西洋'』(風間書房, 2003年) 참조.

것이 아닌가 하는 위기를 뜻한다. 그것은 후기 미토학의 출발점으로 자리매김되는 후지타 유고쿠의 『正名論정명론』(寬政3年成)에서도 볼 수 있다.

> 만일 군신君臣의 이름이 올바르지 않고 상하의 나님이 엄정하지 않으면, 곧 존비尊卑는 자리를 바꾸고 귀천貴賤은 위치를 잃으며, 강이 약을 깔보고 많음이 작음을 해쳐 망하는 것이 하루도 아니리라.[7] (『正名論』)

문제는, '존비', '귀천'이 전도되어 "강이 약을 깔보고, 많음이 작음을 해치"게 되는 약육강식의 세계가 출현할 것이라 할 때, 미토학자가 어떤 현상을 보고 그렇게 인식했는지, 또 '상하'의 계층질서를 붕괴시키는 원흉을 무엇으로 생각했는가, 하는 점이다.

지금까지 이와 같은 문제 설정에 대한 대답의 하나는, 에도 막부가 종적인 계층질서를 파괴하고 있다는 설이다. 이 고전적 해답을 취하는 연구자에 따르면, 미토학의 본래의 의도는, "막부가 황실을 숭상하므로 곧 제후가 막부를 숭상하고, 제후가 막부를 숭상하므로 곧 경·대부가 제후를 존경한다. 무릇 이런 이후에 상하가 서로 편안하고 만방万邦이 협화協和한다. 대단하도다, 명분이 올바르고 또한 엄정해야 하지 않겠는가"(『正名論』)라는 한 구절이 단적으로 시사하듯이, 덴노를 정점으로 하는 계층 질서 속에 막부를 자리매김하여, 약해진 막부 체제를 재편·보강하고자 한 것이었다.[8] 그러나 이 의도에 반하여, 막말이 되자, 예를

---

7) 『水戸学』(日本思想大系53) 10쪽. 본 장에서 사용한 『丁巳奉事』『新論』『弘道館記述義』의 텍스트는 이에 따른다. 쪽수는 약기했다.

8) 기본적으로 전전戰前의 미토학 연구는 이 입장을 취하고 있다. 와타나베 히로시는, 본래 유고쿠의 『正名論』의 일절에서 당시 '어공의御公儀'라 불리고 있었던 도쿠가와 정권을, 감히 '막부'라 호칭한 것은, 쇼군이 덴노로부터 임명되어 '정권'을 '위임'받은 것을 강조하기 위해서 였다고 지적하고 있다. 와타나베에 의

들어 이이 나오스케井伊直弼의 일미수호통상조약 체결처럼, 막부 자신이
조정의 칙명을 무시함으로써, 미토학의 논리는 도막倒幕운동을 야기하고
그것을 정당화하는 것으로 되어 버렸다고 생각한다. 여기서는, 미토학의
정명론이 근황勤皇인가 좌막佐幕인가의 정치적 행동으로 연결된다. 그러나
만약 이 대답대로라면, 미토학은 막말의 정치 정세 속에 감금되어 버리고
그것이 국체론으로서 메이지에 이르기까지의 영향력을 가졌던 이유를
설명할 수 없게 되고 만다. 존왕도막인가 존왕경막敬幕인가 라는 좁은
차원을 넘어, 종적 계층질서를 붕괴시키고 있는, 보다 심층에 있는 원인에
대해 미토학자가 어떻게 인식하고 있는가를 물어야 한다.

   비토 마사히데의 미토학 연구 이후 제출된 또 하나의 답은 기리시탄
(キリシタン : 에도시대 기독교의 일본식 표기/역주)등의 종교이다. 이는 야스마루
요시오安丸良夫, 고야스 노부쿠니子安宣邦도 강조하는 바로서, 현재 미토학
연구의 주된 인식방법이다.[9] 이에 따르면 종교는 사후死後의 구제를
담보로 민심을 어지럽힌다고 한다. 종적 계층질서를 파괴하는 원흉은
기리시탄을 비롯한 '중세 이후'의 '이단사설'(『弘道館記』 230頁)에 있다.
때문에 이에 대항하기 위해 덴노제사天皇祭祀를 중심으로 한 정치 신학이
구상되었다는 도식이다. 이 대답은 동시대의 히라타 아쓰타네의 『靈能
眞柱영능진주/다마노미하시라』에서 '영(혼)의 행방의 안정'이라는 사후 안심론을
의심하면서 미토학이 특히 아이자와 세이시사이의 『신론』의 '국체'론을

___

하면 '막부'라는 호칭 자체가, 전전의 미토학 연구의 바탕이 된 황국사관적 역
사상이 전제가 되어 있는 것이다. 渡辺浩 『東アジアの王権と思想』(東京大学
校出版会, 1979年) 4~5쪽 참조. 또 오가와 마코토大川真는 유고쿠의 『정명론』
을 에도 후기의 '정명'을 논의하는 사상 공간 속에 자리매김하고 있다. 大川真
「後期水戸学における思想的転回—会沢正志斎の思想を中心に (『日本思想史
学』39号, 2007年)

9) 安丸良夫, 『近代天皇像の形成』(岩波書店, 1992年). 子安宣邦 『国家と祭祀
—国家神道の現在』(青土社, 2004年).

자리매김했다는 점에서 획기적이었다. 확실히, 덴노의 즉위 의례인 다이죠사이大嘗祭의 해석 등 메이지 신정부에 끼친 미토학의 영향을 생각할 때, 이 도식의 역사적 타당성은 크다 하겠으나, 그러나 그렇다고 하여 의문이 없는 것은 아니다. 막말에 덴리교天理教[10]와 구로즈미교黑住教[11]등의 민중 종교가 팽배, 성장했으나, 과연 그것이 체제를 붕괴시킬 현실적 에너지를 갖고 있었는가. 백보 양보하여 예민한 감각을 지녔던 세이시사이가 그 가능성의 낌새를 눈치챘다고는 할 수 있어도, '이단사설'의 종교 문제는, 덴포기의 번정 개혁에서 사사寺社 정리가 강행되었다지만, 미토학 전체에서 볼 때 역시 부분적이라고 생각된다.

그래서 이 장이 주목하는 것은, 상품 및 화폐경제가 진전됨에 따라 돈의 힘이 막강해지자, 미토학자들이 그 때까지의 '상하' 계층질서의 붕괴에 대해 강한 위기의식을 느끼고 있었다는 점이다. 단적으로 말하면, 그들은 막연하고 파악할 바 없는 민중의 종교의식 보다, 더욱 절실한 돈의 힘을 두려워하고 있었던 것이 아닌가. 돈이 군신·부자의 질서를 파괴하고 있는 데 대해 격분에 찬 미토학자들의 많은 언설이 그것을 증명한다.

> 산케三家의 귀한 죠시上士가, 천한 시정인[市人]과 서로 주선周旋하고, 그 이루어진 바는 항상 규칙 밖에 있다. 염치를 잃고 풍속을 해침이 이보다 심한 것이 없다. 그런데도 집정執政은 묻지 않고, 집법執法은 규탄하지 않는다. 생각건대 이것에 있지 않으므로 즉 그것을 잘 이룰 수 없다. 그것을 물으면 곧 돈을 사람에게 빌림에 지나지 않을 뿐. (『丁巳奉事』, 寬政9年, 35~36頁)

---

10) 에도 시대 말, 현재의 나라현奈良県 덴리시天理市에서 나카야마 미키中山みき를 교주로 탄생한 신흥 종교단체/역주 ＊위키피디아 재팬 참조

11) 오카야마현岡山県 오카야먀시에 있는 이마무라구今村宮의 신관神官 구로즈미 무네타다黑住宗忠가 에도 말기인 1814년(文化11)에 창시한 교파教派 신도로, 신도 13파의 하나. 같은 에도시대 말에 나온 덴리교와 곤쿄교金光教와 함께 막말 3대 신종교로 불림/역주 ＊위키피디아 재팬 참조

부자에게 빌어 돈빌리는 것이 습관으로써 풍속이 되고, 유방·유사有邦有土라 하더라도 또한 급여를 부자에게 청하지 않으면 안 된다. 호간대활豪姦大滑이 돈을 빌려주는 권세를 부리고, 왕공王公을 손발[股掌] 위에 놓고 희롱한다. 이에 있어서인가, 천하의 부는 마침내 시정인[市人]에 돌아간다. (『新論』国体下, 86頁)

고산케御三家의 '귀한' 상급 부시武士가 '천한' 상인에게 돈을 빌려달라고 빌고, 대상인이 '돈을 빌려주는 권세를 부려 왕공을 손발 위에 놓고 희롱'하는, 앞의 유교쿠가 『정명론』에서 했던 말에 의하면, '귀천이 자리'를 바꾸어 버리고 있는 현실이 바로 눈앞에 있기 때문에 미토학자는 군신·부자 관계의 '명분'을 바로 해야 한다고 외치는 것이다. 그들에게, 돈은 본래 있어야 할 '상하'의 계층질서를 파괴하는 원흉이었다.

고죠카御城下(=죠카마치城下町)의 죠닌町人은 본래 향촌에 있을 때는 근본[筋目시즈메]도 없고, 혹은 햐쿠쇼百姓의 가마후다이竃譜代[12]라도, 고죠카로 이사하여 몇 년을 지나 돈만 있으면 (다이묘의)제례공봉祭禮供奉과 입국入国 행사의 환영과 환송을 하고 심하게는 등성登城하여 배알[目見마미에]에도 한다.[13]
(『勸農或問』卷上, 寬政11年)

'근본'도 없는 죠닌들도 '돈만 있으면' 사무라이와 같은 위치에 설 수 있다. 계층질서의 '근본'도 무력화 시키는 돈의 힘, 미토학자는 그것을 증오하고 두려워했다. 물론 거꾸로 '근본'이 없는 죠닌 쪽에서 보면, 겐로쿠기 이하라 사이가쿠井原西鶴가 "속성俗姓의 근본에 상관없이 지금 돈이 죠닌의 가계도[氏系圖(=족보)]가 된다"[14](『日本永代蔵』 卷6)라고 했던

---

12) 대대로 주군에 봉사하는 농민/역주
13)『幽谷全集』(菊池謙二郞編, 1935年) 135쪽.
14)『西鶴集 下』(日本古典文學大系48, 岩波書店, 1960年) 185쪽.

말에 단적으로 표현되어 있는 자신自信, 즉, '가계도'보다도 중요한 것은 돈이라는 자부심이 있었음은 당연하다.

주지하는 바와 같이 겐로쿠기 이후의 상품경제·화폐경제의 진전에 따른 사회의 경제화는 종적 계층질서를 무너뜨리고 돈을 둘러싼 경쟁 사회를 초래했다. 미토학자는 그런 사태를 쓰디 쓴 생각으로써 인식하고 있었다.

> 사민士民(=사무라이와 죠닌, 햐쿠쇼)이 섞여 거주할 때에는 무가武家/부케의 권위가 가벼워져 민民이 관부官府를 두려워하지 않는다. 하물며 지금 부시武士를 민 간에 두면, 민과 꾸어주거나 꾸어오는[借貨] 이익을 다투고 혹은 책상다리 로 술마시고 바둑과 장기[博奕박혁]를 두며 심지어는 부녀를 음사하고, 도둑 질도 한다. 민은 이런 불결한 행동[穢行예행]을 보고서는 부시 정도는 야비하 고 외설스런[鄙猥] 자들이 아닌가 하고 생각하게 되어, 부시를 멸시하고 아 울러 관부도 두려워하지 않을 때는, 대간거활大姦巨滑이 어찌 분에 넘치는[非 望] 생각을 갖지 않을까를 잴 길이 없다.[15] (会沢正志斎『対問三策』天保8年)

돈의 힘에 의한 '가계도'와 '근본'의 무력화는, 부시와 민간인 사이의 '빌리고 빌려주는 이익'을 둘러싼 '다툼'을 야기하고, 또 민간인끼리의 경쟁도 초래함을 의미한다. 이 경제적인 '다툼'은 결국 돈을 가진 자가 이기고 못 가진 자가 져서 빈부의 격차가 커지게 된다. 후지타 유고쿠, 그리고 아이자와 세이시사이가 목도했던 현실이란 이러한 격차가 진행되는 사회의 전반적인 경제화였다.

빈민으로 체납과 빚으로 힘든 자는, 집과 밭을 돈 있는 사람[富民]에게 저당 잡혀서 일시 추달推撻의 책임은 면하나, 마침내 몰래 사고 팔 수 있으므로,

---

15)『神道大系 論説編15 水戸学』(神道大系編纂会, 1986年) 172쪽.

곧 빈민의 밭은 겨우 열이랑[十畝]이 남고 늘 백 이랑의 세稅를 내며, 부자는 겨우 열 이랑의 세를 내고 항상 백 이랑의 넉넉함을 거둔다. 이로써 부자는 점점 부유하게 되고 빈민은 점점 가난하게 된다. 이를 강을 도와 약을 죽인 다고 한다. 민은 무엇으로써 늘리겠는가. (『丁巳奉事』 33頁)

그 유폐流弊에 이르러서는 곧 사치가 풍속을 이루고, 정에 접하고 욕구를 좇 아 예의를 모른다. 그러므로 부유하되 가르치지 않으면 곧 교만 음란 방탕 [驕淫蕩佚]함이 이르지 않는 곳이 없다. 이로써 부는 넘쳐 가난을 낳고 가난 한 자는 약자에 서로 의지한다. 가난한데 사치하므로 곧 생활을 꾸려나갈 것을 걱정하고, 생활을 꾸려나갈 것을 걱정하므로 곧 재화를 걱정하고, 재 화를 걱정하므로 곧 이익만 바라보고 의로움을 잊어버린다. 이로써 상하가 교대로 이익을 취하고 또 염치가 없다. (『新論』 国体中, 74頁)

미토학자에게는, 사회의 경제화에 따라 "부자는 점점 부유하게 되고 빈민은 점점 가난하게" 되는, 혹은 "부는 넘쳐 가난을 낳고 가난한 자는 약자에 서로 의지한다"는 빈부 격차가 벌어져 가는 것에 대한 분노가 있다. '부자'와 '빈자'의 격차의 확대는 사회경제사적으로는 농민층의 분해 현상이다.

힘든 것[勞苦]을 싫어하고 편안함[安佚]을 좋아함은 보통 사람의 정임에, 상고말업商賈末業[16]하는 사람은 귀하고 또한 유리하고, 양민으로 밭일에 애쓰는[良民力田] 자는 천하고 또 불리한 세상에 누가 농사를 권하겠는가. 그와 관계 없이 오로지 열심히 일하는 자는 어지간한 바보처럼 성실 정 직한 자 일 뿐이다. 적어도 영리한 자는 모두 다 힘을 다 쓰지 않고서 돈 을 모아 살아가는 공부를 하기 때문에 논밭을 많이 만드는 일이 드물다. 남령南領 등에서는 햐쿠쇼百姓가 개인적으로, 겨우 삼사석石의 수확인데 집

---

16) 末業まつぎょう마쓰교. 맨 아래의 직업, 곧 사농공상의 사민체제에서 맨 끝에 해 당하는 상인 혹은 상업을 이르는 말/역주

을 아름답게 함에 수백 금을 쌓아두는 자 많다는 것은 뛰어난 것이다.[17]

(『勸農或問』卷上)

상품경제의 발전에 잘 대응하는 호농은 "집을 아름답게 하는데 수 백금"을 쌓아 두는데, 농업에 힘쓰는 "바보 성실 정직"한 햐쿠쇼(=농민/백성)는 힘들다. "힘을 다 쓰지 않고, 돈을 모아 살아가는 공부를 하는" "영리한 자"는 존경받고, 거꾸로 "오로지 열심히 일하는" "성실 정직한 자"는 천시된다. 이 부조리한 '세상'에 대한 분개가 미토학자의 정의감을 부추겼다. 이 정의감에 불탔던 사람들은 누구보다도 중하급 부시武士들이었다. 그들은 "오로지 열심히 일하는" 햐쿠쇼와 마찬가지로 '바보처럼 성실 정직'하므로 힘들었기 때문이다. '성실 정직한 자가 보답받지 못한다는 분개는, 피치자인 햐쿠쇼의 그것임과 동시에 치자에 속했던 중하급 부시들이 느끼는 것이기도 했다. 그리고, 미토학의 주도층이 중하급 부시였던 이유도 여기에 있다고 생각되는데, 이에 대해서는 후술한다.

한편 아이자와 세이시사이에게 일본을 침략하려는 '이적'이란 종적인 계층질서가 없는, 사회의 평등화와 경쟁화가 진행된 '한 쪽으로 기가 치우친[偏氣]한 나라'였다. 일찍이 마루야마 마사오는 "완전한 '평등화'가 오히려 분쟁의 원인이 된다는 역설"[18]로서, 세이시사이의 다음의 말을 인용하고 있다.

이만융적夷蛮戎狄은 편기偏氣(조화롭지 않은 마음)한 나라이므로 이곳의 도리를 모른다. 약육강식하고, 다른 나라를 침략해서는 서로 그 이익을 다투는 부류들로서, 오직 이익을 위하여 사귀며 어리석고 고루[愚陋]하여 금수가 무리지

---

17) 『幽谷全集』 137쪽.
18) 『自己內対話』 (すずみ書房, 1988年) 107쪽.

어 사는 것처럼 오늘 친하지만 내일 잊어버리는 부류도 있다. 또 세상 사람
이 모두 친구라 하여 군신·부자·부부·형제를 혼합하여, 하나로 친구로
보는 류의 나쁜 풍속도 있으며, 난학의 무리도 망령되이 그 말을 믿고 듣는
다. 이로움 때문에 사귀는 것은 거짓이다. 서로 친하여 다 잊는 것은 정이
메마른[薄情] 것이다. 세상 사람이 모두 친구라고 하는 것은, 천지 사이에 자
연히 오품五品이 갖추어져 있고 오전五典의 가르침이 각각 그 마땅한 도리가
있음을 모른다. 군주와 아비도 멸시하여 평교平交에 다름 아니고, 부부 사이
도 유별하지 않고, 장유長幼의 질서도 없고, 교류함에 현부賢否의 나뉨도 없
고, 천지자연의 대도大道에 등지고 존비친소尊卑親疏가 혼란한 때는 반드시 다
툼과 혼란이 생겨 서로 탄서呑噬(삼키고 씹음)하는 것, 금수의 사귐에 다름 아
니다.[19] (『迪彝篇』, 天保13年成)

융적은 이 도리에 어두워서 선악사정善惡邪正의 차별이 없고 하나로 생각하
여 모두 친구라 여기는 것, 이는 면모面貌만으로써 서로 사귀는 것이다.[20]
(『迪彝篇』)

이 자료에는 마테오 리치의 『交友論교우론』이 있다.[21] 그것은 어쨌든 세
이시사이로서 '세상 사람'은 '모두 친구'라고 외치는 한편으로, 서로 치열
하게 '이익'을 다투는 '이적'은 사회의 경제화가 진행된 역逆유토피아이므
로, 그리고 이런 '이적'과의 교역을 인정하면 국내의 '이익'을 탐하는 사
람들과 결탁할 우려가 있기 때문에, 두 말 없이 즉각 물리치는 양이가
요구된다는 것이다.[22] 분명히 세이시사이는 『신론』에서 '세상 사람을 모

---

19) 『新論·迪彝篇』(岩波文庫, 1931年) 279~80쪽.

20) 위와 같음. 280쪽.

21) 리치 『交友論』의 에도 후기 유통에 대해서는 海老澤有道 『南蛮学統の研究』
    296~98쪽 참조.

22) 국학자 오쿠니 다카마사大國隆正는 서양 '이적'의 본질이 기독교의 우애友愛에
    있다는 사고를 취하면서도 미토학과는 다른 사상적 가능성을 갖고 있었다.
    오쿠니 다카마사는 "서양학자의 말을 들음에, 서양에서도 천주교도 통상通商
    과 함께 유다야如德亞에서 일어나 아메리카주 까지 이른 것이라 한다. 천주교

두 친구'로 가르치는 기독교에 의한 간접 침략을 경고하고 있는데, 그것
과 서로 표리를 이루는 국경을 넘는 돈의 힘에 대한 경계심이 강했음을
간과해서는 안 된다.

이렇게 돈의 힘이 사회 전체를 덮어, 사회가 평등화·경쟁화 되어 가
고 있는 데 대한 위기의식이 미토학자의 내우외환의 위기의식의 심층에
있다. 워낙 돈 때문에 힘들어 했던 그들은 이 위기의식 때문에 돈에 대
한 욕망='이익'을 누구보다도 결벽하게 스스로 억제함으로써 돈에 오염
되지 않는다는 스스로의 정의감을 담보하는 한편으로, '이적'과 그와 연
결되어 있던 국내의 '이익'를 탐하는 사람들을 강하게 공격했다.

3. 부조리한 현실과 계보의 자부심

여기에서 결론을 앞세우면 미토학의 '국체'는, 지금까지 서술해 온
사회의 평등화·경쟁화에 대항하여 '근본'을 지키고자 하는 정당화의
근거였다고 할 수 있다.

천하의 사민士民은 단지 이익만 꾀하지 충忠을 다하고 려慮를 다함으로써
국가國家를 헤아릴 것을 긍정하지 않고, 게으르고 오만방자하여 이로써

는 우애의 종교라 한다"(『古伝通解』 卷3, 『大国隆正全集』 卷 6, 159~60頁)
라 하는데, 오쿠니의 경우, 이기심을 세이시사이처럼 완전히 부정하지 않고
생산·상매를 유발하는 것으로 긍정하고 나아가 이기심은 경쟁을 초래하는
것이 아니라 햐쿠쇼·상인·쇼쿠닌職人 각자의 이기심의 발동은 의도되지 않
은 결과로서, 서로가 '상조상구相助相救'하게 되고, 그것이 '신의 지혜'라 한다
(『死後安心録』, 全集5, 320~21頁). 그리고 기독교의 '우애'는 바로 그 '상조
·상구'를 지향하고 있는 것으로 받아들이고 있다. 오쿠니는 '근본'인 천황에
의 숭배를 최우선하면서도, 이러한 수평적 '상조'론을 전개했던 데에 '일본국
안의 상조'하는 네이션의 가능성을 갖고 있었다. 졸저 『近世神道と国学』(ぺ
りかん社, 2002年) 제14장 「大国隆正の'やまと心'論」 참조 바람.

조상을 부끄럽게 하고 군친을 잊어버린다. 상하가 교대로 유기遺棄하면 토지와 인민을 무엇으로써 통일시키며 국체 그것을 무엇으로써 유지시킬 것인가. (『新論』 国体上, 63頁)

'이익'을 꾀하고 '충효'가 결여된 '천하의 사士와 민民'에 대해, 종적 계층 질서를 지키고 만세일계의 덴노天皇를 받드는 '국체'를 유지하는 것이 여기서는 정의가 된다. "군주는 군주답고 신하는 신하다우며 아비는 아비답고 자식은 자식다워야 한다(君君, 臣臣, 父父, 子子)"(『論語』 顔淵篇)며 군신·부자에 걸 맞는 도덕적 책무를 요구하기보다도, 종적 계층 질서를 절대시하는 후기 미토학의 '명분론'(비토 마사히데의 지적처럼 유교적 정명론은 아닌)은 덴노가 혈통·태생에 기초한 계층질서의 원천이 되는 데서 도출된다. 그 의미에서, "혁혁한 일본, 황조 개벽으로부터 하늘을 아버지로 하고 땅을 어머니로 하여 성자聖子·신손神孫이 대대로 명덕을 이어 그로써 사해四海에 비추어 임하신다. 사해 안에서 이를 높여서 덴노라 한다. 넓은 팔주八洲, 만백성, 절륜絶倫한 힘, 세상 높은 지혜가 있다 해도 예로부터 지금에 이르기까지 아직까지 하루라도 서성庶姓(=제후)이 덴노의 자리[天位]를 범하는 자 있지 않았다. 군신의 명분, 상하의 나뉨이 옳고 또한 엄함은 천지가 바뀔 수 없는 것과 같다"(11頁)라는, 일본에서 '군신의 명분'이 엄정함을 만세일계의 황통에서 구하는 후지타 유고쿠의 『정명론』은 후기 미토학의 출발점으로 자리매김 된다. 이 점은 세이시사이도 다르지 않다.

사민四民 중 농·공·상은 모두 서민[庶人]이다. 이 외에 옛날에는 잡호雜戸/잣코[23]라 하는 자도 있다. 양민과 천민이 나눠진다. 일본[日域]은 천륜天胤이 만

---

23) 4-5세기 이후 특수 기술직에 종사했던 예속민隷属民/역주

세토록 한 흐름으로 계시므로 그 나머지 풍속도 아래로 미루어 옮겨져 사람들이 종성種姓을 중시하는 것은 상고로부터의 풍속이다.[24] (『江湖負暄』卷1)

미토학의 충효일치론은 이렇게 '종성'=혈통·출신을 가장 중요하게 여기는데서부터 성립한다. 여기서는 돈의 힘에 의해 위기에 처한 혈통·출신의 근거가 만세일성—姓의 덴노의 권위에 의해 형성되고, 나아가 돈의 힘에 항거하여 명예로운 혈통·출신의 '국체'를 지키는 것이 '신주' 일본에 사는 사람들의 자부심으로서 제시되고 있다.

미토학을 이렇게 이해할 수 있다면, 돈의 힘에 대한 위기의식이라는 이 점은 국학자와 공통적이다. 그리고 여기에 에도 후기 사상 공간 속에 덴노의 권위가 부상해온 이유가 있다고도 생각된다.

앞서 살펴보았듯이, 노리나가 국학의 획기적인 의의는, "세간의 곤궁을 살피건대, 부자는 점점 갈수록 부를 쌓아, 대체로 세상의 금은재보는 움직이고 동요하는 가운데 부상의 손에 모이는 것이다. (중략)가난한 자는 무슨 일도 모두 그 뒷자리가 되기 때문에 점점 가난하게 되는 이치이다"[25](『秘本玉くしげ』卷上, 天明7年)고 하듯이, 부자는 점점 부유하고 가난한 자는 점점 가난하게 되어 가는 사회의 경제화 속에서 "덴노의 대어심을 마음"[26](『直毘靈』)으로 삼으며, 선조 전래의 가업에 힘쓰는 삶이 '황국'에 살고 있는 사람들의 신성한 영위라고 삶의 의미를 부여한 바에 있다고 할 수 있다. 여기서는 기기記紀 신화가 단순히 덴노가家의 왕권 신화가 아니라 일본 민족의 신화가 되어, 덴노가, 위 쇼군으로부터 아래 만민에 이르는 "아래의 아래까지"(上同) 한 사람 한 사람의 삶의 방식에 관계되는

---

24) 주13)의 『神道大系 論說編15 水戶學』 463쪽.
25) 『本居宣長全集』 卷8 (筑摩書房, 1972年) 347~48쪽.
26) 『本居宣長全集』 卷9, 61쪽.

존재로서 받아들여졌다. 이러한 노리나가의 국학은 종적 계층질서를 신화적으로 정통화 함과 동시에 그 질서 안에서 돈 때문에 힘든 성실 정직한 사람들에게 "덴노의 대어심을 마음"으로 삼는 덴노와의 일체화에 의해 무력감을 위안하는 이상으로 삶의 자부심을 부여한 사상으로 볼 수 있다.

그렇다면, 에도 후기의 사상 공간 속에서 18세기 후반부터 19세기의 사회경제화에 수반되는 평등화·경쟁화라는 '아래로부터'의 반동에서 환상의 가치로서의 덴노를 부상시켰다는 점에서 국학과 미토학은 공통의 지반 위에 서 있으면서도, 미토학의 '국체'론은 동시대 국학과는 어떻게 다른가.

이 대목에서 주목할 것은, 아이자와 세이시사이가 노리나가의 『직비령』을 비판한 『読直毘霊독직비령』(安政5年)에서 만세일계의 덴노에 대해서는 "황통의 올바름이 만국에 우월하다고 한 것은 극히 탁견이고 정론"이라고 높이 평가하면서도 "성인의 도를 비방하고 따로 사견私見으로써 일개 도를 만들어 세운 것은 애석하다"[27]고 하고, 그 '사견'이라며 해치웠던 것이 노리나가의 마가쓰비노카미론禍津日神論이었다.

> 세상의 화해禍害는 모두 마가카미禍神가 하는 바이고 마가카미의 난폭함은 어력으로도 제어할 수 없다고 함은 노리나가의 억설이며, 고사기 (일본) 서기古事記書紀 등의 본문에 보이지 않는다. 공중에 누각을 짓는 것과 같이 자기의 영리한 척함으로써 지어내어 부회시킴을 신대神代가 전하는 말이 라는 것은 거짓이다.[28] (『読直毘霊』)

27) 『日本儒林叢書』卷4 (鳳出版, 1971年復刊) 51쪽.
28) 『日本儒林叢書』卷4, 26쪽.

노리나가의 마가쓰비노카미에 대한 비판은 후지타 도고藤田東湖도 세이시사이와 공통적이었다.

근세, 고학을 주창하는 자는, 옛 말을 뒤섞어 옛 일을 망라한다. 고증의 힘이 작동하고 있다고 해야 할 것이다. 그런데 그 도를 논함에 이르러서는 곧 천하의 길흉화복을 들어서 이를 나오비直毘[29] 마가쓰비禍津日 두 가미에게 붙여서 청정자연으로써 인도人道가 극치極致가 되어 그 말이 몹시 변론적임. 이는 요컨대 모두 노장老莊이 다 밝혀 낸 찌꺼기[糟粕]이며 그 무리도 또한 스스로 그 설이 노장에 비견됨을 싫어한다. 곧 이르되, "노장의 이른바 '자연'은 아직 성인의 도에 빠짐을 면치 못한다. 내가 말하는 '자연'은 모두 신의神意에 근본하고 있다"고. 다만 그 폐단이 반드시 흉억胸臆(가슴 속의 생각)에 맡겨 사사로운 지혜를 왕성히 하여 강퍅剛愎하여 스스로 기쁨에 이름을 알지 못할 뿐. (『弘道館記述義』卷下, 323頁)

미토학자들은 노리나가의 천양무궁의 신칙에 기반한 만세일계의 덴노관을 지지하면서, 마가쓰비노카미론에 대해서는 아무래도 동의할 수 없었다. 이 점에 후기 미토학과 국학의 차이를 풀 수 있는 열쇠가 있다고 생각된다. 도대체 미토학은 왜 동의할 수 없었을까.

만사 모든 것을 가미가 하시는 바에 맡길 것을 말한 노리나가의 마가쓰비노카미론은 불행의 원인·이유를 보여준다는 한에 있어서 세상의 악과 부조리를 변증하는 일종의 신의론神義論이었다고 할 수 있다.

대저 이 천지 가운데에 있고 있는 것은 모두 가미의 어심인 가운데, 마가쓰비노카미禍津日神의 어심이 거친 것만은 어쩔 수 없고, 너무도 슬픈 일로 있는 것.[30] (『直毘靈』)

---

29) 더러움을 털어 내고 화를 바로 잡는 가미神/역주
30) 『本居宣長全集』卷9, 53~55쪽.

어찌하여 우리는 왜 이렇게 불행한가, 성실하게 올곧게 가업에 힘쓰고 있음에도 불구하고 왜 가난한가. 이런 부조리한 현실에 대한 대답을 마가쓰비노카미가 해주었다. 조상 대대로의 가업에 힘씀에도 불구하고 왜 이렇게 불행한가라는 질문은 특별히 19세기적인 물음이었다. 그것은 객관적으로 볼 때 돈의 힘이 커진 사회적 역사적 상황에 기인하지만, 당시 사람들은 그렇게 인식할 수 없었다. 거기에는, 다만 성실한 자가 보답 받지 못하는 부조리감感만이 만연해 있었다.

마쓰자카松坂의 상가商家에서 태어났으나 장사 재능이 없었고, 어릴 때부터 왕조 귀족의 우아한 문화를 동경하고 있었던 노리나가는 그런 부조리감을 누구보다도 민감하게 느꼈을 것이다. 노리나가가 보기에 부조리한 현실임에도 선인선과善因善果·악인악과惡因惡果를 외치는 유교와 불교는 현실을 은폐하는 이데올로기에 지나지 않았다. 막부 말기의 국학자들에게는 이러한 부조리감이 공통적이었고, 그런 부조리한 현실에서 살아갈 근거를 부여한 것은 덴노로 연결되는 혈통·계보에 의한 환상의 자부심이었다고 생각된 다.[31] 훨씬 뒤의 시대에 야나기타 구니오柳田国男[32]가 했던 다음의 말은 그런 가설을 보강해 준다.

> 도쿠가와 시대처럼 경제계 사정이 삼백년 이백년 사이에 착실히 변천하게 되면, 종래의 관습에 의한 지장은 없습니다. 부모가 노농老農이면 자식도 정농精農이 될 수 있는 바람이 있겠습니다만, 지금에는 외부 세계에 눈이 어지러울 정도의 변천이 있는 데다, 개개인 농업자의 판단도 완전히 자유분방하

---

31) 본서 제2편 제1장 및 졸고 「本居宣長の天皇―'天壤無窮の神勅'と禍津日神との関連」(『近世神道と国学』第10章), 「近世神道と国学における系譜尊重の意味」(『神道宗教』194号, 2004年)을 참조.

32) 1875~1962. 일본의 민속학자이자 관료. 일본민속학의 개척자로, 그의 다수의 저작은 지금까지도 중간되어 읽히고 있다/역주 ∗ 위키피디아 일부 참조

여서, 자신은 아무쪼록 양계를 하겠다, 자신만은 과수果樹로 성공해 보겠다고, 각자의 생각으로 경영을 하는 자가 있으므로, 이를 흉내 내기도 하고 흉내 내지 않기도 하여, 한 마을의 관계에서만도 상당히 어지러웠던 것입니다. 그러나 개인의 재각才覺은 다수자의 오랜 세월의 실험에 비하면 아무래도 뒤떨어지기 때문에 새로운 수단을 내는 자는 실패할 확률이 높습니다. 이를 두려워하여 보수적인 태도를 취하고 있기 때문에, 또 들은 것도 없는 먼 쪽으로부터의 경쟁이 나타난다거나 많은 물건으로 상인에게 약점이 잡힌다거나, 생각과 달리 외부 세계의 물결에 농락되게 되는 경우가 많고, 마음가짐이 나쁘지 않고 정직하게 일을 잘하면서 때때로 손해를 입습니다. 또 점점 불편하게 되어, 구식의 인과율에 익숙한 자에게는 천도天道의 시비를 의심하게 되는 일이 누누이 있는 것입니다. 자치경제의 세상 속에는 "나는 왜 가난한가"라고 묻는 것은 어리석은 질문인지도 모르겠습니다. 천재天災는 별도로 치고 일하면 반드시 그 만큼의 보수가 있었습니다. 그러나 오늘날에는 일을 해도 가난한 경우가 있습니다. 때문에 이 질문은 극히 당연한 의심이자 중요 통절한 의문입니다. 게다가 각자의 의문은 천차만별입니다. 이에 대해서는 경제행정 당국자는 심히 괴로운 책임을 지고 있습니다.[33] (柳田国男 『時代卜農政』1910年)

야나기타의 이 말을 빌면, 노리나가는, "마음가짐이 나쁘지 않고 정직하게 일 잘하고 있음"에도 불구하고 "때때로 손해를 입는" 자가 "나는 왜 가난한가"라는 질문에 대해, 그것은 '마가쓰비노카미'가 하는 바라고 답했다(근대인인 야나기타는 '경제행정 당국자의 책임'이라고 답하고 자분주의 경제시대에 즉한 경제합리성을 가진 농업정책을 실시해야 할 것을 주장했다). 그것이 『고사기』 안에서, 환언하면 '황국'의 '신대神代/가미요' 안에서 노리나가가 끄집어 낸 답이었다.

그런데 이 마가쓰비노카미를, 세이시사이와 도고는 '스스로 똑똑한

33)『柳田國男全集』(筑摩書房, 1997秊) 243~44쪽.

체' '노장이 다 밝혀 낸 찌꺼기'라며 공통적으로 비판한다. 노리나가적 입장에서 보자면, 어떤 부조리한 현실에 있어도, 그 존재 자체에 있어서 만민이 살아가는 의미를 부여하는 만세일계의 덴노와, 신의론으로서 마가쓰비노카미 이 양자는 분리할 수 없는데, 미토학자는 전자만을 취했다. 왜냐하면 그들은, 부조리한 현실을 '어찌 할 수도 없는, 슬픈 일'(前出)이라고 받아들이는 노리나가 학이 주체성·능동성을 결여하고 있음에 동의할 수 없었기 때문이다. 미토학에서 그런 주체성과 능동성이 '존왕양이'라는 행동으로 발휘되었음은 당연한 결과다. 특히 그 행동성에서 발군이었던 후지타 도고에 따르면 "존왕양이는 실로 지사志士·인인仁人의 진충보국의 대의"(『弘道館記述義』 卷下, 296頁)다. 그리고 '지사'의 능동적 정신에 의해 '국체의 존엄'이 담보된다.

> 무릇 국체의 존엄은 반드시 천지정대天地正大한 기氣에 바탕한다. 천지정대한 기는 또 반드시 인후의용仁厚義勇한 풍에 관련한다. 그렇다면 풍속의 순리淳漓 는 국체의 오융汚隆 여기에 걸린다. (『弘道館記述義』 卷上, 271頁)

적어도 노리나가 국학에는 이런 '천지의 바르고 큰 기'에 바탕하는 능동적 정신은 없다. 이 차이가 어디에서 생기는가. 그것은 결국 종적 계층질서에서의 사회적 위치 문제라고 할 수 있다. 단순화시키면, 미토학이 '아래로부터'의 반동이라 해도 어디까지나 치자治者에 속하는 '아래'였음에 대해, 국학은 피치자의 '아래'가 그 담당이었음에 기인한다. 이 차이로써, 돈의 힘에 힘들어 하고 있어도, 죠닌·햐쿠쇼와 중하급 부시武士 사이에는 그 대응에 큰 차이가 있다. 현실의 부조리를 모두 가미가 하시는 바라 하여 '어쩔 수 없이 너무도 슬픈 일"로 포기할 것인가, 미토학자들처럼 그러한 부조리를 '국체' 본래의 것으로 바르게 할 것인가 라는 큰 차이가 생긴다. 돈에 대한 욕망을 스스로 억제하는 금욕적인,

미토학의 이른바 대의명분론의 현상변혁에의 에너지도 여기에 그 원천이 있다고 생각된다.

4. '국체'의 환상

상품경제·화폐경제가 초래하는 평등화와 경쟁화에 뒤쳐진 자들의 '아래로부터'의 반동이, 만세일계의 황통을 자랑하는 '국체'라는 환상을 낳아 간다. 이는 19세기의 특별한 현상이었다고 할 수 있다. 돈의 힘에 의해 종적 계층질서가 붕괴되고 사회가 분열되어 갈 때, 선조 대대로의 가업에만 전념해 온 '바보스런 성실하고 정직'한 자가, 야나기타의 말을 빌면 "마음가짐이 나쁘지 않고 정직하게 일을 잘" 하고 있음에도 불구하고 보답받지 못할 뿐 아니라 불행하게 된다는 부조리에 대한 울분과 불안 속에서, 덴노와 일체화 하는 것에서 환상의 자부심을 갖고자 했다.

주의할 것은, 이런 자부심은 중하급 부시武士라는 '아래' 뿐 아니라, 종적 계층질서의 '아래'에 위치하는 햐쿠쇼百姓와 죠닌町人에게도 모종의 매력이 있었다는 점이다. 모토오리 노리나가와 히라타 아쓰타네의 국학을 지지했던 자들은 그런 '아래'에 위치하는 정직하고 성실한 모범적인 사람들이었다. 부조리한 현실에 대한 분노를 계기로 덴노라는 존재가 떠오른 점은, 19세기에 왜 덴노가 전면화 되어 왔는가를 생각할 때 간과해서는 안 될 부분이다. 도야마 시게키遠山茂樹는 일찍이 미토학의 존왕양이 사상의 사상적 성격을 "봉건 지배층의 위기의식의 집중적 표현"[34]으로 규정했는데, 아마도 미토학을 담당했던 중하급 부시가 '봉건

---

34) 遠山茂樹『明治維新』(岩波書店, 1952年,『遠山茂樹著作集』卷1 수록, 岩波書店, 1991年, 34쪽) 참조.

지배자의 위기의식'를 첨예하게 체현하고 있었음은 틀림없었다. 그러나 한편으로 '국체' 환상이 예를 들어 위조된 환상이라 해도, '봉건지배자' 뿐만 아니라, 다테의 계층질서 안에서 살아가는 정직하고 성실한 피치자에게도 자부심을 부여했음을 무시해서는 안 된다.

위에 야나기타 구니오를 인용한 것처럼, 돈의 힘에 의한 평등화·경쟁화와 가계도의 질서(야나기다의 이른바 이에家) 사이의 격투는 근대 일본의 급속한 자본주의화와 함께, 보다 크고 격렬해졌다. 그것은 막말이라는 한 시기에 한하지 않고 근대 일본에서 보다 심각해졌다고 할 수 있다. 미토학은 이 과제에 대한 답을 제시하고 있었기 때문에, 처음에 서술한 바와 같이 미토학의 '국체'론이 장구한 영향력을 가지게 되었다고 생각된다. 그 대답이란, 위로부터의 덴노의 국가제사에 의한 민중교화였다.[35] 만약 이것이 일정한 유효성을 가진다면, 미토학이, 돈이

---

35) 노리나가의 국학과 세이시사이의 국체론의 차이는, 세이시사이가 다이죠사이大嘗祭를 비롯한 궁중 의례로써 군신관계의 질서를 시각화하여 민중에게 제시하고자 했던 것에 명확히 나타난다.

대저 천조天祖가 남기신 몸으로써 천조에 응膺하고, 숙연애연肅然優然하게 당초의 의용儀容을 오늘에 보므로, 곧 군신이 보고 느낌[觀感]에 양양洋洋하여서 천조의 좌우에 있는 것과 같다. 그리하여 군신群臣이 천손天孫을 보는 것도 또 더욱 천조를 보는 것과 같아, 그 정이 자연히 발하는 것, 어찌 그칠 수 있겠는가. 이에 군신群臣인 자들 또 모두 신명神明의 자손[冑]이고, 그 윗세대[先世]가 천조·천손을 섬겨, 민에 공덕功德이 있고 열지어 서서 사전祀典에 있음에, 종자宗子와 족인族人을 규집糾緝하여 그로써 그 제사를 맡는다.(『新論』 国体上, 55頁)

'천조'=아마테라스오미카미天照大神의 '천손'에 의한 다이죠사이를 통하여 '천손'을 섬기는 '군신'도 또한 '신명의 주冑' 즉 가미神의 자손임을 확인한다 한다. 이러한 제도의례에 의해 '위로부터'의 민중교화를 도모하고자 했던 세이시사이의 발상에 대해서는 비토 마사히데의 지적 이래, 소라이학의 제도관과의 관련이 문제시되어 왔다. 단지 이 점에 대해서 언급하면, 소라이학의 제도관과 함께 병학적 시각에 의해 관통되어 있었던 점을 주목해야 한다. 즉 세이시사이는, 외환의 위기에 대해 단기적 전술로서는 민심을 절체절명의 '사지死地'(『孫子』 九地篇)로 빠트리는 양이론을, 또 '계략을 분쇄하는[伐謀]'(『孫子』 謀攻篇) 장기적 전략으로서는 "억조의 마음을 하나로"(『新論』 国体上, 52頁) 하는 제사제도에 의한 민심통합을 꾀하고자 했다. 졸고 「『新論』의 尊王攘夷思想」(앞의 『近世日本の儒学と兵学』 수록)에서 서술한 적이 있다. 이런 병학적 발상은 국학에는 없는, 미토학 '국체'론의 군사적 성격을 특징짓고 있다.

횡행하는 부조리한 현실에 대한 분노·정의감을 계기로, 만세일계의 덴노의 끝에 열지어 있는 환상幻想의 출신·혈통의 자부심을 사람들에게 부여했기 때문이었다고 할 수 있을 것이다. 물론 그것이 어느 정도의 효과를 가졌는가는 근대 일본의 역사 속에서 검증되어야 할 문제이나, 적어도 근대 일본의 왜곡에서 발생한 모순에 대한 하나의 대응 형태를 제출했다는 점에 미토학의 '국체'론은 역사적 의의를 가진다.[36]

---

36) 미토학의 이런 '국체'론을 더 널리 내셔널리즘이라는 시야에서 볼 때, 혈통과 출신의 문제는 내셔널리즘의 한 형태로서 보편적 현상이라는 점이 주의를 요한다. 그것은 결코 일본만에 고유한 특수한 문제는 아니다.

8장

도모바야시 미쓰히라伴林光平의 신도神道와 가도歌道

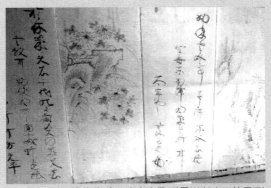

도모바야시 미쓰히라의 글 병풍(伴林光平筆屛風)

1. 심정적 급진주의

도모바야시 미쓰히라(文化9年~元治元, 1813~1864)는 분큐文久 3년(1863)
의 덴츄구미天誅組의 야마토大和 거병[1]에 참여하여 사형된 막부 말기의
국학자·가인歌人이다.[2] 또 덴노의 능묘陵墓 부흥에 뜻을 두고 그 조사를
진행했던 것으로도 유명하다. 본래는 죠도신슈淨土真宗 니시혼간지파西本
源寺派 승려로, 가인이 본업이었던 미쓰히라가 "분수에 맞지 않는 미천한
몸, 비탄스런 짐 무거운 길 그대로 가서 위로하리(身におはぬ賤がなげきの
荷を重み道のまゝにやゆき労れなむ)"(『難解機能重荷』)라고 스스로 노래하듯,
'비탄스런 짐'을 등에 업고, 51세라는 고령에도 불구하고 무엇때문에
막말의 정치활동에 몸을 던졌을까. 이 물음에 대해 미쓰히라의 사상을
내재적으로 이해해가면서 대답하고자 하는 것이 이 장의 목적이다.

지금까지의 논의처럼 미쓰히라의 사상은 두 가지 요소, 즉 신도神道와
가도歌道가 그 기본적 축이다.[3] 미쓰히라는, '황국'은 천양무궁天壤無窮의

---

1) 덴츄구미는 막말幕末의 공경公卿이었던 나카야마 다다미쓰中山忠光를 위시한 지
   사들이 모여 조직했던 존황양이파 무장단체이다. 야마토구니大和国에서 거병
   했으나 막부군幕府軍이 이들을 토벌하여 격퇴되었는데 이를 덴츄구미 사변이라
   한다/역주 ＊위키피디아 재팬 일부 참조
2) 미쓰히라 전기伝記는 스즈키 쥰코鈴木純孝의 역작『伴林光平の研究』(講談事出
   版サービスセンタ, 2001年)이 자세하다. 본장에서 사용한 미쓰히라의 텍스
   트는 사사키 노부쓰나 편佐佐木信綱編『伴林光平全集』(湯川弘文社, 1944年)이
   다. 이하 쪽수는 본문 가운데 약기했다. 다만『園能池水』는『国学運動の思想』
   (日本思想大系51, 岩波書店, 1971年)을 사용하고, 본문 중의 쪽수는 이에 따
   랐다.
3) 미쓰히라 사상의 신도와 가도의 결부는 渡辺浩「『道』と『雅び』―宣長学と『歌学』
   派国学の政治思想史的研究」(四・完)(『国家学会雑誌』88巻5・6号, 1975年5

신칙神勅에 근거한 '만세무궁의 황통을 날실[経糸/다테이토]'로 하고 '만엽万葉의 영풍英風인 가도를 씨실[緯糸/누키이토]'(『園能池水』 468頁)로 한다고 한다. '날실'인 신도와 '씨실'인 가도가 어떻게 연결되어 있는가를 밝히는 것이 미쓰히라 사상을 이해하는 중심 과제다. 그 때, 양자를 연결한 다음에 매개체 역할을 했던 것이 '마고코로真情신죠/진정'이고 '야마토다마시이大和魂/일본혼'였음에 주목해야 한다. "노래하자 사람들이여, 우선 이 하나의 큰 일을 마음에 지키고, 야마토다마시이를 깊숙이 몸에 쌓아서 높이 널리, 야비한 것 버리고 품격 높은 가미께서 소원을 이루어 주실 노래를 읊어야지"(『詠歌大旨』 153頁), "물학物学을 하는 무리, 이 이치를 깨달아, 서적을 읽고 문자를 쓰는 법을 비롯하여 또 기예까지도 오로지 황조정皇朝廷의 대어위大御為에 뜻을 두고, 태어날 때부터의 야마토다마시이를 잃지 않겠다고 근학勤学해야 한다"(『園能池水』 453~54頁). '야마토다마시이'가 막말의 국학자·지사들의 행동·사상의 에너지원이었던 것은 널리 알려진 사실이다. 이는 미쓰히라도 마찬가지였다. 그렇다면 '마고코로真情'와 '야마토다마시이'을 매개로 하는 미쓰히라의 신도와 가도의 결합을 밝히는 것은, 미쓰히라 개인 뿐 아니라 막말 국학의 심정적 급진주의의 본질에 대한 탐색도 되리라 생각한다.

月) 제6장 참조. 와타나베는 미쓰히라가 "수많은 '가학'과 국학자들 중에서도, '가도'와 '신도'의 긴밀한 연관, 나아가서는 동일성을 가장 강력히 주장했던 인물의 한 사람이다"라고 평가하고, "있는 그대로의, 때때로의 가인으로서의 심정이 유입해가는" 가도론과, "전부 있는 그대로의 환경과 그 추이에, 거리감을 빼놓고 안기듯이 동조하는" 신도론 사이의 동일성을 지적하고 있다. 본고는, 미쓰히라의 사상에서 "국학에 의한 비정치적 정치화"를 읽는 와타나베의 논문에서 배운 바가 많다. 다만 와타나베는 미쓰히라의 가학서歌学書를 일괄하여 논하고 다섯 권의 가학서 사이의 발전상을 간과하고 있다. 본고는 이 점을 보완함과 동시에 발전 과정을 추적함으로써 미쓰히라 사상을 내재적으로 이해하고자 한다. 또 나카무라 가즈모토中村一基 『本居派国学の展開』(雄山閣, 1993年)는, 미쓰히라의 『管家遺誡』의 화혼한재설和魂漢才說의 수용과 산릉관山陵觀을 논하고 있다.

이 장에서 미쓰히라를 다루는 이유도 사실은 여기에 있다. 우리는 이미 꿈꾸는 고독한 지식인으로서 모토오리 노리나가의 사상을 검토해 보았다. 히라타 아쓰타네를 비롯한 막말의 국학자에게는 이런 꿈과 환상에 홀려서, 막말의 격동 속에서 승산 없는 봉기에 몸을 던진 사람이 있었다. 히라타 아쓰타네의 제자로, 오시오 헤이하치로大塩平八郎의 난乱[4] 에 호응하여 에치고越後(지금의 니이가타현 지역)의 다이칸쇼代官所를 습격했던 이쿠다 요로즈生田万[5], 아쓰타네의 같은 제자인 사쿠라 아즈마오佐久良東 雄[6] 등이 그들이다. 그리고 미쓰히라도 그런 국학자의 한 사람이었다. 미쓰히라는 마치 환상의 동물[幻獣(シメ—ル/그리스 신화에 등장하는 괴수)]을 등에 업은 것처럼, '비탄스러운 짐'을 등에 지고, 덴츄구미의 거병에 참여했다. 미쓰히라는 정말로 꿈에 홀려, 파멸적 행동으로 치달았던 막말 국학자의 하나의 전형이었다. 생각건대 미쓰히라 같은 이 심정적 급진주의는, 합리적이고 터프한 정신의 소유자였던 사쿠마 쇼잔과 같은 동시대의 난학자와는 다른 타입의 인간 유형이다. 그 의미에서, 에도 후기 사상 공간의 전체상을 파악하기 위해서도 미쓰히라의 사상은 흥미 있는 대상이다.

---

4) 이른바 덴포天保 기근으로 각지에서 햐쿠쇼百姓 들의 잇키—揆가 잇달았던 가운 데 덴포 8년(1837)에 오사카에서 오사카마치부교쇼大阪町奉行의 관리(요리키與力) 이자 양명학자였던 오시오 헤이하치로와 그 문인들이 구민救民을 명분으로 일 으켰던 난. 하타모토가 출병했던 싸움으로서는 간에이寬永 연간에 있었던 시마 바라 난 이후 200년 만에 벌어진 전투였다/역주 ※위키피디아 재팬 일부 참조
5) 1801~1837. 지금의 군마현 지역에 있었던 고즈케노쿠니上野国의 다테바야시 번館林藩 출신. 한코藩校에서 유학을 배우고 에도로 나가 히라타 아쓰타네의 문 하에 들어가 국학을 배웠다. 오시오 헤이하치로의 난에 영향을 받아 봉기했으 나 실패하고 자결한다/역주 ※위키피디아 재팬 참조
6) 1811~1860. 지금의 이바라키현 지역인 히타치노쿠니常陸国 출신의 국학자이 자 가인. 존왕양이 지사로 활약했다/역주

2. 가도론歌道論

미쓰히라는 그의 본업이었던 가인으로서 생애를 통해 다섯 권의 가학서歌学書를 지었다. 즉 『稻木抄도목초』(嘉永2年12月), 『垣內七草원내칠초』(嘉永3年), 『歌道大意가도대의』(嘉永7年春), 『詠歌大旨영가대지』(安政3年5月), 『園能池水원능지수』(安政7年7月)이다. 이 절에서는 먼저 다섯 권 가학서 사이의 발전의 자취를 더듬어 보고자 한다.

최초의 『도목초』는 영가詠歌의 본질과 작가법作歌法을 기술한 가론서로, 이이다 히데오飯田秀雄와 가노 모로히라加納諸平 "두 선생이 주신 것"이라 적은 것처럼 가도 수학修学 성과서이다. 미쓰히라는 덴포 10년(1839)에 이나바돗토리因幡鳥取(지금의 돗토리 지역)의 이이다 히데오에 입문하고 또 같은 해에 시엔파柿園派의 지도자였던 기이와카야마紀伊和歌山의 가노 모로히라와도 사제 관계를 맺었는데, 『도목초』는 이 두 사람으로부터 배운 시엔파 가학론을 집약한 책이라 할 수 있다.

미쓰히라는 첫머리에서 "무릇 상고의 노래는 남녀가 서로 사랑하는 마고코로真情를 읊조려 나온 것으로, 사람이 사람인 도의 대도大道도, 이를 떠나서는 알 수 없다"(『稻木抄』 105頁)고 하여, 노래의 본질이 '남녀가 서로 사랑하는 마고코로'에 있다고 한다. 그러나 이 연애감정=마고코로'를 읊는 노래의 길[歌の道]은 단순한 유희가 아니라 인간에게 한층 더 긴요한 '사람이 사람인 대도'=신도神道라고 한다.

> 여자는 남자를 사모하고, 남자는 여자를 사랑하는 마고코로는 잠시도 떠나서는 있을 수 없다. 그 잠시도 떠나지 않는 마고코로를 읊조려 나오는 것이 노래이기 때문에, 그것은 즉 신수神随[7]의 대도大道이고 가미神의 대도도 노

---

7) 神随かんながら간나가라. 혹은 惟神으로도 표현함. 오직 가미神(의 뜻) 그대로. 즉 신도를 달리 표현하는 말/역주

래 외에는 있지 않다. 그러므로 사람의 사람인 도의 대도 또한 노래를 떠나서는 알 수 없다. (『稻木抄』105~106頁)

미쓰히라는 예로부터 일본에서 노래가 '가미神의 대도' '황국의 대도'(『稻木抄』106頁)로 된 근거로서, 『古今集고금집/고킨슈』 진명서真名序 '의관신명義慣神明(의로움은 신명의 관습)'이라는 네 글자를 들면서 동시에 노래의 기원을 말하고 있다.

영가詠歌의 기원은 저 이자나기伊邪那岐, 이자나미伊邪那美[8] 두 오미카미大御神가 오노고로지마淤能碁呂嶋[9]에서 처음 만났을 때, 야히로도노八尋殿(광대한 어전)의 미하시라御柱를 도시며 "아나니야시에오토메오阿那爾夜志愛袁登女袁(아아 아름다운 여자여)", "아나니야시에오토코오阿那爾夜志愛袁登古袁(아아 훌륭하신 남자여)"라고 서로 말을 건네신 대어언大御言 이것이 영가詠歌의 기원이며, 그 뒤의 스사노오노미코토須佐能男命[10]가 이즈모구니出雲国에 가시어 이나다히메

---

8) 일본 국토생성 신화에서 천지가 개벽할 무렵 가미요노나나요神世七代가 등장할 때 나오는 남매이자 부부 가미. 이 두 가미의 교합에 의해 일본 땅을 비롯한 아마테라스오미카미天照大御神, 스사노오노미코토須佐之男命, 쓰쿠요미노미코토月読命(尊) 등 여러 가미가 탄생한다/역주
   * 가미노요노나나노 : 기기신화에서 천지개벽시에 구니노도코다치노미코토国常立尊로부터 이자나기·이자나미에 이르는 7代의 시대, 또는 그 가미들의 총칭
9) 일본 신화 및 기기記紀에 등장하는 섬. 특히 이자나기와 이자나미에 의한 국토생성 신화에서 만들어진 최초의 섬. 국토생성 무렵에 아직 바다가 혼돈일 때 아마노우키하시天の浮き橋에서 두 가미가 아메노누보코天の沼矛를 휘저었을 때 소금물이 떨어져 응고한 섬. 이 섬에 내려와 두 가미가 결혼하여 아와지시마淡路島를 비롯한 오야시마大八洲(일본의 다른 이름) 및 여러 가미를 낳는데 대표적인 가미가 아마테라스오미카미, 스사노오노미코토, 쓰쿠요미 등이다/역주
10) 일본 국토생성 신화에서 이자나기가 불[火]의 가미인 가구쓰치迦具土를 낳다가 음부가 타서 죽은 이자나미를 못 잊어 요미노쿠니黃泉国/황천국에 갔다가, 자기의 모습을 보지 말라는 이자나미와의 약속을 어기고 죽은 다음의 흉측한 이자나미의 모습을 보고서 도망쳐 나와 휴가日向의 강에서 요미쿠니의 더러움[=穢れ게가레]을 씻어내기 위해 미소기禊(=하라에) 의식을 행하는데, 이때 왼쪽 눈을 씻자 아마테라스오미카미가, 오른쪽 눈을 씻자 쓰쿠요미노미코토가, 그리고 코를 씻자 태어난 가미가 스사노오노미코토이다. 이 세 가미는 각각 해와 달, 그리고 바다를 관장하는 가미가 된다/역주

稲田姫[11]와 살고자 하여, 청결한 땅에 큰 집[殿]을 세우실 때, 이즈모야에가 키出雲八重垣[12]의 신영神詠/신에이(가미가 노래한 和歌/역주)이 있다. (『稲木抄』106頁)

노래의 기원이 이자나기·이자나미의 노랫말에 있다는 것은, 본래 『고금집』 가나서仮名序에 있고, 가모노 마부치도 『国歌論臆說국가론억설』 의 「歌の源の論노래근원론」에서 말하고 있다. 마부치 계통의 시엔파의 미쓰히라도, 이를 근거로 노래가 표출하고 있는 '마고코로'는 '사람이 사람인 대도'로서 인간의 삶의 방식과 관계되어 있고, 게다가 그런 순수한 남녀의 '사랑하는 마고코로'를 노래로 표현하는 상대上代의 노래를 배움으로써 훗날의 사람들도 '마고코로'가 함양되고 나아가서는 몸을 닦고 집안을 다스릴 수 있다는 것이다.

그 주됨으로 송습誦習(외면서 배움)해야 할 것은 먼저 고지키古事記, 니혼(쇼)키日本 (書)紀에 보이는 노래 등과 또는 만요슈万葉集 등 이어야 할 것. 모든 상대上代는 인정이 질직質直하여 경박함을 보이지 않았다. 그러므로 그 암송해 내는[誦出] 노래도 모두 사람의 마고코로에서 나오고, 인정의 지극함을 글로 만들어 암 송해 내므로, 그것을 외게 되면 인정이 자연히 성실하게 되고 순박하게 되어 자연히 수신제가修身齊家에 이르게 된다. 이것이 우리 배움의 종치宗致로서 진

---

11) 기기記紀신화에서 아마테라스오미카미가 관장하는 다카마가하라高天原에서 난 동을 부려 이즈모로 추방된 스사노오가 야마타노오로치八岐大蛇(머리와 꼬리가 각 각 여덟 개 달린 거대한 뱀)라는 괴물을 물리치고 결혼하게 되는 아시나즈치·데나 즈치足名椎·手名椎 부부 가미의 여덟 명의 딸 중 막내딸. 일곱 명의 딸이 매년 한 명씩 야마타노오로치에게 희생되고 이나다히메 한 명만 남는다. 스사노오 는 야마타노오로치를 물리치고 그 꼬리를 잘라 삼종三種의 신기神器의 하나인 아메노무라쿠모노쓰루기天叢雲剣를 얻어 아마테라스오미카미에게 헌상한다. 이나다히메는 구시나다히메櫛名田比売(古事記)/奇稲田姫(日本書紀)라고도 한다/역 주 *위키피디아 재팬 일부 참조

12) 스사노오가 이나다히메와 결혼하여 이즈모쿠니에서 살 집을 지을 때 구름이 한창 용솟음치듯 피어올랐는데(때문에 그 곳 명칭이 이즈모出雲임), 그 모양이 흡 사 겹겹이 울타리를 둘러싸고(八重垣) 있는 듯한 모양을 노래한 것/역주. 주15) 참조. *야후재팬 일부 참조

정을 떠나서는 노래할 것이 없고, 노래를 떠나서는 황국의 대도를 알기 힘든 이치이다. (『稻木抄』106頁)

영가가 "제가하고 수신하는" 도덕이 되는 의미에서, '신수神随(かんながら)의 대도' '황국의 대도'라는 사고에는 "음부와 부녀자[淫夫婦女子]의 완초翫草처럼 되어 감", "여자들 같은 방향으로 흐르(『稻木抄』108頁)"고 있는 당대의 가풍歌風에 대한, 마부치真淵의 '대장부풍'으로부터의 비판이 담겨 있다. 미쓰히라는 이렇게 영가의 본질을 말한 뒤, 작가법作歌法에 대해서는 다음과 같이 말한다.

가영歌詠은 먼저 이 리理를 잘 분별해 놓은 기기만요슈紀記万葉集 등의 옛 노래를 송습誦習하여, 황국 고유의 마고코로를 몸에 쌓고, 마고코로를 노래의 종치宗致로 정하여 그 목표로서 근면히 배워야 한다. 그렇게 알게 된 이후에는 고금집古今集/고킨슈 이래의 찬집撰集이 각각 명장의 가집家集 등을 널리 보아서 닌죠人情가 변해가는 모양과 세상의 연혁을 알고 또 스스로가 시대의 풍에 따라서 노래를 불러야 한다. (『稻木抄』109頁)

후대의 사람들은 '상고上古 사람의 마고코로'='황국 고유의 마고코로'인 '기기만요슈의 옛 노래'를 영습詠習함으로써 '마고코로'를 함양함과 동시에, 그 표현 양식으로서는 '스스로가 시대의 풍'에 맞추어 노래를 읊어야 한다고 한다. 미쓰히라는, '만요슈의 풍격' '고킨슈古今集의 풍골' '신고킨슈新古今集의 풍치'는 각각 "자연히 그 때 그 때의 체제体裁"였고, 무엇을 고를 것인가는 '스스로가 시세의 풍'에 따라야 하고, 중요한 것은 '자세'가 아니라 노래의 본질인 '마고코로'라 하여 "마고코로로써 영가의 목표를 정하고, 또 풍체는 스스로가 시세에 따라야 할 것이다"(『稻木抄』109頁)라 하고 있다. 이와 관련하여 미쓰히라는『원내칠초』에서는 "노래는 황국의 대도이고 신명에 익숙한 일이므로, 상고의 순박한 풍의를 위주로 배우는 것은 당연하다"(146頁)고 하면서 '태고풍', '상고풍', '중고풍', '근석풍近昔風', '후세풍', '근세당상방풍近世堂上方風', '당시지하유행풍當時地下流行風'의 일곱 가지 가풍으로 나누어 그 예증을 들고 있다.

다음, 두 번째 가학서 『가도대의』(嘉永7年)는 가시와라柏原의 하타나카 고키畑中光輝가 미쓰히라의 구술을 받아 적은 것으로서, 엄밀히 말하면 미쓰히라의 저작은 아니다. 그러나 그 위치를 볼 때 『도목초』로부터 주저인 『원능지수』의 중간에 해당하는, 가도론으로서 눈길을 끄는 책이다. 즉 『가도대의』도 "노래를 읊는 것[歌詠]이 신도라 하더라도 모양만 아니어야 할 것"(『歌道大意』187頁)이라 하는 것처럼, 가도 즉 신도라는 기본적 입장은 『도목초』와 다르지 않으나, 가도와 신도 사이의 역학관계는 미묘한 차이가 있기 때문이다. 이는 첫 부분에 나타난다. 미쓰히라는 이렇게 말한다.

다른 나라에는 도라는 것이 있어도, 이 나라에는 도라는 것 없다. 없음으로써 귀하다고 한다. 니혼키日本紀(=日本書紀)의 고토쿠 덴노孝德天皇[13] 권卷에서 말하기를, "신도는 가미의 길을 따르는 것을 말한다"고 한다. 이를 간나가라神ながら의 길이라 한다. 그렇다면 일본의 도를 한 마디로 하면, 내 소견을 내세우지 않고 만사를 가미에게 이 몸을 맡기는 것을 말한다. 또 신세神世/가미요가 지금 단절되어 버려 흔적이 없는 것 같아도, 예로부터 지금까지 변치 않는 것은 서른 한 글자[14]만이다. 그렇다면 노래를 읊는 것[歌詠]이 신도라 하더라도 모양만 아니어야 할 것이다. 달과 꽃을 즐기는 것이라 생각하는 것은 크게 틀렸다. (『歌道大意』187頁)

---

13) 596~654. 제36대 덴노. 재위 : 645년~654년/역주

14) '미소히토모지みそひともじ(三十一文字)' 또는 '산쥬이치모지さんじゅういちもじ(三十一文字)'라 한다. 시 한 수의 형식이 가나仮名 5,7,5,7,7 즉 31글자로 이루어진 단가短歌. 여기서는 와카和歌를 지칭하는 것으로 보인다/역주

『도목초』는 가도歌道 중심이었고, '사람이 사람인 대도'가 되는 신도는 그 내용이 질문의 대상이 되지도 않는 이른바 영가詠歌가 '수신제가'하는 도덕이라는 주장을 수식하는 것에 지나지 않았다. 그런데 『가도대의』에서는 "내 소견을 내세우지 않고 만사를 가미에게 이 몸을 맡기는" 신도를 전면에 내세워 가도가 그런 신도의 본연의 모습에 접근하고 있음을 간과해서는 안 된다. 바꾸어 말하면, 영가가 '신도'라는 언설은 단순히 영가의 유희성을 부정할 뿐만 아니라 신도에 크게 기울고 있다는 것이다.

이와 관련하여 노래의 기원도 『도목초』와 다르다. 『도목초』에서는 이자나기·이자나미의 창언唱言이었음에 대해, 『고금집』 진명서真名序에 근거하여 스사노오의 '야쿠모다쓰八雲立つ'[15]의 노래가 기원이라고 한다.

> 서른 한 글자가 시작하는 고금집의 서序, 스사노오노미코토素戔嗚尊가 이즈모구니出雲国에 이르러서 이나다히메稲田姫와 살고자 큰 집을 지으실 때, 구름이 모이는 것을 보시고 노래하시기 시작한 것이다. (『歌道大意』 187頁)

앞서 보았던 『도목초』에서도 이자나기·이자나미가 노래를 부른 뒤에 "이즈모야에가키出雲八重垣의 신영神永(前出 『稲木草』 106頁)이 인용되고 있는데, 노래의 본질을 '남녀가 사랑하는 마고코로'(前出)로 파악하고 있기 때문에 전자가 기원이라는 것이다. 이에 대해 "내 소견을 세우지 않고 만사를 가미에게 이 몸을 맡기는" 신도를 앞세우는 『가도대의』에서는 '야쿠모다쓰'가 노래의 기원이라 하여, 스사노오의 '깨끗한 마음', '청백清白' '흐림 없음'이 노래의 본질이라고 한다. 여기서는, 『도목초』에서는 근본 의의로 두었던 '

---

15) 구름이 한창 피어오르는 모양을 뜻하는데, 스사노오가 이즈모구니出雲国에 와서 궁궐을 지을 땅을 찾아 스가須賀 땅에 도착하여 궁궐을 지을 때 구름이 한창 피어오름을 보고 불렀던 노래의 첫 구절/역주, 주)12참조.

남녀가 서로 사랑하는 마고코로'(前出)를 다음과 같이 말한다.

> 노래를 읊겠노라고 생각하는 사람은 먼저 마음을 맑고 희게[淸白] 하고, 부
> 부의 도를 시작하려고 하여 비로소 서른 한 글자의 노래를 지으므로, 남녀
> 의 마코토まこと를 근원으로 하여 그 하는 일[身職]을 게을리 하지 않으면 스
> 스로 마음이 맑고 희게 된다. (『歌道大意』 188頁)

여기에서도 분명히 '남녀의 마코토(=真情)'가 '부부의 도'의 '근원'이라고
함은 분명한데, 영가에서 우선 중요한 것은 '마음의 청백淸白'을 말하고
있다는 점에서, 노래가 남녀의 연애감정 이상의 것을 읊는 것임을
미쓰히라가 지향하기 시작하고 있었다고 할 수 있다. 그것은 "일본의
마음日本心/니혼노고코로은 청백이다"(『歌道大意』 190頁) 이라 하듯이, 마음의
'청백'을 특권화하는『도목초』에는 볼 수 없는 '일본의 마음'이라는 단어가
보이는 것도 이를 뒷받침한다.

나아가 안세이 3년(1856)의『영가대지』에 이르면『가도대의』가 지향한
바는 보다 명료해진다. 미쓰히라는 "노래는 황국의 대도로서 인간 일생의
몸을 지킴을, 헛되이 달과 꽃을 즐기는 것이라고 생각하여 주연酒宴 등의
흥으로 아는 것은 아까운 일이다"(153頁)고 하여, 영가가 단순히 즐기는
것이 아님을 말하면서, '황국의 대도'로서의 신도의 중요성을 주장해
나간다. 즉,『영가대지』에서도『가도대의』와 똑 같이 '와카和歌의 기원'은
'야쿠모다쓰'의 노래에 있다고 한다.

> 와카의 기원은 일본기日本紀 신대권神代卷에, 아마테라스오미카미天照大神의 형
> 제이신 스사노오노미코토素戔鳴尊라 함에 있다. (『詠歌大旨』 152頁)

여기서는 마음의 청결함뿐만 아니라, 노래를 읊을 때의 '마음' 그
자체를 '가미'와의 관계 속에서 말하고 있다. 미쓰히라는 다음과 같이

말한다.

> 노래를 읊겠다고 생각하는 사람은, 먼저 애써서 나쁜 일을 삼가고 조금이라
> 도 착한 일을 하여 사물의 정취를 알아 마음을 깨끗하게 지녀야 한다. 그러
> 면 저절로 좋은 노래가 나오게 된다. 이는 가미神가 행하는 바를 견습見習하
> 는 것으로, 가미의 마음을 내 마음으로 하는 것이다. 그러면 가미의 마음에
> 부합되어 저절로 가미의 도움이 갖추어져서 마음이 깨끗해지고 집이 다스
> 려지며 몸이 가지런하게 되어, 인간의 도를 다한다고 하는 것이다. 이 외에
> 인도人道라 할 것도 없고 신도라 할 것도 없다. (『詠歌大旨』152頁)

좋은 노래를 읊기 위해서는 『가도대의』에서 말하고 있는 '마음을
깨끗하게' 함 뿐만 아니라, 나아가 '가미의 마음을 내 마음으로 할' 것이
요구되는 것이다. 그리고 노래의 좋음과 나쁨도 가미가 받아 두는가
아닌가 하는 점이 중요하다. 또 이와 관련하여, "노래를 부르는 사람,
먼저 이 하나의 중요한 일을 마음에 새겨서 니혼다마시이日本魂를 몸에
갖추어서 높이 높고 폭넓게 야비野鄙함을 버리고 품격 높게 가미가
받아 두실 노래를 불러야 한다"(『詠歌大旨』152頁)고 하듯이 '니혼(=야마토)
다마시이'는 한 층 더 무거워지게 된다.

3. '신사神事'로서의 영가詠歌

이렇게 『가도대의』『영가대지』는, 스승 가노 모로히라의 시엔파柿園
派 가론歌論을 집대성한 『도목초』로부터 뽑아 내고자 하는 미쓰히라의
의지가 인정되는 바, 그것이 명확한 형태로 된 것이 『원능지수』(安政6年)다.
이는 미쓰히라가 독자적 경지를 개척했다는 의미에서 미쓰히라 가도론의
주저主著라 할 수 있다. 『원능지수』는 (1)국학, (2)화혼한재和魂漢才, (3)

시키시마도師木嶋道[16], (4)황국경위經緯, (5)영가원시詠歌元始, 신영소인神詠所因, (6)가도소위歌道所爲, (7)가도득익歌道得益, (8)편려鞭勵의 여덟 항목으로 이루어져 있는데, 이 가운데 가론과 관계된 것은 (3)항 이하이다.

『원능지수』에서도 가도가 신도라는『도목초』이래의 기본 입장이 변치 않은 것은 틀림없다. 미쓰히라는 황국경위 항목에서 가노 모로히라의 "천지지간에 황통을 씨줄로, 가도를 날줄로" 한다는 말을 인용하면서,

> 만세무궁의 황통을 씨줄로 삼고, 만요万葉의 영풍英風인 가도를 날줄로 삼아, 경사스런 시키시마師木嶋의 야마토니시키大和錦는 짜 만들어야織作] 한다.(468頁)

라 한다. 언뜻 보기에는 신도와 가도를 날실과 씨실로 비유한 것 까지에서, 『도목초』이래의 사유를 수식한 것에 지나지 않는다고 볼 수 있다. 그러나 주의할 것은, 가도의 다른 명칭인 '시키시마師木嶋의 길'이 '황통'과 '가도'를 짜 맞춘 것으로서, 이른바 양자를 통합하는 것으로 말하고 있다는 점이다. 미쓰히라는 끝부분에서, "위의 조목[条]들, 오로지 스승의 말씀[가노 모로히라의 만요영풍설万葉英風說]의 취지에 근거하여 생각이 미치는 것 등을, 이것저것 써서 모은다고 해도, 예例의 옛날을 존중한 나머지, 의론의 한 쪽 끝에는 아주 무례하다고 할 것 조차 갈마듦을, 어지간히 미칠 것 같은 업이라고 사람들이 보게 될 것"(485頁)이라고 기술하고 있는데『원능지수』는 간단히 '스승의 말씀의 취지'와 같다고는 하지 않지만 오히려 '생각이 미치는 것' 중에, 신도와 가도의 일치라 해도, 그 일치 방법에서 미쓰히라 독자적인 새로운 생각을 제시하고 있다.

먼저, 『원능지수』가『도목초』의 단순한 계승이 아님은 노래의 기원설을

---

16) 시키시마는 옛 일본을 달리 부르는 용어로, 보통 '敷島'라 표기한다/역주

보아도 명백하다.

영가詠歌의 시원은, 고금집의 진자서真字序에 "이즈모쿠니에 다다른 스사노오노미코토에 이르러 비로소 서른 한 글자의 노래가 있게 되었다(逮=于素戔鳴尊到=出雲国_, 而始有=三十一字之詠_)"고 기록되어 있듯이, 이 신영神詠이 바로 영가의 시원이다. 그런데 가나仮字 서序에, 이자나기伊弉諾·이자나미노미코토伊弉美命가 오미야大宮에서 기둥을 도실 때, 대어언大御言을 가리켜 말한 것은 벽설僻說로, 기기記紀 등의 정서正書에 의하면 이는 오로지 창언唱言으로만 있는 것이라 어떻게든 와카和歌의 시원이라 하기는 어렵다. (『園能池水』474頁)

노래의 기원은, 스사노오가 이즈모쿠니에서 불렀던 '야쿠모다쓰八雲立つ'의 노래다. 여기서는 『도목초』의 이자나기·이자나미의 창언설을 단호히 부정한다. 이 전환은 『가도대의』『영가대지』에서 보아온 것처럼, 노래의 본질이 남녀의 연애감정을 노래하는 것이 아닌, 마음의 깨끗함을 표출하는 것이라는 점을 의미하고 있다. 미쓰히라는 말한다.

저 이나다히메와 혼합婚合하실 어전御殿을 지을 곳을 찾으시고자 하여, 깨끗한 땅에 당도하여, "내 마음 깨끗하게"라 부르는 이 올바른 신영神詠이 나온 까닭이어서, 지금에 이르기 까지도 그 대어언大御言에 의해 그 땅을 깨끗하게 라고 불러 오는 사실을 익히 음미하여서 신영이 쉽지 않음을 알아야 한다. 그렇다면 가도를 몸소 하는 무리들은 이 신영의 사실을 규칙으로 하여 항상 집안과 몸을 삼가고 깨끗이 하고 깊이 신령에 빌어서[乞祈] 나를 위하여 타인을 위하여 마고코로를 다해 조금도 싱거운 행동[無狀爲行]을 하지 않고 점점 더 마음을 깨끗이 할 것을 마루로 삼기에 임하여 부지런히 애써야 한다. (『園能池水』477~78頁)

노래의 기원은 스사노오가 '마음의 청결'을 부른 것이고, 남녀의 연애감정은 아니다. 스사노오의 이 '신영'을 '규칙'으로 삼아서 후대 사람들은

"집안과 몸을 삼가고 깨끗이 하고 깊이 신령에 빌고" "마음의 깨끗함"에 힘쓰지 않으면 안 된다. 그렇지 않으면 좋은 노래를 부를 수 없다는 것이다. 여기서 노래를 '신영'으로 받아들였다는 것의 의미는, 앞서 말했던 '황통'과 '가도'를 짜 맞추었던 '시키시마의 길'의 문제와 관계되어 있다. 미쓰히라는 '시키시마의 길'을 다음과 같이 정의한다.

> 시키시마의 길은, 곧 오야마토와가오미쿠니大倭我大御国(=일본)의 대도라는 뜻으로, 황국의 대도라 칭하는 것, 신기神祇를 받드는 일을 빼면 다시 있을 것이 없으므로 이윽고 그 시키시마라 칭함으로써 와쿠니倭国의 관사冠辞/마쿠라고토바라 하여 시키시마의 와노쿠니倭の国 등도 칭하므로, (『園能池水』 464頁)

언뜻 보면, '시키시마의 길'은 '황국의 대도'와 같은 것이라고 서술한 것까지에서, 앞서 인용했던 '노래는 황국의 대도'(『稲木抄』 106頁)로 바꾸어 말한 것으로 보인다. 그러나 여기에서 주목할 것은, 가도를 말하면서도 '신기를 받드는 일'이 전면에 나온다는 것이다. 이를 미쓰히라는 다음과 같이 말한다.

> 이 신도神道에 따른다는 것은 가미의 길[神の道]을 길로 하여, 조금도 사람의 사사로운 정[私情/와타쿠시고코로]이 섞이지 않음을 말한다. 그렇다면 신도를 따른다는 것은, 만에 하나라도 사사로운 정을 섞지 않고 천지의 가미가 하시는 바御所為/미시와자에 몸을 맡겨 받들고, 오로지 신기神祇로써 재계하여 기미君를 몸소 섬기는 것을 말한다. 그래서 그 가미神를 섬기는 길은, 이른바 귀신과 교유交遊하는 하나의 일로서 그 귀신교유의 경지에 이르는 계제는, 의관신명義貫神明(『古今集』 真字序)의 노래를 제외하고서 또 다시 어떤 것이 있겠는가. 또 신령을 초도招禱해 모시는 술術도, (中略)요기妖氣를 털어내는 법도, (中略)오직 이 영가詠歌의 대도에 있고, 이 황국의 대의大儀에 맡기는 가도이므로 만엽영풍万葉英風/만요에이후이라고 칭하여서, 신기神祇를 받드는 쪽에서부

터 칭하기 시작하는 시키시마의 길이, 즉 가도를 칭함이 되는 것은 본래부터 있어 온 이치로서, 화려기묘[綾奇]한 가미고토神事로서 귀한 이치이다. (『園能也水』466~67頁)

『원능지수』에서는, 노래를 읊는 것은 '신령을 초도해 모시는 술'과 '요기를 털어내는 법'인 주술과 같은 모양의, 가미들과 교감하는 영위를 뜻한다. 그것은 최초의 가학서인 『도목초』에서 말하는 남녀의 연애감정을 읊는다는 비속한 것이 아니고, 또 『영가대지』처럼 단순히 "가미의 마음을 내 마음으로 하는" 신도도 아닌(후술하겠지만 '가미의 마음을 내 마음으로 하는' 것 자체는 부정하지 않는다), 영가 고유의 작동을 가지는 것이 된다. 즉 노래를 읊는 것은 그대로 '가미를 섬기는 길'='가미고토神事'이고 가미들과 교감할 수 있는 지상至上의 행위가 되게 되었다. 이에 이르러, 미쓰히라는 가노 모로히라의 '만엽영풍'이라는 말을 사용하면서 완전히 새로운 경지를 열고 있다.[17]

그리고 이에 수반하여, '야마토다마시이大和魂'에 대해서도 좋은 노래를 읊는 다음에 진솔한 심정이라는 이상의 의미가 부여되게 된다. 『菅家遺誡관가유계』의 '화혼한재和魂漢才'에 대해 다음과 같이 말한다.

화혼和魂/와콘은 이른바 야마토다마시이大和魂(夜万止多麻師比)로서, 천지의 시작 때부터 다카마가하라高天原에 살아 있어 지금까지도 역시 만물을 생산하시는 다카미무스비노카미高皇産靈神 · 가미무스비노카미神皇産靈神의 어령御靈이 내려서 천만국 나라의 본국인 대일본서수국大日本瑞穂国/다이니혼미즈호노쿠니에 태어나 있는 신민神民/ヒトクサ히토쿠사에 자연히 갖추어져, 어떤 이국異国의 횡

---

17) 야스다 요주로保田與重郎는, "미쓰히라의 노래 사상이 어떤 것인가를 말하자면, 첫째 중요한 것은 신영神詠 사상을 밝힌 것으로, 이는 우리나라(일본) 시인의 전통에 입각하면서, 선인의 위에 더하여 큰 의의를 세웠다"(『南山踏雲錄』保田與重郎文庫13, 新学社, 2000年, 159쪽)라고 평가하고 있다.

도橫道에도 혹하지 않는 신수神隨/カミナガラ가미나가라의 정신タマシヒ/다마시이을 가리킨다. (『園能池水』 466~67頁)

　'야마토다마시이'란 무스비노가미가 부여한 것으로, '대일본서수국'에서 태어난 '신민'에 갖추어진 '신수의 정신'이라는 것이다. '조금도 사람의 사사로운 정을 섞지'(前出) 않고, 가미를 섬기는 것이 '야마토 다마시이'를 발휘하는 것에 다름 아니다. 구체적으로는 "국체를 알고, 선조를 알아서 군주에 충정忠情マメゴ゛ロ마메고코로을 다하고 스스로 가업에 힘써서 신국의 영풍을 신습"(『園能池水』 481頁)하여, 가미들과 교감하는 노래를 읊음으로써 회복되어야 할 것이었다.

　생각건대 미쓰히라의 영광과 비극은, 영가가 그대로 '가미고토'로 되어 최상의 행위가 된 것에 있다. 여기서는 인생은 그 때문에 수단화되었다고 할 수 있다. "군주에 충정을 다하고 스스로 가업에 힘씀"(前出) 으로써 '야마토 다마시이'를 닦는 것, 나아가 일상 생활에서 탈출하여, 일단 일이 있을 때에는 급진적 행동으로 돌진하는 것도 또, 좋은 노래를 읊기 때문에 용인된다. 오히려 그러한 비일상적인 행동에야 말로 그때까지 닦아 온 '야마토 다마시이'의 가치가 시험되는 것이다. 그 의미에서 덴츄구미의 거병에 실패하고 체포되어 나라奈良 부교쇼奉行所의 옥중에서 썼던 『南山踏雲錄남산답운록』에서, "남산에 있을 때의 일들의 추억에서 하나 둘 더하여 읊은 노래"(38頁)라고 제목 붙였던 "구름을 밟고 광풍을 거슬러 올라 미쿠마노御熊野[18]의 하테나시산果無し山[19]의 끝도 보일까나"로 시작하는

---

18) 구마노熊野는 현재 와카야먀현和歌山県 남부와 미에현三重県 남부 지역. 옛 기이 쿠니紀伊国 남부에 해당하며, 상고의 구마노쿠니와 거의 일치한다. 불교적 색채가 강한 구마노 신도의 중심지/역주 ＊위키피디아 재팬 일부 참조.
19) 하테나시산은 와카야마현과 나라현奈良県의 경계에 있는 산/역주

90수의 노래는 "나이 오십에 남은, 옹의 기백인의 제자를 돌보지 않고, 귀하신 주인[貴主]을 떠나 모셔, 자식을 버리고 형제를 버리고 몸을 버리고 목숨을 버려"(『南山踏雲錄』 28頁)야 하기에 노래할 수 있었던 절창絶唱이었다.[20]

4. 고도론古道論

『원능지수』에서 미쓰히라는 신영神詠으로서의 노래라는 독자적 경지에 도달했다. 미쓰히라에 의하면, 영가詠歌는 그대로 신기神祇[21]를 존경하는, 가미들과 교감하는 신도神道이고, "간나가라노미치隨神道(신도의 별칭/역주)란 가미神의 길을 길로 하여, 오로지 사람의 사사로운 정을 섞지 않음을 말한다"고 적고 있듯이, 그것은 '사람의 사사로운 정'을 섞지 않음을 의미하고 있다. 이 점에 대해 다른 곳에서는 다음과 같이 말하고 있다.

> 우리 어세御世가 좋기 때문에 신습神習[22]하지 않겠나. 현재의 아오히토구사靑
> 人草(=일반 백성, 즉 黎民)가 배우지 않는가. 이는 상세上世에서 사람을 가르치는
> 훈계다. 이렇다면 신국神國에 태어나서 가미의 어민御民이 된 자, 가미의 어
> 심을 마음으로 삼고 가미의 행위를 받아 행동하여 만만의 가미를 배워야 할
> 도리임을, 어여쁜 백성이 화언禍言에 교차하여 헛된 다른나라[人國]의 희사戱
> 事를 몸으로 행하고 지극한 황국의 대도를 잊고서, 마침내는 더러운 이국異國

---

20) 와나타베 히로시는 앞의 논문에서, 『南山踏雲錄』의 미쓰히라의 영가에 대해, "그가 실제로 보는(그 자신을 포함한) 모든 사람들의 행위, 일체의 정경은 그에게 와카和歌적 감개를 가져다주었고, 나아가 그것을 미적으로 표현하기 위한 기회로 바뀌어 읽혀, 그 의미에서 그에게 비밀리에 환영된 '일'의 일환이 되어 있다 해도, 보였던 것이다"라고 평하고 있다. 와타나베의 지적은 미쓰히라의 신영관을 내치고 해석할 때 적확하다.

21) 하늘의 가미神와 땅의 가미. 즉 천신天神과 지기地祇를 합하여 이르는 말./역주

22) 신습은 읽는 방식에 따라 두 가지 의미가 있다. 신쥬しんじゅ로 읽으면 '신도'를 의미하고 간나라우かんならう로 읽으면 가미의 행위를 배우는 것, 즉 가미의 마음에 잘 따르는 것을 의미한다. 여기서는 후자를 의미한다./역주

의 시시한 것을 배우고자 함은 한없는 어리석음이다. (『光平文集』贈某文, 653頁)

　주관적 감정과 의사를 섞지 않고, "가미의 어심을 마음"으로 삼는 것이 '신습'이라고 한다.[23] 그리고 가미에게 배워서 "가미의 어심을 마음"으로 삼는 것은, "좋고 나쁨은 가미에게 맡기고 나니와에難波江의 무엇은 생각지 말고 우리 세상 다해야지"(『光平歌集』 534頁)라고 하듯이, 모든 것을 가미에게 맡김을 뜻한다.

　이러한 세상에서 생기는 모든 것은 가미가 하는 바이고, 사람은 다만 '가미의 어심을 마음'으로 삼아야 한다는 것은, 지금까지 살핀 바와 같이 모토오리 노리나가의 생각이다. 미쓰히라는 노리나가의 『고사기전』전권을 필사하여, 거병에 실패하고 체포된 감옥에서도 노리나가의 『직비령』을 같이 수감된 사람들에게 강의할 정도로 노리나가에 기울어져 있었는데, 그 '가미의 어심을 마음'으로 삼는 삶의 방식은 노리나가에 의거하고 있는 듯하다. 미쓰히라 역시 '가미의 어심을 마음'으로 삼는 생활 방식을 자기의 생으로 가려서 취했다. 그 다음으로 한 층 더 미쓰히라에게 특징적인 것은

---

23) '신습'은 히라타 아쓰타네가 강조했다. 미키 쇼타로三木正太郎 『平田篤胤の研究』(神道史学会, 1969年)참조. 미쓰히라는 이 점에서는 아쓰타네에 가까우나, 가도를 신도와 일체화한 것은 아쓰타네를 떠나 있다. 『園能池水』에서 아쓰타네의 『歌道大意』를 '벽설'(465頁)이라 비판하듯이 아쓰타네가 '노래'를 경시한 것은 동의할 수 없었다. 아쓰타네 개인이 풍류를 이해하지 않았다는 개인적인 취향의 문제도 있으나, 무엇보다 중요한 것은 아쓰타네에게 노래란 노리나가의 신고금조新古今調의 우아함을 상기해버리는 것이 이를 존경하지만 멀리하는 이유였다. 그런데 미쓰히라의 경우, 가도와 신도는 떼려야 뗄 수 없는 것이다. 또 미쓰히라는 직접 언급하지는 않지만, 아쓰타네설을 비판함으로써 노리나가설을 비판하고 있다. 주지하는 바와 같이 노리나가는 마부치真淵의 만엽주의万葉主義를 최후까지 따르지 않았다. 미쓰히라는 마부치 계보에 연결되는 가노 모로히라加納諸平에게 배워, '만엽영풍'을 현창하는 것은, 자기 '진정'의 표출을 옳다고 하기 때문이다. 기교와 수사에 매이지 않는 '정'의 발로를 '가미'의 수납으로 용인한다. 그것은 분명히 노리나가에 의해 부정·극복되어야 할 '마음만이라도[心だに]' 논리의 부활을 의미하고 있다. 노리나가의 '마음만이라도' 논리에 대해서는 졸저 『近世神道と国学』(ぺりかん社, 2002年)을 참조.

"대개 이승의 이 세상 가운데에 처음으로 일어나는 재해는 천신지기天神地祇의 진노瞋怒에서 발생하는 것으로, 사람의 힘으로서는 어떻게도 할 수 없는 이치이지만"(『難解機能重荷』1頁), 혹은 "대체로 세상 속의 길흉도 모두 다 신기神祇가 하시는 바인 가운데, 특히 역병疫病으로 사람이 죽고 혹은 악풍惡風·홍수로 작물이 상하는 등 인민의 장수요절 등도 모두 가미의 어심인 까닭"(『園能池水』466~67頁) 이라 하듯이, 지금 현재 일어나고 있는 천변지변과 역병의 유행을 가미들의 거친 행위라고 문자 그대로 믿고 있었던 데 있다. 미쓰히라에 있어서 가미들과 교감하는 '시키시마의 길'이란 이렇게 지금 여기서 거칠게 행동하는 가미들을 달래는 것을 의미한다.

본래 마쓰히라에게는 "이 정도로 두려운 가미의 우렁찬 외침소리雄武備/をたけび/오타게비를 그냥 총체로 듣도록 해야 할"(『野山のなげき』463頁)이라고 적고 있듯이 가미들의 거친 행위를 그대로 방관할 수는 없었다.[24] 그 중에서도 덴노를 장사지내는 산릉의 황폐에 의한 '어릉御陵의 어수御祟(=재앙의 빌미)'(『野山のなげき』251頁)로서의 역병과 재해는 미쓰히라의 마음을 괴롭게 했다. 미쓰히라는 『野山のなげき야산의 한탄』에서 산릉의 황폐를 탄식하고 있는데, 그 한탄은 또한 가미들의 한탄이기도 했다. 『野山のなげき』맨 처음의 노래는 그것을 보여준다.

찾으러 갈거나 천대의 옛 길이여 황폐해진 줄 모르는 야산이 한탄하는구나
(『野山のなげき』243頁)
覓とめ行かむ千代の古道荒れ果てゝしらぬ野山のなげきをぞする

---

24) 하가 노보루芳賀登는 미쓰히라의 '황공한 가미의'는 '거친 덴노레이天皇靈'라고 부연하고, 오리구치 시노부折口信夫의 다이죠사이론大嘗祭論의 중핵이 되는 '덴노레이'론을 인용하고 있다. 芳賀登 『国学の人びと—その行動と思想』(評論社, 1975年). 흥미 있는 견해이나 확대 해석에 지나지 않는다.

『野山のなげき』에서는 반복하여 가미들의 한탄과 거칢을 서술하고 있다. 예를 들면 분큐 2년(1862)에 엔겐료延元陵25)가 우는 현상에 즈음하여 "요시노吉野의 도노오노미사사키塔尾の御陵가 심히 울려 퍼짐 듣고 잘 들어 모시어"라고 사서詞書26)를 쓰고, "세상을 한탄하는 가미가 내쉬는 숨[息 吹]에 요시노 산벼랑은 바위도 부셔 버리네"(『野山のなげき』 265頁)라 읊고, "야마토구니大和国 스가와라菅原의 후시미즈伏水의 어릉御陵에 도둑이 들어 어관御棺을 파헤친 까닭"을 듣고서 "일어서시는 가미가 부는 거친 바람 하나가 산의 마음도 움직이겠네"(『野山のなげき』 154頁)라고 노래하고 있다. 미쓰히라에게 산릉의 황폐를 한탄하여 노래를 읊는 것은, 가미들의 거친 행동을 진정시켜 가미들과 교감함을 뜻했다.27)

5. 미쓰히라의 '야마토다마시이大和魂'

미쓰히라는 영가를 매개로 하여 상실된 '야마토다마시이'의 재생을

---

25) 엔겐延元(1336~1340) 4년(1339)에 지어진 남북조南北朝 시대의 고다이고 덴노 後醍醐天皇의 능陵. 도노오노미사사키 혹은 도노오노료塔尾陵탑이라 하기도 함. 엔겐은 남조에서 사용했던 연호/역주

26) 와카和歌에서 해당 노래를 지은 일시·장소·배경 등을 쓴 머릿말/역주

27) 미쓰히라는 『野山のなげき』에서 산릉의 존엄성을 능멸하고자 하는 법사를 격퇴한 것을 "어릉을 파헤치는 추한 긴 머리 도망가게 쫓아버릴지도 그래그래 이렇게 있어서야 내 터진 리안利眼"(『野山のなげき』 247頁)이라는 선두가旋頭歌를 첨가하여 자랑스럽게 쓰고 있는데, 이는 가미들의 한탄과 일체화한 미쓰히라를 상징하는 행위였다고 할 수 있다. "가미의 어심을 마음으로 삼고 가미의 행위를 받아들여 행위"(前出)하는 미쓰히라의 격정적 행위는, 가미와 일체화해 있는 곳에 에너지의 원천이 있는 것이다. 여기서는 "니치진日神의 혈통에 있어, 지금도 높여 현어신現御神아키쓰미카미으로 칭하여 받들고 아마쓰히쓰기天津日嗣(=황위, 또는 황위를 계승함)로 받들어 모시어, 사람이 곧 가미"(『園能池水』 454頁)인 덴노에의 충성이므로, "그대(=덴노)를 생각하는 진심은 높고 낮은 남녀 모두가 어그러지지 않는 것이어서 그 진심에서 하는 행위는 가미도 허락하고 사람도 허락하는 일이지"(『梓物語』 60頁) 라 하듯이, 가미가 용인하는 바에서 모든 행위가 허용되는 것이다.

추구했다. 이미 가모노 마부치에게서 이와 같은 사고를 볼 수 있는데, 미쓰히라에게서 중요한 것은 가미들과 교감하는 노래를 읊음으로써 이 '야마토 다마시이'를 재생할 수 있다고 생각했던 데에 있다. 그리고 그 결과, 회복한 '야마토 다마시이'는 하등 특별하지 않은, 오히려 "인기척 없는 산 속, 들 한 구석" 등의 시골에 남아 있는 순수 소박한 것이다.[28]

> 인기척 없는 산 속, 들 한 켠에 살면서 자연히 야마토다마시이를 갖추어 있
> 는 자는 이른바 상고의 신민神民/미타미이므로 가르칠 도道도 없고 배워야 할
> 것도 없다. (『園能池水』 479頁)

"인기척 없는 산 속, 들 한 구석에 사는" 사람들은 "자연히 야마토 다마시이"를 갖추고 있어, "상고의 신민"이다. 이 언설은, "인기척 없는 산 속, 들 한 구석에 사는" 사람들에 비하여, 미쓰히라도 포함된 당대의 사람들 대다수가 "떠들썩한 말로 된 중국漢国의 서적 등이 들어온"(『園能池水』 452頁) 이래 그런 순수무구한 '야마토 다마시이'를 상실해버렸음을 함의하고 있다. 당대의 사람들로서, '야마토다마시이'는 이미 '가르쳐야 하고' '배워서' 회복하여 재생해야 할 정신이었던 것이다. 같은 생각을 다른 곳에서는 다음과 같이 말한다.

> 그들이 도를 배운다는 무리들, 걸핏하면 물가 마을의 갈대가 나쁜 쪽으로

---

28) 지방 민간에 고풍이 존재한다는 인식은 알려진 바와 같이 모토오리 노리나가에게 이미 있었다. 노리나가는 『玉勝間다마가쓰마』에서 "가사[詞] 뿐만 아니라 많은 행위에도 구석진 시골에는 옛날의 우아한 것이 남아 있는 종류가 많다"(卷8, ゐなかに古のわざの〉これる事)라 말하고 있다. 노리나가의 이 인식이, 소라이학의 자극을 받아, 가모노 마부치가 고대·현대의 단절의식 아래 발견된 방법의 계승이었다는 점에 대해서는, 日野龍夫「都から鄙へ─賀茂真淵の方法管見」(『日本文學·日本語4(近世·近代)』角川書店, 1978年, 『日野龍夫著作集』第2卷所收, ぺりかん社, 2005年) 참조. 그리고 노리나가의 이 인식이 야나기타 구니오의 민속학 방법의 전사前史로서 자리매김 되어 있는 것 역시 주지하는 바 대로이다.

흘러가서, 인의仁義를 말하면서도 부모와 등지는 무위를 일삼고, 명리에 빠지는 부류, 갖고 나와서 말하고자 하는 것도 시끄럽기 까지 하다. 사람 눈이 없는 산그늘에서 자라나 글자 하나의 좌우조차 모르는 부류가, 도리어 군주를 존경하고 부모를 공경하며, 공公의 포상褒賞에 맡기는 것의 많은 것을 잘 헤아리고 잘 생각하여서, (저)사람들이 만드는 졸렬한 열등함을 알아야 한다. (「もとつ正道」 820頁)

'도를 배우는 무리'는 지식의 획득을 위해 타락하는데, 오히려 '보는 사람 없는 산그늘에서 자라나서 글자 하나의 좌우조차 모르는 부류'야말로 "군주를 존경하고 부모를 공경하"는 순종성이 남아 있다는 것이다. 그럼에도 불구하고, 본래 "오미카미大御神(아마테라스오미카미를 말함)의 어광御光을 입고 있는 아시하라노나카쓰노쿠니葦原の中津国[29]의 신민神民/미타미"(『園能池水』 454頁)일 텐데, 미쓰히라의 눈앞에 있는 '신민'은 참혹한 상태에 놓여 있었다. 그것은 돈에 눈이 먼 부모에, 개항장의 외국인에게 몸이 팔려 물에 뛰어들었던 딸과 같은 가련한 존재였다. 미쓰히라는 이 딸을 "황국의 신민神民인 자, 누군가는 떳떳하다고 칭찬하지 않겠는가"고 극구 칭찬하여 다음의 노래를 읊고 있다.

개여뀌는 이슬에 젖지 않네. 세상 속 매운 언저리에 몸은 잠기지만 (『光平歌集』 533頁)
犬蓼の露にはぬれじ世の中のからきわたりに身はしづむとも

미쓰히라로서, 가혹한 책임을 지고 물에 몸을 던졌던 딸의 심정을 읊는 것은, 또 『野山のなげき』에서, 산릉의 황폐를 한탄하며 가미들의 탄식을 노래했던 것과 같은 행위였음은 두말할 필요가 없다.

---

29) 일본 신화에서 다카마가하라高天原와 요미노쿠니黃泉の国 사이에 있다고 하는 세상. 곧 일본 국토를 말할 때 사용하는 일본의 미칭/역주

미쓰히라의 사상에서, 국학사상에 관통하는 반금전적·반합리주의적 사유를 간파해 내기는 어렵지 않다.[30] 미쓰히라로서 "시키시마敷島의 야마토구니는 초들어 말하지 않는 구니라고 말과 입으로 전해, 이것저것 초들지 않고서, 대단히 너그럽고 평온한 황국의 어민御民으로 태어난"(『光平文集』, 安政5年詠草跋, 656頁)한, 노래를 읊는 것은, 그러한 사유를 양성하는 유교와 불교 거기에다 난학이라는 '이국의 횡도'(前出 『園能池水』)를 물리치고, 잃어버린 "타고난 시키시마의 야마토다마시이"(『園能池水』 458頁)를 회복하기 위한 유일한 방도였다고 할 수 있다.

미쓰히라에게 노래를 읊는 것은, '야마토다마시이'의 회복만이 아니라 그 이상의 의미가 있음을 마지막으로 지적해 둔다. 미쓰히라는, 『고금집』 진명서真名序의 "속인이 영리를 다투면서 와카和歌를 읊지 않으니 슬프고 슬프도다. 비록 귀인이 장상을 겸하고 금전이 남아 도나 뼈는 아직 흙 속에서 썩지 않고 이름이 먼저 세상에서 사라지니, 후세에 알게 될 것은 오직 와카를 노래하는 사람[和哥之人]일 따름이라"[31]를 비교 대조하면서 다음과 같이 말한다.

누구도 누구도, 만요万葉의 영풍英風인 영가의 대도에 있어서, 국체国体를 알고, 멀리 있는 조정도 조정의 어위御爲에 순전한 충성[精忠]을 다하고, 선조를 알고 가업에 힘쓰므로, 높은 이름[佳名]이 저절로 만세에 전해지고 감추어진 어버이 이름마저 드러나는 것, 황국의 신민인 자의 면목이라, 누가 높여 선망하지 않으리오. 누가 어여삐 칭예하지 않겠는가 (『園能池水』 458頁)

---

30) 국학 사상의 반화폐경제적 성격에 대해서는 그 계보 존중의 문제와 관련하여 논한 것이 있다. 졸고「近世神道と国学における系譜尊重の意味」(『神道宗教』194号, 2004年) 참조.

31) 본문의 한문 원문은 다음과 같다. "俗人爭事┬營利┬, 不┬用┬詠┬和歌┬, 悲哉々々. 雖┬貴兼┬相將┬, 富余┬金錢┬, 骨未┬腐┬於土中┬, 名先滅┬世上┬, 適爲┬後世┬被┬知者, 唯和哥之人而已"/역주

'황국의 신민神民'은, "지금도 그 옛 풍의風儀를 신습神習하고 옛 말을 음미하며 옛 정취를 알아, 옛 뜻과 맞을 노래까지도 불러내는[詠出] 것은, 저절로 언령言靈의 도움을 받아 집안을 일으키고 몸을 일으키며 이름을 후세에 전함은 물론"(『園能池水』 458頁)이고, 영가로써 후세에 '이름'을 남길 수 있는 것이다.[32] 미쓰히라는 "떨어지는 메밀잣밤나무 밤톨 같아도 세상에 사그러지지 않고 거친 평상[床]에 몸이 묻힌다 해도(落椎のしいても世には朽ちはてし嵐の床に身はうもるとも)"(『光平歌集』, 山居述懷, 507頁) 라는 노래를 읊고 있는데, 그에게 "세상에서 사그러지지 않는" '이름'을 남기는 유일한 도道는, 난학자처럼 '예芸'=과학기술의 진보에 기여하는 것이 아니라 주정적主情的인 노래를 읊는 것이었다.

---

32) 미쓰히라에게 인생의 목표는 좋은 노래를 읊어 '이름'을 후세에 남기는 것이었다. 이는 스승 가노 모로히라의 고킨슈古今集의 진명서真名序의 해석에서 생성된 것으로 보인다. 모로히라諸平는 유제화가집類題和歌集인 『類題鰒玉集』을 간행하여 영가詠歌에 의해 '이름'이 머무는 곳을 제공했다. 거기에 노래가 실려 기록으로 남는 것이다. 이 기대가 전국으로부터 노래하는 자들을 모으는 까닭이었다. 『類題鰒玉集』은 분세이文政 11년(1811)에 제1편이 출판되었고, 안세이安政 원년(1854)에 제7편이 간행되었는데, 『鰒玉集作者姓名錄』에 의하면 초편부터 5편까지의 작자는 1,780명이나 되었고, 그 출신지도 전국 각지이다. 관련하여 미쓰히라가 『類題鰒玉集』에 등장한 것은 제4편 이후에 여섯 수가 실려 있다. 이하 제5편 열한 수, 제6편 스물여섯 수, 제7편 서른두 수이다. 쓰지모리 슈에이辻森秀英 『近世後記歌壇の研究』(桜楓社, 1988年) 참조.

494   에도 후기의 사상 공간

9장

난리 유린南里有隣 『神理十要신리십요』의 기독교 영향

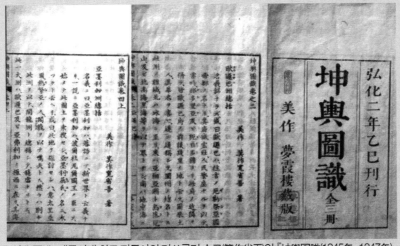

坤輿図識- 에도시대 최고 지도서인 미쓰쿠리 쇼고(箕作省吾)의 『坤輿図識(1845年~1847年)』

1. 『天道溯原천도소원』 수용 문제

히라타 아쓰타네平田篤胤 이후의 후기 국학에 기독교의 영향이 있다는 것은, 일본사상사학의 창시자 무라오카 쓰네쓰구村岡典嗣의 충격적 논고 이래 널리 알려져 있다.[1] 일찍이 무라오카는, 히라타 아쓰타네가『本教外篇본교외편』에 가톨릭 교의서를 비밀리에 필사했음을 밝히고 그의 유명관幽明観안에 기독교의 영향이 있었음을 논증했다. 뿐만 아니라 무라오카는 막말幕末에 프로테스탄트 교의서가 들어오고, 국학자들이 그로부터 영향을 받았음을 논하고 있다. 사가佐賀의 국학자 난리 유린은 그 좋은 예증이었다.[2] 무라오카는 그 증거로서, 유린의『신리십요』가 중국에서 간행된 윌리엄 마틴(丁韙良)이 지은 『천도소원』의 일본어 번역서임을 지적했다. 획기적 발견이었으나, 당시 베를린에서 유학하고 있었던 무라오카가 그것을 면밀히 실증했던 것은 아니었다. 무라오카 이후 아쓰타네의 유명관을 중심으로 한 연구가 심화되고 가톨릭 교의서와의 관련이 보다 상세히 검토되었으나,[3] 유린에 대한 연구는 제한된 자료

---

1) 村岡典嗣「平田篤胤の神学における耶蘇教の影響」(『増訂日本思想史研究』岩波書店, 1940年, 졸저『新編日本思想史研究—村岡典嗣論文選』再錄, 東洋文庫, 平凡社, 2004年). 무라오카는 또『本教外篇』이 의거했던 천주교서로서『天主実義』『畸人十篇』『七克』를 들고 있는데, 이 안에『천주실의』로서 있는 곳은『三山論学記』임을 이토 다사부로伊東多三郎가 명확히 했다. 伊東多三郎「禁書の研究」(『歴史地理』68巻 4・5号, 1936年 10・11月,『近世史の研究』第1冊 所収, 吉川弘文館, 1991年).

2) 村岡典嗣「南里有隣の神道思想」(『増訂日本思想史研究』) 참조.

3) 아쓰타네에의 기독교 영향에 관한 것만 해도 伊東多三郎(앞의 논문)・海老澤有道『南蛮学統の研究』(創文社, 1958年), 三木正太郎『平田篤胤の研究』(臨川書店, 1969年) 등의 고전적 연구가 있다. 무라오카가 착목했던 아쓰타네의

때문에 거의 진전되지 못했다.[4]

이러한 삭막한 연구 상황 속에서『천도소원』연구자 요시다 도라吉田寅가
『신리십요』가『천도소원』초판본인 1854년판에서 초록했음을 지적한
것은 중요한 사항이다. 요시다는 사가현립 도서관이 소장하고 있는
『신리십요』[5](이하『십요』로 약기함)에서 세 곳을 인용하여, 그것이『천도소원』
의 원문을 베낀 것임을 밝혔다.[6] 무라오카의 발견이 구체적인 예시에
의해 근거 지어진 것이다. 물론 요시다의 관심은 오로지『천도소원』이
막말 · 메이지기 일본에 유입된 실태를 보이는데 있었기 때문에 유린의

유명관에 대해서는 고야스 노부쿠니 이후 왕성해졌다. 이 유명관 부활은 6,70
년대 국학연구에의 안티 테제라는 측면이 있다. 그 때까지는, 아쓰타네학은 노
리나가의 문헌실증주의로부터의 후퇴, 혹은 전근대적 · 비합리적 성격을 지녔
다는 이유로 기피되어 왔다. 그러나 연구자 자신의 '근대'적 가치에 규정되어
있던 시각 그 자체가 비판되는 가운데 우주론과 유명관이 새로이 각광받게 된
것이다. 그것을 주도한 것이 고야스 노부쿠니 · 가쓰라지마 노부히로桂島宣弘의
일련의 국학연구였다. 이에 대해 필자는, 고야스 노부쿠니도 포함하여 전후의
국학 연구가 '덴노'와 '황국'이라는 관념을 정면으로 상대하지 않았다는 문제의
식에서, 스이카垂加 신도를 비롯한 유가신도와 국학의 연속 · 비연속을 논해왔
다. 90년대 이후의 국학연구사에 대해서는 星山京子「近年の国学研究」(『日本
思想史学』39号, 2007년) 참조.

4) 유린의 신도사상에 관한 저작은 무라오카가『日本思想史研究』초판본(岡書院,
   1930年)의 부록으로 번각했던『真教概論』이외에는 사본 · 고본稿本으로만 전
   해진다. 그 가운데 무라오카가 소재 불명이라 했던『日本書紀神代卷』과『湯津
   爪櫛』은 현재 니시오시西尾市 이와세岩瀬 문집에 소장되어 있다. 전자는『日本
   書紀』후자는『釋神代故事記』로 부제가 붙어 있듯이『故事記』의 주석서이다.
   저자는 그 양자의 기기 주석서를 소개한 적이 있다.「南里有隣の記紀注釈─村
   岡典嗣未見史料の紹介」(『國學院雜誌』104卷 11号, 2006년 11월) 참조.

5) 현재『神理十要』는 사가현립도서관에 소장되어 있다. 乾坤 2책. 南里有隣手
   稿本. 청구번호 991-151.

6) 吉田寅『中国キリスト教伝道文書の研究─『天道遡原』の研究 · 附訳註』(汲古
   書院, 1993年) 134쪽. 요시다는,『天道遡原』초판본은 중국에서도 그 소재를
   모르기 때문에『神理十要』는『天道遡原』의 판본 연구 위에서도 중요한 가치를
   지니고 있다고 한다. 또 본고가 사용한『天道遡原』는 나카무라 게이우中村敬宇
   가 훈점을 붙인 메이지 10년 간행의 일책본一冊本(架藏本)이다. 요시다에 따르
   면, 이 메이지 10년 판은『天道遡原』의 일본어판 중에서 1860에 간행된 중국
   어판에 훈점을 붙인 초판 훈점본(간행년 없슴), 메이지 8년판(나카무라 게이우
   훈점)과 동일한 판에 속하는 고판 훈점본이다.

사상 그 자체를 논한 것은 아니었다. 관련하여, 요시다에 의하면 미국 장로회 선교사 마틴의 『천도소원』의 특색은 "기독교 증거론을, 유교적 교양으로 육성된 중국의 지식인들에게 알기 쉬운 형태로 전개하고, 그때 서양 근대과학의 성과도 실증한 다음에 충분히 활용한 것과 기독교의 절대성을 구체적이고 대담하게 주장했던 것에 있었다"[7]라고 하는데, 그것이 '유교적 교양으로 육성된 중국의 지식인' 뿐만 아니라 일본의 국학자에게도 '알기 쉬운' 것이었음이 더 명확해지지는 않았다. 따라서 이 장에서는 『십요』가 『천도소원』으로부터의 어떤 영향을 받고 있는지에 대해 고찰해 보고자 한다. 다만 『십요』가 유린의 사상 형성에서 어떤 의의가 있는가에 대해서는 아직까지 그의 사상의 전모를 해명할 수 없는 현시점에서 논하기는 어렵다.[8] 그런 의미에서 필자의 유린 연구의 중간보고報告이다.

그런데, 『십요』는 「총론」과 10장으로 구성되어 있다. 무라오카는 9장 말미에 '안세이 2년(1855) 5월'이라 적혀진 것에서 유린의 44세 때의 저작으로 추정하고 있다. 10장이 그 뒤에 이어지고 있으므로 약간의 의혹은 남지만 지금은 이에 따른다. 유린은 「총론」의 서두에서 『신리십요』라는 제명의 유래를 다음과 같이 설명하고 있다. 오노 야스마로太安万侶의 『古事記고사기/고지키』 서문에 '신리神理'라는 글자가 있는데, '신리는 곧 신대神代/가미요로부터의 이 감추어진 리[隱理]이고 그 리는 신대의 고사古事에 담겨 갖추어져' 있는데, '신대기神代記에는 나타나있지 않고 다만 구전으로만

---

7) 위의 책, 105쪽.
8) 무라오카는 앞의 논문에서, 유린의 사상 형성에 관하여 『十要』를 경계로 전후로 나누어 전기 저작으로서 『設奬錄』『神傳廣意』(嘉永6年) 등을 들고, 후기는 『眞教槪論』『うつしみ』 등을 들고 있다. 그리고 『十要』를 통해 유린의 종교적 정조情操·철학적 사색이 깊어졌음을 지적하고 있다.

전해'지고 있다. 그러나 시대가 변천하여 '유불의 현리顯理'가 성행하게 되자 점차 없어져 버렸다. 그 때문에 '신대 삼부三部의 본서本書'에 의해 이를 찾아 '재흥'한 것이 이『십요』라고 서술하고 있다. 본서는 자신의 신도 사상의 대개를 서술한「총론」과는 별도로 제1장부터 제10장까지 각 장 마다의 서두에도 총론적 글이 있고, 무라오카와 요시다의 지적처럼 각 장의 본문에는『천도소원』을 훈독한 곳이 다수 포함되어 있다.

이 장에서는 우선 논의상『신리십요』에서『천도소원』을 훈독한 곳을 표시해 둔다. 그것이 이 장 끝의「표1」이다.『십요』의 각 장·조목条目에는 본래 제목이 없었으나 여기서는 편의적으로 각장의 각목 첫머리의 말을 내세워 두었다.

「표1」(533쪽 참조)을 보면 알 수 있듯이, 제7과 제10 이외에 많고 적음은 있으나 각 장에 걸쳐『천도소원』에서 베껴 쓴 곳이 있다. 다만 무라오카가 "천도소원으로부터의 대부분의 초록을 그 이른바 십요에 편성했다"라고 했을 정도로 각 장 모두 베껴 쓴 것은 아니다. 전체의 경향으로는 각 장 전반부에『천도소원』을 베껴 쓴 곳이 많으나 후반부에는 자신의 견해를 서술하고 있다고 할 수 있다.

또한 이 장 끝의「표2」(538쪽 참조)는「표1」과는 반대로『천도소원』을 중심으로 하여『십요』에 인용되어 있는 곳을 나타낸 것이다. 여기에서 주의할 것은『천도소원』안에서 전혀 인용되지 않은 장이 존재하고 있다는 점이다. 그것은 다음의 장이다.『천도소원』중권中卷 제2장「以預言為証이예언위증 (예언으로 증명함)」, 동 제3장「以神跡為証이신적위증(신의 자취로 증명함)」, 하권 제1장「論聖書原文訳文논성서원문역문(성경원문의 번역문을 논함)」, 동 제8장「耶蘇教人祈禱原文야소교인기도원문(사람이 기도하는 야소교 원문)」「懺悔文式참회문식」「祈禱文式기도문식」「毎飯謝恩文式매반사은문식/식사시 은혜 감사문형식」,

동 제9장 「論 信者謹守 聖礼 논신자근수성례/신자가 성례를 삼가 지킬 것을 논함」, 동
제10장 「論 三位一体 논삼위일체/삼위일체를 논함」 등의 여러 장이다. 이 속에
"성서의 요지는, 곧 야소, 자기의 몸으로써 타인을 대신하여 속죄하고
구원하는데 있다"(『天道遡原』 卷中, 第2章以 預言 爲 証), "야소가 여러 가지
특이하고 남다른 능력[異能]을 보임은 사람들로 하여금 경이롭게 하게
함이 아니다. 천하 사람으로 하여금 분명히 내가 능히 세상을 구원함을
알게 하고자 할 뿐이다"(『天道遡原』 卷中, 第3章以 神跡 爲 証) 라 적혀 있듯이
구세주 그리스도의 속죄와 기적에 관계된 곳이 포함되어 있음은
중요하다.

물론 기독교금령 하에 있었던 유린이, 기독교에 곧바로 접하기를
꺼렸음은 쉽게 상상된다. 그러나 그것을 제거하고 나면 성서의 '요지'가
이지러져 버릴 것이다. 기독교 수용에서 보자면, 이른바 대본大本 · 토대가
없어져 버리는 것이다. 여하간 이들 장章이 이용되지 않았던 이유가 어디에
있는가가 『십요』의 중요한 해결해야 할 문제일 것이다. 이하, 이 문제를
포함하여 유린이 『천도소원』의 기독교 교의에서 무엇을 받아들이고 또
거꾸로 무엇을 받아들일 수 없었던 것인가에 대해 검토해 보자.

2. 수륜首倫으로서의 신인 관계

난리 유린이 『천도소원』에서 배웠던 중요한 하나는, 신과 인간의
관계가 인륜 이상으로 우선한다는 신앙 우위의 사고였다고 생각한다.
유린은 신인 관계가 '수륜(=최우선의 도리/역주)'이었고, 군신 · 부자 · 부부 ·
형제 · 붕우의 오륜五倫은 그에 종속된다고 한다.

진신真神이 자기 모습으로써 인간을 만든 즉 신과 인간은 저절로 일륜一倫이 된다. 인간은 이미 신이 만든 바이니 곧 내 몸이 유래하는 바, 신을 섬김이 중요한 일임을 마땅히 알아야 한다. 신과 인간은 바로 이를 내세워서 수륜이 되는 것이다. 신인이 수륜이 되어 서고 오륜이 그 아래에서 행하여 질서가 있을 시에는, 집터에 반석이 있고 수많은 서까래가 그 위에 걸쳐져 바야흐로 든든한 편안함을 얻게 되는 것이다. 오륜은 비유컨대 보주宝珠와 같아 흠결이 있어서는 안 된다. 수륜은 비유컨대 금색金索과 같아 꿰뚫어져 남김이 없다. 그러므로 진신真神은 만왕의 임금이며 세상의 군왕과 서민은 함께 그 신하가 된다. 신은 있지 않는 곳이 없으며 알지 못함이 없다. 착함을 기뻐하고 악함을 미워한다. 성심誠心으로 신독慎独하여 이를 숭봉해야 하지 않겠는가. (第3, 9条)

이 '진신'이 '자기 모습'을 닮은 모습으로 인간을 창조했다는 곳은 『천도소원』의 충실한 훈독이었다.

真神以己樣造人, 卽神与人自為一倫, 人既為神所造, 卽当知吾身之所由来, 事神之為要務, 神与人当立之為首倫也, 明矣, 神人立為首倫, 五倫乃行乎其下而有序, 如屋基有磐石, 万椽架乎其上, 方得安固, 五倫譬如宝珠, 不可缺少, 首倫譬如金索, 貫串無遺, 故真神乃萬王之皇, 世上君王与庶民共為其臣, 神無不在, 無不知, 喜善嫉惡, 可不誠心慎独以崇奉之哉, (中卷, 以教化為証, 46ウ～47オ)

이 신인 관계가 '수륜'이라는 『천도소원』의 언설에는 본래 유교에 대한 비판이 담겨져 있다. 유교는 당연히 오륜을 인간관계의 기본으로 보고, 그 중에서도 군신·부자 관계를 중시한다. 그러나 『천도소원』은 신인 관계를 '수륜'으로 한다. 유린은 『천도소원』이 유교를 비판한 곳을 그대로 복사하여 자기의 교설로 했다.

중화의 유교는 인간을 말하고 신은 언급하지 않는다. 인간에 오륜이 있음을 말하면서 신과 인간이 실로 수륜이 됨을 모른다. 그러므로 겨우 세상의 군주를 섬김을 가르치지 천상 즉 하느님[帝]을 섬길 것을 가르치지 않는다. 부모에 효도할 것을 가르치고 천상의 부모를 공경할 것을 가르치지 않는다. 조상의 음덕을 추모해야 함을 가르치면서 조물주를 존봉할 것을 가르치지 않는다. 지금 생의 선악을 알아야 함을 가르치면서 내세의 화복을 말하지 않는다. (第1, 4条)

夫中華儒教, 言人而不及神, 言人有五輪, 而不知神与人実為首倫, 故僅教人事世上之君, 不教之事天上乃帝, 教人孝父母, 不教之敬天上之父, 教人報本追遠, 不教之尊奉造物之主, 教人知今生之善悪, 不以来世之禍福勉人為善, (中巻, 以教化為証, 46才)

신인 관계가 지상의 인간세계의 '오륜' 이상의 것이고, '천상내제天上乃帝', '조물주'인 신을 섬김이 어떤 것보다 우선하지 않으면 안 된다고 한다. 에도 시대 배야서排耶書(기리시탄을 배격하기 위해 쓴 책/역주)의 상투구에 기독교 신자는 신에 대한 신앙을 우선하고 군신부자의 충효 도덕을 부정한다는 비난이 있었다.[9] 유린이 동시대의 이러한 기리시탄 비판에 맞서고 있었음은 분명하다. 더 나아가면, 에도 시대 국학자와 신도가 가운데 이 정도로 확실히 신을 섬길 것을 가장 앞세웠던 언설은 없지 않았을까 생각한다. 그 의미에서 기독교 교의서인 『천도소원』을 본보기로 하고

---

9) 가령 잠입했던 선교사 시도치를 통해 에도시대에 기독교에 가장 친숙하게 접했던 아라이 하쿠세키는 "예礼(=礼記)에 천자는 상제를 모시는 예가 있고, 제후 이하는 감히 하늘에 제사 지낼 수 없다. 이 존비尊卑의 분위分位가 어지러워져서는 안 되는 바의 이유이다"고 말하여, '상제'의 제사는 '천자'의 전권 사항이라 하고, "신하는 군주를 하늘로 삼고, 자식은 부모를 하늘로 삼으며, 아내는 남편을 하늘로 삼는다"하여, 군신·부자·부부의 삼강 속에 '천'을 내재화하고, 삼강을 초월하는 '천'을 인정하면 "그 유폐가 심하여 반드시 군주를 시해하고 부모를 시해함에 이르더라도 서로 반성하는 바가 없다" (『西洋紀聞』卷下, 『新井白石』日本思想大系35, 岩波書店, 1975年, 67쪽) 이라 비난하고 있다.

있었던 유린 신도 사상의 특이성은 두드러진다.

또 『천도소원』을 본보기로 하는 바에서, "진신은 만왕의 임금이며 세상의 군왕과 서민은 함께 그 신하가 된다"(第3, 9条)라 하는 것처럼, 지상의 세계 이상의 '진신' 아래에서의 인간의 평등이라는 관념을 가져온 것은 중요하다. 이 점, 유린은 『천도소원』을 충실히 훈독하여 자신의 교설로 바꾸어 말한다.

> 신은 곧 세인世人의 천부이며, 위로는 제왕 아래로는 서민 모두가 신의 자식들에 속한다. 즉 모두 신이 수청垂聽하는 바이다. 무릇 세상의 아비 된 자, 자식이 빌고 찾는 바 있으면 적서嫡庶를 가리지 않고 각각 그 말을 들어 각각 그 원하는 바를 이루어주지 않음이 없다. 하물며 신은 곧 지공무사至公無私하여 마땅히 사람을 편시偏視하지 않는다. (第1, 12条)

> 神乃世人之天父, 上而帝王, 下而庶民, 皆属神之子輩, 則皆為神所垂聽, 夫世間之為父者, 子輩有所祈求, 不分嫡庶, 無不各聽其言各逐其願, 況神乃至公無私, 其将偏視人乎, (下卷, 第8章, 103ォ)

여기서는 '위로는 제왕, 아래로는 서민'에 이르기까지 '모두 신의 자식'이라는, 상하의 계통적 질서를 초월하는 '지극히 공평하고 사사로움이 없는[至公無私]'의 평등관을 말하고 있다. 신과 '신의 자식'인 인간과의 관계에서, '자식'의 '기구祈求[빌고 찾음]'를 서술하고 있는 점은 인간의 구제론에 관련, 뒤에 서술하겠지만, 여기에서는 초월적인 '신' 아래서의 인간의 평등관을 확인해 두자.

그런데, '신의 자식'인 평등한 인간이 한 사람 한 사람 신 앞에 서 있다는 도식은 극히 기독교적이라 할 수 있다. 그것은 신의 시련이라는 다음과 같은 사고를 보면 분명해 진다.

은부隱父가 인간의 선악을 보아 구별함도, 또한 그 믿음의 성실성을 볼 뿐이다. 이 말씀에 말하기를, 진실로 믿지 않으면, 신이 기뻐하시는 바가 될 수 없다. 신은 믿는 자를 구원하고 믿지 않는 자는 버린다. 또 믿는 자에게도 여러 어려움을 시험시켜 그로써 그 신덕信德을 단련하게 한다. 옛날에 한 사람의 신자가 있었다. 은부가 이를 시험하여 하늘의 불로 곳간을 태우고 사내 계집종을 적으로 하여금 죽이고, 가축들을 강제로 빼앗았다. 그 신자는 하나도 가진 바 없게 되었다. 어느 날 신자 말하기를, 내 벌거숭이로 세상에 나왔으니 곧 벌거숭이로 땅으로 돌아가야 한다. 대저 여기 있는 것은 모두 신이 주신 바이다. 지금 신이 이를 취하니 오직 신을 송찬해야 할 뿐이라 한다. 신이 이미 그 마음을 시험하고 다시 부유富有를 내려주셨다. 전과 비교하여 더욱 성대하게 되었다. (第4, 5条)

'은부'가 신자에게 곤란을 주어 신앙을 '시험'한다고 한다. 이 '한 사람의 신자'란 실은 구약성서의 의인 욥이다. 이 곳은 『천도소원』의 다음을 훈독한 것이다.

天父之所以別人善惡者, 亦視其信之誠而已矣, 聖書曰, 苟不信, 不能為神所悅, 我始祖未陷罪之先, 神則試之以行, 欲知其能守本福与否, 今則試人以信, 欲見其能脱於罪与否, 信者救之, 不信者棄之, 且於信者, 歷試諸艱, 以煉其信德, (中略)其試約百也, 約百本巨富, 敬事天父, 而魔鬼譏其私心求福, 天父於是降災以試之, 其倉廩為天火所焚, 其僕婢為敵人所殺, 其群畜為強徒所劫, 其時約百一無所有, 曰, 我裸而出世, 則当裸而帰土, 凡此之物, 乃神所賜, 今神取之, 惟当頌讚神耳, 後天父既試其心, 更賜之以富有, 較前尤盛, (下卷, 第6章, 95ゥ~96ォ)

『천도소원』의 '성서' '약백約百욥'이 '이 말씀에 말하기를' '옛날에 한 사람의 신자가 있었다'고 각각 바꾸어 말하여, 출전과 인물명이 애매하게 되어 있지만, 거의 베껴 썼다고 할 수 있다(『천도소원』에서의 '천부'가 '은부'로 바뀐 데 대해서는 후의 검토를 요한다). 여기서는 의인 '욥'이 신앙자의 이상상理想像으로서 받아들여진 것을 확인하고자 한다. 즉 "내 벌거숭이로 세상에 나왔으니 곧 벌거숭이로 땅으로 돌아가야 한다. 대저 여기 있는 것은 모두 신이 주신 바이다. 지금 신이 이를 취하니 오직 신을 송찬해야 할 뿐"이라 하는, 욥의 재산과 가정이 파괴된 뒤의 신의 송찬을, 현대의 성서(욥기 제1장 21절)는 다음과 같이 번역한다.

　　나 벌거숭이로 어머니 뱃속에서 나왔다. 또 벌거숭이로 저기로 돌아갈 것이다. 주님이 주시고 주님이 취하신다. 주님의 이름만이 명예롭다.

　가혹한 역경에도 불구하고 그것을 신의 '시험'으로 받아들이고 신을 찬미한다. 신의 시련이라는 이 사고는 유린의 기독교 수용에서, 그리고 그의 신도 사상을 이해하는 데에서도 중요하다. 무라오카가 지적한 이래, 히라타 아쓰타네가 기독교에서 신의 시련이라는 사고를 받아들여 독특한 유명관을 제시한 것은 이미 알려져 있다.[10] 착한 사람이 불행하게 되고 나쁜 사람이 행복을 얻는다는 현실 세계의 부조리를 신의 시련으로 받아들여 신앙이 깊어진다는 회로는, 노리나가에게는 보이지 않는, 아쓰타네다운 것이다. 아쓰타네는 이 세상은 신이 인간을 선악을 시험하기 위한 '우세寓世'였고, 대국주신大国主神에 의해 심판되는 사후의 세계가 '본세本世'(『古史伝』 123段)였다고 한다. 유린도 아쓰타네의 이 유명관을 받아들이고 있다. 그 때, 현세적인 선악 · 행불행을 초월하여 신앙만으로 살

---

10) 주1)의 「平田篤胤の神学における耶蘇教の影響」 참조. 또 에도 초기 기리시탄과 反기리시탄의 논쟁에서도 악과 부조리의 신의론이 하나의 논점이 됐던 것은 구로즈미 마코토黒住真 「キリシタンと日本思想の出会」(上智大学哲学会 『哲学論集』 23号, 1994年6月, 『複数性の日本思想』 수록, ぺちかん社, 2006年) 참조.

아간다는 데까지 도달해 있는가의 여부는 유린 이해를 위한 중요한 논점이다. 확실히 선행이라는 "단련, 정화는 엄밀히 말해 윤리 문제이지 종교 문제는 아니다. 거기에는 아직 인간의 원죄가 궁극적으로 추구되지 않기 때문이다."[11] 특히 이 문제가 중요한 것은, 『천도소원』이 프로테스탄트 교의서였기 때문이다. 가톨릭을 비판했던 루터의 프로테스탄트의 핵심이 신앙 의인론義認論에 있음은 인정되는 부분이다. 사실, 『천도소원』에는 선행보다도 신앙을 우선시하는 사고가 다음과 같이 나와 있다.

> 다행히 천부天父가 죄 사함의 복음을 내리며 말하기를, 신은 법으로써 인간을 칭하여 의롭다고 하지 않는다. 오직 야소 기독을 믿음으로써 그 의로움을 칭한다고 한다. 또 말하기를. 그 도가 나타남에 율법과 선지先知가 이를 증거로 삼는다고 한다. 인간은 선행으로써 속죄할 수 없고, 오직 야소의 공에 의해 죄를 사할 수 있다고 한다. (下卷, 第4章, 80ゥ)

유린은 여기에 제시되고 있는, 신이 인간을 의롭다고 함은 그 사람의 '선행' 때문이 아니고, 다만 구세주 그리스도를 믿음으로써만 이라는 신앙 의인론을 수용할 수 있었던 것일까. 이는 유린의 기독교 이해뿐만 아니라 근대 일본의 기독교 이해를 위한 아주 흥미로운 문제다.

아무튼 이런 신인 관계를 주축으로 하여, 신에 대한 신앙의 중요성을 말하고 있는 점(신앙 내용이 문제이며, 무엇보다 신앙 의인론이 이해되고 있는가는 이 장의 핵심이다), 유린은 『천도소원』으로부터 결정적으로 영향을 받고 있다. 이하, 신과 인간 각각의 측면에서 구체적으로 『천도소원』 수용 모양을 검토한다.

---

11) 아사노 쥰이치浅野順一 『ヨブ記』(岩波新書, 1969年) 157쪽.

3. 창조주 · 주재신 · 유일신

익히 알고 있는 바와 같이 기독교의 신은 창조주 · 주재主宰신 · 유일
절대신의 세 가지 성격을 지니고 있다. 유린이 오륜 이상이라는 '수륜'
이라는 '신'은 과연 어떤 성격을 갖고 있는가. 유린은 기독교의 신을
어떻게 수용하고 있었는가. 이 절에서는 창조주 · 주재신 · 유일신 각각의
측면에서 살펴본다. 먼저 창조주로서의 신의 측면.

> 인간은 세상에 산다. 이는 것은 하늘, 밟는 것은 땅, 그것이 만들어진 것인
> 지 아니면 자연히 있는 것인지 사람은 모른다. 인간의 몸은 어디로부터 왔
> 는지 영혼은 어디로 가는지 인간은 또한 모른다. 이것이 지요至要의 끝단이
> 다. 알 수 없고, 앎을 구하지 않는 것은, 어리석은 사람이 길을 감에 갈 길
> 을 알지 못함과 다름 아니다. 대저 조용히 만물을 봄에 각각 조물주造物主ムス
> ビノカミ무스비노카미의 대지대능대인大知大能大仁으로 나타난다. 이 지요의 끝단이
> 신대神代의 유의遺意가 아니라면 마음을 다하여 궁구하여도 무엇에 의거하는
> 지를 모른다. (第2, 8条)
> 人生┷世上┃, 戴者天, 履者地, 其由┃於創造┃乎, 抑自然而有者乎, 人不┃能┃知
> 也, 人之身従┃何来, 霊従┃何往, 死為┃何故┃, 罪由┃何脱┃, 人又不┃知也, 於
> ┷此至要之端┃, 不┃能┃知, 而不┃求┃其知┃, 奚啻痴人行┃路, 不┃弁┃所往之途
> 乎, 夫静観┃万物┃, 尽顕┃造物主之大知大能大仁┃, 而至要之端, 苟非┃自┃天
> 示┃教, 雖┃悉┃心窮究┃, 何由知┃之, (巻中, 第6章, 47ウ)

여기에서 유린은 『천도소원』의 '조물주'에 '무스비노카미'라고 토(ル
ビ루비)를 달고 그대로 받아들이고 있다. 이하의 곳도 마찬가지이다.

신은 볼 수 없으나 또한 늘 있고 만물은 그 조리에 의한다. 특히 몸만을 혼
이 만드는 바가 아니라, 천지도 즉 실은 신이 만드는 바이다. 대개 만물의
경영을 봄에 반드시 이를 거치고 이를 영위하는 신이 있음을 안다. 또한 천

지의 여러 바탕이 모두 갖추어져 각각 그 쓰임에 이르는 것을 보고 또한 반드시 이를 창조주 신이 있음을 안다. 천지가 이미 창조된 바를 알기 때문에 즉 아직 천지 있기 전부터 신이 있지 않았겠는가. (第8, 1条)

神不見, 亦常在, 而万物憑其調理, 特身非魂之所造, 而天地則実為神之所造, 蓋観万物之経営, 知必有経之営之之神, 且観天地之諸質咸備, 各適其用, 亦知其必有創造之主, 天地既為所創造, 則未有天地, 不先有神乎. (上卷, 第7章, 25才)

조물주로서의 신을 무스비노카미[ムスビの神]로 바꾸어 말함으로써 다소 위화감 없이 받아들이고 있다고 할 수 있다.[12] 다음, 전지전능한 주재성을 가진 신은 어떠할까. 이도 유린은 어느 정도 저항 없이 받아들이고 있다.

아메노미나카누시노카미天の御中主の神는 만물 만사를 관장하는 대주군이다. 다카미스히카미무스히高みすひ神むすひ의 두 가미両神인 은신隠神은, 이 미나카누시노카미御中主の神의 칙령으로 만물을 만드는 가미이다. 그 은신隠身 형태는 볼 수 없지만 그 묘용은 드러나 눈 앞에 있다. 그것은 볼 수 없는 것이 너무 보기 쉽다는 것이다. 위로는 천상, 아래는 지리, 가까이는 내 몸에서 해 보이고 멀리는 물성에서 시험할 때는 가미의 묘용을 믿지 않으려 해도 믿지 않을 수 없다. (第2, 2条)

神無形体可見, 而妙用又顕, 而易見, 則不可見者若可見, 上観天象, 下考地理, 近験人身, 遠察物性, 皆足見神之妙用, 而欲不信造物之主宰也, 其得乎. (上卷, 第1章, 5才)

유린에게 『고사기』 첫 머리의 '아메노미나카누시노카미天の御中主の神'는

---

12) 유린이 『천도소원』의 기독교 신의 주재성과 조물성을 받아들인 점은 히라타 아쓰타네가 기독교를 섭취한 것과 같다. 무라오카 쓰네쓰구가 지적한 바대로 아쓰타네의 『본교외편』에는 『畸人十編』『七克』 등의 가톨릭 교의서를 달리 음독音読하고 이용되고 있다.

'세상의 대군부大君父'로서 '만물을 주재'하는 신(가미)이었다. 무스비노카미인 '다카미스히카미무스히의 두 가미'는 '아메노미나카누시노카미'의 신칙에 의해 '만물을 만드는 신(가미)' 즉 '조물주'이고 '아메노미나카누시노카미'의 주재 하에 있다. '아메노미나카누시노카미'는 이렇게 신들의 세계 뿐 아니라 인간 세계의 모든 것을 통괄한다.

> 아메노미나카누시노카미는 세상의 대군부로서 만물을 주재하므로 어떤 것
> 도 주시지 않음이 없다. 이로써 사신邪神을 낳는 것도, 나쁜 사람을 키우는
> 것도, 착한 사람에게 화를 내리는 것도, 나쁜 사람에게 복을 주는 것도 하
> 시지 않는 바 없다. (第6, 5条)

'아메노미나카누시노카미'는 주재신으로서, 착한 사람에게 화를 내리고 나쁜 사람에게 복을 주는 이른바 부조리도 행할 수 있는 존재이다. 그것은 인간에게 복도 화도 마음먹은 대로 내릴 수 있는 '최고 순령純靈의 절대신'(村岡典嗣) 으로 받아들여지고 있다. 여기에서, 인간 세계에 대한 신의 주재적 성격이 강조되어 있는 것은 다음 절에서 언급할 죄의식과 관계가 깊다. 본래 선을 의지意志하는가 악을 의지하는가는, 타인으로부터는 미루어 알 수 없는 자기 마음 깊은 곳의 일이다. 그러나 전지전능한 신은 그러한 인간 하나 하나의 마음 깊숙한 곳까지 꿰뚫어 보고 있기 때문에 벗어날 수 없다고 한다.

> 보통의 사람은 사람의 행위를 공연히 알 수 없고, 사람의 심경을 공연히 깨
> 달을 수 없다. 다만 신만이 사람을 보는 것, 터럭까지도 어긋남이 없다. 위
> 는 구름으로 들어가고 아래는 허공에 숨어서 그 악을 숨기려 해도 숨길 수
> 없다. 사람이 캄캄한 밤에 몸을 감추어 저절로 다른 사람이 자기를 볼 수
> 없다고 해도, 신이 캄캄한 밤을 보시는 것은, 백주白晝와 다르지 않으므로
> 신으로 하여금 보이지 않게 하려 하나 역시 어떻게 해서도 불가능하다. 신

은 보는 것과 아는 것만이 아니다. 볼 수 없고 들을 수 없는 바에 있어서도 또 알지 못함이 없다. (第6, 14条)

유린은, 이렇게 어떤 것도 꿰뚫어 보는 주재적 신은 인간을 초월함과 동시에 내재한다고 한다. 유린은 "영성은 미나카누시노카미御中主の神의 분심分心이어서, 있는 모든 것을 다 알고, 좋은 것도 나쁜 것도 빠짐 없이 알아, 이 안에 감추어진 것은 가령 보물저장고에 만 개의 기재器材를 채워 저장해 두는 것과 같다"(第7, 11条)고 하고 인간의 '영성'은 '아메노미나카누시노카미'의 '분심'이라 한다. 내재하는 이 '영성'에 대해서는 뒤에서 그의 인간관을 검토할 때 살펴본다.

그런데 기독교 신의 성격 중에서 유일신의 측면은 상당히 문제적이다. 일반적으로, 야오요로즈노카미八百万の神를 믿는 신도가와 국학자들로서 유일신은 가장 수용하기 어려운 것이었음은 쉽게 상상이 된다. 이 점은 유린의 경우에도, "아메노미나카누시노카미는 만물 만사를 관장하는 대주군大主君이다" 라고 말하면서도 '아메노미나카누시노카미' 이외의 가미들을 부정했던 것은 아니었음에 주의해야 한다.

> 가미神는 미래의 화복禍福을 안다. 이르기를, 아메노미나카누시노카미天の御中主の神는 만물을 주재하는 까닭에 처음부터 마지막까지 꿰뚫어 보아 알 수 있다. 이치노미야우지가미一宮氏神들은 미나카누시노가미御中主の神의 분심인 까닭에 그 지혜가 온전하지 않다. 그리하여 이전의 이전까지는 알 수 없다. 전신前身으로부터 오늘에 이르기까지의 선악에서, 지금 이전의 화복은 정해져 있다 해도, 지금부터는 결코 정해지는 것이 아니다. 어떻게 되느냐면 내년의 화복은 오늘부터의 선악에서 또 바뀌기 때문이다. 내일 받기로 정해진 화복도 오늘의 선함에서 화를 멸하고 복을 늘리며, 또 내일 받기로 정해진 화복도 오늘의 악에서 복이 멸하고 화가 늚에 따라서이다. 그 때문에 이치노미야우부가미一宮産神가 숨어도 사람의 행동 끝의 화복을 결정지음으로 아는 것이다. 인간은 이치노미야우

부가미가 꾀하심으로 생하여 몸이 나타난 까닭에, 선악에 의해 화복이 있는 것임을 알지만 숨어 있는 일[隱事]가 언제 올 것인지는 알지 못한다. 다만 더듬더듬 세상을 사는 것이다. (第6, 4条)

신들의 세계에는, '만물의 주재'신인 '아메노미나카누시노카미'를 정점으로 하여 그 '분심'을 받는 여러 나라의 이치노미야카미들이 있고, 게다가 그 '이치노미야' 아래에는 우부스나가미産土神가 있다. 거기에는 가미들의 계통적 질서가 있다. 유린은, 이치노미야노카미─宮の神는 '은군隱君'이고, 우부스나가미가 '은부隱父'라 한다.

이치노미야─宮/隱君, 우부가미産神/隱父가 인간에게 경계하는 바 일곱 가지 있다. (第7, 3条)

앞서 언급했듯이 유린은 『천도소원』의 아버지 신으로서의 '천부天父'를 '은부隱父'로 바꿔 부르고 있는데, '은부'란 스스로 낳은 토지의 수호신인 우부스나가미다. 유린에 따르면 이런 계통적 질서 아래에 신[가미]들이 편성되어 있고, 인간은 그 저변에 있는 우부스나가미와 접할 수 있다. 이 의미에서는 '아메노미나카누시노카미'라는 추상적인 주재신이 아니고, 유린은 어디까지나 몸 가까이에서 접하는 신[가미]들의 존재를 중시했었다.

여기서, 유린의 기독교신 수용에 대해 정리해두면 조물신과 주재신의 두 측면은 받아들이고 있다고 할 수 있다.[13] 더 덧붙여 말하면, 요시다

---

13) 무라오카 쓰네쓰구 앞의 논문 참조. 유린도 이 점에 관한 한, 아쓰타네의 기독교 수용과 궤를 같이 한다. 그리고 고야스 노부쿠니가 "아쓰타네가 천주교 교서를 집요하게 따라 가고자 한 것은 신의 구극적 주재신화化와 함께 어떻게 지상의 존재가 자리매김 되고 의미 부여될까 이다"고 지적하고 있는, 아쓰타네의 기독교 수용의 자세를 유린이 이어 받았다고 할 수 있다. 고야스는, 아쓰타네가 그런 자세를 기반으로 '현세'─'유세幽世'의 연관을 재구성

도라가 지적했던『천도소원』에 특징적인 "서양 근대과학의 성과를 실증한 다음에 충분히 활용한" 자연법칙에 의한 신의 존재 증명을 전면적으로 받아들이고 있는 것도 간과할 수 없다.[14] 구체적으로는 십요十要의 제2장·제3장 전반부는『천도소원』상권 제1장「以星宿為証이숙성위증(별로 증명함)」·제2장「以五行為証이오행위증(오행으로 증명함)」·제3장「以生物為証이생물위증(생물로 증명함)」을 그대로 훈독하고 있다.

4. 인간의 죄

그러면 신 앞에 한 사람으로 있는 인간은 어떻게 파악하고 있었을까. 이 절에서는 이를 살펴본다. 유린이 볼 때 인간은 영혼과 육체 두 가지 요소로 성립하는데 중심이 되는 것은 영혼이다.

세상사람들이 첫째로 알아야 할 것이 하나 있다. 다만 이 피와 살[血肉]의 몸을 가리켜서 사람이라고 해서는 안 된다. 이는 다만 겉껍질일 뿐이다. 그 안에 영성이 있어, 겉과 하나로 합하여 사람이 된다. 겉은 죽고 썩기도 하지만 그 안의 마음은 있다. 영성은 썩지도 없어지지도 죽지도 않는다. (第6, 4条)

한다고 한다. 구체적으로 말하면, '유세'가 '본세本世'이고, '현세'는 신이 조감하는 시련의 장이며, 현세에서 선행을 행하는 자는 '유세'에서 보답받는다는 신도 신학을 말했다고 한다. 子安宣邦「〈講説家〉篤胤の登場と救済の言説」(『江戸の思想』1号, 1995年6月) 참조. 유린은『古史伝』에서 재구성된 '현세'—'유세'와의 연관에 대해 "아주 감사한 가미의 은혜"(『真教概論』)라고 절찬하고 있다.

14) 유린의 경우, 가미神의 이 자연신학적 증명에 대해서는, 『천도소원』에 해당하는 곳을 그대로 베낄 뿐으로서, 뒤에 언급할 구제론 처럼 의도적으로 이를 바꾸어 읽지는 않고 있다. 이 점에 있어서 유린은, 지동설을 비롯한 서양천문학을 적극적으로 받아들여 주제·조물적 신에 대한 근거로 했던 히라타 아쓰타네와 사토 노부히로 등과는 다르다.

여기에서 '영성'이라고 표현하는 것은 영혼과 동의어이다. 유린은 "영성과 영혼은 하나이면서 이름을 달리한다. 영성이란 영혼의 정체를 가리키고 영혼은 영성의 활용을 가리킨다"(第5, 14条)라고 하는 바, '영성'과 '영혼'은 체용体用의 관계이고, '영성'은 '영혼의 정체'를 가리키고 있다. 유린에 의하면, "썩지도 없어지지도 죽지도 않는" '영성'=영혼이 바로 인간의 '마음'이고, 육체는 '겉껍질'에 불과하다. 이런 의미에서, 창조·주재적 신과 대치하는 인간은 영원불멸의 '영성'=영혼을 가지는 주체였다. 기독교 교의서 『천도소원』은 당연히 영혼의 불멸을 말하고 있고 유린은 이 점을 위화감 없이 받아들인다.

> 누가 말하기를, 몸이 죽으면 영혼은 곧 아무 것도 없음[烏有]로 돌아간다고 한다. 이는 천리와 인성을 모르는 말이다. 대저 천리는 크게 공정하여 선함에 복을 주고 음란함에 화를 내리니 스스로 지극한 이치가 있다. 이 생에서 선악을 구별하여도 내세에 화복을 정하지 않으면 이미 응보가 없으니 어찌 크게 공정하다 하겠는가. (第9, 2条)
> 或疑, 身死, 靈魂卽歸於烏有, 是実不知天理人性者矣. 夫天道大公, 福善禍淫, 是有至理, 使有今生以別善悪, 而無来世以定禍福, 旣無報応, 安云大公, (下卷, 第2章, 69ォ)

나아가, 유린은 『천도소원』과 마찬가지로 영혼과 함께 현세의 선악의 응보는 내세까지 미루어진다고 한다.

> 영혼과 신체는 같으므로 몸은 죽어도 혼은[은신隱神임] 죽지 않고, 영원무궁히 은세[隱世]에 있어, 착한 것은 낙을 받고 나쁜 것은 괴로움을 받는다. (第9, 15条)

단지 영혼불멸을 주장하고 내세에서의 선악의 응보를 확신한다는 점에서, 유린은 『천도소원』을 받아들이고 있으나, "이전 몸[前身]의 선악이 지금 몸[今身]의 화복이 되고, 지금 몸의 선악이 다음 몸[後身]의 화복이 되는 것, 가령 어제 뿌린 씨가 오늘 싹트고, 오늘 뿌린 씨가 내일 싹트는 것과 같다"(第6, 15条)고 말하듯이, 태어나기 이전의 '이전 몸'과 태어나서 변한 '다음 몸'을 인정하는 점에서 불교의 인과응보와 비슷하고 『천도소원』과는 다르다. 이 의미에서 유린은 윤회전생설을 부정하는 『천도소원』을 받아들이지 않았다.

> 보응의 이치에 이르러서는, 곧 금세는 봄과 같고 내세는 가을과 같아서 생전에 뿌린 바, 사후에 반드시 거둔다. 내세의 화복은 모두 생전의 선악에 응한다. 화를 두려워하지 않아야 하며 복을 바라지 않아야 한다. (第9, 1条)

불교적 뉘앙스가 포함되어 있으나 영혼 불멸은 유린에게 인간의 기초이다(물론, 불교적 색채가 있는 것은 상벌 응보주의를 극복할 수 없었다는, 유린의 근본 문제가 관련되어 있는데 이 점은 후술한다). 유린의 경우, 이 점은 인과응보를 그대로 인정한다 하더라도, 내세를 담보로 선악을 가르친다는 우민관에 입각해 있다기 보다는 오히려 기독교적인 개인주의와 지극히 가깝다고 할 수 있다. 왜냐하면 불멸의 영혼은 개인의식의 원천이 되는, 한 사람 한 사람의 마음 깊은 곳의 죄의식과 깊이 관련되어 있기 때문이다. 유린에게 죄란 바늘로 항상 마음을 찌르는 것이다.

> 인간 스스로가 죄 있음을 깨달아 그 지나침을 보완하지 않으면 반드시 후회한다. 마음을 늘 바늘로 찌르는 것과 같다. (第1, 10条)
> 人覚 己之有 罪, 不 補 其過 , 必悔 之不 已, 古時有 亜力山得 アレキサンドル 王 , 因 酔暴怒, 手殺 忠臣 , 及 其既醒 , 不 勝 自怨 , 而無 喜色 , 心如 錐刺 , 蓋以 無 辜而残 害忠良 実為 己之罪戻 也. (下巻, 第4章, 85オ)

바늘로 찌르는 듯한 자기 마음 깊은 곳에 있는 죄의식, 누구도 알지 못하고 전지전능한 신만이 아는 개인의 '죄과(罪咎)'에 대한 관념은 기독교적이다. 여기에 기독교의 영향을 받은 『십요』의 특징이 있음을 명확히 알 수 있다.

앞서 살핀 바와 같이 유린은, 인간은 '아메노미나카누시노카미'의 '분심'으로서의 '영성'=영혼이 부여되어 있다고 보았다. 유린은 그 '영성'이 선도 악도 아니라고 한다. 그러나 인간은 "사심邪心의 분심인 술혼術魂한 세상의 버릇을 듣고 봄에 대해서, 영성 속에 있는 악을 끌어 낸"(第7, 16条) '세속의 정[俗情]'에 저지되어, 선을 알아도 선을 행할 수가 없다고 한다.

> 선과 악의 싹은, 영성 속에 있다 해도, 그 싹을 틔우는 본심과 세속의 정[俗情]은 밖에서부터 따라온 것이다. 그 안에도, 본심은 내가 태어날 때 우부가미産神로부터 주어져서 처음부터 흉중에 갖추어져 쌓인 바라 해도 이를 행함을 거북하게 생각하며, 세속의 정은 생긴 후에 사물에 접하여 생각나는 바이지만, 스스로 구세의 몸에 익숙하다고 깨닫는 것이므로 이를 쉽게 할 수 있다고 생각하여, 본심이 명하는 인의예지는 방치해 두고, 세속의 정이 권하는 탐진치망貪嗔痴妄을 하려고만 하여, 측은을 알고도 그 측은을 쓰지 않고 사양을 알면서도 그 사양을 쓰지 않으며 공경을 알면서도 그 공경을 쓰지 않으며 시비是非를 알면서도 그 시비를 쓰지 않으며, 행해야 할 선을 알고 있으면서 행하지 않고, 하지 않아야 할 악을 알면서 일부러 행한다. 이 밑바탕에 내 마음이 익혀 물듦을 버리고, 오로지 행혼幸魂의 어정御掟에 따르고자 해도 그 정情이 오히려 악으로만 향하여 악만을 시키고자 생각하는 것, 예를 들면 지남침指南針이 남쪽 방향을 가리키는 것과 같이, 이를 당겨 동서를 가리키고자 해도 손가락을 놓으면 다시 또 남쪽을 가리키는 것과 같다. (第5, 8条)

그러므로 자기의 죄의식은 깊다. 제8의 총론에 해당하는 유린 자신의 문장은 이를 잘 보여준다.

> 사람이 하는 행위에는 나타나는 것과 숨기는 것[顕事, 隠事] 둘이 있다. 밖으로의 행동으로 주군과 어버이를 섬기고 타인과 사귀는데 힘을 다하는 것은

사람의 현사顯事이다. 속 마음으로 신명神明을 섬기고 선조를 모심에 마음을 다함은 사람의 은사隱事다. 사람은 이목耳目이 아는 바를 좋아함으로써 세상과 교제함에는 현사의 행위를 권장하고, 그 외 견문하는 바에 몸을 수고롭게 하여 선에 가까워진다. 신은 사람이 모르는 바를 사랑함으로써, 신을 섬길 시에는, 은사의 생각을 신중히 하여 홀로 돌아보고, 조용히 책망하며 비뚤어진 것을 펴고 잘못을 고치는 것이다. 그 은사의 마음이란, 사물에 접하여 싹트는 마음을 말한다. 가령 처음에 술을 보고, 먹고 싶다고 생각하는 것은, 입으로는 마시지 않지만 마음으로는 이미 술을 마시는 것이다. 사람이 물건을 보고 갖고 싶다고 생각하는 것은, 손으로는 취하지 않지만 마음은 이미 물건을 훔치는 것이다. 여자를 보고 아름답다고 생각하는 것은, 마음은 이미 간음을 범하는 것이다. 사람을 미워하여 욕하려고 생각하고 치려고 생각하는 것은 마음이 이미, 그와 다투고 싸우는 것이다. 뛰어남을 질투하고, 손위를 시기하여, 화를 원하여 죽을 것을 생각하는 것은, 마음은 이미 그 사람을 해쳐서 죽이는 것이다. 이와 같은 부류의 사람들에 대해서는, 아직 범하지 않고 해치지 않는다 해도, 신에 대해서는 어찌 손상하지 않고 깨트리지 않는다 하겠는가. 마음 밑바닥에는 다른 사람의 화를 좋아하고 행복을 싫어하면서도 사람들 앞에서는 참고 숨기고, 마음에 뿌리내리지 않은 선을 속이고 행하여 일단 그 상을 속여서 받아도, 어찌 신을 속여서 벌을 피할 수 있겠는가. (第8, 總論)

여기서는 신인 관계 속에서의 '마음 밑바닥'에서의 갈등을 묘사하고 있다. 행동으로 옮기지 않아도 "사물에 접하여 싹트는 마음"이 바로 문제였다. "사람이 물건을 보고" 갖고 싶다는 생각, "여자를 보고 아름답다고 생각"하는 것, 사람을 "치려고 생각"하는 것, 그 자체가 이미 '세속의 정'에 이끌려, "신에 대해서는" 죄를 범하고 있는 것이다. 어느 정도 외면적 행위를 숨기고자 해도 주재적 신은 인간의 '마음 밑바닥'을 꿰뚫어 보고 있어서 '신의 화복' 상벌은 면키 어렵다고 한다.

개인의 '마음 밑바닥'의 이런 갈등은 주자학적인 극기가 아닌 지극히 기독교적이라 할 수 있다. 가령 "좁은 문으로 들어가라. 멸망하는 문은 크고 그 길이 넓다"(マタイ伝마태복음第7章第13節)라는 구절을 상기시키는 것은 다음의 문장이다.

> 본심의 문은 좁고, 본심의 길은 가늘어, 들어가는 자도 적고 행하는 자도 드물다. 세속의 정[俗情]의 문은 크고 속정의 길은 넓어, 들어가는 자 많고 행하는 자도 많다. 많은 사람이 끌리고 북적일 정도로 꾀어 들여져, 죄악에 빠지는 무리들만 더욱 많아지는 것이 실로 지극히 한탄스럽고 슬프다 할 것이다. (第6, 13条)

그러면, 이런 '세속의 정'에 구속되어, 선을 행하고자 해도 선을 행할 수 없는 "죄악에 빠진 무리"는 어떻게 구제되는가. 유린이 "세속의 정을 이기는 것은 참으로 어렵다. 은부隱父의 아들임을 믿지 못하기 때문이다. 세속의 정을 어떻게 이기는가. 먼저 은부의 아들임을 믿어야 한다. 잘 믿으면 세속의 정이 약해져 저절로 편안하게 된다"(第8, 8条)고 하듯이, '세속의 정을 이기기' 위해서는 자기 자신이 '은부의 아들'임을 믿음으로써만 가능하다.[15]

그렇다면 인간은 어떻게 '세속의 정을 이길' 수 있고 구제되는가. 여기서 『십요』의 구제론을 거론하지 않을 수 없는데, 이는 다음 절에서 살피고

---

15) '은부의 아들'이 자기 자신·인간이 아니고 신(하느님)의 아들 예수 그리스도라고 해석할 가능성도 있을 수 있다. 그러나 후술하는 바와 같이 유린은 예수 그리스도의 존재를 인정하지 않은 데다, 당해 조목의 앞 조에 "본심의 본체는 우지가미氏神의 그 우지코氏子를 수호하기 위해 어심을 나누어 붙여 놓으신 것"(第8, 7条)이라 되어 있고, 이 외에도 "무스비노카미는 이치노미야一宮의 명을 받아 우지코의 은부가 되고, 사람을 낳아서는 은신隱身의 혼을 나누어 행혼幸魂이 되며, 사물을 낳아서는 사람의 의식주가 갖추어지게 해주시는 어신御神/미카미이시다"(惣論, 13条)라 설명하고 있다. 즉 앞서 살핀 바와 같이 유린은 '은부'를 '우지가미' '무스비노카미'라는 자신이 태어난 땅의 수호신이라 설명하고 있기 때문에 '은부의 아들'은 자기 자신을 포함한 인간이라 생각된다.

먼저 인간의 죄악관을 부언해 둔다. 그것은, 유린이, 선을 알고 있어도 행할 수 없는 인간의 죄악에는, 신화적 기원이 있다고 하는 점이다.

혹자 이르기를, 인간의 악은 습속에 의한다고 했다. 반드시 시조始祖가 물려 줌이 아니라 한다. 이는 익힘[習]도 필요에 의한 바를 모르는 것이다. 지금 세상의 누구의 자식은 아비에게 배우고 아비는 조부에게 배운다. 그 악의 근원을 거슬러 가보면 사실은 이자나미노카미いぎなみの神의 기욕嗜慾 때문에 정情이 유혹되어 양신陽神(=이자나기노미코토/역주)에게 노래를 앞세우심에 의한 것 아닌가. 무릇 무스비노카미むすひの神가 가미를 만들어 내실 때, 미나카누시노카미御中主の神의 어혼御魂을 나누어 선성善性을 주심으로써 마음도 순량純 良하여 악념이 생기지 않고 몸에 질병도 없고 사망하지도 않았다. 그 뒤 이 자나미노카미에 이르러 기욕 그 정에 이끌림으로써 선성이 변하여 마음이 악수惡藪가 되고, 성性이 한 번 무너져 몸도 썩은 시체로 되는 것이다. 이에 따라 그 영복을 잃고 근심을 후세에 남기게 된다. 강감綱鑑에 이르기를, 만 물은 이미 생하여서 성인이 즉 나온다고 한다. (第9, 12条)

'악의 근원[惡源]'은, 오노고로지마에서 이자나기·이자나미가 교합할 때, 이자나미가 '사신邪神'에게 '정으로 유혹되어' 아지나기 보다 먼저 말을 걸었음에 있다. 그 때문에 무스비노카미로부터 부여된 '아메노나카 누시노카미'의 분심인 '선성善性'이 변하여, 마음은 '악수惡藪'가 되어 '영복' 을 잃어버리고 말았다 한다. 실은 이 악의 기원 이야기는 아담과 이브가 죄에 빠짐을 훈독한 것이었다.

或謂, 人之惡, 由於習俗, 未必始祖遺留, 不知習必有所由, 今世之 人, 子習於父, 父習於祖, 而遡其惡源, 則実由於始祖, 夫始祖性本 善良, 得之於天, 何有惡習, 其惡也, 其習於外誘也, 聖書曰, 受惑於 魔, 干犯禁令, (『天道遡原』下卷, 第3章, 78ォ)

以⌐是観⌐之, 人之本性, 至聖至善, 肯⌐乎天父⌐, 使下遵⌐天命⌐而行上, 即可⌐
⌐永存不⌐死, 何始祖被⌐誘⌐食果, 失⌐其永福⌐, 而胎⌐患於後世⌐哉, 夫天父無
⌐所⌐不⌐知, 無⌐所⌐不⌐能, 其造⌐人也, 性無⌐不⌐善, 聖書旣明言⌐之, 即中華
綱鑑, 亦有⌐言曰, 万物旣生, 聖人卽出, (『天道溯原』下卷, 第3章, 76ォ〜76ゥ)

유린은 이자나미가 국토를 낳을 때 먼저 말을 걸었던 것에 의한
죄가 그 다음 생이 이어진 후에도 지속된다고 한다. 그보다는 죄가
죄를 쌓아 가고 쌓게 되어 간다(이 점, 『천도소원』에서는 아편중독자의 아이가
유전적으로 병약하다는 비유를 들고 있다). 때문에 그렇지 않아도 '사신邪神'이
틈 탈 가능성이 있는 '세속의 정'은, 선천적 습염에 의해 점점 더 악으로
지향하게 된다는 것이다. 선을 행하려 하지만 선을 행하지 않고 거꾸로
악이라고 알면서 악을 저질러 버린다. 인간은 어쩔 수 없는 약함과 죄를
안아 버리는 것이다.

아담·이브의 창세 신화는 이미 아쓰타네가 주목하여 고전 속에
편입시키고 있다(다만 신이 땅을 뭉쳐서 인간을 창조했다는 정보원은 야마무라
사이스케로 추정된다. 사토 노부히로도 같은 모양으로 수용하고 있다). 유린의 경우,
한 발 더 나아가 인간의 원죄로서의 아담·이브가 죄인이 됨을 보고
이자나기·이자나미 신화에다 갖다 붙였다. 이 원죄의 신화적 기원의
수용은 마지막에 서술할 유학자 나카무라 게이우中村敬宇와 달라서 아주
흥미롭다.

5. 구제법으로서의 해제와 회개

지금까지 신인 관계를 신과 인간의 두 측면에서 살펴보았다. 이
절에서는 앞 절에서 미루어 두었던 인간의 구제론을 검토한다. 유린은

여기에서는 꽤 의도적으로 훈독하고 있다. 그것은 아래의 『신리십요』와 『천도소원』을 비교 대조해 보면 알 수 있다.

해제解除에 죄를 털고, 행혼幸魂/사키미타마[16]으로 마음을 고치게 하여, 신(하느님)은 이미 인간에게 구원의 법을 열어 주셨다. 인간이 만약 버리고 믿지 않으면 어찌 영혼에 이익이겠는가. 예를 들자면 신이 인간에게 양식을 준 것을 인간이 버리고 먹지 않으면 몸에 무익한 것과 같다. 믿는다는 것은 무엇인가. 아직 보지 않고서 잘 신뢰하여 그 바라는 바 이미 얻은 것과 같은 것이 이것이다. 믿는다는 것은 그 증거가 충분히 신뢰할 수 있다는 것이다. 얻는 것과 같다는 것은 그 증거가 실로 있음을 말한다. 대개 사람의 마음은 반드시 증거에 의하여 잘 믿는다. 사람의 눈이 빛에 의하여 잘 볼 수 있는 것과 같다. 해제라는 말은 오하라이大祓(대불/큰 액막이)이다. 행혼이라는 말은 미와노카미三輪の神를 말한다. 스스로 믿어서 깊은 의심이 없는 것이다. 그런데 믿음은 인간이 스스로 세우는 바에 있지 않다. 세상 사람이 눈으로 볼 수 없는데 마음이 어찌 깨닫겠는가. 그러므로 반드시 행혼을 몸에 쌓아 마음이 낳는 것 대신에 그 마음이 바야흐로 밝게 잘 보는 것이다. 고기古記에, 믿음은 스스로에 의한 것이 아니고 즉 신이 주신 것이라 했다. 우리가 굳게 신덕信德을 세우고자 한다면, 신께 빌어서 그 내려주심을 구해야 한다. (第4, 4条)

耶蘇贖罪, 聖霊感化, 神已開救人之法, 人当何為以望得救乎, 耶蘇曾喩言勧衆曰, 勿為可敗之糧而労, 当為永生之糧而労, 是可得永生之実也, 衆聞此言, 不勝生慕, 問曰, 我何行, 方為神之工, 耶蘇曰, 信神所遣者, 即神之工也, 夫天父子人, 以糧, 人苟棄而不食, 則無益於身, 今天父憐人賜救, 人苟棄而不信, 有何益於魂乎, 故耶蘇命徒往救万民, 曰信者得救, 不信者擬罪, 斯言誠為要旨已, 信者何, 聖書曰, 信則未見而可憑, 所望若既得者是, 夫曰可憑, 言其証足憑也, 曰若既得, 言其証之実也, 蓋人之心, 必藉於証而能信, 如人之目, 必藉於光而能視, 今天父遣其子, 降世救人, 賜以確証, 使人可徴而信之, 耶蘇未降, 歴代先

16) 행복을 가져다주는 영혼/역주

知預言以証之, 耶蘇既降, 使徒其言行以証之, 無一非加憑之據, 実無一非
可信之端, 況乎道之美善, 救之神化, 其確証, 不一而足, 自可<u>深信無</u>_レ疑
矣, 然信非_レ人所_レ能自立_レ也, 夫世人陥罪如死, 雖有耶蘇之光 如旭日之東
昇, 而目不_レ能_レ見, 心何能覚, 故必須_レ聖霊重生_レ之, 其心方能明鑑也, 聖
書曰, 信非_レ由_レ己, 乃神之恩賜也, <u>所以使徒曾求曰, 願主加吾以信, 又百
夫長曰, 吾信矣, 願益吾之所未信, 我輩欲_レ竪立_レ信德_レ, 亦宜_レ如_レ是求_レ之,</u>
(『天道溯原』下卷, 第6章, 91ォ〜92ォ)

밑줄 친 곳을 주의하여 보자(이하 같음). 여기서 유린은 『천도소원』에서
"耶蘇贖罪, 聖霊感化야소속죄, 성령감화"라 한 것을 "해제解除로 죄를 털고,
행혼幸魂으로 마음을 고치게 하여"로 바꿔 놓고 있다. '야소속죄'는 '해제로
죄를 털고', '성령감화'는 '행혼으로 마음을 고치게 하여'가 각각 대응하고
있다. 유린은, 기독교의 속죄와 정령의 작동이라는 『천도소원』의 핵심
개념을 신도적인 것으로 바꾸고, 그것을 의도적으로 환골탈태하고 있는
것이다. 여기에서 유린이 말하고 싶은 것은 '해제ハラヒ/하라이'와 '개심改心'
이다. 이 둘의 구제법은 『십요』에서 『천도소원』을 의도적으로 훈독하면서
반복하여 말하고 있다. 가령 '행혼'에 의한 개심은 '기도'로 표현을 바꾸고
기도와 해제는 『신리십요』의 핵심 부분이라고 유린 자신이 말하고 있다.

> 본래 진교真教의 요要는 10조+条이나 10조의 요는 기도와 해제의 두 가지에
> 있으며, 기도는 어혜御惠를 빌어 복을 부르고, 해제는 어허御忤를 받아 화를
> 떨쳐내는 길이다. 그렇다면 기도는 신경信敬이 아니면 주어지지 않고 해제는
> 회개悔改가 아니면 경험할 수 없음을 알아야 한다. (第1, 10条)

『십요』의 해제와 기도라는 구제론은 『천도소원』의 '야소속죄, 성령감화'
의 구제론, 즉 해제는 구세주 그리스도의 속죄에, 기도(회개)는 성서의
감화에 해당한다. 이 훈독은, 특히 십자가 위의 속죄는 기독교의 핵심인

만큼 단순한 표층적인 언어로 바꾸면 정리가 되지 않는다. 이로써 무엇이 빠졌고 무엇이 더해졌는가. 이에 대해서 유린의 해제와 기도의 구제론을 검토한다. 먼저 중요한 것은, 유린이 해제와 회개의 구제법을 신의 연민이라고 하고 있는 점이다.

> 신은 은군隱君으로서 인간의 죄를 벌하지만 또 은부隱父가 되어 인간의 화를 불쌍히 여긴다. 이 때문에 회개 해제법을 세워서 기묘하고 불가사의한 신덕으로써 우지코氏子를 위하여 그 죄과를 씻어 버리신다. 실로 위로는 천법을 지키고 아래로는 세인을 가련히 여겨, 인의를 온전히 살피신다. (第1, 10条)

이 곳은『천도소원』에는 본래 다음과 같이 적혀 있다.

> 神雖レ為二天主一而罰二人之罪一, 亦為二天父一而憐二人之禍一, 其遺二神子一贖レ罪以開二法網一, 実上守二天法一, 下憐二世人一, 仁義両全之事也, (下卷, 第4章 84才)

유린에 의하면, 해제와 회개는 '인간의 죄'를 벌하는 주재적 신이 '인간의 화를 가련히' 여기기 때문에, 즉 신의 사랑에 의한 구원의 수단이다. 이는 무리오카가 사랑의 종교로서 유린의 신도를 평가하고 있는 것과 연결된다. 일찍이 무라오카는 유린의 신도가 "사랑의 종교로서 신선한 특색"을 보이고 있다고 논했다. 즉, 아쓰타네의 사상은 "천주교의 내세사상의 영향을 받아, 오로지 심판의 신, 외경의 신을 말하는데 비하여, 특히 면목을 새롭게 하고 있다"고 설명하고 있으며, 여기에서 말하는 '사랑의 종교'는『십요』의 문맥에 따르면 신이 인간의 죄화罪禍를 불쌍히 여겨 인간을 구제하는 방법을 주었다는 점이다.

여기서 주의할 것은, 신의 연민·사랑이라 할 때 구세주 그리스도가 개재되어 있지 않다는 것이다. 이 점, 유린은 실로 주의 깊게 그리스도를 배제한다. 십자가 위의 그리스도의 죽음에 대한 언급은 당연한 것이

면서도『십요』에는 일체 없다. 본래 "성서의 요지는, 즉 야소, 내 몸으로써 다른 사람을 대신하여 속죄하여 구원을 위함에 있다"(『天道溯原』卷中, 第2章, 30ヴ)라고 적혀 있듯이, 속죄가 성서의 '요지'였다면, 그 '요지' 즉 인간의 죄를 사하는 신의 은총 사상은『십요』에는 존재하지 않는다.

그러면 구체적으로 해제와 기도(회개)는 어떤 구제법인가. 먼저 해제법을 보자. 유린은 '해제의 신법'을 신도적인 주법呪法 같은 것이라 한다.

> 해제의 신법이란 숨을 진정시켜, 털어내는[布留] 신주神咒(신에게 빎)를 노래 불러, 깊은 믿음[深信]과 존경하는 마음의 숨을, 신전묘술神伝妙術의 공력의 숨과 미나카누시노가미御中主 신체神体의 숨과 하나로 합하여서, 사기속정邪氣俗情이 엎디어 감추어진 물物을 다 토해 내고, 숨은 붙어있어도 죽은 사람과 같은 허령虛靈한 정체가 무지무각무인무아無知無覺無人無我의 마음으로 돌아가기까지, 의사意思의 때를 다 소제하여 재생시켜, 본심의 행혼을 신궁身宮으로 향하여 들어가 받드는 것이다.이 뒤도 속정이 또 은복시키지 않는 모양으로 불어내야 한다 (第4, 13条)

유린은, 자기 죄를 해제하는 것은 구세주 그리스도가 아니라고 한다. 죄를 털어낼 수 있는 것은, 이 '털어 내는[フル]' 신주를 외치는 하라에[祓え]이지 그리스도의 은총이 아니었다. 신의 사랑에 의한 구원으로서 해제의 법을 취한 것이 유린이다.

> 해제로 털어내는 죄와 허물은 사람이 책망해야 할 잘못이 아니다. 사람은 모르고 신만이 나무라시는 잘못이다. (第4, 6条)

"사람은 모르고 신만이 나무라시는 잘못'이라는 죄의식을 가진 개인이, 신의 사랑으로 구원받는다. 그 구체적 구제법이 하라에[祓え]라는 극히 신도적인 주법呪法이었던 것의 진묘함. 그것은 그렇다 치고, 앞서 본 것처럼 '마음을 늘 바늘로 찌르는 것과 같은'(前出) 죄가, 이런 주술적

하라에에 의해 깨끗해 질 수 있는가. 내면적 양심에 눈을 뜬 유린은 과연 다음과 같이 말한다.

사람의 마음도 죄로 더럽혀지면, 신이 지켜주심에 의해 저절로 열어진다. 그 때문에 때때로 하라에를 하여 몸의 죄를 깨끗이 해야 한다. 그렇다고 하여 하라에만 의지하여 회개하지 않음은 크게 잘못되었다. (惣論, 18条)

유린에게는 내면적 '회개'가 하라에 이상의 것으로 자리 잡고 있다. 유린은, 하라에로 '죄를 터는 것' 보다도 '신의 마음'과 교차하는 '회개함' 을 중시한다(惣論, 9条)고 하는 말 자체가 기독교적임에서도 알 수 있는 것처럼, 이 점, 유린은 『천도소원』에서 많은 영향을 받았다고 생각된다. 다음과 같은 문장이 그 예이다.

대개 신의 길[神道]을 따른다는 것은 그 회개가 신을 믿음에 말미암기 때문이다. 그 소행素行이 나에게 이롭지 않음을 근심하지 않는 것이 아니다. 스스로가 죄의 형벌을 받음을 두려워하지 않는 것이 아니다. 절실히 생각건대, 은부隱父가 늘 나에게 내려주시는 홍은洪恩으로써, 내 아직 이를 감사하게 생각지 않고, 나에게 성령을 주어 시비를 알게 함을, 나는 거꾸로 옳음을 알면서도 행하지 못하고 잘못을 알고서 홀로 행한다. 이 은을 잊고 의를 등진다. 두 가지 큰 죄가 이미 용서받을 것은 아니다. 만약 오히려 죄를 믿고서 고치지 않으면, 저 흉악한 사람을 돕고 나의 은부隱父를 잔해殘害함과 무엇이 다른가. 은부는 또 이미 행혼幸魂을 주시어 나를 본성으로 돌아가게 했다. 내가 만약 그 죄를 분명히 알면서도 새삼스레 이를 범한다면 이는 곧 근심을 행혼에 배태하게 하는 것이다. 그러므로 신자는 우러러보아 은부의 홍은, 행혼의 묵유黙牖를 생각하고 굽어보아 나의 허물을 생각하여 스스로를 책망함에 열중하고 부응부膺하여 슬픔을 구해 감히 눈을 들어 하늘을 우러르지 않아야 한다. 오로지 이르기를, 나에게 죄가 있고 신(하느님)이 이를 가련히 여긴다. 무릇 이와 같으므로 바야흐로 진실로 믿는 자가 뉘우친다고 한다. 또 믿는 자는 원래 자기의 죄를 근심하고, <u>또 해제가 그 죄를 멸함</u>을 기뻐하여, 홀로 스스로의 죄를 인정하는 것이 아니고 또한 통개痛改하여 스스로의 죄를 병절屏絶한다. <u>고어古語에</u>, 눈이 그대를 죄에 빠트리면 도려내어 이를 제거하고 손이 그대를 죄에 빠트리면 잘라서 버리라, 차라리 백체의 하나를 잃어도 전체로 하여금 죄에 빠지지 말라고 했다. 진실로 믿는 자는 이 말을 생각하여 그 소행素行을 버리고 눈을 도려내고 손을 자르는 고통이 있어도 또한 고치기를 꺼리지 않아야 한다. (第4, 5条)

이것도 사실은 『천도소원』을 기반으로 하고 있다.

<u>蓋遵_神之道_者</u>, 其悔改由_於信_神耳, 非_不_憂_其素行之不_上利_於己_, 非_不_懼_己罪之将_上受_刑罰_, 而切思天父常賜_我以_洪恩_, 我未_嘗感_謝之_, 賦_我以_聖霊_俾_知_是非_, 我反知_其是_而不_為, 知_其非_而独為_之, 忘_恩負_義, 両大罪, 既無_可_恕矣, <u>且有甚于是者, 蓋耶蘇降世以購人之愆尤, 化人之悪行, 我其明知之</u>, 而猶怙_罪而不_改, <u>則豈非渺視神子乎</u>, 又天父已賜_聖霊_以復_我本性_, 我若明知_其罪_而故犯_之, 是直胎_憂於聖霊_矣, 故信者仰思_天父洪恩_, <u>救主痛楚</u>, 聖霊默牖, 且俯念_己愆_, 熱中自責, 拊_膺哀求, 不_敢挙_目仰_天, 惟曰, 我有_罪, 神其憐_之, 夫如_是, 方為_誠信者之悔_矣, 但信者固憂_己之罪_, <u>亦深幸天父地将赦其罪</u>, 不_独認_己之罪_, 且痛改屏_絶夫一己之罪_, 耶蘇曰, 目陷_爾於罪_, 則抉_而去_之, 手陷_爾於罪_, 則断而棄_之, 寧百体失_一, 勿_致_全身投_地獄_, 誠信者時念_斯言_, 則棄_其素行_, 雖_有_抉_目断_手之苦_, 亦弗_憚_改矣,

(『天道遡原』下巻, 第6章, 94ォ~94ゥ)

"옳음을 알면서도 행하지 못하고 잘못을 알고서 홀로 행하는" 마음을 찌르는 듯한 죄를 회개하여 "굽어보아 나의 허물을 생각하여 스스로 책망함에 열중하고 부응拊膺하여 슬픔을 구해 감히 눈을 들어 하늘을 우러르지 않아야 한다. 오로지 이르기를, 나에게 죄가 있고 신(하느님)이 이를 가련히 여긴다. 무릇 이와 같으므로 바야흐로 진실로 믿는

자가 뉘우친다고 한다"고 신에게 빈다. 이 기도를 '은부'가 내려준 '행혼'
이 수납하여 '행혼'을 주어 돕게 하여 착한 본성으로 돌아가게 한다는
것이다. 여기서는 "天父已賜 聖靈 以復 我本性"이, "은부가 이미 행혼을
주시어 나를 본성으로 돌렸다"고 바꾸어 말하면서도, 죄의 고백 자체는
그대로 받아들인다.

　본래 기독교, 특히 『천도소원』이 의거하여 서 있는 프로테스탄트
교의에서는, 교회의 제도와 의례를 매개로 하지 않고 신(하느님)과
인간과의 인격적 교제를 설명하여서 살아 있는 '성령'의 작용이 컸었다.
유린은, 프로테스탄트적인 이 '성령'을 '행혼'으로 치환함으로써 회개에
관해서는 적극적으로 수용하고 있다고 할 수 있다. 이는 앞서 살핀 바와
같이, 유린이 인간을 영적인 존재로 인식하고 있는 것과도 연관되어 있다.
　『천도소원』에 의하면, "신(하느님)이 처음에 사람을 만들고 선성을
부여했다. 만약 그 성을 잘 보전하면 곧 이미 잃을 바 없다"고 적혀 있듯이,
본성은 선했다. 그런데 아담 · 이브가 죄에 빠짐으로써 인간은 "性性이
변해 악을 행"하고 스스로 본래의 착한 성을 회복할 수 없다. 때문에 신(
하느님)은 이를 가엽게 여겨 '신자神子그 아들' 그리스도를 보내 '사람의 죄를
속죄하게' 하고 나아가 성령을 내려 사람의 마음을 감화시켰다. 이것이 "
신부神父하느님아버지는 은혜를 내리고, 이어 신자神子가 속죄하며 마지막은
곧 성령의 감화"라는 '삼위일체의 신'의 의미였다(下卷, 第5章).

　그런데 이 『천도소원』의 교설 안에서 유린은 속죄를 '해제법'으로
바꿔 말하여 환골탈퇴한 것에 대해, '성령의 감화'만 내용적으로 남겨
놓고 있다고 할 수 있다. 그리스도의 속죄 없이 '성령의 감화'만을 '행혼'
의 작용으로서 수용하고 있다. 이 의미에서 삼위일체의 신의 세 가지
페르소나에 대해 말하자면, 유린은 아버지인 신과 어머니인 성령만을

받아들이고 아들인 그리스도를 버린 것이다.

그 결과 결국 유린에게 구제란, 단순히 인간의 선한 본성을 회복하는 것으로 되어 버렸다고 할 수 있다. 즉, 『천도소원』안에 있었던, 한 번 타락해 버린 "세상 사람들은, 또 스스로 회복할 수 없다. 그리하여 결국 세상 사람 스스로 그 성을 잃음을 듣지 못해 구복(救復)할 수 없다"(下卷, 第5章, 86ゥ), 인간의 도덕적 무능력함의 자각은 사라져버리는 것이다. 유린은, 행혼의 조력을 얻으면서, 해제와 기도(회개), 특히 회개에 의해 스스로의 힘으로 '세속적 정'과 단절하고 '사신(邪神)'의 유혹을 멀리하여, 선한 본성을 회복할 것을 강조하는 것이다. 이 차이는 다음의 고쳐 쓴 것을 통해서도 엿볼 수 있다.

> 내 마음에서 스스로 책망하면, 모르는 바 없는 신은 나보다 빨리 분명히 아시고 나를 책망하신다. 내 마음에서 책망하지 않으면 신 앞에서도 두려운 바가 없다. 만약 사람이 마음을 정성스럽게 하여 내 소행을 생각하고 살피면, 그 마음을 위해 책망하지 않음이 없다. 이미 그 지난날의 잘못을 알고 또 뒷날의 벌을 생각할 때에는 심중에 부끄럽고 두렵지 않을 수 없다. 그렇지 않으면 한 번 해제로써 그 죄과를 소실시키고 행혼을 새롭게 불러 그 마음이 다시 태어나면 본래의 어린아이의 마음으로 돌아가, 어린 아이처럼 된다. (第5, 5条)

> 約翰(ジョン)第一書三章[ヨハネの第一の手紙, 第三章20・21節]曰, 若心自責, 則無∨所∨不∨知之神, 較∨我心∨更明澈, 亦将∨責∨我, 心無∨可∨責, 則於∨神前∨無∨所∨懼矣, 若人能誠心考∨察己之素行∨, 則無∨不∨為∨其心∨所責, 既知∨其往日之非∨, 又念及∨後日之刑∨, 心中無∨不∨愧恥恐懼, 慨然曰, 往日之我, 悔不可追, 神若使我復歴既往之日, 我必不如此妄行也, 今耶蘇已謂信者曰, 我不擬爾罪, 爾往毋更犯, 且聖霊已重生之, 復∨其赤子之心∨, 一若∨使∨之復歴∨既往之日∨, 如∨孩提∨然, (下卷, 第7章, 99ゥ~100ォ)

여기에서 '어린아이의 마음'으로 돌아가는 것을 양자가 말하고 있지만, "내, 너의 죄를 헤아리지 않는다"고 하는 그리스도에 의한 죄사함이 개재되지 않은『십요』는, 해제와 회개로써 '죄과'를 소실시켜, "마음이 다시 태어나는" 것으로써 곧장 '어린 아이의 마음'으로 돌아가게 한다고 한다. 생각건대, 앞서 보았던 신의 시련이라는 사고는, 이러한 해제와 회개라는 자력 구제주의를 지탱하고 있었다고 할 수 있다. 왜냐하면 죄악을 극복할 수 있는가의 여부가 신의 시련으로 받아들여질 때, 현세에서 선행의 적극적인 자세만이 남기 때문이다.

> 지금의 몸의 선악은 나중의 몸의 고락의 토대임을 깨닫고, 지금 세상은 잠
> 간 동안 몸이 머무는 숙소임을 알아, 하루라도 급히 착한 일을 힘써 행하고,
> 늘 박빙심연薄氷深淵의 삼감을 지켜서 이 잠시의 시험을 잘 하여, 본래의 은신
> 隱身으로 입귀立歸하여 영복의 몸이 될 것을 바라서 있게 하기, 운운 (第9, 總論)

'잠간 동안의 몸이 머무는 숙소'인 현세를 '잠시의 시험'으로 받아들여 어디까지나 '착한 일'에 힘쓴다는 유린에게는, 자기의 죄를 알고, 자기의 힘으로 절망하여, 그리스도의 속죄를 믿음으로써 새로이 태어난다는 기독교적 회심은 결국 이해할 수 없었다고 할 수 있다.

6. 나카무라 게이우中村敬宇의 『천도소원』 수용과의 비교

일찍이 무라오카 쓰네쓰구는 유린의 신도 사상 속에, 노리나가의 은혜의 가미에서 발단하는 종교적 경건감을 지적했다. 거기에, 무라오카는 "요컨대 모토오리本居에서부터 히라타平田를 거친 고학 신도가, 신학으로서 동시에 종교로서"의 "완성"을 본 것이다. 그리고 그 '완성'에 즈음하여

기독교의 영향을 간파했던 바에 사상사가家 무라오카의 탁월함이 있다.[17] 확실히, 『천도소원』을 기반으로 하여 만사만물을 주재하는, 눈으로 볼 수 없는 가미神(하느님)에 의존할 것을 설파하고 있는 유린의 다음의 언설을 보면 그 같은 자리매김도 가능하다고 여겨진다.

> 믿음이란 무엇인가. 아직 보지 않고서 충분히 믿으며, 그 바라는 바 이미 얻은 것 같은 것이다. 신뢰한다는 것은 그 증거가 믿기에 충분함을 말한다. 얻은 것 같은 것이란 그 증거에 의해 충분히 믿는다. 사람의 눈이 빛에 의해 잘 볼 수 있는 것과 같다. (第4, 4条)
>
> 信者何, 聖書曰, 信則未_見而可_憑, 所_望若_旣得_者是. 夫曰_可_憑, 言_其証足_憑也, 曰_若_旣得_, 言_其証之実_也, 蓋人之心, 必藉_於証_而能信, 如_人之目_, 必藉_於光_而能視. (『天道遡原』下卷, 第6章, 91ウ)

분명히 유린은 가미神(하느님)에 의존하는 마음을 『천도소원』에서 배워 자신의 것으로 했다고 할 수 있다. 그러나 유린은 인간의 모든 행위를 초월한 구세주 그리스도에의 신앙만으로써 살아간다는 신앙의인설信仰義認說까지는 도달하지 않았다. 그리스도의 존재를 말살했던 『십요』

---

17) 무라오카는 유린의 신인관계에 대하여 "선악을 공유하는 불완전한 인간에 대해 절대적 신앙의 대상인 사랑의 신"이라고 말하여, 노리나가의 "가미에 대한 절대적 신뢰, 가미의 은혜 등의 관념"의 영향을 시사하고 있다. 주2)의 전게 논문 참조. 무라오카가 이렇게 모토오리 노리나가 가운데 '경건한 사상'을 간파하는 배경에는 무라오카 자신의 종교철학의 소양, 특히 슐라이어마허의 종교론이 있었다. 졸고 「日本思想史学の生誕」(『新編日本思想史研究—村岡典嗣論文選』), 『増補本居宣長2』(東洋文庫, 平凡社, 2006年) 해설 참조. 피터 버거에 의하면 "나는 무이고 그는 전부이며, 여기에야말로 나의 무상無上의 지극한 복이 있다"고 하는 상투어에서 보이는 것처럼 피학애적被虐愛的 태도라고도 할 수 있다. 버거는 "과격하고 윤리적 일신교"인 기독교에는 신의론과 피학애 사이에 특수한 관계가 있다고 지적하고, 신의론의 문제에 대한 피학애적 해결=전적타자에의 절대적 복종의 전형이 구약성서 욥기에 보인다고 설명하고 있다. 『聖なる天蓋』(薗田稔訳, 新曜社, 1979年, 79頁) 114쪽. 이 의미에서도 유린이 『천도소원』의 욥의 외침에서 신앙의 이상을 보았던 것은 시사적이다.

에서는, 가미에게 의존하여 사는 인간은, 가미의 동정과 사랑인 해제법과 회개에 의해 행혼의 도움을 받으면서 스스로의 노력으로써 죄를 극복할 수 있기 때문이다. 여기서는 구세주 그리스도의 십자가에서의 죽음, 죄인인 인간을 대신하여 속죄한다는 은총은 없다. 인간은 어디까지나 그리스도를 매개로 하지 않고 스스로의 '세속의 정[俗情]'을 극복할 수 있는 것이다. 이 의미에서 유린은 어디까지나 상벌 응보주의라는 윤리의 차원에 머물렀고 신앙 의인론을 받아들이지 않았다.[18]

유린의 이러한 기독교 수용은 같은 시기의 주자학자 나카무라 게이우의 『천도소원』수용과 비교할 때 아주 흥미롭다. 게이우는 막말 무렵부터 『천도소원』의 열렬한 독자였고, 메이지 8년(1875)에는 훈점을 붙여 간행했다. 고이즈미 다카시小泉仰는 게이우에게는 『천도소원』으로부터 영향을 받아들인 것과 받아들일 수 없었던 것이 있다고 지적한다.[19] 전자는 주자학자의 천즉리설天卽理說에의 비판, 신의 무한·편재偏在(어디에나 있슴)·전능·보편·사랑이라는 성질, 신과 인간의 관계를 '수륜首倫'으로 보는 사상, 응보주의사상, 영혼불멸론이다. 이에 대해 후자는 부활 사상, 원죄가 그 자손에 미친다는 사상, 성령론, 신앙의인론이라 할 수 있다.

게이우의 사상과 비교할 때, 신과 인간의 관계를 '수륜'으로 보는 사상, 응보주의 사상, 영혼불멸론에서는 게이우와 유린이 같다고 할 수 있다. 그러나 한편으로 게이우와 유린이 다른 것은, 게이우가 받아들일 수 없었던 성령론을 유린의 경우 행혼론으로 바꾸고, 원죄 사상을

---

18) 히라타 아쓰타네의 『本敎外篇』에서도 그리스도의 속죄론은 완전히 무시되고 있다. 에비사와海老澤 전게 『南蛮学統の研究』 416쪽 참조.

19) 小泉仰 『中村敬宇とキリスト教』(フマニタス選書, 北樹出版, 1991年) 참조.

이자나기 · 이자나미로 바꾸어서 『천도소원』을 받아들이고 있다는 점이다. 또 응보주의는 둘 다 받아들이고 있지만 죄의 유래(원죄설과 유사한 것), 그리고 '은세隱世'가 있다는 신념은 게이우는 어떻게 해도 받아들일 수 없었음에 비해 유린은 이를 쉽게 받아들였다. 여기에, 히라타 아쓰타네의 유명관에 입각한 국학자 유린의 모습이 있다고 할 수 있다. 그리고 '속죄'에 대해서도 게이우에게는 「古今万国綱鑑錄序고금만국강감록서」 외에는 거의 찾을 수 없지만, 유린의 경우 '회개'가 중추적 위치를 점하고 있는 점도 큰 차이이다. 죄의식을 동반한 내면적인 종교성이라는 점에서는 유린은 게이우 이상이었다.

유린과 게이우 양자를 비교할 때 무엇보다 중요한 것은, 두 사람이 상벌 응보주의의 입장에 입각하여 구세주 그리스도의 부활과 신앙 의인론을 수용할 수 없었다는 점이다. 이는 두 사람에게 공통하는 무언가가, 보다 근원적으로는 막말 일본인들의 에토스라 했던 것이 생각되는데, 이에 대해서는 향후의 과제로 남겨둔다.

〈표1〉『神理十要』와『天道遡原』의 비교

『神理十要』	『天道遡原』
惣論	
第一	
総論	
1. 釈道	天道遡原引 3ウ
2. 道教	中巻第四章以道之行為証 42オ
3. 聖賢	
4. 中華の儒教	中巻第五章以教化為証 46オ
5. 中華儒教の神	中巻第六章以道之為妙証 52ウ
6. 孔子書を刪す	中巻第七章釈疑端以明真道 54オ
7. 聖書記真神	中巻第七章釈疑端以明真道 55ウ
8. 犠姓	中巻第七章釈疑端以明真道 56ウ
9. 儒教	中巻第七章釈疑端以明真道 57オ
10. 神は則人の隠君たり	下巻第四章論耶穌贖罪救人 83ウ
11. 神の下民を鑑観する	下巻第八章論信者当恒心祈禱 102ウ
12. 祈禱に三あ	下巻第八章論信者当恒心祈禱 104ウ
13. 神の理	
14. 或人の説	
15. 釈氏の神道を妨る事	
第二	
総論	
1. 天地の初の時	
2. 天の御中主の神	上巻第一章以星宿為証 5オ
3. 天の御中主の神	上巻第一章以星宿為証 5オ
4. 万物皆質と霊と二あり	上巻第一章以星宿為証 5オ
5. 或云、物の生する	上巻第三章以生物為証 11オ
6. 或云く、人は造り物にあらす、	上巻第四章以人身為証 13オ
7. 身体は具る	上巻第五章以霊魂為証 15オ
8. 人世上に生す	上巻第六章以道之妙為証 47ウ
9. 身体必死して	上巻第六章以道之妙為証 48ウ
10. 梁蕭方	
11. 天御中主の神	
12. 高みむすひの神	
13. 御中主の尊	
14. 御中主	
15. 天つ国	
16. 御中主の神	
17. 天照大御神	

2. 聖德	
3. 情慾の行	下巻 第七章論信者当力修聖德 96ウ
4. 蓋練武者	下巻 第七章論信者当力修聖德 97ウ
5. 我心に自ら責へき行	下巻 第七章論信者当力修聖德 99ウ
6. 行を持する	下巻 第七章論信者当力修聖德 100ウ
7. 身は形はかりの物	
8. 霊性には善悪をかねつゝみて	
9. 朱子の語に在天謂命在万物為性	
10. 人の知覚する所	
11. 万物の内に一の霊性あり	
12. 人々心中に本心あり	
13. 霊性とは妙性といふ	
14. 霊性と霊魂	
15. 人は三を合せてなる	
16. 霊性の中に本心と俗情	
17. 古事記に高天原に	
18. 霊性は本のことし	
19. 神を信敬すれは	
20. 儒者の詞に人の性は善也	
21. 神に仕ふれは	
22. 禍福	
23. 善も悪も顕るゝたけ人の賞罰	
第六 総論	
1. 其要旨を求るに神を愛し人を愛	中巻第六章以道之妙為証, 51オ
2. 現身の親への孝行の入口	
3. 氏神は主人也親也	
4. 神は未来の禍福をしるや	
5. 天の御中主の神は世界の大君父	
6. 万物は滅して後	
7. 前身再生の事	
8. 心は行ひの根源なり	
9. 心に思ふ善悪は形声の跡なし	
10. 或云、我幸魂に敬事せは	
11. 或云、隠身の神	
12. 神に頼むに所は定らぬ也	
13. 本心の門はせまく	
14. 凡物は人のしわさを空にしる	
15. 前身の善悪	
16. 世上の人	

第七 総論 1. 道理は信を催すのもと也 2. 天の御中主の神より神むすひ 3. 一宮産神 4. 民皆堯の子に行かすして 5. 日は実に常住にして 6. うふすな神 7. うぶすなのぶすとは 8. 産神の万物を生し万物をむしひ 9. 善悪は心に有て 10. 産神の氏子を愛して 11. 霊性は御中主の神の分心にて 12. 人の物を習ふて 13. 霊性は何事も知てある也 14. 神達の御心にも 15. 身に我といふ物はひとつもなし 16. 本心は産神の分心 17. 右の目我を罪に落さんとせは	
第八 総論 1. 或問神何居 2. 或問神之知 3. 或問神正直なりや 4. 或問神慈悲ありや 5. 今物各性あり理あり 6. 我国の道は君の為に民を生す 7. 人の心に三あり 8. 俗情に勝ことは実にかたし 9. 人はよく忍ひにたへて 10. 身を利するを俗情といはゝ 11. 或云、福を求るは利を貪るにあらすや	上卷第七章論万物皆彰主宰之徳 24ウ 上卷第七章論万物皆彰主宰之徳 25ウ 上卷第七章論万物皆彰主宰之徳 25ウ 上卷第七章論万物皆彰主宰之徳 26オ
第九 総論 1. 報心の理 2. 或云、身死そては霊魂卽烏有に 3. 或云、霊魂は身体によつて	 下卷第二章論魂之永生身之復甦与末日 之審判 69オ 下卷第二章論魂之永生身之復甦与末日 之審判 71オ

4. 身の又甦に至ては	下巻第二章論魂之永生身之復甦与末日之審判 73ォ
5. 世旣に開闢の日あれは	下巻第二章論魂之永生身之復甦与末日之審判 74ゥ
6. 天法は大に王法と異也	下巻第二章論魂之永生身之復甦与末日之審判 75ォ
7. 愚つらつら神代古伝を考るに	
8. 人の死各其しかる故あり	下巻第三章論始祖違命累人 76ゥ
9. 上古の人皆善性有て	下巻第三章論始祖違命累人 77ォ
10. 夫身は霊魂を離るれは	下巻第三章論始祖違命累人 77ゥ
11. 善樹善果を結ひ	下巻第三章論始祖違命累人 78ォ
12. 或云, 人の悪は習俗による	下巻第三章論始祖違命累人 78ゥ
13. 或云, 人の悪をなすを楽む	下巻第三章論始祖違命累人 79ォ
14. 夜見	
15. 善と悪とのいまたあらはれ	
16. 或人曰, 死後の霊魂は空中に	
17. 隠世とは神のある所の名也	
18. 神は万物を見る事虚空の如く	
19. 物にふたつあり	
20. 隠世はあらはれて	
21. 人の知覚	
22. 色ありて声香味なき物	
23. 道を学はぬ人	
24. 隠世心中にあり	
25. 世人見聞に迷ふて	
26. 人に霊性と形体と二つあり	
第十 総論 1. 能く隠事を信する人 2. 吉凶は人の取捨によらす 3. 福を福とし禍を禍とする 4. 福禍は其実をしらさるを以て 5. 前の九条に 6. 福とは何そや 7. 正直とは我すゑき道筋の目の前に 8. 下は上にまけ 9. わか安んする所 10. 武士のしこと 11. 禍福のあとを見て	

* 『천도소원』의 텍스트는, 나카무라 게이우가 훈점을 붙여 메이지 10년 간행한 1책본(架蔵本)을 사용했다. 요시다 도라에 따르면, 이 메이지 10년판은 『천도소원』의 일본어판 중에서, 1860년 간행된 중국어판에 훈점을 붙인 초판훈점본(無刊年), 메이지 8년판(나카무라 게이우 훈점)과 같은 판에 속하는 고판古版훈점본이다(『中国キリスト教伝道文書の研究—『天道遡原』の研究・附訳註』汲古書院, 1993年)

10장
쓰다 마미치津田真道의 초기사상

데지마(出島) 나가사키 오란다 상관 지도(長崎和蘭陀屋舗圖)

1. 쓰다 초기사상의 과제

『明六雜誌명륙잡지/메이로쿠잣시』는 메이지 초기의 계몽잡지다. 여기에 가장 많은 논설을 발표한 사람이 쓰다 마미치(文政12~明治36, 1829~1903)이다. 그 중 메이지 8년(1875) 10월에 발표한 「廢娼論폐창론」(『明六雜誌』 42号)은 근대 여성해방론의 효시로 높이 평가되고 있다. 또 『명륙잡지』 이전, 막말幕末에 쓰다는 니시 아마네西周와 함께 네덜란드에 유학하여 라이덴 대학의 휫셸링에게 법학과 통계학을 배우고 『泰西国法論태서국법론』(慶応4年刊)을 번역한 것으로도 알려진다. 이 장의 과제는, 쓰다가 왕성하게 활약했던 때의 사상보다, 그 준비 기간인 초기 사상, 오쿠보 도시아키大久保利謙의 논고 「津田真道の著作とその時代쓰다 마미치의 저작과 그 시대」의 구분에 의하면, 「번서조소·양서조소 시대蕃薯調所·洋書調所時代」의 사상을 규명하는 것이다.[1]

이 초기 사상에 주목하는 까닭은 단순히 그것이 쓰다의 사상 형성의 출발점이었다는 의미 때문만은 아니다. 이 시기의 사상은 쓰다 개인에

---

[1] 쓰다 마미치의 초기 사상을 논하는 논고에는 大久保利謙 「津田真道の著作とその時代」(大久保利謙編 『津田真道─研究と伝記』수록, すずみ書房, 1997年) 외에 다음이 있다. 가네코 사치코金子幸子 「明治期啓蒙の課題─津田真道を中心に」(『教育哲学研究』 45号, 1982年), 야마다 요시노리山田芳則 「津田真道論」(『就実論叢』 15号, 1986年, 『幕末·明治期の儒学思想の変遷』수록, 思文閣出版, 1998年), 고가 가쓰지로古賀勝次郎 「津田真道─国学と洋学」(『早稲田社会科学総合研究』 1卷2号, 2001年1月). 네덜란드 유학 중의 공부에 대해서는 오쿠보 다케하루大久保健晴 「津田真道の『泰西国法論』と『表紀堤綱』の世界」(『一滴』 12号, 2004年)가 자세하다. 본고에서 사용한 텍스트는 大久保利謙編 『津田真道全集』上下2卷(すずみ書房, 2001年)이다. 이하 인용 쪽수는 본문에 약기했다.

대한 관심은 물론이거니와, 막말의 사상적 혼돈으로부터 메이지 초기에 주도적 위치를 점하게 되는 계몽사상이 태어나는, 그 하나의 사례로서 흥미가 깊기 때문이다. 막말기의 사회 변동이 사상계에서도 커다란 전환기였음은 말할 나위가 없다. 이 시기에, 지금까지 살펴보았던 에도 후기의 사상 공간에서 성장한 여러 사상이 최종적으로 서로 부딪히며 새로운 사상을 형성하여 가고자 했던 것이다. 구체적으로는, 에도시대 초기에 수용되어 간세이리가쿠노킨寬政異学の禁 이후 막부의 관학으로 인정된 주자학과, 상품경제·화폐경제의 진전에 따라 18세기 후반에 등장한 난학과 국학이라는 세 가지 사상 조류가 서로 부딪혀 큰 파란을 일으키면서 새로운 사상을 모색하고 있었던 시기다.[2]

이 책의 마지막에 쓰다의 초기 사상에 주목하는 이유는, 에도 후기의 사상 공간에서 주역을 맡아 온 세 가지 사상이 쓰다라는 한 개인 속에 교착하고 있기 때문이다.

쓰다는 분세이文政 12년(1829), 쓰야마 번津山藩의 고료리진혼야쿠御料理人本役[3]였던 쓰다기치다이오분쿄津田吉太夫文行(50석)의 장남으로 태어났다. 12세 부터 쓰야마 번유藩儒로, 고가 도안 문하의 주자학자 오무라 아야오大村斐夫에게 배웠다.[4] 16세 때 가업을 이어 일단 고료리진 견습이 되었으나, 2년 뒤인 고카弘化 3년(1848) 18세 때 재능이 없다는 이유로 폐적廢嫡되고, 그 이후 바로 오무라 아야오의 조교가 되었다(폐적 7일 후에 조교로 발탁되었기 때문에, 폐적은 인재 등용을 위한 방편이었다고 추측된다). 쓰다는 학문 수업을

---

2) 졸저『兵学と朱子学·蘭学·国学』(平凡社選書, 2006年) 참조. 주자학·난학·국학의 이해는 모두 이 책을 참조.

3) 에도 시대, 번주 및 그 주변의 요리를 담당했던 직책/역주

4) 오무라 아야오가 교수 수장을 맡았던 가잔崋山난학문소의 수업은 사서·오경 등의 경서와『国史略』『日本政記』등의 역사서 소독·회독·복독復読 등이 있었다. 야마다 요시노리 위의 논문 참조.

544   에도 후기의 사상 공간

쌓기 위해 가에이嘉永 3년(1850)에 에도로 나가, 동향의 난학자 미쓰쿠리 겐보箕作阮甫[5] 문하로 들어간다. 가에이 4년(1851)에는 이토 겐보쿠伊東玄朴[6]의 쇼센토象先堂에 기숙하고, 그리고 가에이 6년(1853) 3월에는 사쿠마 쇼잔에게도 입문했다.

쓰다는, 에도에서 '서생의 몸'(下卷, 555頁)으로 주자학과 난학을 배우고 있었다. 이러한 양자 겸학兼学은 지금까지 살펴 본 와타나베 가잔과 사쿠마 쇼잔의 학문 경력과 같을 뿐 아니라, 또 미쓰쿠리 겐보도, 더 거슬러 가면 겐보와 오무라 아야오의 스승인 고가 도안도 그러했다. 쇼헤이코昌平黌의 유자였던 고가 도안 자신은 오란다어[네덜란드어]를 배우지는 않았지만, 그의 아들로 쇼헤이코의 유관이 되고 나중에 양학소洋学所 소장이 된 고가 사케이古賀茶渓는 주자학과 난학을 동시에 배웠다. 이러한 학문적 환경이 있었기 때문에, 이미 쓰야마 번에서 주자학을 공부했던 쓰다가 에도에서 난학에 착수했던 것은 우연은 아니었다고 생각된다.

한편 국학의 수학은 쓰다 초기 사상을 고찰할 때 중요한 관점이다. 전집의 연보에는 덴포天保 11년(1840) 12세 때 "국학을 즐김"이라 되어 있다. 즉 쓰다는 주자학과 동시병행적으로 국학에 대한 관심도 있었다. 가에이 3년, 에도에 도착하자 쓰다는 미쓰쿠리 겐보와 함께 10월 14일에 히라타平田에 입문한다(전집에는 "히라타 아쓰타네에 입문"이라 되어 있지만, 그 때 이미 히라타는 사망한 뒤라, 히라타 가네타네平田鉄胤에 입문했을 것이다). 쓰다 도치津田道治가 엮은 『津田真道』에는 "때로 모토오리 등을 대상으로 연찬을 게을리 하지 않았다. 겐보가 이를 알고 그것이 실학이 아니라 논하고,

---

5) 1799~1863. 쓰야마 번 한시藩士. 난방의蘭方医이자 난학자/역주.

6) 1801~1871. 에도 후기의 난방의. 쇼군과 그 가족 주치의이기도 했다. 근대 의학의 개조로, 관의계에서 난방의 지위를 확보했다/역주 ＊위키피디아 재팬 일부 참조

만약 이를 단념하지 않으면 배우러 오지 말하고 명하자, 쓰다는 겉으로는 이를 받아들이고 속으로는 수학했다"[7]고 적혀 있는 바, 난학자 미쓰쿠리 겐보는 쓰다의 국학 수학을 탐탁지 않게 생각한 것 같은데 쓰다는 이에 개의치 않고 가에이 4년경에는 하나와가塙家[8]의 온코도溫古堂에 입문하여, 가도歌道에 정진했다.

쓰다는 이렇게 주자학과 난학 그리고 국학 등 세 가지 학문을 배우고, 게다가 당시 각자 최고 수준의 학문상의 스승을 모셨다. 이 의미에서 쓰다의 초기 사상은 세 가지 사상이 서로 부딪혀 새로운 것을 만들어 가는, 막말 사상사의 가장 좋은 실험 마당이었다고 할 수 있다. 이 장에서는 지금까지 살펴 본 에도 후기의 사상 공간에서 주자학, 난학, 국학이라는 세 가지 사상이 쓰다의 초기 사상에서 어떻게 교착하고 있었는가를 밝히고, 그 결과와 다음 시대인 메이지 사상사에의 가능성을 탐색해 본다.

2. 쓰다의 초조감

먼저 노래歌(와카和歌)를 소재로 쓰다 초기 사상을 탐색해보자.[9] 다만 일반적으로 노래는 감정을 토로하기 쉽다는 이점이 있는 한편, 이지적인 측면이 결여된 바가 있으므로, 여기서 쓰다 사상이라기 보다 오히려

---

7) 津田道治編『津田真道』(東京閣, 1940年) 5쪽.

8) 1746~1821. 하나와 호키이치塙保己一를 말한다. 에도시대 후기의 국학자. 무사시武蔵 출신. 호를 온코도溫古堂이라 했다. 일곱 살 때 실명, 나중에 에도로 나가 가모노 마부치賀茂真淵에게 배우고, 발군의 기억력으로 화한학和漢学에 통달했다/역주 *코토방쿠 일부 참조

9) 쓰다의 가집歌集은 야마다 도시오山田俊雄 「津田真道の歌文について」(『津田真道—研究と伝記』 수록)가 상세히 해설하고 있다.

쓰다의 심정이라는 편이 내용에 좀 더 적합하다고 생각한다. 쓰다는 생애를 통해 7권의 가문집歌文集을 남겼는데, 그 가운데 최초의 가집인『漏落之子集누락지자집』은 가에이 3년 겨울부터 다음 해 가을까지의 노래를 모은 것으로, 에도 유학 전후의 심경을 들여다 볼 수 있는 귀중한 자료다. 그 중 가에이 4년 여름 경 읊은「苦熱고열」에는, 요리사로서의 가업을 잇지 못하고 에도로 나온 직후에 고학苦学하는 자신을 묘사하고 있다.

> [높이 빛나는(枕詞마쿠라고토바[10])] 태양의 아드님이 편히 다스리시고   우리 오키미天皇가 다스리시네   야마토구니倭国는 도모노오伴緒[11]가 야소노토모노오八十の伴緒[12]를   미야쓰코御造[13]가 야소노미야쓰코, 그 선조가 하신 바를 잇고   집안의 가업을 이어서   덩굴이 되어(마쿠라고토바) 끊어짐 없는 규목樛木(가지가 늘어져서 구불구불한 나무)처럼 이어이어 섬기네   국체가 존귀한 미쿠니御国   국풍이 올바른 미쿠니   그 조상이 맡았던 것을 잇지 않고   그 가업을 잇지 않고   국체와 등져 있음을   국풍을 어김이 있음을   기세가 세신(마쿠라고토바) 가미도 벌하지 않고   번성하시는(마쿠라고토바) 기미君도 타박하지 않네   부모도 용서하시라는 다짐도   황송하신 스메가미皇神가 받드는 길의 끝까지도 힘을 다하여   영험 높으신(마쿠라고토바) 가미神와 기미君에게   부모에게 말씀드릴 뿐   걸맞지 않고 졸렬하지만 대장부의 마음가짐을 세워서   내 아버지에게 작별 인사를 드

---

10) 마쿠라고토바枕詞는 주로 와카和歌에서 사용하는 수사修辭로서, 습관적으로 어떤 말(단어) 앞에 놓여 어조를 정비하고 어떤 정서를 표현하기 위한 5음절의 단어. 특별한 의미는 없고 쓸 말에 따라 마쿠라고토바가 정해진다/역주

11) 도모노오는 일본 상대上代에 각각 특정 직능으로써 조정에 봉사했던 베部, 또 그 우두머리를 가리키는 말로써 중앙의 중하층의 호족을 일컫는다/역주 *'베'는 上代에 대씨족의 지배 하에서 생산과 노동에 종사하던 집단(=部民) *웨블리오 고어사전 및 고토방쿠 일부 참조.

12) 야소八十는 많다는 의미. 즉 수많은 도모노오를 뜻함/역주

13) 미야쓰코造는 고대 성씨의 하나로, 지방 군주의 존칭, 혹은 조정에 봉사하는 사람의 의미로, 시나베品部를 다스리는 계층을 말한다/역주 *시나베 : 다이카大化 개신 전시대의 직종이었던 베部는 개신 이후에 해방되어 공민이 되었으나 그 일부는 율령제 하에서 시나베로서 관청에 소속된 바, 신분은 공민이나 공과 천 사이에 위치했던 계층이 시나베임. *고토방쿠 일부 참조

리고   오에도大江戸이 오에도로 멀리 멀리 떠나 왔도다. (下545頁)

〈原 和歌〉[14]

高光る　日の御子　安見しし　我が天皇おほきみの　知食す　倭国は　伴緒とものをの　八十の伴緒を　御造の　八十の造, 其の祖の　司受け継ぎ　其の家の　業をし受けて　玉葛　絶ゆることなく　檍の木の　継ぎて仕ふる　国柄の　尊き御国　国風の　正しき御国　其の祖の　司え継がず　其の家の業を　え継がず　国柄に　背きて有るを　国風に　違ひて有ろを　千はやぶる　神も罰せず　さすたけの　君も咎めず　父母も　許してませどそこをしも　あやにかしこみ　皇神の　尊き道の　末べにも　力盡して玉幸きはふ　神に君にし　父母に　申してしかと　負あふけなく　拙かれども丈夫ますらをの　心振りおこし　我が父に　暇申して　大江戸の　是れのお江戸に　遙々と　出立ち來り

선조로부터 전래된 가업을 잇는 것이 '야마토구니倭国'의 '국체[国柄]'라는 인식은, 당연히, 쓰다가 익숙했던 국학자 모토오리 노리나가의 것이었다. 노리나가는 "덴노天皇가 오미오야가미大御皇祖神대어황조신(=天照大神아마테라스오미카미/역주)의 어전을 예배 제사하고 앉아 있는 것처럼, 오미臣무라지連 야소토모노오八十伴緒[15]와 천하의 백성에 이르기까지 각각 그 조상신[祖神/오야가미][16]을 제사지내는 것은 일상"[17](『直毘靈』)이라고, 집안의 조상신을 제사지내는 것과, 가업에 정성껏 힘쓰는 것이 "덴노의 대어심을

---

14) 일본 근세 문학에 대한 역자의 소양 부족으로 와카 번역에 일부 오류가 있을 수 있어 원문을 부기했다/역주

15) 오미臣와 무라지連는 야마토와 나라 시대에 씨족의 존비를 나타내기 위한 계급적 칭호. 모토오리 노리나가가 말하는 오미·무라지·야소토모노오는 조정에 나아가 봉사하는 관리들을 뜻한다/역주

16) 祖神을 읽는 방법은 '오야가미'와 '소신'의 두 가지다. 전자는 일반적으로 각 가정의 선조로서의 가미, 즉 우지가미氏神이고, 후자는 가미로서 제사지내는 조상, 선조인 가미, 특히 황실의 조상인 아마테라스오미카미를 가리킨다/역주

17) 『本居宣長全集』卷9 (筑摩書房, 1968年) 61쪽.

마음"(同上)으로 삼는 '황국'에 사는 사람들의 올바른 생활 방식이라고 말하고 있다. 그런데 쓰다는 가업을 버리고, 그런 '국풍' '국체'을 위배했던 데 대해 꺼림칙함을 느끼면서도 억누르기 어렵다는 생각이었다. 이 무렵의 쓰다의 생각을 단적으로 표명하고 있는 것이 같은 『누락지자집』에 수록되어 있는 「述懷술회」라는 제목의 노래이다.

걸맞지 않는 용렬한 몸도 천지에 다다를 공적 세우고자 생각하네(下549頁)
〈原 和歌〉
負おふけなく 劣りたる身も 天地に 到れる功いさを 立てむとぞ思ふ

가업을 저버린 쓰다의 마음 속에는 "천지에 다다르는 공"을 세우고 싶다는 의지가 넘쳤다. 공명에 대한 이런 의지는 물론 쓰다만 갖고 있던 것이 아니었다. 막말의 행동하는 지사들에게 공통된 것이었다. 이 책에서도 지금까지 와타나베 가잔과 사쿠마 쇼잔이 가졌던 공명에 대한 강렬한 의지를 살펴보았다. 그러했던 그들로서 에도 유학은 확실히 '공'을 세우는 단계로서 불가결했었다.

요리인 출신의 '열등한 몸'인 쓰다가, 신분에 맞지 않게 '천지에 다다르는 공'을 세우고 싶다는 뜻을 품고 선택한 것은 난학이었다. 사실 난학은 공명에 대한 그런 원망願望을 사람들에게 자극하는 학문이었다. 난학 입문서, 오쓰기 겐타쿠의 『난학계제』에는 "Men moet eten om te leven, maar niet leven om te eten"(사람은 살기 위해 먹지 않으면 안 된다. 그러나 먹기 위해 사는 것은 아니다)라었는 격언을 인용하여, "이를 번역하면, 사람은 천지 사이에서 생을 부여받아, 먹고 마심으로써 생명을 온전히 한다. 그러나 먹고 마시는 것만을 위해 생을 부여받은 것은 아니다 라는 것으로, 이 말의 절실한 뜻은, 각각 그 직職(=죠닌)과 사士(=사무라이)가 받은 바를 힘써,

천하 후세에 비익神益(도움)이 되는 하나의 공업功業을 세우라고 가르치는 뜻을 품고 있다[16]"(『蘭学階梯』 卷上)며, 난학을 지향하는 초학자들에게 말하고 있었기 때문이다.

「술회」에서 읊은 '천지에 다다를 공'이란 여기서 말하는 '천하 후세에 도움이 되는 하나의 공적'을 의미한다. 쓰다 또한 많은 난학 지망자와 같이 "초목과 같이 썩는 것은 장부가 부끄러워 할 바"(同上)라 하듯이, 무엇도 이루지 못하고 살았던 증거를 남김 없는 헛된 삶을 마치는 것을 떳떳하게 여기지 않는, "천하 후세에 도움이 되는 하나의 공적"을 세우고자 난학숙의 문을 두드렸다.

에도로 나온 지 2년 뒤인 가에이 6년(1853) 6월, 페리가 우라가浦賀에 입항했을 때 쓰야마 번은 막부로부터 경비警備 출동 명령을 예상하고 에도즈메江戸詰[18] 번사藩士들의 자제들과 유학 중인 청년들을 소집했다. 쓰다는 그 때 군사방수전軍事方手伝 출장을 명받는다. 그 무렵 쓰다는 사쿠마 쇼잔에게 양식 병학을 배우고 있었다. 그는 "걸사傑士는 만리 밖을 보는데, 세상 사람은 오로지 목전에 머무른다. 그러므로 그 본다는 것이 협애국척狹隘跼蹐(좁고 굽음)하고, 고금의 치란治亂이 경과해 온 자취와 국체정사 손익에 대한 논설은 없고, 막연모호漠然模糊하며, 우주가 어떤 것이고 지여地輿(지구)가 어떠한 것인지, 모두 다 몽롱하여, 거의 맹인과 가릴 것이 없다"(送山田進卿之松前序, 嘉永6年, 下580頁)고 비판하고 있는 것처럼, 종래의 병제를 그냥 지키는 쓰야마 번의 어리석음을 깨닫기에 충분한 지식을 습득하고 있었다. 그로 인해 해방海防 훈련에서의 구식 갑옷과 투구에 불만을 드러내어 상사와 충돌했다. 그 결과 번은 앞의 유학

---

18) 에도 시대에 산킨코타이参勤交代 제도에 의해 여러 구니의 다이묘와 가신들이 에도의 번 공관에서 근무했던 일/역주

명령을 철회했을 뿐 아니라 에도에서의 수업료를 거둬들이고 즉각 귀번歸藩 처분을 내렸다.[19] 쓰다는 오쿠보 이치오大久保一翁 등에게 부탁하여 어떻게든 에도에 머물 수는 있었으나 결과적으로는 쓰야마 번과 그리고 부모와 결별하지 않을 수 없게 되었다. 같은 해 12월에 쓰다는 부친에게 오래 동안 의절당한 데다 번적도 박탈당했다.

이 무렵의 심정을 쓰다는 노래로 표현하고 있다. 구로후네黑船 내항 직후 쓰다는 「우라가 나루에 아메리카 배 온 것 보러 가浦賀の津に亜墨利洲の船のきたるを見にゆきて」 라는 제목으로 다음과 같이 노래했다.

> 걸맞지 않은 세상한탄 아니지만 어젯밤도 오늘저녁도 잠들지 못하네
> 장부의 분노서린 긴 숨 불어서 돌려보낼까나 아메리카 배
> 생생하고 긴 하늘 벼락이 되어서도 더러운 오랑캐 배 산산이 부술까나
> 장부의 슬픈 눈물이야 오랑캐 배 묶인 뒤에 흘러들어 갈지도(嘉永6年,
> 下576頁)
>
> 〈原 和歌〉
> 負けなく 世を歎くには あらねども 昨夜きそも今宵も 吾が寝ずけり
> 丈夫ますらをの 憤りつく 長息に 吹き歸りてむ 阿墨利加の船
> 生き長く からさく雷に 成ればかも 醜しこの 蕃船からぶね 千々に碎かむ
> 丈夫の 嘆く泪や 蕃船の 繋げる上に そゝぎあへむかも

신분 차이에 '걸맞지 않아도, 쓰다는 대외적 위기감을 강렬하게 느껴 잠 못 드는 밤을 보내고, 아메리카 배를 격퇴할 양이사상으로 끓어 올랐다.

페리의 구로후네 내항 사건은, 사쿠마 쇼잔을 비롯한 이들에게 내셔널 아이덴티티를 환기시킨 나라의 위기였음과 동시에 쓰다 개인으로서는,

---

19) 津山洋学資料館編 『黒船の来航と津山の洋学者』 (津山洋学資料第八集,
   1997年12月) 참조.

부모로부터 의절당하고 번적을 박탈당하는, '부친'과 '주군'으로부터 멀어진 계기였다는 점에서 중요하다.[20] 이 무렵의 「술회가」에는, '부친'과 '주군'을 등지지 않을 수 없는 비애를 노래하고 있다.

빛나는(마쿠라고토바) 해는 밝게 밤 못 넘기고   달은 맑고 밝아   나 생각해도 마음은 밝게 불타지만   생각지도 않게 주군을 등지게 된 슬픔   부친을 등지게 된 슬픔 (嘉永6年, 下577頁)
〈原歌〉
茜さす　日の明らけく　夜わたらす　月の澄けく　まさやかに　我は思えど　明らけく　心はもえど　思はずも　君に背かく　なるが哀しさ　父にそもかく　なるが悲しさ

'군君'과 '부父'으로부터의 이반이란 그때까지 쓰다가 속해 있었던 '번'과 '집안'의 상실을 의미한다. 자기가 귀속할 마당을 잃어버렸다는 생각을, 같은 「술회」에서 다음과 같이 드러낸다.

주군과 아버지에게 죄 얻은 나는   주군과 아버지 모시지 못해   아메리카 배왔어도 지키라는 명 없기에   아메리카 배왔어도 보호하라는 칙어 없기에 일도 없고   있어서도 아닌 없는 것을   아지랑이 피는(마쿠라고토바) 봄이 와버려서   꽃은 매화꽃 피고   새는 피리새 와서 우네   천지는 쾌청해도 내 마음에서 울울함에   그래서 나도 수심 깊어지고
　　반가[21]
군친에 등 돌린 죈가   나부끼는(마쿠라고토바) 봄날   온종일 울울하네
아스카에 나 없으니   매화 여기저기 흩어지고   이것저것 고민마세 (述懷,
安政元年, 下582~83頁)

---

20) '비상한 인물'인 사쿠마 쇼잔의 경우, 페리 내항 시에 번의 귀속의식으로부터 자유로웠음은 본서 제2편 6장에서 이미 검토했다. 그러나 번과 집안으로부터의 이반은 젊은 쓰다로서는 고뇌로 가득찬 것이었다. 울타리에서의 해방은 그 정도로 간단하지는 않았다.

21) 장가長歌 뒤에 더하는 단가短歌/역주

<原歌>

君が親に 罪獲し吾は 君が親の 仕ふるなけば 阿米利加の 船は來たれ
ど 守れちふ 命^{みこと}もなけば 亜墨里堅の 船は來たれど 護れちふ 御
言もなけば 事もなく ありければ もなくも ありなんものを 霞立つ
春が來ぬれば 花には 梅が花さき 鳥には 鶯來啼き 天地は うら〱
になれど 吾が心より 鬱々に しかしてわれと もの思ひなすも

　　　反歌

君親に 背きし罪か 打ちなびき 春の日すがら 鬱々ぞなる

飛ぶ鳥に 吾ありませば 梅花 くひちらしつつ 物はおもはじ

쓰다는 '군君'=번주와 '친親'=집을 등졌을 뿐 아니라, 쓰야마 번을 통해 해방海防에 종사할 수도 없어서 '울울'할 수밖에 없었다. 강고한 종적[タテ] 계층적 신분 질서 토대 아래에서, 번적을 박탈당해 일개 로닌浪人이 되었던 쓰다로서는 아메리카 선박 앞에서 어떤 현실적 행동을 취할 수 없었던 것이다. '아지랑이가 피는 봄'이 찾아와, 사계절 순환은 변함없고 '천지는 화창'하니 만큼, 그런 초조감은 한 층 심각해졌다.

3. 심정적 급진론의 극복

당시, 몸을 뒤틀듯한 위기감을 가지면서도 강고한 신분제도 안에서 국방에 참여할 수도 없는, '울울'한 사람들이 '군君'=번주를 위해서도, '친親'= 집안을 위해서도 아닌 자기의 신명을 바치고자 우러러 보았던 환상의 대상이 덴노天皇였다. 그것은 존왕양이의 대의명분 아래에서 번주와 부모로부터의 이반을 재촉하고, 새로운 충성의 대상으로서 사람들을 사로잡았다. 쓰다 또한 "본래 터럭 하나도 결코 이를 저들이 취해서는 안 될 것이며, 확고하게 내가 지켜 변해서는 안 될 것은 도道 뿐이다. 도란 무엇이뇨. 황통연면皇統連綿 만고불역万古不易인 것은 이 뿐이다"(答馬場致遠書, 嘉永6年, 下562頁)라 하여 '황통연면' '만고불역'인 덴노에의 사상을 키워갔다. 이 때 그는 다음과 같이 급진적인 국학자풍의 노래를 읊는다.

오와리다[22] 아라다카미의 용맹한 신령 얻고서 게다가 용맹한 몸이 되어 구석구석(마쿠라고토바) 우리 대황이 다스리시는 소라미츠(마쿠라고토바) 야마토시마를 어지럽히려 들어오는 오랑캐 배 치고야 말리라 (詣新田神社時 作歌, 嘉永6年, 下577頁)

小治田おはりだの 新田あらだの神の 荒御魂 獲りてしかもと 雷いかづちに 身は 成りなから やすみしし 我が大皇おほきみの しろしめす 虚そらみつ 大 和嶋ねを 乱みださむと こむや戎船えぞふね 撃ちてしやまむ

덴노의 방패가 될 무사는 먼저 올곧게 지키라 야마토다마시이(일본혼)를 (詠銃彈歌, 安政元年, 下593頁)

大皇おほきみの御楯とならむ武士もののふはまづ打ち堅めよ大和魂やまとたましい

죽어라 해도 한가로이 죽지 않으리 내 몸은 우리 대왕에게서 죽으리라 (雜歌, 安政元年, 下594頁)

死ねといへどのどには死じ我身はし我大王のへに死なゝこそ

야만인 도오시에 올라 해가 지나고 쓰쿠시筑紫(규슈 북부지역) 변방에서 원수 지키는 일하는 나 다카야마에 올라서 보니 하늘구름이(마쿠라고토바) 겹겹이 둘러싼 울타리구나 어디일까 우리 집 근처 부모님 어디엔가 계시고 처자 어디엔가 있어 축원하며 나를 기다리겠지 울면서도 나를 그리워하겠지 아아 슬프고 분해도 오키미의 시코노미다테[23]라고 이제

---

22) 야마토大和의 옛 지명. 현재 나라현 다카이치군高市郡 아스카무라明日香村 부근. 스이코 덴노推古天皇가 황거를 둔 곳이라 한다/역주 *웨블리오 사전 참조

23) 시코노미타테醜の御楯는 덴노天皇의 방패가 되어 외적을 방어하는 자라는 말로, 사무라이, 특히 사키모리防人(옛날 간토 지방에서 파견되어 쓰쿠시筑紫 이키壱岐 쓰시마對馬 의 요지를 수비하던 병사)가 자신을 낮추어 부르는 말인데, 일반적으로 덴노를 지키는 방패인 자를 스스로 낮추어 부르는 말/역주

부터 뒤돌아보지 않으리라 다짐하고 넘어 나온 나   어째서 고향 땅이 그렇게 생각될까 (擬防人意作 歌, 嘉永6年, 下751頁)

蕃人^{からびと}の　遠押^{とほお}し登り　年を経て　筑紫の崎に　讐^{あだ}守り　仕ふる吾を　高山に　登^{のぼ}らひ見れば　天雲の　八重柵びけり　何処^{いづ}へかも　我家のあたり　父母の　何処くにまして　妻子らは　何処くに居りて　祝ひつつ　吾を待つらむ　泣きつつも　吾を恋ひすらむ　あな哀し　あな憤^{いきどほ}ろしも　天皇^{おほきみ}の　醜^{しこ}の御^み楯^{たて}と　今よりは　回顧^{かへり}みせじと　言^{こと}立て　出^いでこし我を　何すれぞ　国へがしかく　思ほゆるらむ

쓰다는 막말 국학자로서 덴노에의 충성의 전형이라 할 오토모노 야카모치^{大伴家持}[24]의 "바다에 가면 물에 잠기는 시체가 되고, 산에 가면 풀이 되는 시체가 되어 오키미^{大君}의 발 앞에서 죽으리라. 뒤돌아보지 않으리 한가롭게 죽지 않으리〈海ゆかば水附くかばね, 山行かば草むす屍, 大君の表にこそ死なめ, かえりみはせじ, のどにはしなじ〉"에 입각하여 스스로 그런 '오키미^{大皇}의 방패'가 되어 덴노를 위해 죽는 것을 꿈꾸고 있었다.[25] 이 시점에서의 쓰다의 덴노를 향한 마음은 앞에서 살펴 본 도모바야시 미쓰히라 같은 동시대 국학자의 급진주의와 거의 일치한다.[26]

그러나 결국, '군'으로부터도 '친'으로부터도 이반된 쓰다는 이런 존왕양이의 급진주의적 행동으로 치닫지 않았다. 그 이유는 도대체 어디에 있었을까. 그 하나는 난학 수업의 성과가 거양되었다는 자신감일

---

24) 718~785. 나라 시대의 귀족, 가인/역주

25) 충성의 대상이 덴노로 이전되었다고 해서 반막反幕은 아니었다. 가에이 6년의 「替江門大城歌」(下557頁)에는 "에도 대성大城은 일본의 진鎭이며 천지의 보宝이다"고 노래하고 그 반가에는 "덴노의 방패와 원수 지키는 에도 대성은 천대에 견고하리라"고 에도성을 축원하고 있다.

26) 급진적 국학자의 한 사람이었던 이쿠다 요로즈와 사쿠마 아즈마오佐久間東雄를 상기하자. 졸고 「生田萬の思想形成」(『近世神道と国学』수록, ぺりかん社, 2004年) 참조.

것이다. 쓰다는 안세이 2년(1855)에 가쓰 가이슈勝海舟[27]를 찾아 상담하고 나가사키長崎의 해군전습소伝習所에 들어가고자 나가사키로 갔으나 번주의 허락을 얻지 못하여 보람 없이 에도로 돌아가 미쓰쿠리 겐포箕作阮甫 학숙의 숙두격이 되었다. 또 안세이 4년(1857) 29세 때에는 오쿠보 이치오大久保一翁와 가쓰 가이슈의 추천으로 반쇼시라베쇼蕃書調所[번서조소[28]의 조교수 [教授手伝並/교쥬데쓰다이나미]가 되었다. 그로써 경제적 사회적으로 생활이 안정되었고 정처없는 떠돌이 생활에서 벗어날 수 있었다. 또 안세이 2년에는 의절 당했던 '부친'과 화해하여 쓰야마로 돌아갈 수 있었던 것도 고려해야 할 것이다. 다만 이런 외적인 정황이 호전된 것만이 전부 다는 아니었다. 거기에는 쓰다 마음 속의 어떤 변화가 있었다고 생각된다.

여기서 주목해야 할 것은, 안세이 2년부터 만엔万延 2년(1861) 사이의『天外如来集천외여래집』에 수록된 쓰다의 노래에는, 페리 내항 시의 초조감이 사라지는 듯한 느낌이 든다. 그것은 이전에 '울울'했던 심정을 토로하고 있었던 것과 같은 제목의「술회」에도 보인다. 다음에 드는 것은 안세이 4, 5년의「술회」의 가사다.

대장부 행동은 아마쓰히의 미소라御空하늘의 미칭에 걸리는 것처럼 되어야지
(述懐, 安政4年, 下600頁)
壯丈夫ますらを のそが行ひは天つ日の御空にかかるごとくなるべし

---

27) 1823~1899. 에도시대 말기에서 메이지 초기의 막신幕臣, 정치가. 난학과 병학을 배워 1860년에 막부 사절 과 함께 간닌마루咸臨丸호를 지휘하여 도미渡美하고 돌아온다. 막부의 해군 육성에 진력하고 막부측 대표로서 메이지 유신 삼걸의 하나인 사이고 다카모리西郷隆盛와 담판, 에도성 무혈입성을 실현했다/역주
28) 1856年(安政3年)에 발족한 에도 막부 직할의 양학연구 교육기관. 가이세에죠開成所의 전신으로 후에 도쿄대학으로 되는 여러 원류 기관의 하나/역주
    *위키피디아 일부 참조

천지 가미의 무스비다마를 돕기 때문에 옛 천지인과 말이 이어져 오네 (述
懷, 安政5年, 下601頁)

　天地の神の産霊を助ればこそ古ゆ天地人と語継くれ

　위 두 수首의 「술회」와 관련하여 『천외여래집』에는 '하늘'이라든가 '천
지'라는 표현이 자주 등장하는 것이 주목된다.

대장부의 그 이심은 가미나리雷의 미소라에 빛나는 것 같네 (詠丈夫歌, 安政4
年, 下600頁)

　壯士ますらをのその利心とごころは雷の御空に光る如くなりけり

천지 바깥에 노는 혼이므로 세상의 흥폐는 통치하지 않으며 통치하겠지
(偶成, 万延2年, 下609頁)

　天地の外に遊べる魂なれば世の興廃は知らず知りけり

　『천외여래집』에서는 '천지'라는 고차원적인 것에 대해, 뭔가를 한다는
바에 장부의 책무가 있다는 자각을 노래하고 있다. 환언하면 '덴노의
방패'가 되어, '나의 오키미를 위해 죽자'는 것이 아니라, '천지'라든가
'하늘'로 상징되는 보다 차원 높은 것을 위해 산다는 원대한 목표를
가지기 시작했다고 할 수 있다. 다음의 노래는 그런 생각을 읊은 것이다.

천추 만천추의 후에 걸쳐 대장부는 벗만을 기다림 (即景, 万延元年, 下607頁)
　千秋の万千秋の後懸て大丈夫は友をこそ待

하늘엔가야 대부야 여기서 천대에 걸쳐 기다릴 벗이야 기다려야지 (偶成,
万延2年, 下609頁)
　天にかや将ますらをやこゝにて千代懸て待可き友や待可りける

유한한 세상에 세상 구석까지 펼쳐지겠지 (無題, 万延2年, 下609頁)
　かきりある世にはかゝみてふるふねの隈なきよに伸んとぞおもふ

여기서는 눈앞의 '군' '친'과 덴노를 위해서가 아닌, '천지 가미의 무스비다마産靈를 돕는(前出「述懷」) '천대千代'의 목표로 향하고 있는 것이라는 일종의 회심回心이 있었다고 할 수 있다. 이렇게 '군', '친'으로부터 떨어진 쓰다는 '천지 가미의 무스비다마를 돕'기 위해 난학의 공적을 올린다는 확신을 가짐으로써, 마음의 안정을 얻었다고 생각된다. 이 점에 대해서는 이하에서 검토한다.

4. 『性理論성리론』

이 시기의 쓰다가 스스로의 확신을 서술한 것이 『성리론』과 『天外独語천외독어』이다. 분큐文久 원년(1862) 무렵 초안을 잡은 것으로 추정되는 이 두 책은 가집 『천외여래집』에서 "천지 가미의 무스비다마를 돕는다"고 노래했던 의미 내용을 쓰다 자신이 설명하고 있다는 의미에서 주목된다. 먼저 한문으로 된 『성리론』의 개략을 개조식으로 소개해 둔다.

1. 무한·영원한 우주는 '일원기一元気'로 구성되어 있고 인지人智를 초월한 존재이다. 그러므로 인지로써 그 '소이연'을 파악할 수 없고, '상제' 혹은 '천신' 또는 '천국지옥'이라는 것은 모두 억설에 지나지 않는다.

2. 지구는 우주의 작은 별에 지나지 않는다. 그 지구의 동식물 가운데 인간은 가장 '정묘'한 생물이다. 인신人身의 주재는 '혼魂' '다마시이'라 한다. 인간이 금수와 다른 것은 '도리'와 '언어'가 있기 때문이다.

3. 성정性情의 발동으로 '공사公私'가 생긴다. '부끄러움[恥]'이란 '혼중魂中'에 있는 '도리의 성'이 '아직 일찍이 진멸珍滅' 하지 않고 있음을 의미하며, 그

'부끄러움'을 기름으로써 '덕의德義'로 돌아갈 수 있다. '성정'을 변화시키는 것은 '습習'이다. '도리'가 사람에게 본래 내재하고 있는 것은, '균동등평均同等平'하며, '성우장유聖愚長幼'의 구별이 없다. 다만 후천적 '교육'에 의해 '성聖'과 '수獸' 사이의 차별이 생긴다. 자기의 고유한 '인성'을 극한까지 발휘하고 또 '천하의 사람'에게 고유한 '인성'을 발휘시키는 것이 인생의 종국의 목표다.

4. 지구의 인간은 '생민이래生民以來' 긴 '역수歷数'를 거쳐, 역사가 기록되고부터도 '반만세'를 거쳐 왔음에도 '성자聖者'는 드물고 '수獸'가 몹시 많음이 왜 그러한가. 본래 '오늘의 지구'는 사람에 비유하면 아직 '영아嬰児'의 지혜가 생기기 시작하게 된 때이어서 '지혜' '도리'가 밝지 않은 것은 당연하다. '진지真智'를 천하에 '광개広開'하고, '실리'를 우주에 밝혀서, '조화의 공업'을 이루고 '인도人道의 대성'을 다하는 것은, '수 백세가 쌓이고 '수백 성인'을 기다려 비로소 가능하고, 우리는 '공부'하여 바로 그 '공업'을 살리는 것만이 '성聖을 바란다'는 것이다.

이상의 『성리론』의 논점 속에 우선 주목할 것은 인간이 영원·무한한 우주 속에서 작은 지구에 사는 동물에 불과하고 인간의 독선성을 부정하고 있다는 것이다.

우주의 크기는 지극히 크고 지극히 넓어 끝과 제한이 없다. 근원적으로 하나의 원기가 있고 기가 충만하여 있는 것이다. 서양인은 에이테르라고 부른다. 이제 말하여 천천기기가 물이 되고, 양양하여 우주 사이에 꽉 차서 더불어 극한이 없으며, 그 형기가 됨이 아주 정미하여 그 제한을 알 수 없다 한다. 대개 그 이르지 않는 바가 없고 있지 않은 바가 없다 (『性理論』, 上17頁)
宇宙之大, 至大至広, 無有涯際限, 原有一元気, 有気充焉, 西人名之曳垤エイテル, 今謂之天々気々為物, 洋々塞乎宇宙之間, 而与之無極, 而其為形気, 精之精, 微之微, 不知際限, 蓋無其所不至也, 無其所不在也,

억만의 세계와 무량한 만물, 다 그 만든 바, 우리가 세계에 있는 바 또한 하나이니 그것을 이름하여 이르기를 땅이라 한다. 무릇 우주에서 크게 본 즉 특히 작은 별 하나이고 큰 곳간의 작은 쌀가마니일 뿐 아닌가. (同上, 17~18頁)
億万之世界, 無量之万物, 皆其所造, 吾人所在世界, 亦其一也, 其名曰地, 自夫宇宙之大観之, 則特幺麼一星, 不啻大倉之稊米也,

시바 고칸도 이와 같은 인식을 이미 하고 있었다. 그러므로 쓰다의 특징을 분명히 하기 위해 고칸의 생각을 간단히 되새겨 보자.[29] 시바 고칸(延享4年~文政元年, 1747~1818)은 지동설을 일본에 소개한 인물로 알려져 있는데, 새로 섭취한 서구 자연과학을 근거로, 우주의 광대함에 대비하여 이 지구에 사는 인간의 왜소함을 지적하고 있다. 그는 말한다.

삼재三才의 구리究理를 지극히 할 때는, 우러러 보는 하늘의 높고 큼 그리고 땅의 지극히 작음이 좁쌀에 비하기도 어렵고, 그 아주 작은 지리地理의 주위에 사는 인간은, 참으로 눈에도 보이지 않는 작은 먼지와 같은데 우리는 함께 그 작다는 것을 모르고 심대하다고 생각함은 작음을 모르는 까닭이다. 사람이 한 생애를 지남은 한 순간 보다도 빠르고, 좀 길게 비유하면 백마가 달리는 것을 문 틈사이로 보는 것과 같고, 그런데다 일생은 꿈과 같은 것이어서, 사이교西行[30]의 노래에 '객지에서 꾸는 꿈의 세상에서 또 꿈을 본다'고 읊고 있듯이, 사람이 일생을 지남은 깜박 조는 꿈이라, 그 꿈도 편안히 있는 꿈은 적고 자칫 놀라고 위험한 것만 많아, 일년 중 기분 좋은 때의 아름다운 날은 대엿새도 있으나 열흘도 없고, 그 외는 비바람에 춥고 덥고 또는 구름이라 이것저것 시름만 많다. (『独笑妄言』一生談, 全2, 6頁)

고칸은 물리적인 우주의 광대함과 영원함 앞에서 인간의 왜소함과 짧은

---

29) 시바 고칸은 본서 제2편 제3장 참조. 고칸의 텍스트는 『司馬江漢全集』(八坂書房, 1992~94年)을 사용했다. 쪽수는 본문에 약기했다.

30) 1118~1190. 헤이안 시대 말기에서 가마쿠라 시대 초기의 사무라이, 승려이자 가인/역주

생을 인식했다.[31] 우주의 이 무한함에 전율하는 "눈에도 보이지 않는 작은 먼지와 같은" 고칸은, 스스로를 사회의 인간관계라는 울타리와 단절한 '나 한사람'으로서 인식했다. 환언하면, 개인을 무한한 우주와 대치함으로써 분석하고 있다. 고칸은 그것을 석가의 '천상천하유아독존天上天下唯我獨尊'을 근거로 표현한다.

> 삼세인과경三世因果經에, '하늘 위와 하늘 아래 오직 나만이 존귀하다, 삼계 가 모두 고통이니 내 (이를)평안히 하리라天上天下唯我独尊三界皆苦我等安之'라 했는 데, 이는 석가의 유언으로 사람들이 능히 아는 바이다. 내 이 말을 해석하 자면, 천지는 처음 없이 열렸고 그 가운데 처음 없이 사람을 낳고, 이 보다 앞서 끝없는 햇수로 사람을 낳는 일이 무량하다. 그 가운데에 나라고 하는 자는 나 한사람이다. 부모자식형제가 있다 해도 모두 개별자[別物]이다. 그 렇다면 내가 능히 나를 가르쳐 미혹되지 않을 때에는 내 생애가 편하고, 미혹될 때에는 삼계가 모두 고통스럽게 되어 나를 망친다. (『春波楼筆記』, 全 2, 65頁)

이 "부모 자식 형제가 있다 해도 모두 개별자"이고, 오직 '한 사람'의 '나' 에게, 이 세상 속에서 자기가 사는 존재증명이 '이름'=공명이었다. "歐陽 公本論云, 同乎万物生死, 而復帰於無物者, 暫聚之形也, 不与万物共尽, 而卓 然不朽者, 後世之名[구양공 본론에 이르기를, 만물이 낳고 죽어 무물로 돌아가는 것은 같다. 잠간 그 형체가 모이는 것이다. 만물과 더불어 함께 다하지 않고 우뚝하여 썩지

---

31) 에비자와 아리미치海老澤有道는, 우주의 무한에 비하여 인간의 왜소함, 무가 치적 존재라는 논법은 마에다 료타쿠의 『管蠡秘言』에서 촉발된 것이라고 지적하고 있다(『南蛮学統の研究』, 創文社, 1958年, 390쪽). 료타쿠는 마테 오 리치가 "만약 인간이 제사천第四天 보다 위에 있어서 지구를 본다면 하나 의 큰 지구를 볼 수 없다(하나의 큰 땅이 아니다). 이 땅은 하늘에 비하면, 미 미한 것일 뿐 한 점도 아니다. 그럼에도 우리들은 곧 하나의 작은 점에 모 여 살며 채성采城을 나누어 공후公侯가 되고 제왕이 되며, 이로써 찬탈簒奪하 여 대업이라 칭송한다"는 『곤여만국전도』의 언급을 인용하며, 리치의 생각 이 노장 사상과 비슷하지만 "무릇 사물을 멀리 보아 미소微小함은 본연의 실 리이다"(『管蠡秘言』, 『洋学 上』162頁)라고 한다.

않는 것은 후세의 이름이다]"을 부연하여 고칸은 말한다.

> 사람이 죽으면 만물과 함께 멸하여 없어지고 사라져 끝난다. 살아 있는 동안의 일이 아닌가. 무릇 그러므로 무엇이 가능할 것인가, 진귀한 것을 공부하여 능명能名(유명하다는 평판)을 남기라고 말하는 것이다. 헛되이 살아 있어서는 안 된다(『訓蒙畵解集』, 全2, 317頁)

고칸에게 이 '능명'은 그가 창시했던 부식동판화로 얻은 것이었다. 그것은 고칸이 일본 최초로 작업했던 바이고, 그 때문에 언제까지도 고칸의 '이름'과 함께 계속 이야기되어져 오는 것이었다. 만년의 고칸은 결국 거기에 안심할 수 없었다. 그것은 지세이辭世[32] 자례분戱文희문에 나타나 있다.

> 만물이 생사가 똑같아, 무물無物로 돌아가는 것은 잠시 모이는 형체라,
> 만물처럼 끝나지 않고, 탁연하여서 썩지 않는 것은 후세의 이름이라,
> 그렇다 해도 이름은 천 세월을 지나지 못하네, 무릇 천지는 시작 없음에서 일어나 끝없음에 이르노니, 인간은 작고 하늘은 크네. 만세万歲가
> 한 순간[一瞬]과 같으니 작은 생각이어라 오호라
> 일흔여섯 늙은이 시바 무언無言 지세이 이야기 분카 계유 사월[33]

그가 일생토록 추구했던 썩지 않는 '후세의 이름' 조차도 "시작 없음에서 일어나 끝없음에 이르는" 영원한 우주 앞에서는, '한 순간'인 인간의 생은 허무한 것에 지나지 않았다. 고칸은 '노장老莊'의 허무관에 한 없이

---

32) 지세이辭世/사세는 세상과 작별을 고한다는 말로, 지세이노쿠辭世の句는 사람이 세상을 떠나려 할 때 남기는 한시, 단가, 와카, 하이쿠 등을 가리킨다/역주

33) 참고로, 시바 고칸의 지세이노쿠 원문은 다음과 같다/역주
万物生死を同して無物に復帰する者ハ, 暫く聚るの形ちなり, 万物と共に尽ずして, 卓然として朽ざるものハ後世の名なり, 然りと雖名を千載を不レ過, 夫天地ハ無始に起り無終に至る, 人小にして天大なり, 万歳を以て一瞬ごとし, 小慮なる哉 鳴呼 七十六翁 司馬無言辞世ノ語 文化癸酉四月

다가갔다.[34]

고칸의 이러한 '허무사상'과 비교할 때 쓰다의 『성리론』의 특징이 부각된다. 여기에서는, 고칸과 마찬가지로 '천지'에 대해 개인이 분리되어 있다고 할 수 있다. 쓰다는 페리가 내항했을 무렵, '군', '친'으로부터 유리된 뒤에, 그 뿐만 아니라 동시대 국학자들에게 삶의 의미를 부여했던 '대군' 덴노를 뛰어 넘어, 무한의 '천지'와 마주하여 스스로를 의식하고 있었다.

다만, 고칸과의 차이점은 간과할 수 없다. 즉, 쓰다는 우주의 광대함과 영원을 인식하고 있음에도 불구하고, 그렇기 때문에 고칸처럼 허무적이지 않고 어디까지나 인간에게 고유한 '도리', 즉 "시비를 안[內]에서 변별하는" (『性理論』, 上18頁) 이성의 힘을 신뢰하고 있었다. 쓰다의 이런 사고방식은 에도시대 안사이 학파인 사토 나오가타佐藤直方의 "배우는 이가 자기의 리理를 믿지 않는 것은 기본[本事]이 아니다. (중략)사람들 스스로가 존중하는 것이 있는데, 천리이다. 그 존중은 상대가 없으며(人々有╻尊╻於 己╻者╻天理也. 其尊無╻対), 내 마음 외에 믿을 힘이 되는 것은 없다"[35](『韞藏 錄』卷3) 라는 말이 시사하듯이 주자학의 자립성·주체성 논리를 근거로 하고 있다고 할 수 있다.[36] 또 그것은 "아는 것이 힘이다"라는 프란시스

---

34) 후쿠자와 유키치의 인간저충관人間蛆虫観과 대비할 것. 丸山眞男「福沢諭吉の 哲学」(『国家学会雑誌』61巻3号, 1947年9月, 『丸山眞男全集』巻3 수록, 岩 波書店, 1995年) 참조. 인간은 영원한 우주에 비하면 구더기 같은 보잘 것 없 는 것이라고, 자조·퇴영退嬰할 것인가, 후쿠자와 처럼, 그럼에도 불구하고 (그렇기 때문에) 유한한 인생을 '성실하게 놀 것인가'는 인간관으로서의 분기 점이 된다. 고칸의 '허무사상'이 엄격한 신분제 사회에서의 '패배'임은 틀림없 다 하더라도, 인간관으로서는 가치적으로 우열을 매길 수는 없다.

35) 『増補佐藤直方全集』(ぺりかん社, 1979年復刻) 126쪽.

36) 사토 나오가타의 말처럼 "자신의 리를 믿는" 주자학의 본래주의 논리가 가치 합리적인 자율적 주체성의 논리였다는 것, 그 논리가 병영국가의 지배사상 인 병학과 대립하며 근세일본사상사에서 적극적인 역할을 했다는 것, 또 그 것이 메이지 초기의 나카무라 게이우가 번역한 사무엘 스마일스의 『西国立 志編』의 "하늘은 스스로 돕는자를 돕는다'는 격언에 요약된 자조(셀프 헬프)

베이컨에 필적하는 가이도쿠도懷德堂회덕당 주자학 야마가타 반토의 '지술智術'주의로 통한다. 물론 '시비'를 분별하는 '리'의 내용이 도덕적 리에서 물리로 전환되고 있는 것에도 주의할 필요가 있다. 이는 학문의 성격을 설명하고 있는『천외독언』을 보아야 하므로 뒷 절에서 다시 논하겠지만, 쓰다 또한 반토와 와타나베 가잔처럼 도덕과 지성의 영역을 분리하여, 지성의 진보를 주장하고 있었던 것은 지적해 둘 필요가 있다.[37]

이 점, 쓰다는 무한한 우주에 살고 있다는 긴 스팬에서, 인간의 '지혜'의 진보를 파악하고 있다.

> 무릇 지구의 수명은 무량하다. 오늘의 지구는 사람에 비하면 영아가 태어난 것과 같고, 지혜가 생길 시는 마땅하나, 지혜는 세상보다 심대하지 않고, 도리도 천하보다 크게 밝지 않다 (『性理論』, 上20頁)
> 夫地球之寿無量矣, 今日之地球, 譬之於人, 猶嬰児之始, 生智時, 宜矣, 智慧之未甚大於世, 而道理之未大明於天下也.

그러나 이 짧은 인생에서 인간은 '지智'의 진보에 기여해야 한다.

> 무릇 천하에 참된 지혜를 널리 연다는 것은, 우주에 실리를 크게 밝혀 그로써 조화의 공업을 돕는 것이다. 인도人道의 대성을 이루는 것은 수 백세가 겹쳐 있고 수십 명의 성인을 기다려서 그 대성을 기약하게 된다. 지금 대저 독실히 배우고 깊이 생각하여 입으로 말하고 글로 짓고, 공부하여 이 큰 공업을 돕고, 노력하여 집안 나라 천하의 일에 나아가 밝히는 것은, 우리들 도에

의 정신에 살아있다는 것에 대해서는 졸고, 「近世日本の朱子学の可能性」(『近世日本の儒学と兵学』수록, ぺりかん社, 1996年)을 참조.

37) 쓰다와 함께 네덜란드에 유학했던 니시 아마네도, 국학을 비판한『復某氏書』(明治3年)에서, '신信'과 '지智'의 관계를 논하고, '지'가 미치는 범위가 넓으면 넓어질수록 '신'의 범위가 좁아진다고 보고 있다. 스가와라 히카루菅原光는 니시의 이 주장이 야마가타 반토가 배웠던 가이토쿠도의 고이 란슈五井蘭州의 논리였음을 지적하고 있다. 菅原光「'宗敎'の再構成—西周における啓蒙の戰略」(『日本思想史学』35号, 2003年) 참조

뜻을 두고 성인이 되기를 바라는 자의 일이다. (上同, 20頁)

如夫広開真智於天下, 大明実理於宇宙, 以賛造化之功業, 致人道之大成者, 在重数百世, 待数十聖人, 而期其大成也, 今夫篤学而深思焉, 說乎口, 著乎書, 勉強而賛此大功業, 努力而推明之於家国天下之務者, 吾輩志于道, 希乎聖者之事也.

여기서 쓰다는 '실리'를 밝힌다고 하는, '조화의 공업'에 참여할 것을 촉구하고 있다. 이 '조화의 공업을 돕는다' 함은, 앞에서 보았던 노래 속에서 '천지 가미의 무스비다마産靈를 돕는' 것과 같은 뜻이라 생각된다. 쓰다는 '집안 나라 천하家国天下'에 '실리'를 밝혀서 '지혜'의 개화에 기여하는 것, 보다 구체적으로는 난학을 따라 배우는 것이 '조화의 공업'에 참여하는 것이고 그것이 '성인이 되기를 바라는 자'의 일이라 한다.

본래, 이 '성인이 되기를 바란다'는 말은 『근사록』 제2권에 있는 "성인은 하늘과 같기를 바라고, 현인은 성인이 되기를 바라며, 선비는 현인이 되기를 바란다[聖希天, 賢希聖, 士希賢/역주]"는 주렴계周濂溪의 말을 디딤돌로 하여 송학의 슬로건인 "성인은 배움에 이르러야 한다"와 연결된 말이었다. 쓰다도, 누구라도 공부하여 노력한다면 '성인'이 될 수 있다고 선언하고 있다. 다만 쓰다의 경우에는 송학과 같은 도덕적인 완성자로서의 '성인'이 되는 것은 아니었다. 과거의 여럿의 '수 십 성인'들처럼 '실리'를 밝혀, 과학적 진보의 '공업'의 일단에 기여함을 지향한 것이다. 관련하여 쓰다는 『천외독어』에서, 필로소피의 번역어로서 '구성학求聖学'을 제시하고 있다.

세상은 쇠하여 저 사람의 깨달음智見サトリ을 열어 참으로 넓게 넓히고 널리 하는 구성학求聖学サトリヲモトムルマナビ(ヒロソヒー)의 가르침과 같음이 바람직하다 (『天外獨語』上73頁)

'구성학^{サトリヲモトムルマナビ}'은 이 『성리론』의 '희성_{希聖}'과 겹친다. 그것은 앎을 사랑하는 철학의 본 뜻[原義]과 상응하는 것이었다. 그것은 쓰다로서 영원한 과제인 '조화의 공업'에 참여하는 것을 '낙'으로 받아들이고 있는 것과도 관계있다.

> 대체로 살신성인은 생을 버리고 버린 것을 취하는 것이라 역시 세상의 운이 액으로 변할 때 처함에 지나지 않고 공평하며 정확히 올바르고 죽음에 침착하며 그로써 고유한 천성을 이룰 따름이다. 비록 그 슬픈 바가 있다 하나, 그러나 그 가운데에서 넉넉히 즐거운 것 일찍이 없지 않았다. (『性理論』, 上 20~21頁)
>
> 如夫殺身成仁, 棄生取棄者, 亦不過処於世運変厄之際, 而公平中正, 從容取死, 以成固有之天性耳, 其所哀, 則雖有焉, 然亦裕々乎楽於其中者, 未曾無焉.

쓰다는 "실리'를 해명하는 것은, 무한한 우주 속에 있는 하잘 것 없는 인간이 할 수 있는 살아 있는 증거라며, 그런 삶의 방식은 '즐거운' 삶의 방식이라 했다. 생각해보면 그것은 그럴 것이다. 누구로부터도 강요되지 않은, 스스로가 결정한 삶의 방식이므로.

5. 『天外独語천외독어』

와분和文(=日文)으로 쓰여진 『천외독어』에는, 기본적으로 『성리론』을 부연했지만, 『성리론』에서는 찾아볼 수 없는 논점도 포함되어 있다. 그 보완할 논점에 주의하여 세 가지를 논하고자 한다. 첫째는 독선성 비판이다. 앞서 보았던 『성리론』의 독선성 비판은 기본적으로 개인의 삶의 방식과 관련되어 있다. 진보를 지향하지 않고 한 곳에 안주하는 개인의 삶의 방식을 비판한다. 그런데 『천외독어』에서는, 그 비판의 창끝이 국가의식과 관련한 에스노센트리즘으로 향하고 있다.

> 본래 일본인[御国人]은, 우리 대일본국은 황송하게도 아마테라스오미카미天照皇大御神의 어국御国/미쿠니=일본이면서 고손노미코토皇孫命[38)]의 천지가 영원불변함에 한이 없는 아마쓰히쓰기天津日繼[39)]가 다스리시는 좋은 나라[美国우마시미쿠니]로서 만국에 비할 바 없다고 받들어 칭송하고, 또 당토唐土의 당인唐人은 스스로 중화 중국이라 칭하여 그 나라만 홀로 천지의 한 가운데에 해당하는 더 없는 좋은 나라라고 자랑하고 있다. 그런데 서양인은 중국인을 비웃으며 말하기를, "저 중국인 그 자국을 중국인 스스로 그 나라를 자랑하고 칭찬해도 이 대지大地 조차도 하늘의 태양에 비하면 아주 조그만 작은 별로 그 태양을 한 가운데의 기둥으로 하여 다른 위성과 함께 돈다. 그런데 그 추축樞軸인 태양 또한 그 참된 기둥이라고 우러러 휘감기는 중앙의 해[御中日]에 비하면 벌레 먹은 것도 아니다. 그러함을 중국인 아주 약한 사팔눈으로 천지 바깥을 바라 볼 수 없기 때문에 자기 나라만 홀로 천지의 중앙[御中]에 서 있다고 생각하는 것은 여름의 벌레가 얼음을 모르는 것 보다 더 불쌍하고 슬프다"는 등으로 조롱하는 것이리라(『天外独語』上63頁)

중국인의 중화사상과 함께 일본인의 그것을 비판하는 언설은 당시 난학자들에게 공통적이었는데, 『천외독어』에서 주목해야 할 것은 장자莊子와의 친근성이다. 이 점은 앞서 언급했던 고칸의 '허무사상'과의 관계에서도 흥미롭다. 『천외독어』 서두의 조모祖母로부터 들었던 일화다. 거기에는 "세상의 만물, 위[上]가 위로 위가 있어 어설프게 마음이 거만하여 아주 두려워해야 할 것으로 잘 경계하고 가득 삼가야 할 것이라고 말하는 것"(上同. 上63頁)을 논하고 있다. 고칸도 자연과학적 장치를 설치하면서 이런 비유를 하고 있다. 고칸이 「以_顯微鏡_観_小虫 현미경으로 작은 벌레를 봄」

---

38) 아마테라스오미카미의 손자인 니니기노미코토를 가리키는 말/역주
39) 일본 황실의 황위 그 자체를 가리키는 말/역주

으로 제목을 붙인 다음의 문장과 비슷하다.

언젠가, 바늘의 앞에 돌출한 구멍이 있는 벌레를 보았는데, 이목구비 뚜렷하게 시각이 있고, 몸 전체가 털이 나 있으며, 하얀 색에, 21일 동안 죽지 않았는데, 마침내 똥을 싸고 죽는다. 이 벌레에게는 한 시간이 10년에 해당하여 230년을 절식絕食하고 사는 것과 같다. 또한 이[虱]를 보니 전신의 색이 희고 투명하고, 여섯 개 다리 각기 앞의 게 발톱과 같고, 흰 털이 나 있으며 피가 움직여 호흡하는 것 같고 엿새를 절식하여 똥을 싸고 마침내 죽는다. 살아 있는 부류들 대소는 그 이치가 같고, 장차 먹기 위해 산다. 장자莊子에 이르기를, 달팽이 뿔 위에 나라[国]가 있는데 왼쪽은 변変(触촉)씨, 오른쪽은 촉触(蛮만)씨, 땅을 다투어 싸우는데, 하늘의 높고 먼 끝을 생각하여 논하지 못한다. 이를 생각하면 사람은 현미경으로 보는 작은 벌레보다 또한 거듭 작다. 작은 것도 큰 것 같아 한限을 모르고 초명焦螟[40]이라는 작은 벌레는 일시를 일생이라 하는 것과 같으니, 일찍이 달팽이 뿔 위에 나라가 있는 것이 아니라 대소의 한을 알 수 없음을 비유한 것이다. (『天地理譚』, 全3, 310頁)

고칸도 쓰다도 스스로를 상대화하는 시각을 장자에게서 얻고 있음은 주목해야 겠지만, 그러나 그럼에도 불구하고 쓰다가 고칸과 같은 허무주의에 빠지지 않았던 이유는 『성리론』에서 말하고 있는 것처럼, 학문의 진보에 공헌한다는 의지 때문이었음은 앞서 살핀 바와 같다.

두 번째는 학문관이다. 『천외독어』에는 자기의 학문을 명확히 '실학実学マコトノマナビ(『天外独語』 上 68頁)라 한다. 그것은 실증성과 합리성을 갖춘 것이다. '지각학地殼学'을 예로 들어, 쓰다는 서양 학문을 다음과 같이 설명한다.

---

40)『列子』에 나오는 말로, 모기 속눈썹에 둥지를 틀고 사는 작은 벌레. 극히 작음을 뜻함/역주

서양에 지각학이라는 한 과목의 학문이 흥한데, 분리학分離学을 근본으로 하여 눈앞의 천지만물의 진실한 묘용 작용을 참된 눈을 뜨고 관찰한 즉 그 천지에서 징험을 취하고 증거를 얻어 발명한 학문이어서, 옛적의 황광초매荒曠草昧한 세상에 학문의 길이 아직 밝지 아니하고 때로는 망탄妄誕한 억탁臆度으로써 억설을 전하고 어떤 나라에도 전해지는 옛날의 망탄이 만든 천지설과는 천지 처럼 현격하다 (上同, 上69~70頁)

"천지에서 징험을 취하고 증명"하여 '망탄의 억탁'을 부정하는 학문관은, 앞에서 살폈던 와타나베 가잔과 다카노 죠에이의 궁리관에 입각해 있으면서도, 그대로 『명륙잡지』의 유명한 실학의 정의로 이어진다.

대개 학문을 크게 나눔에 두 가지가 있다. 무릇 높고 먼[高遠] 궁리를 논하는 허무적멸虛無寂滅과 같거나 오행성리五行性理 혹은 양지양능설良知良能說과 같은 것은 허학虛学이고, 이를 실물에서 징험하고 실상에서 바탕하여 오직 확실한 이치를 말하는 최근 서양의 천문 격물 화학 의학 경제 희철학 같은 것은 실학이다 (「開化ヲ進ル方法ヲ論ズ」, 上306頁)

앞에서 '리'의 내용이 도덕적인 리에서 '실리'=물리로 변화하고 있음을 지적했는데, 거기에는 이 '실학'관의 전환이 있었다.[41]

세 번째로 주목할 것은, '가미의 어심'이라는 유교적 민본주의에 의한 다시 읽기가 행해지고 있었던 것이다.

대개 가미神의 어심에 따르므로 다스려져 성하고, 어기므로 어지러워져 쇠한다. 그런데 그 가미의 어심이란 세상 속에서 지극히 아주 알기 어려운 것이지만, 현명한 사람들은 예로부터 오로지 탐색함으로써 분명해지는 것이다. 그러면 중국의 성인이 말할 수 있는 천지의 대덕을 생한다고 말하는 이 '생'이라는 글자만 있는 것이다. 그러면 나라를 다스리는 이, 창생蒼生을 어루

---

41) 丸山眞男 「福沢における'実学'の転回―福沢諭吉の哲学研究序說」(『東洋文化研究』3号, 1947年3月, 『丸山眞男全集』第3 수록) 참조.

만져 사랑하고 민초가 번식蕃殖하도록 마음을 쓰면 이윽고 가미의 어심에 맞아 그 나라 평온히 다스려져 부유하고 영화롭게 된다 (『天外独語』, 上64~65頁)

'가미의 어심'에 따르는 것은 모토오리 노리나가 처럼 "선이 악의 위라는 논의를 버리고, 오로지 외경하여 받들어 모시는"[42](『直毘霊』) 무조건적인 신의神意에의 복종은 아니다. 쓰다는 위정자의 책임을 묻고 있다. 여기서는 "황송하게, 천하 다스리심에 미치어서도 오로지 황공하게 내려주시는 것은 가미의 어심"(『天外独語』, 上65頁)과, 덴노도 그 지위에 있기 때문에 존중하는 것이 아니고, "천하는 천하의 천하이고 한 사람이 사유私有하는 것이 아닌"(『天外独語』, 上65頁) 것을 본질로 하는 '가미의 어심'에 따를 것을 추구하고 있다. 그리고 이 '가미의 어심'의 유교적 민본주의는, 국가의 '입국의 본의'가 "이는 합국 전민闔国全民의 대이익을 주"(上 118頁)로 함에 있다고 하는, 휘셀링의 강의를 토대로 하여 쓴 『태서국법론』으로 연결된다.

또 '가미의 어심'과 『태서국법론』의 연속성이라는 데에서 주의해야 할 것은, 출판의 자유에 관한 생각이다.

최근 서양의 나라들에는 대저 자기가 생각하는 대로 글을 지어 이를 바로 책으로 인쇄할 수 있고, 정부가 논하여 고치는 일이 조금도 없다. 이를 저 시황始皇이 책을 불사르고 유자를 구덩이에 묻은 것에 비유함에 그 공사公私가 오죽하겠는가. 이는 학문이 성쇠하는 지경에서 마침내 국세의 강약 국풍의 선악을 판단하는 기본이 되는 연유이다. 즉 가미의 어심이 곧 천의에 합당한가 합당하지 않는가의 근본이 되는 차별이다. (『天外独語』, 上71頁)

출판의 자유에 대한 희구는, 일찍이 와타나베 가잔이 '사장私藏'의

---

42) 주13) 전게서 56쪽.

'유의구전流義口伝'을 '나츄르ナチュール' = '천의'에 위배된다고 주장했던 태도와 통하고, 또 『태서국법론』과 연결되어 있다. 거기에는 출판자유의 권리로서의 정당성의 근거가 부여되어 있다. 나아가서 권리로서의 자유는 『명륙잡지』 6호의 「出版自由ナランコトヲ望ム論출판자유 희망론」 으로 곧바로 연결되어 있다.

6. 메이지 이후와의 관련

지금까지 살펴본 쓰다의 초기 사상은 『명륙잡지』 이후의 사상과 어떤 관련이 있는가. 그 때, 그 사이에 시기적으로 끼어 있는 네덜란드 유학은 쓰다의 사상에 어떤 영향을 주었는가. 초기 사상과 완전히 단절되어 있는가 아니면 연결되어 있는가라는 과제가 등장한다. 이 장에서도 이런 문제에 대해, 얼마는 이미 다루었으나 마지막으로 다른 논점에서 현재, 생각하고 있는 바를 논하고자 한다.

오쿠보 도시아키는 네덜란드에서 귀국한 뒤인 게이오 3년(1867)에, 쓰다가 도쿠가와 요시노부德川慶喜의 막정幕政 개혁을 위해 연방국가를 구상하여 입안했던 『日本国總制度 関東領制度일본국총제도 관동령제도』 를 해설하여 "고래의 '일본', '야마토'와 같은 막연한 국토 사상이 아닌, 일본국가 즉 staat, Nation으로서의 일본이다. 이러한 일본국가관은 서양 근대의 국가관에 의한 것으로서 이는 중요"[43]하다고 지적한다. 확실히 『명륙잡지』 이후의 논설을 보면, 쓰다에게 제도로서의 일본국가가 전면화되어 온 것은 틀림없다. 그러나, 그것은 초기 사상에 있었던 영원한

---

43) 大久保利謙 전게 논문 57쪽.

우주 속의 개인으로부터, 일본국가 속의 개인으로 전환했음을 의미하는 것이 아닐까.[44] 『명륙잡지』에서 후쿠자와 유키치의 학자직분론에 대한 비판은 그 하나의 예증이라 생각한다. 더욱이 만년에 가까운 메이지 31년(1898) 도쿄학사원東京学士院에서 강연했던 우승열패優勝劣敗・약육강식의 사회진화론을 주창한 논설을 볼 때, 그런 생각을 갖지 않을 수 없다.

> 부력富力의 근원은 어디에 있는가, 민력民力에 있으며, 민력의 근원은 어디에 있는가, 인민 곧 농공상의 작업에 있다. 지력智力의 근원은 어디에 있는가, 학술에 있고, 그 극리교화極理敎化등의 과학에 있다. 그리고 지혜와 부[智富]의 경쟁이 어떤 점에서 끝판[終局]을 볼 것인가를 묻는다면, 우승열패의 밖으로 나가지 않고, 또 오대주 각국 우승열패의 끝판이 마침내 어떠했는가를 묻는다면, 이에 답하는 것이 쉬운 작업이 아니다. (「唯物論の十一 文政」, 下455頁)

앞서 살펴본 것처럼 쓰다의 초기 사상에서는 지智의 진보가, 무한한 우주의에서의 하잘 것 없는 인간의 진보로서, 영원상相의 아래에서 파악되고 있었으나, 여기서는 열강끼리의 경쟁=우승열패優勝劣敗에서 이겨내기 위해서라는 현실적인 그리고 구체적인 목표로 향하고 있다. 막말에 국가의 부강을 위한다는 목표는 틀림없이 막연했을 터이다. 아니 그보다는 국가로서의 모양을 갖추고 있지 않았기 때문에(막부를 위한 것인가 아니면 일본국 전체를 위한 것인가 혹은 덴노를 위한 것인가, 인민을 위한 것인가 등 여러 가지 지향성이 얽혀져 있다), 어쩔 수 없는 사정이 있었다고 본다. 때문에 쓰다는 영원의 상相 아래에서의 '실리'를 밝힐 것을 자기의

---

44) 스기타 쥬헤이杉田忠丕는 『명륙잡지』의 쓰다의 사상을 논하여, "자유와 계몽은 그 자체로 추구되어야 할 가치보다는 근대 국가로서의 일본의 부강을 위한 불가결한 수단이라는 이해가 있다"고 지적하고 있다. 「津田真道における啓蒙と経済—明治啓蒙の一特質にふれて」(『思想』706号, 1983年4月) 참조.

책무로 인식하고 있었다. 그런데 메이지 30년대가 되자 메이지 국가는 체제를 공고히 했다. 즉 열강 사이에서 어떻게든 줄지어 서고자 하는 국가 의지가 명확해졌다. 하여, 이러한 우승 열패의 국제정세 속에서 살아 남기를 지력知力의 목표로 두었던 것은 충분히 이해된다. 그러나 그럼으로써 잃어버렸던 것도 있지 않았을까.

나아가, 개인이 일본국가 속으로 편입되어버리는 것과 쓰다가 종교적인 것에 둔감했음은 귀결을 이루고 있다. 쓰다는 난학을 배워, "천지 가미의 무스비다마產靈를 돕는" 것을 자신의 책무로 생각했는데, 마지막까지 그 '천지의 가미'를 '가미'로서 인격화·초월화하지 않았다. 『명륙잡지』에 있는 것처럼, 쓰다에게 종교란 우민교화의 수단으로서 공리적으로 인정받고 있는 것에 불과한, 최종적으로는 부정되어야 할 것이었다(앞서 보았던 난리 유린의 "마음이 늘 바늘을 찌르는 것과 같은" 죄의식과는 대조적이다).

> 대저 인지人智가 깨어 있는 자는 가르침을 도리로써 하고, 아직 그러하지 않은 자는 하나는 위협으로써 하고 하나는 이를 기쁨으로써 하는데, 이것이 극락지옥 설이 있는 까닭이다. 그 아직 이에 이르지 않은 자는 처음에는 오직 이를 두려워하여 점점 선도善導로 순치한다. 이는 대개 그 때의 사정[時情]이 그러하지 않을 수 없는 형세이다. (『天狗論』, 上335頁)

종교에 대한 이런 둔감성이 국가로부터의 자립을 어렵게 하지는 않았는가. 고문론拷問論과 출판의 자유를 주장하고 있음에도 불구하고 국가에 대한 개인의 자립성이 위약한 것은 이 언저리에도 그 이유가 있을 것이다.

이 책은 필자의 네 번째 논문집이다. 첫 번째 논문집(『近世日本の兵学と儒学』)은 유학, 두 번째 논문집(『近世神道と国学』)은 신도와 국학이었고, 이 책은 에도 후기의 2대 사상 조류인 국학과 난학을 대상으로 했다. 이들 여러 학문의 연관에 대해서는, 세 번째 논문집(『兵学と朱子学·蘭学·国学』) 서장에서 근세국가=병영국가의 지배 사상이었던 병학을 중심으로 한 조감도를 일단 제시했었다. 때문에, 이 책에서는 에도 후기의 사상 공간을 성립시킨 장場이었던 '회독会読'과 그 사상 공간에서의 초점이었던 '일본'과 '덴노'의 언설을 통사적으로 규명함과 동시에 개개의 난학자와 국학자의 사상형성을 내재적으로 이해함으로써 세 번째 논문집에서 가설적으로 제시했던 구도에 살을 붙이는 것을 목적으로 했다.

'머릿말'에서 언급한 바와 같이 에도 후기는, 유학계에서는 주자학, 소라이학, 진사이학, 절충학, 고증학 등이 난립하고 있었고 거기에 난학과 국학이 더해져 흡사 백화요란百花繚乱 같은 양상이었다. 이 같은 다양한 사상이 때로는 대립하고 또 때로는 교착하여 이종 교배함으로써 신종新種을 탄생시켰다. 그러나 그것만으로는 이 전체를 파악하기가 쉽지 않다. 이것도 있었고 저것도 있었다며 여러 사상을 나열하는 것은 사상사 연구라 하기 어렵다. 필자가 추구하고 있는 사상사 연구는 그런 여러 사상 속에서 발전의 길을 찾아내는 것이다. 이 같은 시도에 대해, 그 길은 연구자 자신의 가치관·세계관을 과거의 여러 사상에 투영하는 단순한 픽션에 지나지 않지 않느냐는 비판이 당연히 제기되리라 본다. 그러나 그런 비판을 진지하게 받아들이면서도 더욱 줄거리를 따지고 싶은 것이 필자의 입장이다.

이 책의 줄거리는 세 번째 논문집 서장에서 제시했던 신분제 국가, 즉 병영국가로부터 국민국가의 하나의 변형태로서의 천황제 국가에로의 발전이라는 줄거리이다. 물론 이것이 에도 후기의 유일한 이야기라고 말할 생각은 조금도 없다. 그야말로 연구자의 문제의식과 역량에 응하여, 여러 가지 줄거리를 묘사하고 그것들을 공개된 마당에 서로 내 놓으면 좋지 않을까 생각한다. 또 그렇게 함으로써, 하나의 줄거리의 한정성도 분명하게 될 것이다. 본래 에도 후기는 단순한 한 가닥의 선으로 파악 가능할 정도로 말라서 시든 게 아니다. 그 풍부한 전체상은 연구자의 여러 연구 결과가 겹쳐짐으로써 비로소 어렴풋이 떠오르는 것이다.

최근 몇 년 간 무라오카 쓰네쓰구의 일본사상사학을 재확인하는 작업을 해왔다. 예기치 않게, 본서를 구성하는 여러 논고에는 그 무라오카가 일찍이 선구적으로 고찰했던 모토오리 노리나가, 시바 고칸, 난리 유린에 관한 것이 포함되어 있다. 연구 출발시점에 방법론은 어느 정도 영향을 받았다 해도, 연구 대상의 사상가는 무라오카를 염두에 둔 것은 아니었다. 이번에 정리한 뒤에 보니 상당히 불가사의한 기연임을 새삼 깨닫게 되었다. 지금까지의 짧은 연구 생활에서, 뭔가에 이끌려 있다고 하면, 약간 주술적인 티가 날지도 모르겠으나 이런 생각지도 않은 운명적 감각을 느꼈던 적이 몇 번 있었다. 그 때의 기묘한 감각은 필자로서는 어느 하나도 잊기 어렵다. 이번의 무라오카의 체험도 그 중의 하나이다. 과연 지금부터 이런 체험이 또 어느 정도 있게 될까. 그 운명적 영감이 또 주어질 것을 기대하며 연구를 지속해 나가 보고자 한다.

　본서가 출판되기까지 페리칸샤 편집부의 후지타 케이스케藤田啓介씨에게 참으로 많은 신세를 졌다. 마지막으로 이 지면을 빌어 감사를 표한다.

2008년 11월

마에다 쓰토무

초출일람

第1編　思想空簡の成立

第1章　近世日本の公共空間―'会読'の場に着目して

『愛知教育大学研究報告(人文・社会科学編)』55輯, 2006年 3月

第2章　討論によるコミュニテーションの可能性

『年報日本思想史』6号, 2008年 3月

第3章　蘭学者の国際社會イメージ―世界地理書を中心に

『愛知教育大学研究報告(人文・社会科学編)』 54輯, 2005年 3月

第4章　国学者の西洋認識

『國學院雜誌』107卷 11号, 2006年 11月

第5章　近世日本の封建論・郡県論のふたつの論点―日本歴史と世界地理の認識

張翔・園田英弘編『封建'・'郡県'再考』思文閣出版, 2006年 7月

第2編　国学と蘭学の交錯

第1章　近世日本の神話解釈―孤独な知識人の夢

『日本思想史学』28号, 2006年 9月

第2章　山片蟠桃の'我日本'意識―神道・国学批判をめぐって

『愛知教育大学研究報告(人文・社会科学編)』第52輯, 2003年 3月

第3章　蘭学系知識人の'日本人'意識―司馬江漢と本多利明を中心に

『愛知教育大学研究報告(人文・社会科学編)』第53輯, 2004年 3月

第4章　只野真葛の思想

『日本文化論叢』12号, 2004年 3月

第5章　渡辺崋山の'志'と西洋認識の特質

『日本文化論叢』13号, 2005年 3月

第6章　佐久間象山におけるナショナリズムの論理

『日本文化論叢』16号, 2008年 3月

＊ 초출 논문의 몇 군데는 본서에 수록할 때 약간 수정했다. 수정한 곳은 본문의 주에 그 이유를 적었다. 또 모든 논에 대해 주기(注記)를 대폭 늘였다.

색인

* 인명 · 서명 공히 가나다 순으로 수록했다. 인명은 본문과 주에 나온 인물을 수록했으며, 천황 및
  일본 신화의 가미神(개념적 가미 포함)도 인명으로 했다.
* 서명은 저본에 따라 메이지까지의 서적 위주로 했으며, 연구의 편의를 위해 전집류도 일부 포함했다.

江戸後期の思想空間
by MAEDA TUTOMU
ⓒ 2009 by MAEDA TUTOMU
Originally published 2009 by Perikansha Publishing inc, Tokyo.
This Korean language edtion published 2020 by Nonhyung, Seoul
by arrangement with the proprietor c/o Perikansha Publishing inc, Tokyo.

에도 후기의 사상 공간

초판 1쇄 인쇄 2020년 2월 20일
초판 1쇄 발행 2020년 2월 25일

지은이 마에다 쓰토무
옮긴이 이용수
펴낸곳 논형
펴낸이 소재두
등록번호 제2003-000019호
등록일자 2003년 3월 5일
주소 서울시 영등포구 양산로 19길 15 원일빌딩 204호
전화 02-887-3561
팩스 02-887-6690
ISBN 978-89-6357-430-1 94910
값 32,000원

이 도서의 국립중앙도서관 출판예정도서목록(CIP)은 서지정보유통지원시스템 홈페이지
(http://seoji.nl.go.kr)와 국가자료공동목록시스템(http://www.nl.go.kr/kolisnet)에서 이용
하실 수 있습니다. (CIP제어번호: CIP2020002261)